高等院校会计专业（新准则）通用规划教材

审计原理与实务

Principles and Practice of Auditing

第二版

王英姿 编著

上海财经大学出版社

图书在版编目(CIP)数据

审计原理与实务/王英姿编著．—2版．—上海：上海财经大学出版社,2016.4
高等院校会计专业(新准则)通用规划教材
ISBN 978-7-5642-2380-9/F・2380

Ⅰ.①审… Ⅱ.①王… Ⅲ.①审计学-高等学校-教材 Ⅳ.①F239.0

中国版本图书馆 CIP 数据核字(2016)第 048244 号

□ 责任编辑　吴晓群
□ 封面设计　杨雪婷
□ 电子邮箱　oolivia@163.com
□ 投稿电话　021—65904890

SHENJI YUANLI YU SHIWU
审计原理与实务
(第二版)

王英姿　编著

上海财经大学出版社出版发行
(上海市中山北一路 369 号　邮编 200083)
网　　址:http://www.sufep.com
电子邮箱:webmaster@sufep.com
全国新华书店经销
上海新文印刷厂印刷装订
2016 年 4 月第 2 版　2019 年 7 月第 3 次印刷

787mm×1092mm　1/16　27.5 印张　704 千字
印数：26 001—27 000　定价：42.00 元

第二版前言

《审计原理与实务》(第一版)于2012年2月出版。在该书出版之后,审计规范和实务发生了很多变化,因而有必要对教材内容做出相应的修订,以反映审计规范与实务的最新进展。例如:在审计规范方面,中国注册会计师协会自2013年起针对职业怀疑、函证、存货监盘、收入确认等事项陆续公布了《中国注册会计师审计准则问题解答》,对如何正确理解审计准则及应用指南、解决实务问题提供了细化指导和提示;2013年8月,中国内部审计协会发布了新修订的《中国内部审计准则》;2014年3月1日开始施行的新《公司法》将公司注册资本实缴登记制改为认缴登记制,设立公司时一般不再需要验资。在审计实务方面,会计师事务所、上市公司以及其他被审计单位在财务报表审计、内部控制审计等业务实施过程中由于行业特点、企业自身原因等不断涌现新的热点问题,引起社会的广泛关注。在对教材内容进行必要的补充和修订的基础上,为了便于学生更好地理解和掌握各章内容,本版教材新增了引例与复习思考题,并对原有自我测试题做了调整和补充。

《审计原理与实务》(第二版)可以用于高等院校会计专业本科教学,也可以作为从事会计、审计、财务管理等领域的实务工作者培训或自学的参考用书。

本书由上海财经大学会计学院王英姿博士编写。由于作者水平有限,本书在内容和结构方面难免存在诸多不足,恳请广大任课教师、实务工作者和专家批评指正,以便在今后修订时加以完善。

编 者
2016年2月于上海

第一版前言

《审计原理与实务》是在总结国内外审计文献,并参照我国财政部于2010年11月1日批准颁布的注册会计师审计准则和应用指南的基础上编写而成的,全书的写作力求深入浅出,使学生在完成本课程的学习之后,能够了解财务报表审计的全貌,并将之运用于实践。

本书共分17章,着重介绍了注册会计师年度财务报表审计的相关理论与实务。第一章至第八章阐述的是审计基础理论,涉及审计的基本概念、审计监督体系、注册会计师执业准则体系、财务报表审计过程、审计计划、重大错报风险评估与应对、审计证据与工作底稿等;第九章至第十四章介绍了审计实务,具体内容包括销售与收款循环审计、采购与付款循环审计、生产与存货循环审计、货币资金审计和审计报告等;第十五章的内容是财务报表审计以外的其他鉴证业务与非鉴证业务,包括验资、财务报表审阅、内部控制审计等;第十六章阐述的是注册会计师的法律责任;第十七章的内容是政府审计和内部审计。

本书的特点是尽量运用案例或数据来补充说明相关理论问题,并将一家虚拟公司(新欣公司)20×5年度财务报表审计作为贯穿全书的主线来讲述审计理论和实务。

针对审计、审阅等领域的重要术语,本书参照国际会计师联合会(IFAC)下属的国际审计与鉴证准则理事会(IAASB)所颁布的国际审计准则(International Standards on Auditing)、国际审阅准则(International Standards on Review Engagements)等执业规范对重要术语的英文原文做了说明。此外,每个章节均附有本章要点、复习思考题和自我测试题,其中自我测试题包括单项选择题、判断题、案例分析题等多种题型的练习,希望能有助于读者理解各章节的审计概念和实务。

《审计原理与实务》可以用于高等院校会计专业本科教学,也可以作为从事会计、审计、财务管理等领域的实务工作者培训或自学的参考用书。

本书由上海财经大学会计学院王英姿博士编写。由于时间仓促,书中可能存在不足之处,恳请读者批评指正。

编　者

2012年1月

目 录

第二版前言/1

第一版前言/1

第一章 绪论/1
本章要点/
引例/1
第一节 审计的基本概念/2
第二节 注册会计师行业/5
第三节 财务报表审计/14
复习思考题/18
自我测试题/18

第二章 注册会计师执业准则/20
本章要点/20
引例/20
第一节 注册会计师执业准则体系/21
第二节 鉴证业务基本准则/26
第三节 质量控制准则/31
复习思考题/42
自我测试题/42

第三章 注册会计师职业道德守则/44
本章要点/44
引例/44
第一节 注册会计师职业道德基本原则/45
第二节 注册会计师职业道德概念框架/47
第三节 注册会计师提供专业服务时对职业道德概念框架的运用/50
第四节 独立性/55
复习思考题/68
自我测试题/69

第四章 财务报表审计流程/71
本章要点/71

引例/71
第一节 财务报表审计概述/72
第二节 财务报表审计流程/75
第三节 与治理层的沟通/83
复习思考题/88
自我测试题/88

第五章 审计计划/91
本章要点/91
引例/91
第一节 初步业务活动/92
第二节 总体审计策略与具体审计计划/97
第三节 重要性/101
第四节 审计风险/109
复习思考题/111
自我测试题/112

第六章 风险评估/115
本章要点/115
引例/115
第一节 了解被审计单位及其环境/116
第二节 风险评估程序和其他相关程序/125
第三节 评估重大错报风险/127
第四节 识别与评估舞弊风险/130
复习思考题/138
自我测试题/138

第七章 风险应对/141
本章要点/141
引例/141
第一节 风险应对概述/143
第二节 控制测试/145
第三节 实质性程序/149
第四节 应对舞弊导致的重大错报风险/152
复习思考题/158
自我测试题/159

第八章 审计证据、审计工作底稿与审计抽样/163
本章要点/163
引例/163

第一节 审计证据/164

第二节 审计工作底稿/176

第三节 审计抽样/184

复习思考题/191

自我测试题/191

第九章 销售与收款循环审计/195

本章要点/195

引例/195

第一节 销售与收款循环概述/197

第二节 销售与收款循环的内部控制与控制测试/199

第三节 销售与收款循环的实质性程序/203

复习思考题/217

自我测试题/217

第十章 采购与付款循环审计/220

本章要点/220

引例/220

第一节 采购与付款循环概述/221

第二节 采购与付款循环的内部控制与控制测试/223

第三节 采购与付款循环的相关账户审计/227

复习思考题/237

自我测试题/237

第十一章 生产与存货循环审计/241

本章要点/241

引例/241

第一节 生产与存货循环概述/242

第二节 生产与存货循环的内部控制与控制测试/245

第三节 生产与存货循环的实质性程序/250

复习思考题/259

自我测试题/259

第十二章 货币资金与其他相关项目的审计/262

本章要点/262

引例/262

第一节 货币资金审计概述/264

第二节 库存现金审计/266

第三节 银行存款与其他货币资金审计/269

第四节 其他相关账户的审计/275

第五节　现金流量表的审计/278

复习思考题/282

自我测试题/282

第十三章　完成审计工作/284

本章要点/284

引例/284

第一节　期后事项的审计/285

第二节　或有事项的审计/288

第三节　持续经营审计/291

第四节　审计差异调整/295

第五节　书面声明/300

第六节　向治理层和管理层通报内部控制缺陷/304

复习思考题/307

自我测试题/308

第十四章　审计报告/311

本章要点/311

引例/311

第一节　审计报告概述/312

第二节　审计报告的类型与基本内容/313

第三节　非标准审计报告/318

第四节　比较信息/326

第五节　含有已审计财务报表的文件中的其他信息/330

第六节　特殊目的审计报告/331

复习思考题/337

自我测试题/338

第十五章　财务报表审计以外的鉴证业务与非鉴证业务/342

本章要点/342

引例/342

第一节　内部控制审计/344

第二节　验资/356

第三节　财务报表审阅/372

第四节　非鉴证业务/376

复习思考题/380

自我测试题/380

第十六章　注册会计师的法律责任/383

本章要点/383

引例/383
第一节 注册会计师法律责任概述/384
第二节 注册会计师如何避免法律诉讼/398
复习思考题/401
自我测试题/401

第十七章 政府审计与内部审计/404
本章要点/404
引例/404
第一节 政府审计/407
第二节 内部审计/415
复习思考题/424
自我测试题/424

参考文献/425

第一章 绪 论

本章要点

- 审计的概念与分类
- 鉴证业务的定义与分类
- 注册会计师行业的发展概况
- 财务报表审计的必要性与局限性

引例

英国南海公司事件

南海公司(The South Sea Company)是一家成立于1711年的特许贸易公司。南海公司成立之初,认购了总价值近1 000万英镑的政府债券。作为回报,英国政府对该公司经营的酒、醋、烟草等商品实行永久性退税政策,并给予其对南海(即南美洲)的贸易垄断权。当时,人人都知道秘鲁和墨西哥的地下埋藏着巨大的金银矿产,只要能把英格兰的加工商送上海岸,数以万计的"金砖银石"就会源源不断地运回英国。社会公众对南海公司的前景充满信心,公司股票被投资者看好。

1720年,英国政府下议院和上议院先后通过了政府债券与南海公司股票进行转换的方案,投资者也可以用货币直接购买该公司股票。由于投资者认购踊跃,股票供不应求,公司的股价飙涨。从1月初的每股128英镑上升到6月末的每股1 000英镑以上,6个月涨幅高达700%。然而,在此期间,南海公司的经营每况愈下,赢利甚微,公司股票的市场价格与上市公司实际经营前景完全脱节。公司提出了各种令人眼花缭乱的计划,其中大多数计划是荒唐的或虚幻的。据英国商业史学家T. G. 威廉姆斯(T. G. Williams)介绍,"共有11种渔业计划,10个保险计划,2个汇兑公司,4个盐业公司,2个糖业公司,12个美洲殖民或贸易公司,2个建筑公司,18个土地公司,6个油脂公司,4个河港公司,4个专门供应伦敦煤炭、牲畜、饲料和铺路的公司,6个麻业公司,5个丝绸工业公司,1个蚕桑公司,15个矿业公司,还有60多个莫名其妙的企业。"

1720年6月,为了制止各类"泡沫公司"的膨胀,英国国会通过了《泡沫法案》(The Bubble Act)。自此,许多公司被解散,公众开始清醒过来。对一些公司的怀疑逐渐扩展到南海公司身上。从7月份开始,首先是外国投资者抛售南海股票,国内投资者纷纷跟进,南海股价很快一落千丈,9月份直跌至每股175英镑,12月份跌到124英镑。"南海气泡"由此破灭。

在强大的舆论压力下,议会任命了一个由13人组成的特别委员会,秘密查证的结果是:南海公司的会计记录严重失实,存在蓄意篡改经营数据的舞弊行为。于是委员会聘请了精通会计实务的查尔斯·斯内尔(Charles Snell)对南海公司的分公司"索布里奇商社"(Sawbridge

Company)的会计账簿进行了检查。斯内尔于1721年编制了一份审计报告书，它开宗明义地表明这是"伦敦市彻斯特·莱恩学校的习字教师兼会计师查尔斯·斯内尔对索布里奇商社的会计账簿进行检查的意见"，接着指出了企业存在舞弊行为。议会根据该审计报告，除没收全部董事的个人财产以外，还将一名负直接责任的经理逮捕，押进了伦敦塔。

南海公司事件孕育了查尔斯·斯内尔这样一位民间审计职业的先驱者。查尔斯·斯内尔已被认为是世界上第一位受聘对股份公司的会计记录进行审查的会计师，他编制的报告是世界上最早的由会计师呈送的审计报告。南海公司事件，揭开了民间审计走向现代的序幕。

（资料来源：文硕，"近代民间审计的诞生：英国捷足先登"，《中国总会计师》，2012年第6期，第144～146页；江涌，英国的"南海事件"，《深交所》，2007年8月，第43～45页；李国运，"南海公司事件案例研究"，《审计研究》，2007年第2期，第93～96页。根据行文需要略做调整。）

思考题

从南海公司事件的角度分析审计的作用是什么。

第一节 审计的基本概念

一、审计的概念

美国会计学会在1973年的《基本审计概念公告》（A Statement of Basic Auditing Concepts）中将审计（auditing）定义为"为确定关于经济行为、事项的认定（assertions）符合有关标准的程度，而客观地搜集、评价有关这些认定的证据，并将评价结果传达给相关利益主体的、一个系统的过程"。

关于这一概念，有以下几点需要说明：

（1）在财务报表审计业务中，关于经济行为、事项的认定集中体现在财务报表。有关的标准则通常是指适用的财务报告编制基础（如企业会计准则）；审计人员需要搜集有关财务报表信息的各种类型的证据，并将最终的评价结果以审计报告的形式提供给相关的利益主体（如股东、债权人、税务机关等）。

（2）审计业务并不仅仅是指财务报表审计业务，还包括验资、合并、分立、清算等业务的审计、特殊目的审计等内容。

（3）审计的最本质特性是独立性。在审计业务中，通常涉及三个方面：财务报表等资料的提供者（如被审计单位的管理层）、审计机构（或人员）、经审计的会计信息使用者（如投资者、债权人、税务机关）。审计机构（或人员）接受委托（或根据授权）所进行的审查，是从独立的第三方角度对被审计单位的财务报表等资料及经济活动进行审查（审计业务中的三方关系如图1—1所示）。一般认为，审计可以提高财务报表等信息的可信度，但是，如果审计人员与被审计单位在经济上或其他方面存在紧密联系、丧失了独立性，那么，审计人员就不可能对被审计单位的经济事项发表公正的意见，所以，独立性是审计的最本质特性。

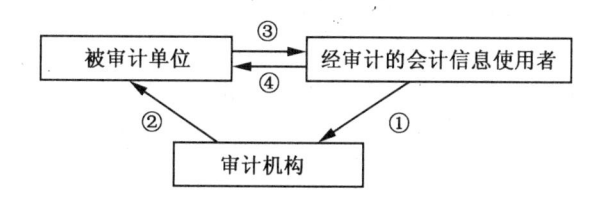

注：①经审计的会计信息使用者包括投资者、债权人、税务机关等。

在所有权与经营权分离的情况下，企业的投资者并不参与日常经营，他们与管理层之间存在委托代理关系。投资者为了确定管理层履行受托责任的情况，委托审计机构代其审核管理层提供的会计信息的可靠性，这样，投资者与审计机构之间也形成了一种委托代理关系。

②审计机构对被审计单位的会计资料、经济活动进行审计，并出具审计报告。

③被审计单位将审计报告和经审计的会计信息提供给使用者。

④会计信息使用者根据审计报告和经审计的会计信息做出决策，例如，投资者根据经审计的会计信息决定是否对被审计单位进行投资，而债权人根据经审计的会计信息确定是否对被审计单位提供贷款。

图1-1 审计业务中的三方关系

二、审计的分类

根据不同的分类标准，审计有多种不同的分类。例如，按目的和内容的不同，分为财务报表审计、经营审计和合规性审计；按主体的不同，分为政府审计、注册会计师审计和内部审计；按照审计技术的不同，审计分为账项基础审计、制度基础审计和风险基础审计。

(一)按照审计目的和内容分类

1. 财务报表审计

财务报表[①]审计(financial statements audits)的目标是通过执行审计工作，对财务报表是否按照适用的财务报告编制基础编制，是否在所有重大方面公允反映被审计单位的财务状况、经营成果和现金流量发表审计意见。财务报表通常包括资产负债表、利润表和现金流量表以及财务报表附注。

2. 经营审计

经营审计(operational audits)是审计人员为了评价被审计单位经营活动的效率和效果而对其运营流程和方法进行的评价。经营审计的对象涉及会计核算、组织机构、信息系统、生产过程、市场营销等领域。

3. 合规性审计

合规性审计(compliance audits)的目的是确定被审计单位是否遵循了特定的程序、规章或条例。例如，确定企业会计人员是否按照公司内部规章制度的要求履行其职责。

(二)按照审计主体分类

1. 政府审计

政府审计(government audits)是指由政府审计机关所实施的审计。在我国，中华人民共和国审计署、各地的审计局、审计署派驻国务院各部门和各地的特派员办事处都属于政府审计

---

① 财务报表，是指依据某一财务报告编制基础对被审计单位历史财务信息做出的结构性表述，包括披露重要会计政策和其他解释性信息的相关附注。财务报表通常是指整套财务报表，有时也指单一财务报表。整套财务报表的构成应当根据适用的财务报告编制基础的规定确定。

机关。政府审计的具体内容将在第十七章阐述。

2. 注册会计师审计

注册会计师审计(CPA audits),也称独立审计、民间审计、社会审计,是指由民间审计机构所实施的审计。在我国,经政府有关部门审批注册登记的会计师事务所和审计事务所都属于民间审计组织。本书侧重于阐述注册会计师审计方面的相关内容。

政府审计和注册会计师审计统称为外部审计,因为两者都是被审计单位外部的审计机构和人员实施的审计。

3. 内部审计

内部审计(internal audits)是指组织内部的一种独立客观的监督和评价活动,通过审查和评价经营活动及内部控制的适当性、合法性和有效性来促进组织目标的实现。内部审计的具体内容将在第十七章阐述。

需要说明的是,政府审计、注册会计师审计和内部审计是一个有机的整体,它们共同构成了我国的审计监督体系。

审计监督体系中的政府审计机关、会计师事务所和内部审计机构相互独立,服务于不同的审计对象和不同的审计目标,不存在主导和从属的关系。三者的区别如表1—1所示。

表1—1　　　　　　　　政府审计、注册会计师审计与内部审计的区别

比较项目	政府审计	注册会计师审计	内部审计
审计主体	国家审计机关	会计师事务所	内部审计部门
审计依据	政府审计准则	审计准则	内部审计准则
审计对象	财政、财务收支的真实性、合法性和效益性	主要是财务报表的合法性、公允性	会计及相关信息、经营绩效、经营合规性等
审计报告提交对象	审计机关	被审计单位	本单位主要负责人(总经理)或者权力机构(董事会)
对被审计单位是否具有处罚权	是(体现为审计决定书)	否	否
是否需要接受被审计单位委托后才能提供审计服务	否(实施审计3日前,向被审计单位送达审计通知书)	是	否(在实施审计前,向被审计单位送达内部审计通知书)
被审计单位(或部门)是否需要支付审计费用	否	是	否

另一方面,政府审计、注册会计师审计与内部审计机构之间存在密切的联系。如有必要,政府审计机关可以将其审计范围内的审计事项委托会计师事务所或内部审计部门办理;政府审计机关和会计师事务所执行审计业务时,可以向内部审计部门了解情况,充分利用内部审计部门的工作,从而提高审计效率;内部审计部门在执行审计业务时,也可以利用政府审计和会计师事务所提供的相关资料,从而提高内部审计的可靠性和权威性。

在《内部审计具体准则第2303号——内部审计与外部审计的协调》和《中国注册会计师审计准则第1411号——利用内部审计人员的工作》中均论及了政府审计、注册会计师审计与内部审计的关系。

《内部审计具体准则第2303号——内部审计与外部审计的协调》规定:内部审计与外部审计(包括政府审计和注册会计师审计)应在审计范围上进行协调。在制订年度审计计划和项目

审计方案时,应考虑双方的工作,以确保充分、适当的审计范围,最大限度地减少重复性工作;内部审计与外部审计应在必要的范围内互相交流相关审计工作底稿,以便利用对方的工作成果;内部审计与外部审计应相互参阅审计报告;内部审计与外部审计应在具体审计程序和方法上相互沟通,达成共识,以促进双方的合作。

《中国注册会计师审计准则第1411号——利用内部审计人员的工作》指出:内部审计和注册会计师审计用以实现各自目标的某些手段通常是相似的。在财务报表审计业务中,注册会计师应当确定内部审计人员的工作是否可能实现其审计目的;如果可能实现其审计目的,注册会计师需要考虑内部审计人员的工作对财务报表审计程序的性质、时间安排和范围产生的预期影响。

(三)按照审计技术分类

1. 账项基础审计

账项基础审计(accounting number-based audit approach)是根据会计账务处理的过程(原始凭证→记账凭证→账簿→报表),采用顺查或逆查的方法,通过对会计凭证和账簿的详细审阅来评价财务报表数据正确与否的一种审计方法。账项基础审计是审计技术发展的第一阶段。采用账项基础审计方法时,审计人员没有明确的审计重点,适用于企业规模较小、账务处理比较简单的审计业务。随着企业规模的扩大,账务处理开始变得复杂,审计师需要采用更有效率的方法执行审计业务。于是,在20世纪40年代以后出现了制度基础审计。

2. 制度基础审计

制度基础审计(system-based auditing)是指建立在内部控制评价基础上的审计方法。对于内部控制制度完善并且得到一贯遵循的项目,则执行较少的实质性程序;对于内部控制制度存在重大缺陷或者内部控制制度虽然存在但是未能得到一贯遵循的项目,则执行较多的实质性程序。制度基础审计的优点是通过了解和评价被审计单位的内部控制制度,审计人员可以确定审计重点,合理分配审计人员和时间,以提高审计的效率。

自20世纪80年代开始,随着美国、英国等国家一些大公司的倒闭,针对注册会计师的诉讼急剧增加,在这种情况下,注册会计师行业意识到在审计过程中,除了需要考虑被审计单位内部控制制度的有效性以外,还需要对审计风险进行客观的评价,在此背景下,出现了一种新的审计方法——风险基础审计。

3. 风险基础审计

风险基础审计(risk-based auditing,也称风险导向审计)是一种建立在企业经营风险和审计风险要素评价基础上的审计方法。注册会计师系统地分析和评价企业经营风险、审计风险各要素,并在此基础上确定审计策略。

与制度基础审计相比,风险基础审计从更广泛的视角对被审计单位的经营风险、内部控制制度和审计风险进行评价,较多地运用了成本较低的分析程序,从而降低了审计成本,在一定程度上提高了审计效率。

第二节 注册会计师行业

一、注册会计师行业的发展历程

(一)国外注册会计师行业的产生与发展

19世纪中期,英国的工业革命推动了苏格兰经济的发展,带动了公共会计业的迅速成长。

1844年英国颁布的《公司法》规定股份公司的账目必须经董事以外的人员审计,极大地促进了独立审计的发展。1853年,爱丁堡的部分会计师自发成立了第一个注册会计师的专业团体——爱丁堡会计师公会。该协会的成立,标志着注册会计师职业的诞生。

此后,注册会计师行业的发展历程及其各阶段的特点如表1—2所示。

表1—2　　　　　　　　　　　　注册会计师行业发展历程

项目时间	审计对象	审计方法	审计目的	审计报告的主要使用者	备注
1844年至20世纪初	会计账簿	详细审计	查错防弊	股东	
20世纪初至20世纪30年代初	资产负债表	抽样审计	判断企业信用状况	股东和债权人	全球经济发展重心由欧洲转向美国
20世纪30年代至40年代	资产负债表利润表	抽样审计	提高财务报表的可信度	股东、债权人、证券交易机构、金融机构及潜在投资者等	1929~1933年,经济危机爆发
20世纪40年代以后	资产负债表利润表	制度基础审计、风险基础审计	提高财务报表的可信度	股东、债权人、证券交易机构、金融机构及潜在投资者等	先后出现了"八大""六大""五大""四大"会计师事务所

注:四大会计师事务所是指普华永道(Pricewaterhouse Coopers,PWC)、安永(Ernst & Young,EY)、毕马威(KPMG)、德勤(Deloitte Touche Tohmastu,DTT)。

(二)我国注册会计师审计的历史沿革

我国的注册会计师审计起源于1918年。1918年6月,谢霖上书北洋政府财政部和农商部,要求推行注册会计师制度,同年9月农商部批准了谢霖草拟的《会计师暂行章程》,并于9月7日向其颁发了中国第1号注册会计师证书。其后,谢霖在北京创办了我国第一家会计师事务所——正则会计师事务所,与潘序伦创办的立信会计师事务所、奚玉书创办的公信会计师事务所、徐永祚创办的徐永祚会计师事务所在旧中国被誉为四大会计师事务所。1925年会计师公会在上海首先成立,随后天津、武汉、广东等地的会计师公会相继成立。1927年以后,民国政府先后颁布了《会计师注册章程》《会计师条例》。旧中国的注册会计师行业总体发展比较缓慢,至1947年,全国有注册会计师2 600多人。

新中国成立后的1949年至1980年,由于当时的宏观政策因素,注册会计师行业处于萎缩甚至中断阶段。1951年,中央人民政府财政经济委员会以《中央人民政府政务院财政经济委员会函》[(51)财经私字第29号]的方式,对会计师的资格、执业范围、执业要求、收费等问题做了原则性的规定。注册会计师在新中国成立初期对资本主义工商业的社会主义改造及建立社会主义经济中发挥了重要作用,但是,1957年之后,随着对资本主义工商业的社会主义改造基本完成以及我国开始实施高度集中的计划经济,注册会计师失去了服务对象,暂时退出了历史舞台。

党的十一届三中全会以后,随着改革开放进程的不断推进,外商来华投资日益增多,1980年12月14日财政部颁布了《中华人民共和国中外合资经营企业所得税法实施细则》,规定外资企业财务报表须经注册会计师审计,这为恢复我国注册会计师制度提供了法律依据。1980年12月23日,财政部发布《关于成立会计顾问处的暂行规定》,标志着我国注册会计师行业开始复苏。1981年1月1日,上海会计师事务所宣告成立,成为新中国第一家由财政部批准、独立承办注册会计师业务的会计师事务所。1986年,国务院发布《中华人民共和国注册会计师

《条例》，第一次确立了注册会计师的法律地位。1988年11月，中国注册会计师协会作为注册会计师行业的自律组织正式成立，标志着注册会计师行业恢复重建工作的完成。20世纪90年代初，我国证券市场的逐步建立、发展以及国有企业改革进程的加快都推动了会计师事务所数量和规模的增长。根据中国注册会计师协会的统计，截至2014年12月31日，全国共有事务所8 295家，注册会计师99 045人，非执业会员103 566人。[1] 2014年，我国注册会计师行业报备业务收入589亿元。[2]

根据《会计师事务所综合评价办法（修订）》（会协〔2014〕22号），事务所综合评价指标包括业务收入指标、综合评价其他指标、处罚和惩戒指标三大类。中国注册会计师协会于2015年8月发布了2015年会计师事务所综合评价前百家信息。表1－3摘录的是2015年综合评价排名前十位的会计师事务所的相关信息。

表1－3　　2015年中国注册会计师协会综合评价排名前十位的会计师事务所概况

事务所名称	名次	综合评价得分	事务所本身业务收入（单位：万元）	与事务所统一经营的其他执行机构业务收入（单位：万元）	业务收入指标得分	综合评价其他指标得分	处罚和惩戒指标应减分值	注册会计师人数（单位：人）	人均业务收入（单位：万元）	注册会计师人均业务收入（单位：万元）
普华永道中天会计师事务所	1	1 710.96	371 348.24	0.00	1 000.00	716.96	－6	1 007	60.76	368.77
德勤华永会计师事务所	2	1 663.51	313 092.45	0.00	969.14	700.37	－6	849	60.05	368.78
安永华明会计师事务所	3	1 657.16	283 323.15	0.00	951.07	706.08	0	910	61.05	311.34
瑞华会计师事务所	4	1 649.29	306 202.57	30 267.84	966.00	691.29	－8	2 357	40.90	129.91
立信会计师事务所	5	1 648.38	290 695.72	30 441.60	956.66	691.72	0	1 920	38.12	151.40
毕马威华振会计师事务所	6	1 614.94	235 071.87	0.00	917.31	703.63	－6	646	62.50	363.89
天健会计师事务所	7	1 541.13	150 590.03	0.00	836.78	704.35	0	1 399	37.93	107.64
信永中和会计师事务所	8	1 504.78	128 288.93	0.00	807.79	696.99	0	1 186	32.53	108.17
天职国际会计师事务所	9	1 483.71	121 705.73	26 323.53	800.21	683.50	0	835	43.16	145.76
致同会计师事务所	10	1 479.80	119 627.22	0.00	759.10	684.70	0	831	35.21	143.96

注：综合评价其他指标包括事务所基本情况、内部治理、执业质量、人力资源、国际业务、信息技术、党群共建、社会责任、受奖励情况等因素；处罚和惩戒指标是指会计师事务所及其注册会计师由于执业行为的原因在2013年和2014年两个年度受到刑事处罚、行政处罚和行业惩戒的情况。2015年百家信息数据来源为截至2014年12月31日各会计师事务所相关数据。

二、注册会计师

所谓注册会计师（Certified Public Accountant，CPA），是指取得注册会计师证书并在会计师事务所执业的人员，通常是指项目合伙人或项目组其他成员，有时也指其所在的会计师事务所。

（一）注册会计师考试

具有高等专科以上学校毕业的学历，或者具有会计或相关专业中级以上技术职称的中国

---

[1] 中国注册会计师协会："中国注册会计师协会2014年工作总结"，http://www.cicpa.org，2015年2月13日。
[2] 资料来源：财政部会计司，"中国注册会计师行业发展报告——基于会计师事务所2010～2014年度报备信息的数据分析"，http://kjs.mof.gov.cn/zhengwuxinxi/diaochayanjiu/201512/t20151210_1608261.html；同一品牌下的其他执业机构的收入报备存在一定差异。

公民,可以申请参加由中国注册会计师协会组织实施的全国统一考试。注册会计师全国统一考试制度自1991年开始实行。

根据中国注册会计师协会在2009年1月发布的《注册会计师考试制度改革方案》的通知及2014年《财政部关于修改〈注册会计师全国统一考试办法〉的决定》,注册会计师考试划分为两个阶段:第一阶段即专业阶段,设会计、审计、财务成本管理、公司战略与风险管理、经济法、税法6科,主要测试考生是否具备注册会计师执业所需的专业知识,是否掌握基本技能和职业道德要求;第二阶段即综合阶段,设职业能力综合测试1个科目,主要测试考生是否具备在注册会计师执业环境中运用专业知识,保持职业价值观、职业态度与职业道德,有效解决实务问题的能力。考生在通过第一阶段的全部考试科目后,才能参加第二阶段的考试。考试为闭卷,采用计算机化考试方式或者纸笔考试方式。

(二)执业注册会计师

注册会计师全国统一考试成绩全科合格,或者经依法认定(或者考核)具有注册会计师资格,并且从事审计业务工作2年以上者,可以向省、自治区、直辖市注册会计师协会申请注册,即成为执业注册会计师。

三、民间审计机构

民间审计机构是指根据国家法律或条例规定,经财政部门审核批准成立的会计师事务所(或审计事务所)(accounting firms)。

(一)会计师事务所的组织形式

根据1994年1月1日起施行的《中华人民共和国注册会计师法》的规定,我国只允许设立有限责任(limited liability companies,LLCs)的会计师事务所和合伙制(partnership)的会计师事务所。

1. 有限责任会计师事务所

有限责任会计师事务所是指由注册会计师出资发起设立、承办注册会计师业务并负有限责任的社会中介机构。以有限责任方式设立的会计师事务所以其全部资产对其债务承担责任,会计师事务所的出资人承担责任以其出资额为限。

设立有限责任会计师事务所必须符合下列条件:

(1)不少于人民币30万元的注册资本;
(2)有10名以上在国家职龄(60岁)以内的专职从业人员,其中至少有5名注册会计师;
(3)有5名以上符合规定条件的发起人;
(4)有固定的办公场所;
(5)审批机关规定的其他条件。

2. 合伙会计师事务所

合伙设立的会计师事务所债务由合伙人按出资比例或者协议的约定,以各自的财产承担责任,合伙人对会计师事务所的债务承担连带责任。

设立合伙会计师事务所必须具备下列条件:

(1)由两名以上符合规定的注册会计师为合伙人,由合伙人聘用一定数量符合规定条件的注册会计师和其他专业人员参加会计师事务所工作;
(2)有固定的办公场所和必要的设施;
(3)有能够满足执业和其他业务工作所需要的资金。

在我国,合伙会计师事务所分为普通合伙和特殊普通合伙两种类型。《注册会计师法》规定的是普通合伙会计师事务所的设立条件;2010年7月,我国财政部、国家工商行政管理总局颁布了《关于推动大中型会计师事务所采用特殊普通合伙组织形式的暂行规定》,将特殊普通合伙组织形式的会计师事务所的债务承担方式界定为:一个合伙人或者数个合伙人在执业活动中因故意或者重大过失造成合伙企业债务的,应当承担无限责任或者无限连带责任,其他合伙人以其在合伙企业中的财产份额为限承担责任。合伙人在执业活动中非因故意或者重大过失造成的合伙企业债务以及合伙企业的其他债务,由全体合伙人承担无限连带责任。会计师事务所转制为特殊普通合伙组织形式,应当有25名以上符合规定[①]的合伙人、50名以上的注册会计师,以及人民币1 000万元以上的资本。

在其他国家,会计师事务所的组织形式除了有限责任公司(与我国目前的有限责任制类似)、普通合伙以外,还有独资(sole proprietorship)和有限责任合伙(limited liability partnerships,LLPs,相当于我国目前的特殊普通合伙)两种形式。

3. 独资会计师事务所

独资会计师事务所由具有注册会计师执业资格的人员独立开业,承担无限责任。独资会计师事务所的优点是可以满足规模较小的企业代理记账、纳税等方面的需求,尽管承担无限责任,但是实际的执业风险较低。

4. 有限责任合伙的会计师事务所

有限责任合伙的会计师事务所要求直接责任人(指存在违约、过失或欺诈等行为的合伙人)承担无限责任,无过失的合伙人则按约定份额承担有限责任。有限合伙制是国际上会计师事务所常见的组织形式。这种体制既能建立良好的风险和约束机制,又有利于保护注册会计师的合法权益。

如表1—4数据[②]显示,过去5年来,我国会计师事务所数量呈小幅增长趋势,合伙所(含普通合伙和特殊普通合伙,下同)占比明显上升,有限责任事务所占比逐年下降。这与财政部会同工商总局等部门推动大中型会计师事务所特殊普通合伙转制、引导小型事务所优先采用普通合伙组织形式密切相关。由于合伙所对执业质量承担无限连带责任,合伙所数量的明显上升,表明我国注册会计师行业注重从源头上强化风险意识和责任意识取得新进展,也加速了与合伙所占主流的国际惯例相协调。

[①] 会计师事务所转制为特殊普通合伙组织形式,其具备注册会计师执业资格的合伙人应当符合下列条件:

(一)在会计师事务所专职执业。

(二)成为合伙人前3年内没有因为执业行为受到行政处罚。

(三)有取得注册会计师证书后最近连续5年在会计师事务所从事下列审计业务的经历,其中在境内会计师事务所的经历不少于3年:

1. 审查企业会计报表,出具审计报告;

2. 验证企业资本,出具验资报告;

3. 办理企业合并、分立、清算事宜中的审计业务,出具有关的报告;

4. 法律、行政法规规定的其他审计业务。

(四)成为合伙人前1年内没有因采取隐瞒或提供虚假材料、欺骗、贿赂等不正当手段申请设立会计师事务所而被省级财政部门作出不予受理、不予批准或者撤销会计师事务所的决定。

(五)年龄不超过65周岁。

[②] 资料来源:财政部会计司,"中国注册会计师行业发展报告——基于会计师事务所2010~2014年度报备信息的数据分析",http://kjs.mof.gov.cn/zhengwuxinxi/diaochayanjiu/201512/t20151210_1608261.html;表1—4所称事务所,如无特指,均指总所。

表 1—4　　　　　　　　　　　2010～2014年我国各类会计师事务所数量

事务所类型＼年份	2010	2011	2012	2013	2014
普通合伙事务所	2 553	2 763	2 909	3 069	3 141
特殊普通合伙事务所	14	24	31	52	50
有限责任事务所	4 404	4 317	4 265	4 167	4 125
合计	6 971	7 104	7 205	7 288	7 316

(二) 会计师事务所的主要业务内容

1.《中华人民共和国注册会计师法》的规定

根据《中华人民共和国注册会计师法》的规定，会计师事务所接受客户委托承办的具体业务项目有：

(1) 审查企业财务报表，出具审计报告。本书将详细论述该项业务的具体操作理论与实务。

(2) 验证企业资本，出具验资报告。该内容将在第十五章论述。

(3) 办理企业合并、分立、清算事宜中的审计业务，出具有关的报告。

(4) 承办会计咨询、会计服务业务。该类业务内容具体包括：担任会计顾问，提供会计财务、税务和经济管理咨询；代理记账；代理纳税申报；代理申请注册登记、协助拟订合同、章程和其他文件、培训财务会计人员；参与投资项目的可行性研究；等等。

根据中国注册会计师协会编发的《注册会计师业务指导目录（2014年）》，在实务中，会计师事务所向客户提供的业务项目达436项，包括鉴证业务（271项）、相关咨询服务业务（148项）和创新业务（17项）。具体的业务类型包括：财务报表审计、财务报表审阅、验资、内部控制审计、专项审计、资产评估，以及管理咨询、会计咨询等服务。

2. 会计师事务所业务内容的分类

会计师事务所向客户提供的业务内容可分为鉴证业务和非鉴证业务两大类。

(1) 鉴证业务

根据《中国注册会计师鉴证业务基本准则》的规定，鉴证业务（assurance engagement）是指注册会计师对鉴证对象信息（the outcome of the evaluation or measurement of a subject matter）提出结论，以增强除责任方之外的预期使用者对鉴证对象信息信任程度的业务。例如，企业管理层按照适用的财务报告编制基础反映其财务状况、经营成果和现金流量（鉴证对象）的财务报表就是鉴证对象信息。鉴证对象信息应当恰当反映鉴证对象的情况。如果没有恰当反映鉴证对象的情况，鉴证对象信息就可能存在错报，而且可能存在重大错报。

① 按照具体业务内容进行分类

根据具体业务内容，鉴证业务可分为历史财务信息审计业务、历史财务信息审阅业务和其他鉴证业务。

历史财务信息审计业务（audit of historical financial information）的主要内容是财务报表审计。财务报表审计的目标是注册会计师通过执行审计工作，对财务报表的下列方面发表审计意见：财务报表是否按照适用的财务报告编制基础编制；财务报表是否在所有重大方面公允反映被审计单位的财务状况、经营成果和现金流量。财务报表审计属于鉴证业务，注册会计师的审计意见旨在提高财务报表的可信赖程度。财务报表审计属于法定审计业务。我国《公司法》第165条规定:"公司应当在每一会计年度终了时编制财务会计报告,并依法经会计师事务所审计。"

历史财务信息审阅业务(review of historical financial information)的主要内容是财务报表审阅。财务报表审阅的目标,是注册会计师在实施审阅程序的基础上,说明是否注意到某些事项,使其相信财务报表没有按照适用的财务报告编制基础编制,未能在所有重大方面公允反映被审阅单位的财务状况、经营成果和现金流量。财务报表审阅的内容将在第十五章论述。

其他鉴证业务(other assurance engagements)是指历史财务信息审计或审阅以外的鉴证业务,包括预测性财务信息审核、内部控制审计等内容。这些内容将在第十五章论述。

②按照鉴证对象的处理方式分类

根据鉴证对象的处理方式,鉴证业务可分为基于责任方认定的业务和直接报告业务。

在基于责任方认定的业务(assertion-based engagements)中,责任方对鉴证对象进行评价或计量,鉴证对象信息以责任方认定的形式为预期使用者获取。例如,在财务报表审计中,被审计单位管理层(责任方)对财务状况、经营成果和现金流量(鉴证对象)进行确认、计量和列报(评价或计量)而形成的财务报表(鉴证对象信息)即为责任方的认定,该财务报表可为预期报表使用者获取,注册会计师针对财务报表出具审计报告。这种业务属于基于责任方认定的业务。

在直接报告业务(direct reporting engagements)中,注册会计师直接对鉴证对象进行评价或计量,或者从责任方获取对鉴证对象评价或计量的认定,而该认定无法为预期使用者获取,预期使用者只能通过阅读鉴证报告获取鉴证对象信息。例如,在内部控制鉴证业务中,注册会计师可能无法从管理层(责任方)获取其对内部控制有效性的评价报告(责任方认定),或虽然注册会计师能够获取该报告,但预期使用者无法获取该报告,注册会计师直接对内部控制的有效性(鉴证对象)进行评价并出具鉴证报告,预期使用者只能通过阅读该鉴证报告获得内部控制有效性的信息(鉴证对象信息)。这种业务属于直接报告业务。

③按照鉴证业务提供的保证程度分类

根据鉴证业务的保证程度,鉴证业务可分为合理保证的鉴证业务和有限保证的鉴证业务。

合理保证的鉴证业务(reasonable assurance engagements)的目标是注册会计师将鉴证业务风险降至该业务环境下可接受的低水平,以此作为以积极方式(a positive form)提出结论的基础。例如,在历史财务信息审计中,要求注册会计师将审计风险降至可接受的低水平,对审计后的历史财务信息提供高水平保证(合理保证),在审计报告中对历史财务信息采用积极方式提出结论。这种业务属于合理保证的鉴证业务。合理保证提供的保证水平低于绝对保证[①]。

有限保证的鉴证业务(limited assurance engagements)的目标是注册会计师将鉴证业务风险降至该业务环境下可接受的水平,以此作为以消极方式(a negative form)提出结论的基础。例如,在历史财务信息审阅中,要求注册会计师将审阅风险降至该业务环境下可接受的水平(高于历史财务信息审计中可接受的低水平),对审阅后的历史财务信息提供低于高水平的

---

① 绝对保证(absolute assurance)是指注册会计师对鉴证对象信息整体不存在重大错报提供百分之百的保证。合理保证提供的是一种高水平(但非百分之百)的保证。与合理保证相比,有限保证在证据收集程序的性质、时间、范围等方面受到有意识的限制,它提供的是一种适度水平的保证。可以看出,三者提供的保证水平逐次递减。

保证(有限保证),在审阅报告中对历史财务信息采用消极方式提出结论。这种业务属于有限保证的鉴证业务。

(2)非鉴证业务

非鉴证业务(non-assurance engagements,又称相关服务,related services)包括执行商定程序、代编财务信息、税务服务、管理咨询、信息系统设计与完善、风险管理等内容。非鉴证业务不提供任何程度的保证。这里主要介绍前两项内容。

①执行商定程序

对财务信息执行商定程序(an agreed-upon procedures engagement),是指注册会计师接受委托,对特定财务数据、某一财务报表或整套财务报表等财务信息执行与特定主体商定的程序,并就执行的商定程序及其结果出具报告。

②代编财务信息

代编财务信息业务(a compilation engagement)的目标是注册会计师运用会计(而非审计)的专业知识和技能,代客户编制一套完整或非完整的财务报表,或代为收集、分类和汇总其他财务信息。

鉴证业务与非鉴证业务的分类情况可参见图1-2。

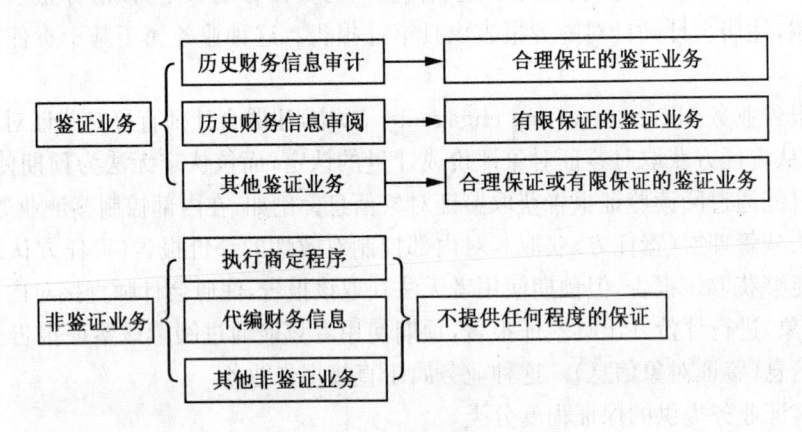

图1-2 鉴证业务与非鉴证业务

如图1-3①所示,从注册会计师审计行业2010年至2014年业务收入的变化可以看出:一方面,审计业务依然是我国会计师事务所的主要收入来源,占比约72%;另一方面,非审计业务收入增长提速,从2010年的101亿元增长到2014年的165亿元,年均增长率约13%,表明会计师事务所拓展业务范围、加快多元化发展取得良好成效。

课堂讨论题1

(1)常见的审计业务有哪些?为什么审计业务是注册会计师行业的主要收入来源?

(2)常见的非审计业务有哪些?非审计业务是非鉴证业务吗?

---

① 资料来源:财政部会计司,"中国注册会计师行业发展报告——基于会计师事务所2010~2014年度报备信息的数据分析",http://kjs.mof.gov.cn/zhengwuxinxi/diaochayanjiu/201512/t20151210_1608261.html。

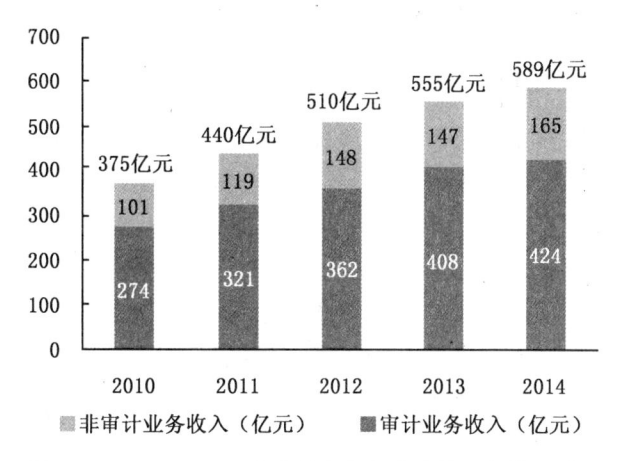

图 1－3　2010～2014 年审计业务与非审计业务收入对比

四、注册会计师审计规范

(一)注册会计师法

1993 年,江泽民签发主席令,颁布了新中国第一部注册会计师的专门法律——《中华人民共和国注册会计师法》,对注册会计师考试和注册、业务范围和规则、会计师事务所、注册会计师协会、法律责任等方面做出了规定,共四十六条。2014 年 8 月 31 日第十二届全国人民代表大会常务委员会第十次会议决定对《中华人民共和国注册会计师法》的第二十五条和第四十四条做出修改。

(二)注册会计师执业准则体系

自 1996 年 1 月至 2003 年年末,中国注册会计师协会根据《注册会计师法》公布了 28 个独立审计具体准则、10 个独立审计实务公告、5 个执业规范指南,初步形成了注册会计师审计规范体系。此后,为了规范注册会计师的执业行为、提高执业质量,实现与国际审计准则体系趋同的目标,中国注册会计师协会于 2006 年 2 月颁布了《中国注册会计师鉴证业务基本准则》等 22 项准则,修订了《中国注册会计师审计准则第 1142 号——财务报表审计中对法律法规的考虑》等 26 项准则,并要求注册会计师行业自 2007 年 1 月 1 日起按照新准则体系执业。由于国际会计师联合会(International Federation of Accountants,IFAC)下属的国际审计与鉴证准则理事会(International Auditing and Assurance Standards Board,IAASB)在 2008 年年末完成国际审计准则明晰项目,对准则做出了重大修订,我国企业的经营环境与注册会计师执业环境也处在不断发展变化的过程中,在此背景下我国注册会计师协会对原有的执业准则体系逐步进行了修订。2010 年 10 月 31 日,中国审计准则委员会会议在北京举行,会议审议并原则通过了修订的 38 项审计准则,并于 2012 年 1 月 1 日起施行。

(三)注册会计师职业道德规范

2009 年 10 月,中国注册会计师协会(以下简称中注协)发布了《中国注册会计师职业道德守则》,该守则包括五个组成部分,即《中国注册会计师职业道德守则第 1 号——职业道德基本原则》《中国注册会计师职业道德守则第 2 号——职业道德概念框架》《中国注册会计师职业道德守则第 3 号——提供专业服务的具体要求》《中国注册会计师职业道德守则第 4 号——审计和审阅业务对独立性的要求》和《中国注册会计师职业道德守则第 5 号——其他鉴证业务对独立性的要求》。《中国注册会计师职业道德守则》自 2010 年 7 月 1 日起施行。

五、注册会计师行业的管理

我国注册会计师的管理采用政府管制与自律管理相结合的机制。政府管制主要由财政部、审计署等机构负责,自律管理则由注册会计师协会负责。

(一)政府管制

各级财政部门对注册会计师、会计师事务所、注册会计师协会进行监督和指导;工商部门对会计师事务所进行工商登记与业务范围监督;税务部门对会计师事务所进行税收征管;此外,依据《中华人民共和国审计法》的规定,如果会计师事务所审计的单位属于审计机关审计监督对象的,审计署有权对会计师事务所出具的相关审计报告进行核查。

(二)自律管理

中国注册会计师协会成立于 1988 年,并于 1995 年与中国注册审计师协会联合。2000 年,根据国务院清理整顿经济鉴证类社会中介机构的要求,中国注册会计师协会与中国资产评估协会合并,组成新的中国注册会计师协会,对社会审计和资产评估行业进行管理。2004 年,为加强和规范资产评估行业管理,经财政部党组研究决定并报国务院同意,中国资产评估协会单独设立。此后,注册会计师协会的职责主要是从事注册会计师行业的自律管理,并履行一定的行政管理职责。

注册会计师协会履行自律管理职能的内容主要包括:制定职业道德规范,并监督注册会计师和会计师事务所共同遵守;拟定执业准则、规则和工作制度;检查会计师事务所业务质量,制定会计师事务所同行检查和内部检查办法;协调行业内、外部关系,支持注册会计师和会计师事务所依法执业,维护其合法权益;组织实施注册会计师全国统一考试;组织和推动会员培训工作;组织业务交流,开展理论研究,提供技术支持;开展注册会计师行业宣传;代表中国注册会计师行业开展国际交往活动等。

同时,注册会计师协会还履行一定的行政管理职责,如办理执业登记、CPA 的注册登记和其他财政部门委托或授权的其他事务。

中国注册会计师协会会员有两类:个人会员和团体会员。个人会员指取得注册会计师资格的自然人,团体会员指依法批准设立的会计师事务所。

第三节 财务报表审计

一、财务报表审计的必要性

我国注册会计师行业发展至今,财务报表审计仍是会计师事务所的核心业务。根据有关法规的规定,国有企业、金融企业、外商投资企业、上市公司等需要进行年度报表或中期报表的审计。财务报表审计的必要性主要是出于下列原因:

(一)利益冲突

企业的财务报表是会计信息使用者进行投资、信贷等决策的重要依据。但是,财务报表的编制和呈报方(被审计单位管理层)与投资者、债权人、税务机关等存在一定的利益冲突,例如,被审计单位向银行申请贷款时,有可能向银行提供高估资产和利润的财务报表。银行为了控制信贷风险,则希望尽力避免向财务状况差、盈利水平低的公司发放贷款。在这种情况下,银行本身往往无法确定企业直接提供的财务报表的可信程度,需要由独立的第三方对企业的报表进行鉴证,这个第三方就是会计师事务所。

(二)会计核算的复杂性

我国会计核算规范自1993年的13个行业会计制度、《股份有限公司会计制度》、《企业会计制度》逐步发展到与国际接轨的会计准则体系,会计核算规范的不断完善以及企业会计业务本身的复杂性,加大了企业外部的会计信息使用者理解、判断企业会计核算合法、合规性的难度。在这种情况下,由专业人士(注册会计师)提供的鉴证服务就可以达到提高会计信息可信度的目的。

(三)财务报表使用者对企业监督的间接性

企业外部的报表信息使用者(投资者、债权人、税务机关等)希望了解企业会计信息的可靠性,但不可能参与企业日常会计核算,通常也无法接触到企业的会计资料,因此,只能通过企业公布的财务报表间接了解企业的财务状况与经营成果。财务报表使用者对企业监督的这种间接性使得其无法判断报表数据的可信度。而注册会计师和会计师事务所接受客户委托之后,可以到企业进行实地审查,采用抽查企业的会计资料和实物资产、函证应收账款等程序,协助财务报表使用者对企业财务报表的可靠性做出判断。

多年来的审计实践表明,财务报表审计可以在一定程度上提高会计信息的可信度,遏制会计信息虚假的问题。

二、财务报表审计的相关规范

注册会计师在进行财务报表审计时,需要了解以下几方面的规定:

(一)会计核算规范

如前所述,企业会计核算目前可以依据的规范主要是指《企业会计准则》,注册会计师需要对企业会计核算的规范有充分的了解,才能判断企业会计核算的合法性和公允性。

(二)注册会计师职业规范

注册会计师职业规范体系包括审计、审阅与其他鉴证业务准则、中国注册会计师相关服务准则、会计师事务所质量控制准则等内容,这些内容是注册会计师在提供审计业务时需要遵循的,审计人员必须熟悉这些规范的内容。

(三)税法方面的规定

会计核算的规范与税收方面的规定存在一定的差异,注册会计师应了解税法的规定,以便判断被审计单位所得税、增值税、消费税等项目核算的合法性。

(四)证监会等监管部门的相关规定

证监会作为上市公司的监管部门,也会不定期地颁布针对上市公司的一些会计、审计规范,如《公开发行证券的公司信息披露内容与格式准则第2号——年度报告的内容与格式》《公开发行证券的公司信息披露内容与格式准则第3号——半年度报告》《公开发行证券的公司信息披露内容与格式准则第30号——创业板上市公司年度报告的内容与格式》《公开发行证券公司信息披露编报规则第2号——商业银行财务报表附注特别规定》《公开发行证券公司信息披露编报规则第4号——保险公司财务报表附注特别规定》《公开发行证券公司信息披露编报规则第6号——证券公司财务报表附注特别规定》《公开发行证券公司信息披露编报规则第7号——商业银行年度报告内容与格式特别规定》《公开发行证券的公司信息披露编报规则第9号——净资产收益率和每股收益的计算及披露》《公开发行证券的公司信息披露编报规则第

15号——财务报告的一般规定》《公开发行证券的公司信息披露编报规则第20号——创业板上市公司季度报告的内容与格式》《公开发行证券的公司信息披露解释性公告第1号——非经常性损益》等。对于那些具备提供证券、期货业务资格的会计师事务所和注册会计师而言,掌握这些规定也是很有必要的。

(五)相关行业的专业知识

会计师事务所的客户来自于不同的行业,每个行业均有其特殊性。注册会计师为客户提供服务时,需要充分了解客户所属行业的特点以及特殊的会计问题,如保险行业的保险责任准备金、商业银行的贷款损失准备金、石油天然气行业的弃置支出准备等。如果注册会计师并不具备相关的专业知识,则需要考虑聘请相关行业的专家协助其工作。

三、财务报表审计的局限性

尽管财务报表审计有助于提高报表的可信度,但是财务报表审计结论并不是绝对正确的,注册会计师只能对财务报表整体不存在重大错报获取合理保证(而不是绝对保证),而且审计意见不是对被审计单位未来生存能力或管理层经营效率、效果提供的保证。导致财务报表审计存在固有限制的因素主要包括:

(一)选择性测试方法的运用

注册会计师在进行财务报表审计时,受到审计时间和成本的限制,通常会采用抽样审计的方法,即从所有会计资料中抽取一定数量的凭证和账簿记录来审计,并根据抽样结果推断报表总体的合理性。由于抽样数量有限,可能会出现偏差,并导致其对报表总体的判断有误。

(二)内部控制的固有局限性

由于内部控制的设计和运行受制于成本与效益原则,以及内部控制一般仅针对常规业务活动而设计等原因,企业的内部控制存在一定的缺陷,客观存在管理层逾越控制或者职员串通舞弊的可能性。由于舞弊者可能通过精心策划掩盖其舞弊行为,注册会计师通过财务报表审计可能无法发现舞弊导致的重大错报。

(三)大多数审计证据是说服性而非结论性的

注册会计师依据大多数审计证据并不能得出确定的结论,这是因为很多审计证据只是关于某一时点或者某一明细账户金额的证据,而且注册会计师获取审计证据的能力受到实务和法律上的限制。例如:

(1)管理层或其他人员可能有意或无意地不提供与财务报表编制相关的或注册会计师要求的全部信息。因此,即使实施了旨在保证获取所有相关信息的审计程序,注册会计师也不能保证信息的完整性。

(2)舞弊可能涉及精心策划和蓄意实施以隐瞒某些事项。因此,用以收集审计证据的审计程序可能对于发现舞弊是无效的。例如,舞弊导致的错报涉及串通伪造文件,使得注册会计师误以为有效的证据实际上是无效的。注册会计师没有接受文件真伪鉴定方面的培训,不应被期望成为鉴定文件真伪的专家。

(3)审计不是对涉嫌违法行为的官方调查。因此,注册会计师没有被授予特定的法律权力(如搜查权),而这种权力对调查是必要的。

(四)为形成审计意见而实施的审计工作涉及大量判断

财务报表审计的一个重要特点是注册会计师需要运用大量职业判断。例如,在确定审计重点、抽样规模、审计程序、审计意见等方面都需要注册会计师根据自身的经验,结合被审计单位的具体情况，做出判断。如果注册会计师在审计过程中发现了企业会计核算存在50万元的错报，占总资产的10%，而被审计单位拒绝调整，在这种情况下，不同的注册会计师可能做出不同的判断：有的注册会计师认为这一差错是重要的差错，应当在审计报告中说明该事项；也有的注册会计师则可能认为这一差错并不重要，仍出具无保留意见的审计报告。由于注册会计师的素质或职业判断存在差异，所以得出的财务报表审计结论可能不一致。

（五）某些特殊性质的交易和事项可能影响审计证据的说服力

管理层编制财务报表，需要根据被审计单位的事实和情况运用适用的财务报告编制基础的规定，在这一过程中需要做出判断。此外，许多财务报表项目涉及主观决策、评估或一定程度的不确定性，并且可能存在一系列可接受的解释或判断。在会计核算中，有些账户的核算存在会计估计和会计方法选择问题，例如，坏账准备的计提、固定资产折旧的计算都有多种方法可供选择，采用不同方法计算出的资产、利润数据会有所差异。而且，企业在确定固定资产的残值、坏账计提比例时，都存在会计估计问题。以会计判断和会计估计为基础编制的财务报表本身就存在一定的主观因素。注册会计师在搜集关于这些会计估计或方法选择方面的审计证据时，主要评价其判断的合理性，但是往往无法断定最准确的会计估计或最恰当的会计方法。另外，在确定某些特殊资产（如矿产资源的储量、艺术品的价值）的公允价值时，可能存在主观估计的因素，不同的专家所得出的结论可能存在差异。这些因素都会影响审计证据的说服力。

四、审计报告

注册会计师在完成审计业务之后，一般不需要向财务报表使用者公开其审计过程的有关记录，只需公布审计报告即可。

审计报告是指注册会计师根据中国注册会计师审计准则的规定，在实施审计工作的基础上对被审计单位财务报表发表审计意见的书面文件。审计报告分为四种不同的意见类型，本书将在第十四章论及。

标准无保留意见的审计报告的基本格式如下：

审 计 报 告

新欣股份有限公司全体股东：

我们审计了后附的新欣股份有限公司（以下简称新欣公司）财务报表，包括20×5年12月31日的资产负债表，20×5年度的利润表、股东权益变动表和现金流量表以及财务报表附注。

一、管理层对财务报表的责任

编制和公允列报财务报表是新欣公司管理层的责任，这种责任包括：(1)按照企业会计准则的规定编制财务报表，并使其实现公允反映；(2)设计、执行和维护必要的内部控制，以使财务报表不存在由于舞弊或错误导致的重大错报。

二、注册会计师的责任

我们的责任是在执行审计工作的基础上对财务报表发表审计意见。我们按照中国注册会计师审计准则的规定执行了审计工作。中国注册会计师审计准则要求我们遵守中国注册会计师职业道德守则，计划和执行审计工作以对财务报表是否不存在重大错报获取合理保证。

审计工作涉及实施审计程序，以获取有关财务报表金额和披露的审计证据。选择的审计程序取决于注册会计师的判断，包括对由于舞弊或错误导致的财务报表重大错报风险的评估。在进行风险评估时，注册会计师考虑与财务报表编制和公允列报相关的内部控制，以设计恰当的审计程序,但目的并非对内部控制的有效性发表意见。审计工作还包括评价管理层选择会计政策的恰当性和做出会计估计的合理性,以及评价财务报表的总体列报。

我们相信,我们获取的审计证据是充分、适当的,为发表审计意见提供了基础。

三、审计意见

我们认为,新欣公司财务报表在所有重大方面按照企业会计准则的规定编制,公允反映了新欣公司 20×5 年 12 月 31 日的财务状况和 20×5 年度的经营成果和现金流量。

公正会计师事务所　　　　　　　　　　　中国注册会计师:李明
　　　　　　　　　　　　　　　　　　　　　　（签名并盖章）
（盖章）　　　　　　　　　　　　　　　　中国注册会计师:章艺
　　　　　　　　　　　　　　　　　　　　　　（签名并盖章）
中国上海市　　　　　　　　　　　　　　20×6 年 3 月 15 日

课堂讨论题 2

阅读新欣公司的审计报告,这份报告体现了财务报表审计业务的哪些特点?

复习思考题

1. 如何理解审计的概念?
2. 我国审计监督体系由哪几部分组成?
3. 如何理解政府审计、注册会计师审计、内部审计之间的关系?
4. 简述财务报表审计的必要性和局限性。

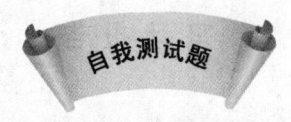

自我测试题

一、单项选择题

　　A. 保证财务报表公允表述　　　　　　B. 提高财务报表的可信度
　　C. 确定财务报表正确性　　　　　　　D. 保证所有错误均已得到纠正

2. 审计的最本质特性是(　　)。
　　A. 独立性　　　　B. 客观性　　　　C. 公正性　　　　D. 营利性

3. 下列项目中,需要接受被审计单位委托后才能提供审计服务的是(　　)。
　　A. 政府审计　　　B. 注册会计师审计　　C. 内部审计　　　D. 内部控制审计

4. 下列项目中,对被审计单位具有处罚权的是(　　)。
　　A. 政府审计　　　B. 注册会计师审计　　C. 内部审计　　　D. 内部控制审计

5. 下列项目中,被审计单位(或部门)需要向提供审计服务的一方支付审计费用的是(　　)。
　　A. 政府审计　　　B. 注册会计师审计　　C. 内部审计　　　D. 内部控制审计

6. 下列有关注册会计师执行的业务提供的保证程度的说法中,正确的是(　　)。
　　A. 鉴证业务提供合理保证
　　B. 代编财务信息提供合理保证

C. 对财务信息执行商定程序提供的是有限保证
D. 财务报表审阅提供的是有限保证

二、判断题

1. 依据《中华人民共和国注册会计师法》的规定，合伙会计师事务所以会计师事务所的全部资产对其债务承担责任，不足部分由当事合伙人承担无限责任。（　）
2. 凡通过注册会计师全国统一考试，即全科合格者，就能成为执业注册会计师。（　）
3. 按照审计主体的不同，审计分为政府审计、注册会计师审计和内部审计。（　）
4. 注册会计师应当在制定、实施审计程序时，考虑与财务报表审计相关的内部审计工作及其可能产生的影响，并对利用内部审计工作所形成的审计结论负责。（　）
5. 验资属于其他鉴证业务。（　）
6. 大多数审计证据是结论性而非说服性的。（　）

第二章　注册会计师执业准则

本章要点

- 注册会计师执业准则体系的基本框架
- 国际审计准则的基本框架
- 鉴证业务基本准则
- 质量控制准则

引例

我国注册会计师协会会计师事务所执业质量检查概况

一、检查总体情况

（略）

2014年，各地方注册会计师协会（以下简称注协）共抽调检查人员946名，检查事务所1 438家，抽查业务底稿16 681份，其中，财务报表审计业务底稿12 647份，验资业务底稿3 622份，其他专项审计业务底稿412份。

二、检查内容及检查结果

2014年，各地方注协根据中注协检查工作要求，紧密结合本地区实际，坚持风险导向检查理念，以事务所质量控制体系设计和运行情况、业务项目质量以及事务所业务收费情况为主要内容，将业务规模及社会影响较大的事务所，新批准设立或新近合并重组的事务所，业务收费显著低于行业平均收费水平的事务所，注册会计师频繁转所及高龄注册会计师较多的事务所，执业能力与承接业务数量明显不匹配的事务所作为检查重点，其中，业务收费显著低于行业平均收费水平的事务所成为检查的重中之重。部分地方注协还将事务所设立及存续条件、报告防伪报备情况、投诉举报情况核实、问题事务所复查作为检查工作的重要内容。

从检查情况看，多数会计师事务所能遵守执业准则，不断建立健全质量控制体系，系统风险防范意识和执业水平有所提高，执业行为进一步规范。同时，抵制不正当低价竞争理念更加深入人心，综合治理不正当低价竞争工作稳步推进。

但检查也发现，部分中小事务所的内部治理不健全，质量控制体系存在较大缺陷，质量控制制度可操作性不强，且未得到有效执行，导致执业中审计准则执行不严格、审计证据获取不充分、审计程序实施不到位、业务质量控制复核流于形式、审计意见类型不恰当、审计报告披露不规范等问题，个别事务所甚至存在出具虚假审计、验资报告等严重问题；此外，少数事务所还存在对新审计准则学习不够、低价竞争等问题。

三、惩戒情况

2014年，各地方注协（除河南、广东、海南注协尚未完成处理工作外）按有关规定对存在问题的89家事务所和211名注册会计师实施了行业惩戒。其中,给予16家事务所和21名注册会计师公开谴责;给予46家事务所和97名注册会计师通报批评;给予27家事务所和93名注册会计师训诫。

(资料来源:摘自中国注册会计师协会于2015年2月28日公布的《中国注册会计师协会会计师事务所执业质量检查通告(第十一号)》(会协〔2015〕11号))。

思考题

1. 如何评价会计师事务所执业质量?
2. 哪些机构(或个人)有权监督或评价会计师事务所执业质量?

第一节 注册会计师执业准则体系

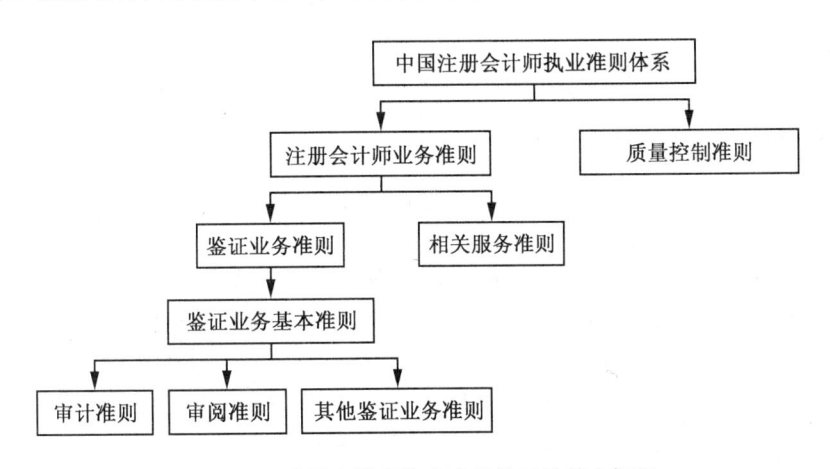

一、注册会计师执业准则体系的基本框架

注册会计师执业准则体系涵盖注册会计师所有执业领域,包括审计准则、审阅准则和其他鉴证业务准则,以及相关服务准则,此外,还包括用于保证各类业务质量的会计师事务所质量控制准则。由财政部发布、自2012年1月1日开始执行的注册会计师执业准则体系包括1项鉴证业务基本准则、44项审计准则、1项审阅准则、2项其他鉴证业务准则、2项相关服务准则和1项会计师事务所质量控制准则,其中,审计准则是执业准则体系(engagement standards)的核心内容。注册会计师执业准则体系的基本框架如图2—1所示。

图2—1 注册会计师执业准则体系的基本框架

(一)鉴证业务准则

我国鉴证业务准则体系设计分为两个层次:第一个层次为鉴证业务基本准则,第二个层次为审计准则、审阅准则和其他鉴证业务准则。审计准则用于规范注册会计师执行历史财务信息(主要是财务报表)审计业务,要求注册会计师综合使用审计方法,对财务报表获取合理程度的保证;审阅业务准则用于规范注册会计师执行历史财务信息(主要是财务报表)审阅业务,要求注册会计师主要使用询问和分析程序,对财务报表获取有限程度的保证;其他鉴证业务准则用于规范注册会计师执行除历史财务信息审计和审阅以外的非历史财务信息的鉴证业务。

(二)相关服务准则

相关服务准则用于规范注册会计师代编财务报表、执行商定程序、管理咨询、税务咨询和其他服务,即非鉴证业务。由于业务性质属于代理、咨询服务,注册会计师不提供任何程度的保证。

(三)质量控制准则

质量控制准则适用于会计师事务所及其人员对财务信息审计和审阅、其他鉴证业务以及相关服务的质量控制,是对会计师事务所及其人员提出的质量控制政策和程序的要求。

二、注册会计师执业准则的作用

注册会计师执业准则体系的推行,为注册会计师执行各项业务提供了执业标准和指导,也便于考核注册会计师为客户提供的各项服务的质量。注册会计师执业准则的作用主要体现在以下几个方面:

(1)有助于提高注册会计师行业的服务质量。注册会计师执业准则体系要求注册会计师在执业过程中保持必要的职业怀疑态度,对财务报表审计、审阅、验资、执行商定程序等业务做出了详细的规定,为注册会计师执行上述业务提供了规范,有助于注册会计师行业服务质量的提高。

(2)有助于评价注册会计师行业的服务质量。注册会计师执业准则体系的相关规定可以用于评价会计师事务所和注册会计师的执业质量。注册会计师行业内部进行执业质量检查、会计师事务所(或者注册会计师)被起诉时,注册会计师执业准则体系都是用于评判会计师事务所(或者注册会计师)是否存在过失或不当行为的重要依据。

(3)有助于促进审计经验的交流。自2012年1月1日开始执行的注册会计师执业准则体系采用了风险导向审计的理念,并在很大程度上实现了与国际审计准则体系的趋同,充分体现了国内外审计理论与实践的最新成果。

三、国际审计准则体系(2015)与我国注册会计师执业准则(2010)的比较

(一)我国注册会计师执业准则与国际审计准则体系的相同点

由于我国注册会计师协会是国际会计师联合会(IFAC)的成员单位之一,所以在制定审计准则体系时充分考虑了与国际审计准则体系的趋同,我国注册会计师执业准则体系的基本框架和内容充分体现了与国际审计准则体系的趋同倾向。从表2-1也可以看出,构成我国执业准则体系的51个准则中,有49个与国际审计准则体系相对应。

(二)我国注册会计师执业准则与国际审计准则体系的不同点

我国注册会计师执业准则体系与国际审计准则体系的不同主要表现在以下几个方面:

1. 准则体系的构成内容

(1)我国注册会计师执业准则体系中有两个具有中国特色的准则,即《中国注册会计师审计准则第1153号——前任注册会计师和后任注册会计师的沟通》和《中国注册会计师审计准则第1602号——验资》。

(2)我国注册会计师审计准则第1611号至第1633号分别对应于国际审计准则体系的审计业务实务公告(IAPSs)。审计准则需要审计师遵照执行,而审计实务公告只需要审计师参照执行,两者对审计师行为的约束力不同,相应地,我国注册会计师执业准则体系对审计师的要求更为严格一些。

(3)对于财务报表审阅业务,我国的执业准则体系通过《注册会计师审阅准则第2101号——财务报表审阅》加以规范,而国际审计准则体系则运用两个准则 ISRE2400、ISRE2410 分别明确了审计师在提供财务报表审阅以及中期财务信息审阅服务时应遵循的规则。

(4)对于其他鉴证业务,国际审计准则体系中的 ISAE 3402 对(被审计单位使用的)服务机构内部控制如何出具鉴证报告进行了规范,我国的执业准则体系中没有对应的内容。

2. 准则的框架结构

在解释性内容的处理方法上,国际审计准则将其作为准则的组成部分,但在中国目前的法律框架下这些内容尚难以纳入执业准则的条文,国际审计准则中的解释性内容在我国以执业准则的指南和释义的形式体现,以保障准则的完整性和施行效果。

表 2-1　　国际审计准则体系(2015)与我国注册会计师执业准则(2010)的比较

序号	我国注册会计师执业准则	International Standards on Quality Control, Auditing, Review, Other Assurance and Related Services
一	鉴证业务基本准则	Framework
1	《中国注册会计师鉴证业务基本准则》	International Framework for Assurance Engagements
二	审计准则	Audits of historical financial information (International Standards on Auditing, ISAs)
(一)	1101—1153 注册会计师审计工作的基本要求与职责	200—299 General principles and responsibilities
2	中国注册会计师审计准则第1101号——注册会计师的总体目标和审计工作的基本要求	ISA200, Overall objectives of the independent auditor and the conduct of an audit in accordance with International Standards on Auditing
3	中国注册会计师审计准则第1111号——就审计业务约定条款达成一致意见	ISA210, Agreeing the terms of audit engagements
4	中国注册会计师审计准则第1121号——对财务报表审计实施的质量控制	ISA220, Quality control for an audit of financial statements
5	中国注册会计师审计准则第1131号——审计工作底稿	ISA230, Audit documentation
6	中国注册会计师审计准则第1141号——财务报表审计中与舞弊相关的责任	ISA240, The auditor's responsibilities relating to fraud in an audit of financial statements
7	中国注册会计师审计准则第1142号——财务报表审计中对法律法规的考虑	ISA250, Consideration of laws and regulations in an audit of financial statements
8	中国注册会计师审计准则第1151号——与治理层的沟通	ISA260, Communication with those charged with governance
9	中国注册会计师审计准则第1152号——向治理层和管理层通报内部控制缺陷	ISA265, Communicating deficiencies in internal control to those charged with governance and management
10	中国注册会计师审计准则第1153号——前任注册会计师和后任注册会计师的沟通	
(二)	1201—1251 重大错报风险的评估与应对	300—499 Risk assessment and response to assessed risks
11	中国注册会计师审计准则第1201号——计划审计工作	ISA300, Planning an audit of financial statements

续表

序号	我国注册会计师执业准则	International Standards on Quality Control, Auditing, Review, Other Assurance and Related Services
12	中国注册会计师审计准则第1211号——通过了解被审计单位及其环境识别和评估重大错报风险	ISA315, Identifying and assessing the risks of material misstatement through understanding the entity and its environment
13	中国注册会计师审计准则第1221号——计划和执行审计工作时的重要性	ISA320, Materiality in planning and performing an audit
14	中国注册会计师审计准则第1231号——针对评估的重大错报风险采取的应对措施	ISA330, The auditor's responses to assessed risks
15	中国注册会计师审计准则第1241号——对被审计单位使用服务机构的考虑	ISA402, Auditor considerations relating to an entity using a service organization
16	中国注册会计师审计准则第1251号——评价审计过程中识别出的错报	ISA450, Evaluation of misstatements identified during the audit
(三)	1301—1341 审计证据	500—599 Audit evidence
17	中国注册会计师审计准则第1301号——审计证据	ISA500, Audit evidence
18	中国注册会计师审计准则第1311号——对存货、诉讼和索赔、分部信息等特定项目获取审计证据的具体考虑	ISA501, Audit evidence—Specific considerations for selected items
19	中国注册会计师审计准则第1312号——函证	ISA505, External confirmations
20	中国注册会计师审计准则第1313号——分析程序	ISA520, Analytical procedures
21	中国注册会计师审计准则第1314号——审计抽样	ISA530, Audit sampling
22	中国注册会计师审计准则第1321号——审计会计估计(包括公允价值会计估计)和相关披露	ISA540, Auditing accounting estimates, including fair value accounting estimates, and related disclosures
23	中国注册会计师审计准则第1323号——关联方	ISA550, Related parties
24	中国注册会计师审计准则第1324号——持续经营	ISA570, Going concern
25	中国注册会计师审计准则第1331号——首次审计业务涉及的期初余额	ISA510, Initial audit engagements—Opening balances
26	中国注册会计师审计准则第1332号——期后事项	ISA560, Subsequent events
27	中国注册会计师审计准则第1341号——书面声明	ISA580, Written representations
(四)	1401—1421 利用他人的工作	600—699 Using the work of others
28	中国注册会计师审计准则第1401号——对集团财务报表审计的特殊考虑	ISA600, Special considerations—Audits of group financial statements(Including the work of component auditors)
29	中国注册会计师审计准则第1411号——利用内部审计人员的工作	ISA610, Using the work of internal auditors

续表

序号	我国注册会计师执业准则	International Standards on Quality Control, Auditing, Review, Other Assurance and Related Services
30	中国注册会计师审计准则第1421号——利用专家的工作	ISA620, Using the work of an auditor's expert
(五)	1501—1521 审计意见与报告	700—799 Audit conclusions and reporting
31	中国注册会计师审计准则第1501号——对财务报表形成审计意见和出具审计报告	ISA700, Forming an opinion and report on financial statements
32	中国注册会计师审计准则第1502号——在审计报告中发表非无保留意见	ISA705, Modifications to the opinion in the independent auditor's report
33	中国注册会计师审计准则第1503号——在审计报告中增加强调事项段和其他事项段	ISA706, Emphasis of matter paragraphs and other matter paragraphs in the independent auditor's report
34	中国注册会计师审计准则第1511号——比较信息：对应数据和比较财务报表	ISA710, Comparative information—Corresponding figures and comparative financial statements
35	中国注册会计师审计准则第1521号——注册会计师对含有已审计财务报表的文件中的其他信息的责任	ISA720, The auditor's responsibilities relating to other information in documents containing audited financial statements
(六)	1601—1633 特殊项目	800—899 Specialized areas
36	中国注册会计师审计准则第1601号——对按照特殊目的编制基础编制的财务报表审计的特殊考虑	ISA800, Special considerations—Audits of financial statements prepared in accordance with special purpose frameworks
37	中国注册会计师审计准则第1602号——验资	
38	中国注册会计师审计准则第1603号——对单一财务报表和财务报表特定要素审计的特殊考虑	ISA805, Special considerations—Audits of single financial statements and specific elements, accounts or items of a financial statement
39	中国注册会计师审计准则第1604号——对简要财务报表出具报告的业务	ISA810, Engagements to report on summary financial statements
		1000-1100 International Auditing Practice Statements(IAPSs)[①]
40	中国注册会计师审计准则第1612号——银行间函证程序	1000 Inter-bank confirmation procedures
41	中国注册会计师审计准则第1613号——与银行监管机构的关系	1004 The relationship between banking supervisors and banks' external auditors
42	中国注册会计师审计准则第1611号——商业银行财务报表审计	1006 Audits of the financial statements of banks
43	中国注册会计师审计准则第1631号——财务报表审计中对环境事项的考虑	1010 The consideration of environmental matters in the audit of financial statements
44	中国注册会计师审计准则第1632号——衍生金融工具的审计	1012 Auditing derivative financial instruments

① 根据IFAC网站的公开信息，表中的6个International Auditing Practice Statements(IAPSs)依然有效，但IAPSs未出现在2015版 International Standards on Quality Control, Auditing, Review, Other Assurance and Related Services。

续表

序号	我国注册会计师执业准则	International Standards on Quality Control, Auditing, Review, Other Assurance and Related Services
45	中国注册会计师审计准则第1633号——电子商务对财务报表审计的影响	1013 Electronic commerce—Effect on the audit of financial statements
三	审阅准则	2000—2699 International Standards on Review Engagements(ISREs)
46	中国注册会计师审阅准则第2101号——财务报表审阅	2400 Engagements to review financial statements
		2410 Review of interim financial information performed by the independent auditor of the entity
四	其他鉴证业务准则	3000—3699 International Standards on Assurance Engagements(ISAEs)
47	中国注册会计师其他鉴证业务准则第3101号——历史财务信息审计或审阅以外的鉴证业务	3000 Assurance engagements other than audits or reviews of historical financial information
48	中国注册会计师其他鉴证业务准则第3111号——预测性财务信息的审核	3400 The examination of prospective financial information
		3402 Assurance reports on controls at a service organization
		3410 Assurance engagements on Greenhouse Gas Stastements
		3420 Assurance engagements to report on the compilation of pro foma financial information included in a prospectus
五	相关服务准则	4000—4699 International Standards on Related Services(ISRSs)
49	中国注册会计师相关服务准则第4101号——对财务信息执行商定程序	4400 Engagements to perform agreed-upon procedures regarding financial information
50	中国注册会计师相关服务准则第4111号——代编财务信息	4410 Compilation Engagements
六	质量控制准则	**International Standards on Quality Control(ISQCs)**
51	质量控制准则第5101号——会计师事务所对执行财务报表审计和审阅、其他鉴证和相关服务业务实施的质量控制	International Standards on Quality Control(ISQC)1,Quality controls for firms that perform audits and reviews of financial statements,and other assurance and related services engagements

第二节　鉴证业务基本准则

一、鉴证业务的定义

根据《中国注册会计师鉴证业务基本准则》的规定，鉴证业务（assurance engagement）是指注册会计师对鉴证对象信息（the outcome of the evaluation or measurement of a subject matter）提出结论，以增强除责任方之外的预期使用者对鉴证对象信息信任程度的业务。鉴证业务包括历史财务信息审计业务、历史财务信息审阅业务和其他鉴证业务。

二、鉴证业务的五要素

鉴证业务的五要素,是指鉴证业务的三方关系(a three-party relationship)、鉴证对象(subject matter)、标准(criteria)、证据(evidence)和鉴证报告(assurance report)。

(一)鉴证业务的三方关系

鉴证业务涉及的三方关系人包括注册会计师(practitioner)、责任方(responsible party)和预期使用者(intended users)。

1. 注册会计师

注册会计师是指取得注册会计师证书并在会计师事务所执业的人员,有时也指其所在的会计师事务所。

2. 责任方

责任方是指下列组织(或人员):

(1)在基于责任方认定的业务中,对鉴证对象信息负责并可能同时对鉴证对象负责的组织或人员。例如,企业聘请注册会计师对管理层编制的持续经营报告进行鉴证。在该业务中,鉴证对象信息为持续经营报告,由该企业的管理层负责,企业管理层为责任方。该业务的鉴证对象为企业的持续经营状况,它同样由企业的管理层负责;在财务报表审计业务中,责任方通常是被审计单位的管理层。

(2)在直接报告业务中,对鉴证对象负责的组织或人员。例如,在内部控制鉴证业务中,注册会计师直接对内部控制的有效性进行评价并出具鉴证报告,该业务的鉴证对象是被鉴证单位内部控制的有效性,责任方是对内部控制负责的组织或人员,即被鉴证单位的管理层。

责任方可能是鉴证业务的委托人(engaging party),也可能不是委托人。

注册会计师通常提请责任方提供书面声明,表明责任方已按照既定标准对鉴证对象进行评价或计量,无论该声明是否能为预期使用者获取。

在直接报告业务中,当委托人与责任方不是同一方时,注册会计师可能无法获取此类书面声明。

3. 预期使用者

预期使用者是指预期使用鉴证报告的组织或人员。责任方可能是预期使用者,但不是唯一的预期使用者。责任方与预期使用者可能是同一方,也可能不是同一方。例如,如果一家公司的监事会委托会计师事务所对该公司管理层提供的财务报表进行审计,那么,这项业务中的责任方是管理层,预期使用者是监事会。

在可行的情况下,鉴证报告的收件人应当明确为所有的预期使用者。并且,注册会计师应当提请预期使用者或其代表,与注册会计师和责任方(如果委托人与责任方不是同一方,还包括委托人)共同确定鉴证业务约定条款。

注册会计师可能无法识别使用鉴证报告的所有组织和人员,尤其在各种可能的预期使用者对鉴证对象存在不同的利益需求时。注册会计师应当根据法律法规的规定或与委托人签订的协议识别预期使用者。

无论其他人员是否参与,注册会计师都应当负责确定鉴证业务程序的性质、时间和范围,并对鉴证业务中发现的、可能导致对鉴证对象信息做出重大修改的问题进行跟踪。

当鉴证业务服务于特定的使用者,或具有特定目的时,注册会计师应当考虑在鉴证报告中注明该报告的特定使用者或特定目的,对报告的用途加以限定。

> **课堂讨论题 1**
> 阅读第一章第三节的新欣公司审计报告,分析该鉴证业务的五要素。

(二)鉴证对象

鉴证对象与鉴证对象信息具有多种形式,主要包括:

(1)当鉴证对象为财务业绩或状况时(如历史或预测的财务状况、经营成果和现金流量),鉴证对象信息是财务报表;

(2)当鉴证对象为非财务业绩或状况时(如企业的运营情况),鉴证对象信息可能是反映效率或效果的关键指标;

(3)当鉴证对象为物理特征时(如设备的生产能力),鉴证对象信息可能是有关鉴证对象物理特征的说明文件;

(4)当鉴证对象为某种系统和过程时(如企业的内部控制或信息技术系统),鉴证对象信息可能是关于其有效性的认定;

(5)当鉴证对象为一种行为时(如遵守法律法规的情况),鉴证对象信息可能是对法律法规遵守情况或执行效果的声明。

> **课堂讨论题 2**
> 鉴证对象与鉴证对象信息之间有何区别与联系?

适当的鉴证对象应当同时具备下列条件:鉴证对象可以识别;不同的组织或人员对鉴证对象按照既定标准进行评价或计量的结果合理一致;注册会计师能够收集与鉴证对象有关的信息,获取充分、适当的证据,以支持其提出适当的鉴证结论。

鉴证对象具有不同的特征,可能表现为定性或定量的、客观或主观的、历史或预测的、时点或期间的。这些特征将对下列方面产生影响:按照标准对鉴证对象进行评价或计量的准确性;证据的说服力。通常情况下,如果鉴证对象的特征表现为定量的、客观的、历史的或时点的,评价和计量的准确性相对较高,注册会计师获取证据的说服力相对较强,相应地,对鉴证对象信息提供的保证程度也较高。

鉴证报告应当说明与预期使用者特别相关的鉴证对象特征。例如,企业在首次公开发行股票时,其招股说明书中的预测性财务信息可能需要经注册会计师审核,提供有关拟上市公司预计收益的情况,那么,该鉴证对象的预测性特征对于预期使用者来说就是特别相关的。

(三)标准

标准是指用于评价或计量鉴证对象的基准,当涉及列报时,还包括列报的基准。标准可以是正式的规定,如编制财务报表所使用的会计准则;也可以是某些非正式的规定,如单位内部制定的行为准则或确定的绩效水平。

标准可能是由法律法规规定的,或由政府主管部门或国家认可的专业团体依照公开、适当的程序发布的,也可能是专门制定的。采用标准的类型不同,注册会计师为评价该标准对于具体鉴证业务的适用性所需执行的工作也不同。

注册会计师在运用职业判断对鉴证对象做出合理一致的评价或计量时,需要有适当的标准。适当的标准应当具备下列所有特征:

(1)相关性。相关的标准有助于得出结论,便于预期使用者做出决策。

(2)完整性。完整的标准不应忽略业务环境中可能影响得出结论的相关因素,当涉及列报时,还包括列报的基准。

(3)可靠性。可靠的标准能够使能力相近的注册会计师在相似的业务环境中,对鉴证对象做出合理一致的评价或计量。

(4)中立性。中立的标准有助于得出无偏向的结论。

(5)可理解性。可理解的标准有助于得出清晰、易于理解、不会产生重大歧义的结论。

对于公开发布的标准,注册会计师通常不需要对标准的"适当性"进行评价,而只需评价该标准对具体业务的"适用性"。例如,在我国,会计标准由国家统一制定并强制执行。注册会计师无须评价会计标准是否适当,只需要判断责任方采用的标准是否适用于被鉴证单位即可。

注册会计师基于自身的预期、判断和个人经验对鉴证对象进行的评价和计量,不构成适当的标准。

(四)证据

注册会计师应当以职业怀疑态度①计划和执行鉴证业务,获取有关鉴证对象信息是否不存在重大错报的充分、适当的证据。保持职业怀疑态度有助于降低注册会计师忽视异常情况的风险,有助于降低注册会计师在确定鉴证程序的性质、时间、范围及评价并由此得出结论时采用错误假设的风险,有助于避免注册会计师根据有限的测试范围过度推断总体实际情况的风险。

注册会计师应当及时对制订的计划、实施的程序、获取的相关证据以及得出的结论做出记录。

注册会计师在计划和执行鉴证业务,尤其在确定证据收集程序的性质、时间和范围,评估鉴证对象信息是否不存在错报时,应当考虑重要性、鉴证业务风险(assurance engagement risk)以及可获取证据的数量和质量。

在考虑重要性时,注册会计师应当了解并评估哪些因素可能会影响预期使用者的决策。注册会计师应当综合数量和性质因素考虑重要性。在具体业务中评估重要性以及数量和性质因素的相对重要程度,需要注册会计师运用职业判断。

鉴证业务风险是指在鉴证对象信息存在重大错报的情况下,注册会计师提出不恰当结论的可能性。在合理保证的鉴证业务中,注册会计师应当将鉴证业务风险降至具体业务环境下可接受的低水平,以获取合理保证,作为以积极方式提出结论的基础;在有限保证的鉴证业务中,由于证据收集程序的性质、时间和范围与合理保证的鉴证业务不同,其风险水平高于合理保证的鉴证业务;但注册会计师实施的证据收集程序至少应当足以获取有意义的保证水平,作为以消极方式提出结论的基础。与合理保证的鉴证业务相比,有限保证的鉴证业务在证据收集程序的性质、时间、范围等方面是有意识地加以限制的。例如,财务报表审阅业务是一项有限保证的鉴证业务,在该业务中,注册会计师主要通过询问和分析程序来获取充分、适当的证据。

证据的充分性是对证据数量的衡量,主要与注册会计师确定的样本量有关。而证据的适当性是对证据质量的衡量,即证据的相关性和可靠性。所需证据的数量受鉴证对象信息

---

① 职业怀疑态度(professional skepticism),指注册会计师以质疑的思维方式评价所获取证据的有效性,并对相互矛盾的证据和可能表明由于错误或舞弊导致错报的迹象,以及引起对文件记录或责任方提供的信息的可靠性产生怀疑的证据保持警觉,以及对审计证据进行审慎评价,这是注册会计师执行审计业务的一种态度。

重大错报风险的影响,即风险越大,可能需要的证据数量越多;所需证据的数量也受证据质量的影响,即证据质量越高,可能需要的证据数量越少。尽管证据的充分性和适当性相关,但如果证据的质量存在缺陷,注册会计师仅靠获取更多的证据可能无法弥补其质量上的缺陷。

(五)鉴证报告

审计人员应当出具含有鉴证结论的书面报告,该鉴证结论应当说明审计人员就鉴证对象信息获取的保证。

1. 基于责任方认定的业务与直接报告业务

在基于责任方认定的业务中,注册会计师的鉴证结论可以采用下列两种表述形式:

(1)明确提及责任方认定,如"我们认为,责任方做出的'根据××标准,内部控制在所有重大方面是有效的'这一认定是公允的"。

(2)直接提及鉴证对象和标准,如"我们认为,根据××标准,内部控制在所有重大方面是有效的"。

在直接报告业务中,注册会计师应当明确提及鉴证对象和标准。在执行这类业务时,注册会计师可能无法从责任方获取其对鉴证对象评价或计量的认定;即便可以获取这种认定,该认定也无法为预期使用者获取,预期使用者只能通过阅读鉴证报告获取鉴证对象信息。很显然,在直接报告业务中,提及责任方认定没有意义。因此,注册会计师应当直接对鉴证对象进行评价并出具鉴证报告,明确提及鉴证对象和标准,鉴证结论只能采用上述第(2)种表述形式。

2. 合理保证的鉴证业务与有限保证的鉴证业务

在合理保证的鉴证业务中,审计人员应当以积极方式提出结论,如"我们认为,根据××标准,内部控制在所有重大方面是有效的"或"我们认为,责任方做出的'根据××标准,内部控制在所有重大方面是有效的'这一认定是公允的"。

在有限保证的鉴证业务中,审计人员应当以消极方式提出结论,如"基于本报告所述的工作,我们没有注意到任何事项使我们相信,根据××标准,××系统在任何重大方面是无效的"或"基于本报告所述的工作,我们没有注意到任何事项使我们相信,责任方做出的'根据××标准,××系统在所有重大方面是有效的'这一认定是不公允的"。

3. 注册会计师不能出具无保留结论报告的情况

当存在下述情况时,注册会计师应当对其影响程度做出判断。如果这些情况影响重大,注册会计师不能出具无保留结论的报告。这些情形包括:

(1)工作范围受到限制。工作范围受到限制可能导致注册会计师无法获取必要的证据以便将鉴证业务风险降至适当水平。对任何类型的鉴证业务,如果注册会计师的工作范围受到限制,注册会计师应当视受到限制的重大与广泛程度,出具保留结论或无法提出结论的报告。在某些情况下,注册会计师应当考虑解除业务约定。

(2)责任方认定未在所有重大方面做出公允表达。如果注册会计师的结论提及责任方的认定,且该认定未在所有重大方面做出公允表达,注册会计师应当视其影响的重大与广泛程度,出具保留结论或否定结论的报告。

(3)鉴证对象信息存在重大错报。如果注册会计师的结论直接提及鉴证对象和标准,且鉴证对象信息存在重大错报,注册会计师应当视其影响的重大与广泛程度,出具保留结论或否定结论的报告。

(4)标准或鉴证对象不适当。在承接业务后,如果发现标准或鉴证对象不适当,可能误导预期使用者,注册会计师应当视其重大与广泛程度,出具保留结论或否定结论的报告。标准或鉴证对象不适当还可能造成注册会计师的工作范围受到限制。在承接业务后,如果发现标准或鉴证对象不适当,造成工作范围受到限制,注册会计师应当视受到限制的重大与广泛程度,出具保留结论或无法提出结论的报告。在某些情况下,注册会计师应当考虑解除业务约定。

第三节 质量控制准则

会计师事务所建立并保持质量控制制度的目标是合理保证:会计师事务所及其人员遵守职业准则和适用的法律法规的规定;会计师事务所和项目合伙人出具适合具体情况的报告。质量控制制度(a system of quality control)是指会计师事务所为实现上述目标而制定的政策,以及为执行政策和监控政策的遵守情况而设计的必要程序。其中,质量控制政策是指会计师事务所为确保实现质量控制目标而采取的基本方针及策略;质量控制程序是指会计师事务所为贯彻执行质量控制政策而采取的具体措施及方法。可见,控制政策指引和统率控制程序,控制程序是控制政策的具体实现途径与方法。

会计师事务所应当考虑自身规模、分所的数量、对相关人员和分所授予的权限、人员的知识和经验、业务的性质和复杂程度、对成本效益的适当考虑等因素,制定适合于本所的、能够实现质量控制目标的政策和程序。如果会计师事务所经营规模较大,所执行业务的复杂程度较高、执业责任和风险较大,就需要制定更加复杂、有效的质量控制政策和程序。

质量控制制度包括针对下列要素而制定的政策和程序:对业务质量承担的领导责任(leadership responsibilities for quality within the firm);相关职业道德要求(relevant ethical requirements);客户关系和具体业务的接受与保持(acceptance and continuance of client relationships and specific engagements);人力资源(human resources);业务执行(engagement performance);监控(monitoring)。

一、对业务质量承担的领导责任

(一)培育重视质量的内部文化

会计师事务所应当制定政策和程序,培育以质量为导向的内部文化。这些政策和程序应当要求会计师事务所主任会计师(或类似职位的人员)对质量控制制度承担最终责任。

会计师事务所领导层及其做出的示范对会计师事务所的内部文化有重大影响。培育以质量为导向的内部文化,取决于会计师事务所各级管理层通过清晰、一致及经常的行动和信息,强调质量控制政策和程序的重要性以及下列要求:(1)按照职业准则[①]和适用的法律法规的规定执行工作;(2)出具适合具体情况的报告。

这些行动和信息通过认可并奖励高质量的工作,促进事务所形成优秀的文化。会计师事务所可以通过培训、研讨班、会议、正式或非正式的对话、职责说明书、新闻通讯或简要备忘录等形式传达这些行动和信息,并将其体现在会计师事务所的内部文件、培训资料以及对合伙人

[①] 职业准则(professional standards),是指中国注册会计师鉴证业务基本准则、中国注册会计师审计准则、中国注册会计师审阅准则、中国注册会计师其他鉴证业务准则、中国注册会计师相关服务准则、质量控制准则和相关职业道德要求。

及员工的评价程序中,以支持和强化会计师事务所对质量的重要性以及如何切实实现高质量的认识。

会计师事务所的领导层需要认识到,其经营策略服从于会计师事务所执行所有业务都要保证质量这一要求,这对于培育以质量为基础的内部文化尤其重要。培育这样的内部文化包括:(1)针对会计师事务所人员制定有关业绩评价、薪酬和晋升的政策和程序(包括激励制度),以表明质量至上的理念;(2)合理确定管理责任,以避免重商业利益轻业务质量;(3)投入足够的资源制定和执行质量控制政策和程序,并形成相关文件记录。

(二)会计师事务所质量控制制度运作责任的分配

会计师事务所应当制定政策和程序,使受会计师事务所主任会计师(或类似职位的人员)委派负责质量控制制度运作的人员具有充分、适当的经验和能力,能够识别和了解质量控制问题,并制定适当的政策和程序。授予相关人员必要的权限,使其能够实施这些政策和程序。

二、相关职业道德要求

(一)遵守相关职业道德要求

相关职业道德要求,是指项目组和项目质量控制复核人员应当遵守的职业道德规范,通常是指中国注册会计师职业道德守则。会计师事务所应当制定政策和程序,以合理保证会计师事务所及其人员遵守相关职业道德要求。

《中国注册会计师职业道德守则第1号——职业道德基本准则》和《中国注册会计师职业道德守则第2号——职业道德概念框架》规定了与注册会计师执行财务报表审计相关的职业道德基本原则,包括:(1)诚信;(2)独立性;(3)客观和公正;(4)专业胜任能力和应有的关注;(5)保密;(6)良好职业行为。

(二)独立性

1. 总体要求

会计师事务所应当制定政策和程序,以合理保证会计师事务所及其人员和其他受独立性要求约束的人员(包括网络事务所[①]的人员),保持相关职业道德要求规定的独立性。这些政策和程序应当使会计师事务所能够:(1)向会计师事务所人员以及其他受独立性要求约束的人员传达独立性要求。(2)识别和评价对独立性产生不利影响的情形,并采取适当的行动消除这些不利影响;或通过采取防范措施将其降至可接受的水平;或如果认为适当,在法律法规允许的情况下解除业务约定。

2. 具体要求

会计师事务所制定的相关政策和程序应当包括以下要求:

(1)项目合伙人向会计师事务所提供与客户委托业务相关的信息(包括服务范围),以使会计师事务所能够评价这些信息对保持独立性的总体影响。

(2)会计师事务所人员立即向会计师事务所报告对独立性产生不利影响的情形,以便会计师事务所采取适当行动。

(3)会计师事务所收集相关信息,并向适当人员传达。会计师事务所应当向适当人员传达

[①] 网络(network),是指由多个实体组成,旨在通过合作实现下列一个或多个目的的联合体:共享收益或分担成本;共享所有权、控制权或管理权;共享统一的质量控制政策和程序;共享同一经营战略;使用同一品牌;共享重要的专业资源。

网络事务所(network firm),是指属于某一网络的会计师事务所或实体。

收集的相关信息,以便达到以下目的:会计师事务所及其人员能够容易地确定自身是否满足独立性要求;会计师事务所能够保持和更新与独立性相关的记录;会计师事务所能够针对识别出的、对独立性产生超出可接受水平的不利影响采取适当的行动。

会计师事务所应当制定政策和程序,以合理保证能够获知违反独立性要求的情况,并能够采取适当行动予以解决。这些政策和程序应当包括下列要求:

(1)会计师事务所人员将注意到的、违反独立性要求的情况立即报告会计师事务所;

(2)会计师事务所将识别出的违反这些政策和程序的情况,立即传达给需要与会计师事务所共同处理这些情况的项目合伙人、需要采取适当行动的会计师事务所和网络内部的其他相关人员以及受独立性要求约束的人员;

(3)项目合伙人、会计师事务所和网络内部的其他相关人员以及受独立性要求约束的人员,在必要时立即向会计师事务所报告他们为解决有关问题而采取的行动,以使会计师事务所能够决定是否应当采取进一步的行动。

3. 获取书面确认函

会计师事务所应当每年至少一次向所有需要按照相关职业道德要求保持独立性的人员获取其遵守独立性政策和程序的书面确认函。

4. 考虑因密切关系可能产生的不利影响

会计师事务所应当制定下列政策和程序:

(1)明确标准,以确定长期委派同一名合伙人或高级员工执行某项鉴证业务时,是否需要采取防范措施,将因密切关系产生的不利影响降至可接受的水平;

(2)对所有上市实体财务报表审计业务,按照相关职业道德要求和法律法规的规定,在规定期限届满时轮换项目合伙人、项目质量控制复核人员,以及受轮换要求约束的其他人员。

三、客户关系和具体业务的接受与保持

(一)总体要求

会计师事务所应当制定有关客户关系和具体业务接受与保持的政策和程序,以合理保证只有在下列情况下,才能接受(或保持)客户关系和具体业务:(1)能够胜任该项业务,并具有执行该项业务必要的素质、时间和资源;(2)能够遵守相关职业道德要求;(3)已考虑客户的诚信,没有信息表明客户缺乏诚信。

(二)考虑会计师事务所的胜任能力、素质和资源

在确定是否具有接受新客户(或现有客户的新业务)所需的胜任能力、素质和资源时,会计师事务所需要评价新业务的特定要求和所有相关级别的现有合伙人和员工的基本情况,以及下列事项:(1)会计师事务所人员是否熟悉相关行业或业务对象;(2)会计师事务所人员是否了解相关监管要求或报告要求,或具备有效获取必要技能和知识的能力;(3)会计师事务所是否拥有足够的具有必要胜任能力和素质的人员;(4)需要时是否能够得到专家的帮助;(5)如果需要实施项目质量控制复核,是否具备符合标准和资格要求的项目质量控制复核人员;(6)会计师事务所是否能够在提交报告的最后期限内完成业务。

(三)相关职业道德要求

在接受新客户的业务前,或者决定是否保持现有业务和考虑接受现有客户的新业务时,会计师事务所根据具体情况获取必要信息;如果识别出潜在的利益冲突,会计师事务所确定接受该业务是否适当;当识别出问题而又决定接受或保持客户关系或具体业务时,会计师事务所应

记录问题是如何得到解决的。

(四)考虑客户的诚信

针对客户的诚信,会计师事务所考虑的事项主要包括:(1)客户主要股东、关键管理人员及治理层的身份和商业信誉;(2)客户的经营性质,包括其业务;(3)有关客户主要股东、关键管理人员及治理层对内部控制环境和会计准则等的态度的信息;(4)客户是否过分考虑将会计师事务所的收费维持在尽可能低的水平;(5)工作范围受到不适当限制的迹象;(6)客户可能涉嫌洗钱或其他刑事犯罪活动的迹象;(7)变更会计师事务所的理由;(8)关联方的名称、特征和商业信誉。

会计师事务所对客户诚信的了解程度,通常随着与客户关系的持续发展而加深。会计师事务所可以通过下列途径,获取与客户诚信相关的信息:(1)与为客户提供专业会计服务的现任或前任人员进行沟通,并与其他第三方进行讨论;(2)询问会计师事务所其他人员或金融机构、法律顾问和客户的同行等第三方;(3)从相关数据库中搜索客户的背景信息。

(五)其他需要考虑的事项

1. 考虑在本期或以前业务执行过程中发现的重大事项

在确定是否保持客户关系时,会计师事务所应当考虑在本期或以前业务执行过程中发现的重大事项,及其对保持客户关系可能造成的影响。例如,客户可能已开始将其经营活动拓展到会计师事务所不具备专长的领域。如果在本期或以前业务执行过程中发现客户守法经营意识淡薄或内部控制环境恶劣,或者对业务范围施加重大限制,或者存在其他严重影响业务执行的情形等,会计师事务所应当考虑其对保持客户关系可能造成的影响。必要时,可以考虑终止该客户关系。

2. 考虑接受业务后获知的重要信息

如果在接受业务后获知某项信息,而该信息若在接受业务前获知,可能导致会计师事务所拒绝接受业务,会计师事务所应当针对这种情况制定保持具体业务和客户关系的政策和程序。这些政策和程序应当考虑下列方面:(1)适用于这种情况的职业责任和法律责任,包括是否要求会计师事务所向委托人报告或在某些情况下向监管机构报告;(2)解除业务约定或同时解除业务约定和客户关系的可能性。在接受新客户的业务前,在决定是否保持现有业务或考虑接受现有客户的新业务时,会计师事务所应当根据具体情况获取有关客户诚信、注册会计师提供该项业务的可行性以及是否存在利益冲突等方面的信息。

课堂讨论题3

接受一项新业务可能导致的现实或潜在的利益冲突包括哪些内容?

四、人力资源

(一)总体要求

会计师事务所应当制定政策和程序,合理保证拥有足够的具有胜任能力和必要素质并承诺遵守职业道德要求的人员,以使:会计师事务所按照职业准则和适用的法律法规的规定执行业务;会计师事务所和项目合伙人能够出具适合具体情况的报告。

(二)人力资源管理

与会计师事务所人力资源政策和程序相关的人事问题主要包括:招聘;人员的素质、专业胜任能力与职业发展;业绩评价、薪酬与晋升。

1. 招聘

有效的招聘过程和程序有助于会计师事务所选择正直的、通过发展能够具备执行业务所需的必要素质和胜任能力,并具备胜任工作所需要的适当特征的人员。

2. 人员的素质、专业胜任能力与职业发展

会计师事务所可以通过下列途径提高人员的胜任能力:(1)职业教育;(2)持续职业发展,包括培训;(3)工作经验;(4)由经验更丰富的员工(如项目组的其他成员)提供辅导;(5)针对独立性要求约束的人员进行的独立性教育。

会计师事务所人员是否能够保持胜任能力,在很大程度上取决于持续职业发展的水平。有效的政策和程序强调对会计师事务所各级人员进行继续培训的必要性,并提供必要的培训资源和帮助,以使会计师事务所人员能够发挥和保持必要的胜任能力和素质。

如果会计师事务所内部不具备技术和培训资源,可以利用具有适当资格的外部人员。

3. 业绩评价、薪酬与晋升

业绩评价、薪酬和晋升程序需要对发展和保持胜任能力并遵循职业道德基本原则的行为给予应有的肯定和奖励。会计师事务所在发展和保持胜任能力并遵循职业道德基本原则方面可以采取下列步骤:(1)使人员知晓会计师事务所对业绩的期望和对遵循职业道德基本原则的要求;(2)向人员提供业绩、晋升和职业发展方面的评价和辅导;(3)帮助人员了解提高业务质量及遵循职业道德基本原则是晋升更高职位的主要途径,而不遵守会计师事务所的政策和程序可能受到惩戒。

(三)项目组的委派

1. 项目合伙人

会计师事务所应当对每项业务委派至少一名项目合伙人[①],并制定政策和程序,明确下列要求:(1)将项目合伙人的身份和作用告知客户管理层和治理层的关键成员;(2)项目合伙人具有履行职责所要求的适当的胜任能力、必要素质和权限;(3)清楚界定项目合伙人的职责,并告知该项目合伙人。

2. 项目组成员的选派

会计师事务所应当制定政策和程序,委派具有必要胜任能力和素质的适当人员,以便:按照职业准则和适用的法律法规的规定执行业务;会计师事务所和项目合伙人能够出具适合具体情况的报告。

3. 监控

会计师事务所的政策和程序可能包括对项目合伙人的工作量及可供调配的时间进行监控,以使项目合伙人有足够的时间恰当履行职责。

在委派项目组及确定所需的监督程度时,会计师事务所需要考虑项目组的下列方面:(1)通过适当的培训和参与业务,获取的执行类似性质和复杂程度业务的知识和实务经验;(2)对职业准则和适用的法律法规的规定的掌握程度;(3)具有的技术知识和专长,包括相关的信息技术知识;(4)对客户所处的行业的了解;(5)具有的职业判断能力;(6)对会计师事务所质

[①] 项目合伙人(engagement partner),是指会计师事务所中负责某项审计业务及其执行,并代表会计师事务所在出具的审计报告上签字的合伙人。在有限责任制的会计师事务所,项目合伙人是指主任会计师、副主任会计师或具有同等职位的高级管理人员。

量控制政策和程序的了解。

五、业务执行

业务执行是编制和实施业务计划,形成和报告业务结果的总称。由于业务执行对业务质量有直接的重大影响,它是业务质量控制的关键环节。会计师事务所应当制定政策和程序,以合理保证按照职业准则和适用的法律法规的规定执行业务,使会计师事务所和项目合伙人能够出具适合具体情况的报告。这些政策和程序应当包括:与保持业务执行质量一致性相关的事项;监督责任;复核责任;咨询;对特定业务实施项目质量控制复核。

(一)业务执行质量的一致性

会计师事务所通常使用书面或电子手册、软件工具、标准化底稿以及行业和特定业务对象的指南性材料方式,通过质量控制政策和程序,保持业务执行质量的一致性。这些文件或工具针对的事项可能包括:(1)如何将业务情况简要告知项目组,使其了解工作目标;(2)保证适用的执业准则得以遵守的过程;(3)业务监督、员工培训和辅导的过程;(4)对已执行的工作、做出的重大判断以及拟出具报告的形式进行复核的方法;(5)对已执行的工作及其复核的时间和范围做出适当记录;(6)保证所有的政策和程序是合时宜的。

适当的团队工作和培训有助于经验较少的项目组成员清楚了解所分派工作的目标。

(二)监督

对业务的监督包括下列方面:(1)跟进审计业务的进程;(2)考虑项目组各成员的胜任能力和素质,包括是否有足够的时间执行审计、是否理解工作指令、是否按照计划的方案执行审计工作;(3)解决在执行业务过程中发现的重大问题,考虑其重要程度并适当修改原计划的方案;(4)识别在执行业务过程中需要咨询的事项,或需要由经验较丰富的项目组成员考虑的事项。

(三)复核

会计师事务所在安排复核工作时,应当由项目组内经验较多的人员复核经验较少的人员的工作。会计师事务所应当根据这一原则,确定有关复核责任的政策和程序。复核包括考虑下列问题:(1)是否已按照职业准则和适用的法律法规的规定执行工作;(2)重大事项是否已提请进一步考虑;(3)相关事项是否已进行适当咨询,由此形成的结论是否已得到记录和执行;(4)是否需要修改已执行工作的性质、时间安排和范围;(5)已执行的工作是否支持形成的结论,并得以适当记录;(6)已获取的证据是否充分、适当以支持报告;(7)业务程序的目标是否已实现。

(四)咨询

咨询包括与会计师事务所内部或外部具有专门知识的人员,在适当专业层次上进行的讨论。咨询可以利用适当的研究资源,以及会计师事务所的集体经验和技术专长。咨询有助于提高业务质量,改进对职业判断的运用。会计师事务所的政策和程序对咨询予以适当认可,有助于形成一种良好的咨询氛围,鼓励会计师事务所人员就疑难问题或争议事项进行咨询。

会计师事务所应当制定政策和程序,以合理保证以下事项:就疑难问题或争议事项进行适当咨询;能够获取充分的资源进行适当咨询;咨询的性质和范围以及咨询形成的结论得以记录,并经过咨询者和被咨询者的认可;咨询形成的结论得到执行。

如果满足下列条件且适当记录和执行咨询形成的结论,就重大技术、道德及其他方面的问题向会计师事务所内部或外部进行咨询是有效的:(1)已向被咨询者提供所有相关事实,使其能够对咨询事项提出有见地的意见;(2)被咨询者拥有适当的知识、资历和经验。

就疑难问题或争议事项向其他专业人士咨询所形成的足够完整和详细的记录,有助于了解:(1)寻求咨询的事项;(2)咨询的结果,包括做出的决策、决策依据以及决策的执行情况。

由于缺乏适当的内部资源需要向外部咨询时,会计师事务所可以利用下列机构提供的咨询服务:(1)其他会计师事务所;(2)职业团体和监管机构;(3)提供相关质量控制服务的商业机构。

会计师事务所接受上述机构提供的咨询服务之前,考虑外部咨询提供者的胜任能力和素质,有助于确定外部咨询提供者能否胜任这项工作。

(五)项目质量控制复核

1. 需要实施项目质量控制复核的标准

会计师事务所应当制定政策和程序,要求对特定业务实施项目质量控制复核[①](engagement quality control review),以客观评价项目组做出的重大判断以及在编制报告时得出的结论。这些政策和程序应当包括下列要求:(1)要求对所有上市实体[②]财务报表审计实施项目质量控制复核;(2)明确标准,据此评价所有其他的历史财务信息审计和审阅、其他鉴证和相关服务业务,以确定是否应当实施项目质量控制复核;(3)要求对所有符合标准的业务实施项目质量控制复核。

在确定除上市实体财务报表审计以外的其他业务是否需要实施项目质量控制复核时,会计师事务所依据的标准主要包括:(1)业务的性质,包括涉及公众利益的程度;(2)在某项业务或某类业务中已识别出的异常情况或风险;(3)法律法规是否要求实施项目质量控制复核。

2. 项目质量控制复核的性质、时间安排和范围

会计师事务所应当制定政策和程序,以明确项目质量控制复核的性质、时间安排和范围。这些政策和程序应当要求,只有完成项目质量控制复核,才可以签署业务报告。然而,项目质量控制复核形成的工作底稿可以在报告日后完成。在业务过程的适当阶段及时实施项目质量控制复核,可以使重大事项在报告日或报告日之前得到迅速、满意的解决。

项目质量控制复核的范围可能取决于业务的复杂程度、客户是否为上市实体以及出具不恰当报告的风险等因素。实施项目质量控制复核并不减轻项目合伙人的责任。

会计师事务所应当制定政策和程序,要求项目质量控制复核包括下列工作:(1)就重大事项与项目合伙人进行讨论;(2)复核财务报表或其他业务对象信息及拟出具的报告;(3)复核选取的与项目组做出重大判断和得出的结论相关的业务工作底稿;(4)评价在编制报告时得出的结论,并考虑拟出具报告的恰当性。

3. 上市实体财务报表审计的项目质量控制复核

针对上市实体财务报表审计,会计师事务所应当制定政策和程序,要求实施的项目质量控制复核包括对下列事项的考虑:(1)项目组就具体业务对会计师事务所独立性做出的评价;(2)项目组是否已就涉及意见分歧的事项,或者其他疑难问题或争议事项进行适当咨询,以及咨询得出的结论;(3)选取的用于复核的业务工作底稿,是否反映项目组针对重大判断执行的工作,以及是否支持得出的结论。

---

① 项目质量控制复核,是指在审计报告日或审计报告日之前,项目质量控制复核人员对项目组做出的重大判断和在编制审计报告时得出的结论进行客观评价的过程。

② 上市实体(listed entity),是指其股份、股票或债券在法律法规认可的证券交易所报价或挂牌,或在法律法规认可的证券交易所或其他类似机构的监管下进行交易的实体。

在对上市实体财务报表审计实施项目质量控制复核时,复核人员可能考虑下列与评价项目组做出的重大判断相关的其他事项:(1)在审计过程中识别出的特别风险以及采取的应对措施;(2)做出的判断,尤其是关于重要性和特别风险的判断;(3)在审计中识别出的已更正和未更正的错报的重要程度及处理情况;(4)拟向管理层、治理层和其他机构或人员(如监管机构)报告的事项。

在对除上市实体财务报表审计外的其他业务实施项目质量控制复核时,项目质量控制复核人员也可根据具体情况考虑上述事项。

4. 项目质量控制复核人员的资格标准

会计师事务所应当制定政策和程序,解决项目质量控制复核人员的委派问题,明确项目质量控制复核人员的资格要求,包括:

(1)履行职责需要的技术资格,包括必要的经验和权限。何谓充分、适当的技术专长、经验和权限,取决于业务的具体情况。例如,上市实体财务报表审计的项目质量控制复核人员,可能需要具备担任上市实体财务报表审计项目合伙人应有的充分、适当的经验和权限。

(2)在不损害其客观性的前提下,项目质量控制复核人员能够提供业务咨询的程度。在业务执行过程中,项目合伙人可以向项目质量控制复核人员咨询。项目合伙人咨询项目质量控制复核人员后做出的判断,可以为项目质量控制复核人员所接受,从而可以避免在业务执行的后期出现意见分歧,这并不妨碍项目质量控制复核人员履行职责。

当咨询所涉及问题的性质和范围十分重大时,除非项目组和项目质量控制复核人员都能谨慎从事以使复核人员保持客观性,否则,项目质量控制复核人员的客观性可能受到损害。如果复核人员不能保持客观性,会计师事务所需要委派内部其他人员或具有适当资格的外部人员,担任项目质量控制复核人员或为该项业务提供咨询。

5. 项目质量控制复核人员的客观性

会计师事务所需要制定政策和程序,以保持项目质量控制复核人员的客观性。这些政策和程序要求项目质量控制复核人员符合下列规定:(1)如果可行,不由项目合伙人挑选;(2)在复核期间不以其他方式参与该业务;(3)不代替项目组进行决策;(4)不存在可能损害复核人员客观性的其他情形。

会计师事务所的政策和程序应当规定,在项目质量控制复核人员客观实施复核的能力可能受到损害时,替换该项目质量控制复核人员。

6. 项目质量控制复核记录

会计师事务所应当制定有关项目质量控制复核记录的政策和程序,要求记录:(1)会计师事务所有关项目质量控制复核的政策所要求的程序已得到实施;(2)项目质量控制复核在报告日或报告日之前已完成;(3)复核人员没有发现任何尚未解决的事项,使其认为项目组做出的重大判断和得出的结论不适当。

(六)意见的分歧

有效的程序能够促进在业务执行的较早阶段识别出意见分歧(differences of opinion),为拟采取的后续步骤提供明确指导,并要求对意见分歧的解决情况和形成结论的执行情况进行记录。解决意见分歧的程序可能包括向其他会计师事务所、职业团体或监管机构咨询。

会计师事务所应当制定政策和程序,以处理和解决项目组内部、项目组与被咨询者之间以及项目合伙人与项目质量控制复核人员之间的意见分歧,确保得出的结论已得到记录和执行;只有问题得到解决,才可以签署业务报告。

(七)业务工作底稿

会计师事务所应当制定政策和程序,以满足下列要求:安全保管业务工作底稿并对业务工作底稿保密;保证业务工作底稿的完整性;便于使用和检索业务工作底稿。

1. 完成最终业务档案的归整工作

会计师事务所应当制定政策和程序,以使项目组在出具业务报告后及时完成最终业务档案的归整工作。对历史财务信息审计和审阅业务、其他鉴证业务,业务工作底稿的归档期限为业务报告日后60天内。

如果针对客户的同一鉴证对象信息出具两个或多个不同的报告,会计师事务所可将其视为不同的业务,根据有关归档期限的政策和程序,分别进行归档。例如,会计师事务所出于集团合并目的,针对某个组成部分的财务信息出具报告,随后又根据法律法规的规定,针对同一财务信息出具报告。

2. 业务工作底稿的保密

根据相关职业道德要求,除非客户已授权披露信息,或有法律义务或职业责任要求,会计师事务所人员有义务始终对业务工作底稿包含的信息予以保密。特定法律法规可能要求会计师事务所人员承担额外的保密义务,尤其在涉及个人性质的数据时。

3. 业务工作底稿的安全保管、完整性及使用和检索

无论业务工作底稿存在于纸质、电子还是其他介质,如果在会计师事务所不知情的情况下,工作底稿被更改、增减或发生永久性丢失、毁损,数据的完整性、可获得性和可恢复性将受到损害。因此,会计师事务所可以设计并实施下列控制,以避免未经授权更改或丢失业务工作底稿:(1)使业务工作底稿显示其生成、修改或复核的时间和人员;(2)在业务的所有阶段,尤其是在项目组成员共享信息或通过互联网将信息传递给其他人员时,保护信息的完整性;(3)防止未经授权改动业务工作底稿;(4)仅允许项目组和其他经授权的人员为适当履行职责而接触业务工作底稿。

会计师事务所可以设计并执行下列控制,以保证业务工作底稿的保密、安全保管、完整性及使用和检索:(1)在项目组成员中使用密码,以使对电子业务工作底稿的接触只限于经过授权的使用者;(2)在业务的适当阶段对电子业务工作底稿进行适当备份;(3)在业务开始时向项目组成员恰当分发业务工作底稿、在业务执行过程中处理业务工作底稿以及在业务结束时整理业务工作底稿的程序;(4)限制接触、恰当分发和保密存放纸质业务工作底稿的程序。

由于实务原因,原纸质工作底稿可能经电子扫描后存入业务档案。在这种情况下,会计师事务所可以设计程序,要求项目组执行下列工作,以保证工作底稿的完整性及使用和检索:(1)生成与纸质工作底稿的内容完全相同的扫描件,包括人工签名、交叉索引和注释;(2)将扫描件(包括必要时对扫描件的索引和签字)归整到业务档案中;(3)能够在必要时检索和打印扫描件。

4. 业务工作底稿的保存

会计师事务所应当制定政策和程序,以使业务工作底稿的保存期限满足会计师事务所的需要和法律法规的规定。

会计师事务所业务工作底稿的需要和保存的期限,将随着业务性质及会计师事务所情况的变化而变化,例如,是否需要将业务工作底稿作为对未来业务有持续重大影响的事项的记录。保存期限也可能取决于其他因素,例如,法律法规是否针对特定类型的业务规定了具体的保存期限,或在没有具体的法律法规要求时,是否存在公认的保存期限。

对历史财务信息审计和审阅业务、其他鉴证业务,会计师事务所应当自业务报告日起对业务工作底稿至少保存10年。如果组成部分业务报告日早于集团业务报告日,会计师事务应当自集团业务报告日起对组成部分业务工作底稿至少保存10年。

5. 业务工作底稿的所有权

除非法律法规另有规定,业务工作底稿的所有权属于会计师事务所。会计师事务所可以自主决定,允许客户获取业务工作底稿部分内容或摘录部分工作底稿,但是披露这些信息不得损害会计师事务所已执行工作的有效性。对于鉴证业务,披露这些信息不得损害会计师事务所及其人员的独立性。

六、监控

会计师事务所应当制定监控政策和程序,以合理保证与质量控制制度相关的政策和程序具有相关性和适当性,并正在有效运行。

(一)总体要求

监控过程应当包括以下内容:持续考虑和评价会计师事务所质量控制制度;要求委派一个或多个合伙人,或会计师事务所内部具有足够、适当的经验和权限的其他人员负责监控过程;要求执行业务或实施项目质量控制复核的人员不参与该项业务的检查工作。

对质量控制政策和程序遵守情况的监控旨在评价以下内容:遵守职业准则和法律法规的情况;质量控制制度设计是否适当,运行是否有效;质量控制政策和程序应用是否得当,以便会计师事务所和项目合伙人能够根据具体情况出具恰当的业务报告。

(二)监控的内容

对质量控制制度的持续考虑和评价包括以下内容:

(1)对下列事项进行分析:①法律法规的新变化,以及会计师事务所的政策和程序如何适当反映这些变化;②有关独立性政策和程序遵守情况的书面确认函;③持续职业发展,包括培训;④与接受和保持客户关系及具体业务相关的决策。

(2)确定拟在质量控制制度中采取的更正行动和改进措施,包括要求对有关教育与培训的政策和程序提供反馈意见。

(3)向会计师事务所适当人员通报识别出的质量控制制度在设计、理解或执行方面存在的缺陷。

(4)由会计师事务所适当人员采取限制跟踪措施,对质量控制政策和程序及时做出必要的修正。

(三)实施业务检查的时间

持续考虑和评价会计师事务所质量控制制度应当包括以下内容:

1. 周期性地选取已完成的业务进行检查,周期最长不得超过3年

有关周期性检查的政策和程序可以规定3年为一个周期。周期性检查的组织方式,包括对单项业务检查时间的安排,取决于下列主要因素:会计师事务所的规模;分支机构的数量及分布;前期实施监控程序的结果;人员和分支机构的权限,例如,某分支机构是否经授权执行自我检查,或只有总部才有检查的权力;会计师事务所业务和组织结构的性质及复杂程度;与客户和具体业务相关的风险。

2. 在每个周期内,对每个项目合伙人,至少检查一项已完成的业务

检查包括选取单项业务。会计师事务所在选取某些业务时,可以不事先告知项目组。在

确定检查的范围时,会计师事务所可以考虑外部独立检查的范围或结论。但是,外部独立检查并不能替代会计师事务所自身的内部监控。

(四)监控结果的处理

1. 缺陷的性质

会计师事务所应当评价在监控过程中注意到的缺陷的影响,并确定缺陷是否属于下列情况之一:(1)该缺陷并不必然表明会计师事务所的质量控制制度不足以合理保证会计师事务所遵守职业准则和适用的法律法规的规定,以及会计师事务所和项目合伙人出具适合具体情况的报告;(2)该缺陷是系统性的、反复出现的或其他需要及时纠正的重大缺陷。

2. 沟通

会计师事务所应当将实施监控程序注意到的缺陷以及建议采取的适当补救措施,告知相关项目合伙人及其他适当人员。

尽管某些情况下指明具体业务对项目合伙人之外的其他人员适当履行责任是必要的,但向相关合伙人之外的人员通报识别出的缺陷,通常不指明涉及的具体业务。

3. 补救措施

针对注意到的缺陷,建议采取的适当补救措施应当包括:(1)采取与某项业务或某个人员相关的适当补救措施;(2)将发现的缺陷告知负责培训和职业发展的人员;(3)改进质量控制政策和程序;(4)对违反会计师事务所政策和程序的人员,尤其是对反复违规的人员实施惩戒。

4. 监控程序存在的问题

会计师事务所应当制定政策和程序,以应对下列两种情况:(1)实施监控程序的结果表明出具的报告可能不适当;(2)实施监控程序的结果表明在执行业务过程中遗漏了应实施的程序。

这些政策和程序应当要求会计师事务所确定采取哪些进一步行动以遵守职业准则和适用的法律法规的规定,并考虑是否征询法律意见。

5. 定期报告监控结果

会计师事务所应当每年至少一次将质量控制制度的监控结果,向项目合伙人及会计师事务所内部的其他适当人员通报。

这种通报应当足以使会计师事务所及其相关人员能够在其职责范围内及时采取适当的行动。通报的信息应当包括:(1)对已实施的监控程序的描述;(2)实施监控程序得出的结论;(3)如果相关,对系统性的、反复出现的缺陷或其他需要及时纠正的重大缺陷的描述。

6. 投诉和指控

投诉和指控可能源自会计师事务所内部或外部。会计师事务所人员、客户或其他第三方都可能提出投诉和指控。投诉和指控可能提交项目组成员或会计师事务所的其他人员。会计师事务所应当明确投诉和指控渠道,以使会计师事务所人员能够没有顾虑地提出关注的问题。

会计师事务所应当制定政策和程序,以合理保证能够适当处理下列事项:(1)投诉和指控会计师事务所执行的工作未能遵守职业准则和适用的法律法规的规定;(2)指控未能遵守会计师事务所质量控制制度。

会计师事务所为调查投诉和指控而制定的政策和程序可能对监督调查过程的合伙人提出下列要求:(1)拥有足够、适当的经验;(2)在会计师事务所内部拥有权限;(3)不参与被投诉和指控的业务。必要时,监督调查过程的合伙人可以邀请法律顾问参与处理投诉和指控。

如果在调查投诉和指控的过程中识别出会计师事务所质量控制政策和程序在设计或运行

方面存在缺陷,或存在违反质量控制制度的情况,会计师事务所应当采取适当行动。

复习思考题

1. 注册会计师执业准则体系包括哪些内容?
2. 注册会计师质量控制准则的主要内容有哪些?

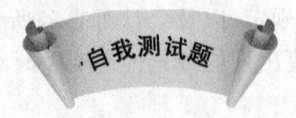

自我测试题

一、单项选择题

1. 注册会计师执业准则体系不包括(　　)。
   A. 鉴证业务准则　　　B. 质量控制准则　　　C. 职业道德守则　　　D. 审计准则
2. 鉴证业务的三方关系人不包括(　　)。
   A. 注册会计师　　　B. 预期使用者　　　C. 责任方　　　D. 证券监管机构
3. 注册会计师在执业过程中发现他无法胜任此项工作,那么他应当(　　)。
   A. 出具无法表示意见的审计报告　　　B. 出具保留意见的审计报告
   C. 请求会计师事务所改派其他的注册会计师　　　D. 依赖被审计单位提供的资料
4. 关于鉴证业务标准的说法,错误的是(　　)。
   A. 注册会计师基于自身的预期、判断和个人经验对鉴证对象进行评价和计量,构成适当的标准
   B. 鉴证业务是适当的
   C. 鉴证业务应当能够获取充分适当的审计证据
   D. 适当的标准具有相关性、完整性、可靠性、中立性和可理解性的特征

二、判断题

1. 执行商定程序属于鉴证业务。　　　　　　　　　　　　　　　　　　　　　　　(　)
2. 在合理保证的鉴证业务中,审计人员应当以消极方式提出结论。　　　　　　　　(　)
3. 对历史财务信息审计和审阅业务、其他鉴证业务,会计师事务所应当自业务报告日起,对业务工作底稿至少保存10年。　　　　　　　　　　　　　　　　　　　　　　　　　　　　(　)
4. 证据的充分性和适当性相关,如果证据的质量存在缺陷,注册会计师靠获取更多的证据可以弥补其质量上的缺陷。　　　　　　　　　　　　　　　　　　　　　　　　　　　　　　(　)
5. 对任何类型的鉴证业务,如果注册会计师的工作范围受到限制,注册会计师应当视受到限制的重大与广泛程度,出具保留结论或否定结论的报告。在某些情况下,注册会计师应当考虑解除业务约定。(　)

三、案例分析题

1. A会计师事务所最近制定了业务质量控制制度,有关内容摘录如下:

(1)合伙人考核和晋升制度规定,连续3年业务收入额排名前3位的高级经理晋级为合伙人,连续3年业务收入额排名后3位的合伙人降级为高级经理;

(2)内部业务检查制度规定,以每3年为一个周期,选择已完成业务进行检查,如果事务所当年接受相关部门的外部检查,则当年暂停对所有业务的内部检查;

(3)项目质量控制复核制度规定,除上市公司审计业务外,其他需要实施质量控制复核的审计业务由项目合伙人执行相关复核;

(4)所有审计工作底稿应当在业务完成后90日内整理归档;

(5)独立性政策规定,每年需要保持独立性的人员提供关于独立性要求的培训,并要求高级经理以上(含

高级经理)的人员每年签署遵守独立性要求的书面确认函;

(6)分所管理制度规定,分所可以根据自身的实际情况,自行制定业务质量控制制度。

要求:针对上述(1)至(6)项,分别指出A会计师事务所业务质量控制制度是否符合会计师事务所质量控制准则的规定,并简要说明理由。

2.C会计师事务所接受委托,负责审计上市公司甲公司20×5年度财务报表,并委派A注册会计师担任审计项目合伙人。

(1)会计师事务所建立专门的系统用于记录对客户关系和具体业务的接受与保持的评估。该系统中记录的信息未纳入业务工作底稿。

(2)在接受委托后,A注册会计师向甲公司前任注册会计师询问甲公司变更会计师事务所的原因,得知甲公司在某一重大会计问题上与前任注册会计师存在分歧。

(3)在制订审计计划时,A注册会计师根据其审计甲公司的多年经验,认为甲公司20×5年度财务报表不存在重大错报风险,应当直接实施进一步审计程序。

(4)在审计过程中,A注册会计师要求项目组成员之间相互复核工作底稿,并委派其所在业务部的B注册会计师负责甲公司项目质量控制复核,B注册会计师还负责甲公司某重要子公司的审计。

(5)A注册会计师就某一重大审计问题咨询会计师事务所技术部门,但直至审计报告日,仍未与技术部门达成一致意见。经与B注册会计师讨论,A注册会计师出具了审计报告。

(6)在出具审计报告后,B注册会计师随机选取若干份工作底稿进行了复核,没有发现重大问题。

要求:针对上述情形,指出存在哪些可能违反审计准则和质量控制准则的情况,并简要说明理由。

第三章　注册会计师职业道德守则

本章要点

- 职业道德基本原则
- 职业道德概念框架
- 独立性

引例

美国山登公司审计失败案例剖析

山登(Cendant)公司是由CUC公司与HFS公司在1997年12月合并而成的。合并后,山登公司主要从事旅游服务、房地产服务和联盟营销(Alliance Marketing)三大业务。舞弊丑闻曝光前,山登公司拥有35 000名员工,经营业务遍布100多个国家和地区,年度营业收入达50多亿美元。

根据CUC公司与HFS公司签署的协议,山登公司成立后的第一届经营班子由合并双方的原高管人员组成,第一任首席执行官和首席财务官由HFS公司的西尔弗曼(Silverman)和摩纳柯(Monaco)出任。1998年2月下旬,西尔弗曼决定财务报告的编制改由HFS公司的首席会计官斯科特·福布斯(Scott Forbes)负责。在处理1997年度合并报表的编制事宜时,斯科特遇到的一些问题导致其对CUC公司过去的经营业绩产生怀疑,于是,他要求下属对部分可疑账户展开全面调查,并聘请德勤会计师事务所予以协助。经过4个月的调查取证,特别调查组在8月28日向美国证券交易委员会提交了一份长达280页的调查报告。调查结果表明,为了迎合华尔街的盈利预期,CUC公司通过各种造假手段,在1995～1997年期间,共虚构了15.77亿美元的营业收入,超过5亿美元的利润总额和4.39亿美元的净利润,虚假净利润占对外报告净利润的56%。

1999年12月7日,美国新泽西州法官威廉姆·H.沃尔斯(William H. Walls)判令山登公司向其股东支付28.3亿美元的赔款。这项判决创下了证券欺诈赔偿金额的世界纪录。12月17日,负责山登公司审计的安永会计师事务所同意向山登公司的股东支付3.35亿美元的赔款,也创下了当时审计失败的最高赔偿纪录。

安永的注册会计师连续多年为山登公司的前身CUC公司严重失实的财务报表出具无保留意见的审计报告,构成了重大的审计失败。从审计的角度看,安永对山登公司的审计失败给世人留下了两个深刻的警示。

1.实质独立固然重要,形式独立也不可偏废

山登舞弊案的一个显著特点是,主要造假责任人与安永有着千丝万缕的关系。山登公司董事会特别调查小组提交的报告表明,CUC公司的关键财务岗位有6个,其中,首席财务官、主计长、财务报告主任、合并报表经理在加盟CUC公司之前都是安永的注册会计师,也正是

这4个前安永注册会计师占据了CUC公司关键的财务岗位,直接策划并组织实施了财务舞弊。这4名造假者熟悉安永的审计套路,了解安永对CUC公司的审计重点和审计策略,更具隐蔽性和欺骗性。

安永的主审合伙人和审计经理由于与科里利亚诺(Corigliano,山登公司前首席财务官)等人曾是同事关系,特别容易放松警惕。在审计过程中虽然也发现了财务舞弊的蛛丝马迹,但往往被这4位前同事所提出的解释和辩解轻易化解。而且,当HFS公司的高管人员对CUC公司1995年至1997年的会计处理(主要是将合并准备转回作为利润)提出质疑时,安永的合伙人罗宾维茨(Robinowitz)却百般为其辩解,试图寻找合理的借口。独立性的缺失由此可见一斑。

2. 密切的客户关系既可能提高审计效率,也可能导致审计失败

密切的客户关系既可能提高审计效率也可能淡化注册会计师应有的职业审慎和职业怀疑态度(例如,CUC公司存在着数百笔没有任何原始凭证支持的会计分录,安永的注册会计师竟然一笔也没有发现;又如,对于科里利亚诺就一些异常会计处理方法的解释,安永的会计师往往也偏听偏信),还可能使会计师偏离超然独立的立场(例如,安永的主审合伙人居然为CUC公司将合并准备转作利润的做法进行辩护),甚至可能会导致审计失败。

(资料来源:黄世忠、李树华:"美国山登公司审计失败案例剖析",《中国注册会计师》2003年第10期。

思考题

1. 山登公司实施财务舞弊的主要动机是什么?公司的财务舞弊是谁发现的?
2. 在被审计单位存在重大舞弊的情况下,如果注册会计师未能发现这些舞弊,是否必然构成审计失败?

第一节　注册会计师职业道德基本原则

2009年10月,中国注册会计师协会(以下简称中注协)发布了《中国注册会计师职业道德守则》,该守则包括五个组成部分,即《中国注册会计师职业道德守则第1号——职业道德基本原则》《中国注册会计师职业道德守则第2号——职业道德概念框架》《中国注册会计师职业道德守则第3号——提供专业服务的具体要求》《中国注册会计师职业道德守则第4号——审计和审阅业务对独立性的要求》和《中国注册会计师职业道德守则第5号——其他鉴证业务对独立性的要求》。《中国注册会计师职业道德守则》自2010年7月1日起施行。此外,为了规范非执业会员从事专业服务时的职业道德行为,促使其更好地履行相应的社会责任,维护公众利益,中注协同时发布了《中国注册会计师协会非执业会员职业道德守则》。因篇幅所限,本章的内容仅涉及中国注册会计师职业道德守则。

注册会计师应当遵循的职业道德基本原则(the fundamental principles of professional ethics for professional accountants)包括:诚信原则(integrity);在执行审计和审阅业务以及其他鉴证业务时保持独立性(independence);客观和公正原则(objectivity);获取和保持专业胜任能力,保持应有的关注(professional competence and due care),勤勉尽责;履行保密义务,对职业活动中获知的涉密信息保密(confidentiality);通过良好的职业行为(professional behaviour),维护职业声誉、树立职业形象。

一、诚信

注册会计师应当在所有的职业活动中,保持正直,诚实守信。

注册会计师如果认为业务报告、申报资料或其他信息中存在下列问题,则不得与这些有问题的信息发生牵连:含有严重虚假或误导性的陈述;含有缺少充分依据的陈述或信息;存在遗漏或含糊其辞的信息。注册会计师如果注意到已与有问题的信息发生牵连,应当采取措施消除牵连。

二、独立性

注册会计师执行审计和审阅业务以及其他鉴证业务时,应当从实质上和形式上保持独立性,不得因任何利害关系影响其客观性。

会计师事务所在承办审计和审阅业务以及其他鉴证业务时,应当从整体层面和具体业务层面采取措施,以保持会计师事务所和项目组的独立性。

三、客观和公正

注册会计师应当公正处事、实事求是,不得因偏见、利益冲突或他人的不当影响而损害自己的职业判断。

如果存在导致职业判断出现偏差,或对职业判断产生不当影响的情形,注册会计师不得提供相关专业服务。

四、专业胜任能力和应有的关注

注册会计师应当通过教育、培训和执业实践获取和保持专业胜任能力。注册会计师应当持续了解并掌握当前法律、技术和实务的发展变化,将专业知识和技能始终保持在应有的水平,确保为客户提供具有专业水准的服务。在应用专业知识和技能时,注册会计师应当合理运用职业判断。

注册会计师应当保持应有的关注,遵守执业准则和职业道德规范的要求,勤勉尽责,认真、全面、及时地完成工作任务。

注册会计师应当采取适当措施,确保在其领导下工作的人员得到应有的培训和督导。

注册会计师在必要时应当使客户以及业务报告的其他使用者了解专业服务的固有局限性。

五、保密

注册会计师应当对职业活动中获知的涉密信息保密,不得有下列行为:未经客户授权或法律法规允许,向会计师事务所以外的第三方披露其所获知的涉密信息;利用所获知的涉密信息为自己或第三方谋取利益。

注册会计师应当对拟接受的客户或拟受雇的工作单位向其披露的涉密信息保密。

注册会计师应当对所在会计师事务所的涉密信息保密。

注册会计师在社会交往中应当履行保密义务,警惕无意中泄密的可能性,特别是警惕无意中向近亲属[①]或关系密切的人员泄密的可能性。

---

① 近亲属包括主要近亲属和其他近亲属。其中,主要近亲属是指配偶、父母或子女;其他近亲属是指兄弟姐妹、祖父母、外祖父母、孙子女、外孙子女。

注册会计师应当采取措施,确保下级员工以及提供建议和帮助的人员履行保密义务。

在终止与客户的关系后,注册会计师应当对以前在职业活动中获知的涉密信息保密。

如果获得新客户,注册会计师可以利用以前的经验,但不得利用或披露以前职业活动中获知的涉密信息。

在下列情形下,注册会计师可以披露涉密信息:法律法规允许披露,并且取得客户的授权;根据法律法规的要求,为法律诉讼、仲裁准备文件或提供证据,以及向监管机构报告所发现的违法行为;在法律法规允许的情况下,在法律诉讼、仲裁中维护自己的合法权益;接受注册会计师协会或监管机构的执业质量检查,答复其询问和调查;法律法规、执业准则和职业道德规范规定的其他情形。

在决定是否披露涉密信息时,注册会计师应当考虑下列因素:客户同意披露的涉密信息,是否为法律法规所禁止;如果客户同意披露涉密信息,是否会损害利害关系人的利益;是否已了解和证实所有相关信息;信息披露的方式和对象;可能承担的法律责任和后果。

六、良好职业行为

注册会计师应当遵守相关法律法规,避免发生任何损害职业声誉的行为。

注册会计师在向公众传递信息以及推介自己和工作时,应当客观、真实、得体,不得损害职业形象。

注册会计师应当诚实、实事求是,不得有下列行为:夸大宣传提供的服务、拥有的资质或获得的经验;贬低或无根据地比较其他注册会计师的工作。

第二节 注册会计师职业道德概念框架

职业道德概念框架(conceptual framework approach to professional ethics)是指解决职业道德问题的思路和方法,用以指导注册会计师识别对职业道德基本原则的不利影响,评价不利影响的严重程度,必要时采取防范措施消除不利影响或将其降低至可接受的水平。

在运用职业道德概念框架时,注册会计师应当运用职业判断。

如果发现存在可能违反职业道德基本原则的情形,注册会计师应当评价其对职业道德基本原则的不利影响。在评价不利影响的严重程度时,注册会计师应当从性质和数量两个方面予以考虑。如果认为对职业道德基本原则的不利影响超出可接受的水平,注册会计师应当确定是否能够采取防范措施消除不利影响或将其降低至可接受的水平。

一、对遵循职业道德基本原则产生不利影响的因素

注册会计师对职业道德基本原则的遵循可能受到多种因素的不利影响。不利影响的性质和严重程度因注册会计师提供服务类型的不同而不同。可能对遵循职业道德基本原则产生不利影响的因素包括自身利益(self interest)、自我评价(self review)、过度推介(advocacy)、密切关系(familarity)和外在压力(intimidation)。

(一)自身利益

自身利益导致不利影响的情形主要包括:鉴证业务项目组成员在鉴证客户中拥有直接经济利益;会计师事务所的收入过分依赖某一客户;鉴证业务项目组成员与鉴证客户存在重要且密切的商业关系;会计师事务所担心可能失去某一重要客户;鉴证业务项目组成员正在与鉴证

客户协商受雇于该客户;会计师事务所与客户就鉴证业务达成或有收费(contingent fees)的协议;注册会计师在评价所在会计师事务所以往提供的专业服务时,发现了重大错误。

(二)自我评价

自我评价导致不利影响的情形主要包括:会计师事务所在对客户提供财务系统的设计或操作服务后,又对系统的运行有效性出具鉴证报告;会计师事务所为客户编制原始数据,这些数据构成鉴证业务的对象;鉴证业务项目组成员担任或最近曾经担任客户的董事或高级管理人员;鉴证业务项目组成员目前或最近曾受雇于客户,并且所处职位能够对鉴证对象施加重大影响;会计师事务所为鉴证客户提供直接影响鉴证对象信息的其他服务。

(三)过度推介

过度推介导致不利影响的情形主要包括:会计师事务所推介审计客户的股份;在审计客户与第三方发生诉讼或纠纷时,注册会计师担任该客户的辩护人。

(四)密切关系

密切关系导致不利影响的情形主要包括:项目组成员的近亲属担任客户的董事或高级管理人员;项目组成员的近亲属是客户的员工,其所处职位能够对业务对象施加重大影响;客户的董事、高级管理人员或所处职位能够对业务对象施加重大影响的员工,最近曾担任会计师事务所的项目合伙人;注册会计师接受客户的礼品或款待;会计师事务所的合伙人或高级员工与鉴证客户存在长期业务关系。

(五)外在压力

外在压力导致不利影响的情形主要包括:会计师事务所受到客户解除业务关系的威胁;审计客户表示,如果会计师事务所不同意对某项交易的会计处理,则不再委托其承办拟议中的非鉴证业务;客户威胁将起诉会计师事务所;会计师事务所受到降低收费的影响而不恰当地缩小工作范围;由于客户员工对所讨论的事项更具有专长,注册会计师面临服从其判断的压力;会计师事务所合伙人告知注册会计师,除非同意审计客户不恰当的会计处理,否则将影响晋升。

二、应对不利影响的防范措施

注册会计师应当运用判断,确定如何应对超出可接受水平的不利影响,包括采取防范措施消除不利影响或将其降低至可接受的水平,或者终止业务约定或拒绝接受业务委托。在运用判断时,注册会计师应当考虑:一个理性且掌握充分信息的第三方,在权衡注册会计师当时可获得的所有具体事实和情况后,是否很可能认为这些防范措施能够消除不利影响或将其降低至可接受的水平,以使职业道德基本原则不受损害。

应对不利影响的防范措施包括两类:一是法律法规和职业规范规定的防范措施,二是在具体工作中采取的防范措施。

(一)法律法规和职业规范规定的防范措施

法律法规和职业规范规定的防范措施主要包括:取得注册会计师资格必需的教育、培训和经验要求;持续的职业发展要求;公司治理方面的规定;执业准则和职业道德规范的要求;监管机构或注册会计师协会的监控和惩戒程序;由依法授权的第三方对注册会计师编制的业务报告、申报资料或其他信息进行外部复核。

(二)在具体工作中采取的防范措施

在具体工作中,应对不利影响的防范措施包括会计师事务所层面的防范措施和具体业务层面的防范措施。

1. 会计师事务所层面的防范措施

会计师事务所层面的防范措施主要包括：领导层强调遵循职业道德基本原则的重要性；领导层强调鉴证业务项目组成员应当维护公众利益；制定有关政策和程序，实施项目质量控制，监督业务质量；制定有关政策和程序，识别对职业道德基本原则的不利影响，评价不利影响的严重程度，采取防范措施消除不利影响或将其降低至可接受的水平；制定有关政策和程序，确保遵循职业道德基本原则；制定有关政策和程序，识别会计师事务所或项目组成员与客户之间的利益或关系；制定有关政策和程序，监控对某一客户收费的依赖程度；向鉴证客户提供非鉴证服务时，指派鉴证业务项目组以外的其他合伙人和项目组，并确保鉴证业务项目组和非鉴证业务项目组分别向各自的业务主管报告工作；制定有关政策和程序，防止项目组以外的人员对业务结果施加不当影响；及时向所有合伙人和专业人员传达会计师事务所的政策和程序及其变化情况，并就这些政策和程序进行适当的培训；指定高级管理人员负责监督质量控制制度是否有效运行；向合伙人和专业人员提供鉴证客户及其关联实体的名单，并要求合伙人和专业人员与之保持独立；制定有关政策和程序，鼓励员工就遵循职业道德基本原则方面的问题与领导层沟通；建立惩戒机制，保障相关政策和程序得到遵守。

2. 具体业务层面的防范措施

具体业务层面的防范措施主要包括：对已执行的非鉴证业务，由未参与该业务的注册会计师进行复核，或在必要时提供建议；对已执行的鉴证业务，由鉴证业务项目组以外的注册会计师进行复核，或在必要时提供建议；向客户审计委员会、监管机构或注册会计师协会咨询；与客户治理层讨论有关的职业道德问题；向客户治理层说明提供服务的性质和收费的范围；由其他会计师事务所执行或重新执行部分业务；轮换鉴证业务项目组合伙人和高级员工。

注册会计师可以根据业务的性质考虑依赖客户采取的防范措施，但是仅依赖客户的防范措施，不可能将不利影响降低至可接受的水平。客户通过制定政策和程序采取的防范措施主要包括：要求由管理层以外的人员批准聘请会计师事务所；聘任具备足够经验和资历的员工，确保其能够做出恰当的管理决策；执行相关政策和程序，确保在委托非鉴证业务时做出客观选择；建立完善的公司治理结构，与会计师事务所进行必要的沟通，并对其服务进行适当的监督。

下列防范措施也有助于识别或制止违反职业道德基本原则的行为：监管机构、注册会计师协会或会计师事务所建立有效的公开投诉系统，使会计师事务所合伙人和员工以及公众能够注意到违反职业道德基本原则的行为；法律法规、职业规范或会计师事务所政策明确规定，注册会计师有义务报告违反职业道德基本原则的行为。

三、道德冲突问题的解决

在遵循职业道德基本原则时，注册会计师应当解决遇到的道德冲突问题。

在解决道德冲突问题时，注册会计师应当考虑下列因素：与道德冲突问题有关的事实；涉及的道德问题；道德冲突问题涉及的职业道德基本原则；会计师事务所制定的解决道德冲突问题的程序；可供选择的措施。

在考虑上述因素并权衡可供选择措施的后果后，注册会计师应当确定适当的措施。如果道德冲突问题仍无法解决，注册会计师应当考虑向会计师事务所内部的适当人员咨询。

如果与所在会计师事务所或外部单位存在道德冲突，注册会计师应当确定是否与会计师事务所领导层或外部单位治理层讨论。

注册会计师应当考虑记录涉及的道德冲突问题、解决问题的过程，以及做出的相关决策。

如果某项重大道德冲突问题未能解决,注册会计师可以考虑向注册会计师协会或法律顾问咨询。

如果所有可能采取的措施都无法解决道德冲突问题,注册会计师不得再与产生道德冲突问题的事项发生牵连。在这种情况下,注册会计师应当确定是否退出项目组或不再承担相关任务,或者向会计师事务所提出辞职。

第三节 注册会计师提供专业服务时对职业道德概念框架的运用

在提供专业服务的过程中,可能存在许多对职业道德基本原则产生不利影响的情形,注册会计师应当对此保持警觉。注册会计师不得在明知的情况下从事任何损害或可能损害诚信原则、客观和公正原则以及职业声誉的业务或活动。

注册会计师在提供专业服务时对职业道德概念框架的运用主要涉及以下几个方面:专业服务委托(professional appointment)、利益冲突(conflicts of interest)、应客户要求提供第二次意见(second opinions)、收费(fees and other types of remuneration)、专业服务营销(marketing professional services)、礼品和款待(gifts and hospitality)、保管客户资产(custody of client assets)、对客观和公正原则的要求(objectivity)。

一、专业服务委托

注册会计师在确定是否接受某客户的委托或者承接某项业务时,需要考虑这些决策是否会违反职业道德的基本原则,涉及三个方面:接受客户关系(client acceptance)、承接业务(engagement acceptance)、客户变更委托(changes in a professional appointment)。

(一)接受客户关系

在接受客户关系前,注册会计师应当确定接受客户关系是否对职业道德基本原则产生不利影响。

注册会计师应当考虑客户的主要股东、关键管理人员和治理层是否诚信,以及客户是否涉足非法活动(如洗钱)或存在可疑的财务报告问题等。客户存在的问题可能对注册会计师遵循诚信原则或良好职业行为原则产生不利影响,注册会计师应当评价不利影响的严重程度,并在必要时采取防范措施消除不利影响或将其降低至可接受的水平。防范措施主要包括:对客户及其主要股东、关键管理人员、治理层和负责经营活动的人员进行了解;要求客户对完善公司治理结构或内部控制做出承诺。

如果不能将客户存在的问题产生的不利影响降低至可接受的水平,注册会计师应当拒绝接受客户关系。

如果向同一客户连续提供专业服务,注册会计师应当定期评价继续保持客户关系是否适当。

(二)承接业务

注册会计师应当遵循专业胜任能力和应有的关注原则,仅向客户提供能够胜任的专业服务。

在承接某一客户业务前,注册会计师应当确定承接该业务是否对职业道德基本原则产生不利影响。如果项目组不具备或不能获得执行业务所必需的胜任能力,将对专业胜任能力和应有的关注原则产生不利影响。注册会计师应当评价不利影响的严重程度,并在必要时采取防范措施消除不利影响或将其降低至可接受的水平。防范措施主要包括：了解客户的业务性质、经营的复杂程度，以及所在行业的情况；了解专业服务的具体要求和业务对象，以及注册会计师拟执行工作的目的、性质和范围；了解相关监管要求或报告要求；分派足够的具有胜任能力的员工；必要时利用专家的工作；就执行业务的时间安排与客户达成一致意见；遵守质量控制政策和程序，以合理保证仅承接能够胜任的业务。

当利用专家的工作时，注册会计师应当考虑专家的声望、专长及其可获得的资源，以及适用的执业准则和职业道德规范等因素，以确定专家的工作结果是否值得依赖。注册会计师可以通过以前与专家的交往或向他人咨询获得相关信息。

（三）客户变更委托

如果应客户要求或考虑以投标方式接替前任注册会计师，注册会计师应当从专业角度或其他方面确定是否应承接该业务。

如果注册会计师在了解所有相关情况前就承接业务，可能对专业胜任能力和应有的关注原则产生不利影响。注册会计师应当评价不利影响的严重程度。

由于客户变更委托的表面理由可能并未完全反映事实真相，根据业务性质，注册会计师可能需要与前任注册会计师直接沟通，核实与变更委托相关的事实和情况，以确定是否适宜承接该业务。

注册会计师应当在必要时采取防范措施，消除因客户变更委托产生的不利影响或将其降低至可接受的水平。防范措施主要包括：当应邀投标时，在投标书中说明，在承接业务前需要与前任注册会计师沟通，以了解是否存在不应接受委托的理由；要求前任注册会计师提供已知悉的相关事实或情况，即前任会计师认为，后任注册会计师在做出承接业务的决定前，需要了解的事实或情况；从其他渠道获取必要的信息。如果采取的防范措施不能消除不利影响或将其降低至可接受的水平，注册会计师不得承接该业务。

注册会计师可能应客户要求在前任注册会计师工作的基础上提供进一步的服务。如果缺乏完整的信息，可能对专业胜任能力和应有的关注原则产生不利影响。注册会计师应当评价不利影响的严重程度，并在必要时采取防范措施消除不利影响或将其降低至可接受的水平。采取的防范措施主要包括将拟承担的工作告知前任注册会计师，提请其提供相关信息，以便恰当地完成该项工作。

前任注册会计师应当遵循保密原则。前任注册会计师是否可以或必须与后任注册会计师讨论客户的相关事务，取决于业务的性质、是否征得客户同意，以及法律法规或职业道德规范的有关要求。

注册会计师在与前任注册会计师沟通前，应当征得客户的同意，最好征得客户的书面同意。前任注册会计师在提供信息时，应当实事求是、清晰明了。如果不能与前任注册会计师沟通，注册会计师应当采取适当措施，通过询问第三方或调查客户的高级管理人员、治理层的背景等方式，获取有关对职业道德基本原则产生不利影响的信息。

二、利益冲突

注册会计师应当采取适当措施，识别可能产生利益冲突的情形。这些情形可能对职业道德基本原则产生不利影响。

注册会计师与客户存在直接竞争关系，或与客户的主要竞争者存在合资或类似关系，可能对客观和公正原则产生不利影响。

注册会计师为两个以上客户提供服务,而这些客户之间存在利益冲突或者对某一事项或交易存在争议,可能对客观和公正原则或保密原则产生不利影响。

注册会计师应当评价利益冲突产生不利影响的严重程度,并在必要时采取防范措施,消除不利影响或将其降低至可接受的水平。

在接受或保持客户关系和具体业务之前,如果与客户或第三方存在商业利益或关系,注册会计师应当评价其所产生不利影响的严重程度。

注册会计师应当根据可能产生利益冲突的具体情形,采取下列防范措施:

(1)如果会计师事务所的商业利益或业务活动可能与客户存在利益冲突,注册会计师应当告知客户,并在征得其同意的情况下执行业务;

(2)如果为存在利益冲突的两个以上客户服务,注册会计师应当告知所有已知相关方,并在征得他们同意的情况下执行业务;

(3)如果为某一特定行业或领域中的两个以上客户提供服务,注册会计师应当告知客户,并在征得他们同意的情况下执行业务。

如果客户不同意注册会计师为存在利益冲突的其他客户提供服务,注册会计师应当终止为其中一方或多方提供服务。

注册会计师还应当采取下列一种或多种防范措施:分派不同的项目组为相关客户提供服务;实施必要的保密程序,防止未经授权接触信息。例如,对不同的项目组实施严格的隔离程序,做好数据文档的安全保密工作;向项目组成员提供有关安全和保密问题的指引;要求会计师事务所的合伙人和员工签订保密协议;由未参与执行相关业务的高级职员定期复核防范措施的执行情况。

如果利益冲突对职业道德基本原则产生不利影响,并且采取防范措施无法消除不利影响或将其降低至可接受的水平,注册会计师应当拒绝承接某一特定业务,或解除一个或多个存在冲突的业务约定。

三、应客户要求提供第二次意见

在某客户运用会计准则对特定交易和事项进行处理,且已由前任注册会计师发表意见的情况下,如果注册会计师应客户的要求提供第二次意见,可能对职业道德基本原则产生不利影响。

如果第二次意见不是以前任注册会计师所获得的相同事实为基础,或依据的证据不充分,可能对专业胜任能力和应有的关注原则产生不利影响。不利影响存在与否及其严重程度,取决于业务的具体情况,以及为提供第二次意见所能获得的所有相关事实及证据要求。

如果被要求提供第二次意见,注册会计师应当评价不利影响的严重程度,并在必要时采取防范措施消除不利影响或将其降低至可接受的水平。防范措施主要包括:征得客户同意与前任注册会计师沟通;在与客户沟通中说明注册会计师发表专业意见的局限性;向前任注册会计师提供第二次意见的副本。

如果客户不允许与前任注册会计师沟通,注册会计师应当在考虑所有情况后决定是否适宜提供第二次意见。

四、收费

会计师事务所在确定收费时应当主要考虑下列因素:专业服务所需的知识和技能;所需专

业人员的水平和经验;各级别专业人员提供服务所需的时间;提供专业服务所需承担的责任。

在专业服务得到良好的计划、监督及管理的前提下,收费通常以每一专业人员适当的小时收费标准或日收费标准为基础计算。

案例 3—1

审计收费的确定依据示例:烟台万华

公司与山东黔聚有限责任会计师事务所协定的审计收费标准是根据国际惯例,按照其合伙人和项目组其他成员的实际工作时间以及应用的技术水平与经验确定。2001年度审计参加人员、工作时间和收费确定如下:

	级 别	人员(人)	工作日(天)	总工作量(人·天)	计费标准元/(人·天)	总计费额(元)
年度审计	高级合伙人	2	3.5	7	3 000	21 000
	高级经理	2	5	10	2 300	23 000
	经理	2	25	50	1 800	90 000
	审计员	9	20	180	700	126 000
	合 计					260 000
其他	验资及关联交易独立财务顾问报告					40 000
	合 计					300 000

资料来源:烟台万华(600309)2002年年报,http://www.sse.com.cn。

补充资料 3—1

2013~2014年度上市公司审计收费 单位:万元

年度	项目	沪市主板	深市主板	中小企业板	创业板	合计
	2013年报和2014年报均披露年报审计费用上市公司数量	955	477	709	374	2 515
2013	审计收费合计	258 824	54 269	51 484	19 463	384 040
	平均收费	271.02	113.77	72.61	52.04	152.70
2014	审计收费合计	268 545	60 077	56 425	22 036	407 082
	平均收费	281.20	125.95	79.58	58.92	161.86
	审计收费上升比例	3.76%	10.70%	9.60%	13.22%	6.00%

资料来源:"中注协发布2014年年报审计情况快报(第十五期)",http://www.cicpa.org.cn/news/201505/t20150522_47052.html。

收费是否对职业道德基本原则产生不利影响,取决于收费报价水平和所提供的相应服务。注册会计师应当评价不利影响的严重程度,并在必要时采取防范措施消除不利影响或将其降低至可接受的水平。防范措施主要包括:让客户了解业务约定条款,特别是确定收费的基础及在收费报价内所能提供的服务;安排恰当的时间和具有胜任能力的员工执行任务。

在承接业务时,如果收费报价过低,可能导致难以按照执业准则和职业道德规范的要求执行业务,从而对专业胜任能力和应有的关注原则产生不利影响。

如果收费报价明显低于前任注册会计师或其他会计师事务所的相应报价,会计师事务所应当确保:在提供专业服务时,遵守执业准则和职业道德规范的要求,使工作质量不受损害;客户了解专业服务的范围和收费基础。

或有收费可能对职业道德基本原则产生不利影响。不利影响存在与否及其严重程度取决于下列因素:业务的性质;可能的收费金额区间;确定收费的基础;是否由独立第三方复核交易和提供服务的结果。除法律法规允许外,注册会计师不得以或有收费方式提供鉴证服务,收费与否或收费多少不得以鉴证工作结果或实现特定目的为条件。譬如,出具无保留的审计报告收费1万元,出具保留意见的审计报告收费5 000元。

注册会计师应当评价或有收费产生不利影响的严重程度,并在必要时采取防范措施消除不利影响或将其降低至可接受的水平。防范措施主要包括:预先就收费的基础与客户达成书面协议;向预期的报告使用者披露注册会计师所执行的工作及收费的基础;实施质量控制政策和程序;由独立的第三方复核注册会计师已执行的工作。

注册会计师收取与客户相关的介绍费或佣金,可能对客观和公正原则以及专业胜任能力和应有的关注原则产生非常严重的不利影响,导致没有防范措施能够消除不利影响或将其降低至可接受的水平。因此,注册会计师不得收取与客户相关的介绍费或佣金。类似地,注册会计师不得向客户或其他方支付业务介绍费。

五、专业服务营销

注册会计师通过广告或其他营销方式招揽业务,可能对职业道德基本原则产生不利影响。在向公众传递信息时,注册会计师应当维护职业声誉,做到客观、真实、得体。

注册会计师在营销专业服务时,不得有下列行为:夸大宣传提供的服务、拥有的资质或获得的经验;贬低或无根据地比较其他注册会计师的工作;暗示有能力影响有关主管部门、监管机构或类似机构;做出其他欺骗性的或可能导致误解的声明。

注册会计师不得采用强迫、欺诈、利诱或骚扰等方式招揽业务。

注册会计师不得对其能力进行广告宣传以招揽业务,但可以利用媒体刊登设立、合并、分立、解散、迁址、名称变更和招聘员工等信息。

六、礼品和款待

如果客户向注册会计师(或其近亲属)赠送礼品或给予款待,将对职业道德基本原则产生不利影响。

注册会计师不得向客户索取、收受委托合同约定以外的酬金或其他财物,或者利用执行业务之便,谋取其他不正当的利益。

注册会计师应当评价接受款待产生不利影响的严重程度,并在必要时采取防范措施消除不利影响或将其降低至可接受的水平。如果款待超出业务活动中的正常往来,注册会计师应当拒绝接受。

七、保管客户资产

除非法律法规允许或要求,注册会计师不得提供保管客户资金或其他资产的服务。如果注册会计师保管客户资金或其他资产,应当履行相应的法定义务。

注册会计师如果保管客户资金或其他资产,应当符合下列要求:将客户资金或其他资产与其个人或会计师事务所的资产分开;仅按照预定用途使用客户资金或其他资产;随时准备向相关人员报告资产状况及产生的收入、红利或利得;遵守所有与保管资产和履行报告义务相关的法律法规。

保管客户资金或其他资产可能对职业道德基本原则产生不利影响,尤其可能对客观和公正原则以及良好职业行为原则产生不利影响。

如果某项业务涉及保管客户资金或其他资产,注册会计师应当根据有关接受与保持客户关系和具体业务政策的要求,适当询问资产的来源,并考虑应当履行的法定义务。

如果客户资金或其他资产来源于非法活动(如洗钱),注册会计师不得提供保管资产服务,并应当向法律顾问征询进一步的意见。

八、对客观和公正原则的要求

在提供专业服务时,注册会计师如果在客户中拥有经济利益,或者与客户董事、高级管理人员或员工存在家庭和私人关系或商业关系,应当确定是否对客观和公正原则产生不利影响。

在提供专业服务时,对客观和公正原则的不利影响及其严重程度,取决于业务的具体情形和注册会计师所执行工作的性质。

注册会计师应当评价不利影响的严重程度,并在必要时采取防范措施消除不利影响或将其降低至可接受的水平。防范措施主要包括:退出项目组;实施督导程序;终止产生不利影响的经济利益或商业关系;与会计师事务所内部高级别的管理人员讨论有关事项;与客户治理层讨论有关事项。如果防范措施不能消除不利影响或将其降低至可接受的水平,注册会计师应当拒绝接受业务委托或终止业务。

第四节 独立性

一、独立性概念框架

(一)独立性的内涵

独立性(independence)包括实质上的独立性和形式上的独立性。实质上的独立性(independence of mind)是一种内心状态,使得注册会计师在提出结论时不受损害职业判断的因素影响,诚信行事,遵循客观和公正原则,保持职业怀疑态度;形式上的独立性(independence in appearance)是一种外在表现,使得一个理性且掌握充分信息的第三方,在权衡所有相关事实和情况后,认为会计师事务所或审计项目组成员没有损害诚信原则、客观和公正原则或职业怀疑态度。

(二)独立性概念框架

独立性概念框架(conceptual framework approach to independence)是指解决独立性问题的思路和方法,用以指导注册会计师:识别对独立性的不利影响;评价不利影响的严重程度;必要时采取防范措施消除不利影响或将其降低至可接受的水平。

如果无法采取适当的防范措施消除不利影响或将其降低至可接受的水平,注册会计师应当消除产生不利影响的情形,或者拒绝接受审计业务委托或终止审计业务。

在运用独立性概念框架时,注册会计师应当运用职业判断。

在确定是否接受或保持某项业务,或某一特定人员能否作为审计项目组成员时,会计师事务所应当识别和评价各种对独立性的不利影响。如果不利影响超出可接受水平,在确定是否接受某项业务或某一特定人员能否作为审计项目组成员时,会计师事务所应当确定能否采取防范措施以消除不利影响或将其降低至可接受的水平。

在决定是否保持某项业务时,会计师事务所应当确定现有的防范措施是否仍然有效,如果无效,是否需要采取其他防范措施或者终止业务。

在执行业务过程中,如果注意到对独立性产生不利影响的新情况,会计师事务所应当运用独立性概念框架评价不利影响的严重程度。

在评价不利影响的严重程度时,注册会计师应当从性质和数量两个方面予以考虑。

由于会计师事务所规模、结构和组织形式的不同,会计师事务所人员对独立性承担的责任也不同。会计师事务所应当按照《会计师事务所质量控制准则第 5101 号——会计师事务所对执行财务报表审计和审阅、其他鉴证和相关服务业务实施的质量控制》的要求,制定政策和程序,以合理保持独立性。项目合伙人应当就审计项目组遵守相关独立性要求的情况形成结论。

> **课堂讨论题 1**
> 本节的"独立性概念框架"与第二节的"职业道德概念框架"有什么关系?

二、审计和审阅业务对独立性的要求

注册会计师在执行审计和审阅业务时应当遵守相同的独立性要求。下文关于审计业务的独立性要求同样适用于审阅业务。

(一)经济利益

在审计客户中拥有经济利益(financial interests),可能因自身利益导致不利影响。不利影响存在与否及其严重程度取决于下列因素:拥有经济利益的人员的角色;经济利益是直接还是间接的;经济利益的重要性。

受益人可能通过投资工具拥有经济利益。确定经济利益是直接还是间接的,取决于受益人能否控制投资工具或具有影响投资决策的能力。如果受益人能够控制投资工具或具有影响投资决策的能力,就属于直接经济利益;如果受益人不能控制投资工具或不具有影响投资决策的能力,则属于间接经济利益。

会计师事务所、审计项目组成员或其主要近亲属不得在审计客户中拥有直接经济利益或重大间接经济利益。如果会计师事务所、审计项目组成员或其主要近亲属在审计客户中拥有直接经济利益或重大间接经济利益,将因自身利益产生非常严重的不利影响,导致没有任何防范措施能够将其降低至可接受的水平。

如果审计项目组某一成员的其他近亲属在审计客户中拥有直接经济利益或重大间接经济利益,将因自身利益产生非常严重的不利影响。不利影响的严重程度主要取决于下列因素:审计项目组成员与其他近亲属之间的关系;经济利益对其他近亲属的重要性。

会计师事务所应当评价不利影响的严重程度,并在必要时采取防范措施消除不利影响或将其降低至可接受的水平。防范措施主要包括:其他近亲属尽快处置全部经济利益,或处置全部直接经济利益并处置足够数量的间接经济利益,以使剩余经济利益不再重大;由审计项目组以外的注册会计师复核该成员已执行的工作;将该成员调离审计项目组。

当一个实体在审计客户中拥有控制性的权益,并且审计客户对该实体重要时,如果会计师事务所、审计项目组成员或其主要近亲属在该实体中拥有直接经济利益或重大间接经济利益，将因自身利益产生非常严重的不利影响，导致没有防范措施能够将其降低至可接受的水平。会计师事务所、审计项目组成员或其主要近亲属不得在该实体中拥有直接经济利益或重大间接经济利益。

如果审计项目组成员通过会计师事务所的退休金计划，在审计客户中拥有直接经济利益或重大间接经济利益，将因自身利益产生不利影响。注册会计师应当评价不利影响的严重程度，并在必要时采取防范措施消除不利影响或将其降低至可接受的水平。

当其他合伙人与执行审计业务的项目合伙人同处一个分部时，如果其他合伙人或其主要近亲属在审计客户中拥有直接经济利益或重大间接经济利益，将因自身利益产生非常严重的不利影响，导致没有防范措施能够将其降低至可接受的水平。其他合伙人或其主要近亲属不得在审计客户中拥有直接经济利益或重大间接经济利益。

如果为审计客户提供非审计服务的其他合伙人、管理人员或其主要近亲属，在审计客户中拥有直接经济利益或重大间接经济利益，将因自身利益产生非常严重的不利影响，导致没有防范措施能够将其降低至可接受的水平。为审计客户提供非审计服务的其他合伙人、管理人员或其主要近亲属不得在审计客户中拥有直接经济利益或重大间接经济利益。

会计师事务所、审计项目组成员或其主要近亲属在某一实体拥有经济利益，并且知悉审计客户的董事、高级管理人员或具有控制权的所有者也在该实体拥有经济利益，可能因自身利益、密切关系或外在压力产生不利影响。不利影响存在与否及其严重程度主要取决于下列因素：该项目组成员在审计项目组中的角色；实体的所有权是由少数人持有还是多数人持有；经济利益是否使得投资者能够控制该实体，或对其施加重大影响；经济利益的重要性。

注册会计师应当评价不利影响的严重程度，并在必要时采取防范措施消除不利影响或将其降低至可接受的水平。防范措施主要包括：将拥有该经济利益的审计项目组成员调离审计项目组；由审计项目组以外的注册会计师复核该成员已执行的工作。

（二）贷款和担保

会计师事务所、审计项目组成员或其主要近亲属从银行或类似金融机构等审计客户取得贷款，或获得贷款担保，可能对独立性产生不利影响。

如果审计客户不按照正常的程序、条款和条件提供贷款或担保（loans or guarantees），将因自身利益产生非常严重的不利影响，导致没有防范措施能够将其降低至可接受的水平。会计师事务所、审计项目组成员或其主要近亲属不得接受此类贷款或担保。

如果会计师事务所按照正常的贷款程序、条款和条件，从银行或类似金融机构等审计客户取得贷款，即使该贷款对审计客户或会计师事务所影响重大，也可能通过采取防范措施将因自身利益产生的不利影响降低至可接受的水平。采取的防范措施包括由未参与执行审计业务并且未接受该贷款的其他关联会计师事务所复核已执行的工作等。

审计项目组成员或其主要近亲属从银行或类似金融机构等审计客户取得贷款，或由审计客户提供贷款担保，如果按照正常的程序、条款和条件取得贷款或担保，则不会对独立性产生不利影响。

会计师事务所、审计项目组成员或其主要近亲属向审计客户提供贷款或为其提供担保，将因自身利益产生非常严重的不利影响，导致没有防范措施能够将其降低至可接受的水平。

会计师事务所、审计项目组成员或其主要近亲属在银行或类似金融机构等审计客户开立存款或交易账户，如果账户按照正常的商业条件开立，则不会对独立性产生不利影响。

(三)商业关系

会计师事务所、审计项目组成员或其主要近亲属与审计客户或其高级管理人员之间,由于商务关系或共同的经济利益而存在密切的商业关系(business relationships),可能因自身利益或外在压力产生严重的不利影响。这些商业关系主要包括:在与客户或其控股股东、董事、高级管理人员共同开办的企业中拥有经济利益;按照协议,将会计师事务所的产品或服务与客户的产品或服务结合在一起,并以双方名义捆绑销售;按照协议,会计师事务所销售或推广客户的产品或服务,或者客户销售或推广会计师事务所的产品或服务。

会计师事务所不得介入此类商业关系。如果存在此类商业关系,应当予以终止。如果此类商业关系涉及审计项目组成员,会计师事务所应当将该成员调离审计项目组。

如果审计项目组成员的主要近亲属与审计客户或其高级管理人员之间存在此类商业关系,注册会计师应当评价不利影响的严重程度,并在必要时采取防范措施消除不利影响或将其降低至可接受的水平。

会计师事务所、审计项目组成员或其主要近亲属从审计客户购买商品或服务,如果按照正常的商业程序公平交易,通常不会对独立性产生不利影响。如果交易性质特殊或金额较大,可能因自身利益产生不利影响。会计师事务所应当评价不利影响的严重程度,并在必要时采取防范措施消除不利影响或将其降低至可接受的水平。防范措施主要包括:取消交易或降低交易规模;将相关审计项目组成员调离审计项目组。

(四)家庭和私人关系

如果审计项目组成员与审计客户的董事、高级管理人员,或所处职位能够对客户会计记录或被审计财务报表的编制施加重大影响的员工(以下简称特定员工)存在家庭和私人关系(family and personal relationships),就可能因自身利益、密切关系或外在压力产生不利影响。不利影响存在与否及其严重程度取决于多种因素,包括该成员在审计项目组的角色、其家庭成员或相关人员在客户中的职位以及关系的密切程度等。

如果审计项目组成员的主要近亲属是审计客户的董事高级管理人员或特定员工,或者在业务期间或财务报表涵盖的期间曾担任上述职务,只有把该成员调离审计项目组,才能将对独立性的不利影响降低至可接受的水平。

如果审计项目组成员的主要近亲属在审计客户中所处职位能够对客户的财务状况、经营成果和现金流量施加重大影响,将对独立性产生不利影响。不利影响的严重程度主要取决于下列因素:主要近亲属在客户中的职位;该成员在审计项目组中的角色。会计师事务所应当评价不利影响的严重程度,并在必要时采取防范措施消除不利影响或将其降低至可接受的水平。防范措施主要包括:将该成员调离审计项目组;合理安排审计项目组成员的职责,使该成员的工作不涉及其主要近亲属的职责范围。

如果审计项目组成员的其他近亲属是审计客户的董事高级管理人员或特定员工,将对独立性产生不利影响。不利影响的严重程度主要取决于下列因素:审计项目组成员与其他近亲属的关系;其他该近亲属在客户中的职位;该成员在审计项目组中的角色。会计师事务所应当评价不利影响的严重程度,并在必要时采取防范措施消除不利影响或将其降低至可接受的水平。防范措施主要包括:将该成员调离审计项目组;合理安排审计项目组成员的职责,使该成员的工作不涉及其他近亲属的职责范围。

如果审计项目组成员与审计客户的员工存在密切关系,并且该员工是审计客户的董事、高级管理人员或特定员工,即使该员工不是审计项目组成员的近亲属,也将对独立性产生不利影响。拥有此类关系的审计项目组成员应当按照会计师事务所的政策和程序的要求,向会计师事务所内部或外部的相关人员咨询。不利影响的严重程度主要取决于下列因素:该员工与审计项目组成员的关系;该员工在客户中的职位;该成员在审计项目组中的角色。会计师事务所应当评价不利影响的严重程度,并在必要时采取防范措施消除不利影响或将其降低至可接受的水平。防范措施主要包括:将该成员调离审计项目组;合理安排该成员的职责,使其工作不涉及与之存在密切关系的员工的职责范围。

会计师事务所中审计项目组以外的合伙人或员工,与审计客户的董事、高级管理人员或特定员工之间存在家庭或私人关系,可能因自身利益、密切关系或外在压力产生不利影响。会计师事务所合伙人和员工在知悉此类关系后,应当按照会计师事务所的政策和程序进行咨询。不利影响存在与否及其严重程度主要取决于下列因素:该合伙人或员工与审计客户的董事、高级管理人员或特定员工之间关系;该合伙人或员工与审计项目组之间的相互影响;该合伙人或员工在会计师事务所中的角色;董事、高级管理人员或特定员工在审计客户中的职位。会计师事务所应当评价不利影响的严重程度,并在必要时采取防范措施以消除不利影响或将其降低至可接受的水平。防范措施主要包括:合理安排该合伙人或员工的职责,以减少对审计项目组可能产生的影响;由审计项目组以外的注册会计师复核已执行的相关审计工作。

(五)与审计客户发生雇佣关系

如果审计客户的董事、高级管理人员或特定员工,曾经是审计项目组的成员或会计师事务所的合伙人(employment with audit client),可能因密切关系或外在压力产生不利影响。

如果审计项目组前任成员或会计师事务所前任合伙人加入审计客户,担任董事、高级管理人员或特定员工,并且与会计师事务所仍保持重要交往,将产生非常严重的不利影响,导致没有防范措施能够将其降低至可接受的水平。

如果审计项目组前任成员或会计师事务所前任合伙人加入审计客户,担任董事、高级管理人员或特定员工,除非同时满足下列条件,否则将被视为损害独立性:前任成员或前任合伙人无权从会计师事务所获取报酬或福利(除非报酬或福利是按照预先确定的固定金额支付的,并且未付金额对会计师事务所不重要);前任成员或前任合伙人未继续参与,并且在外界看来未参与会计师事务所的经营活动或专业活动。

如果审计项目组前任成员或会计师事务所前任合伙人加入审计客户,担任董事、高级管理人员或特定员工,但前任成员或前任合伙人与会计师事务所已经没有重要交往,因密切关系或外在压力产生的不利影响存在与否及其严重程度主要取决于下列因素:前任成员或前任合伙人在审计客户中的职位;前任成员或前任合伙人在其工作中与审计项目组交往的程度;前任成员或前任合伙人离开会计师事务所的时间长短;前任成员或前任合伙人以前在审计项目组或会计师事务所中的角色。例如,前任成员或前任合伙人是否负责与客户治理层或管理层保持定期联系。会计师事务所应当评价不利影响的严重程度,并在必要时采取防范措施以消除不利影响或将其降低至可接受的水平。防范措施主要包括:修改审计计划;向审计项目组分派经验更丰富的人员;由审计项目组以外的注册会计师复核前任审计项目组成员已执行的工作。

如果会计师事务所前任合伙人加入某一实体,而该实体随后成为会计师事务所的审计客户,会计师事务所应当评价对独立性不利影响的严重程度,并在必要时采取防范措施消除不利影响或将其降低至可接受的水平。

如果审计项目组某一成员参与审计业务,当知道自己在未来某一时间将要或有可能加入审计客户时,将因自身利益产生不利影响。会计师事务所应当制定政策和程序,要求审计项目组成员在与审计客户协商受雇于该客户时,向会计师事务所报告。在接到报告后,会计师事务所应当评价不利影响的严重程度,并在必要时采取防范措施以消除不利影响或将其降低至可接受的水平。防范措施主要包括:将该成员调离审计项目组;由审计项目组以外的注册会计师复核该成员在审计项目组中做出的重大判断。

(六)临时借出员工

如果会计师事务所向审计客户借出员工(temporary staff assignments),可能因自我评价产生不利影响。会计师事务所只能短期向客户借出员工,并且借出的员工不得为审计客户提供职业道德守则禁止提供的非鉴证服务,也不得承担审计客户的管理层职责。审计客户有责任对借调员工的活动进行指导和监督。

会计师事务所应当评价借出员工产生不利影响的严重程度,并在必要时采取防范措施消除不利影响或将其降低至可接受的水平。防范措施主要包括:对借出员工的工作进行额外复核;合理安排审计项目组成员的职责,使借出员工不对其在借调期间所执行的工作进行审计;不安排借出员工作为审计项目组成员。

(七)审计项目组成员最近曾任审计客户的董事、高级管理人员和特定员工

如果审计项目组成员最近曾担任审计客户的董事、高级管理人员或特定员工(recent service with an audit client),就可能因自身利益、自我评价或密切关系而产生不利影响。例如,如果审计项目组成员在审计客户工作期间曾经编制会计记录,现又对据此形成的财务报表要素进行评价,则可能产生不利影响。

如果在被审计财务报表涵盖的期间,审计项目组成员曾担任审计客户的董事、高级管理人员或特定员工,将产生非常严重的不利影响,导致没有防范措施能够将其降低至可接受的水平。会计师事务所不得将此类人员分派到审计项目组。

如果在被审计财务报表涵盖的期间之前,审计项目组成员曾担任审计客户的董事、高级管理人员或特定员工,可能因自身利益、自我评价或密切关系产生不利影响。例如,如果在当期需要评价此类人员以前就职于审计客户时做出的决策或工作,将产生这些不利影响。不利影响存在与否及其严重程度主要取决于下列因素:该成员在客户中曾担任的职务;该成员离开客户的时间长短;该成员在审计项目组中的角色。

会计师事务所应当评价不利影响的严重程度,并在必要时采取防范措施将其降低至可接受的水平。防范措施包括复核该成员已执行的工作等。

(八)兼任审计客户的董事或高级管理人员

如果会计师事务所的合伙人或员工兼任审计客户的董事或高级管理人员(serving as a director or officer of an audit client),将因自我评价和自身利益产生非常严重的不利影响,导致没有防范措施能够将其降低至可接受的水平。因此,会计师事务所的合伙人或员工不得兼任审计客户的董事或高级管理人员。

如果会计师事务所的合伙人或员工担任审计客户的公司秘书,将因自我评价和过度推介产生非常严重的不利影响,导致没有防范措施能够将其降低至可接受的水平。因此,会计师事务所的合伙人或员工不得兼任审计客户的公司秘书。

会计师事务所提供日常和行政事务性的服务以支持公司秘书职能,或提供与公司秘书行政事项有关的建议,只要所有相关决策均由审计客户管理层做出,通常不会损害独立性。

(九)与审计客户长期存在业务关系

会计师事务所长期委派同一名合伙人或高级员工执行某一客户的审计业务(long association of senior personnel with an audit client),将因密切关系和自身利益而产生不利影响。不利影响的严重程度主要取决于下列因素:该人员加入审计项目组的时间长短;该人员在审计项目组中的角色;会计师事务所的组织结构;审计业务的性质;客户的管理团队是否发生变动;客户的会计和报告问题的性质或复杂程度是否发生变化。

会计师事务所应当评价因密切关系和自身利益而产生的不利影响的严重程度,并在必要时采取防范措施消除不利影响或将其降低至可接受的水平。防范措施主要包括:将该人员轮换出审计项目组;由审计项目组以外的注册会计师复核该人员已执行的工作;定期对该业务实施独立的质量复核。

(十)为审计客户提供非鉴证服务

会计师事务所向审计客户提供非鉴证服务(provision of non-assurance services to audit clients),可能对独立性产生不利影响,包括因自我评价、自身利益和过度推介等产生的不利影响。

在接受委托向审计客户提供非鉴证服务之前,会计师事务所应当确定提供该服务是否将对独立性产生不利影响。在评价某一特定非鉴证服务产生不利影响的严重程度时,会计师事务所应当考虑审计项目组认为提供其他相关非鉴证服务将产生的不利影响。如果没有防范措施能够将不利影响降低至可接受的水平,会计师事务所不得向审计客户提供该非鉴证服务。

向审计客户提供某些非鉴证服务可能对独立性产生非常严重的不利影响,导致没有防范措施能够将其降低至可接受的水平。如果无意中向客户的关联实体或分支机构,或者针对财务报表项目提供了这些非鉴证服务,会计师事务所应采取下列补救措施将不利影响降低至可接受的水平,以避免损害独立性:由其他会计师事务所对客户的关联实体、分支机构或财务报表项目进行审计;由其他会计师事务所重新执行非鉴证服务,并且所执行工作的范围能够使其承担责任。

1. 承担管理层职责

会计师事务所承担审计客户的管理层职责①(management responsibilities),将对独立性产生非常严重的不利影响,导致没有防范措施能够将其降低至可接受的水平。这些不利影响包括因自我评价、自身利益和密切关系产生的不利影响。因此,会计师事务所不得承担审计客户的管理层职责。在向审计客户提供非鉴证服务时,为避免承担管理层职责的风险,会计师事务所应当确保由管理层的成员负责做出重大判断和决策,评价服务的结果,并对依据服务结果采取的行动负责。

2. 编制会计记录和财务报表

会计师事务所向审计客户提供编制会计记录或财务报表(preparing accounting records and financial statements)等服务,随后又审计该财务报表,将因自我评价产生不利影响。

在审计过程中,会计师事务所与审计客户管理层就下列事项进行沟通,通常不会对独立性产生不利影响:对会计准则或财务报表披露要求的运用;与财务报表相关的内部控制的有效性,以及资产、负债计量方法的适当性;会计调整分录的建议。

审计客户可能要求会计师事务所在下列方面提供技术支持,如果会计师事务所不承担客户的管理层职责,通常不会对独立性产生不利影响:解决账户调节问题;分析和汇总监管机构

---

① 下列活动通常被视为管理层职责:制定政策和战略方针;指导员工的行动并对其行动负责;对交易进行授权;确定采纳会计师事务所或其他第三方提出的建议;负责按照适用的会计准则编制财务报表;负责设计、实施和维护内部控制。

要求提供的信息；将按照某种会计准则编制的财务报表，转换为按照另一种会计准则编制的财务报表。

在所有情况下，会计师事务所应当评价不利影响的严重程度，并在必要时采取防范措施消除不利影响或将其降低至可接受的水平。防范措施主要包括：由审计项目组以外的人员提供此类服务；如果审计项目组成员提供此类服务，则由审计项目组以外的合伙人或高级员工复核已执行的工作。

3. 评估服务

评估包括对未来发展趋势提出相关假设，运用适当的方法和技术，以确定资产、负债或企业整体的价值或者价值区间。

向审计客户提供评估服务（valuation services）可能因自我评价产生不利影响。不利影响存在与否及其严重程度主要取决于下列因素：评估结果是否对财务报表产生重大影响；在确定和批准评估方法以及其他重大判断事项时，客户的参与程度；是否可获得权威的评估方法和指南；在运用权威标准或方法进行评估时，评估事项的固有主观程度；基础数据的可靠性和范围；对能引起评估金额发生重大波动的未来事项的依赖程度；财务报表披露的范围和详细程度。

会计师事务所应当评价不利影响的严重程度，并在必要时采取防范措施消除不利影响或将其降低至可接受的水平。防范措施主要包括：由未参与提供评估服务的专业人员复核已执行的审计或评估工作；不允许提供评估服务的人员参与审计业务。

4. 税务服务

税务服务（taxation services）通常包括以下类型：编制纳税申报表；为编制会计分录计算税额；税务筹划和其他税务咨询服务；协助解决税务纠纷。

会计师事务所向审计客户提供某些税务服务，可能因自我评价和过度推介而产生不利影响。不利影响存在与否及其严重程度主要取决于下列因素：税务机关采用的税收核定和征管系统，以及会计师事务所在该过程中的角色；税收法律法规的复杂程度，以及应用时进行判断的程度；业务的具体特征；客户员工的税务专业水平。

由于纳税申报表须经税务机关审查或批准，如果管理层对纳税申报表承担责任，会计师事务所提供此类服务通常不对独立性产生不利影响。

基于编制会计分录的目的，为审计客户计算当期所得税或递延所得税负债（或资产），将因自我评价而产生不利影响。不利影响的严重程度主要取决于下列因素：税收法律法规的复杂程度，以及应用时进行判断的程度；客户员工的税务专业水平；税额对于财务报表的重要性。会计师事务所应当在必要时采取防范措施以消除不利影响或将其降低至可接受的水平。防范措施主要包括：由审计项目组以外的专业人员执行此类业务；如果审计项目组成员执行此类业务，由审计项目组以外的合伙人或高级管理人员复核税额的计算；向外部税务专业人员咨询。

税务筹划或其他税务咨询服务有多种类型，例如，向审计客户提供如何节税，或如何运用新的税收法律法规的建议。如果税务建议影响财务报表所反映的事项，就可能因自我评价而产生不利影响。不利影响存在与否及其严重程度主要取决于下列因素：在确定如何在财务报表中对税务建议进行处理时涉及的主观程度；税务建议的结果是否对财务报表产生重大影响；税务建议的有效性是否取决于会计处理或财务报表列报，以及是否对会计处理或财务报表列报的适当性存有疑问；客户员工的税务专业水平；税务建议是否具有相应的税收法律法规依据；税务处理是否得到税务机关的认可。在提供税务筹划和其他税务咨询服务时，如果此类服务具有法律依据，或得到税务机关的明确认可，通常不对独立性产生不利影响。

如果会计师事务所代表审计客户解决税务纠纷,一旦税务机关通知审计客户已经拒绝接受其对某项具体问题的主张,并且税务机关或审计客户已将该问题纳入正式的法律程序,则可能因过度推介或自我评价而产生不利影响。不利影响存在与否及其严重程度主要取决于下列因素:引起税务纠纷的事项是否与会计师事务所的建议相关;税务纠纷的结果对被审计财务报表产生重大影响的程度;该事项是否具有明确的税收法律法规依据;解决税务问题的程序是否公开;管理层在解决税务纠纷时所起的作用。会计师事务所应当评价不利影响的严重程度,并在必要时采取防范措施以消除不利影响或将其降低至可接受的水平。防范措施主要包括:由审计项目组以外的专业人员提供该税务服务;由其他未参与提供该项税务服务的税务专业人员,向审计项目组提供服务建议,并复核会计处理;向外部税务专业人员咨询。

5. 内部审计服务

内部审计的目标和工作范围因被审计单位的规模、组织结构、治理层和管理层需求的不同而存在很大差异。内部审计活动通常包括:监督内部控制;检查财务信息和经营信息;评价经营活动的效率和效果;评价对法律法规的遵守情况。

如果会计师事务所向审计客户提供内部审计服务(internal audit services),并在执行财务报表审计时利用内部审计的工作,将因自我评价对独立性产生不利影响。

会计师事务所人员在向审计客户提供内部审计服务时不得承担管理层职责。如果会计师事务所人员在为审计客户提供内部审计服务时承担管理层职责,将产生非常严重的不利影响,导致没有防范措施能够将其降低至可接受的水平。涉及承担管理层职责的内部审计服务主要包括:制定内部审计政策或内部审计活动的战略方针;指导该客户内部审计员工的工作并对其负责;决定应执行来源于内部审计活动的建议;代表管理层向治理层报告内部审计活动的结果;执行构成内部控制组成部分的程序;负责设计、执行和维护内部控制;提供内部审计外包服务,包括全部内部审计外包服务和重要内部审计业务外包服务,并且负责确定内部审计工作的范围。

为避免承担管理层职责,只有在同时满足下列条件时,会计师事务所才能为审计客户提供内部审计服务:审计客户承担设计、执行和维护内部控制的责任,并指定合适的、具有胜任能力的员工(最好是高级管理人员),始终负责内部审计活动;客户治理层或管理层复核、评估并批准内部审计服务的工作范围、风险和频率;客户管理层评价内部审计服务的适当性,以及执行内部审计发现的事项;客户管理层评价并确定应当实施内部审计服务提出的建议,并对实施过程进行管理;客户管理层向治理层报告注册会计师在内部审计服务中发现的重大问题和提出的建议。

如果会计师事务所向审计客户提供内部审计服务,并且在财务报表审计业务中使用该服务的结果,可能导致审计项目组不能恰当评价内部审计工作,或在评价时不能保持应有的职业怀疑态度,这将因自我评价而产生不利影响。不利影响的严重程度主要取决于下列因素:相关财务报表金额的重要性;与这些财务报表金额相关的认定层次的错报风险;对内部审计服务的依赖程度。会计师事务所应当评价不利影响的严重程度,并在必要时采取防范措施以消除不利影响或将其降低至可接受的水平。采取的防范措施主要包括由审计项目组以外的专业人员提供该内部审计服务等。

6. 信息技术系统服务

信息技术系统可用于积累原始数据,构成与财务报告相关的内部控制的组成部分,或生成影响会计记录或者财务报表的信息。信息技术系统也可能与审计客户的会计记录、财务报告内部控制和财务报表无关。会计师事务所提供信息技术系统服务(IT systems services)是否因自我评价产生不利影响,取决于服务和信息技术系统的性质。

如果会计师事务所人员不承担管理层职责,则提供下列信息技术系统服务不被视为对独立性产生不利影响:设计或操作与财务报告内部控制无关的信息技术系统;设计或操作信息技术系统,其生成的信息不构成会计记录或财务报表的重要组成部分;操作由第三方开发的会计或财务信息报告软件;对由其他服务提供商或审计客户自行设计并操作的系统进行评价和提出建议。

如果出现下列情况之一,会计师事务所向不属于公众利益实体的审计客户提供有关信息技术系统的设计或操作服务,将因自我评价产生不利影响:信息技术系统构成财务报告内部控制的重要组成部分;信息技术系统生成的信息对会计记录或被审计财务报表影响重大。只有通过采取适当的防范措施以确保同时满足下列条件,会计师事务所才能提供此类服务:审计客户认可自己对建立和监督内部控制的责任;审计客户指定具有胜任能力的员工(最好是高级管理人员)做出有关系统设计和操作的所有管理决策;审计客户做出与系统设计和操作过程有关的所有管理决策;审计客户评价系统设计和操作的适当性及结果;审计客户对系统运行以及系统使用或生成的数据负责。

根据审计工作对某项特定信息技术系统的依赖程度,会计师事务所应当确定该非鉴证服务是否只能由审计项目组以外的、不同业务主管领导下的人员提供。

会计师事务所应当评价剩余不利影响的严重程度,并在必要时采取防范措施以消除不利影响或将其降低至可接受的水平。可采取的防范措施包括由其他专业人员复核已执行的审计或非鉴证工作等。

7. 诉讼支持服务

诉讼支持服务(litigation support services)可能包括下列活动:担任专家证人;计算诉讼或其他法律纠纷涉及的估计损失或其他应收、应付的金额;协助管理和检索文件。会计师事务所向审计客户提供诉讼支持服务,可能因自我评价或过度推介而产生不利影响。

如果向审计客户提供诉讼支持服务涉及对损失或其他金额的估计,并且这些损失或其他金额影响被审计财务报表,会计师事务所应当遵守关于评估服务的规定。对于其他诉讼支持服务,会计师事务所应当评价不利影响的严重程度,并在必要时采取防范措施以消除不利影响或将其降低至可接受的水平。

8. 法律服务

法律服务(legal services)通常是指为客户提供商业性的法律服务。例如,为起草合同、诉讼、并购提供法律意见和支持,以及向客户内部的法律部门提供帮助。提供法律服务的人员应当取得相应的专业资格,并经过执业所要求的法律培训。会计师事务所向审计客户提供法律服务,可能会因自我评价和过度推介而产生不利影响。

会计师事务所在审计客户执行某项交易时向其提供法律服务,例如,提供合同起草、法律咨询、尽职调查和重组服务,可能会因自我评价而产生不利影响。不利影响存在与否及其严重程度主要取决于下列因素:服务的性质;服务是否由审计项目组成员提供;与财务报表有关的事项的重要性。会计师事务所应当评价不利影响的严重程度,并在必要时采取防范措施以消除不利影响或将其降低至可接受的水平。防范措施主要包括:由审计项目组以外的专业人员提供该服务;由未参与提供法律服务的专业人员向审计项目组提出建议,并复核会计处理。

在审计客户解决纠纷或法律诉讼时,如果会计师事务所人员担任辩护人,并且纠纷或法律诉讼所涉及金额对被审计财务报表有重大影响,将会因过度推介和自我评价而产生非常严重的不利影响,导致没有防范措施能够将其降低至可接受的水平。会计师事务所不得为审计客户提供此类服务。

在审计客户解决纠纷或应对法律诉讼时,如果会计师事务所人员担任辩护人,并且纠纷或法律诉讼所涉金额对被审计财务报表无重大影响,则应当评价因自我评价和过度推介而产生不利影响的严重程度,并在必要时采取防范措施以消除不利影响或将其降低至可接受的水平。防范措施主要包括:由审计项目组以外的专业人员提供该服务;由未参与提供法律服务的专业人员向审计项目组提出建议,并复核会计处理。

会计师事务所的合伙人或员工担任审计客户首席法律顾问,将因自我评价和过度推介产生非常严重的不利影响,导致没有防范措施能够消除不利影响或将其降低至可接受的水平。首席法律顾问通常是一个高级管理职位,对公司法律事务承担广泛责任。会计师事务所人员不得为审计客户提供担任首席法律顾问的服务。

9. 招聘服务

会计师事务所通常可以提供下列招聘服务(recruiting services):审查申请者的专业资格;对申请者是否适合相关职位提出咨询意见;对候选人进行面试;对候选人在财务会计、行政管理或内部控制等职位上的胜任能力提出咨询意见。

会计师事务所为审计客户提供人员招聘服务,可能会因自身利益、密切关系或外在压力而产生不利影响。不利影响存在与否及其严重程度主要取决于下列因素:要求提供协助的性质;拟招聘人员的职位。会计师事务所应当评价不利影响的严重程度,并在必要时采取防范措施消除不利影响或将其降低至可接受的水平。任何情况下,会计师事务所都不得承担管理层职责,聘用决策应当由客户负责做出。

10. 公司财务服务

公司财务服务(corporate finance services)主要包括下列活动:协助审计客户制定公司战略;为审计客户并购识别可能的目标;对资产处置交易提供建议;协助实施融资交易;对合理安排资本结构提供建议。会计师事务所提供财务服务,可能因自我评价或过度推介而产生不利影响。会计师事务所应当评价不利影响的严重程度,并在必要时采取防范措施以消除不利影响或将其降低至可接受的水平。防范措施主要包括:由审计项目组以外的专业人员提供该服务;由未参与提供财务服务的专业人员向审计项目组提供有关该服务的咨询建议,并复核会计处理。

会计师事务所提供财务服务,可能因自我评价产生不利影响。例如,对资本结构或融资的安排提出建议,将直接影响财务报表中报告的金额。不利影响存在与否及其严重程度主要取决于下列因素:在确定如何恰当处理财务建议对财务报表产生的影响时,涉及的主观程度;财务建议的结果对在财务报表中记录金额的直接影响程度,以及记录的金额对财务报表整体影响的重大程度;财务建议的有效性是否取决于某一特定会计处理或财务报表列报,并且根据适用的会计准则,对该会计处理或列报的适当性存有疑问。会计师事务所应当评价不利影响的严重程度,并在必要时采取防范措施消除不利影响或将其降低至可接受的水平。防范措施主要包括:由审计项目组以外的专业人员提供该服务;由未参与提供财务服务的专业人员向审计项目组提出有关服务的建议,并复核会计处理。

如果财务建议的有效性取决于某一特定会计处理,并且同时存在下列情形,将因自我评价产生非常严重的不利影响:根据适用的会计准则,审计项目组对有关的会计处理适当性存有疑问;财务建议的结果将对被审计财务报表产生重大影响。在上述情况下,没有防范措施能够将不利影响降低至可接受的水平。会计师事务所不得提供此类财务服务。

(十一)收费

1. 收费结构

如果会计师事务所从某一审计客户收取的全部费用占其审计收费总额的比重很大,则对该客户的依赖及对可能失去该客户的担心将因自身利益或外在压力而产生不利影响。不利影响的严重程度主要取决于下列因素:会计师事务所的业务类型及收入结构;会计师事务所成立时间的长短;该客户对会计师事务所是否重要。会计师事务所应当评价不利影响的严重程度,并在必要时采取防范措施以消除不利影响或将其降低至可接受的水平。防范措施主要包括:降低对该客户的依赖程度;实施外部质量控制复核;就关键的审计判断向第三方咨询。例如,向行业监管机构或其他会计师事务所咨询。

如果从某一审计客户收取的全部费用占某一合伙人从所有客户收取的费用总额比重很大,或占会计师事务所某一分部收取的费用总额比重很大,也将因自身利益或外在压力而产生不利影响。不利影响的严重程度主要取决于下列因素:该客户在性质上或数量上对该合伙人或分部是否重要;该合伙人或该分部合伙人的报酬来源于该客户的收费的依赖程度。会计师事务所应当评价不利影响的严重程度,并在必要时采取防范措施消除不利影响或将其降低至可接受的水平。防范措施主要包括:降低对来源于该客户的收费的依赖程度;由审计项目组以外的注册会计师复核已执行的工作或在必要时提出建议;定期实施独立的质量控制复核。

如果会计师事务所连续两年从某一属于公众利益实体[①]的审计客户及其关联实体收取的全部费用,占其从所有客户收取的全部费用的比重15%以上,会计师事务所应当向审计客户治理层披露这一事实,并讨论选择下列何种防范措施,以将不利影响降低至可接受的水平:在对第二年度财务报表发表审计意见之前,由其他会计师事务所对该业务再次实施项目质量控制复核(简称发表审计意见前复核,a pre-issuance review);在对第二年度财务报表发表审计意见之后,对第三年财务报表发表审计意见之前,由其他会计师事务所对第二年度的审计工作再次实施项目质量控制复核(简称发表审计意见后复核,a post-issuance review)。在上述收费比例明显超过15%的情况下,如果采用发表审计意见后复核无法将不利影响降低至可接受的水平,会计师事务所应当采用发表审计意见前复核。如果两年后每年收费比例继续超过15%,则会计师事务所应当每年向治理层披露这一事实,并讨论选择采取上述哪种防范措施。

2. 逾期收费

如果审计客户长期未支付应付的审计费用,尤其是相当部分的审计费用在出具下一年度审计报告前仍未支付,可能因自身利益产生不利影响。

会计师事务所通常要求审计客户在审计报告出具前付清上一年度的审计费用。如果在审计报告出具后审计客户仍未支付该费用,会计师事务所应当评价不利影响存在与否及其严重程度,并在必要时采取防范措施以消除不利影响或将其降低至可接受的水平。可采取的防范

---

① 公众利益实体(public interest entities)包括上市公司和下列实体:法律法规界定的公众利益实体;法律法规规定按照上市公司审计独立性的要求接受审计的实体。如果公众利益实体以外的其他实体拥有数量众多且分布广泛的利益相关者,注册会计师应当考虑将其作为公众利益实体对待。需要考虑的因素包括:实体业务的性质(例如金融业务、保险业务等);实体的规模;员工的数量。

措施包括由未参与执行审计业务的注册会计师提供建议,或复核已执行的工作等。

会计师事务所还应当确定逾期收费是否可能被视同向客户贷款,并且根据逾期收费的重要程度确定是否继续执行审计业务。

3. 或有收费

或有收费是指收费与否或收费多少取决于交易的结果或所执行工作的结果。如果一项收费是由法院或政府有关部门规定的,则该项收费不被视为或有收费。

会计师事务所在提供审计业务时,以直接或间接形式取得或有收费,将因自身利益产生非常严重的不利影响,导致没有防范措施能够将其降低至可接受的水平。会计师事务所不得采用这种收费安排。

会计师事务所在向审计客户提供非鉴证服务时,如果非鉴证业务以直接或间接形式取得或有收费,也可能因自身利益而产生不利影响。如果出现下列情况之一,将因自身利益产生非常严重的不利影响,导致没有防范措施能够将其降低至可接受的水平,会计师事务所不得采用这种收费安排:非鉴证服务的或有收费由对财务报表发表审计意见的会计师事务所取得,并且对其影响重大或预期影响重大;事务所参与大部分审计工作,非鉴证服务的或有收费由该事务所取得,并且对其影响重大或预期影响重大;非鉴证服务的结果以及由此收取的费用金额,取决于未来或当期与财务报表重大金额审计相关的判断。

在向审计客户提供非鉴证服务时,如果会计师事务所采用其他形式的或有收费安排,不利影响存在与否及其严重程度主要取决于下列因素:可能的收费金额区间;是否由适当的权威方确定有关事项的结果,并且该结果作为或有收费的基础;非鉴证服务的性质;事项或交易对财务报表的影响。会计师事务所应当评价不利影响的严重程度,并在必要时采取防范措施以消除不利影响或将其降低至可接受的水平。防范措施主要包括:由审计项目组以外的注册会计师复核相关审计工作,或在必要时提供建议;由审计项目组以外的专业人员提供非鉴证服务。

(十二)薪酬和业绩评价政策

如果某一审计项目组成员的薪酬或业绩评价(compensation or evaluation)与其向审计客户推销的非鉴证服务挂钩,将因自身利益产生不利影响。不利影响的严重程度取决于下列因素:推销非鉴证服务的因素在该成员薪酬或业绩评价中的比重;该成员在审计项目组中的角色;推销非鉴证服务的业绩是否影响该成员的晋升。会计师事务所应当评价不利影响的严重程度。如果不利影响超出可接受的水平,会计师事务所应当修改该成员的薪酬计划或业绩评价程序,或者采取其他防范措施以消除不利影响或将其降低至可接受的水平。防范措施主要包括:将该成员调离审计项目组;由审计项目组以外的注册会计师复核该成员已执行的工作。

关键审计合伙人[①]的薪酬或业绩评价不得与其向审计客户推销的非鉴证服务直接挂钩。

(十三)礼品和款待

会计师事务所或审计项目组成员接受审计客户的礼品或款待(gifts or hospitality),可能因自身利益和密切关系产生不利影响。

会计师事务所或审计项目组成员不得接受礼品。如果会计师事务所或审计项目组成员接受审计客户的礼品,将产生非常严重的不利影响,导致没有防范措施能够将其降低至可接受的

---

① 关键审计合伙人(key audit partner)是指项目合伙人、实施项目质量控制复核的负责人,以及审计项目组中负责对财务报表审计所涉及的重大事项作出关键决策或判断的其他审计合伙人。其他审计合伙人还可能包括负责审计重要子公司或分支机构的项目合伙人。

水平。

会计师事务所或审计项目组成员应当评价接受款待产生不利影响的严重程度,并在必要时采取防范措施以消除不利影响或将其降低至可接受的水平。如果款待超出业务活动中的正常往来,会计师事务所或审计项目组成员应当拒绝接受。

(十四)诉讼或诉讼威胁

如果会计师事务所或审计项目组成员与审计客户发生诉讼或很可能发生诉讼(actual or threatened litigation),将因自身利益和外在压力产生不利影响。

会计师事务所和客户管理层由于诉讼或诉讼威胁而处于对立地位,将影响管理层提供信息的意愿,从而因自身利益和外在压力而产生不利影响。不利影响的严重程度主要取决于下列因素:诉讼的重要性;诉讼是否与前期审计业务相关。会计师事务所应当评价不利影响的严重程度,并在必要时采取防范措施以消除不利影响或将其降低至可接受的水平。防范措施主要包括:如果诉讼涉及某一审计项目组成员,将该成员调离审计项目组;由审计项目组以外的专业人员复核已执行的工作。如果此类防范措施不能将不利影响降低至可接受的水平,会计师事务所应当拒绝接受审计业务委托,或解除审计业务约定。

课堂讨论题 2

下列情况中,注册会计师为确保其独立性而应回避的有(　　)。
A. 持有被审计单位发行的股票
B. 担任被审计单位的常年会计顾问
C. 注册会计师关系密切的家庭成员是被审计单位的高层管理人员
D. 接受委托,为被审计单位设计内部控制制度

三、其他鉴证业务对独立性的要求

客观和公正原则要求提供其他鉴证业务的项目组成员、会计师事务所与客户保持独立。在执行其他鉴证业务时,项目组成员、会计师事务所应当维护公众利益,独立于客户。

如果会计师事务所向客户提供其他鉴证服务的同时,也向其提供审计或审阅服务,则在执行审计或审阅业务时,应当遵守《中国注册会计师职业道德守则第 4 号——审计和审阅业务对独立性的要求》。

在执行其他鉴证业务的过程中,可能存在多种对独立性产生不利影响的情形,注册会计师应当对此保持警觉,并按照《中国注册会计师职业道德守则第 5 号——其他鉴证业务对独立性的要求》的规定办理。当遇到该守则未列举的情形时,注册会计师应当运用独立性概念框架评价具体情形对独立性的影响,并采取防范措施以消除不利影响或将其降低至可接受的水平。

复习思考题

1. 注册会计师职业道德基本原则的主要内容有哪些?
2. 注册会计师对职业道德基本原则的遵循可能受到哪些因素的不利影响?
3. 哪些因素可能损害注册会计师的独立性?

自我测试题

一、单项选择题

1. 注册会计师职业道德基本原则不包括( )。
   A. 保密　　　　　　　B. 诚信　　　　　　　C. 独立　　　　　　　D. 职业怀疑态度
2. 注册会计师在提供下列业务中的( )时,不需要保持独立性。
   A. 财务报表审计　　　B. 财务报表审阅　　　C. 验资　　　　　　　D. 执行商定程序
3. 下列说法中错误的是( )。
   A. 可能损害独立性的因素包括自身利益、自我评价、关联关系和外在压力等
   B. 会计师事务所不得承担审计客户的管理层职责
   C. 为了保持独立性,会计师事务所应该定期轮换项目合伙人及签字注册会计师
   D. 会计师事务所的业务收入主要来源于某一客户对事务所的独立性没有影响
4. 自身利益导致注册会计师无法严格遵循职业道德基本原则的情形包括( )。
   A. 会计师事务所推介审计客户的股份
   B. 客户威胁将起诉会计师事务所
   C. 鉴证业务项目组成员正在与鉴证客户协商受雇于该客户
   D. 项目组成员的近亲属担任客户的董事或高级管理人员
5. 会计师事务所向审计客户提供编制会计记录或财务报表等服务,会对其独立性产生不利影响的情形是( )。
   A. 帮助客户解决账户调节问题
   B. 向客户提出会计调整分录的建议
   C. 编制用以证明交易发生的原始凭证(如采购订单)
   D. 将按照某种会计准则编制的财务报表,转换为按照另一种会计准则编制的财务报表

二、判断题

1. 注册会计师可以根据业务的性质、工作量的大小、参加人员层次的高低和服务成果的大小等因素确定审计业务的收费标准。( )
2. 注册会计师若与被审计单位的某位员工具有近亲属关系,就不得执行该客户的审计业务。( )
3. 独立原则有两个层次:实质上的独立和形式上的独立。( )
4. 如果会计师事务所向审计服务提供内部审计服务,并在执行财务报表审计时利用内部审计的工作,将因过度推介而对独立性产生不利影响。( )
5. 会计师事务所在提供审计业务时,以直接或间接形式取得或有收费,将因自身利益而产生非常严重的不利影响,导致没有防范措施能够将其降低至可接受的水平。( )

三、案例分析题

1. 甲公司是公正会计师事务所的常年审计客户。20×8年11月,公正会计师事务所与甲公司续签了审计业务约定书,审计甲公司20×8年度财务报表。假定存在以下情形:

(1)甲公司由于财务困难,应付公正会计师事务所20×7年度审计费用150万元一直没有支付。经双方协商,公正会计师事务所同意甲公司延期至20×9年年底支付,并约定甲公司须按银行同期贷款利率计算这笔应付款项的资金占用费。

(2)甲公司由于财务人员短缺,20×8年向公正会计师事务所借用一名注册会计师,由该注册会计师将经会计主管核审的记账凭证录入计算机信息系统。公正会计师事务所未将该注册会计师包括在甲公司20×8

年度财务报表审计项目组。

(3)乙注册会计师已连续5年担任甲公司年度财务报表审计的签字注册会计师。根据有关规定,在审计甲公司20×8年度财务报表时,公正会计师事务所决定不再由该注册会计师担任签字注册会计师。但在成立甲公司20×8年度财务报表审计项目组时,公正会计师事务所要求其继续担任外勤审计负责人。

(4)由于甲公司将20×8年度财务报表审计费用降为100万元,导致公正会计师事务所的审计收入不能弥补审计成本,公正会计师事务所决定不再对甲公司下属的2个规模较大的分公司进行审计,并以审计范围受限为由出具了保留意见的审计报告。

(5)审计小组成员丙注册会计师持有甲公司的股票10 000股,市值约36 000元。

(6)公正会计师事务所针对审计过程中发现的问题,向甲公司提出了会计处理调整的建议,并协助其解决了相关账户调整问题。

要求:根据中国注册会计师职业道德守则有关独立性的规定,分别判断上述六种情形是否对公正会计师事务所的独立性产生不利影响,并简要说明理由。如果存在不利影响,采取哪些防范措施可以消除不利影响或将其降低至可接受的水平?

2.甲银行拟申请公开发行股票,委托ABC会计师事务所审计其20×7年度、20×8年度和20×9年度的财务报表,双方于20×9年年末签订审计业务约定书。假定存在以下情形:

(1)ABC会计师事务所与甲银行签订的审计业务约定书约定:审计费用为150万元,甲银行在ABC会计师事务所提交审计报告时支付50%的审计费用,剩余50%视股票能否发行上市决定是否支付。

(2)甲银行要求ABC会计师事务所在提供财务报表审计业务的同时,对银行部分重要资产的价值进行评估。银行与事务所就报表审计与资产评估业务签订了业务约定书。

(3)20×9年7月,ABC会计师事务所按照正常借款程序和条件,向甲银行以抵押贷款方式借款1 000万元,用于购置办公用房。

(4)审计小组成员B注册会计师的妻子自20×3年起在甲银行担任统计员的职务。

(5)ABC会计师事务所与甲银行信贷部开展业务合作:由信贷部介绍需要审计的贷款客户,ABC会计师事务所负责审计工作。相关审计收费由会计师事务所与信贷部对半分成。

(6)ABC会计师事务所接受委托,为甲银行编制20×9年度企业所得税纳税申报表,该表经甲银行财务总监签署后报出。

要求:根据中国注册会计师职业道德守则有关独立性的规定,分别判断上述六种情形是否对会计师事务所的独立性产生不利影响,并简要说明理由。如果存在不利影响,采取哪些防范措施可以消除不利影响或将其降低至可接受的水平?

第四章 财务报表审计流程

本章要点

- 财务报表审计目标与一般原则
- 管理层认定
- 财务报表审计计划阶段的主要工作
- 财务报表审计实施阶段的主要工作
- 财务报表审计完成阶段的主要工作
- 与治理层的沟通

引例

审计失败案例：世界通信公司

继2002年安然公司造假丑闻之后，世界通信公司（Worldcom）的会计造假丑闻又将安达信拖下了水——美国有史以来的两起最大财务丑闻的发生与安达信有脱不开的关系。安达信对世界通信的审计失败，主要归于以下四个方面：

（1）安达信缺乏形式上的独立性。自1989年起，安达信一直担任世界通信的审计师，直到安然丑闻发生后，世界通信才在2002年5月14日辞退安达信，改聘毕马威。安达信在过去10多年既为世界通信提供审计服务，也向其提供咨询服务。

（2）安达信未能保持应有的职业谨慎和职业怀疑。安达信向美国证券交易管理委员会（SEC）和司法部门提供的1999~2001年审计工作底稿表明，安达信在这3年里一直将世界通信评估为具有最高等级审计风险的客户。这种风险主要源于世界通信制定了过于激进的收入和盈利目标。换言之，安达信已经意识到世界通信具有报表粉饰或财务舞弊的动机。尽管如此，面对如此高风险的审计客户，安达信却没有保持应有的职业审慎和职业怀疑。安达信对世界通信的线路成本、准备金计提和转回、收入确认和商誉减值等重大事项进行审计时，几乎完全依赖于世界通信高层的管理层声明书，却没有获取充分适当的审计证据，以致世界通信审计委员会在2002年6月向安达信通报世界通信利用冲销线路成本虚构利润时，安达信向新闻媒体的解释是世界通信高层并没有在管理层声明书中就此事做出说明。可见，安达信的做法严重违反了美国公认审计准则（GAAS）关于应有的职业审慎和职业怀疑的相关规定，负有重大过失责任。

（3）安达信编制审计计划前没有对世界通信的会计程序进行充分了解。美国公认审计准则要求注册会计师在了解被审计单位经营业务和相关内部会计控制的基础上，恰当地编制审计计划，据以合理制定和实施能够发现导致财务报表重大错报漏报的错误与舞弊的审计程序。但安达信没有按照美国公认审计准则的要求，对世界通信的下列相关会计控制和程序进行充分了解，导致其未能合理制定和实施有助于发现财务舞弊的审计程序：①世界通信会计和报告系统对结账后调整分录、准备金转回的规定和控制程序。②手工会计分录和合并试算平衡表的编制和控制程序。③管理层对重组准备和其他准备金以及线路成本的估计判断及相关控制程序。④世界通信的内部控制结构及其在实际执行中的效果。⑤管理层对资产减值的计提和转回的估计判断和相关控制程序。⑥世界通信会计政策在不同期间运用的一贯性,特别是线路成本在2001年以前均作为期间费用,而2001年度和2002年第一季度世界通信却以"预付容量"的名义将38.52亿美元线路成本予以资本化。

(4)安达信没有获取足以支持其审计意见的直接审计证据。①安达信没有获取世界通信通过转回准备金以冲销线路成本的直接证据,而是过分依赖管理层的声明,以至于未能发现世界通信在2000年第三和第四季度以及2001年第三季度将过去计提的约16.35亿美元的准备金用于冲销线路成本的舞弊行为。②安达信没有获取世界通信将38.52亿美元的线路成本由经营费用转入不动产、厂场与设备(property, plant and equipment)的直接证据,以至于未能发现世界通信的财务舞弊。

(资料来源:黄世忠,"安达信对世界通信审计失败原因剖析",《中国注册会计师》,2003年第6期。)

思考题

结合世界通信公司的案例分析如何避免审计失败。

如前所述,财务报表审计是注册会计师行业的重要业务内容。本章主要阐述财务报表审计的目标、一般原则、注册会计师需要验证的管理层认定以及财务报表审计的基本流程。本章的内容旨在提供一个财务报表审计的总体框架,便于以后章节对财务报表审计的各环节进行详细阐述。

第一节 财务报表审计概述

一、财务报表审计目标与一般原则

如前所述,财务报表是指依据某一财务报告编制基础[①]对被审计单位历史财务信息做出的结构性表述,包括相关附注,旨在反映某一时点的经济资源或义务或者某一时期经济资源或义务的变化。财务报表通常是指整套财务报表,有时也指单一财务报表。整套财务报表的构成应当根据适用的财务报告编制基础的规定确定。

按照《中国注册会计师审计准则》的规定,对财务报表发表审计意见是注册会计师的责任;

[①] 适用的财务报告编制基础(applicable financial reporting framework),是指法律法规要求采用的财务报告编制基础;或者管理层和治理层(如适用)在编制财务报表时,就被审计单位性质和财务报表目标而言,采用的可接受的财务报告编制基础。

财务报告编制基础分为通用目的编制基础和特殊目的编制基础。

通用目的编制基础(general purpose framework),是指旨在满足广大财务报表使用者共同的财务信息需求的财务报告编制基础,主要是指会计准则。

特殊目的编制基础(special purpose framework),是指旨在满足财务报表特定使用者对财务信息需求的财务报告编制基础,包括计税核算基础、监管机构的报告要求和合同的约定等。

在被审计单位治理层①的监督下，按照适用的会计准则的规定编制财务报表是被审计单位管理层②的责任。财务报表审计不能减轻被审计单位管理层和治理层的责任。管理层和治理层（如适用）认可与财务报表相关的责任，是注册会计师执行审计工作的前提。管理层和治理层（如适用）应当认可并理解其承担下列责任，这些责任构成注册会计师按照审计准则的规定执行审计工作的基础：

(1)按照适用的财务报告编制基础编制财务报表，并使其实现公允反映（如适用）；

(2)设计、执行和维护必要的内部控制，以使财务报表不存在由于舞弊或错误导致的重大错报；

(3)向注册会计师提供必要的工作条件，包括允许注册会计师接触与编制财务报表相关的所有信息（如记录、文件和其他事项），向注册会计师提供审计所需的其他信息，允许注册会计师在获取审计证据时不受限制地接触其认为必要的内部人员和其他相关人员。

财务报表审计的目标是注册会计师通过执行审计工作，对财务报表的下列方面发表审计意见：财务报表是否按照适用的会计准则的规定编制；是否在所有重大方面公允反映被审计单位的财务状况、经营成果和现金流量。

财务报表审计属于鉴证业务，注册会计师的审计意见旨在提高财务报表的可信赖程度。注册会计师按照审计准则的规定执行审计工作，能够对财务报表整体不存在重大错报获取合理保证。

二、管理层认定

认定（assertions）是指管理层在财务报表中做出的明确或隐含的表达，注册会计师将其用于考虑可能发生的不同类型的潜在错报。

注册会计师要发表恰当的审计意见，需要考虑被审计单位的会计资料的若干具体方面，这些方面即是管理层认定，注册会计师在被审计单位管理层认定的基础上执行审计测试。认定分为三种类型：关于各类交易和事项运用的认定、关于期末账户余额运用的认定、关于列报和披露运用的认定。注册会计师应当详细运用各类交易、账户余额、披露认定，作为评估重大错报风险以及设计与实施进一步审计程序的基础。

（一）关于各类交易和事项运用的认定

对所审计期间的各类交易和事项运用的认定通常分为下列类别：

1. 发生

发生（occurrence）是指记录的交易和事项已发生，且与被审计单位有关；发生认定强调的是没有高估（或虚增）交易和事项的情况。例如，被审计单位账面记录的销售业务确已发生，没有虚构销售业务的情况。

2. 完整性

完整性（completeness）是指所有应当记录的交易和事项均已记录。完整性认定强调的是没有低估（或漏记）交易和事项的情况。如果被审计单位有虚增利润的动机，就可能少计有关

---

① 治理层（those charged with governance），是指对被审计单位战略方向以及管理层履行经营管理责任负有监督责任的人员或组织，如董事会（或审计委员会）、监事会。治理层的责任包括对财务报告过程的监督。在某些被审计单位，治理层可能包括管理层成员。

② 管理层（management），是指对被审计单位经营活动的执行负有管理责任的人员。在某些被审计单位，管理层包括部分或全部的治理层成员。

负债和费用增加的交易和事项,导致报表数据不完整。

3. 准确性

准确性(accuracy)是指与交易和事项有关的金额及其他数据已恰当记录。

4. 截止

截止(cutoff)是指交易和事项已记录于正确的会计期间。例如,资产负债表日前后一段时间内发生的购货业务、销货业务应记入恰当的会计期间,不应出现提前确认或者推迟确认交易和事项的情况。

5. 分类

分类(classification)是指交易和事项已记录于恰当的账户。例如,采用现金销售方式取得的收入应贷记"主营业务收入"账户,而不是"预收账款"账户。

(二)关于期末账户余额运用的认定

对期末账户余额运用的认定通常分为下列类别:

1. 存在

存在(existence)是指记录的资产、负债和所有者权益在资产负债表日是存在的,没有高估(或虚增)的情况。

2. 权利和义务

权利和义务(rights and obligations)是指记录的资产由被审计单位拥有或控制,记录的负债是被审计单位应当履行偿还义务的债务。

3. 完整性

完整性是指所有应当记录的资产、负债和所有者权益均已记录,没有低估(或漏记)的情况。

4. 计价和分摊

计价和分摊(valuation and allocation)是指资产、负债和所有者权益以恰当的金额包括在财务报表中,与之相关的计价或分摊调整已恰当记录。例如,坏账准备、存货跌价准备的期末金额能够合理反映被审计单位的相关资产减值情况,不存在明显的人为调节利润的迹象。

(三)关于列报和披露运用的认定

对列报和披露运用的认定通常分为下列类别:

1. 发生以及权利和义务

发生以及权利和义务是指披露的交易、事项和其他情况已发生,且与被审计单位有关。

2. 完整性

完整性是指所有应当包括在财务报表中的披露均已包括,例如,应收票据的贴现、为其他企业贷款提供担保、为申请贷款而质押的存货等。

3. 分类和可理解性

分类和可理解性(classification and understandability)是指财务信息已被恰当地列报和描述,且披露内容表述清楚。例如,应收账款的明细账贷方余额在资产负债表中已经恰当地列入"预收账款"项目。

4. 准确性和计价

准确性和计价(accuracy and valuation)是指财务信息和其他信息已公允披露,且金额恰当。

表4-1列示的是管理层认定的各项内容。

表 4—1　　　　　　　　　　　　　　管理层认定

	关于各类交易和事项运用的认定	关于期末账户余额运用的认定	关于列报和披露的认定
发生	√		√
完整性	√	√	√
准确性	√		√
截止	√		
分类	√		√
存在		√	
权利和义务		√	√
计价和分摊		√	√
可理解性			√

> **课堂讨论题 1**
>
> 以销售与收款循环为例，说明与赊销业务、收款业务、"主营业务成本"账户、"主营业务收入"账户、"应收账款"账户、"坏账准备"账户以及相关的资产负债表数据或利润表数据有关的认定具体内容。

第二节　财务报表审计流程

财务报表审计业务的基本流程分为审计计划阶段、审计实施阶段和审计完成阶段。

一、审计计划阶段

审计计划阶段的基本内容包括开展初步业务活动、制定总体审计策略以及制订具体审计计划。

(一)开展初步业务活动

注册会计师应当在本期审计业务开始时开展下列初步业务活动(preliminary engagement activities)：(1)针对保持客户关系和具体审计业务，实施相应的质量控制程序；(2)评价遵守相关职业道德要求(包括评价遵守独立性要求)的情况；(3)就审计业务约定条款与被审计单位达成一致意见，及时签订或修改审计业务约定书。

在本期审计业务开始时开展初步业务活动，有助于注册会计师识别和评价可能对计划和执行审计工作产生负面影响的事项或情况。

(二)制定总体审计策略

注册会计师应当为审计工作制定总体审计策略(overall audit strategy)。总体审计策略用以确定审计范围、时间和方向，并指导制订具体审计计划。

总体审计策略的制定应当包括：

(1)确定审计业务的特征,包括采用的会计准则、特定行业的报告要求以及被审计单位组成部分的分布等,以界定审计范围;

(2)明确审计业务的报告目标,以计划审计的时间安排和所需沟通的性质,包括提交审计报告的时间要求,预期与管理层和治理层沟通的重要日期等;

(3)考虑影响审计业务的重要因素,以确定项目组工作方向,包括确定适当的重要性水平,初步识别可能存在较高的重大错报[①]风险的领域,初步识别重要的组成部分和账户余额,评价是否需要针对内部控制的有效性获取审计证据,识别被审计单位、所处行业、财务报告要求及其他相关方面最近发生的重大变化等。

(三)制订具体审计计划

注册会计师应当为审计工作制订具体审计计划(audit plan)。具体审计计划比总体审计策略更加详细,其内容包括为获取充分、适当的审计证据以将审计风险降至可接受的低水平,项目组成员拟实施的审计程序的性质、时间和范围。

具体审计计划应当包括下列内容:(1)注册会计师计划实施的风险评估程序的性质、时间和范围。(2)针对评估的认定层次的重大错报风险,注册会计师计划实施的进一步审计程序的性质、时间和范围。(3)根据中国注册会计师审计准则的规定,注册会计师针对审计业务需要实施的其他审计程序。例如,阅读含有已审计财务报表的文件中的其他信息。

计划审计工作是一个持续的、不断修正的过程,贯穿于整个审计业务的始终。由于未预期事项、条件的变化或在实施审计程序中获取的审计证据等原因,注册会计师应当在审计过程中对总体审计策略和具体审计计划做出必要的更新和修改。

审计计划的内容将在第五章进一步阐述。

二、审计实施阶段

审计实施阶段的工作主要是指重大错报风险的评估与应对。

(一)风险评估

1. 了解被审计单位及其环境

注册会计师应当了解被审计单位及其环境,以足够识别和评估财务报表重大错报风险,设计和实施进一步审计程序。

了解被审计单位及其环境是必要程序,特别是为注册会计师在下列关键环节做出职业判断提供重要基础:确定重要性水平,并随着审计工作的进程评估对重要性水平的判断是否仍然适当;考虑会计政策的选择和运用是否恰当,以及财务报表的列报(包括披露)是否适当;识别需要特别考虑的领域,包括关联方交易、管理层运用持续经营假设的合理性,或交易是否具有合理的商业目的等;确定在实施分析程序时所使用的预期值;设计和实施进一步审计程序,以将审计风险降至可接受的低水平;评价所获取审计证据的充分性和适当性。

了解被审计单位及其环境是一个连续和动态地收集、更新与分析信息的过程,贯穿于整个审计过程的始终。注册会计师应当运用职业判断确定需要了解被审计单位及其环境的程度。

---

① 错报,是指某一财务报表项目的金额、分类、列报或披露,与按照适用的财务报告编制基础应当列示的金额、分类、列报或披露之间存在的差异。错报可能是由于错误或舞弊导致的。

当注册会计师对财务报表是否在所有重大方面按照适用的财务报告编制基础编制并实现公允反映发表审计意见时,错报还包括根据注册会计师的判断,为使财务报表在所有重大方面实现公允反映,需要对金额、分类、列报或披露做出的必要调整。

> **课堂讨论题2**
> 注册会计师在了解被审计单位及其环境时需考虑的环境因素有哪些方面？

2. 评估重大错报风险

注册会计师应当评估财务报表层次的重大错报风险和认定层次的重大错报风险，为设计和实施进一步审计程序提供基础。

(1)财务报表层次的重大错报风险。它是指与财务报表整体广泛相关，并潜在地影响多项认定的风险。这种性质的风险不一定限定于某类交易、账户余额或披露层次的特定认定的风险，而是在一定程度上代表了可能增加认定层次重大错报风险的情况，如管理层凌驾于内部控制之上。财务报表层次的风险可能与注册会计师考虑因舞弊而导致的重大错报风险相关。

(2)认定层次的重大错报风险。注册会计师需要考虑各类交易、账户余额和披露认定层次的重大错报风险，这些信息直接有助于其确定用于获取充分、适当的审计证据而在认定层次实施的进一步审计程序的性质、时间安排和范围。

风险评估的内容将在第六章进一步阐述。

(二)风险应对

注册会计师应当针对评估的财务报表层次重大错报风险确定总体应对措施，并针对评估的认定层次重大错报风险设计和实施进一步审计程序，以将审计风险降至可接受的低水平。

1. 针对评估的报表层次重大错报风险实施的应对措施

注册会计师应当针对评估的财务报表层次重大错报风险确定下列总体应对措施：(1)向项目组强调在收集和评价审计证据过程中保持职业怀疑态度的必要性；(2)分派更有经验或具有特殊技能的审计人员，或利用专家的工作；(3)提供更多的督导；(4)在选择进一步审计程序时，应当注意使某些程序不被管理层预见或事先了解；(5)对拟实施审计程序的性质、时间和范围做出总体修改。

2. 针对认定层次的重大错报风险实施的进一步审计程序

(1)进一步审计程序的概念

进一步审计程序(further audit procedures)包括控制测试(tests of controls)和实质性程序(substantive procedure)。控制测试的目的是评价控制是否有效运行；实质性程序的目的是发现认定层次的重大错报。

①控制测试

控制测试是指用于评价内部控制在防止或发现并纠正认定层次重大错报方面的运行有效性的审计程序。例如，注册会计师了解到被审计单位的规章制度明确规定，一位会计人员在开具销售发票并签字之后，应由另一位会计人员对销货发票上的单价、数量、金额进行核对并且在发票上签名之后才能将其中的两联交给顾客。关于这项控制程序的控制测试内容就是注册会计师从被审计年度的销货发票簿中抽取若干张，查看发票上的单价与企业内部经过核定的价目表上的单价是否一致，是否存在两位会计人员的签名，金额计算是否正确，从而确定上述规章制度是否在被审计年度得到一贯遵循。如果发票上存在两位会计人员的签名，但是单价与价目表上的单价不一致或者金额计算不正确，这就说明控制得到了执行，但是并不有效。

②实质性程序

实质性程序是指用于发现认定层次重大错报的审计程序,包括细节测试(tests of details)以及实质性分析程序(substantive analytical procedures)。

细节测试适用于对各类交易、账户余额、披露认定的测试,尤其是对存在或发生、计价认定的测试。执行这类测试时,注册会计师主要通过一定的审计方法(如函证、检查实物资产、观察等)来验证各类业务(如购货业务、销货业务)或账户余额的真实性。例如,注册会计师为了验证构成资产负债表"货币资金"项目中的库存现金账户期末余额是否正确,往往会采用监督盘点的方式,要求企业的出纳清点实际库存的现金,并与库存现金日记账的余额进行核对。

作为实质性程序执行的分析程序称为实质性分析程序,执行该程序的目的是通过研究不同财务数据之间以及财务数据与非财务数据之间的内在关系,对财务信息做出评价并确定审计重点,其基本内容包括比较分析、比率分析和趋势分析等。例如,在主营业务收入的审计中,通过各月份收入数据的比较,注册会计师可以确定收入变化幅度较大的月份,并将其作为审计测试的重点。如果被审计单位20×5年1月至11月主营业务收入均为2 000万元左右,12月份收入则跃升为3 000万元,通常注册会计师会重点关注12月份的有关凭证与账簿。

注册会计师应当针对评估的重大错报风险设计和实施实质性程序,以发现认定层次的重大错报。注册会计师对重大错报风险的评估是一种判断,可能无法充分识别所有的重大错报风险,并且由于内部控制存在固有局限性,无论评估的重大错报风险结果如何,注册会计师都应当针对所有重大的各类交易、账户余额、披露实施实质性程序。

控制测试与实质性程序的区别如表4—2所示。

表4—2　　　　　　　　　　　控制测试与实质性程序的区别

项　目	控制测试	实质性程序
测试对象与目的	内部控制运行的有效性	各类交易、账户余额、披露是否存在重大错报
评价依据	企业内部控制制度的有关规定	《企业会计准则》、税法等法规
测试方法	检查、观察、询问、重新执行	检查、观察、询问、函证、重新计算、分析程序
测试时间	通常在期中审计阶段执行	主要集中在资产负债表日之后执行
执行测试程序的必要性	不是每项财务报表审计业务都必须执行的程序	每项财务报表审计业务必须执行的程序

注册会计师设计和实施的进一步审计程序的性质、时间和范围,应当与评估的认定层次重大错报风险具备明确的对应关系。

(2)进一步审计程序的总体方案

拟实施进一步审计程序的总体方案包括实质性方案(substantive approach)和综合性方案(combined approach)。实质性方案是指注册会计师实施的进一步审计程序以实质性程序为主;综合性方案是指注册会计师在实施进一步审计程序时,将控制测试与实质性程序结合使用。

注册会计师应当根据对认定层次重大错报风险的评估结果,恰当选用实质性方案或综合性方案。无论选择何种方案,注册会计师都应当对所有重大的各类交易、账户余额、披露设计和实施实质性程序。在有些情况下,注册会计师可能认为仅仅执行控制测试就可以有效应对关于某项认定的重大错报风险;在另外一些情况下,注册会计师通过风险评估过程没有发现关于某项认定的有效内部控制,或者虽然存在相关控制,但是测试结果表明该项控制的运行无效,注册会计师会考虑仅仅执行实质性程序来验证某项认定。在大多数情况下,注册会计师会考虑采用综合性方案来验证某些认定。

风险应对的内容将在第七章进一步阐述。

三、审计完成阶段

在审计完成阶段,注册会计师需要进行的工作主要包括:期后事项的审计、或有事项的审计、持续经营假设的审计、比较数据的审计、关联方和关联交易的审计、编制审计差异汇总表并完成试算平衡表、取得书面声明和律师声明书、执行分析程序、撰写审计总结、完成审计工作底稿的复核、评价审计结果、与被审计单位管理层沟通后确定审计意见类型和审计报告措辞并根据需要向管理层和治理层通报审计过程中注意到的内部控制缺陷。本节主要介绍编制审计差异汇总表并完成试算平衡表、取得书面声明。其他内容将在后面章节中展开论述。

(一)编制审计差异调整表和试算平衡表

1. 编制审计差异调整表

审计差异调整表分为两种类型:调整分录汇总表和重分类分录汇总表。其中,调整分录针对的是那些会计处理错误或金额计算错误的会计分录,重分类分录针对的是那些金额正确但账户错误的会计记录。调整分录需要被审计单位调整相关账簿和报表,而重分类分录则只需要调整报表即可。需要说明的是,只有那些注册会计师认为重要的调整分录或重分类分录才需要填入审计差异调整表中,如果存在差错的会计业务金额较小,就可以忽略。

由于各账户的审计工作底稿中分散地记录了调整分录和重分类分录,所以在审计完成阶段,注册会计师应将各账户的工作底稿及其中的调整分录和重分类分录予以汇总,以便了解被审计单位会计核算中存在差异的所有重要事项。

2. 编制试算平衡表

注册会计师编制试算平衡表的目的是验证被审计单位未审财务报表、调整分录、重分类分录、调整后的金额(审定数)的借贷是否平衡。由于报表项目众多,通常将试算平衡表分为资产负债表项目试算平衡表(格式参见表4—3)和利润表项目试算平衡表。

表4—3　　　　　　　　　　资产负债表项目试算平衡表

资产	期末未审数	调整借方	调整贷方	重分类借方	重分类贷方	期末审定数	负债和所有者权益	期末未审数	调整借方	调整贷方	重分类借方	重分类贷方	期末审定数
流动资产:							流动负债:						
货币资金							短期借款						
交易性金融资产							应付票据						
应收票据							应付账款						
应收账款							预收款项						
预付款项							应付职工薪酬						
应收利息							应交税费						
应收股利							应付利息						
其他应收款							应付股利						
存货							其他应付款						

续表

资产	期末未审数	调整 借方	调整 贷方	重分类 借方	重分类 贷方	期末审定数	负债和所有者权益	期末未审数	调整 借方	调整 贷方	重分类 借方	重分类 贷方	期末审定数
一年内到期的非流动资产							一年内到期的非流动负债						
其他流动资产							其他流动负债						
流动资产合计							流动负债合计						
非流动资产：							非流动负债：						
可供出售金融资产							长期借款						
持有至到期投资							应付债券						
长期应收款							预计负债						
长期股权投资							（略）						
固定资产							非流动负债合计						
在建工程							负债合计						
工程物资							所有者权益：						
固定资产清理							实收资本(或股本)						
无形资产							资本公积						
（略）							盈余公积						
非流动资产合计							未分配利润						
							所有者权益合计						
资产总计							负债和所有者权益总计						

为了提高审计效率，在审计计划阶段执行分析程序时，可对试算平衡表中的资产、负债及所有者权益的期末数与期初数进行绝对数比较或相对数比较，对利润表中的损益项目进行本期数据与上期数据的绝对数比较或相对数比较。在审计完成阶段，则填制试算平衡表的后半部分，包括调整分录、重分类分录、调整后的金额。调整后的金额应与审计工作底稿各报表项目的审定数核对一致，并与已审财务报表核对相符。试算平衡表的具体应用参见表13—3、表13—4。

(二)获取书面声明

书面声明(written representation)，是指管理层向注册会计师提供的书面陈述，用以确认某些事项或支持其他审计证据。书面声明不包括财务报表及其认定，以及支持性账簿和相关记录。

1. 针对管理层责任的书面声明

针对财务报表的编制，注册会计师应当要求管理层提供书面声明，确认其根据审计业务约定条款，履行了按照适用的财务报告编制基础编制财务报表并使其实现公允反映(如适用)的责任。

针对提供的信息和交易的完整性，注册会计师应当要求管理层就下列事项提供书面声明：(1)按照审计业务约定条款，已向注册会计师提供所有相关信息，并允许注册会计师不受限制地接触所有相关信息以及被审计单位内部人员和其他相关人员；(2)所有交易均已记录并反映在财务报表中。

注册会计师应当要求管理层按照审计业务约定条款中对管理层责任的描述方式，在书面声明中对管理层责任进行描述。

2. 其他书面声明

如果注册会计师认为有必要获取一项或多项其他书面声明，以支持与财务报表或者一项或多项具体认定相关的其他审计证据,注册会计师应当要求管理层提供这些书面声明。

书面声明的日期应当尽量接近对财务报表出具审计报告的日期,但不得在审计报告日后。书面声明应当涵盖审计报告针对的所有财务报表和期间。

(三)出具审计报告

出具审计报告是年度报表审计的最后一个步骤。

审计完成阶段的内容将在第十三章和第十四章进一步阐述。

风险导向审计的基本流程如图4-1所示。

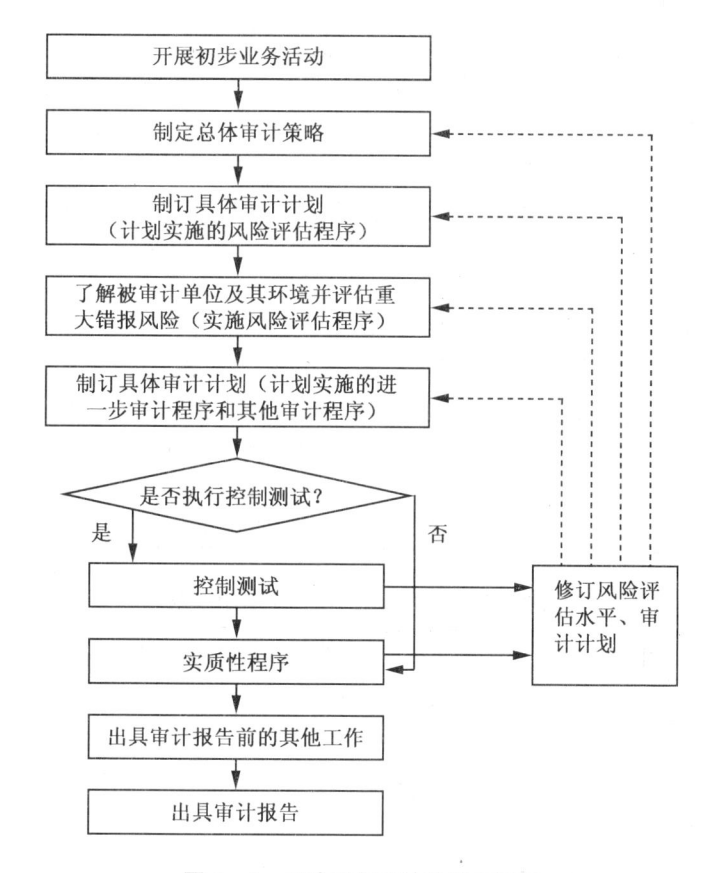

```
开展初步业务活动
        ↓
    制定总体审计策略  ←----
        ↓                  |
   制订具体审计计划    ←----
  (计划实施的风险评估程序)  |
        ↓                  |
了解被审计单位及其环境并评估重  |
大错报风险(实施风险评估程序) ←|
        ↓                  |
制订具体审计计划(计划实施的进  |
一步审计程序和其他审计程序)  ←|
        ↓                  |
    是否执行控制测试?        |
     是 ↓    否 →  修订风险评
     控制测试       估水平、审
        ↓          计计划
     实质性程序  ←→
        ↓
   出具审计报告前的其他工作
        ↓
     出具审计报告
```

图4-1 风险导向审计的基本流程

四、案例公司的基本情况

本书将以一个虚构的公司即新欣股份有限公司的20×5年度财务报表审计为主线来讲述财务报表审计的基本过程。该公司未经审计的20×5年12月31日的资产负债表、20×5年度利润表如表4-4、表4-5所示。需要说明的是,新欣公司是一家从事服装加工的中等规模的企业,于20×4年1月1日成立,20×5年度财务报表的审计师为公正会计师事务所,20×5年度是公正会计师事务所为新欣公司提供年度财务报表审计服务的第二个年度。在后续的多个章节中会涉及新欣公司财务报表审计的具体内容。

表4—4　　　　　　　　新欣公司未经审计的20×5年12月31日的资产负债表　　　　　单位:元

项目	期初数（上期审定数）	期末数（未审数）	项目	期初数（上期审定数）	期末数（未审数）
流动资产:			负债:		
货币资金	6 200 000	3 185 910.8	短期借款	—	4 000 000
交易性金融资产	60 000	50 000	应付账款	3 090 000	2 776 000
应收账款	2 100 000	3 030 500	应交税费	1 200 000	1 941 970.8
其他应收款	500 000	594 000	流动负债合计	4 290 000	8 717 970.8
存货	1 000 000	2 780 060	长期负债		
流动资产合计	9 860 000	9 640 470.8	长期借款	10 000 000	13 000 000
			长期负债合计	10 000 000	13 000 000
非流动资产:			负债合计	14 290 000	21 717 970.8
可供出售金融资产	10 000 000	15 000 000			
长期股权投资	35 000 000	37 500 000	股东权益:		
固定资产	11 100 000	11 715 000	股本	50 000 000	50 000 000
非流动资产合计	56 100 000	64 215 000	资本公积	520 000	531 000
			盈余公积	230 000	314 975
			未分配利润	920 000	1 291 525
			所有者权益合计	51 670 000	52 137 500
资产总计	65 960 000	73 855 470.8	负债及所有者权益总计	65 960 000	73 855 470.8

表4—5　　　　　　　　新欣公司未经审计的20×5年度利润表　　　　　　　　　单位:元

项目	上年数(审定数)	本年数(未审数)
一、营业收入	25 351 000	12 375 000
减:营业成本	17 912 000	9 510 000
营业税金及附加	2 268 000	1 125 000
销售费用	363 500	265 000
管理费用	252 000	231 000
财务费用	720 000	745 000
资产减值损失	258 000	297 000
加:投资收益	1 200 000	1 300 000
二、营业利润	4 777 500	1 502 000
加:营业外收入	—	—
减:营业外支出	—	(6 000)
三、利润总额	4 777 500	1 496 000
减:所得税费用	1 433 250	447 300
四、净利润	3 344 250	1 048 700

第三节 与治理层的沟通

注册会计师与治理层沟通的目标是:就注册会计师与财务报表审计相关的责任、计划的审计范围和时间安排的总体情况,与治理层进行清晰的沟通;向治理层获取与审计相关的信息;及时向治理层通报审计中发现的与治理层监督财务报告过程的责任相关的重大事项;推动注册会计师和治理层之间有效的双向沟通。

一、沟通的对象

注册会计师应当确定与被审计单位治理结构中的哪些适当人员进行沟通。

如果注册会计师与治理层的下设组织(如审计委员会)或个人沟通,应当确定是否还需要与治理层整体进行沟通。

在考虑与治理层的下设组织沟通时,注册会计师需要考虑下列事项:下设组织与治理机构(如董事会)各自的责任;拟沟通事项的性质;相关法律法规的要求;下设组织是否有权就沟通的信息采取行动,以及是否能够提供注册会计师可能需要的进一步信息和解释。

在决定是否需要与治理层沟通信息时,注册会计师可能受到其对下设组织与治理机构沟通相关信息的有效性和适当性的评估的影响。注册会计师可以在就审计业务约定条款达成一致意见时明确指出,除非法律法规禁止,注册会计师保留与治理机构直接沟通的权利。

二、沟通的事项

(一)注册会计师与财务报表审计相关的责任

注册会计师与财务报表审计相关的责任通常包含在审计业务约定书或记录审计业务约定条款的其他适当形式的书面协议中。向治理层提供审计业务约定书或其他适当形式的书面协议的副本,可能是与其就下列相关事项进行沟通的适当方式:

(1)注册会计师按照审计准则执行审计工作的责任,主要集中在对财务报表发表意见上。审计准则要求沟通的事项包括财务报表审计中发现的、与治理层对财务报告过程的监督有关的重大事项。

(2)审计准则并不要求注册会计师设计程序来识别与治理层沟通的补充事项[①]。

(3)注册会计师依据法律法规的规定、与被审计单位的协议或适用于该业务的其他规定,承担所需要沟通特定事项的责任(如适用)。[②]

(二)计划的审计范围和时间安排

注册会计师应当与治理层沟通计划的审计范围和时间安排的总体情况。

就计划的审计范围和时间安排进行沟通可以:帮助治理层更好地了解注册会计师工作的

[①] 补充事项不一定与监督财务报告流程有关,但对治理层监督被审计单位的战略方向或与被审计单位受托责任相关的义务(例如:确保被审计单位设计、执行和维护恰当的内部控制)很可能是重要的。

[②] 法律法规的规定、与被审计单位的协议或适用于该业务的其他规定,可能要求注册会计师与治理层进行更广泛的沟通。例如:

(1)与被审计单位的协议可能要求沟通会计师事务所或网络事务所在提供除财务报表审计以外的其他服务时发现的特定事项;

(2)授权对公共部门实体进行审计的文件可能要求注册会计师沟通其执行其他工作时(如绩效审计)注意到的事项。

结果,与注册会计师讨论风险问题和重要性的概念,以及识别可能需要注册会计师追加审计程序的领域;帮助注册会计师更好地了解被审计单位及其环境。

在与治理层就计划的审计范围和时间安排进行沟通时,尤其是在治理层部分或全部成员参与管理被审计单位的情况下,注册会计师需要保持职业谨慎,避免损害审计的有效性。例如,沟通具体审计程序的性质和时间安排,可能因这些程序易于被预见而降低其有效性。

沟通的事项可能包括:注册会计师拟如何应对由于舞弊或错误导致的特别风险;注册会计师对与审计相关的内部控制采取的方案;在审计中对重要性概念的运用。

可能适合与治理层讨论的计划方面的其他事项包括:

(1)如果被审计单位设有内部审计,就需讨论注册会计师拟利用内部审计工作的程度,以及注册会计师和内部审计人员如何以建设性和互补的方式更好地协调和配合工作。

(2)治理层对下列问题的看法:①与被审计单位治理结构中的哪些适当人员沟通;②治理层和管理层之间的责任分配;③被审计单位的目标和战略,以及可能导致重大错报的相关经营风险;④治理层认为审计过程中需要特别关注的事项,以及治理层要求注册会计师追加审计程序的领域;⑤与监管机构的重要沟通;⑥治理层认为可能会影响财务报表审计的其他事项。

(3)治理层对下列问题的态度、认识和措施:①被审计单位的内部控制及其在被审计单位中的重要性,包括治理层如何监督内部控制的有效性;②舞弊发生的可能性或如何发现舞弊。

(4)治理层应对会计准则、公司治理实务、交易所上市规则和相关事项变化的措施。

(5)治理层对以前与注册会计师沟通做出的反应。

尽管与治理层的沟通可以帮助注册会计师计划审计的范围和时间安排,但并不改变注册会计师独自承担制定总体审计策略和具体审计计划(包括获取充分、适当的审计证据所需程序的性质、时间安排和范围)的责任。

(三)审计工作中发现的重大问题

沟通审计中发现的重大问题可能包括要求治理层提供进一步信息以完善获取的审计证据。例如,注册会计师可以证实治理层对与特定的交易或事项有关的事实和情况有着与其相同的理解。

1. 会计实务重大事项的质量

财务报告编制基础通常允许被审计单位做出会计估计和有关会计政策、财务报表披露的判断。注册会计师就会计实务重大方面的质量与治理层进行沟通,可能包括评价重大会计实务处理方法的可接受性。在适当的情况下,注册会计师应当向治理层解释为何某项在适用的财务报告编制基础下可以接受的重大会计实务,并不一定最适合被审计单位的具体情况。

就会计实务的质量方面进行的沟通可能包括下列事项:

(1)会计政策

①在考虑是否有必要对提供信息的成本与可能给财务报表使用者带来的效益之间进行平衡后,会计政策对于被审计单位具体情况的适当性。如果存在可接受的备选会计政策,沟通可能包括确定受重要会计政策选择影响的财务报表项目,以及与被审计单位相类似的单位所采用会计政策的信息。

②重要会计政策的初始选择和变更,包括对新会计准则的应用。沟通可能包括:会计政策变更的时间安排和方法对被审计单位当前和未来盈余的影响;与预期发布新会计准则相关的会计政策变更的时间安排。

③有争议的或新兴领域的(或在行业内具有独特性,尤其是缺乏权威的指南或共识时)重

要会计政策的影响。

④与记录交易的期间相关的交易时间安排的影响。

(2)会计估计

对于涉及重要估计的项目,需要沟通的事项包括:管理层对会计估计的识别;管理层做出会计估计的过程;重大错报风险;可能表明存在管理层偏向①的迹象;财务报表中对估计不确定性的披露。

(3)财务报表披露

需要沟通的事项包括:在形成特别敏感的财务报表披露(如与收入确认、薪酬、持续经营、期后事项和或有事项有关的披露)时涉及的问题和做出的相关判断;财务报表披露的总体中立性、一贯性和明晰性。

(4)相关事项

需要沟通的事项包括:

①财务报表中披露的特别风险、风险敞口和不确定性(如未决诉讼)对财务报表的潜在影响。

②财务报表受非常规交易(包括该期间确认的不经常发生的金额)影响的程度,以及这些交易在财务报表中单独披露的程度。

③影响资产和负债账面价值的因素,包括被审计单位确定有形资产和无形资产使用年限的依据。这方面的沟通可以解释如何选择影响账面价值的因素,以及备选的其他选项如何对财务报表产生影响。

④对错报的选择性更正。例如,如果更正某一错报将增加盈利,则对该错报予以更正;反之,如果更正某一错报将减少盈利,则对该错报不予更正。

2. 审计工作中遇到的重大困难

审计工作中遇到的重大困难可能包括下列事项:(1)管理层在提供审计所需信息时出现严重拖延;(2)不合理地要求缩短完成审计工作的时间;(3)为获取充分、适当的审计证据需要付出的努力远远超过预期;(4)无法获取预期的信息;(5)管理层对注册会计师施加的限制;(6)管理层不愿意按照要求对被审计单位持续经营能力进行评估,或不愿意延长评估期间。

在某些情况下,这些困难可能构成对审计范围的限制,导致注册会计师发表非无保留意见。

3. 已与管理层讨论或需要书面沟通的重大事项

已与管理层讨论或需要书面沟通的重大事项可能包括:影响被审计单位的业务环境,以及可能影响重大错报风险的经营计划和战略;对管理层就会计或审计问题向其他专业人士进行咨询的关注;管理层在首次委托或连续委托注册会计师时,就会计实务、审计准则应用、审计或其他服务费用与注册会计师进行的讨论或书面沟通。

4. 与财务报告过程有关的其他重大事项

审计中出现的、与治理层履行对财务报告过程的监督职责直接相关的其他重大事项,可能包括已更正的、含有已审计财务报表的文件中的其他信息存在的对事实的重大错报或重大不一致。

---

① 管理层偏向(management bias)是指管理层在编制和列报信息时缺乏中立性。

(四)注册会计师的独立性

注册会计师需要遵守与财务报表审计相关的职业道德要求,包括对独立性的要求。

拟沟通的关系和其他事项以及防范措施因业务具体情况的不同而不同,但是通常包括:(1)对独立性的不利影响,包括因自身利益、自我评价、过度推介、密切关系和外在压力而产生的不利影响;(2)法律法规和职业规范规定的防范措施、被审计单位采取的防范措施,以及会计师事务所内部自身的防范措施。

如果被审计单位是上市实体,注册会计师还应当与治理层沟通下列内容:(1)就审计项目组成员、会计师事务所其他相关人员以及会计师事务所和网络事务所按照相关职业道德要求保持了独立性做出声明。(2)根据职业判断,注册会计师认为会计师事务所、网络事务所与被审计单位之间存在的可能影响独立性的所有关系和其他事项,包括会计师事务所和网络事务所在财务报表涵盖期间为被审计单位和受被审计单位控制的组成部分提供审计、非审计服务的收费总额;这些收费应当分配到适当的业务类型中,以帮助治理层评估这些服务对注册会计师独立性的影响。(3)为消除对独立性的不利影响或将其降至可接受的水平,已经采取的相关防范措施。

(五)补充事项

注册会计师可能注意到一些补充事项,虽然这些事项不一定与监督财务报告流程有关,但对治理层监督被审计单位的战略方向或与被审计单位受托责任相关的义务(例如,确保被审计单位设计、执行和维护恰当的内部控制)很可能是重要的。这些事项可能包括与治理结构或过程有关的重大问题、缺乏适当授权的高级管理层做出的重大决策或行动。

如果需要沟通补充事项,注册会计师需要使治理层明确:识别和沟通这类事项对审计目的(旨在对财务报表形成意见)而言,只是附带的;除对财务报表形成审计意见所需实施的审计程序外,没有专门针对这些事项实施其他程序;没有实施程序来确定是否还存在其他的同类事项。

三、沟通的过程

注册会计师应当就沟通的形式、时间安排和拟沟通的基本内容与治理层沟通。

(一)确立沟通过程

清楚地沟通注册会计师的责任、计划的审计范围和时间安排以及期望沟通的大致内容,有助于为有效的双向沟通确立基础。

讨论下列事项有助于实现有效的双向沟通:

(1)沟通的目的。如果目的明确,注册会计师和治理层就可以更好地就相关问题和在沟通过程中期望采取的行动取得相互了解。

(2)沟通拟采取的形式。

(3)由审计项目组和治理层中的哪些人员就特定事项进行沟通。

(4)注册会计师对沟通的期望,包括将进行双向沟通以及治理层就其认为与审计工作相关的事项[①]与注册会计师沟通。

(5)对注册会计师沟通的事项采取措施和进行反馈的过程。

(6)对治理层沟通的事项采取措施和进行反馈的过程。

---

① 与审计工作相关的事项包括的内容有:可能对审计程序的性质、时间安排和范围产生重大影响的战略决策;对舞弊的怀疑或检查;对高层管理人员的诚信或胜任能力的疑虑。

(二)沟通的形式

有效的沟通可能包括结构化的陈述、书面报告以及不太正式的沟通(包括讨论)。

除特定事项的重要程度外,沟通的形式(口头沟通或书面沟通[①],沟通内容的详略程度,以正式或非正式的方式沟通)可能还受下列因素的影响:

(1)特定事项是否已经得到满意的解决。
(2)注册会计师是否已事先与管理层就该事项进行沟通。
(3)被审计单位的规模、经营结构、控制环境和法律结构。
(4)在特殊目的财务报表审计中,注册会计师是否同时审计被审计单位的通用目的财务报表。
(5)法律法规要求。在某些国家或地区,法律法规规定了与治理层书面沟通文件的形式。
(6)治理层的期望,包括与注册会计师定期会谈或沟通的安排。
(7)注册会计师与治理层持续接触和对话的次数。
(8)治理机构的成员是否发生了重大变化。

如果已就某重大事项与治理层的个别成员(如审计委员会主席)讨论,注册会计师可能有必要在随后的沟通中概述该事项,以便治理层的所有成员获取完整和对称的信息。

(三)沟通的时间安排

适当的沟通时间安排因业务环境的不同而不同。相关的环境包括事项的重要程度和性质,以及期望治理层采取的行动。例如:

(1)对于计划事项的沟通,通常在审计业务的早期阶段进行,如系首次接受委托,沟通可以随同就审计业务条款达成一致意见一并进行。

(2)对于审计中遇到的重大困难,如果治理层能够协助注册会计师克服这些困难,或者这些困难可能导致发表非无保留意见,可能需要尽快沟通。如果识别出值得关注的内部控制缺陷,在进行书面沟通前,注册会计师可以考虑尽快向治理层口头沟通。

可能与沟通时间安排相关的其他因素包括:(1)被审计单位的规模、经营结构、控制环境和法律结构。(2)在规定的时限内沟通特定事项的法定义务。(3)治理层的期望,包括与注册会计师定期会谈或沟通的安排。(4)注册会计师识别出特定事项的时间。例如,注册会计师可能未能在可以采取预防措施的时间内识别出某一特定事项(如违反某项法律法规),但是沟通该事项可能有助于采取补救措施。

(四)沟通过程的充分性

注册会计师不需要设计专门程序以支持其对与治理层之间的双向沟通的评价,这种评价可以建立在为其他目的而实施的审计程序所获取的审计证据的基础上。这些审计证据可能包括:

(1)针对注册会计师提出的沟通事项,治理层采取的措施的适当性和及时性。如果前期沟通中提出的重大事项没有得到有效解决,注册会计师可能需要询问没有采取适当措施的原因,并考虑再次提出该事项。

(2)治理层在与注册会计师沟通的过程中表现出来的坦率程度。

(3)治理层在没有管理层在场的情况下与注册会计师会谈的意愿和能力。

(4)治理层表现出来的对注册会计师所提出的事项的全面理解能力。例如,治理层在多大

---

① 书面沟通举例:对于审计中的重大发现,如果根据职业判断认为采用口头形式沟通不适当,注册会计师应当以书面形式与治理层沟通;注册会计师应当就上市实体审计中的独立性,以书面形式与治理层沟通;书面沟通可能包括向治理层提供审计业务约定书。

程度上对相关问题展开调查以及质疑向其提出的建议。

(5)就拟沟通的形式、时间安排和期望的大致内容与治理层达成相互理解的难度。

(6)当治理层全部或部分成员参与管理被审计单位时,他们所表现出的对与注册会计师讨论的事项如何影响其治理责任和管理责任的了解。

(7)注册会计师与治理层之间的双向沟通是否符合法律法规的规定。

治理层的参与[包括他们与内部审计人员(如有)和注册会计师的互动]是被审计单位控制环境的一个要素。不充分的双向沟通可能意味着令人不满意的控制环境,影响注册会计师对重大错报风险的评估。同时存在一种风险,即注册会计师可能不能获取充分、适当的审计证据以形成对财务报表的审计意见。

如果注册会计师与治理层之间的双向沟通不充分,并且这种情况得不到解决,注册会计师可以采取下列措施:(1)根据范围受到的限制发表非无保留意见;(2)就采取不同措施的后果征询法律意见;(3)与第三方(如监管机构)、被审计单位外部的在治理结构中拥有更高权力的组织或人员(如股东大会中的股东)或对公共部门负责的政府部门进行沟通;(4)在法律法规允许的情况下解除业务约定。

复习思考题

1. 简述管理层认定的内容。
2. 审计计划阶段的工作主要包括哪些内容?
3. 审计实施阶段的工作主要包括哪些内容?
4. 控制测试和实质性程序的区别和联系表现在哪些方面?
5. 审计完成阶段的工作主要包括哪些内容?

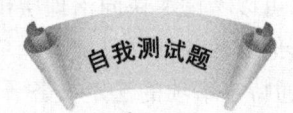

自我测试题

一、单项选择题

1. 注册会计师在审计应收账款时,应当确认被审计单位应收账款的坏账准备计提是否充分,这是为了证实管理层的(　　)认定。
   A. 计价和分摊　　　　B. 存在　　　　C. 完整性　　　　D. 分类和可理解性
2. 对于下列项目中的(　　),注册会计师应以核实其是否发生为主。
   A. 固定资产　　　　B. 应收账款　　　　C. 应付账款　　　　D. 主营业务收入
3. 甲公司将20×8年度的主营业务收入列入20×9年度的财务报表,则该公司20×9年度财务报表存在错误的认定是(　　)。
   A. 存在　　　　B. 计价和分摊　　　　C. 发生　　　　D. 完整性
4. "存在或发生"的认定和"完整性"的认定,分别与(　　)有关。
   A. 财务报表数据的低估和高估
   B. 财务报表数据的高估和低估
   C. 财务报表数据的分类错误和计算错误
   D. 财务报表的舞弊和违法行为
5. 控制测试的目标是(　　)。
   A. 测试控制运行的有效性
   B. 确定控制是否得到执行

C. 评价内部控制的设计是否合理
D. 测试账户余额的准确性

6. 下列各项认定中,与交易和事项、期末账户余额以及列报和披露均相关的是( )。
A. 完整性　　　　B. 发生　　　　C. 截止　　　　D. 权利和义务

二、多项选择题

1. 下列有关财务报表审计的说法中,正确的有( )。
A. 审计可以有效满足财务报表预期使用者的需求
B. 审计的目的是增强财务报表预期使用者对财务报表的信赖程度
C. 审计涉及为财务报表预期使用者如何利用相关信息提供建议
D. 财务报表审计的基础是注册会计师的独立性和专业性

2. 关于注册会计师执行财务报表审计工作的总体目标,下列说法中,正确的有( )。
A. 对财务报表整体是否不存在重大错报获取合理保证,使得注册会计师能够对财务报表是否在所有重大方面按照适用的财务报告编制基础编制发表审计意见
B. 对被审计单位的持续经营能力提供合理保证
C. 对被审计单位内部控制是否存在值得关注的缺陷提供合理保证
D. 按照审计准则的规定,根据审计结果对财务报表出具审计报告,并与管理层和治理层沟通

3. 下列说法中,错误的有( )。
A. 如果财务报表中没有将一年内到期的长期借款列报为短期借款,存在错误的认定是准确性和计价
B. 如果财务报表附注中没有分别对原材料、在产品和产成品等存货成本核算方法做出恰当的说明,存在错误的认定是分类和可理解性
C. 如果财务报表中将低值易耗品列报为固定资产,存在错误的认定是准确性和计价
D. 如果已入账的销售交易是对确已发出商品、符合收入确认条件的交易的记录,但金额计算错误,存在错误的认定是准确性

4. 关于注册会计师与管理层的沟通,以下说法中,不恰当的有( )。
A. 注册会计师与治理层沟通特定事项前必须先与管理层讨论
B. 注册会计师应当就计划的审计范围和时间直接与治理层做详细的沟通
C. 注册会计师可以在与治理层沟通特定事项前先与内部审计人员沟通相关事项
D. 管理层与治理层就有关事项沟通后,注册会计师可以不再与治理层进行沟通

5. 下列各项中,注册会计师应当与被审计单位治理层沟通的有( )。
A. 注册会计师在审计过程中识别出的值得关注的内部控制缺陷
B. 注册会计师与财务报表审计相关的责任
C. 被审计单位管理层拒绝对其持续经营能力进行评估
D. 注册会计师对被审计单位会计实务重大方面的质量的看法

6. 如果注册会计师与治理层之间的双向沟通不充分,并且这种情况得不到解决,下列有关注册会计师采取的措施中,正确的有( )。
A. 根据范围受到限制的情况,发表非无保留意见或增加其他事项段
B. 就采取不同措施的后果征询法律意见
C. 与被审计单位外部的在治理结构中拥有更高权力的组织或人员进行沟通
D. 在法律法规允许的情况下解除业务约定

三、案例分析题

注册会计师A在审计甲公司20×6年度财务报表过程中执行了下列审计程序。

	审计程序的类型（控制测试/实质性程序）	涉及的交易、账户或披露		相关认定
		涉及的交易	涉及的账户或披露	
分析1～12月的主营业务收入数据变化	实质性程序	销售	主营业务收入、应收账款	发生、存在、完整性
核对销售发票上的价格与价目清单中的价格，以确定销售部门的复核人员是否执行了该程序				
清点若干种存货的数量，并与企业的盘点记录进行核对				
抽查12月31日前后的若干笔销售业务的发货单与发票，确认其是否记入正确的会计年度				
观察企业参与存货盘点的人员是否按照盘点计划的要求进行盘点				
抽查部分固定资产购置业务，确认是否经过适当的审批				
根据甲公司的借款协议和账面记录，重新计算20×6年度的利息费用				
向甲公司的开户银行寄发询证函，要求对方提供甲公司借款、资产抵押等方面的信息				

要求：分析这些程序的类型，以及涉及的交易、账户或披露及相关认定。

第五章 审计计划

本章要点

- 初步业务活动
- 总体审计策略
- 具体审计计划
- 重要性
- 审计风险

> **引例**

中注协提示事务所关注上市公司 2014 年报审计风险

一、连续多年变更审计机构的上市公司

对于连续多年变更审计机构的上市公司,中注协相关负责人强调,事务所要把控好业务承接、项目组人员委派、业务执行、质量复核和报告签发等关键环节,尤其是在业务承接和业务执行的过程中,需要重点关注以下事项:一是要与前任注册会计师充分沟通,了解上市公司变更审计机构的动机和原因,比较前任注册会计师提供的信息与上市公司提供的信息是否存在不符的情况,并考虑管理层诚信是否存在问题;二是要始终保持独立性和职业谨慎,确保审计资源投入,获取充分、适当的审计证据,特别是后任事务所曾担任上市公司重大资产重组审计机构的,不能因此在年报审计中相应减少常规审计程序和特别审计程序;三是要关注期初余额是否含有对本期财务报表产生重大影响的错报,评估以前年度财务报表发表非无保留意见的事项对本期财务报表重大错报风险的影响;四是要关注上市公司会计政策和会计估计的一贯性,评估管理层是否存在利用不合理的会计政策和会计估计变更进行利润操纵的可能性。

二、上市不久即面临退市的上市公司

对于上市不久即面临退市的上市公司,中注协相关负责人指出,事务所和注册会计师要始终保持高度的职业怀疑态度,充分识别和评估舞弊风险,指派有足够经验的审计人员实施相关审计程序,并注意增加审计程序的不可预见性。一是要关注上市公司在控制环境、风险评估、公司战略管理以及采购与销售、投资与筹资等方面的内部控制,考虑公司整体层面及业务流程层面的内部控制是否存在明显缺陷,充分评估和应对可能存在的财务报表重大错报风险;二是要关注重大或异常交易的对方是否为未披露的关联方,交易价格是否真实、公允,警惕管理层利用关联方交易对财务信息做出虚假陈述或掩盖资产侵占行为;三是要合理判断上市公司的持续经营能力,了解管理层对持续经营能力的评估,评价管理层相关改善措施能否实质性消除对上市公司持续经营能力的重大疑虑;四是要关注上市公司所处行业环境的重大不利变化对资产期末计价的影响,充分识别相关资产减值迹象并复核减值测试过程,必要时考虑利用专家

的工作。

（资料来源：中注协网站，http://www.cicpa.org.cn/news/201502/t20150209_46486.html，根据行文需要略做调整。）

思考题

1. 在上海证券交易所、深圳证券交易所等网站查找一家（或几家）连续多年变更审计机构的上市公司资料，分析其变更事务所公告、财务数据和审计报告等信息，指出这类公司的审计风险具体表现在哪些方面。

2. 查找一家（或几家）上市不久即面临退市的上市公司资料，分析其财务数据和审计报告等信息，指出这类公司的审计风险具体表现在哪些方面。

第一节 初步业务活动

一、初步业务活动的目的和内容

(一) 初步业务活动的目的

在本期审计业务开始时开展初步业务活动（preliminary engagement activities），有助于注册会计师识别和评价可能对计划和执行审计工作产生负面影响的事项或情况。

注册会计师开展初步业务活动有助于其在计划审计工作时达到下列要求：(1) 具备执行业务所需的独立性和能力；(2) 不存在因管理层诚信问题而可能影响注册会计师继续执行该项业务的意愿的事项；(3) 与被审计单位之间不存在对业务约定条款的误解。

(二) 初步业务活动的内容

注册会计师应当在本期审计业务开始时开展下列初步业务活动：针对保持客户关系和具体审计业务实施相应的质量控制程序；评价遵守职业道德要求（包括评价遵守独立性要求）的情况；就审计业务约定条款与被审计单位达成一致意见。

注册会计师对保持客户关系和遵守相关职业道德要求的考虑，随着审计业务中情况和条件的变化，贯穿审计业务的全过程。在本期审计业务开始时对保持客户关系和遵守相关职业道德要求的情况实施初步程序，意味着这些程序需要在开展本期审计业务的其他重要活动之前完成。

二、针对保持客户关系和具体审计业务实施相应的质量控制程序

注册会计师应当按照《会计师事务所质量控制准则第5101号——会计师事务所对执行财务报表审计和审阅、其他鉴证和相关服务业务实施的质量控制》《中国注册会计师审计准则第1121号——对财务报表审计实施的质量控制》的有关规定，在确定是否接受客户之前，会计师事务所应当考虑事务所审计质量控制方面的规定，并初步了解业务环境。

(一) 审计质量控制方面的考虑

项目合伙人在确定客户关系和具体审计业务的接受与保持是否适当时，应当考虑下列主要事项：被审计单位的主要股东、关键管理人员和治理层是否诚信；项目组是否具有执行审计业务的专业胜任能力以及必要的时间和资源；会计师事务所和项目组能否遵守职业道德要求，特别是独立性和专业胜任能力方面的规定。如果项目合伙人认为上述三个方面存在问题，项目组应当向会计师事务所内部或外部其他专业人士进行适当的咨询，并记录问题如何得到解决。

在决定是否接受原有客户的续聘时,项目合伙人应当考虑本期或上期审计中发现的重大事项,及其对保持该客户关系的影响。

如果被审计单位变更了会计师事务所,按照职业道德守则和审计准则的规定,后任注册会计师应当与前任注册会计师进行必要沟通,并对沟通结果进行评价,以确定是否接受委托。后任注册会计师应当提请被审计单位以书面方式允许前任注册会计师对其询问做出充分答复。如果被审计单位不同意前任注册会计师做出答复,或限制答复的范围,后任注册会计师应当向被审计单位询问原因,并考虑是否接受委托。后任注册会计师向前任注册会计师询问的内容应当合理、具体,通常包括:是否发现被审计单位管理层存在诚信方面的问题;前任注册会计师与管理层在重大会计、审计等问题上存在的意见分歧;前任注册会计师与被审计单位治理层沟通的管理层舞弊、违反法规行为以及内部控制的重大缺陷;前任注册会计师认为导致被审计单位变更会计师事务所的原因。在征得被审计单位书面同意后,前任注册会计师应当根据所了解的事实,对后任注册会计师的合理询问及时作出充分的答复。如果受到被审计单位的限制或存在法律诉讼的顾虑,决定不向后任注册会计师做出充分答复,前任注册会计师应当向后任注册会计师表明其答复是有限的,并说明原因。如果得到的答复是有限的,或未得到答复,后任注册会计师应当考虑是否接受委托。

(二)业务环境方面的考虑

审计业务环境通常包括下列内容:

1. 业务约定事项

在财务报表审计业务中,业务约定事项通常是资产负债表、利润表、所有者权益(股东权益)变动表、现金流量表以及附表和附注信息的审计。

2. 审计对象特征

在财务报表审计业务中,审计对象(即某一被审计单位的财务状况、经营成果和现金流量)的特征需要结合被审计单位的行业状况、以前年度审计信息等进行确定。

3. 使用的标准

在财务报表审计业务中,使用的标准主要是财政部公布的企业会计准则等。

4. 预期使用者的需求

在财务报表审计业务中,预期使用者通常包括股东、税务机关、银行、潜在投资者等。其中,股东通常较为关注的是被审计单位的盈利能力(如每股收益);税务机关则重点关注增值税、所得税等税种的计算、缴纳情况;银行如果是企业的债权人,较为关注的是反映偿债能力的指标,如流动比率、利息保障倍数等。

5. 责任方及其环境的相关特征

在财务报表审计业务中,责任方通常是被审计单位管理层。

6. 可能对审计业务产生重大影响的事项、交易、条件和惯例等其他事项

例如,被审计单位即将发行债券、股票或者即将进行资产重组。

在了解了审计业务环境之后,注册会计师只有确定审计业务符合下列所有标准的情况下才能考虑接受客户的委托:审计对象适当;使用的标准适当且预期使用者能够获取该标准;注册会计师能够获取充分、适当的证据以支持其结论;审计业务具有合理的目的。

三、评价遵守职业道德要求的情况

职业道德守则要求项目组成员恪守独立、客观、公正的原则,保持专业胜任能力和应有的

关注,并对审计过程中获知的信息保密。质量控制准则要求会计师事务所应当制定政策和程序,以合理保证会计师事务所及其人员(包括聘用的专家和其他需要满足独立性要求的人员)保持职业道德守则要求的独立性。

四、及时签订或修改审计业务约定书

审计业务约定书(audit engagement letter),是指会计师事务所与被审计单位签订的,用以记录和确认审计业务的委托与受托关系、审计目标和范围、双方的责任以及报告的格式等事项的书面协议。

注册会计师应当在审计业务开始前,与被审计单位就审计业务约定条款达成一致意见,并签订审计业务约定书,以避免双方对审计业务的理解产生分歧。

审计业务约定书的具体内容可能因被审计单位的不同而存在差异,但应当包括下列主要方面:

(1)财务报表审计的目标;
(2)管理层对财务报表的责任;
(3)管理层编制财务报表采用的会计准则;
(4)审计范围,包括指明在执行财务报表审计业务时遵守的中国注册会计师审计准则;
(5)执行审计工作的安排,包括出具审计报告的时间要求;
(6)审计报告格式和对审计结果的其他沟通形式;
(7)由于测试的性质和审计的其他固有限制,以及内部控制的固有局限性,不可避免地存在某些重大错报可能仍然未被发现的风险;
(8)管理层为注册会计师提供必要的工作条件和协助;
(9)注册会计师不受限制地接触任何与审计有关的记录、文件和所需要的其他信息;
(10)管理层对其做出的与审计有关的声明予以书面确认;
(11)注册会计师对执业过程中获知的信息保密;
(12)审计收费,包括收费的计算基础和收费安排;
(13)违约责任;
(14)解决争议的方法;
(15)签约双方法定代表人或其授权代表的签字盖章,以及签约双方加盖的公章。

如果情况需要,注册会计师应当考虑在审计业务约定书中列明下列内容:在某些方面对利用其他注册会计师和专家工作的安排;与审计涉及的内部审计人员和被审计单位其他员工工作的协调;预期向被审计单位提交的其他函件或报告;与治理层整体直接沟通;在首次接受审计委托时,对与前任注册会计师沟通的安排;注册会计师与被审计单位之间需要达成进一步协议的事项。

审计业务约定书的参考格式举例如下:

审计业务约定书

甲方:新欣股份有限公司
乙方:公正会计师事务所

兹由甲方委托乙方对20×6年度财务报表进行审计,经双方协商,达成以下约定:

一、审计的目标和范围

1. 乙方接受委托,对甲方按照企业会计准则编制的20×5年12月31日的资产负债表,20×5年度的利润表、股东权益变动表和现金流量表以及财务报表附注(以下统称财务报表)进行审计。

2. 乙方通过执行审计工作,对财务报表的下列方面发表审计意见:(1)财务报表是否在所有重大方面按照企业会计准则的规定编制;(2)财务报表是否在所有重大方面公允反映了甲方20×5年12月31日的财务状况以及20×5年度的经营成果和现金流量。

二、甲方的责任

1. 根据《中华人民共和国会计法》和《企业财务会计报告条例》,甲方及甲方负责人有责任保证会计资料的真实性和完整性。因此,甲方管理层有责任妥善保存和提供会计记录(包括但不限于会计凭证、会计账簿及其他会计资料),这些记录必须真实、完整地反映甲方的财务状况、经营成果和现金流量。

2. 按照企业会计准则的规定编制和公允列报财务报表是甲方管理层的责任,这种责任包括:(1)按照企业会计准则的规定编制财务报表,并确保其公允反映相关信息;(2)设计、执行和维护必要的内部控制,避免财务报表存在由于舞弊或错误导致的重大错报。

3. 及时为乙方的审计工作提供与审计有关的所有记录、文件和所需的其他信息,并保证所提供资料的真实性和完整性。

4. 确保乙方不受限制地接触其认为必要的甲方内部人员和其他相关人员。

5. 甲方管理层对其做出的与审计有关的声明予以书面确认。

6. 为乙方派出的有关工作人员提供必要的工作条件和协助,乙方将于外勤工作开始前提供主要事项清单。

7. 按照本约定书的约定及时足额支付审计费用以及乙方人员在审计期间的交通、食宿和其他相关费用。

8. 乙方的审计不能减轻甲方及甲方管理层的责任。

三、乙方的责任

1. 乙方的责任是在执行审计工作的基础上对甲方财务报表发表审计意见。乙方根据中国注册会计师审计准则(以下简称审计准则)的规定执行审计工作。审计准则要求注册会计师遵守中国注册会计师职业道德守则,计划和执行审计工作以对财务报表是否不存在重大错报获取合理保证。

2. 审计工作涉及实施审计程序,以获取有关财务报表金额和披露的审计证据。选择的审计程序取决于乙方的判断,包括对由于舞弊或错误导致的财务报表重大错报风险的评估。在进行风险评估时,乙方考虑与财务报表编制和公允列报相关的内部控制,以设计恰当的审计程序,但目的并非对内部控制的有效性发表意见。审计工作还包括评价管理层选用会计政策的恰当性和做出会计估计的合理性,以及评价财务报表的总体列报。

3. 由于审计和内部控制的固有限制,即使按照审计准则的规定适当地计划和执行审计工作,仍不可避免地存在财务报表的某些重大错报可能未被乙方发现的风险。

4. 在审计过程中,乙方若发现甲方存在乙方认为值得关注的内部控制缺陷,应以书面形式向甲方治理层或管理层通报。但乙方通报的各种事项,并不代表已全面说明所有可能存在的缺陷或已提出所有可行的改进建议。甲方在实施乙方提出的改进建议前应全面评估其影响。未经乙方书面许可,甲方不得向任何第三方提供乙方出具的关于内部控制的书面文档。

  5.按照约定时间完成审计工作，出具审计报告。乙方应于20×6年3月29日之前出具审计报告。

  6.除下列情况外，乙方应当对执行业务过程中知悉的甲方信息保密：(1)法律法规允许披露，并取得甲方的授权；(2)根据法律法规的要求，为法律诉讼、仲裁准备文件或提供证据，以及向监管机构报告发现的违法行为；(3)在法律法规允许的情况下，在法律诉讼、仲裁中维护自身的合法权益；(4)接受注册会计师协会或监管机构的执业质量检查，接受其询问和调查；(5)法律法规、执业准则和职业道德守则等规定的其他情形。

四、审计收费

  1.本次审计服务的收费是以乙方各级别工作人员在本次工作中所耗费的时间为基础计算的。乙方预计本次审计服务的费用总额为人民币30万元。

  2.甲方应于本约定书签署之日起15日内支付30%的审计费用，其余款项于（审计报告草稿完成日）结清。

  3.如果由于无法预见的原因，致使乙方从事本约定书所涉及的审计服务实际时间较本约定书签订时预计的时间有明显增加（或减少）时，甲、乙双方应通过协商，相应调整本部分第1段所述的审计费用。

  4.如果由于无法预见的原因，致使乙方人员抵达甲方的工作现场后，本约定书所涉及的审计服务中止，甲方不得要求退还预付的审计费用；如上述情况发生于乙方人员完成现场审计工作并离开甲方的工作现场之后，甲方应另行向乙方支付人民币5万元的补偿费，该补偿费应于甲方收到乙方的收款通知之日起10日内支付。

  5.与本次审计有关的其他费用（包括交通费、食宿费等）由甲方承担。

五、审计报告和审计报告的使用

  1.乙方按照中国注册会计师审计准则规定的格式和类型出具审计报告。

  2.乙方向甲方致送审计报告一式五份。

  甲方在提交或对外公布乙方出具的审计报告及其后附的已审计财务报表时，不得对其进行修改。当甲方认为有必要修改会计数据、报表附注和所做的说明时，应当事先通知乙方，乙方将考虑有关的修改对审计报告的影响，必要时，将重新出具审计报告。

六、本约定书的有效期间

  本约定书自签署之日起生效，并在双方履行完毕本约定书约定的所有义务后终止。但其中第三项第6段、第四、五、七、八、九、十项并不因本约定书终止而失效。

七、约定事项的变更

  如果出现不可预见的情况，影响审计工作如期完成，或需要提前出具审计报告，甲、乙双方均可要求变更约定事项，但应及时通知对方，并由双方协商解决。

八、终止条款

  1.如果根据乙方的职业道德及其他有关专业职责、适用的法律法规或其他任何法定的要求，乙方认为已不适宜继续为甲方提供本约定书约定的审计服务，乙方可以采取向甲方提出合理通知的方式终止履行本约定书。

  2.在本约定书终止的情况下，乙方有权就其于终止之日前对约定的审计服务项目所做的工作收取合理的费用。

九、违约责任

甲、乙双方按照《中华人民共和国合同法》的规定承担违约责任。

十、适用法律和争议解决

本约定书的所有方面均应适用中华人民共和国法律进行解释并受其约束。本约定书履行地为乙方出具审计报告所在地,因本约定书引起的或与本约定书有关的任何纠纷或争议(包括关于本约定书条款的存在、效力或终止,或无效之后果),双方协商确定采取以下第___(1)___种方式予以解决:

(1)向有管辖权的人民法院提起诉讼;

(2)提交××仲裁委员会仲裁。

十一、双方对其他有关事项的约定

本约定书一式两份,甲、乙双方各执一份,具有同等法律效力。

新欣股份有限公司　　(盖章)　　　　　公正会计师事务所(盖章)

授权代表:　　　　(签名并盖章)　　　授权代表:　　　　(签名并盖章)

20×6年1月3日　　　　　　　　　　　20×6年1月3日

第二节　总体审计策略与具体审计计划

一、计划审计工作

(一)计划审计工作的作用

计划审计工作包括针对审计业务制定总体审计策略和制订具体审计计划。计划审计工作有利于注册会计师执行财务报表审计工作,具体包括:

(1)有助于注册会计师适当关注重要的审计领域;

(2)有助于注册会计师及时发现和解决潜在的问题;

(3)有助于注册会计师恰当地组织和管理审计业务,以有效的方式执行审计业务;

(4)有助于选择具备必要的专业素质和胜任能力的项目组成员应对预期的风险,并有助于向项目组成员分派适当的工作;

(5)有助于指导和监督项目组成员并复核其工作;

(6)在适用的情况下,有助于协调组成部分注册会计师[①](component auditor)和专家的工作。

(二)计划审计工作的时间安排

计划审计工作的性质和范围受到审计业务情况的变化、被审计单位的规模和复杂程度、项目组关键成员以前从被审计单位获得的经验等因素的影响。

计划审计工作是一个持续的、不断修正的过程。计划审计工作通常于上期审计工作结束后就开始,直至本期审计工作结束为止。计划审计工作包括考虑某些活动的时间安排,以及在进一步审计程序开始前必须完成的审计程序。例如,在识别和评价重大错报风险之前,注册会

---

① 组成部分注册会计师,是指基于集团审计目的,按照集团项目组的要求,对组成部分财务信息执行相关工作的注册会计师。

计师需要在计划审计工作时考虑的事项包括:用作风险评估程序的分析程序;对适用于被审计单位的法律法规框架以及被审计单位如何遵守该框架的总体了解;重要性的确定;专家的参与;实施的其他风险评估程序。

注册会计师可能决定与管理层讨论审计计划的要素,从而使审计业务更易于执行和管理(如协调某些计划的审计程序与被审计单位员工的工作)。虽然这种讨论经常发生,制定总体审计策略和制订具体审计计划仍然是注册会计师的责任。当与管理层讨论总体审计策略和具体审计计划的事项时,注册会计师需要保持职业谨慎,以防止审计工作有效性受到损害。例如,注册会计师与管理层讨论详细的审计程序的性质和时间安排可能导致这些程序易于被管理层预见,从而损害审计工作的有效性。

二、总体审计策略

总体审计策略(overall audit strategy)是对注册会计师做出的关键决策的记录,这些决策是为恰当计划审计工作和与项目组沟通重大事项而做出的。注册会计师应当制定总体审计策略,以确定审计工作的范围、时间安排和方向,并指导具体审计计划的制订。

在制定总体审计策略时,注册会计师应当考虑的事项主要包括:

(一)审计业务的特征

了解审计业务的特征有助于注册会计师确定审计范围。反映审计业务的特征的因素主要有:

(1)编制拟审计的财务信息所依据的财务报告编制基础,包括是否需要将财务信息调整至按照其他财务报告编制基础编制;

(2)特定行业的报告要求,如某些行业监管机构要求提交的报告;

(3)预期审计工作涵盖的范围,包括应涵盖的组成部分[①](component)的数量及所在地点;

(4)母公司和集团组成部分之间存在的控制关系的性质,以确定如何编制合并财务报表;

(5)由组成部分注册会计师审计组成部分的范围;

(6)拟审计的经营分部的性质,包括是否需要具备专门知识;

(7)外币折算,包括外币交易的会计处理、外币财务报表的折算和相关信息的披露;

(8)除为合并目的执行的审计工作之外,对个别财务报表进行法定审计的需求;

(9)内部审计工作的可获得性及注册会计师拟信赖内部审计工作的程度;

(10)被审计单位使用服务机构的情况,以及注册会计师如何取得有关服务机构内部控制设计和运行有效性的证据;

(11)对利用在以前审计工作中获取的审计证据(如获取的与风险评估程序和控制测试相关的审计证据)的预期;

(12)信息技术对审计程序的影响,包括数据的可获得性和对使用计算机辅助审计技术的预期;

(13)协调审计工作与中期财务信息审阅的预期涵盖范围和时间安排,以及中期审阅所获取的信息对审计工作的影响;

(14)与被审计单位人员的时间协调和相关数据的可获得性。

---

① 组成部分是指某一实体或某项业务活动,其财务信息由集团或组成部分管理层编制并包括在集团财务报表中。

(二)审计业务的报告目标、时间安排和沟通的性质

注册会计师需要明确审计业务的报告目标,以计划审计的时间安排和所需沟通的性质。需要考虑的事项主要包括:

(1)被审计单位对外报告的时间表;

(2)与管理层和治理层举行会谈,讨论审计工作的性质、时间安排和范围;

(3)与管理层和治理层讨论注册会计师拟出具的报告的类型和时间安排以及沟通的其他事项(口头或书面沟通),包括审计报告、内部控制缺陷和向治理层通报的其他事项;

(4)与管理层讨论随着审计工作的进展预期可能需要进行的沟通;

(5)与组成部分注册会计师沟通拟出具的报告的类型和时间安排,以及与组成部分审计相关的其他事项;

(6)项目组成员之间沟通的预期的性质和时间安排,包括项目组会议的性质和时间安排,以及复核已执行工作的时间安排;

(7)预期是否需要和第三方进行其他沟通,包括与审计相关的法定或约定的报告责任。

(三)考虑用以指导项目组工作方向的重要因素

在确定审计方向时,注册会计师需要考虑下列因素:

(1)重要性。具体包括:

①按照《中国注册会计师审计准则第1221号——计划和执行审计工作时的重要性》的规定确定审计业务的重要性;

②按照《中国注册会计师审计准则第1401号——对集团财务报表审计的特殊考虑》的规定,为组成部分确定重要性并就此与组成部分注册会计师进行沟通;

③初步识别重要组成部分[①];

④重要的交易、账户余额和披露。

(2)初步识别的可能存在较高重大错报风险的领域。

(3)评估的财务报表层次的重大错报风险对指导、监督和复核的影响。

(4)向项目组成员强调在收集和评价审计证据过程中保持质疑的思维方式和职业怀疑的必要性。

(5)以前审计中对内部控制运行有效性评价的结果,包括识别出的缺陷的性质和应对措施。

(6)与会计师事务所内部向被审计单位提供其他服务的人员讨论可能对审计产生影响的事项。

(7)有关管理层对设计、执行和维护健全的内部控制重视程度的证据,包括有关这些控制得以适当记录的证据。

(8)业务交易量规模,以确定注册会计师是否有必要信赖内部控制以提高审计效率。

(9)被审计单位员工对内部控制重要性的认识。

(10)影响被审计单位的重大业务发展变化,包括信息技术和业务流程的变化,关键管理人员变化,以及收购、兼并和处置。

---

① 重要组成部分(significant component)是指集团审计项目组识别出的具有下列特征之一的组成部分:单个组成部分对集团财务数据具有重大影响;由于单个组成部分的特定性质或情况,可能存在导致集团财务报表发生重大错报的特别风险。

(11)重大的行业发展情况,如行业法规和报告要求的变化。
(12)财务报告编制基础的重大变化,如适用的会计准则的变化。
(13)其他相关重大变化,如影响被审计单位的法律环境的变化。

(四)审计资源的性质、时间安排和范围

会计师事务所需要明确每项业务的项目预算和项目组成员构成、审计工作的分派。制定总体审计策略的过程有助于注册会计师确定下列事项:

(1)向具体审计领域调配的资源,包括向高风险领域分派有适当经验的项目组成员,就复杂的事项利用专家工作等;

(2)向具体审计领域分配资源的多少,包括分派到重要地点执行存货监盘的项目组成员的人数,在集团审计中复核组成部分注册会计师工作的范围,对高风险领域安排的审计时间预算等;

(3)何时调配这些资源,包括是在期中审计阶段还是在关键的截止日期调配资源等;

(4)如何管理、指导、监督这些资源的利用,包括预期何时召开项目组预备会和总结会,预期项目合伙人和经理如何进行复核(现场复核或非现场复核),是否需要实施项目质量控制复核等。

总体审计策略一经制定,注册会计师就可以针对总体审计策略中的事项制订具体审计计划,并考虑通过有效利用审计资源实现审计目标。制定总体审计策略和制订具体审计计划是相互紧密联系的,对其中一项的修改可能导致对另一项的相应修改。此外,注册会计师还应当根据实施风险评估程序的结果对上述内容予以调整。

三、具体审计计划

注册会计师应当制订具体审计计划(audit plan)。具体审计计划是对计划实施的风险评估程序的性质、时间安排和范围,以及为应对评估的风险计划实施的进一步审计程序的性质、时间安排和范围的记录。该记录还可用于证明已经恰当计划了审计程序,该计划在执行前需要经过复核和批准。注册会计师可以使用标准的审计程序表或审计工作完成核对表(见表8-7),并根据需要进行调整以反映业务的特定情况。

具体审计计划应当包括下列内容:

(1)按照《中国注册会计师审计准则第 1211 号——通过了解被审计单位及其环境识别和评估重大错报风险》的规定,计划实施的风险评估程序的性质、时间安排和范围。

(2)按照《中国注册会计师审计准则第 1231 号——针对评估的重大错报风险采取的应对措施》的规定,在认定层次计划实施的进一步审计程序的性质、时间安排和范围。计划风险评估程序在审计过程的较早阶段进行,而计划进一步审计程序的性质、时间安排和范围,取决于风险评估程序的结果。

(3)根据审计准则的规定,计划应当实施的其他审计程序。例如,注册会计师需要考虑舞弊、持续经营、期后事项、或有事项、关联方等因素对财务报表审计业务的影响。注册会计师可能先执行与某些类型的交易、账户余额或披露相关的进一步审计程序,再计划其他的进一步审计程序。

具体审计计划通常比总体审计策略更加详细,内容包括项目组成员拟实施的审计程序的性质、时间安排和范围。计划这些审计程序,会随着具体审计计划的制订逐步深入,并贯穿于审计的整个过程。

表5—1举例说明了新欣公司销售与收款循环的部分具体审计计划。

表5—1　　　　　销售与收款循环重要账户和列报的具体审计计划　　　工作底稿索引号 F1—1

客户名称：　　新欣　　　　　　　编制人员　章艺　　　　　　日期　20×6年2月6日
财务报表期间：20×5年　　　　　　复核人员　李明　　　　　　日期　20×6年2月13日

| 重要账户或列报 | 本年度（或期末）未审金额 | 相关认定 ||||||| 涉及舞弊风险 | 总体方案 | 控制测试 | 实质性程序 || 具体审计程序索引号 |
		完整性	存在/发生	准确性	截止	计价/分摊	权利/义务	分类/可理解性				细节测试	分析程序	
主营业务收入	12 375 000	是	是	是					是	综合性方案	是	是	是	F2—1
应收账款	3 030 500	是	是				是		是	综合性方案	是	是	是	F3—1
……														
……														
……														

四、审计过程中对计划的修改

在审计过程中，注册会计师应当在必要时对总体审计策略和具体审计计划做出更新和修改。

由于未预期事项的存在、条件的变化或通过实施审计程序获取的审计证据等原因，注册会计师可能需要基于修正后的风险评估结果，对总体审计策略和具体审计计划以及相应的、原计划的进一步审计程序的性质、时间安排和范围做出修改。当注册会计师在执行审计过程中注意到的信息与计划审计程序时获知的信息存在重大差异时，就可能出现这种情况，例如，注册会计师通过实施实质性程序获取的审计证据与实施控制测试获取的审计证据相矛盾。

第三节　重要性

一、重要性的概念

重要性（materiality）的概念可从下列三个方面来理解：

（1）如果合理预期错报[①]（包括漏报）单独或汇总起来可能影响财务报表使用者依据财务报表做出的经济决策，则通常认为错报是重大的。

（2）对重要性的判断是根据具体环境做出的，并受错报的金额或性质的影响，或受两者共同作用的影响。

注册会计师在确定重要性时，需要考虑以下因素：

---

① 错报可分为事实错报（factual misstatement）、判断错报（judgmental misstatement）和推断错报（projected misstatement）。事实错报是毋庸置疑的错报；判断错报是由于注册会计师认为管理层对会计估计做出不合理的判断或不恰当地选择和运用会计政策而导致的差异；推断错报是注册会计师对总体存在的错报做出的最佳估计数，涉及根据在审计样本中识别出的错报来推断总体的错报。

①错报(或漏报)的金额。一般来说,金额大的错报(或漏报)比金额小的错报(或漏报)更重要,在审计时应予以关注。

②错报(或漏报)的性质。有些错报(或漏报)的金额不大,但如果涉及舞弊或违法行为,那么,涉及舞弊与违法行为的错报(或漏报)比同等金额的笔误更重要。

③错报(或漏报)是否影响企业的盈亏趋势。有些错报(或漏报)尽管金额不大,但可能影响企业的盈亏趋势,这样的错报(或漏报)就是重要的。例如,一家连续两年亏损的上市公司,第三年年报显示净利2 000元,但审计发现该公司通过一笔业务虚构利润10 000元,如果扣除该项虚构业务的影响,该公司将亏损8 000元。这里,尽管这笔错报的金额可能占这家公司主营业务收入的比重较小,但它仍是一项重要的业务。

④小金额错报和漏报的累计,可能会对财务报表产生重大影响,注册会计师对此应当予以关注。

《〈中国注册会计师审计准则第1251号——评价审计过程中识别出的错报〉应用指南》第2段指出,注册会计师可能将低于某一金额的错报界定为明显微小的错报,对这类错报不需要累积,因为注册会计师认为这些错报的汇总数明显不会对财务报表产生重大影响。"明显微小"不等同于"不重大"。明显微小错报金额的数量级,与按照《中国注册会计师审计准则第1221号——计划和执行审计工作时的重要性》确定的重要性的数量级相比,应当是明显不同的(明显微小错报金额的数量级更小)。这些明显微小的错报,无论单独或者汇总起来,无论从规模、性质或其发生的环境来看,都是明显微不足道的。为了确定审计中发现的错报哪些需要累积、哪些不需要累积,注册会计师需要在制订审计计划时预先设定明显微小错报的临界值。

确定该临界值需要注册会计师运用职业判断。在确定明显微小错报的临界值时,注册会计师可能考虑以下因素:以前年度审计中识别出的错报(包括已更正和未更正错报)的数量和金额;重大错报风险的评估结果;被审计单位治理层和管理层对注册会计师与其沟通错报的期望;被审计单位的财务指标是否勉强达到监管机构的要求或投资者的期望。

注册会计师对上述因素的考虑,实际上是在确定审计过程中对错报的过滤程度。注册会计师的目标是要确保不累积的错报(即低于临界值的错报)连同累积的未更正错报不会汇总成为重大错报。如果注册会计师预期被审计单位存在数量较多、金额较小的错报,可能考虑采用较低的临界值,以避免大量低于临界值的错报积少成多构成重大错报。如果注册会计师预期被审计单位错报数量较少,则可能采用较高的临界值。

注册会计师可能将明显微小错报的临界值确定为财务报表整体重要性的3%~5%,也可能低一些或高一些,但通常不超过财务报表整体重要性的10%,除非注册会计师认为有必要单独为重分类错报确定一个更高的临界值。如果注册会计师不确定一个或多个错报是否明显微小,就不能认为这些错报是明显微小的。

注册会计师应当在审计工作底稿中充分记录在确定明显微小错报的临界值时所做出的职业判断的依据。

(3)判断某事项对财务报表使用者是否重大,是在考虑财务报表使用者整体共同的财务信息需求的基础上做出的。由于不同财务报表使用者对财务信息的需求可能差异很大,因此不考虑错报对个别财务报表使用者可能产生的影响。

二、编制审计计划时对重要性的评估

在计划和执行审计工作时,评价识别出的错报对审计的影响,以及未更正错报对财务报表和审计意见的影响时,注册会计师需要运用重要性概念。

在计划审计工作时,注册会计师需要对认为重大的错报金额做出判断。做出的判断为下列方面提供了基础:(1)确定风险评估程序的性质、时间安排和范围;(2)识别和评估重大错报风险;(3)确定进一步审计程序的性质、时间安排和范围。

在制定总体审计策略时,注册会计师应当确定财务报表整体的重要性。根据被审计单位的特定情况,如果存在一个或多个特定类别的交易、账户余额或披露,其发生的错报金额虽低于财务报表整体的重要性,但合理预期可能影响财务报表使用者依据财务报表做出的经济决策,那注册会计师还应当确定适用于这些交易、账户余额或披露的一个或多个重要性水平。

在计划审计工作时确定的重要性(即确定的某一金额),并不必然表明单独或汇总起来低于该金额的未更正错报一定被评价为不重大。即使某些错报低于重要性,与这些错报相关的具体情形可能使注册会计师将其评价为重大。

尽管设计审计程序以发现仅因其性质而可能被评价为重大的错报并不可行,但是注册会计师在评价未更正错报对财务报表的影响时,不仅要考虑错报金额的大小,还要考虑错报的性质以及错报发生的特定环境。

(一)财务报表层次的重要性

注册会计师在计划审计工作时,注册会计师应当考虑导致财务报表发生重大错报的原因,确定一个可接受的重要性水平,以发现在金额上重大的错报。重要性水平越低,应当获取的审计证据越多。

注册会计师应当合理选用重要性水平的判断基础,确定财务报表层次(materiality for the financial statements as a whole)和账户(或交易、披露)认定层次的重要性水平(materiality level or levels for particular classes of transactions, account balances or disclosures)。

确定重要性需要运用职业判断。通常先选定一个基准,再乘以某一百分比作为财务报表整体的重要性。

1. 适当的基准

在选择基准时,需要考虑的因素包括:财务报表要素(如资产、负债、所有者权益、收入和费用);是否存在特定会计主体的财务报表使用者特别关注的项目(如为了评价财务业绩,使用者可能更关注利润、收入或净资产);被审计单位的性质、所处的生命周期阶段以及所处行业和经济环境;被审计单位的所有权结构和融资方式(例如,如果被审计单位仅通过举债进行融资,财务报表使用者可能更关注资产及资产的索偿权);基准的相对波动性。

适当的基准取决于被审计单位的具体情况,包括各类报告收益(如税前利润、营业收入、毛利和费用总额以及所有者权益或净资产)。对于以营利为目的的企业,通常以营业利润作为基准。如果营业利润不稳定,选用其他基准可能更加合适,如毛利或营业收入。

就选定的基准而言,相关的财务数据通常包括前期财务成果和财务状况、本期最新的财务成果和财务状况、本期的预算和预测结果。当然,本期最新的财务成果和财务状况、本期的预算和预测结果需要根据被审计单位情况的重大变化(如重大的企业并购)和被审计单位所处行业和经济环境情况的相关变化等做出调整。例如,当按照营业利润的一定百分比确定被审计单位财务报表整体的重要性时,如果被审计单位本年度税前利润因情况变化而出现意外增加或减少,注册会计师就可能认为按照近几年营业利润的平均值确定财务报表整体的重要性更加合适。

注册会计师站在财务报表使用者的角度,充分考虑被审计单位的性质、所处的生命周期阶段以及所处行业和经济环境等因素,选用如资产、负债、所有者权益、收入、利润或费用等财务报表要素,或报表使用者特别关注的项目作为适当的基准。

表 5-2 举例说明了一些实务中较为常用的重要性基准。

表 5-2　　　　　　　　　　　　　常用的重要性基准

被审计单位的情况	可能选择的基准
1. 企业的盈利水平保持稳定	经常性业务的税前利润
2. 企业近年来经营状况大幅度波动,盈利和亏损交替发生,或者由正常盈利变为微利或微亏,或者本年度税前利润因情况变化而出现意外增加或减少	过去 3~5 年经常性业务的平均税前利润或亏损(取绝对值),或其他基准,如营业收入
3. 企业为新设企业,处于开办期,尚未开始经营,目前正在建造厂房及购买机器设备	总资产
4. 企业处于新兴行业,目前侧重于抢占市场份额、扩大企业知名度和影响力	营业收入
5. 某开放式基金,致力于优化投资组合、提高基金净值、为基金持有人创造投资价值	净资产
6. 某国际企业集团设立的研发中心,主要为集团下属各企业提供研发服务,并以成本加成的方式向相关企业收取费用	成本与营业费用总额
7. 公益性质的基金会	捐赠收入或捐赠支出总额

在通常情况下,对于以营利为目的的企业,利润可能是大多数财务报表使用者最为关注的财务指标,因此,注册会计师可能考虑选取经常性业务的税前利润作为基准。但是在某些情况下,如企业处于微利或微亏状态时,采用经常性业务的税前利润为基准确定重要性可能影响审计的效率和效果。注册会计师可以考虑采用以下方法确定基准:

(1)如果微利或微亏状态是由宏观经济环境的波动或企业自身经营的周期性所导致,可以考虑采用过去 3~5 年经常性业务的平均税前利润作为基准;

(2)采用财务报表使用者关注的其他财务指标作为基准,如营业收入、总资产等。

注册会计师为被审计单位选择的基准在各年度中通常会保持稳定,但是并非必须保持一贯不变。注册会计师可以根据经济形势、行业状况和被审计单位具体情况的变化对采用的基准做出调整。例如,对于处在新设立阶段的被审计单位可能采用总资产作为基准,对于处在成长期的被审计单位可能采用营业收入作为基准,对于进入经营成熟期的被审计单位可能采用经常性业务的税前利润作为基准。

2. 百分比

为选定的基准确定百分比时需要运用职业判断。百分比和选定的基准之间存在一定的联系,如营业利润对应的百分比通常比营业收入对应的百分比要高。

例如,对以营利为目的的制造业企业,注册会计师可能认为经常性业务税前利润的 5% 是适当的;对非营利组织,注册会计师可能认为收入总额或费用总额的 1% 是适当的。百分比无论是高一些还是低一些,只要符合具体情况,都是适当的。

在确定百分比时,除了考虑被审计单位是否为上市公司或公众利益实体外,其他因素也会影响注册会计师对百分比的选择,这些因素包括但不限于:

(1)财务报表是否分发给广大范围的使用者;

(2)被审计单位是否由集团内部关联方提供融资或是否有大额对外融资(如债券或银行贷款);

(3)财务报表使用者是否对基准数据特别敏感(如特殊目的财务报表的使用者)。

注册会计师应当在审计工作底稿中充分记录在选定基准和百分比时所考虑的因素,作为支持其做出的职业判断的依据。

(二)特定交易、账户余额或披露的重要性水平

注册会计师应当对各类交易、账户余额、披露层次的重要性进行评估,以有助于确定进一步审计程序的性质、时间和范围,将审计风险降至可接受的低水平。由于财务报表所提供的信息来源于各账户或交易,注册会计师只有通过验证各账户和交易,才能得出财务报表是否合法、公允发表意见。

下列因素可能表明存在一个或多个特定类别的交易、账户余额或披露,其发生的错报金额虽然低于财务报表整体的重要性,但合理预期将影响财务报表使用者依据财务报表做出的经济决策:(1)法律法规或适用的财务报告编制基础是否影响财务报表使用者对特定项目(如关联方交易、管理层和治理层的薪酬)计量或披露的预期;(2)与被审计单位所处行业相关的关键性披露(如制药企业的研究与开发成本);(3)财务报表使用者是否特别关注财务报表中单独披露的业务的特定方面(如新收购的业务)。

注册会计师可根据业务需要了解治理层和管理层对上述交易、账户余额或披露的态度和预期。

注册会计师在确定各账户或各类交易、披露层次的重要性水平时,还应当考虑以下因素:

(1)各账户或交易的性质及错报(或漏报)的可能性。例如,如果固定资产发生错报(或漏报)的可能性要低于存货项目,那么,固定资产的重要性水平可以定得低些;货币资金出现错报(或漏报)与应收账款的错报(或漏报)相比,前者的性质较为严重,因此,货币资金的重要性水平应当定得较低。

(2)审计成本。注册会计师在审计过程中,由于时间和人员有限,需要适当考虑控制审计成本。在分配交易、账户层次的重要性水平时,可以考虑对那些审计程序比较复杂、涉及项目较多且单价较低、业务数量较多而单笔业务金额较低的项目分配较高的重要性水平,如存货、应收账款;对于审计程序简单、涉及项目较少且单价较高、业务数量较少而单笔业务金额较大的项目分配较低的重要性水平,如固定资产。

(3)各账户或交易重要性水平与报表层次重要性水平的关系。由于账户或交易可能被高估,也可能被低估,两者会自动抵消,因此,账户或各类交易的重要性水平合计与报表层次重要性水平并不一定正好相等。

(三)实际执行的重要性

注册会计师应当确定实际执行的重要性[①],以评估重大错报风险并确定进一步审计程序

[①] 实际执行的重要性(performance materiality),是指注册会计师确定的低于财务报表整体的重要性的一个或多个金额,旨在将未更正和未发现错报的汇总数超过财务报表整体的重要性的可能性降至适当的低水平。如果适用,实际执行的重要性还指注册会计师确定的低于特定类别的交易、账户余额或披露的重要性水平的一个或多个金额。

的性质、时间安排和范围。

与特定类别的交易、账户余额或披露相关的实际执行的重要性,旨在将这些交易、账户余额或披露中未更正与未发现错报的汇总数超过这些交易、账户余额或披露的重要性水平的可能性降至适当的低水平。

1. 确定实际执行的重要性

确定实际执行的重要性并非简单机械的计算,而是需要注册会计师运用职业判断,并考虑下列因素的影响:对被审计单位的了解(这些了解在实施风险评估程序的过程中得到更新);前期审计工作中识别出的错报的性质和范围;根据前期识别出的错报对本期错报做出的预期。

对实际执行的重要性的运用体现在计划和执行审计工作阶段,实际执行的重要性直接影响注册会计师的审计工作量及需要获取的审计证据。对于审计风险较高的审计项目,需要确定较低的实际执行的重要性。

如果存在下列情况,注册会计师可能考虑选择较低的百分比来确定实际执行的重要性:
(1)首次接受委托的审计项目;
(2)连续审计项目,以前年度审计调整较多;
(3)项目总体风险较高,如处于高风险行业、管理层能力欠缺、面临较大市场竞争压力或业绩压力等;
(4)存在或预期存在值得关注的内部控制缺陷。

如果存在下列情况,注册会计师可能考虑选择较高的百分比来确定实际执行的重要性:
(1)连续审计项目,以前年度审计调整较少;
(2)项目总体风险为低到中等,如处于非高风险行业、管理层具备专业胜任能力、面临较低的业绩压力等;
(3)以前期间的审计经验表明内部控制运行有效。

审计准则要求注册会计师确定低于财务报表整体重要性的一个或多个金额作为实际执行的重要性,注册会计师无须通过将财务报表整体的重要性平均分配或按比例分配至各个报表项目的方法来确定实际执行的重要性,而是根据对报表项目的风险评估结果,确定如何确定一个或多个实际执行的重要性。例如,根据以前期间的审计经验和本期审计计划阶段的风险评估结果,注册会计师认为可以将财务报表整体重要性的 75% 作为大多数报表项目的实际执行的重要性;与营业收入项目相关的内部控制存在控制缺陷,而且以前年度审计中存在审计调整,因此考虑以财务报表整体重要性的 50% 作为营业收入项目的实际执行的重要性,从而有针对性地对高风险领域执行更多的审计工作。

注册会计师应当在审计工作底稿中充分记录在确定实际执行的重要性时所做出的职业判断的依据。

2. 实际执行的重要性在审计中的作用

实际执行的重要性在审计中的作用主要体现在以下几个方面:
(1)注册会计师在计划审计工作时可能根据实际执行的重要性确定需要对哪些类型的交易、账户余额和披露实施进一步审计程序,即通常选取金额超过实际执行的重要性的财务报表项目,因为这些财务报表项目有可能导致财务报表出现重大错报。但是,这不代表注册会计师可以对所有金额低于实际执行的重要性的财务报表项目不实施进一步审计程序,这主要出于以下考虑:单个金额低于实际执行的重要性的财务报表项目汇总起来可能金额重大(可能远远超过财务报表整体的重要性),注册会计师需要考虑汇总后的潜在错报风险;对于存在低估风险的财务报表项目,不能仅仅因为其金额低于实际执行的重要性而不实施进一步审计程序;对于识别出存在舞弊风险的财务报表项目,不能因为其金额低于实际执行的重要性而不实施进一步审计程序。

(2)运用实际执行的重要性确定进一步审计程序的性质、时间安排和范围。例如,在实施实质性分析程序时,注册会计师确定的已记录金额与预期值之间的可接受差异额通常不超过实际执行的重要性;在运用审计抽样实施细节测试时,注册会计师可以将可容忍错报的金额设定为等于或低于实际执行的重要性。

> **课堂讨论题 1**
>
> 特定交易、账户余额或披露的重要性水平与实际执行的重要性的区别是什么?

三、审计过程中对重要性的考虑

(一)对总体审计策略和具体审计计划的影响

如果出现下列情况之一,注册会计师应当确定是否需要修改总体审计策略和具体审计计划:(1)识别出的错报的性质以及错报发生的环境表明可能存在其他错报,并且可能存在的其他错报与审计过程中累积的错报合计起来可能是重大的;(2)审计过程中累积的错报合计数接近财务报表层次的重要性。

(二)审计过程中修改的重要性

由于存在下列原因,注册会计师可能需要修改财务报表整体的重要性和特定类别的交易、账户余额或披露的重要性水平(如适用):

(1)审计过程中情况发生重大变化(如决定处置被审计单位的一个重要组成部分)。

(2)获取新信息。如果在审计过程中获知了某项信息,而该信息可能导致注册会计师确定与原来不同的财务报表整体的重要性或者特定类别的交易、账户余额或披露的一个或多个重要性水平(如适用),注册会计师应当予以修改。

(3)通过实施进一步审计程序,注册会计师对被审计单位及其经营的了解发生变化。例如,注册会计师在审计过程中发现,实际财务成果与最初确定财务报表整体的重要性时使用的预期本期财务成果相比存在很大差异,则需要修改重要性。

(三)管理层对错报的处理

除非法律法规禁止,注册会计师应当及时将审计过程中累积的所有错报与适当层级的管理层进行沟通。注册会计师还应当要求管理层更正这些错报。

注册会计师可能要求管理层检查某类交易、账户余额或披露,以使管理层了解注册会计师识别出的错报的发生原因,并要求管理层采取措施以确定这些交易、账户余额或披露实际发生错报的金额,以及对财务报表做出适当的调整。例如,在从审计样本中识别出的错报推断总体错报时,注册会计师可能提出这些要求。如果管理层应注册会计师的要求,检查了某类交易、账户余额或披露并更正了已发现的错报,注册会计师应当实施追加的审计程序,以确定错报是否仍然存在。

如果管理层拒绝更正沟通的部分或全部错报,注册会计师应当了解管理层不更正错报的理由,并在评价财务报表整体是否不存在重大错报时考虑该理由。

四、评价审计结果时对重要性的考虑

(一)评价未更正错报的影响

注册会计师应当确定未更正错报单独或汇总起来是否重大。在确定时,注册会计师应当考虑:相对某类交易、账户余额或披露以及财务报表整体而言,错报的金额和性质以及错报发生的特定环境;与以前期间相关的未更正错报对相关类别的交易、账户余额或披露以及财务报表整体的影响。

1. 单项错报的评价

注册会计师需要考虑每一单项错报,以评价其对相关类别的交易、账户余额或披露的影响,包括评价该项错报是否超过特定类别的交易、账户余额或披露的重要性水平(如适用)。

如果注册会计师认为某一单项错报是重大的,则该项错报不太可能被其他错报抵消。例如,如果收入存在重大高估,即使这项错报对利润的影响完全可被相同金额的费用高估所抵消,注册会计师仍认为财务报表整体存在重大错报。对于同一账户余额或同一类别的交易内部的错报,这种抵消可能是适当的。然而,在得出抵消非重大错报是适当的这一结论之前,需要考虑可能存在其他未被发现的错报的风险。

2. 考虑错报的性质

确定一项分类错报是否重大,需要进行定性评估,例如,分类错报对负债或其他合同条款的影响、对单个财务报表项目或小计数(如流动负债合计)的影响,以及对关键比率的影响。即使分类错报超过了评价其他错报时运用的重要性水平,注册会计师仍然可能认为该分类错报对财务报表整体不产生重大影响。例如,注册会计师识别出某项应付账款误计入其他应付款的错报,金额超过财务报表整体的重要性。由于该错报不影响经营业绩和关键财务指标,注册会计师认为该项错报不重大。再如,被审计单位没有及时将资产负债表日已达到可使用状态的在建工程转入固定资产,金额超过财务报表整体的重要性,相关折旧金额较小。注册会计师在考虑相关定性因素之后,认为该错报对固定资产账户余额及财务报表整体均不产生重大影响,认为该项错报不是重大错报。

即使某些错报低于财务报表整体的重要性,但因与这些错报相关的某些情况,在将其单独或连同在审计过程中累积的其他错报一并考虑时,注册会计师也可能将这些错报评价为重大错报。可能影响评价的情况包括:

(1)错报对遵守监管要求的影响程度。

(2)错报对遵守债务合同或其他合同条款的影响程度。

(3)错报与未能恰当选择或运用会计政策相关,这些会计政策的不当选择或运用对当期财务报表不产生重大影响,但可能对未来期间财务报表产生重大影响。

(4)错报掩盖收益的变化或其他趋势的程度(尤其是在结合宏观经济背景和行业状况进行考虑时)。

(5)错报对用于评价被审计单位财务状况、经营成果或现金流量的有关比率的影响程度。

(6)错报对财务报表中列报的分部信息的影响程度。例如,错报事项对某一分部或对被审计单位的经营或盈利能力有重大影响的其他组成部分的重要程度。

(7)错报对增加管理层薪酬的影响程度。例如,管理层为了达到与其有关的奖金或其他激励政策的要求而故意错报某些报表项目。

(8)相对于注册会计师所了解的以前向财务报表使用者传达的信息(如盈利预测),错报是重大的。

(9)错报对涉及特定机构或人员的项目的相关程度。例如,与被审计单位发生交易的外部机构或人员是否与管理层成员有关联关系。

(10)错报涉及遗漏某些信息,尽管适用的财务报告编制基础未对这些信息做出明确规定,但注册会计师根据职业判断认为这些信息对财务报表使用者了解被审计单位的财务状况、经营成果或现金流量是重要的。

(11)错报对其他信息(如包含在"管理层讨论与分析"或"经营与财务回顾"中的信息)的影响程度,这些信息与已审计财务报表一同披露,并被合理预期可能影响财务报表使用者做出的经济决策。

(12)即使舞弊导致的错报金额相对财务报表层次的重要性而言并不重大,考虑到其性质也应属于重大错报。

(二)与治理层的沟通

除非法律法规禁止,注册会计师应当与治理层沟通未更正错报,以及这些错报单独或汇总起来可能对审计意见产生的影响。注册会计师应当与治理层沟通与以前期间相关的未更正错报对相关类别的交易、账户余额或披露以及财务报表整体的影响。

第四节 审计风险

一、审计风险的概念

审计风险(audit risk)是指当财务报表存在重大错报时,注册会计师发表不恰当审计意见的可能性。由于审计存在的固有限制,注册会计师据以得出结论和形成审计意见的大多数审计证据是说服性而非结论性的,因此,注册会计师只能对财务报表不存在由于舞弊或错误导致的重大错报提供合理保证,而非绝对保证。报表使用者不应期望注册会计师将审计风险降至零。

审计风险取决于重大错报风险(risk of material misstatement)和检查风险(detection risk)。

(一)重大错报风险

重大错报风险是指财务报表在审计前存在重大错报的可能性。重大错报风险分为财务报表层次的重大错报风险和认定层次的重大错报风险。

1. 财务报表层次的重大错报风险

在设计审计程序以确定财务报表整体是否存在重大错报时,注册会计师应当从财务报表层次和各类交易、账户余额、披露层次考虑重大错报风险。

财务报表层次重大错报风险(risk of material misstatement at the financial statement level)通常与控制环境有关,并与财务报表整体存在广泛联系,可能影响多项认定,但难以界定与某类交易、账户余额、披露有关的具体认定。注册会计师应当评估财务报表层次的重大错报风险,并根据评估结果确定总体应对措施,包括向项目组分派更有经验或具有特殊技能的审计人员、利用专家的工作或提供更多的督导等。

2. 认定层次的重大错报风险

认定层次的重大错报风险(risk of material misstatement at the assertion level)由固有风险(inherent risk)和控制风险(control risk)两部分组成。固有风险和控制风险是被审计单位的风险,独立于财务报表审计而存在。

(1)固有风险

固有风险是指在考虑相关的内部控制之前,某类交易、账户余额或披露的某一认定易于发生错报(该错报单独或连同其他错报可能是重大的)的可能性。

某些认定及相关类别的交易、账户余额和披露,固有风险较高。例如,复杂的计算或者金额来源于具有高度不确定性的会计估计的账户,固有风险较高。外部环境引起的经营风险也可能影响固有风险,例如,技术进步可能导致某项产品陈旧,进而导致存货易于高估。被审计单位及其环境的某些因素,可能与多个或所有类别的交易、账户余额或披露相关,也可能影响与某一具体认定相关的固有风险。例如,缺乏持续经营的营运资本或由于大规模的经营失败而表现出的产业衰退。

(2)控制风险

控制风险是指某类交易、账户余额或披露的某一认定发生错报,该错报单独或连同其他错报可能是重大的,但没有被内部控制及时防止或发现并纠正的可能性。

控制风险取决于内部控制设计、执行和维护的有效性。管理层采用内部控制,旨在应对识别出的影响被审计单位实现与财务报表编制相关的目标的风险。由于内部控制的固有限制(如人为差错的可能性,因串通舞弊或管理层凌驾于控制之上而使内部控制被规避的可能性),无论内部控制设计和运行如何有效,也只能降低而不能消除财务报表的重大错报风险。因此,控制风险始终存在。

评估认定层次的重大错报风险的目的,是确定所需实施的进一步审计程序的性质、时间安排和范围,以获取充分、适当的审计证据。这种证据使注册会计师能够在审计风险处于可接受的低水平时对财务报表发表意见。

审计准则通常不单独提及固有风险和控制风险,而仅提及重大错报风险(即两者综合评估的结果)。注册会计师可以根据其偏好的审计技术或方法以及实务的考虑,单独或综合评估固有风险和控制风险。重大错报风险的评估结果可以用定量术语(如百分比)或非定量术语(如高、中、低)表述。

> **课堂讨论题 2**
>
> 为什么需要区分财务报表层次的重大错报风险与认定层次的重大错报风险?

(二)检查风险

检查风险,是指如果存在某一错报,该错报单独或连同其他错报可能是重大的,注册会计师为将审计风险降至可接受的低水平而实施程序后没有发现这种错报的风险。

在既定的审计风险水平下,可接受的检查风险水平与评估的认定层次重大错报风险成反向关系。例如,注册会计师认为重大错报风险越高,可接受的检查风险越低,相应地,注册会计师需要获取更具有说服力的审计证据。

检查风险与注册会计师为将审计风险降至可接受的低水平而确定的审计程序的性质、时间安排和范围相关。因此,它取决于审计程序及其执行的有效性。以下措施有助于提高审计程序及其执行的有效性,并降低注册会计师选取不适当的审计程序、错误执行适当的审计程序或错误解释审计结果的可能性;制订恰当的计划;为项目组分派合适的人员;保持职业怀疑;监督和复核已执行的审计工作。

由于审计的固有限制,检查风险始终存在,注册会计师只能降低检查风险而无法完全消除该风险。识别和评估认定层次重大错报风险时需考虑的因素如图5—1所示。

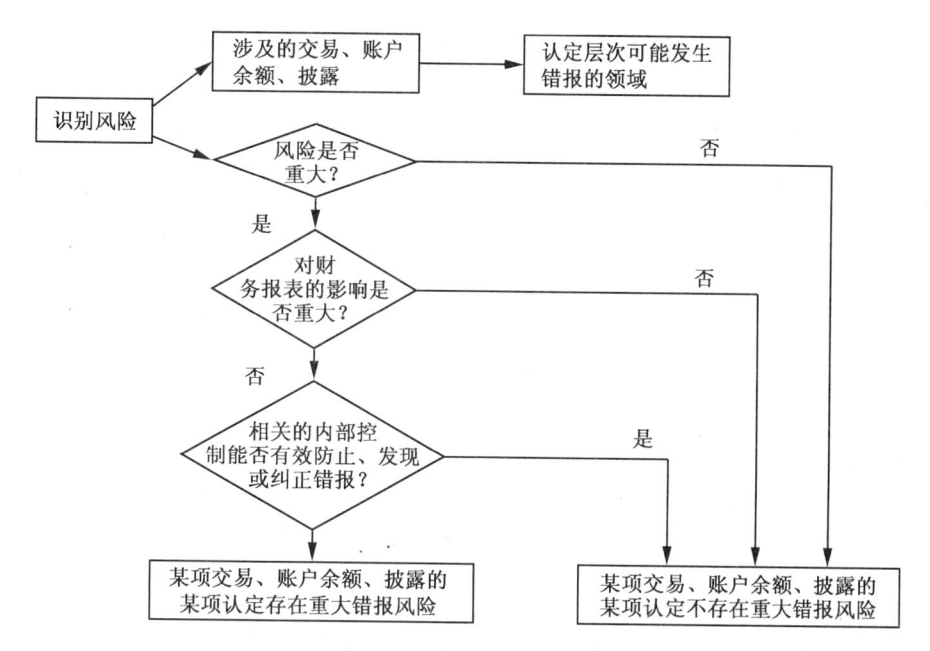

图5—1 识别和评估认定层次重大错报风险时需考虑的因素

二、重要性与审计风险的关系

重要性与审计风险之间存在反向关系。重要性水平越高,审计风险越低;重要性水平越低,审计风险越高。注册会计师在确定审计程序的性质、时间和范围时应当考虑这种反向关系。

在确定审计程序后,如果注册会计师决定接受更低的重要性水平,审计风险将增加。注册会计师应当选用下列方法将审计风险降至可接受的低水平:如有可能,通过扩大控制测试范围或实施追加的控制测试,降低评估的重大错报风险,并支持降低后的重大错报风险水平;通过修改计划实施的实质性程序的性质、时间和范围,降低检查风险。

在评价审计程序结果时,注册会计师确定的重要性和审计风险,可能与计划审计工作时评估的重要性和审计风险存在差异。在这种情况下,注册会计师应当重新确定重要性和审计风险,并考虑实施的审计程序是否充分。

复习思考题

1. 确定重要性时需要考虑哪些因素?
2. 重要性水平分为哪两个层次?这两个层次的金额是如何确定的?
3. 确定审计风险时需要考虑哪些因素?
4. 重要性与审计风险的关系如何?

5.简述总体审计策略与具体审计计划的区别与联系。

自我测试题

一、单项选择题

1. 在本期审计业务开始时,注册会计师应当开展的初步业务活动是( )。
   A.与被审计单位管理层沟通审计范围等事项
   B.获取被审计单位管理层签署的书面声明
   C.与被审计单位治理层沟通审计责任等事项
   D.评价项目组成员的独立性

2. 在制定总体审计策略的过程中,注册会计师需要实施的程序之一是( )。
   A.识别可能防止、发现并纠正舞弊的特定内部控制活动
   B.评价被审计单位会计估计的合理性
   C.与被审计单位管理层讨论实施审计程序的时间
   D.向律师询问是否存在尚未披露的诉讼

3. 在制订具体审计计划时,注册会计师应当考虑的内容是( )。
   A. 计划实施的风险评估程序的性质、时间和范围
   B. 计划与管理层和治理层沟通的日期
   C. 计划向高风险领域分派的项目组成员
   D. 计划召开项目组会议的时间

4. 下列有关审计重要性的表述中,错误的是( )。
   A.在考虑一项错报是否重要时,既要考虑错报的金额,又要考虑错报的性质
   B.如果一项错报单独或连同其他错报可能影响财务报表使用者依据财务报表做出的经济决策,则该项错报是重要的
   C.如果已识别但尚未更正的错报汇总数接近但不超过重要性水平,注册会计师无须要求管理层调整
   D.重要性的确定离不开职业判断

5. 确定财务报表重要性水平时,常用的判断基础不包括( )。
   A. 资产总额　　　　B. 净资产　　　　C. 营业收入　　　　D. 非经常性收益

6. 在特定的审计风险水平下,检查风险与重大错报风险之间是( )的关系。
   A.同向变动
   B.反向变动
   C.有时同向变动,有时反向变动
   D.无任何关系

二、多项选择题

1. 注册会计师应当在审计业务开始时开展初步业务活动。下列选项中,属于初步业务活动的有( )。
   A. 针对保持客户关系和具体审计业务实施相应的质量控制程序
   B. 评价遵守相关职业道德要求的情况
   C. 在执行首次审计业务时,查阅前任注册会计师的审计工作底稿
   D. 就审计业务约定条款与被审计单位达成一致意见

2. 下列关于审计计划的说法中,错误的有( )。
   A. 总体审计策略一般在具体审计计划前制定
   B. 具体审计计划应当在实施进一步审计程序前完成
   C. 具体审计计划对总体审计策略不产生影响
   D. 具体审计计划的核心是确定审计范围和审计方案

3. 在确定实际执行的重要性时,注册会计师认为应当考虑的因素有( )。

A. 财务报表整体的重要性　　　　　　B. 前期审计工作中识别出的错报的性质和范围
C. 实施风险评估程序的结果　　　　　D. 被审计单位管理层和治理层的期望值

4. 对于审计过程中累积的错报,下列做法中,错误的有(　　)。
A. 如果错报单独或汇总起来未超过财务报表整体的重要性,注册会计师可以不要求管理层更正
B. 如果错报单独或汇总起来未超过实际执行的重要性,注册会计师可以不要求管理层更正
C. 如果错报不影响确定财务报表整体的重要性时选定的基准,注册会计师可以不要求管理层更正
D. 注册会计师应当要求管理层更正审计过程中累积的所有错报

5. 在评价未更正错报的影响时,下列说法中,正确的有(　　)。
A. 未更正错报的金额不得超过明显微小错报的临界值
B. 应当从金额和性质两方面确定未更正错报是否重大
C. 应当要求管理层更正审计过程中累积的所有错报
D. 应当考虑与以前期间相关的未更正错报对相关类别的交易、账户余额或披露以及财务报表整体的影响

6. 下列做法中,能够降低检查风险的有(　　)。
A. 恰当设计审计程序的性质、时间安排和范围
B. 限制审计报告用途
C. 审慎评价审计证据
D. 加强对已执行审计工作的监督和复核

三、案例分析题

1. A注册会计师负责对常年审计客户甲公司20×5年度财务报表进行审计,撰写了总体审计策略和具体审计计划,部分内容摘录如下:

(1)经初步了解,20×5年度甲公司及其环境未发生重大变化,拟依赖以往审计中对管理层、治理层诚信形成的判断;

(2)因对甲公司内部审计人员的客观性和专业胜任能力存有疑虑,拟不利用内部审计的工作;

(3)审计过程中如对计划的重要性水平做出修正,拟通过修改计划实施的实质性程序的性质、时间和范围降低重大错报风险;

(4)假定甲公司在收入确认方面存在舞弊风险,拟将销售交易及其认定的重大错报风险评估为高水平,不再了解和评估相关控制设计的合理性并确定其是否已得到执行,直接实施细节测试;

(5)因甲公司于20×5年6月关闭某分公司并注销其银行账户,拟不再函证该银行账户;

(6)因审计工作时间安排紧张,拟不函证应收账款,直接实施替代审计程序;

(7)20×5年度甲公司购入股票作为交易性金融资产核算,对此,除实施询问程序外,预期无法获取有关管理层持有意图的其他充分、适当的审计证据,拟就询问结果获取管理层书面声明。

要求:针对上述事项(1)至(7),逐项指出A注册会计师拟订的计划是否存在不当之处。如有不当之处,简要说明理由。

2. 上市公司甲公司是ABC会计师事务所的常年审计客户,A注册会计师负责审计甲公司2015年度财务报表。审计工作底稿中与确定重要性和评估错报相关的部分内容摘录如下:

(1)2014年度财务报表整体的重要性以税前利润的5%计算。2015年,由于甲公司利润下滑,A注册会计师以过去三年税前利润的平均值作为基准确定财务报表整体的重要性。

(2)由于2014年度报表审计中提出的多项审计调整建议金额均不重大,A注册会计师确定2015年度实际执行的重要性为财务报表整体重要性的75%,与2014年度保持一致。

(3)2015年,治理层提出希望知悉审计过程中发现的所有错报,因此,A注册会计师确定2015年度明显微小错报的临界值为0。

(4) 甲公司 2015 年年末非流动负债余额中包括一年内到期的长期借款 2 500 万元,占非流动负债总额的 50%。A 注册会计师认为,该错报对利润表没有影响,不属于重大错报,同意管理层不予调整。

(5) A 注册会计师仅发现一笔影响利润表的错报,即管理费用少计 60 万元。A 注册会计师认为,该错报金额小于财务报表整体的重要性,不属于重大错报,同意管理层不予调整。

单位:万元

项目	2015 年	2014 年	备注
营业收入	16 000（未审数）	15 000（已审数）	2015 年,主要竞争对手推出新产品抢占市场,甲公司通过降价和增加广告投放应对
税前利润	50（未审数）	2 000（已审数）	2015 年,产品降价及销售费用增长导致甲公司盈利大幅下降
财务报表整体的重要性	80	100	
实际执行的重要性	60	75	
明显微小错报的临界值	0	5	

要求:针对上述第(1)至(5)项,假定不考虑其他条件,逐项指出 A 注册会计师的做法是否恰当。如不恰当,简要说明理由。

第六章 风险评估

本章要点

- 内部控制五要素
- 风险评估程序
- 特别风险

引例

财务报表重大错报举例：科龙电器（000921）

2002年至2004年，科龙电器采取虚构主营业务收入、少计坏账准备、少计诉讼赔偿金等手段编造虚假财务报告，导致其2002年年度报告虚增利润11 996.31万元，2003年年度报告虚增利润11 847.05万元，2004年年度报告虚增利润14 875.91万元。

一、2002年至2004年，科龙电器通过对未真实出库销售的存货开具发票或销售出库单并确认为收入的方式虚增年度报告的主营业务收入、利润

（一）2002年年度报告虚增收入40 330.54万元，虚增利润11 996.31万元（具体内容略）

（二）2003年年度报告虚增收入30 483.86万元，虚增利润8 935.06万元

2003年11月至12月，科龙电器向合肥市维希电器有限公司（以下简称合肥维希）开具发票或销售出库单并确认收入30 483.86万元。事实上，上述开单、开票并确认收入的商品并无真实交易，相关存货实物封存于科龙电器的仓库而未发送给客户。同时，科龙电器虚转销售成本20 321.36万元和安装维修费用1 792.55万元，并少计提存货跌价准备565.11万元。上述行为导致科龙电器2003年年度报告虚增利润8 935.06万元。

（三）2004年年度报告虚增收入51 270.29万元，虚增利润12 042.05万元（具体内容略）

二、2003年至2004年，科龙电器通过虚构与珠海德发空调配件有限公司、珠海隆加制冷设备有限公司的废料销售业务虚增年度报告的利润

（一）2003年年度报告虚增利润2 002.52万元

2003年12月24日，江西科龙实业发展有限公司（科龙电器控股子公司，以下简称江西科龙）将900万元资金划入珠海德发空调配件有限公司（以下简称珠海德发）。2003年12月26日，珠海德发将900万元资金划入广东科龙配件有限公司（科龙电器控股子公司，以下简称科龙配件）作为支付废料购买资金，科龙电器伪造了废料出仓单等凭证，确认科龙配件其他业务收入903.61万元。2003年12月24日，江西科龙将1 100万元资金划入珠海隆加制冷设备有限公司（以下简称珠海隆加），当月，珠海隆加向广东科龙冰箱有限公司（科龙电器控股子公司，以下简称科龙冰箱）、广东科龙空调器有限公司（科龙电器控股子公司，以下简称科龙空调）分别汇入600万元、500万元作为支付废料采购款。科龙电器伪造了废料出仓单等凭证，确认科龙冰箱其他业务收入599.41万元，确认科龙空调其他业务收入499.5万元。上述行为导致科

龙电器2003年年度报告虚增利润2 002.52万元。

（二）2004年年度报告虚增利润2 833.86万元(具体内容略)

三、2003年，科龙电器通过少计坏账准备虚增年度报告的利润

科龙电器将2003年期末对广州市海珠区腾遥电器有限公司应收账款余额122.14万元和对东莞市虎门供销社粤华家电公司应收账款余额－472.1万元合并进行账龄分析，少计提对广州市海珠区腾遥电器有限公司应收账款坏账准备122.14万元。科龙电器将2003年期末对深圳市新楚源电器有限公司应收账款余额476.46万元与应收电白县水东远东家电商场余额－51.19万元合并进行账龄分析，且部分账龄划分错误，少计提对深圳市新楚源电器有限公司应收账款坏账准备70.14万元。科龙电器将对顺德市龙涌五金交电有限公司账龄1年以上的应收账款，全部划分为3个月以内账龄，少计提坏账准备262.97万元。科龙电器将对大庆海浪物资贸易公司2003年期末应收账款余额全部作为3个月以内账款，少计提坏账准备60.3万元。上述行为导致科龙电器2003年年度报告虚增利润515.55万元。

四、2003年，科龙电器通过少计诉讼赔偿金虚增年度报告的利润

2003年12月10日至16日，佛山市中级人民法院就科龙电器与部分员工劳动的合同纠纷案件做出一系列终审判决，判定科龙电器应当向227名员工支付生活补助费、案件受理费用等共计393.92万元，科龙电器未将上述费用计入2003年损益。上述行为导致科龙电器2003年年度报告虚增利润393.92万元。

[资料来源：证监会行政处罚书(证监罚字〔2006〕16号)，2006年6月15日。]

思考题

科龙电器通过哪些方式虚增了利润？注册会计师通过执行必要的审计程序可以发现这些虚增的利润吗？

第一节 了解被审计单位及其环境

了解被审计单位及其环境是一个连续和动态地收集、更新与分析信息的过程，贯穿于整个审计过程的始终。了解被审计单位是必要程序，特别是为下列关键环节的职业判断提供了重要基础：(1)评估重大错报风险；(2)按照《中国注册会计师审计准则第1221号——计划和执行审计工作时的重要性》的规定确定重要性；(3)考虑选择和运用会计政策的恰当性和财务报表披露的充分性；(4)识别需要特别考虑的领域，如关联方交易、管理层运用持续经营假设的适当性或考虑交易是否具有合理的商业目的；(5)确定在实施分析程序时使用的预期值；(6)应对评估的重大错报风险，包括设计和实施进一步审计程序以获取充分、适当的审计证据；(7)评价已获取审计证据的充分性和适当性，如假设的适当性以及管理层口头声明和书面声明的适当性。

注册会计师应当从下列六个方面了解被审计单位及其环境。

一、行业状况、法律环境、监管环境及其他外部因素

(一)行业因素

注册会计师应当了解被审计单位的行业状况，主要包括：所在行业的市场供求与竞争；生产经营的季节性和周期性；产品生产技术的变化；能源供应与成本；行业的关键指标和统计数据。

(二)法律和监管环境

注册会计师应当了解被审计单位所处的法律环境及监管环境,主要包括:适用的会计准则和行业特定惯例;对经营活动产生重大影响的法律法规及监管活动;税收政策;对开展业务产生重大影响的政府政策,包括货币、财政和贸易等政策;影响被审计单位所处行业和所从事经营活动的环保要求。

(三)其他外部因素

注册会计师应当了解影响被审计单位经营的其他外部因素,主要包括:宏观经济的景气度;利率和资金供求状况;通货膨胀水平及币值变动;国际经济环境和汇率变动。

二、被审计单位的性质

了解被审计单位的性质,可以使注册会计师了解预期在财务报表中反映的各类交易、账户余额和披露。注册会计师应当主要从下列方面了解被审计单位的性质:

(一)所有权结构

注册会计师应当了解所有权结构以及所有者与其他人员或单位之间的关系,考虑关联方关系是否已经得到识别,以及关联方交易是否得到恰当处理。

(二)治理结构

注册会计师应当了解被审计单位的治理结构,考虑治理层是否能够在独立于管理层的情况下对被审计单位事务(包括财务报告)做出客观判断。

(三)组织结构

注册会计师应当了解被审计单位的组织结构是否复杂。例如,是否在多个地区拥有子公司或其他组成部分。复杂的组织结构通常可能导致重大错报风险,注册会计师需要关注商誉、投资以及特殊目的实体等项目的会计处理是否恰当。

(四)经营活动

注册会计师应当了解被审计单位的经营活动,主要包括:主营业务的性质;与生产产品或提供劳务相关的市场信息;业务的开展情况;联盟、合营与外包情况;从事电子商务的情况;地区与行业分布;生产设施、仓库和办公室的地理位置,存货存放地点和数量;关键客户;重要供应商;劳动用工安排;研究与开发活动及其支出;关联方交易。

(五)投资活动

注册会计师应当了解被审计单位的投资活动,主要包括:计划实施或近期已实施的并购与资产处置;证券投资、委托贷款的发生与处置;资本性投资活动;对未纳入合并范围的实体的投资。

(六)筹资活动

注册会计师应当了解被审计单位的筹资活动,主要包括:主要子公司和联营企业;债务结构和相关条款;实际受益方及关联方;衍生金融工具的运用。

(七)财务报告

注册会计师应当了解被审计单位的财务报告相关信息,主要包括:会计政策和行业特定惯例、收入确认惯例、公允价值会计核算、外币资产、负债与交易、异常或复杂交易的会计处理。

三、对会计政策的选择和运用

注册会计师应当根据被审计单位的经营活动,评价会计政策是否适当,并与适用的财务报告编制基础、相关行业使用的会计政策保持一致。

在了解被审计单位对会计政策的选择和运用是否适当时,注册会计师应当关注下列重要事项:(1)重大和异常交易的会计处理方法;(2)在缺乏权威性标准(或共识)的领域或新兴领域采用重要会计政策产生的影响;(3)会计政策的变更;(4)新颁布的财务报告准则、法律法规,以及被审计单位何时采用、如何采用这些规定。

四、目标、战略以及相关经营风险

注册会计师应当了解被审计单位的目标和战略,以及可能导致财务报表重大错报的相关经营风险[①]。

管理层或治理层需要确定目标,作为被审计单位的总体规划。战略是管理层为实现目标而使用的方法。被审计单位的目标和战略可能会随时间而变化。

经营风险比重大错报风险的范围更广泛。经营风险可能产生于环境变化或经营的复杂性。由于多数经营风险最终都会产生财务后果,从而影响财务报表,了解被审计单位的经营风险可以提高注册会计师识别出重大错报风险的可能性。考虑经营风险是否可能导致重大错报风险,要视被审计单位的具体情况而定。经营风险可能对某类交易、账户余额和披露的认定层次重大错报风险或财务报表层次重大错报风险产生直接影响。例如,因客户群减少而产生的经营风险可能增加与应收款项计价相关的重大错报风险。但是,同样的风险,尤其是在经济紧缩时,可能具有更为长期的后果,注册会计师需要在评价运用持续经营假设的适当性时予以考虑。

注册会计师在了解可能导致重大错报风险的目标、战略及相关经营风险时,可以考虑下列事项:

(1)行业发展(例如,潜在的经营风险是被审计单位不具备足以应对行业变化的人力资源和业务专长);

(2)开发新产品或提供新服务(例如,潜在的经营风险是被审计单位产品责任增加);

(3)业务扩张(例如,潜在的经营风险是被审计单位对市场需求的估计不准确);

(4)新的会计核算规范(例如,潜在的经营风险是被审计单位执行不当或不完整,或会计处理成本增加);

(5)监管要求(例如,潜在的经营风险是被审计单位法律责任增加);

(6)本期及未来的融资条件(例如,潜在的经营风险是被审计单位由于无法满足融资条件而失去融资机会);

(7)信息技术的运用(例如,潜在的经营风险是被审计单位信息系统与业务流程难以融合);

(8)实施战略的影响,特别是由此产生的需要运用新的会计核算规范的影响。

五、对被审计单位财务业绩的衡量和评价

被审计单位内部或外部对财务业绩的衡量和评价可能对管理层产生压力,促使其采取行动改善财务业绩或歪曲财务报表。了解被审计单位的业绩衡量,有助于注册会计师考虑实现业绩目标的压力是否可能导致管理层采取行动,以致增加财务报表发生重大错报的风险(包括舞弊风险)。

[①] 经营风险(business risk),是指可能对被审计单位实现目标和实施战略的能力产生不利影响的重要状况、事项、情况、作为(或不作为)而导致的风险,或由于制定不恰当的目标和战略而导致的风险。

在了解被审计单位财务业绩衡量和评价情况时,注册会计师应当关注下列信息:关键业绩指标、关键比率、趋势和经营统计数据;同期财务业绩比较分析;趋势;预算、预测、差异分析;分部信息与不同层次部门的业绩报告;管理层和员工业绩考核与激励性报酬政策;与竞争对手的业绩比较;外部机构的报告(如分析师报告、信用评级机构报告)。

注册会计师应当关注被审计单位内部财务业绩衡量所显示的未预期到的结果或趋势、管理层的调查结果和纠正措施,以及相关信息是否显示财务报表可能存在重大错报。业绩衡量还可能向注册会计师表明,相关财务报表信息存在错报风险。例如,业绩衡量可能表明被审计单位与同行业其他企业相比具有较高的销售收入增长率或毛利率。结合企业根据销售业绩确定奖金或激励性报酬的制度等因素,这些信息可能表明管理层在编制财务报表时存在舞弊的潜在风险。

六、被审计单位的内部控制

(一)内部控制的概念

内部控制[①](internal control)是被审计单位为了合理保证财务报告的可靠性、经营的效率和效果以及对法律法规的遵守,由治理层、管理层和其他人员设计和执行的政策和程序。注册会计师应当了解与审计相关的内部控制以识别潜在错报的类型,考虑导致重大错报风险的因素,以及设计和实施进一步审计程序的性质、时间和范围。

(二)内部控制的五要素及其与风险评估的关系

内部控制包括控制环境、风险评估过程、信息系统与沟通、控制活动、对控制的监督。注册会计师应当了解与审计相关的内部控制。虽然大部分与审计相关的控制可能与财务报告相关,但并非所有与财务报告相关的控制都与审计相关。确定一项控制单独或连同其他控制是否与审计相关,需要注册会计师做出职业判断。在了解与审计相关的控制时,注册会计师应当综合运用询问被审计单位内部人员和其他程序,以评价这些控制的设计,并确定其是否得到执行。

1. 控制环境

控制环境(control environment)包括治理职能和管理职能,以及治理层和管理层对内部控制及其重要性的态度、认识和行动。控制环境设定了被审计单位的内部控制基调,影响员工的内部控制意识。

在了解控制环境时,与控制环境相关的要素可能包括下列方面:

(1)对诚信和道德价值观的沟通与落实,这是影响控制的设计、执行和监督有效性的重要因素。

(2)对胜任能力的重视,包括管理层对特定工作胜任能力的考虑以及这些能力如何转化为必要的技能和知识。

(3)治理层的参与。例如,①治理层相对于管理层的独立性;②治理层的经验与品德;③治理层参与被审计单位经营的程度和收到的信息及其对经营活动的详细检查;④治理层采取措施的适当性,包括提出问题的难度和对问题的跟进程度,以及治理层与内部审计人员和注册会计师的互动。

(4)管理层的理念和经营风格。例如,①承担和管理经营风险的方法;②对财务报告的态

---

① 《企业内部控制基本规范》给出的内部控制定义:内部控制是由企业董事会、监事会、经理层和全体员工实施的,旨在实现控制目标的过程。内部控制的目标是合理保证企业经营管理合法合规、资产安全、财务报告及相关信息真实完整,提高经营效率和效果,促进企业实现发展战略。

度和措施;③对信息处理、会计职能及人员的态度。

(5)组织结构,即被审计单位为实现目标而计划、执行、控制及评价其活动的框架(其示例见图6—1)。

(6)职权与责任的分配,包括如何分配经营活动的职权与责任,如何建立报告关系和职权等级。

(7)人力资源政策与实务,包括与招聘、培训、考核、咨询、晋升、薪酬和补偿措施等相关的政策与实务。

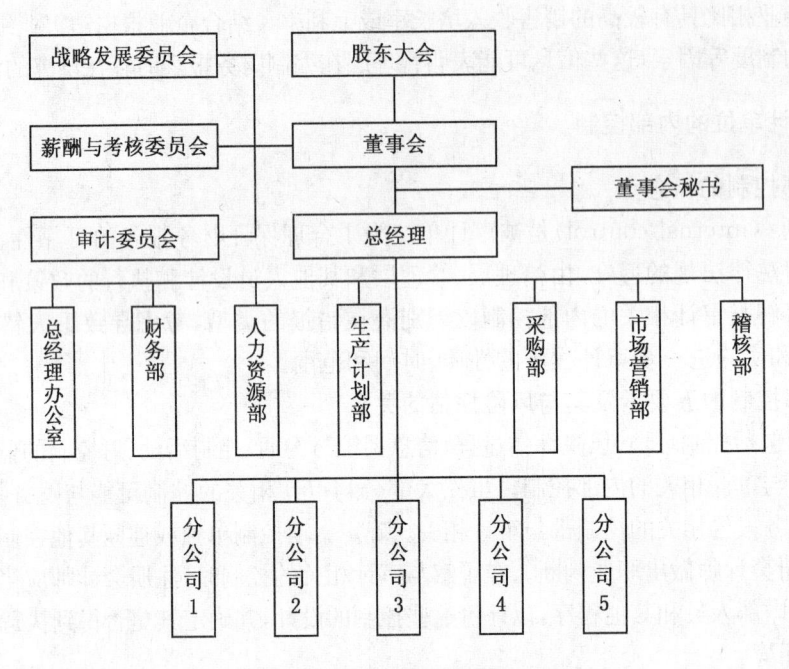

图6—1 新欣公司组织结构图

通过将询问与其他风险评估程序相结合(如通过观察或检查文件证实询问),注册会计师可以获取关于控制环境的审计证据。例如,通过询问管理层和员工,注册会计师可以了解管理层如何向员工传达商业行为惯例和道德行为价值观念。注册会计师可以通过考虑管理层是否建立了书面行为守则以及管理层是否按照支持该守则的方式行事,来确定相关控制是否已得到执行。

控制环境的某些要素对重大错报风险评估具有广泛影响。例如,被审计单位的控制意识在很大程度上受治理层影响,因为治理层的职责之一就是平衡管理层面临的与财务报告相关、源于市场需求或薪酬方案的压力。与治理层参与相关的控制环境的设计有效性受下列事项的影响:(1)治理层相对于管理层的独立性及评价管理层措施的能力;(2)治理层是否了解被审计单位从事的交易;(3)治理层对财务报表是否按照适用的财务报告编制基础编制进行评价的程度。

活跃而独立的董事会可能影响高级管理人员的理念和经营风格,其他因素对高级管理人员的影响可能有限。例如,人力资源政策和实务规定招聘具有胜任能力的财务、会计和信息系统人员,这可能降低处理财务信息时出现错误的风险,但是却不能抵消最高管理层高估收益的强烈倾向。

当注册会计师评估重大错报风险时,存在令人满意的控制环境是一个积极的因素。虽然令人满意的控制环境有助于降低舞弊风险,但并不能绝对遏制舞弊。相反,控制环境中存在的缺陷(特别是与舞弊相关的缺陷)可能削弱控制的有效性。例如,管理层没有针对信息系统安全风险投入足够资源,而是允许对系统程序或数据做出不当修改,或允许处理未经授权的交易,这可能对内部控制产生不利影响。控制环境也影响进一步审计程序的性质、时间安排和范围。

控制环境本身并不能防止或发现并纠正重大错报。然而,它可能影响注册会计师对其他控制(如对控制的监督和特定控制活动的运行)有效性的评价,进而影响注册会计师对重大错报风险的评估。

2. 风险评估过程

被审计单位的风险评估过程(entity's risk assessment process)为管理层确定需要管理的风险提供了基础。如果这一过程对于具体情况(包括被审计单位的性质、规模和复杂程度)是适当的,则有助于注册会计师识别重大错报风险。被审计单位的风险评估过程对于具体情况是否适当属于职业判断。注册会计师应当了解被审计单位是否已建立风险评估过程,包括:识别与财务报告目标相关的经营风险;估计风险的重要性(可能造成的损失严重程度);评估风险发生的可能性;决定应对这些风险的措施。

如果被审计单位已建立风险评估过程,注册会计师应当了解风险评估过程及其结果。如果识别出管理层未能识别出的重大错报风险,注册会计师应当评价是否存在这类风险,即注册会计师预期被审计单位风险评估过程应当识别出而未识别出的风险。如果存在这类风险,注册会计师应当了解风险评估过程未能识别出的原因,并评价风险评估过程是否适合具体情况,或者确定与风险评估过程相关的内部控制是否存在值得关注的内部控制缺陷。

如果被审计单位未建立风险评估过程,或具有非正式的风险评估过程,注册会计师应当与管理层讨论是否识别出与财务报告目标相关的经营风险以及如何应对这些风险。注册会计师应当评价缺少记录的风险评估过程是否适合具体情况,或确定是否表明存在值得关注的内部控制缺陷。

补充资料6—1

企业风险管理

一、风险的概念

风险是指对企业产生负面影响的事件。例如,因产品质量存在缺陷导致客户退货或索赔给企业带来的声誉和经济方面的损失。

2006年6月国务院国有资产监督管理委员会出台的《中央企业全面风险管理指引》将风险分为战略风险、财务风险、市场风险、运营风险和法律风险。战略风险是指不确定因素对企业实现战略发展目标和实施发展规划的不利影响,涉及国内外宏观经济政策以及经济运行情况、本行业状况、国家产业政策、科技进步、技术创新的有关内容等方面;财务风险包括利率和汇率的变动、原材料或产品价格波动等不确定因素对企业现金流的不利影响,以及公司在投资、筹资方面的行为对企业经营目标的不利影响;市场风险是指未来市场价格(利率、汇率、股票价格和商品价格)的不确定性对企业实现目标的不利影响;运营风险是指各种资源的合理调配、关键人员的流动等涉及公司运营方面的不确定性因素对公司目标的不利影响;法律风险是指不同国家或地区法律法规环境的差异性、具体法律法规的实施或变动给企业带来的不利影响。

风险也可以分为固有风险与剩余风险。前者与后者是相对于采取某一风险应对措施而言的。尚未采取这一风险应对措施前的风险称为固有风险,在采取了风险应对措施后的风险称为剩余风险。

风险可能源于企业内部的各个部门、子公司、分支机构,也可能源于企业外部的金融市场、产品市场、供应商、客户、竞争对手、监管机构等。

风险的存在,可能会影响企业战略目标、经营目标(一般是指实现经营的效率和效果)、报告目标(一般是指合理保证财务报告的可靠性)、合规性目标(一般是指遵守各项法律法规)的实现。

二、风险评估

企业应从多个角度进行风险评估,既需要考虑与企业各层次目标有关的战略风险、财务风险、市场风险、运营风险和法律风险,也需要考虑企业内部各部门、子公司、分支机构、各种业务类型存在的风险,以及企业外部金融市场、产品市场、供应商、客户、监管机构等给企业带来的风险。在进行风险评估时,不仅需要考虑未来将要发生的事项,还有必要考虑未来可能发生的潜在事项对企业的不利影响。

除了确定风险的具体类型以外,风险评估阶段还需要评价某种风险出现的可能性及其影响程度。从这一角度出发,企业的风险可以分为四类:发生可能性大、对企业影响大的风险;发生可能性大、对企业影响小的风险;发生可能性小、对企业影响大的风险;发生可能性小、对企业影响小的风险。

三、风险应对

在正确评估风险之后,企业应针对不同类型的风险采取恰当的应对措施,具体包括:回避风险、降低风险、与其他方面共同承担风险、接受风险。

风险类型	风险应对措施	举　例
发生可能性大、对企业影响大的风险	回避风险	避免在政局动荡的国家或地区设立分公司
发生可能性大、对企业影响小的风险	降低风险	处理客户订单时数据输入出错的风险可以通过加强职工培训和设立复核人员的方式控制
发生可能性小、对企业影响大的风险	与其他方面共同承担风险	火灾给公司带来的风险可以通过购买保险转嫁
发生可能性小、对企业影响小的风险	接受风险	在谨慎选择客户的前提下,赊销发生坏账的风险

参考文献:

(1) The Committee of Sponsoring Organizations of the Treadway Commission(COSO), Enterprise Risk Management-Integrated Framework, http://www.coso.org.

(2) 国务院国有资产监督管理委员会:《中央企业全面风险管理指引》,2006年6月。

课堂讨论题 1

被审计单位内部控制制度的要素之一——**风险评估过程**,与注册会计师在审计计划阶段了解被审计单位及其环境之后实施的**风险评估程序**有何区别?

---

3. 信息系统与沟通(information system and communication)

与财务报告相关的信息系统,包括用以生成、记录、处理和报告交易、事项和情况,对相关资产、负债和所有者权益履行经营管理责任的程序和记录。被审计单位的信息系统通常包括使用标准会计分录记录重复发生的交易。例如,在总分类账中记录销售、采购和现金付款,或记录管理层定期做出的会计估计,如对无法收回的应收账款的估计的改变。被审计单位的财务报告过程还包括使用非标准的会计分录,以记录不重复发生的、异常的交易或调整事项,包括合并调整、业务合并或处置,或非重复发生的估计(如资产减值)。在人工系统的总分类账中,注册会计师可以通过检查分类账、日记账和支持性记录来识别非标准的会计分录。但是,当运用自动化程序记录总分类账和编制财务报表时,这些分录可能只以电子形式存在,因此,使用计算机辅助审计技术更易于识别。在了解与财务报告相关的信息系统时,注册会计师应当特别关注由于管理层凌驾于账户记录控制之上或规避控制行为而产生的重大错报风险,并考虑被审计单位如何纠正不正确的交易处理。

与财务报告相关的信息系统应当与业务流程相适应。与财务报告相关的信息系统所生成信息的质量,对管理层能否做出恰当的经营管理决策以及编制可靠的财务报告具有重大影响。了解被审计单位的业务流程(包括交易产生的方式),有助于注册会计师以适合被审计单位具体情况的方式了解与财务报告相关的信息系统。

注册会计师应当从下列方面了解与财务报告相关的信息系统(包括相关业务流程):(1)在被审计单位经营过程中,对财务报表具有重大影响的各类交易;(2)在信息技术和人工系统中,被审计单位的交易生成、记录、处理、必要的更正、结转至总账以及在财务报表中报告的程序;(3)用以生成、记录、处理和报告(包括纠正不正确的信息以及信息如何结转至总账)交易的会计记录、支持性信息和财务报表中的特定账户;(4)被审计单位的信息系统如何获取除交易以外的对财务报表重大的事项和情况;(5)用于编制被审计单位财务报表(包括做出的重大会计估计和披露)的财务报告过程;(6)与会计分录相关的控制,这些分录包括用以记录非经常性的、异常的交易或调整的非标准会计分录。

被审计单位就财务报告的角色与职责以及与财务报告相关的重大事项的沟通,涉及使员工了解在财务报告内部控制方面各自的角色和职责。这包括使员工了解其在财务报告信息系统中的活动与其他员工工作联系的程度,以及向适当的更高层级的管理层报告例外事项的方式。沟通可以采用政策手册、财务报告手册等形式。公开的沟通渠道有助于确保例外事项得到报告并有应对措施。

注册会计师应当了解被审计单位如何沟通与财务报告相关的人员的角色和职责以及与财务报告相关的重大事项。这种沟通包括:管理层与治理层之间的沟通;外部沟通,如与监管机构的沟通。

4. 控制活动

控制活动(control activities)是指有助于确保管理层的指令得以执行的政策和程序。控制活动(不管存在于信息系统还是人工系统中)具有各种不同的目标,运用于各种不同的组织和职能层级中。控制活动包括与下列相关的活动:

(1)授权。授权审批控制要求企业根据常规授权[①]和特别授权[②]的规定,明确各岗位办理业务和事项的权限范围、审批程序和相应责任。企业应当编制常规授权的权限指引,规范特别授权的范围、权限、程序和责任,严格控制特别授权。

企业对于重大的业务和事项,应当实行集体决策审批或者联签制度,任何个人不得单独进行决策或者擅自改变集体决策与授权有关的控制活动。

(2)业绩评价。业绩评价包括被审计单位分析和评价实际业绩与预算、预测和前期业绩的

[①] 常规授权是指企业在日常经营管理活动中按照既定的职责和程序进行的授权。例如,对于小额的投资和筹资项目,相关部门经理有权决定。

[②] 特别授权是指企业在特殊情况、特定条件下进行的授权。例如,对于重大投资和筹资项目,需要经过总经理审批。

差异,综合分析财务数据与经营数据的内在关系;将内部数据与外部信息相比较;评价职能部门、项目的业绩以及对发现的异常差异或关系采取必要的调查与纠正措施。

(3)信息处理。信息处理包括应用控制和信息技术一般控制。应用控制通常是指在业务流程层面运行的人工或自动化程序,运用于由单个程序处理的交易。从性质上讲,应用控制可以是预防性的或检查性的,旨在保证会计记录的完整性。例如,对记录计算准确性的检查,对账户和试算平衡表的维护和审核,自动控制(如对输入数据的自动检查),对例外报告的后续调查。信息技术一般控制是与多个应用程序相关的政策和程序,有助于保证信息系统持续恰当地运行(包括信息的完整性和数据的安全性),支持应用控制作用的有效发挥,例如,限制接触程序或数据的控制,系统软件的购置、修改及维护控制。

(4)实物控制。实物控制包括财产日常管理制度和定期清查制度,采取财产记录、实物保管、定期盘点、账实核对等措施,确保财产安全。企业应当严格限制未经授权的人员接触和处置财产。

实物控制的效果影响资产的安全,从而对财务报表相关数据的可靠性及审计产生影响。

(5)职责分离。职责分离的目的是降低同一员工承担过多职责可能产生错误或者实施舞弊的可能性。例如,将交易授权、记录以及资产保管等职务分配给不同员工。所谓不相容职务,是指由同一人办理会增加发生错误和舞弊的可能性,或者增加了发生错误舞弊以后进行掩饰的可能性的那些职务。不相容职务主要包括:授权批准、业务经办、会计记录、财产保管、稽核检查等职务。例如,在现金销售方式下,收款与销售业务的记录应由不同的人员负责。如果一位职员既负责收款,又负责记录销售业务,就有可能出现该职员故意在账面漏记或少记销售收入、截留部分收入据为已有的情况。在重大投资决策过程中,可行性研究与决策审批、决策审批与执行、执行与监督检查等也属于不相容职务。

通常情况下,以下不相容职务应实行职责分离:①某项经济业务授权批准的职务与该项经济业务执行的职务应分离。例如,在销售业务中,核准赊销与发货、开具发票的职务应由不同的人员担任。②执行某项经济业务的职务和审查该项经济业务的职务应分离。例如,负责登记银行存款日记账的人员通常不应再参与银行存款余额调节表的编制。③执行某项经济业务的职务与该项经济业务的记录职务应分离。例如,在销售业务中,核准赊销、发货或开具发票的人员不能负责登记主营业务收入明细账或应收账款明细账等账簿。④保管某项财产物资的职务与该项财产物资的记录职务应分离。例如,负责保管存货的仓库保管员就不能再负责登记存货明细账或总账。⑤保管某项财产物资的职务和对该项财产物资进行清查的职务应分离。例如,负责保管存货的仓库保管员最好不要再参加存货的盘点。⑥登记总账的职务与登记明细账、日记账的职务应分离。

注册会计师应当了解与审计相关的控制活动。与审计相关的控制活动,是注册会计师为评估认定层次重大错报风险并设计进一步审计程序应对评估的风险而认为有必要了解的控制活动。审计并不要求了解与财务报表中每类重大交易、账户余额和披露或与其每项认定相关的所有控制活动。注册会计师的工作重点是识别和了解重大错报风险更高的领域的控制活动。如果多项控制活动能够实现同一目标,注册会计师就不必了解与该目标相关的每项控制活动。与审计相关的控制活动主要包括:与特别风险[①]相关的控制活动;仅实施实质性程序无

---

① 特别风险(significant risk,risks that require audit consideration),是指注册会计师识别和评估的、根据判断认为需要特别考虑的重大错报风险。

法获取充分、适当的审计证据的风险;注册会计师运用职业判断认为相关的控制活动。

注册会计师的工作重点是识别和了解重大错报风险较高的相关领域的控制活动。

在了解被审计单位控制活动时,注册会计师应当了解被审计单位如何应对信息技术导致的风险。信息技术的采用影响被审计单位执行控制活动的方式。从注册会计师的角度看,如果针对信息系统的控制能够保证系统所处理信息和数据的完整性和安全性,则控制是有效的。

5. 对控制的监督

对控制的监督(monitoring of controls)包括管理层对控制的持续监督和内部审计、审计委员会等部门(或机构)对内部控制设计合理性和运行有效性的独立评价。

管理层通过持续关注内部控制的设计与运行,及时发现内部控制存在的缺陷。另外,管理层可以利用与外部有关机构(或人员,如客户、监管机构)沟通所获取的信息了解内部控制存在的问题或需要改进的领域。

内部审计人员(或具有类似职责的人员)通常定期评价内部控制的有效性,并针对发现的内部控制缺陷提出改进建议。

注册会计师应当了解被审计单位用于监督与财务报告相关的内部控制的主要活动,包括了解针对与审计相关的控制活动的监督,以及被审计单位如何对控制缺陷采取补救措施。

如果被审计单位设有内部审计,注册会计师应当了解下列事项,以确定内部审计是否可能与审计相关:内部审计的职能范围以及内部审计在被审计单位组织结构中的地位和作用;内部审计已实施或拟实施的活动。

监督活动中使用的很多信息可能由被审计单位的信息系统产生。如果管理层假定用于监督的数据是准确的,而这一假定没有依据,则这些信息可能存在错误,并导致管理层从监督活动中得出不正确的结论。因此,注册会计师需要了解被审计单位监督活动所使用信息的来源,以及管理层认为信息对于实现目的足够可靠的依据。

第二节 风险评估程序和其他相关程序

一、风险评估程序

风险评估程序(risk assessment procedures),是指注册会计师为了解被审计单位及其环境,以识别和评估财务报表层次和认定层次的重大错报风险(无论错报是由于舞弊导致还是错误导致的)而实施的审计程序。

注册会计师应当实施风险评估程序,为识别和评估财务报表层次和认定层次的重大错报风险提供基础。但是,风险评估程序本身并不能为形成审计意见提供充分、适当的审计证据。注册会计师可能将实施风险评估程序和相关活动获取的信息作为审计证据支持对重要错报风险的评估结果。此外,注册会计师还可能获取有关交易、账户余额或披露、认定以及控制运行有效性的审计证据,即使这些程序并非作为实质性程序或控制测试而专门计划实施的。注册会计师还可以在实施风险评估程序的同时实施实质性程序或控制测试,以提高审计效率。

需要评估的风险包括由于舞弊导致的风险,也包括由于错误导致的风险。风险评估程序应当包括以下三个方面:

(一)询问管理层以及被审计单位内部其他人员[①]

注册会计师通过询问获取的大部分信息来自于管理层和负责财务报告的人员。注册会计师也可以通过询问被审计单位内部的其他不同层级的人员获取信息,或为识别重大错报风险提供不同的视角。例如:

(1)直接询问治理层,有助于注册会计师了解编制财务报表的环境。

(2)直接询问内部审计人员,有助于获取与下列事项有关的信息:本年度针对被审计单位内部控制设计和运行有效性而实施的内部审计程序,管理层是否根据执行这些程序的结果采取了适当的应对措施。

(3)询问参与生成、处理或记录复杂(或异常)交易的员工,有助于注册会计师评价被审计单位选择和运用某项会计政策的恰当性。

(4)直接询问内部法律顾问,有助于注册会计师了解诉讼、产品质量保证、舞弊、企业遵守法律法规的情况等信息。

(5)直接询问营销或销售人员,有助于注册会计师了解被审计单位营销策略的变化、销售趋势、销售合同等方面的信息。

(二)分析程序

注册会计师将分析程序作为风险评估程序,有助于其识别未注意到的被审计单位的情况,并可能有助于其评估重大错报风险。注册会计师实施分析程序可以使用财务信息和非财务信息,如销售收入与已售商品数量之间的关系。

注册会计师实施分析程序有助于其识别异常的交易或事项,以及对审计产生影响的金额、比率和趋势。识别出的异常或未预期到的关系可以帮助注册会计师识别重大错报风险,特别是由于舞弊导致的重大错报风险。

当分析程序使用高度汇总的数据时,实施分析程序的结果可能仅初步显示是否存在重大错报。在这种情况下,将分析程序的结果与识别重大错报风险时获取的其他信息一并考虑,可以帮助注册会计师了解并评价分析程序的结果。

(三)观察和检查

观察和检查程序可以佐证注册会计师对管理层和其他相关人员的询问结果,并可以提供有关被审计单位及其环境的信息。观察和检查程序通常涉及下列事项:(1)被审计单位的经营活动;(2)文件(如经营计划和策略)、记录和内部控制手册;(3)治理层、管理层编制的报告(如董事会会议纪要、中期财务报告);(4)被审计单位的生产经营场所和厂房设备。

虽然注册会计师在了解被审计单位的过程中需要实施风险评估程序,但无须在了解每个方面[②]时都实施所有的风险评估程序。注册会计师可以运用职业判断,确定需要了解的程度和相应的风险评估程序。

二、其他相关程序

如果项目合伙人已为被审计单位执行了其他业务,项目合伙人应当考虑所获取的信息是否与识别重大错报风险相关。

[①] 需要询问的被审计单位内部其他人员,是注册会计师根据判断认为可能拥有某些信息的人员,这些信息有助于识别由于舞弊或错误导致的重大错报风险。

[②] 了解被审计单位共涉及六个方面:行业状况、法律环境、监管环境及其他外部因素;被审计单位的性质;对会计政策的选择和运用;目标、战略以及相关经营风险;对被审计单位财务业绩的衡量和评价;内部控制。

注册会计师以往与被审计单位交往的经验和以前审计中实施的审计程序可以提供与下列事项有关的信息：以往的错报情况以及错报是否及时得到更正；被审计单位及其环境的性质、被审计单位的内部控制（包括控制缺陷）；自上期以来被审计单位或其经营活动发生的重大变化。这些变化可以帮助注册会计师识别和评估潜在的重大错报风险。如果拟将以前期间获取的信息用于本期审计，注册会计师需要确定这些信息是否仍然相关。

此外，注册会计师也可以查阅从外部来源获取的信息，如贸易与经济方面的期刊，分析师、银行或评级机构的报告，法规或金融出版物等；询问被审计单位聘请的外部法律顾问或评估专家等了解被审计单位的情况。

第三节　评估重大错报风险

一、识别和评估重大错报风险的程序

在识别和评估重大错报风险时，注册会计师应当实施下列审计程序：

(1)在了解被审计单位及其环境（包括与风险相关的控制）的整个过程中，结合对财务报表中各类交易、账户余额和披露的考虑，识别风险；

(2)评估识别出的风险，并评价其是否更广泛地与财务报表整体相关，进而潜在地影响多项认定；

(3)结合对拟测试的相关控制的考虑，将识别出的风险与认定层次可能发生错报的领域相联系；

(4)考虑发生错报的可能性（包括发生多项错报的可能性），以及潜在错报的重大程度是否足以导致重大错报。

注册会计师应当在下列两个层次识别和评估重大错报风险，为设计和实施进一步审计程序提供基础：一是财务报表层次；二是各类交易、账户余额和披露的认定层次。

二、财务报表层次的重大错报风险

财务报表层次的重大错报风险是指与财务报表整体广泛相关，并潜在地影响多项认定的风险。这种性质的风险不一定限定于某类交易、账户余额或披露层次的特定认定的风险，而是在一定程度上代表了可能增加认定层次重大错报风险的情况，如管理层凌驾于内部控制之上。财务报表层次的风险可能与注册会计师考虑由于舞弊导致的重大错报风险尤其相关。

财务报表层次的风险很可能源于控制环境存在缺陷（虽然这些风险还可能与其他因素相关，如经济下滑）。例如，管理层缺乏胜任能力等缺陷可能对财务报表具有更广泛的影响，可能需要注册会计师采取总体应对措施。

注册会计师在了解被审计单位内部控制后，可能对被审计单位财务报表的可审计性产生怀疑。例如：(1)对管理层的诚信产生严重疑虑，以致注册会计师认为管理层在财务报表中做出虚假陈述的风险非常大而无法进行审计；(2)对被审计单位会计记录的状况和可靠性的疑虑，可能使注册会计师认为可能很难获取充分、适当的审计证据，以支持对财务报表发表无保留意见。

三、认定层次的重大错报风险

注册会计师需要考虑各类交易、账户余额和披露认定层次的重大错报风险，因为这些考虑

直接有助于确定用于获取充分、适当的审计证据而在认定层次实施的进一步审计程序的性质、时间安排和范围。

在进行风险评估时,注册会计师可能识别出可以防止或发现并纠正特定认定的重大错报的控制。一般而言,了解这些控制,并在控制所在的流程和系统中将这些控制与认定相联系,是很有帮助的,因为单个控制活动本身往往并不足以应对风险。通常只有多个控制活动,连同内部控制的其他要素,才足以应对风险。

相反地,某些控制活动可能对特定类别的交易或账户余额所包含的个别认定具有特定影响。例如,被审计单位建立的用以确保员工能够适当地盘点和记录年度实物存货的控制活动,与存货账户余额的存在和完整性认定直接相关。

控制可能与某一认定直接相关,也可能与某一认定间接相关。关系越间接,控制在防止或发现并纠正该认定中错报的有效性越小。例如,销售经理对分地区的销售网点的销售汇总情况进行复核,与销售收入完整性的认定只是间接相关。相应地,该项控制在降低销售收入完整性认定中的错报风险方面的效果,要比与该认定直接相关的控制(例如,将发货单与开具的销售发票相核对)的效果差。

四、需要特别考虑的重大错报风险

(一)识别特别风险

注册会计师应当根据职业判断,确定识别出的风险是否为特别风险。在进行判断时,注册会计师不应考虑识别出的控制对相关风险的抵消效果。特别风险通常与重大的非常规交易和判断事项有关。非常规交易是指由于金额或性质异常而不经常发生的交易。判断事项可能包括做出的会计估计(具有计量的重大不确定性)。经过系统处理的日常、简单的交易,不太可能产生特别风险。

在判断哪些风险是特别风险时,注册会计师应当至少考虑下列方面:(1)风险是否属于舞弊风险。舞弊风险的内容将在第四节进一步阐述。(2)风险是否与近期经济环境、会计处理方法或其他方面的重大变化相关,因而需要特别关注。(3)交易的复杂程度。(4)风险是否涉及重大的关联方交易。(5)财务信息计量的主观程度,特别是计量结果是否具有高度不确定性,例如,对公允价值的判断。(6)风险是否涉及异常或超出正常经营过程的重大交易。例如,数据的收集和处理需要较多的人工干预,特别是管理层的干预;复杂的计算或会计处理方法。

(二)了解与特别风险相关的控制

虽然与重大非常规交易或判断事项相关的风险通常很少受到日常控制的约束,管理层可能采取其他措施应对此类风险。相应地,注册会计师在了解被审计单位是否设计和执行了针对非常规交易或判断事项导致的特别风险的控制时,通常了解管理层是否以及如何应对这些风险。管理层采取的应对措施可能包括:控制活动,如高级管理人员或专家对假设进行检查;对估计流程做出记录;治理层做出批准。

如果发生诸如收到重大诉讼事项的通知等一次性事件,注册会计师在考虑被审计单位的应对措施时,关注的事项包括:被审计单位是否已将这类事项提交适当的专家(如内部或外部的法律顾问)处理,是否已对该事项的潜在影响做出评估,如何建议将该情况在财务报表中进行披露。

在某些情况下,管理层可能未能通过实施针对特别风险的控制恰当应对特别风险。管理层未能实施这些控制表明存在值得关注的内部控制缺陷。

五、仅通过实质性程序无法应对的重大错报风险

重大错报风险可能与记录日常交易或账户余额以及编制可靠的财务报表直接相关。这些风险可能包括对日常和重大类别的交易(如被审计单位的销售、采购、货币资金收支)处理不准确或不完整的风险。

如果日常交易主要由信息系统自动处理,不存在或存在很少的人工干预,注册会计师通过实施实质性程序中可能无法获取相关重大错报风险的充分、适当的审计证据。例如,如果被审计单位大量信息在系统中仅以电子方式生成、记录、处理或报告,在这种情况下,被审计单位针对这类风险建立的控制与审计相关,注册会计师应当了解这些控制:(1)注册会计师获取的审计证据可能仅以电子形式存在,其充分性和适当性通常取决于针对准确性和完整性的控制的有效性;(2)如果适当的控制未能有效运行,信息不当生成或擅自篡改信息而没有被发现的可能性会增加。

六、风险评估的修正

注册会计师对认定层次重大错报风险的评估,可能随着审计过程中不断获取审计证据而做出相应的变化。

在审计过程中,注册会计师可能注意到某些信息,其明显不同于风险评估所依据的信息。例如,风险评估可能基于预期特定控制运行有效这一判断,但在测试控制运行的有效性时,注册会计师获取的证据可能表明这些控制在被审计期间的相关时点并未有效运行。类似地,在实施实质性程序时,注册会计师可能发现错报的金额或频率高于在风险评估时预计的金额或频率。在这种情况下,风险评估可能没有恰当地反映被审计单位的真实状况,原计划的进一步审计程序对于发现重大错报可能无效。

如果实施进一步审计程序获取的审计证据,或获取的新信息,与注册会计师之前做出评估所依据的审计证据不一致,注册会计师应当修正风险评估结果,并相应修改原计划实施的进一步审计程序。

评估的认定层次的重大错报风险示例见表6—1。

表6—1　　　　　　　评估的认定层次的重大错报风险示例　　　　工作底稿索引号 F1—2

被审计单位名称:　新欣　　　　　编制人员　章艺　　　　日期　20×6年2月6日
财务报表期间:　20×5年　　　　　复核人员　李明　　　　日期　20×6年2月13日

风险编号	风险的性质（不考虑相关控制）	相关控制	识别的重大错报风险 交易	识别的重大错报风险 相关账户及列报	是否为特别风险及原因	重大错报风险水平
R1	管理层报表显示公司实现了年初制定的12%的销售收入年增长率目标,但今年行业总体销售增长率仅为5%。管理层可能虚增收入	销售单、出库单、发票事先编号;定期向客户寄送对账单	销售交易	主营业务收入	是,属于舞弊风险	高
R1	管理层报表显示公司实现了年初制定的12%的销售收入年增长率目标,但今年行业总体销售增长率仅为5%。管理层可能虚增收入	销售单、出库单、发票事先编号;定期向客户寄送对账单	销售交易	应收账款	是,属于舞弊风险	高
R2	……					
R3	……					
……	……					

第四节　识别与评估舞弊风险

一、舞弊的概念与分类

财务报表的错报可能由于舞弊或错误所致。舞弊和错误的区别在于，导致财务报表发生错报的行为是故意行为还是非故意行为。

(一)错误

错误(error)是指导致财务报表错报的非故意行为，主要包括：(1)为编制财务报表而收集和处理数据时发生失误。例如，会计人员进行成本计算时，发生数字计算错误。(2)由于疏忽和误解有关事实而做出不恰当的会计估计。(3)在运用与确认、计量、分类或列报(包括披露)相关的会计政策时发生失误。例如，由于会计人员对收入核算的原则理解有误，采用了收付实现制核算企业的主营业务收入和相应的主营业务成本。

(二)舞弊

舞弊(fraud)是指被审计单位的管理层、治理层、员工或第三方使用欺骗手段获取不当或非法利益的故意行为。舞弊是一个宽泛的法律概念，注册会计师需要关注的主要是导致财务报表发生重大错报的舞弊。与财务报表审计相关的故意错报包括编制虚假财务报告(fraudulent financial reporting)导致的错报和侵占资产(misappropriation of assets)导致的错报。

1. 编制虚假财务报告

编制虚假财务报告涉及为欺骗财务报表使用者而做出的故意错报(包括对财务报表金额或披露的遗漏)。管理层希望通过操纵利润误导财务报表使用者对被审计单位业绩或盈利能力的判断。

管理层可能通过以下方式编制虚假财务报告：(1)对编制财务报表所依据的会计记录或支持性文件进行操纵、弄虚作假(包括伪造)或篡改；(2)在财务报表中错误表达或故意漏记事项、交易或其他重要信息；(3)故意地错误使用与金额、分类、列报或披露相关的会计原则。

2. 侵占资产

侵占资产包括盗窃被审计单位资产，通常的做法是员工盗窃金额相对较小且不重要的资产。侵占资产也可能涉及管理层，他们通常更能够通过难以发现的手段掩饰或隐瞒侵占资产的行为。

侵占资产可以通过以下方式实现：(1)贪污收到的款项。例如，侵占收到的应收账款或将与已注销账户相关的收款转移至个人银行账户。(2)盗窃实物资产或无形资产。例如，盗窃存货以自用或出售、盗窃废料以再销售、通过向被审计单位竞争者泄露技术资料与其串通以获取回报。(3)使被审计单位对未收到的商品或未接受的劳务付款。例如，向虚构的供应商支付款项、供应商向采购人员提供回扣以作为其提高采购价格的回报、向虚构的员工支付工资。(4)将被审计单位资产挪为私用。例如，将被审计单位的资产作为个人或关联方贷款的抵押。

侵占资产通常伴随着虚假或误导性的记录或文件，其目的是隐瞒资产丢失或未经适当授权而被抵押的事实。

案例 6—1　　　　　　　　　　超市员工舞弊案例

此案例涉及设计非法软件程序,培训"特别"收银员,每天将超市销售记录的20%自动删除,装入自己的腰包。2006年5月11日,上海市一中院二审公开审理了这起职务侵占案,并当庭做出宣判,驳回上诉,维持金山区法院原审判决。犯罪团伙43人分别被判刑,首犯方某被判有期徒刑14年,并没收财产30万元。

方某学的是计算机专业,曾是某超市一家分店资讯组组长。他在工作中发现了超市收银系统存在漏洞,于是便设计了攻击性的补丁程序。根据方某的设计,只要收银员输入口令、密码,这个程序就会自动运行,删除该营业员当日20%左右的销售记录后再将数据传送至会计部门,造成会计部门只按实际营业额的80%向收银员收取营业额,剩余的20%营业额即可被侵吞。

2004年6月至2005年8月期间,由方某负责设计并定期修改非法程序,于某等人利用担任超市资讯员、收银员的工作便利,将方某设计的非法应用程序安装传送到该超市真北店、金山店、七宝店的收银系统,然后将"自己人"安插到超市收银员等岗位。截留款由收银员逐级上交到方某等骨干成员手中,然后按比例分成。通过上述方法,该犯罪组织截留侵吞3家门店营业款共计397.6558万元。涉案人员各得赃款数千元至数十万元不等。

2005年9月初,该超市金山店的工作人员在账面盘点时,发现货物缺损严重,立即向警方报案。警方顺藤摸瓜,最终挖出一个共有40余人的犯罪团伙。

2006年1月19日,金山区人民法院做出一审判决,以职务侵占罪判处方某有期徒刑14年,并处没收财产30万元;同案的于某等42名被告人分别被判处有期徒刑12年至拘役4个月缓刑6个月,其中8名被告人并处没收财产1万至10万元。

资料来源:卫建萍、徐永其、宋宁华:"超市'内贼'侵吞钱财397万元",《新民晚报》,2006年5月16日。

课堂讨论题2

案例6—1中,超市可以考虑从哪些方面加强管理以避免类似的员工舞弊事件再度发生?

二、舞弊风险因素

舞弊风险因素(fraud risk factors),是指表明实施舞弊的动机或压力,或者为实施舞弊提供机会的事项或情况,通常包括:动机或压力;机会;借口或态度。舞弊风险要素示例见表6—2。

(一)动机或压力

导致舞弊产生的动机或压力涉及经济或工作等方面。

如果管理层为实现预期利润目标或财务结果(可能是不现实的)而承受来自被审计单位内部或外部的压力,则可能存在编制虚假财务报告的动机或压力,在未能实现财务目标可能对管理层产生严重后果的情况下尤其如此。例如,由于承受迎合市场预期的压力或追求以业绩为基础的个人报酬最大化,管理层可能故意通过编制存在重大错报的财务报表而导致虚假财务报告。在某些被审计单位,管理层可能有动机大幅降低利润以降低税负,或虚增利润以向银行融资。

类似地,被审计单位的人员也可能由于入不敷出等原因而产生侵占资产的动机。

(二)机会

机会是指企业舞弊行为能够被掩盖起来不被发现而逃避惩罚的可能性。如果被审计单位的人员可以凌驾于内部控制之上,如处于重要职位或知悉内部控制特定缺陷,就可能存在实施舞弊的机会。

编制虚假财务报告通常涉及管理层凌驾于控制之上,而这些控制却看似有效运行。管理层通过凌驾于控制之上实施舞弊的手段主要包括:做出虚假会计分录,特别是在临近会计期末时,从而操纵经营成果或实现其他目的;不恰当地调整对账户余额做出估计时使用的假设和判断;在财务报表中漏记、提前或推迟确认报告期内发生的事项和交易;隐瞒或不予披露可能影响财务报表金额的事实;构造复杂交易,以歪曲财务状况或经营成果;篡改与重大和异常交易相关的记录和条款。

侵占资产可能源于控制缺陷或管理层凌驾于控制之上。例如,公司缺乏对银行存款的有效控制,导致出纳挪用公司资金并且长期未被公司发现。

(三)借口或态度

借口是指舞弊者舞弊的合适理由。某些人员可能为实施的舞弊行为寻找貌似合理的借口。某些人员持有某种态度,或具有某种特点或道德观,使其故意实施不诚实的行为。然而,即使是诚实的人,在对其施加足够压力的情况下,也可能实施舞弊。

表 6—2　　　　　　　　　　　　　　舞弊风险要素示例

舞弊风险因素		编制虚假财务报告	侵占资产
动机或压力	财务稳定性或盈利能力受到经济环境、行业状况或被审计单位经营情况的威胁	举例:竞争激烈或市场饱和,且伴随着利润率的下降;难以应对技术变革、产品过时、利率调整等因素的急剧变化;客户需求大幅下降,所在行业或总体经济环境中经营失败的情况增多;经营亏损使被审计单位可能破产、丧失抵押品赎回权或遭恶意收购;在财务报表显示盈利或利润增长的情况下,经营活动产生的现金流量经常出现负数,或经营活动不能产生现金流入;高速增长或具有异常的盈利能力,特别是在与同行业其他企业相比时;新发布的会计准则、法律法规或监管要求	举例:如果接触现金或其他(通过盗窃)易被侵占资产的管理层或员工负有个人债务,可能会产生侵占这些资产的动机;接触现金或其他易被盗窃资产的员工与被审计单位之间存在的紧张关系可能促使这些员工侵占资产。例如,以下几种情形可能产生紧张关系:已知或预期会发生裁员;近期或预期员工报酬或福利计划会发生变动;晋升、报酬或其他奖励与预期不符
	管理层为满足第三方要求或预期而承受过度的压力	举例:投资分析师、机构投资者、重要债权人或其他外部人士对盈利能力或增长趋势存在预期(特别是过分激进的或不切实际的预期);需要进行额外的举债或权益融资以保持竞争力,包括为重大研发项目或资本性支出融资;满足交易所的上市要求、偿债要求或其他债务合同要求的能力较弱;报告较差财务成果将对正在进行的重大交易(如企业合并或签订合同)产生不利影响	
	管理层或治理层的个人财务状况受到被审计单位财务业绩的影响	举例:管理层或治理层在被审计单位中拥有重大经济利益;其报酬中有相当一部分(如奖金、股票期权、基于盈利能力的支付计划)取决于被审计单位能否实现激进的目标(如在股价、经营成果、财务状况或现金流量方面);个人为被审计单位的债务提供了担保;管理层或经营者为实现治理层制定的财务目标(包括销售收入或盈利能力等激励目标)而承受过度的压力	

续表

舞弊风险因素		编制虚假财务报告		侵占资产
机会	被审计单位所在行业或其业务的性质	举例:从事超出正常经营过程的重大关联方交易,或者与未经审计或由其他会计师事务所审计的关联企业进行重大交易;被审计单位具有强大的财务实力或能力,使其在特定行业中处于主导地位,能够对与供应商或客户签订的条款或条件做出强制规定,从而可能导致不适当或不公允的交易;资产、负债、收入或费用建立在重大估计的基础上,这些估计涉及主观判断或不确定性,难以印证;从事重大、异常或高度复杂的交易(特别是临近期末发生的复杂交易);在经济环境及文化背景不同的国家或地区从事重大经营或重大跨境经营,利用商业中介,而此项安排似乎不具有明确的商业理由;在属于"避税天堂"的国家或地区开立重要银行账户或者设立子公司或分公司进行经营,而此类安排似乎不具有明确的商业理由	资产的某些特性或特定情形	举例:当存在下列资产时,其被侵占的机会将增加:持有或处理大额现金;体积小、价值高或需求较大的存货;易于转手的资产,如无记名债券、钻石或计算机芯片;体积小、易于销售或不易识别所有权归属的固定资产
	对管理层的监督失效	举例:管理层由一人或少数人控制,且缺乏补偿性控制;治理层对财务报告过程和内部控制实施的监督无效	与资产相关的不恰当的内部控制	举例:以下情形可能导致资产被侵占:职责分离或独立审核不充分;对高级管理人员的支出的监督不足;管理层对负责保管资产的员工的监管不足;对接触资产的员工选聘不严格;对资产的记录不充分;对交易(如采购)的授权及批准制度不健全;对现金、投资、存货或固定资产等的实物保管措施不充分;对资产做出完整、及时的核对调节;未对交易做出及时、适当的记录;对处于关键控制岗位的员工未实行强制休假制度;管理层对信息技术缺乏了解,从而使信息技术人员有机会侵占资产;对自动生成的记录的访问控制不充分
	组织结构复杂或不稳定	举例:难以确定对被审计单位持有控制性权益的组织或个人;组织结构过于复杂,存在异常的法律实体或管理层级;高级管理人员、法律顾问或治理层频繁更换		
	内部控制存在缺陷	举例:对控制的监督不充分,包括自动化控制以及针对中期财务报告(如要求对外报告)的控制;由于会计人员、内部审计人员或信息技术人员不能胜任而频繁更换;会计系统和信息系统无效,包括内部控制存在值得关注的缺陷的情况		
借口或态度		举例:管理层未能有效地传递、执行、支持或贯彻被审计单位的价值观或道德标准,或传递了不适当的价值观或道德标准;非财务管理人员过度参与或过于关注会计政策的选择或重大会计估计的确定;被审计单位、高级管理人员或治理层存在违反证券法或其他法律法规的历史记录,或由于舞弊或违反法律法规而被指控;管理层过于关注保持或提高被审计单位的股票价格或盈利趋势;管理层向分析师、债权人或其他第三方承诺实现激进的或不切实际的预期;管理层未能及时纠正发现的值得关注的内部控制缺陷;为了避税的目的,管理层表现出有意通过不适当的方法使报告利润最小化;业主兼经理未对个人事务与公司业务进行区分;股东人数有限的被审计单位股东之间存在争议;管理层试图基于重要性原则解释处于临界水平的或不适当的会计处理;管理层与现任或前任注册会计师之间的关系紧张		举例:忽视监控或降低与侵占资产相关的风险的必要性;忽视与侵占资产相关的内部控制,如凌驾于现有的控制之上或未对已知的内部控制缺陷采取适当的补救措施;被审计单位人员的行为表明其对被审计单位感到不满,或对被审计单位对待员工的态度感到不满;被审计单位人员在行为或生活方式方面发生的变化可能表明资产已被侵占;容忍小额盗窃资产的行为

三、治理层、管理层和注册会计师对舞弊的责任

(一)治理层、管理层对舞弊的责任

被审计单位治理层和管理层对防止或发现舞弊负有主要责任。

管理层在治理层的监督下,高度重视对舞弊的防范和遏制是非常重要的。对舞弊进行防范可以减少舞弊发生的机会;对舞弊进行遏制,即发现和惩罚舞弊行为,能够警示被审计单位人员不要实施舞弊。对舞弊的防范和遏制需要管理层营造诚实守信和合乎道德的文化,并且,这一文化能够在治理层的有效监督下得到强化。

治理层的监督包括考虑管理层凌驾于控制之上或对财务报告过程施加其他不当影响的可

能性,例如,管理层为了影响分析师对被审计单位业绩和盈利能力的看法而操纵利润。治理层有责任监督管理层建立和维护内部控制。管理层有责任在治理层的监督下建立良好的控制环境,维护有关政策和程序,以保证有序和有效地开展业务活动,包括制定和维护与财务报告可靠性相关的控制,并对可能导致财务报表发生重大错报的风险实施管理。

(二)注册会计师对舞弊的责任

在按照审计准则的规定执行审计工作时,注册会计师有责任对财务报表整体是否不存在由于舞弊或错误导致的重大错报获取合理保证。

由于审计的固有限制,即使注册会计师按照审计准则的规定恰当计划和执行了审计工作,也不可避免地存在财务报表中的某些重大错报未被发现的风险。

在舞弊导致错报的情况下,固有限制的潜在影响尤其重大。舞弊导致的重大错报未被发现的风险,大于错误导致的重大错报未被发现的风险。其原因是舞弊可能涉及精心策划和蓄意实施以进行隐瞒(如伪造证明或故意漏记交易),或者故意向注册会计师提供虚假陈述。如果涉及串通舞弊,注册会计师可能更加难以发现蓄意隐瞒的企图。串通舞弊可能导致原本虚假的审计证据被注册会计师误认为具有说服力。

注册会计师发现舞弊的能力取决于舞弊者实施舞弊的技巧、舞弊者操纵会计记录的频率和范围、舞弊者操纵的每笔金额的大小、舞弊者在被审计单位的职位级别、串通舞弊的程度等因素。

即使可以识别出实施舞弊的潜在机会,但对于诸如会计估计等判断领域的错报,注册会计师也难以确定这类错报是由于舞弊导致的还是错误导致的。

管理层舞弊导致的重大错报未被发现的风险,大于员工舞弊导致的重大错报未被发现的风险。其原因是管理层往往可以利用职务之便,直接或间接操纵会计记录,提供虚假的财务信息,或凌驾于为防止其他员工实施类似舞弊而建立的控制之上。

在获取合理保证时,注册会计师有责任在整个审计过程中保持职业怀疑,考虑管理层凌驾于控制之上的可能性,并认识到对发现错误有效的审计程序未必对发现舞弊有效。保持职业怀疑要求注册会计师对获取的信息和审计证据是否表明可能存在由于舞弊导致的重大错报风险始终保持警惕,包括考虑拟用作审计证据的信息的可靠性,并考虑与信息的生成和维护相关的控制(如相关)。由于舞弊的特征,注册会计师在考虑由于舞弊导致的重大错报风险时,保持职业怀疑尤为重要。

按照审计准则执行的审计工作通常不涉及鉴定文件的真伪,注册会计师没有接受文件真伪鉴定方面的培训,不应被期望成为鉴定文件真伪的专家。除非存在相反的理由,注册会计师可以将文件和记录作为真品。然而,如果识别出的情况使其认为文件可能是伪造的,或文件中的某些条款已发生变动但未告知注册会计师,注册会计师需要做出进一步调查。可实施的进一步调查程序包括:直接向第三方函证;利用专家的工作以评价文件的真伪。

四、识别与评估舞弊导致的重大错报风险

(一)实施风险评估程序和其他程序

1. 询问管理层

注册会计师应当向管理层询问:

(1)管理层对财务报表可能存在由于舞弊导致的重大错报风险的评估。管理层对内部控制和财务报表的编制承担责任。因此,注册会计师向管理层询问其对舞弊风险及旨在防止和发现舞弊的控制的自我评估是恰当的。管理层对上述风险和控制所做评估的性质、范围和频率可能因被审计单位的不同而不同。在某些被审计单位,管理层可能每年进行详细的评估,或将评估作为持续监督的一部分。而在其他一些被审计单位,管理层的评估可能并不十分正式或频繁。管理层评估的性质、范围和频率与注册会计师对被审计单位控制环境的了解相关。例如,管理层没有对舞弊风险做出评估,在某些情况下,可能意味着管理层对内部控制缺乏重视。

(2)管理层对舞弊风险的识别和应对过程。注册会计师需要向管理层询问其是否识别出(或注意到)特定舞弊风险,或可能存在舞弊风险的各类交易、账户余额或披露。在拥有多处经营地点的被审计单位,管理层的识别和应对过程可能包括对各经营地点或业务分部的不同程度的监督。管理层可能已经识别出可能存在较高舞弊风险的经营地点或业务分部。

此外,注册会计师还有必要向管理层了解其与治理层之间关于舞弊风险识别和应对过程的沟通方式和内容,以及管理层是如何向员工传达其经营理念和道德观念的。

2. 询问被审计单位内部的其他人员

注册会计师通过询问管理层可以获取有关员工舞弊导致的财务报表重大错报风险的有用信息。然而,这种询问难以获取有关管理层舞弊导致的财务报表重大错报风险的有用信息。询问被审计单位内部的其他人员可以为这些人员提供机会,使他们能够向注册会计师传递一些信息,而这些信息是他们本没有机会与其他人沟通的。

注册会计师可以就是否存在或可能存在舞弊,直接询问被审计单位内部管理层以外的下列其他人员:(1)不直接参与财务报告过程的业务人员;(2)拥有不同级别权限的人员;(3)参与生成、处理或记录复杂或异常交易的人员及对其进行监督的人员;(4)内部法律顾问;(5)负责道德事务的主管人员或承担类似职责的人员;(6)负责处理舞弊指控的人员。

管理层通常最有条件实施舞弊。因此,在保持职业怀疑评价管理层对询问做出的答复时,注册会计师可能认为有必要通过其他信息印证管理层的答复。

3. 询问内部审计人员

如果被审计单位设有内部审计,注册会计师应当询问内部审计人员,以确定其是否知悉任何影响被审计单位的舞弊事实、舞弊嫌疑或舞弊指控,并获取这些人员对舞弊风险的看法。

4. 了解治理层实施的与舞弊相关的监督

除非治理层全部成员参与管理被审计单位,注册会计师应当了解治理层如何监督管理层对舞弊风险的识别和应对过程,以及为降低舞弊风险而建立的内部控制。

了解治理层实施的监督,可能有助于注册会计师了解被审计单位发生管理层舞弊的可能性、与舞弊风险相关的内部控制的充分性以及管理层的胜任能力和诚信程度。注册会计师可以通过多种方式进行了解,如参加讨论此类问题的会议、阅读上述会议的会议纪要或询问治理层等。注册会计师应当询问治理层,以确定其是否知悉任何影响被审计单位的舞弊事实、舞弊嫌疑或舞弊指控。治理层对这些询问的答复,还可在一定程度上作为管理层答复的佐证信息。

5. 考虑其他信息

除运用分析程序识别出的异常或偏离预期的关系(包括与收入账户有关的关系)外,注册会计师获取的有关被审计单位及其环境的其他信息可能有助于识别由于舞弊导致的重大错报风险。项目组成员间的讨论也可能提供有助于识别此类风险的信息。此外,注册会计师在客户接受和保持过程中获取的信息,以及为被审计单位提供其他服务所获取的经验(如中期财务信息审阅等业务),都可能与识别由于舞弊导致的重大错报风险相关。

6. 评价舞弊风险因素

注册会计师应当评价通过其他风险评估程序和相关活动获取的信息,是否表明存在舞弊风险因素。

存在舞弊风险因素并不必然表明发生了舞弊,但在舞弊发生时通常存在舞弊风险因素,因此,舞弊风险因素可能表明存在由于舞弊导致的重大错报风险。确定舞弊风险因素是否存在以及是否在评估由于舞弊导致的财务报表重大错报风险时予以考虑,需要注册会计师运用职业判断。

舞弊通常都很隐蔽,因而发现舞弊非常困难。然而,注册会计师可能识别出表明实施舞弊的动机或压力,或者为实施舞弊提供机会的事项或情况(舞弊风险因素)。例如,为满足第三方的预期以获得额外的权益性融资,可能产生实施舞弊的压力;如果达到不切实际的利润目标可以获得高额奖金,可能产生实施舞弊的动机;薄弱的控制环境可能产生实施舞弊的机会。

(二)识别和评估舞弊导致的重大错报风险

注册会计师应当在财务报表层次和各类交易、账户余额、披露的认定层次识别和评估由于舞弊导致的重大错报风险。

在识别和评估由于舞弊导致的重大错报风险时,注册会计师应当基于收入确认存在舞弊风险的假定,评价哪些类型的收入、收入交易或认定导致舞弊风险。

1. 在收入确认方面存在的舞弊风险

与收入确认相关的财务报表重大错报通常表现为高估收入,如提前确认收入或记录虚假收入。该风险也可能源于低估收入,如不恰当地将本期收入转移到以后期间。

某些被审计单位在收入确认方面存在的舞弊风险可能高于其他被审计单位。例如,如果上市实体依据收入的逐年增长或利润来衡量业绩,管理层可能有压力或动机通过不恰当的收入确认编制虚假财务报告。类似地,如果被审计单位的现金销售占收入的比例很大,收入确认方面的舞弊风险可能较大。

2. 识别和评估由于舞弊导致的重大错报风险并了解相关控制

管理层可能会对选择执行的控制的性质和范围以及选择承担的风险的性质和程度做出判断。在确定为防止和发现舞弊而执行的控制时,管理层需要考虑由舞弊导致财务报表发生重大错报的风险。管理层可能认为,执行和维护某项旨在降低舞弊导致的重大错报风险的特定控制,并不符合成本效益原则。

注册会计师有必要了解管理层为防止和发现舞弊而设计、执行和维护的相关内部控制。在了解的过程中,注册会计师获取的信息(如管理层出于节约人工成本的考虑,没有实现不相容职责的分离)有助于其识别舞弊风险因素。

补充资料6—2   表明财务报表可能存在由于舞弊导致的重大错报的情形举例

一、会计记录中的差异

(1)对交易的记录不完整或不及时,或对交易的金额、会计期间、分类或被审计单位会计政策的记录不恰当;

(2)账户余额或交易缺乏证据支持或未经授权;

(3)在最后时间编制的对财务成果产生重大影响的调整分录;

(4)有证据表明员工对系统或记录的访问权限不符合其职权范围;

(5)注册会计师获知的有关舞弊的信息。

二、审计证据不一致或缺失

(1) 文件丢失；

(2) 文件存在改动迹象；

(3) 预期存在文件原件的情况下，仅能获取复印件或电子版本；

(4) 调节表中包含无法解释的重大项目；

(5) 资产负债表项目、财务趋势或重要财务比率或关系发生异常变动，例如，应收账款的增长比收入增长快；

(6) 管理层或员工对注册会计师的询问或实施分析程序的结果做出的答复或解释不一致、含糊不清或不合理；

(7) 被审计单位的记录与询证函回函之间存在异常差异；

(8) 应收账款记录中存在大量的贷方分录和其他调整；

(9) 应收账款明细账与总账或客户对账单与应收账款明细账之间存在难以解释的或解释不合理的差异；

(10) 作废的支票或支票存根丢失或根本不存在，而通常情况下，被审计单位会对作废的支票或支票存根实施某些控制或存在其他支持性文件，例如，作废的支票与银行单据一起被退回至被审计单位，或者作废的支票存根上注明"作废"标记，或者作废的支票存根与作废的支票保存在一起；

(11) 大额存货或实物资产丢失；

(12) 难以获取电子证据或电子证据缺失（不符合被审计单位的记录保存惯例或政策）；

(13) 询证函回函数量低于或高于预期；

(14) 无法为本期的系统变更和系统配置工作提供关键的系统开发、程序变更测试以及系统实施活动方面的证据。

三、注册会计师与管理层之间的关系紧张或异常

(1) 管理层不允许注册会计师接触可能提供审计证据的某些记录、设备、特定员工、客户、供应商或其他人员；

(2) 管理层对解决复杂或有争议的问题施加不合理的时间限制；

(3) 管理层对审计工作的开展表示不满，或威胁项目组成员，特别是有关注册会计师对审计证据做出的关键评价或与管理层之间潜在意见分歧的解决等事项；

(4) 被审计单位在向注册会计师提供其要求的信息时发生不正常的拖延；

(5) 管理层不愿意配合注册会计师接触重要的电子文档，使其不能运用计算机辅助审计技术进行测试；

(6) 管理层不允许注册会计师接触关键的信息技术操作人员（包括系统安全、系统操作和系统开发人员）及设备；

(7) 管理层不愿意对财务报表披露做出适当补充或修改；

(8) 管理层不愿意及时处理已识别出的内部控制缺陷。

四、其他方面

(1) 管理层不愿意让注册会计师与治理层单独会谈；

(2) 会计政策似乎与行业惯例存在差异；

(3) 会计估计变更频繁，且似乎并非由所处环境的变化所致；

(4) 容忍违反被审计单位行为守则的行为。

复习思考题

1. 了解被审计单位及其环境涉及哪几个方面的内容?
2. 简述内部控制的五要素。
3. 简述识别和评估重大错报风险的内容。
4. 如何理解舞弊风险因素?
5. 哪些程序可以用于识别和评估舞弊导致的重大错报风险?

自我测试题

一、单项选择题

1. 在识别和评估重大错报风险时,注册会计师不需要实施的审计程序是( )。
   A. 识别被审计单位的所有经营风险
   B. 考虑识别的错报风险导致财务报表发生重大错报的可能性
   C. 考虑识别的错报风险是否重大
   D. 将识别的错报风险与认定层次可能发生错报的领域相联系

2. 在了解被审计单位内部控制时,注册会计师通常不需要采用的程序是( )。
   A. 查阅内部控制手册
   B. 追踪交易在财务报告信息系统中的处理过程
   C. 重新执行某项控制
   D. 现场观察某项控制的运行

3. 在了解控制环境时,注册会计师不需要关注的内容是( )。
   A. 治理层相对于管理层的独立性
   B. 管理层的理念和经营风格
   C. 员工整体的道德价值观
   D. 对控制的监督

4. 下列活动中,属于控制活动的是( )。
   A. 控制环境   B. 信息系统与沟通   C. 风险评估   D. 职责分离

5. 下列控制活动中与"所有的产品销售业务均已入账"这一控制目标直接相关的是( )。
   A. 对销售发票进行顺序编号并复核当月开具的销售发票是否均已登记入账
   B. 检查销售发票是否经适当的授权批准
   C. 将每月产品入库数量与销售入账数量相核对
   D. 定期与客户核对应收账款余额

二、多项选择题

1. 下列有关控制环境的说法中,正确的有( )。
   A. 财务报表层次重大错报风险很可能源于控制环境存在缺陷
   B. 有效的控制环境本身可以防止、发现并纠正各类交易、账户余额和披露认定层次的重大错报
   C. 有效的控制环境可以降低舞弊发生的风险
   D. 控制环境影响被审计单位内部生成的审计证据的可信赖程度

2. 下列各项中,属于财务报表层次重大错报风险的有( )。
   A. 被审计单位治理层和管理层不重视内部控制

B. 被审计单位管理层凌驾于内部控制之上
C. 被审计单位大额应收账款可收回性具有高度不确定性
D. 被审计单位所处行业陷入严重衰退

3. 下列有关识别、评估和应对重大错报风险的说法中,正确的有( )。
A. 注册会计师应当将识别的重大错报风险与特定的某类交易、账户余额和披露的认定相联系
B. 在识别和评估重大错报风险时,注册会计师应当考虑发生错报的可能性以及潜在错报的重大程度
C. 对于某些重大错报风险,注册会计师可能认为仅通过实质性程序无法获取充分、适当的审计证据
D. 在实施进一步审计程序的过程中,注册会计师可能需要修正对认定层次重大错报风险的评估结果

4. 下列因素中,注册会计师在确定特别风险时需要考虑的有( )。
A. 在判断重大错报风险是否为特别风险时,应当考虑识别出的控制对于相关风险的抵消
B. 将管理层凌驾于控制之上的风险评估为特别风险
C. 错报发生的可能性
D. 潜在错报的重大程度

5. 下列舞弊风险因素中,与编制虚假财务报告相关的有( )。
A. 管理层向分析师、债权人承诺实现激进(或不切实际)的盈利指标
B. 管理层由一人或少数人控制,且缺乏补偿性控制
C. 对交易(如采购)的授权及批准制度不健全
D. 由于会计人员、内部审计人员或信息技术人员不能胜任而频繁更换

6. 注册会计师通常采用的评估舞弊风险的程序包括( )。
A. 询问治理层、管理层和内部审计人员
B. 实施分析程序
C. 组织项目组讨论
D. 实施实质性分析程序

三、案例分析题

1. A公司的会计部门有三位职员,他们需要处理的会计工作包括:(1)登记并保管总账;(2)登记并保管应收账款明细账;(3)登记并保管应付账款明细账;(4)填写支票;(5)登记并保管银行存款日记账;(6)编制银行存款余额调节表;(7)处理与销售退回与折让有关的原始凭证;(8)收款并将收到的款项和支票缴存银行;(9)签发支票。

要求:
(1)请将以上九项工作合理地分派给三位职员;
(2)请列出六种可能会产生舞弊行为的工作组合,并简要说明理由。

2. A注册会计师负责审计甲公司20×5年度财务报表。在审计过程中,A注册会计师注意到下列事项:
(1)甲公司所处行业整体竞争激烈,市场处于饱和状态,同行业公司的净利润年增长率低于5%,但甲公司董事会仍要求管理层将20×5年度净利润增长率确定为8%。管理层编制的甲公司20×5年度财务报表显示,已按计划实现净利润增长指标。
(2)甲公司管理层除领取固定工资外,其奖金、股权激励计划均与当年净利润指标的完成情况挂钩。
(3)在以前年度审计中,A注册会计师未将收入确认作为舞弊导致重大错报风险的可能领域。
(4)在对日常会计核算过程中做出的会计分录以及编制财务报表过程中做出的其他调整进行测试时,A注册会计师向参与财务报告编制过程的人员询问了与处理会计分录和其他调整相关的不恰当或异常的活动。

要求:
(1)针对事项(1)和(2),分析甲公司是否存在舞弊风险因素,并简要说明理由。
(2)针对事项(3),分析A注册会计师未将收入确认为由于舞弊导致的重大错报风险领域是否适当,并简要说明理由。

(3)针对事项(4),简要说明 A 注册会计师除实施询问程序外,还应当实施哪些程序。

3. 注册会计师 A 在了解甲公司及其环境之后,确定该公司存在下列风险因素:

(1)管理层提供的未经审计财务报表显示公司实现了年初制定的、10%的销售收入年增长率目标,但今年行业总体销售增长率仅为 5%;

(2)公司电算化会计系统存在安全漏洞,未经授权的职员可能进入会计信息系统,篡改有关会计数据;

(3)为了实现预定的销售指标,销售部门放宽了赊销业务的信用审核标准,向一些信用状况较差的小规模企业大量销售公司产品;

(4)公司存货管理比较混乱,购入材料、发出货物没有采用事先编号的原始凭证;

(5)由于行业内技术更新较快,采用已经过时的技术生产的产品出现滞销;

(6)公司管理层在年度内发生了重大变动,新任管理层迫切希望实现董事会制定的各项业绩考核指标(销售收入、净利润、市场占有率等)。

要求:

(1)在下表中分析说明各风险因素的性质、是否属于重大错报风险、属于财务报表层次的重大错报风险还是认定层次的重大错报风险、是否属于特别风险以及重大错报风险的水平(高、中、低)。

序号	风险的性质	识别的报表层次的重大错报风险	识别的认定层次重大错报风险		是否为特别风险及原因	重大错报风险水平
			交易	相关账户及列报		

(2)确定了财务报表层次的重大错报风险与认定层次的重大错报风险之后,注册会计师应如何应对这些重大错报风险?

第七章 风险应对

本章要点
- 进一步审计程序
- 控制测试
- 实质性程序
- 应对舞弊导致的重大错报风险

引例

中注协提示事务所关注上市公司 2014 年报审计风险

一、房地产类上市公司

房地产开发具有资金投入大、建设周期长、易受宏观经济与政策影响等特点。2014 年,随着我国房地产市场调整的不断加深,房地产投资增速持续放缓,商品房销售面积和销售额同比大幅下滑,商品房库存压力继续加大。中注协要求事务所充分考虑房地产类上市公司所处行业状况及特点,重点关注以下事项:一是要了解房地产行业收入确认标准,评价被审计单位收入确认政策的合理性,分析各期销售和同行业其他公司及房地产市场相关情况,检查房地产开发、销售等重点环节的相关原始资料,充分关注被审计单位是否存在虚增收入或提前确认收入等情况;二是要结合项目规划等资料,充分关注被审计单位成本费用是否真实,土地增值税、相关配套费用以及其他与开发商建设义务履行相关的负债确认是否完整,相关会计估计是否合理,利息费用资本化和费用化的划分是否恰当,资本化时点及金额是否准确;三是要关注被审计单位房地产项目是否存在减值迹象,充分了解相关资产的使用状况及其未来经济利益的实现方式,区分已完工项目和未完工项目,认真复核相应的减值测试依据和过程;四是要综合考虑被审计单位的融资能力、未来经营状况和现金流量预期,关注资产抵押、质押和担保等情况,充分评价管理层对企业持续经营能力的评估是否全面、恰当,充分考虑持续经营能力评价结果对审计意见的影响;五是要根据现行会计准则的相关规定以及监管部门关于房地产企业信息披露的特别要求,充分关注会计政策、存货项目、融资情况等报表附注重要信息,评价相关信息披露是否恰当、充分。

二、农业类上市公司

农业类上市公司的生产经营与自然环境密切相关,不少公司具有生产周期长、存货分布广、盘点过程复杂、现金交易量大、交易对象分散、业绩不稳定等特点,固有风险较高,须引起相关事务所和注册会计师的高度重视。

事务所要切实重视和强化农业类上市公司年报审计风险的防范和监控,委派具有必要素质和专业胜任能力的合伙人及员工执行业务,结合公司特点,针对可能存在的重大错报风险尤其是管理层舞弊导致的重大错报风险,设计并实施有针对性的特别审计程序。一是要了解生物资产采购、生产、销售等环节以及与现金交易、关联交易相关的关键内部控制,尤其要关注管理层凌驾于内部控制之上的可能性,相关内部控制是否能达到相应的控制目标并得到执行,必要时进行控制有效性测试;二是要充分考虑存货的特殊性,注意利用专家的工作,充分关注存货的存在性,设计恰当的监盘计划,适当扩大抽盘范围,增加审计程序的不可预见性,充分运用职业判断评价专家工作的恰当性;三是要密切关注生物资产、长期资产可能发生的减值迹象,分析减值准备是否反映资产的真实信息,进行减值测试时各项关键假设是否合理,各项估计是否存在管理层偏向,因资产减值而确认的递延所得税资产是否合理;四是要关注收入、成本和费用的真实性和完整性,相关采购业务和销售业务是否真实存在,警惕通过自我交易实现收入增长,或者延迟成本费用发生期间虚构利润等情况;五是要对公司的主要供应商及客户进行了解,关注重大或异常交易的对方是否为未披露的关联方,交易价格是否公允,以及是否存在通过"体外"资金循环虚构交易等情况。

三、发生重大资产重组的上市公司

当前,国内经济步入新常态,经济转型升级以及产业结构调整是大势所趋,在此背景下,上市公司重大资产重组交易活跃,传统产业向新兴产业扩展升级,新兴产业内部并购整合,对事务所既是机遇也是挑战。重大资产重组往往涉及复杂、特殊的交易和事项,不少情况下存在"对赌"协议,需要遵循的法律法规较多,可能导致上市公司治理结构及控制环境发生较大变化,对注册会计师的专业胜任能力和职业判断要求较高,事务所要对发生重大资产重组的上市公司年报审计风险予以高度关注。

事务所应委派更有经验的项目组成员,合理、恰当地利用专家工作,设计和实施有针对性的审计程序,充分识别、评估和应对可能出现的特别风险。一是关注交易是否具有合理的商业逻辑,交易定价是否公允,同时充分评价资产评估专家的专业胜任能力,复核其使用的数据、假设以及评估方法的合理性,关注重组时点可辨认资产和负债的公允价值是否合理,相关会计处理是否正确;二是判断交易对手是否为未披露的关联方,关注管理层识别关联方及其交易的内部控制,是否存在关联交易非关联化的情形和潜在的利益输送;三是充分关注商誉确认的合理性,是否存在应确认但未确认的无形资产和职工薪酬,详细审查被审计单位商誉减值测试的程序及计算过程,并结合交易定价时对未来的预期、并购后实际经营情况等信息,综合判断是否应计提商誉减值准备;四是对重大资产重组后治理层和管理层发生重大变化的上市公司,要了解新的治理层和管理层是否熟悉资本市场的相关规则、是否严格执行公司治理和内部控制的相关制度等,充分评估相关变化对公司治理和内部控制的影响,考虑是否存在管理层凌驾于内部控制之上的可能性;五是并购重组存在业绩承诺条件的,应关注公司重大资产重组交易完成后的业绩表现,比较与原业绩承诺或盈利预测、评估报告的差异,分析差异原因是否合理,是否表明原估值可能存在不公允、不合理甚至差错的情形,充分关注年度内出现的异常交易、新增大客户、关联交易等,考虑管理层为达到业绩承诺而操纵业绩的可能性。

(资料来源:中注协网站,http://www.cicpa.org.cn/news/201502/t20150213_46514.html,http://www.cicpa.org.cn/news/201501/t20150104_46324.html,http://www.cicpa.org.cn/news/201501/t20150122_46403.html,根据行文需要略做调整。)

思考题

1. 在上海证券交易所、深圳证券交易所等网站查找一家(或几家)房地产类上市公司资料,分析其2014年度财务数据、审计报告等信息,指出这类公司的审计风险具体表现在哪些方面。

2. 查找一家(或几家)农业类上市公司资料,分析其 2014 年度财务数据、审计报告等信息,指出这类公司的审计风险具体表现在哪些方面。

3. 查找一家(或几家)发生重大资产重组的上市公司资料,分析其重组前后三年的财务数据、审计报告等信息,指出这类公司的审计风险具体表现在哪些方面。

第一节 风险应对概述

注册会计师应当针对评估的财务报表层次重大错报风险,设计和实施总体应对措施,并针对评估的认定层次重大错报风险设计和实施进一步审计程序,以将审计风险降至可接受的低水平。

一、总体应对措施

注册会计师应当针对评估的财务报表层次重大错报风险,确定下列总体应对措施(overall responses):(1)向项目组强调保持职业怀疑的必要性;(2)指派更有经验或具有特殊技能的审计人员,或利用专家的工作;(3)提供更多的督导;(4)在选择拟实施的进一步审计程序时融入更多的不可预见的因素;(5)对拟实施审计程序的性质、时间安排或范围做出总体修改,如在期末而非期中实施实质性程序,或修改审计程序的性质以获取更具说服力的审计证据。

注册会计师对控制环境的了解影响其对财务报表层次重大错报风险的评估,从而影响所采取的总体应对措施。有效的控制环境可以增强注册会计师对内部控制的信心和对被审计单位内部生成的审计证据的信赖程度。例如,如果控制环境有效,注册会计师可以在期中而非期末实施某些审计程序;如果控制环境存在缺陷,则产生相反的影响。为应对无效的控制环境,注册会计师可以采取的措施举例如下:在期末而非期中实施更多的审计程序;通过实施实质性程序获取更广泛的审计证据;增加拟纳入审计范围的经营地点的数量。

二、进一步审计程序[①]

注册会计师应当针对评估的认定层次重大错报风险设计和实施进一步审计程序(包括审计程序的性质、时间安排和范围),使进一步审计程序和风险评估结果之间具备明确的对应关系。

(一)审计程序的性质

审计程序的性质是指审计程序的目的和类型。审计程序的目的包括实施控制测试以评价内部控制在防止或发现并纠正认定层次重大错报方面运行的有效性,实施实质性程序以发现认定层次重大错报。审计程序的类型包括检查、观察、询问、函证、重新计算、重新执行和分析程序。在应对评估的风险时,确定审计程序的性质是最重要的。

注册会计师评估的风险可能影响拟实施的审计程序的类型及其综合运用。例如,当评估的风险较高时,注册会计师除检查文件外,还可能决定向交易对方函证合同条款的完整性。此外,对于与某些认定相关的错报风险,实施某些审计程序可能比其他审计程序更适当。例如,在测试收入时,对于与收入完整性认定相关的错报风险,控制测试可能最能有效应对;对于与收入发生认定相关的错报风险,实质性程序可能最能有效应对。

[①] 进一步审计程序(further audit procedures)包括控制测试和实质性程序。这两类程序的具体内容将在本章第二节、第三节阐述。

在确定审计程序的性质时,注册会计师需要考虑形成风险评估结果的依据。例如,对于某类交易,注册会计师可能判断即使在不考虑相关控制的情况下发生错报的风险仍较低,此时仅实施实质性分析程序就可以获取充分、适当的审计证据;另一方面,如果注册会计师预期存在与此类交易相关的内部控制的情况下发生错报的风险较低,且拟基于这一评估的低风险设计实质性程序,则注册会计师需要实施控制测试。对于在被审计单位信息系统中进行日常处理和控制的、常规且不复杂的交易,这种情况可能出现。

(二)审计程序的时间安排

审计程序的时间安排是指注册会计师何时实施审计程序,或审计证据适用的期间或时点。

注册会计师可以在期中或期末实施控制测试或实质性程序。当重大错报风险越高时,注册会计师可能认为在期末或接近期末而非期中实施实质性程序,或采用不通知的方式(如在不通知的情况下对选取的经营地点实施审计程序),或在管理层不能预见的时间实施审计程序更有效。这在考虑应对舞弊风险时尤为相关。例如,如果识别出故意错报或操纵会计记录的风险,注册会计师可能认为将期中得出的结论延伸至期末而实施的审计程序是无效的。

在期末之前实施审计程序可能有助于注册会计师在审计工作初期识别重大事项,并在管理层的协助下及时解决这些事项,或针对这些事项制定有效的审计方案。

某些审计程序只能在期末或期后实施,例如,核对财务报表与会计记录;检查财务报表编制过程中做出的会计调整;为应对被审计单位可能在期末签订不适当的销售合同的风险,或交易在期末可能尚未完成的风险而实施的程序。

影响注册会计师考虑在何时实施审计程序的其他相关因素包括:控制环境;何时能得到相关信息。例如,某些电子文档如未能及时取得,可能被覆盖;再如,某些拟观察的程序可能只在特定时点发生;错报风险的性质。例如,如果存在被审计单位为了保证盈利目标的实现而伪造销售合同以虚增收入的风险,注册会计师可能需要检查截至期末的所有销售合同;审计证据适用的期间或时点。审计程序的范围是指实施审计程序的数量,如抽取的样本量或对某项控制活动的观察次数。

(三)审计程序的范围

在确定必要的审计程序的范围时,注册会计师需要考虑重要性、评估的风险和计划获取的保证程度。如果需要通过实施多个审计程序实现某一目的,注册会计师需要分别考虑每个程序的范围。一般而言,审计程序的范围随着重大错报风险的增加而扩大。例如,在应对评估的由于舞弊导致的重大错报风险时,增加样本量或实施更详细的实质性分析程序可能是适当的。但是,只有当审计程序本身与特定风险相关时,扩大审计程序的范围才是有效的。

使用计算机辅助审计技术对电子化的交易和账户文档进行更广泛的测试,有助于注册会计师修改测试范围(如针对由于舞弊导致的重大错报风险的测试范围)。这是因为计算机辅助审计技术可以用于从主要电子文档中选取交易样本,按照某一特征对交易进行分类,或对总体而非样本进行测试。

(四)设计进一步审计程序时需要考虑的因素

在设计拟实施的进一步审计程序时,注册会计师应当做到以下两点:

1. 考虑形成某类交易、账户余额和披露的认定层次重大错报风险评估结果的依据

形成某类交易、账户余额和披露的认定层次重大错报风险评估结果的依据包括:(1)因相关交易类别、账户余额或披露的具体特征而导致重大错报的可能性(即固有风险);(2)风险评估是否考虑了相关控制(即控制风险),从而要求注册会计师获取审计证据以确定控制是否有效运行

(即注册会计师在确定实质性程序的性质、时间安排和范围时,拟信赖控制运行的有效性)。

2. 评估的风险越高,需要获取的审计证据越要有说服力

当由于评估的风险较高而需要获取更具说服力的审计证据时,注册会计师可能需要增加所需审计证据的数量,或获取更具相关性或可靠性的证据,如更多地从第三方获取证据或从多个独立渠道获取互相印证的证据。

课堂讨论题 1

举例说明哪些证据属于更有说服力的证据。

第二节 控制测试

一、控制测试的内涵与适用性

控制测试(tests of controls)是指用于评价内部控制在防止或发现并纠正认定层次重大错报方面的运行有效性的审计程序。设计控制测试以获取相关审计证据,包括识别一些显示控制运行的情况(特征或属性),以及显示控制未恰当运行的偏差情况。注册会计师可以测试这些情况是否存在。

当存在下列情形之一时,注册会计师应当设计和实施控制测试,针对相关控制运行的有效性,获取充分、适当的审计证据:

(一)在评估认定层次重大错报风险时,预期控制的运行是有效的

只有认为控制设计合理、能够防止或发现并纠正认定层次的重大错报(即在确定实质性程序的性质、时间安排和范围时,注册会计师拟信赖控制运行的有效性),注册会计师才实施控制测试。如果被审计单位在所审计期间内的不同时期使用了显著不同的控制,注册会计师要分别考虑不同时期的控制。

测试控制运行的有效性与了解控制是否得到执行所需获取的审计证据是不同的。在实施风险评估程序以获取控制是否得到执行的审计证据时,注册会计师应当确定某项控制是否存在,被审计单位是否正在使用。在测试控制运行的有效性时,注册会计师应当从下列方面获取关于控制是否有效运行的审计证据:控制在所审计期间的不同时点是如何运行的;控制是否得到一贯执行;控制由谁执行;控制以何种方式运行。

虽然某些风险评估程序并非专为控制测试设计,但可以提供有关控制运行有效性的审计证据,从而也能够作为控制测试。例如,注册会计师实施的风险评估程序可能包括:询问管理层对预算的使用;观察管理层对月度预算费用与实际费用的比较;检查预算金额与实际金额之间的差异报告。通过实施这些审计程序,注册会计师可以了解被审计单位预算管理制度的设计及其是否得到执行,同时也可以获取关于这些制度在预防或发现费用的重大错报方面运行的有效性的审计证据。

(二)仅实施实质性程序并不能够提供认定层次充分、适当的审计证据

在某些情况下,注册会计师可能发现仅通过实施有效的实质性程序无法获取的审计证据认定层次的充分、适当的审计证据。例如,被审计单位采用信息技术处理业务,除信息系统中的信息外不生成或保留任何与业务相关的文件记录。在这种情况下,注册会计师需要对相关

控制实施测试。

在设计和实施控制测试时,对控制有效性的信赖程度越高,注册会计师应当获取的审计证据应更有说服力。当注册会计师采取的总体审计方案主要以控制测试为主,尤其是仅通过实施实质性程序无法或不能获取充分、适当的审计证据时,注册会计师可能需要获取有关控制运行有效性的更高水平的保证。

二、控制测试的性质、时间安排和范围

在设计和实施控制测试时,注册会计师应当考虑下列因素:

(一)与询问结合使用的其他审计程序

询问本身并不足以测试控制运行的有效性。因此,注册会计师需要将询问与其他审计程序结合使用。观察提供的证据仅限于观察发生的时点,因此,将询问与检查或重新执行结合使用,可能比仅实施询问和观察能获取更高水平的保证。

在确定实施哪种程序以获取有关控制运行是否有效的审计证据时,注册会计师需要考虑特定控制的性质。例如,某些控制通过文件记录证明其运行的有效性,在这种情况下,注册会计师可能需要检查这些文件记录以获取控制运行有效的审计证据。而某些控制可能不存在文件记录,或文件记录与控制运行是否有效不相关。例如,控制环境中的某些要素(如职权和责任的分配),或某些由计算机实施的控制活动,可能不会留下运行记录。在这种情况下,注册会计师可能需要通过询问并结合其他审计程序(如观察)或借助计算机辅助审计技术,获取有关控制运行有效性的审计证据。

(二)控制测试的范围

当针对控制运行的有效性需要获取更具说服力的审计证据时,可能需要扩大控制测试的范围。在确定控制测试的范围时,除要考虑对控制的信赖程度外,注册会计师还可能考虑以下因素:在拟信赖期间,被审计单位执行控制的频率;在所审计期间,注册会计师拟信赖控制运行有效性的时间长度;控制的预期偏差率;拟获取的有关认定层次控制运行有效性的审计证据的相关性和可靠性。

由于信息技术处理具有内在一贯性,注册会计师可能不需要扩大自动化控制的测试范围。除非程序(包括系统使用的表格、文档或其他永久性数据)发生变动,自动化控制会一贯运行。一旦确定某项自动化控制能够发挥预期作用(可在最初实施该控制的时点或其他时点确定),注册会计师就可能需要考虑实施测试以确定该控制是否持续有效运行。这些测试可能包括确定:程序修改是否已经过适当的程序变动控制;交易处理所用软件是否为授权批准版本;其他相关的一般控制是否运行有效。

这些测试还可能包括确定系统是否未发生变动。例如,当被审计单位使用软件包应用程序而没有对其进行修改或维护时,注册会计师可以检查信息系统安全管理记录,以获取在所审计期间不存在未经授权接触系统的审计证据。

(三)间接控制的测试

在某些情况下,注册会计师可能有必要获取有关间接控制运行有效性的审计证据。例如,被审计单位可能针对超出信用额度的例外赊销交易设置报告和审核制度,在测试这项制度运行的有效性时,审核制度和相关的跟进措施是与测试直接相关的控制,与例外赊销报告中信息准确性相关的控制(如信息技术一般控制)则被称为间接控制。

由于信息技术处理过程的内在一贯性,有关自动化应用控制得到执行的审计证据,连同信

息技术一般控制(特别是对系统变动的控制)运行有效性的审计证据,也可能提供有关自动化应用控制运行有效性的重要审计证据。

(四)控制测试的时间安排

如果仅需要测试控制在特定时点运行的有效性(如对被审计单位期末存货盘点进行控制测试),注册会计师只需要获取该时点的审计证据。如果拟信赖控制在某一期间运行的有效性,注册会计师还需要实施其他测试,以获取相关控制在该期间内的相关时点运行有效的审计证据。这种测试可能包括测试被审计单位对控制的监督。

(五)利用期中获取的审计证据

如果已获取有关控制在期中运行有效性的审计证据,注册会计师应当:(1)获取这些控制在剩余期间发生重大变化的审计证据;(2)确定针对剩余期间还需获取的补充审计证据。

在确定需要获取哪些补充审计证据以证明控制在期中之后的剩余期间仍然有效运行时,注册会计师需要考虑的相关因素包括:评估的认定层次重大错报风险的重要程度;在期中测试的特定控制,以及自期中测试后发生的重大变动,包括在信息系统、流程和人员方面发生的变动;在期中对有关控制运行的有效性获取的审计证据的程度;剩余期间的长度;在信赖控制的基础上拟缩小实质性程序的范围;控制环境。

注册会计师可以通过对控制在剩余期间运行的有效性进行延伸测试或测试被审计单位对控制的监督,获取补充审计证据。

(六)利用以前审计获取的审计证据

在某些情况下,如果注册会计师实施了用以确定审计证据持续相关性的审计程序,以前审计获取的审计证据可以为本期提供相关审计证据。例如,在以前期间执行审计时,注册会计师可能确定被审计单位某项自动化控制能够发挥预期作用。那么在本期审计中,注册会计师可能需要获取审计证据以确定是否发生了影响该自动化控制持续有效发挥作用的变化。例如,注册会计师可以通过询问管理层或检查日志,确定哪些控制已经发生变化。通过考虑控制变化的证据,注册会计师可以增加或减少需要在本期获取的有关控制运行是否有效的审计证据。

如果拟利用以前审计获取的有关控制运行有效性的审计证据,注册会计师应当通过获取这些控制在以前审计后是否发生重大变化的审计证据,确定以前审计获取的审计证据是否与本期审计持续相关。

注册会计师应当通过实施询问并结合观察或检查程序,获取这些控制是否发生重大变化的审计证据,以确认对这些控制的了解,并根据下列情况做出不同处理:

1. 控制在本期发生变化

如果控制已发生变化,且这些变化对以前审计获取的审计证据的持续相关性产生影响,注册会计师应当在本期审计中测试这些控制运行的有效性。控制在本期发生变化可能影响以前审计获取的审计证据对本期审计的相关性,从而使注册会计师无法再继续信赖相关控制运行的有效性。例如,如果系统的变化仅使被审计单位从系统中获取新的报告,这种变化通常不影响以前审计所获取证据的相关性;但是,如果系统的变化引起数据累积或计算发生改变,这种变化可能影响以前审计所获取证据的相关性。

2. 控制在本期未发生变化

如果拟信赖的控制自上次测试后未发生变化,且不属于旨在减轻特别风险的控制,注册会计师需要运用职业判断确定是否在本期审计中测试其运行的有效性,以及本次测试与上次测试的时间间隔,但每三年至少对控制测试一次。注册会计师应在每年审计中测试部分控制,以避免将所有拟信赖控制的测试集中于某一年,而在之后的两年中不进行任何测试。

在确定利用以前审计获取的有关控制运行有效性的审计证据是否适当,以及再次测试控制的时间间隔时,注册会计师应当考虑下列因素:

(1)内部控制其他要素的有效性,包括控制环境、被审计单位对控制的监督以及被审计单位的风险评估过程;

(2)控制特征(人工控制还是自动化控制)产生的风险;

(3)信息技术一般控制的有效性;

(4)控制设计及其运行的有效性,包括在以前审计中发现的控制运行偏差的性质和程度,以及是否发生对控制运行产生重大影响的人员变动;

(5)是否存在由于环境发生变化而特定控制缺乏相应变化导致的风险;

(6)重大错报风险和对控制的信赖程度。

一般情况下,重大错报风险越高,或对控制的拟信赖程度越高,时间间隔(如有)就越短。下列因素可能缩短再次测试控制的时间间隔或导致完全不信赖以前审计获取的审计证据:控制环境薄弱;对控制的监督薄弱;相关控制中的人工成分较多;发生对控制运行产生重大影响的人事变动;环境的变化表明需要对控制作出相应的变动;信息技术一般控制薄弱。

如果注册会计师拟信赖以前审计已获取审计证据的多个控制,在每次审计中测试其中的某些控制可以为控制环境的持续有效性提供佐证信息。这些信息能够帮助注册会计师确定依赖以前审计获取的审计证据是否适当。

(七)评价控制运行的有效性

注册会计师实施审计程序发现的重大错报,是表明内部控制存在值得关注的内部控制缺陷的重要迹象。在评价相关控制运行的有效性时,注册会计师应当评价通过实施实质性程序发现的错报是否表明控制未得到有效运行。但通过实质性程序未发现错报,并不能证明与所测试认定相关的控制是有效的。

在理解控制运行的有效性时,注册会计师需要意识到被审计单位控制运行可能存在偏差。偏差产生的原因可能是关键人员发生变动、交易量发生重大季节性波动或人为错误等。发现的偏差率,尤其是在与预期偏差率进行比较后,可能表明注册会计师无法信赖该控制,以将认定层次的风险降至注册会计师评估的水平。如果发现拟信赖的控制出现偏差,注册会计师应当进行专门询问以了解这些偏差及其潜在后果,并确定:已实施的控制测试是否为信赖这些控制提供了适当的基础;是否有必要实施追加的控制测试;是否需要针对潜在的错报风险实施实质性程序。

表7-1举例说明了认定层次的重大错报风险与控制测试之间的关系。

表7-1　　　　　　　　　销售与收款循环的控制测试示例　　　　　工作底稿索引号 F2-1

被审计单位名称:　新欣　　　　编制人员　章艺　　　　日期　20×6年2月6日

财务报表期间:20×5年　　　　复核人员　李明　　　　日期　20×6年2月13日

相关控制	防止或发现舞弊的控制	重要账户或列报	相关认定						评价控制的设计与执行		评价控制运行的有效性		
			完整性	存在或发生	准确性	截止	计价和分摊	权利义务	分类/可理解性	执行审计程序的结果	工作底稿索引号	审计程序的性质和范围	控制测试的结果	工作底稿索引号
销售通知单、出库单、发票事先编号	是	主营业务收入	是			是				设计合理并得到执行	F2-2	检查销售通知单等是否按照编号顺序使用	有效	F2-3
		应收账款	是											

续表

相关控制	防止或发现舞弊的控制	重要账户或列报	相关认定							评价控制的设计与执行		评价控制运行的有效性	
			完整性	存在/发生	准确性	截止	计价/分摊	权利义务	分类/可理解性	执行审计程序的结果	工作底稿索引号	审计程序的性质和范围	控制测试的结果	工作底稿索引号
定期向客户寄送对账单	是	主营业务收入	是	是						设计合理并得到执行	F2—2	选取35张对账单,并检查客户的回函记录	有效	F2—3
		应收账款	是		是									
……														
……														
……														
……														

第三节 实质性程序

一、实质性程序的内涵

实质性程序(substantive procedure),是指用于发现认定层次重大错报的审计程序。实质性程序包括下列两类程序:

(一)对各类交易、账户余额和披露的细节测试

细节测试(tests of details)适用于对各类交易、账户余额、披露认定的测试,尤其是对存在或发生、计价认定的测试。执行这类测试时,注册会计师主要通过一定的审计方法(如函证、检查、观察等)来验证各类业务或账户余额的真实性。

注册会计师应当针对评估的风险设计细节测试,获取充分、适当的审计证据,以达到认定层次所计划的保证水平。

在针对存在或发生认定设计细节测试时,注册会计师应当选择包含在财务报表金额中的项目,并获取相关审计证据。在针对完整性认定设计细节测试时,注册会计师应当选择有证据表明应包含在财务报表金额中的项目,并调查这些项目是否确实包括在内。例如,在存货审计中,如果要验证存货是否存在,应将报表或有关明细账的数据与仓库实际的货物进行核对;如果要验证存货完整性,则应首先清点仓库中某些存货的实际数量,然后再与有关明细账数量进行核对。

尽管控制测试的目的与细节测试的目的不同,但注册会计师可以考虑针对同一交易同时实施控制测试和细节测试,以实现双重目的,这种做法称为双重目的测试(dual-purpose test)。双重目的测试是通过分别考虑每个测试的目的而设计和评价的。例如,注册会计师可以通过检查某笔交易的发票这项程序,实现两个目的:一是确定其是否经过适当的授权,二是获取关于该交易的发生、准确性等认定的审计证据。

(二)实质性分析程序

在实质性程序执行的分析程序称为实质性分析程序(substantive analytical procedures),执行该程序的目的是通过研究不同财务数据之间以及财务数据与非财务数据之间的内在关系,对财务信息做出评价并确定审计重点,其基本内容包括比较分析、比率分析和趋势分析等。

在设计实质性分析程序时,注册会计师应当考虑下列因素:对特定认定使用实质性分析程序的适当性;对已记录的金额或比率做出预期时,所依据的内部或外部数据的可靠性;做出预期的准确程度是否足以在计划的保证水平上识别重大错报;已记录金额与预期值之间可接受的差异额。

当实施实质性分析程序时,如果使用被审计单位编制的信息,注册会计师应当考虑测试与信息编制相关的控制,以及这些信息是否在本期或前期经过审计。

二、实质性程序的性质、范围和时间安排

无论评估的重大错报风险结果如何,注册会计师都应当针对所有重大类别的交易、账户余额和披露,设计和实施实质性程序。其理由是注册会计师对风险的评估是一种判断,因此可能无法识别所有重大错报风险,或者内部控制存在固有限制,如管理层凌驾于控制之上。

(一)实质性程序的性质和范围

根据具体情况,注册会计师可能确定:

(1)仅实施实质性分析程序就足以将审计风险降至可接受的低水平,如当实施控制测试获取的审计证据可以支持风险评估结果时。实质性分析程序通常更适用于在一段时期内存在可预期关系的大量交易。

(2)仅实施细节测试是适当的。在设计细节测试时,注册会计师需要考虑风险和认定的性质。例如,在针对存在或发生认定设计细节测试时,注册会计师可能需要选择已经包含在财务报表金额中的项目,并获取相关审计证据。另一方面,在针对完整性认定设计细节测试时,注册会计师可能需要选择应包含在财务报表金额中的项目,并调查这些项目是否确实包含在内;在设计细节测试时,注册会计师通常从样本量的角度考虑测试范围,但还可能考虑其他相关因素,包括使用其他选取测试项目的方法是否更有效等。

(3)将细节测试与实质性分析程序结合使用可以最恰当地应对评估的风险。由于注册会计师在评估重大错报风险时考虑了内部控制,如果对控制测试结果不满意,注册会计师可能需要扩大实质性程序的范围。然而,只有当审计程序本身与特定风险相关时,扩大审计程序的范围才是适当的。例如,尽管函证可以对某些认定提供相关审计证据,但对于其他一些认定,函证提供审计证据的相关性并不高。例如,函证针对应收账款余额的可回收性提供的审计证据,比针对应收账款余额的存在认定提供的审计证据的相关性要低。

课堂讨论题 2

举例说明存在可预期关系的交易。

(二)与财务报表编制完成阶段相关的实质性程序

注册会计师实施的实质性程序应当包括下列与财务报表编制完成阶段相关的审计程序:将财务报表与其所依据的会计记录进行核对或调节;检查财务报表编制过程中做出的重大会计分录和其他调整。

注册会计师对会计分录和其他会计调整执行检查的性质和范围,取决于被审计单位财务报告过程的性质和复杂程度以及相关的重大错报风险。

(三)应对特别风险的实质性程序

如果认为评估的认定层次重大错报风险是特别风险,注册会计师应当专门针对该风险

实施实质性程序。如果针对特别风险实施的程序仅为实质性程序,这些程序应当包括细节测试。例如,从恰当的被询证者以函证形式直接取得的审计证据,可以帮助注册会计师获取应对由于舞弊或错误导致的重大错报风险所需的具有高度可靠性的审计证据。例如,如果注册会计师认为管理层面临实现盈利预期的压力,则可能存在管理层虚增销售收入的风险,即通过对不满足收入确认条款的销售协议进行不当确认,或通过在发货前开具销售发票来虚增收入。在这些情况下,注册会计师可能设计函证程序,不仅用于确认应收账款的账户余额,也用于确认销售协议的细节条款,包括日期、退货权和交货条款。此外,注册会计师还可能认为有必要就销售协议和交货条款的任何变更询问被审计单位的非财务人员,以此作为函证程序的补充。

(四)实质性程序的时间安排

在某些情况下,注册会计师可能认为在期中实施实质性程序,并将期末余额的相关信息与期中的可比信息进行比较和调节,对于实现下列目的是有效的:识别显示异常的金额;调查这些异常金额;实施实质性分析程序或细节测试以测试剩余期间。

注册会计师在期中实施实质性程序而未在其后实施追加程序,将增加期末可能存在错报而未被发现的风险,并且该风险随着剩余期间的延长而增加。下列因素可能对是否在期中实施实质性程序产生影响:控制环境和其他相关控制;实施审计程序所需要的信息在期中之后的可获得性;实质性程序的目的;评估的重大错报风险;特定类别的交易或账户余额以及相关认定的性质;针对剩余期间,注册会计师能否通过实施适当的实质性程序或将实质性程序与控制测试相结合,降低期末可能存在错报而未被发现的风险。

下列因素可能对是否就期中至期末实施实质性分析程序产生影响:特定类别交易的期末累计发生额或期末账户余额在金额、相对重要性及构成方面能否被合理预期;被审计单位在期中对此类交易或账户余额进行分析和调整的程序及确保截止正确的程序是否恰当;与财务报告相关的信息系统能否提供关于期末账户余额和剩余期间的交易的充分信息,以调查下列事项:(1)重大的异常交易或会计分录(尤其在期末或接近期末发生的交易或会计记录);(2)导致重大波动的其他原因或预期发生但未发生的波动;(3)特定类别的交易或账户余额在构成上的变动。

(五)利用期中获取的审计证据

如果在期中实施了实质性程序,注册会计师应当针对剩余期间实施下列程序之一,以将期中测试得出的结论合理延伸至期末:(1)结合对剩余期间实施的控制测试,实施实质性程序;(2)如果认为对剩余期间拟实施的实质性程序是充分的,仅实施实质性程序。

如果期中检查出注册会计师在评估重大错报风险时未预期到的错报,注册会计师应当评价是否需要修改相关的风险评估结果以及针对剩余期间拟实施的实质性程序的性质、时间安排或范围。如果注册会计师由于在期中发现未预期的错报,而认为需要修改针对剩余期间拟实施实质性程序的性质、时间安排或范围,则此类修改可能包括在期末扩大期中已实施实质性程序的范围或重新实施这些实质性程序。

(六)利用以前审计获取的审计证据

在多数情况下,在以前审计中实施实质性程序获取的审计证据,通常对本期只有很弱的证据效力或没有证据效力。但是,也有例外。例如,以前审计通过实质性程序测试过的某项诉讼在本期没有任何实质性进展。在这种情况下,使用在以前审计的实质性程序中获取的审计证据可能是适当的,前提是该证据及其相关事项未发生重大变动,并且本期已实施用以确认是否具有持续相关性的审计程序。

实质性程序的举例见表7—2。

表7—2　　　　　　　　销售与收款循环的实质性程序　　　　工作底稿索引号 F2—1

被审计单位名称：新欣　　　　　　编制人员 章艺　　　　日期 20×6年2月6日
财务报表期间：20×5年　　　　　　复核人员 李明　　　　日期 20×6年2月13日

审计程序的性质和时间	重要账户或列报	相关认定							工作底稿索引号
		完整性	存在/发生	准确性	截止	计价/分摊	权利/义务	分类/可理解性	
实质性分析程序									
……									
细节测试									
函证15个余额较大的应收账款明细项目	应收账款		是			是			F3—2
选取12月31日前后的20张出库单并与主营业务收入明细账核对	主营业务收入				是				F3—3
……									
……									
……									

第四节　应对舞弊导致的重大错报风险

注册会计师应当针对评估的舞弊导致的财务报表层次重大错报风险确定总体应对措施，并针对评估的舞弊导致的认定层次重大错报风险设计和实施进一步审计程序。

舞弊导致的重大错报风险属于特别风险，注册会计师应当专门针对该风险实施实质性程序。为应对评估的舞弊导致的重大错报风险，注册会计师应当保持高度的职业怀疑态度，包括：对有关重大交易的文件记录进行检查时，对文件记录的性质和范围的选择保持敏感；就管理层对重大事项做出的解释或声明，有意识地通过其他信息予以验证。

一、总体应对措施

注册会计师应当针对评估的舞弊导致的财务报表层次重大错报风险确定下列总体应对措施：

(一)考虑人员的适当分派和督导

在分派和督导项目组成员时，考虑承担重要业务职责的项目组成员所具备的知识、技能和能力，并考虑由于舞弊导致的重大错报风险的评估结果。注册会计师可以向项目组额外分派具备专门技能和知识的人员(如法律专家和信息技术专家)或分派更有经验的人员；督导的程度需要考虑注册会计师对由于舞弊导致的重大错报风险的评估以及执行审计工作的项目组成员的胜任能力。

(二)考虑被审计单位采用的会计政策

评价被审计单位对会计政策(特别是涉及主观计量和复杂交易的会计政策)的选择和运用,是否可能表明管理层通过操纵利润对财务信息做出虚假报告。

(三)在选择审计程序时增加不可预见性

熟悉常规审计程序的被审计单位内部人员更有能力掩饰虚假财务报告,注册会计师在选择拟实施的审计程序的性质、时间安排和范围时增加不可预见性是非常重要的。注册会计师在选择增加不可预见性时,主要可以通过以下方式实现:对通常由于风险程度较低而不会做出测试的账户余额实施实质性程序;调整审计程序的时间,使之有别于预期的时间安排;运用不同的抽样方法;在不同的经营地点或未预先通知的经营地点实施审计程序。

二、针对舞弊导致的认定层次的重大错报风险实施的审计程序

注册会计师应当设计和实施进一步审计程序,审计程序的性质、时间安排和范围应当能够应对评估的由于舞弊导致的认定层次重大错报风险。

(一)改变拟实施审计程序的性质

改变拟实施审计程序的性质,以获取更为可靠、相关的审计证据或获取额外的佐证信息。这可能影响注册会计师拟实施审计程序的类型及其组合。例如:

(1)对特定资产进行实地观察或检查变得更为重要,或选择使用计算机辅助审计技术以收集更多的有关重要账户或电子交易文档中包含数据的证据。

(2)设计程序以获取额外的佐证信息。例如,如果注册会计师发现管理层处于利润预期的压力之下,就可能存在虚增收入的相关风险,其虚增收入的方式可能是签署包含影响收入确认条款的销售协议,或在发货前提前开具销售发票。在这种情况下,注册会计师可以设计询证函,函证的内容不仅包括欠款余额,还包括销售协议的细节,如交易日期、退货权、交货条款等。此外,通过向被审计单位的非财务人员询问销售协议和交货条款的变化,以对函证获取的信息进行补充,也可能是有效的。

(二)改变实质性程序的时间

注册会计师可能认为在期末或接近期末实施实质性程序能够更好地应对由于舞弊导致的重大错报风险。考虑到评估的由于故意错报或利润操纵导致的风险,注册会计师可能认为将期中实施审计程序得出的审计结论延伸至期末是无效的。由于故意错报(如错报涉及不恰当的收入确认)可能在期中已经发生,注册会计师可能选择对较早期间发生的交易或整个报告期内的交易实施实质性程序。

(三)改变审计程序的范围

实施的审计程序的范围应反映对由于舞弊导致的重大错报风险的评估结果。例如,扩大样本规模或在更详细的层次上实施分析程序可能是适当的。同时,计算机辅助审计技术可能有助于注册会计师对电子交易和会计文档实施更广泛的测试。该技术可用于从关键电子文档中选择交易作为测试样本,对具有特定特征的交易进行分类,或对总体进行测试而不是进行抽样测试。

应对评估的舞弊导致的重大错报风险可能实施的审计程序,示例见表7—3。

表 7-3　　　　应对评估的舞弊导致的重大错报风险可能实施的审计程序的示例

编制虚假财务报告		侵占资产	
涉及项目	具体应对措施	涉及项目	具体应对措施
收入确认	针对收入项目,使用分解的数据实施实质性分析程序,例如,按照月份、产品线或业务分部将本期收入与具有可比性的以前期间收入进行比较。利用计算机辅助审计技术可能有助于发现异常的或未预期到的收入关系或交易	收入确认与收款	直接向被审计单位的客户询证所审计期间的交易活动(包括赊销记录、销售退回情况、付款日期等)
	向被审计单位的客户函证相关的特定合同条款以及是否存在背后协议,因为相关的会计处理是否适当,往往会受到这些合同条款或协议(例如,商品接受标准、交货与付款条件、是否提供售后服务、退货权等条款)的影响		分析销售折扣和销售退回等,以识别异常的模式或趋势
	向被审计单位的销售和营销人员或内部法律顾问询问临近期末的销售或发货情况,以及他们所了解的与这些交易相关的异常条款或条件		向第三方函证合同的具体条款
	期末在被审计单位的一处或多处发货现场实地观察发货情况或准备发出的货物情况(或待处理的退货),并实施其他适当的销售及存货截止测试		获取合同是否按照规定的条款执行的审计证据
	对于通过电子方式自动生成、处理、记录的销售交易,实施控制测试以确定这些控制是否能佐证收入交易已真实发生并得到适当的记录	现金或有价证券	在期末或临近期末对现金或有价证券进行监盘
存货数量	检查被审计单位的存货记录,以识别在被审计单位盘点过程中或结束后需要特别关注的存货存放地点或存货项目	存货数量与价值	按照存货存放地点或产品类型分析存货短缺情况
	在不预先通知的情况下对特定存放地点的存货实施监盘,或在同一天对所有存放地点实施存货监盘		将关键存货指标与行业正常水平进行比较
	要求被审计单位在报告期末或临近期末的时点实施存货盘点,以降低被审计单位在盘点日与报告期末之间操纵存货数量的风险		对于发生减计的永续盘存记录,复核其支持性文件
	在观察存货盘点的过程中实施额外的程序,例如,更严格地检查包装箱中的货物、货物堆放方式或标记方式等。根据需要确定是否需要利用专家的工作	薪酬支付	利用计算机技术检查工资单记录中是否存在重复的地址、员工身份证明、纳税识别编号或银行账号
	按照存货的等级或类别、存放地点或其他分类标准,将本期存货数量与前期进行比较,或将盘点数量与永续盘存记录进行比较		检查人事档案中是否存在只有很少记录或缺乏记录的档案,如缺少绩效考评的档案
	利用计算机辅助审计技术进一步测试存货实物盘点目录的编制。例如,按标签号进行检索以测试存货的标签控制,或按照项目的顺序编号进行整理以检查是否存在漏记或重复编号	采购与付款	利用计算机技术将供货商名单与被审计单位员工名单进行对比,以识别地址或电话号码相同的数据
管理层估计	聘用专家做出独立估计,并与管理层的估计进行比较	费用支付	复核大额和异常的费用开支是否适当
	将询问范围延伸至管理层和会计部门以外的人员,以印证管理层完成与做出会计估计相关的计划的能力和意图		复核高级管理人员提交的费用报告的金额及适当性

三、针对管理层凌驾于控制之上的风险实施的程序

管理层处于实施舞弊的独特地位,其原因是管理层有能力通过凌驾于控制之上操纵会计记录并编制虚假财务报表,而这些控制却看似有效运行。尽管管理层凌驾于控制之上的风险水平因被审计单位而异,但所有被审计单位都存在这种风险。由于管理层凌驾于控制之上的行为发生方式不可预见,这种风险属于由于舞弊导致的重大错报风险,从而也是一种特别风险。注册会计师针对该特别风险应当实施的审计程序包括:

(一)会计分录及其他调整

由于舞弊导致的财务报表重大错报通常涉及通过做出不恰当(或未经授权)的会计分录对财务报告过程进行操纵。这种操纵行为可能在整个期间或在期末发生,或由管理层对财务报表金额做出调整,而该调整未在会计分录中反映。注册会计师需要测试并评价日常会计核算过程中做出的会计分录以及编制财务报表过程中做出的调整是否适当。

注册会计师有必要考虑管理层不适当地凌驾于会计分录控制之上的重大错报风险,这是因为,自动化流程和控制可以降低由于疏忽造成错误的风险,但不能消除人们不恰当地凌驾于这些自动化流程之上的风险(如通过改变自动过入总账或财务报告系统的金额)。此外,当信息技术用于自动传递信息时,在信息系统中可能留下很少或不会留下明显的此类人工干预的证据。

在识别和选择拟测试的会计分录和其他调整,并针对已选择项目的支持性文件确定适当的测试方法时,注册会计师可以考虑的相关因素包括:

(1)对由于舞弊导致的重大错报风险的评估。注册会计师识别出的舞弊风险因素和在评估由于舞弊导致的重大错报风险过程中获取的其他信息,可能有助于注册会计师识别需要测试的特定类别的会计分录和其他调整。

(2)对会计分录和其他调整已实施的控制。在注册会计师已经测试了这些控制运行的有效性的前提下,针对会计分录和其他调整的编制和过账所实施的有效控制,可以缩小所需实施的实质性程序的范围。

(3)被审计单位的财务报告过程以及所能获取的证据的性质。在很多被审计单位中,交易的日常处理同时涉及人工和自动化的步骤和程序。类似地,会计分录和其他调整的处理过程也可能同时涉及人工和自动化的程序和控制。当信息技术应用于财务报告过程时,会计分录和其他调整可能仅以电子形式存在。

(4)虚假会计分录或其他调整的特征。不恰当的会计分录或其他调整通常具有独特的识别特征。这类特征可能包括:①某项业务记入不相关、异常或很少使用的账户;②由平时不负责编制会计分录的人员编制的分录;③分录在期末或结账过程中编制,且没有或只有很少的解释或描述;④分录在编制财务报表之前或编制过程中编制且没有账户编号;⑤分录金额为约整数或尾数一致。

(5)账户的性质和复杂程度。不恰当的会计分录或其他调整可能体现在以下账户中:①包含复杂或性质异常的交易的账户;②包含重大估计及期末调整的账户;③过去易于发生错报的账户;④未及时调节的账户,或含有尚未调节差异的账户;⑤包含集团内部不同公司间交易的账户;⑥其他虽不具备上述特征但与已识别的由于舞弊导致的重大错报风险相关的账户。在审计拥有多个经营地点或组成部分的被审计单位时,注册会计师需考虑从不同的地点选取会计分录进行测试。

(6)在常规业务流程之外处理的会计分录或其他调整。针对非标准分录实施的控制的水

平与针对为记录日常交易(如每月的销售、采购及现金支出)所编制的分录实施的控制的水平可能不同。

注册会计师在确定对会计分录和其他调整进行测试的性质、时间安排和范围时,需要运用职业判断。由于虚假会计分录和其他调整通常在报告期末做出,注册会计师需要对报告期末的会计分录和其他调整进行测试。此外,由于舞弊导致的财务报表重大错报可能发生于整个会计期间,并且舞弊者可能运用各种方式隐瞒舞弊行为,注册会计师需要考虑是否有必要测试整个会计期间的会计分录和其他调整。

(二)会计估计

在编制财务报表的过程中,管理层需要做出影响重大会计估计的一系列判断或假设,并对这些估计的合理性进行持续监督。管理层通常通过故意做出不当会计估计来编制虚假财务报告。例如,以相同的方式低估或高估所有准备,从而使利润在两个或多个会计期间内得以平滑,或达到某预定的利润水平以影响财务报表使用者对被审计单位业绩和盈利能力的看法,从而误导财务报表使用者。注册会计师需要从财务报表整体上考虑管理层做出的某项会计估计是否反映出管理层的某种偏向,是否与注册会计师所获取审计证据表明的最佳估计存在重大差异。

追溯复核与以前年度财务报表反映的重大会计估计相关的管理层判断和假设,其目的是判断是否存在管理层偏向的迹象并评价产生这种偏向的环境是否表明存在由于舞弊导致的重大错报风险。

(三)重大交易的商业理由

以下迹象可能表明被审计单位从事超出其正常经营过程的重大交易或虽未超出其正常经营过程但显得异常的重大交易,从事这些交易的目的可能是为了对财务信息做出虚假报告或掩盖侵占资产的行为:(1)交易的形式显得过于复杂(例如,交易涉及集团内部多个实体,或涉及多个非关联的第三方);(2)管理层未与治理层就此类交易的性质和会计处理进行过讨论,且缺乏充分的记录;(3)管理层更强调采用某种特定的会计处理的需要,而不是交易的经济实质;(4)对于涉及不纳入合并范围的关联方(包括特殊目的实体)的交易,治理层未进行适当的审核与批准;(5)交易涉及以往未识别出的关联方,或涉及在没有被审计单位帮助的情况下不具备实质性交易基础或财务能力完成交易的第三方。

四、评价审计证据

(一)在临近审计结束时为形成总体结论而实施的分析程序

在就财务报表与所了解的被审计单位的情况是否一致形成总体结论时,注册会计师应当评价在临近审计结束时实施的分析程序,是否表明存在此前尚未识别的由于舞弊导致的重大错报风险。

确定哪些特定趋势和关系可能表明存在由于舞弊导致的重大错报风险,需要运用职业判断。涉及期末收入和利润的异常关系尤其值得关注。这些趋势和关系可能包括:在报告期的最后几周内记录了不寻常的大额收入或异常交易,或收入与经营活动产生的现金流量趋势不一致。

(二)考虑识别出的错报

如果识别出某项错报,注册会计师应当评价该项错报是否表明存在舞弊。如果存在舞弊的迹象,鉴于舞弊不太可能是孤立发生的事项,注册会计师应当评价该项错报对审计工作其他方面的影响,特别是对管理层声明可靠性的影响。例如,在某个经营地点发生了大量的错报,即使这些错报的累积影响并不重大,但仍可能表明存在由于舞弊导致的重大错报风险。

如果识别出某项错报，并有理由认为该项错报是（或可能是）由于舞弊导致的，且涉及管理层，特别是涉及较高级别的管理层，无论该项错报是否重大，注册会计师都应当重新评价对由于舞弊导致的重大错报风险的评估结果，以及该结果对旨在应对评估的风险的审计程序的性质、时间安排和范围的影响。

在重新考虑此前获取的审计证据的可靠性时，注册会计师还应当考虑相关的情形是否表明可能存在涉及员工、管理层或第三方的串通舞弊。

如果确认财务报表存在由于舞弊导致的重大错报，或无法确定财务报表是否存在由于舞弊导致的重大错报，注册会计师应当评价这两种情况对审计的影响。

五、无法继续执行审计业务

如果由于舞弊或舞弊嫌疑导致出现错报，致使注册会计师遇到对其继续执行审计业务的能力产生怀疑的异常情形[①]，注册会计师应当：

（一）确定适用于具体情况的职业责任和法律责任

注册会计师对客户信息负有的保密义务可能妨碍其向被审计单位以外的机构报告舞弊。注册会计师需要承担的职业责任和法律责任可能因国家或地区的不同而不同。在特定情况下，法律法规或监管要求可能超越保密义务。在某些国家或地区，从事金融机构审计的注册会计师负有向监管机构报告舞弊行为的法定义务。考虑到具体情况的特殊性质以及法律法规的规定，在决定是否解除业务约定或采取其他适当的措施时，注册会计师可能需要征询法律意见，这样做的目的是权衡识别出的舞弊对公众利益、客户利益、事务所声誉等方面的影响。

（二）考虑是否需要解除业务约定

由于可能出现的情形各不相同，因而难以确切地说明在何时解除业务约定是适当的。影响注册会计师得出结论的因素包括管理层或治理层成员参与舞弊可能产生的影响（可能会影响管理层声明的可靠性），以及与被审计单位之间保持客户关系对注册会计师的影响。如果决定解除业务约定，注册会计师应当采取下列措施：(1)与适当层级的管理层和治理层讨论解除业务约定的决定和理由；(2)考虑是否存在职业责任或法律责任，需要向审计业务委托人或监管机构报告解除业务约定的决定和理由。

六、书面声明

注册会计师应当就下列事项向管理层和治理层（如适用）获取书面声明：(1)管理层和治理层认可其设计、执行和维护内部控制以防止和发现舞弊的责任；(2)管理层和治理层已向注册会计师披露了管理层对由于舞弊导致的财务报表重大错报风险的评估结果；(3)管理层和治理层已向注册会计师披露了已知的涉及管理层、在内部控制中承担重要职责的员工以及其他人员（在舞弊行为导致财务报表出现重大错报的情况下）的舞弊或舞弊嫌疑；(4)管理层和治理层已向注册会计师披露了从现任和前任员工、分析师、监管机构等方面获知的、影响财务报表的舞弊指控或舞弊嫌疑。

---

① 注册会计师可能遇到的对其继续执行审计业务的能力产生怀疑的异常情形主要包括：(1)被审计单位没有针对舞弊采取适当的、注册会计师根据具体情况认为必要的措施，即使该舞弊对财务报表影响并不重大；(2)注册会计师对由于舞弊导致的重大错报风险的考虑以及实施审计测试的结果，表明存在重大且广泛的舞弊风险；(3)注册会计师对管理层或治理层的胜任能力或诚信产生重大疑虑。

七、与管理层和治理层的沟通

(一)与管理层的沟通

如果识别出舞弊或获取的信息表明可能存在舞弊,注册会计师应当及时将此类事项向适当层级的管理层通报,以便管理层告知对防止和发现舞弊事项负有主要责任的人员。即使该事项(如被审计单位组织结构中处于较低职位的员工挪用小额公款)可能被认为不重要,注册会计师也应当这样做。

确定拟沟通的适当层级的管理层,需要运用职业判断,并且这一决定受串通舞弊的可能性、舞弊嫌疑的性质和重要程度等事项的影响。通常情况下,适当层级的管理层至少要比涉嫌舞弊的人员高出一个级别。

(二)与治理层的沟通

如果确定或怀疑舞弊涉及管理层、在内部控制中承担重要职责的员工、其他人员(在舞弊行为导致财务报表重大错报的情况下),注册会计师应当及时将此类事项向治理层通报,除非治理层全部人员参与管理被审计单位。

如果怀疑舞弊涉及管理层,注册会计师应当将此怀疑向治理层通报,并与其讨论为完成审计工作所必需的审计程序的性质、时间安排和范围。由于涉及较高层级管理层的舞弊或导致财务报表重大错报的舞弊的性质和敏感性,注册会计师需要及时报告这类舞弊事项,并尽量以书面形式报告。

在某些情况下,当注意到舞弊涉及管理层之外的人员,且不会导致重大错报时,注册会计师也可能认为与治理层沟通这一事项是适当的。类似地,治理层可能也希望获知这方面的信息。如果注册会计师与治理层在审计初期阶段已就沟通的性质和范围达成一致意见,将有助于这一沟通过程。在例外情况下,如果对管理层或治理层的诚信或正直情况产生怀疑,注册会计师可能会考虑征询法律意见。

(三)与舞弊相关的其他事项

如果根据判断认为还存在与治理层职责相关的、涉及舞弊的其他事项,注册会计师应当就此与治理层沟通。其他需要与治理层讨论的有关舞弊的事项可能包括:

(1)对管理层评估的性质、范围和频率的疑虑,这些评估是针对旨在防止和发现舞弊的控制及财务报表可能存在的重大错报风险而实施的;

(2)管理层未能恰当应对识别出的值得关注的内部控制缺陷或舞弊;

(3)注册会计师对被审计单位控制环境的评价,包括对管理层胜任能力和诚信的疑虑;

(4)可能表明存在编制虚假财务报告的管理层行为,例如,对会计政策的选择和运用可能表明管理层操纵利润,以影响财务报表使用者对被审计单位业绩和盈利能力的看法,从而欺骗财务报表使用者;

(5)对超出正常经营过程的交易的授权的适当性和完整性的疑虑。

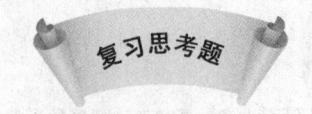

复习思考题

1. 在什么情况下,注册会计师需要实施控制测试?
2. 哪些因素会影响实质性程序的时间安排?
3. 注册会计师应如何应对舞弊导致的重大错报风险?

自我测试题

一、单项选择题

1. 下列与控制测试有关的表述中,错误的是( )。
   A. 如果控制设计不合理,则不必实施控制测试
   B. 如果在评估认定层次重大错报风险时预期控制的运行是有效的,则应当实施控制测试
   C. 如果认为仅实施实质性程序不足以提供认定层次充分、适当的证据,则应当实施控制测试
   D. 对特别风险,如果拟信赖的相关控制没有发生变化,不需要在本次审计中实施控制测试

2. 注册会计师对20×5年1~10月公司销售与收款循环内部控制运行的有效性进行了测试。为了得出该类控制在20×5年度是否有效运行的结论,注册会计师不需要实施的审计程序是( )。
   A. 对该类控制在20×5年11~12月的运行有效性进行补充测试
   B. 获取该类控制在20×5年11~12月变化情况的审计证据
   C. 测试公司对控制的监督
   D. 向公司管理层询问20×5年11~12月该类控制的运行情况

3. 在了解和测试与特别风险相关的内部控制时,注册会计师的下列做法中错误的是( )。
   A. 评价相关控制的设计情况,并确定其是否已经得到执行
   B. 如果拟信赖相关控制,每年测试控制的有效性
   C. 如果拟信赖相关控制,且相关控制自上次测试后未发生变化,每两年测试一次控制的有效性
   D. 如果相关控制不能恰当应对特别风险,应当就该事项与公司治理层沟通

4. 在测试控制运行的有效性时,注册会计师不需要获取关于( )的证据。
   A. 控制是否存在
   B. 控制在所审计期间不同时点如何运行
   C. 控制是否得到一贯执行
   D. 控制由谁执行

5. 下列选项中,属于注册会计师针对评估的舞弊导致的财务报表层次重大错报风险采取的总体应对措施是( )。
   A. 改变审计程序的范围
   B. 改变审计程序的性质
   C. 改变实质性程序的时间
   D. 在选择审计程序时增加不可预见性

6. 为了掩饰侵占资产的行为,舞弊者最可能编制的会计分录是( )。
   A. 借记费用,贷记资产
   B. 借记被盗资产,贷记其他资产
   C. 借记收入,贷记被盗资产
   D. 借记其他资产,贷记被盗资产

二、多项选择题

1. 下列有关注册会计师实施进一步审计程序的时间的说法中,正确的有( )。
   A. 如果被审计单位的控制环境良好,注册会计师可以在期中实施进一步审计程序
   B. 注册会计师在确定何时实施进一步审计程序时需要考虑能够获取相关信息的时间
   C. 对于被审计单位发生的重大交易,注册会计师应当在期末或期末以后实施实质性程序
   D. 如果评估的重大错报风险为低水平,注册会计师可以选择资产负债表日前适当日期为截止日实施审计程序

2. 下列有关控制测试目的的说法中,错误的有( )。
   A. 控制测试旨在评价内部控制在防止或发现并纠正认定层次重大错报方面的运行有效性
   B. 控制测试旨在发现认定层次发生错报的金额
   C. 控制测试旨在验证实质性程序结果的可靠性

D. 控制测试旨在确定控制是否得到执行

3. 如果注册会计师在期中执行了控制测试,并获取了控制在期中运行有效性的审计证据,下列说法中,错误的有( )。

A. 如果在期末实施实质性程序未发现某项认定存在错报,说明与该项认定相关的控制是有效的,不需要再对相关控制进行测试

B. 如果某一控制在剩余期间内发生变动,在评价整个期间的控制运行有效性时,无须考虑期中测试的结果

C. 对某些自动化运行的控制,可以通过测试信息系统一般控制的有效性获取控制在剩余期间运行有效的审计证据

D. 如果某一控制在剩余期间内未发生变动,不需要补充剩余期间控制运行有效性的审计证据

4. 下列有关实质性程序时间安排的说法中,正确的有( )。

A. 控制环境和其他相关的控制越薄弱,注册会计师越不宜在期中实施实质性程序

B. 注册会计师评估的某项认定的重大错报风险越高,越应当考虑将实质性程序集中在期末或接近期末实施

C. 如果实施实质性程序所需信息在期中之后难以获取,注册会计师应考虑在期中实施实质性程序

D. 如果在期中实施了实质性程序,注册会计师应当针对剩余期间实施控制测试,以将期中测试得出的结论合理延伸至期末

5. 下列做法中,可以提高审计程序的不可预见性的有( )。

A. 针对销售收入和销售退回延长截止测试期间

B. 向以前没有询问过的被审计单位员工询问

C. 对以前通常不测试的金额较小的项目实施实质性程序

D. 对被审计单位银行存款年末余额实施函证

三、案例分析题

甲公司是 ABC 会计师事务所的常年审计客户,主要从事医疗器械设备的生产和销售。A 产品为大中型医疗器械设备,主要销往医院;B 产品为小型医疗器械设备,主要通过经销商销往药店。C 注册会计师负责审计甲公司 2015 年度财务报表。

资料一:

C 注册会计师在审计工作底稿中记录了所了解的甲公司情况及其环境,部分内容摘录如下:

(1)2015 年年初,甲公司在 5 个城市增设了销售服务处,使销售网点的数量增加到 11 个,销售人员数量比上年年末增加 50%。

(2)对于 A 产品,甲公司负责将设备运送到医院并安装调试。医院验收合格后签署设备验收单,甲公司根据设备验收单确认销售收入。甲公司自 2015 年起向医院提供 1 个月的免费试用期,医院在试用期结束后签署设备验收单。

(3)由于市场上 B 产品竞争激烈,甲公司在 2015 年年初将 B 产品的价格平均下调 10%。

(4)甲公司从 2014 年起推出针对经销商的返利计划,根据经销商已付款的采购额的 3%~6%的比例,在年度终了后 12 个月内向经销商支付返利。甲公司未与经销商就返利计划签订书面协议,而由销售人员口头传达。

(5)2015 年 12 月,一名已离职员工向甲公司董事会举报,称销售总监有虚报销售费用的行为。甲公司已对此事展开调查,目前尚无结论。

(6)甲公司的生产设备使用的备件的购买和领用不频繁,但各类备件的种类繁多。为减轻年末存货盘点的工作量,甲公司管理层决定于 2015 年 11 月 30 日对备件进行盘点,其余存货在 2015 年 12 月 31 日进行盘点。

资料二:

C注册会计师在审计工作底稿中记录了所获取的甲公司的财务数据,部分内容摘录如下(金额单位:万元):

项目	2015年(未审数) A产品	2015年(未审数) B产品	2014年(已审数) A产品	2014年(已审数) B产品
主营业务收入	6 800	6 300	4 500	6 000
减:销售返利	0	300	0	280
营业收入	6 800	6 000	4 500	5 720
营业成本	3 500	4 300	2 700	3 700
营业利润	5 000		3 820	
销售费用				
——员工薪酬	1 300		800	
——办公室租金	390		350	
其他项目略				
利润总额	2 000		1 200	
应收账款	4 900		3 500	
坏账准备	(100)		(80)	
存货				
——发出商品	410		400	
——备件	290		330	
其他应付款				
——返利	420		280	
——租金	120		90	

资料三:

C注册会计师在审计工作底稿中记录了审计计划,部分内容摘录如下:

(1)2014年度财务报表整体的重要性为利润总额的5%,即60万元。考虑到本项目属于连续审计业务,以往年度审计调整少,风险较低,因此将2015年度财务报表整体的重要性确定为利润总额的10%,即200万元。

(2)根据以往年度审计结果,甲公司针对主要业务流程(包括销售与收款、采购与付款以及生产与存货)的内部控制是有效的,因此在2015年度审计将继续采用综合性审计方案。

资料四:

C注册会计师在审计工作底稿中记录了拟实施的实质性程序,部分内容摘录如下:

(1)取得5个新设销售网点的办公室租赁合同,连同以前年度获取的6个销售网点的租赁合同,估算本年度办公室租金费用。

(2)计算2015年度每月毛利率,如果存在较大波动,向管理层询问波动原因。

(3)检查2014年度计提的销售返利的实际支付情况,并向管理层询问予以佐证,评估2015年度计提的销售返利金额的合理性。

(4)从A产品销售收入明细账中选取若干笔记录,检查销售合同、发票和设备验收单,确定记录的销售收入金额是否与合同和发票一致,收入确认的时点是否与合同约定的交易条款和设备验收单的日期相符。

(5)检查年末应收账款的账龄分析以及年内实际发生的坏账,评估坏账准备的合理性。

(6)分别在 2015 年 11 月 30 日和 2015 年 12 月 31 日对甲公司的存货盘点实施监盘。

要求:

(1)针对资料一的(1)至(6)项,结合资料二,假定不考虑其他条件,逐项指出资料一所列事项是否可能表明存在重大错报风险。如果认为存在重大错报风险,简要说明理由,并说明该风险主要与哪些项目(仅限于营业收入、营业成本、销售费用、应收账款、坏账准备、存货和其他应付款)的哪些认定相关。

(2)逐项指出资料三的(1)和(2)项审计计划是否适当,并简要说明理由。

(3)针对资料四的(1)至(6)项的实质性程序,假定不考虑其他条件,逐项指出实质性程序与根据资料一(结合资料二)识别的重大错报风险是否直接相关。如果直接相关,指出对应的是识别的哪一项重大错报风险,并简要说明理由。

第八章 审计证据、审计工作底稿与审计抽样

本章要点

- 审计证据
- 获取审计证据的程序
- 审计工作底稿
- 审计抽样

引例

天丰节能 IPO 审计

以下内容摘录自中国证监会行政处罚决定书〔2014〕21号：

（部分内容略）

经查，利安达存在以下违法事实：

利安达及其注册会计师在审计天丰节能 IPO 和执行首次公开发行股票公司审计业务专项核查工作时未勤勉尽责，2013 年 2 月 17 日出具的审计报告和 2013 年 3 月 28 日出具的《利安达会计师事务所有限责任公司关于河南天丰节能板材科技股份有限公司落实〈关于做好首次公开发行股票公司 2012 年度财务报告专项检查工作的通知〉的自查报告》（以下简称《自查报告》）存在虚假记载。

一、IPO 审计底稿中计划类工作底稿缺失或没有在计划中对评估出的重大错报风险作出恰当应对，没有设计进一步审计程序，没有对舞弊风险进行评估和计划应对，违反《中国注册会计师审计准则第 1231 号——针对评估的重大错报风险采取的应对措施》第五条、第六条和《中国注册会计师审计准则第 1141 号——财务报表审计中与舞弊相关的责任》第十三条、第十六条、第十七条的规定。

利安达 IPO 审计底稿（2010 年）无计划类工作底稿，无总体审计策略、具体审计计划、重要性水平确定表等；无"风险评估汇总表"或其他风险评估底稿。

利安达 IPO 审计底稿（2011 年）无总体审计策略、具体审计计划；无"风险评估汇总表"或其他风险评估底稿。

利安达 IPO 审计底稿（2012 年）具体审计计划中将"评估的重大错报风险"索引至 C47，但未见该份底稿。2012 年"风险评估汇总表"中将销售收款循环评估为财务报表层次的重大错报风险、最高风险，并将对报表的影响描述为虚增营业收入和虚增应收账款；将固定资产循环评估为高风险，对报表的影响描述为虚增资产，涉及"在建工程""固定资产"科目。但总体应对措施仅描述为"控制测试及实质性测试"，也没有就认定层次重大错报风险设计进一步审计程序。

利安达 IPO 审计底稿（2010～2012 年）中没有舞弊风险评估的相关底稿。

二、IPO审计时应收账款函证过程未保持控制,对明显异常回函没有关注,替代程序未得到有效执行,违反《中国注册会计师审计准则第1312号——函证》第十四条、第十九条、第二十三条和《中国注册会计师审计准则第1301号——审计证据》第十条、第十一条的规定,未能发现天丰节能虚构客户、虚增收入的行为。

利安达2010年函证的20家应收账款客户中有1家为虚假客户(即天丰节能虚构的客户),10家存在虚假销售(即天丰节能以该客户名义虚构销售),IPO审计底稿中留存了这11家客户中7家的询证函回函。2010年天丰节能虚增对上述11家客户的销售收入1 079.61万元,利润390.49万元,占当期利润总额的13.47%。利安达2012年函证的51家应收账款客户中有5家为虚假客户,2家存在虚假销售,IPO审计底稿中留存了这7家客户的询证函回函。2012年天丰节能虚增对上述客户的销售收入495.64万元,利润165.15万元,占当期利润总额的2.33%。

三、IPO审计时银行账户函证程序缺失或未有效执行,银行账户函证范围存在遗漏,函证未保持控制,未回函的银行账户和异常的询证函回函未予追查,对获取的明显异常的银行对账单未予关注,也未采取进一步审计程序,违反《中国注册会计师审计准则第1312号——函证》第十二条、第十四条和《中国注册会计师审计准则第1301号——审计证据》第十条、第十一条、第十五条的规定,未能发现天丰节能在建设银行新乡牧野支行开立的41001577100502031 02账户2011年年末实际余额比账面余额少3 000万元的事实,以及天丰节能伪造银行询证函回函、伪造银行对账单的事实。

四、对固定资产的审计程序未能有效执行,检查固定资产新增发生额时,未关注原始凭证异常情况,盘点时未关注大额进口设备及构件,未核对设备编号,检查付款凭证时没有关注合同异常,违反《中国注册会计师审计准则第1301号——审计证据》第十条、第十一条、第十五条的规定,未能发现天丰节能虚增固定资产2 581.3万元。

五、IPO审计过程中,未有效执行关联方识别和披露的审计程序,违反《中国注册会计师审计准则第1323号——关联方》第十四条、第十五条和第十六条的规定,未能发现天丰节能通过第三方公司隐瞒关联交易的事实。

利安达2010年IPO审计底稿中仅有关联方及关联方交易"审计程序表",虽标有程序执行索引号,但未见相关底稿。2011年IPO审计底稿中没有任何执行关联方审计程序的记录。2012年IPO审计底稿没有执行其他实质性审计程序的记录,关联方关系及披露没有审计结论。

(部分内容略)

思考题

1. 查找相关资料,分析天丰节能的财务舞弊包括哪些方面。
2. 会计师事务所应该采取哪些措施完善审计程序和审计工作底稿?

第一节 审计证据

一、审计证据的概念

审计证据(audit evidence),是指注册会计师为了得出审计结论和形成审计意见而使用的信息。审计证据包括构成财务报表基础的会计记录①所含有的信息和其他信息。

审计证据对于支持审计意见和审计报告是必要的。审计证据在性质上具有累积性，主要是在审计过程中通过实施审计程序获取的，也可能包括从其他来源获取的信息，如以前审计（前提是注册会计师已确定被审计单位及其环境自以前审计后是否已发生变化，进而可能影响这些信息对本期审计的相关性）或会计师事务所接受与保持客户时实施质量控制程序获取的信息。除从被审计单位内部和外部其他来源获取的信息外，会计记录也是重要的审计证据来源。可以用作审计证据的信息也可能在编制过程中利用了管理层的专家②的工作。审计证据既包括支持和佐证管理层定的信息，也包括与这些认定相矛盾的信息。在某些情况下，信息的缺乏（如管理层拒绝提供注册会计师要求的声明）本身也构成审计证据，可以被注册会计师利用。

审计证据有两个要点：一是在执行审计业务过程中获得的。非审计过程中所获取的信息虽然也可能成为某种证据，但不能成为审计证据。二是其目的是为了形成审计意见，只要与形成审计意见有关，即使不能构成其他类型的证据（如法律证据），但同样可作为审计证据。

二、审计证据的种类

审计证据按其外形特征可以分为实物证据、书面证据、口头证据和环境证据四类。

(一)实物证据

实物证据是指通过实际观察或清点所取得的、用以确定某些实物资产是否实际存在的证据。这种证据可以用来直接证明各种有形资产（如现金、存货、固定资产等）是否存在，但并不能够据此确定被审计单位是否具有所有权。

(二)书面证据

书面证据是注册会计师所获取的各种以书面文件为形式的一类证据。它包括与审计有关的各种原始凭证、会计记录（记账凭证、会计账簿和各种明细表）、各种会议记录和文件、各种合同、通知书、报告书及函件等。在审计过程中，注册会计师往往要大量地获取和利用书面证据。因此，书面证据是审计证据的主要组成部分，也可称为基本证据。

书面证据按其来源可以分为外部证据和内部证据两类。

1. 外部证据

外部证据是由被审计单位以外的组织机构或人士所编制的书面证据。它一般有较强的证明力。

外部证据又包括：(1)由被审计单位以外的机构或人士编制并由其直接递交注册会计师的外部证据（如应收账款函证回函）；(2)由被审计单位以外的机构或人士编制，但为被审计单位持有并提交注册会计师的书面证据（如银行对账单、购货发票、有关合同等）；(3)注册会计师为证明某个事项而自己动手编制的各种计算表、分析表等。

2. 内部证据

内部证据是由被审计单位内部机构或职员编制和提供的书面证据，它包括被审计单位的会计记录、被审计单位管理层声明书，以及其他各种由被审计单位编制和提供的有关书面文件。

---

① 会计记录(accounting records)，是指对初始会计分录形成的记录和支持性记录。例如，支票、电子资金转账记录、发票和合同；总分类账、明细分类账、会计分录，以及对财务报表予以调整但未在账簿中反映的其他分录；支持成本分配、计算、调节和披露的手工计算表和电子数据表。

② 管理层的专家(mangement's expert)，是指在会计、审计以外的某一领域具有专长的个人或组织，其工作被管理层利用以协助编制财务报表。

一般而言,内部证据不如外部证据可靠。但如果内部证据在外部流转,并获得其他单位或个人的承认(如支票),则具有较强的可靠性。

(1)会计记录。会计记录包括被审计单位自制的原始凭证、记账凭证、账簿记录、各种试算表和汇总表等。会计记录的可靠性,主要取决于被审计单位在填制时内部控制的完善程度。

(2)书面声明。书面声明是注册会计师从被审计单位管理层所获取的书面证据,其主要内容是以书面的形式确认被审计单位在审计过程中所做的各种重要的陈述或保证,包括:所有的会计记录、财务数据、董事会及股东大会会议记录均已提供给注册会计师;财务报表是完整的,并按国家的有关法规、制度编制;所有需披露的事项(如或有事项、关联方交易等)均已做充分的披露等。

书面声明属于可靠性较低的内部证据,它不能替代注册会计师实施其他必要的审计程序。但书面声明是明确被审计单位会计责任的一个重要的载体。书面声明的内容将在第十三章详细论述。

(三)口头证据

口头证据是被审计单位职员或其他有关人员对注册会计师的提问做口头答复所形成的一类证据。不同人员对同一问题的口头陈述相同时,口头证据的可靠性较强。对于重要的口头证据,审计人员应进行书面记录,必要时还应由被询问者签字以示认可。

(四)环境证据

环境证据是指对被审计单位产生影响的各种环境事实。具体而言,它又包括以下几种:

1. 有关内部控制情况

如果被审计单位内部控制良好,就可增加其会计资料的可信赖程度。鉴于目前审计的主要方法仍是制度基础审计,内部控制本身的完善程度及其执行情况是注册会计师在审计过程中始终关注的一个问题。

2. 被审计单位管理人员的素质

被审计单位管理人员(含会计人员)的素质越高,其所提供的证据可靠性越强。衡量管理人员的素质可以从其受教育程度、工作经验、工作态度等多个方面进行综合评价。

3. 各种管理条件和管理水平

被审计单位的管理条件和管理水平也会影响其所提供的证据的可靠程度。例如,一般情况下,实行会计电算化的企业,其凭证和账簿记录出现计算差错的可能性要小于手工记账的企业。

三、审计证据的取证方法

在形成审计意见的过程中,注册会计师的大部分工作是获取和评价审计证据。注册会计师可以通过实施风险评估程序和进一步审计程序(包括控制测试和实质性程序)获取审计证据,以得出合理的审计结论,作为形成审计意见的基础。为获取审计证据而实施的审计程序可以细分为检查、观察、函证、重新计算、重新执行、分析程序和询问。注册会计师通常组合运用这些程序。

(一)检查

检查(inspection)是指注册会计师对被审计单位内部或外部生成的,以纸质、电子或其他介质形式存在的记录和文件进行审查,或对资产进行实物审查。

检查记录或文件(inspection of records or documents)可以提供可靠程度不同的审计证

据,审计证据的可靠性取决于记录或文件的性质和来源,而在检查内部记录或文件时,其可靠性则取决于生成该记录或文件的内部控制的有效性。将检查用作控制测试的一个例子,是检查记录以获取关于授权的审计证据。某些文件是表明一项资产存在的直接审计证据,如构成金融工具的股票或债券,但检查此类文件并不一定能提供有关所有权或计价的审计证据。此外,检查已执行的合同可以提供与被审计单位运用会计政策(如收入确认)相关的审计证据。

检查有形资产(inspection of tangible assets)可为其存在提供可靠的审计证据,但不一定能够为权利和义务或计价等认定提供可靠的审计证据。对个别存货项目进行的检查,可与存货监盘一同实施。

(二)观察

观察(observation)是指注册会计师察看相关人员正在从事的活动或实施的程序。例如,注册会计师对被审计单位人员执行的存货盘点或控制活动进行观察。观察可以提供执行有关过程或程序的审计证据,但观察所提供的审计证据仅限于观察发生的时点,而且被观察人员的行为可能因被观察而受到影响,这也会使观察提供的审计证据受到限制。

观察法使用的范围通常包括环境观察、行为观察等。

1. 环境观察

环境观察包括外部环境观察和内部环境观察。外部环境观察包括对被审计单位的位置、交通状况、与周边环境的协调性、影响经营的有利和不利因素、经营状态等内容。内部环境观察包括被审计单位的整体布局、生产和管理状况等内容。

2. 行为观察

观察被审计单位人员的行为可以帮助审计人员了解较真实的情况,以便确定审计的重点。在财务审计中,行为观察的重点是对各级管理人员的行为和与管理有关的人员的行为进行观察。

在了解和评价被审计单位内部控制时,行为观察是一种有效的手段。例如,通过观察仓库保管员的收料、发料、保管等行为,审计人员可以了解被审计单位材料管理中实际存在的控制。

存货监盘程序实际上是检查与存货相关的记录或文件、检查存货实物和观察存货盘点程序的综合运用。

(三)函证

函证(confirmation,即外部函证),是指注册会计师直接从第三方(被询证者)获取书面答复以作为审计证据的过程,书面答复可以采用纸质、电子或其他介质等形式。

函证程序通常用于确认(或填列)有关账户余额及其要素的信息。函证程序还可用于确认被审计单位与其他机构或人员签订的协议、合同或从事的交易的条款,或用于确认不存在某些交易条件,如不存在可能影响被审计单位收入确认的"背后协议"。

函证的内容一般涉及下列账户余额(或其他信息):银行存款;交易性金融资产;应收账款;应收票据;其他应收款;预付账款;由其他企业代为保管、加工或销售的存货;长期股权投资;短期借款、长期借款(包括零余额账户和在本期内注销的账户);委托贷款;应付账款;预收账款;保证、抵押或质押;或有事项;重大或异常的交易;等等。

注册会计师可以采用审计抽样或其他选取测试项目的方法选择函证样本。为保证样本代表总体,样本通常包括:金额较大的项目;账龄较长的项目;交易频繁但期末余额较小的项目;重大关联方交易;重大或异常的交易;可能存在争议、舞弊或错误的交易。

注册会计师通常以资产负债表日为截止日,在资产负债表日后适当时间内实施函证。如果重大错报风险评估为低水平,注册会计师可选择资产负债表日前适当日期为截止日实施函证,并对所函证项目自该截止日起至资产负债表日止发生的变动实施实质性程序。

注册会计师可以考虑下列因素以确定是否选择函证程序作为实质性程序:

(1)被询证者对函证事项的了解。如果被询证者对所函证的信息具有必要的了解,其提供的回复可靠性更高。

(2)预期被询证者回复询证函的能力或意愿。例如,在下列情况下,被询证者可能不会回复,也可能只是随意回复或可能试图限制对其回复的依赖程度:

①被询证者可能不愿承担回复询证函的责任;
②被询证者可能认为回复询证函成本太高或消耗太多时间;
③被询证者可能对因回复询证函而可能承担的法律责任有所担心;
④被询证者可能以不同币种核算交易;
⑤回复询证函不是被询证者日常经营的重要部分。

(3)预期被询证者的客观性。如果被询证者是被审计单位的关联方,则其回复的可靠性会降低。

尽管函证可以对某些认定提供相关审计证据,但对于其他一些认定,函证提供审计证据的相关性并不高。例如,函证针对应收账款余额的可回收性提供的审计证据,比针对应收账款余额的存在认定提供的审计证据的相关性要低。

函证的具体内容将在第九章进一步阐述。

案例 8—1　　　　　　　　　　　外高桥

因 2005 年巨额证券保证金被挪用遭受损失并导致年度亏损,而担任年报审计的普华永道中天会计师事务所(以下简称普华永道)被认为负有不可推卸的责任。为此,外高桥于 2006 年 5 月 9 日向中国国际经济贸易仲裁委员会上海分会提起仲裁,要求普华永道退还全部审计服务费共计人民币 170 万元,赔偿外高桥的全部经济损失共计人民币 2 亿元,并承担全部仲裁费用和律师费。据悉,中国国际经济贸易仲裁委员会上海分会已经受理,并启动了仲裁程序。

外高桥于 2005 年 6 月发现公司存放在国海证券上海圆明园路营业部证券保证金账户中的 2.2 亿元资金被挪用,且绝大部分难以追回,外高桥为此已计提特殊坏账准备。但普华永道在对外高桥 2003 年度和 2004 年度的各项财务报表进行审计后,分别于 2004 年 4 月 8 日、2005 年 4 月 1 日出具了无保留意见的审计报告。

据外高桥方面介绍,普华永道在对前述保证金账户资金余额实施函证时,均未直接向证券公司发出询证函,相反却交给外高桥的相关人员处理。询证函的发出和收回均控制在外高桥的相关人员手中,为相关人员弄虚作假掩盖挪用资金行为创造了机会。普华永道未对询证函的发出和收回保持有效控制,已表明收回的询证函不可靠,但普华永道仍没有实施其他适当的审计程序予以证实或消除疑虑。外高桥管理层认为,普华永道未保持应有的职业谨慎、未实施有效的审计程序,即出具了无保留意见的审计报告,从而使外高桥蒙受了巨额经济损失。

资料来源:葛荣根:"2 亿元足以让合作伙伴翻脸",《上海证券报》,2006 年 5 月 11 日。

> **课堂讨论题 1**
> 在这个案例中,注册会计师执行的函证程序存在问题吗? 为什么?

(四)重新计算

重新计算(recalculation)是指注册会计师对记录或文件中的数据(如折旧、坏账准备、某一账户明细账合计数)计算的准确性进行核对。重新计算可通过手工方式或电子方式进行。

注册会计师在进行审计时,往往需要对被审计单位的凭证、账簿和报表的数字进行计算,以验证其是否正确。审计人员通过计算只能验证计算结果本身是否正确,但不能说明据以计算的基础数据本身是否准确,审计人员需要采用其他审计方法来验证这些基础数据的真实性。

(五)重新执行

重新执行(reperformance)是指注册会计师独立执行原本作为被审计单位内部控制组成部分的程序或控制。例如,注册会计师根据被审计单位的银行存款日记账和银行对账单,重新编制银行存款余额调节表,并与被审计单位的相关银行存款余额调节表进行比较。

(六)分析程序

1. 分析程序的概念

分析程序(analytical procedures)是指注册会计师通过分析不同财务数据之间以及财务数据与非财务数据之间的内在关系,对财务信息做出评价。分析程序还包括在必要时对识别出的、与其他相关信息不一致或与预期值差异重大的波动或关系进行调查。

2. 分析程序的性质

在实施分析程序时,注册会计师需要考虑将被审计单位的财务信息与下列信息进行比较:以前期间的可比信息;被审计单位的预期结果,如预算或预测等,或注册会计师的预期数据,如折旧的估计值;可比的行业信息,例如,将被审计单位的应收账款周转率(销售收入/应收账款)与行业平均水平或与同行业中规模相近的其他单位的可比信息进行比较。

在实施分析程序时,还需要考虑:财务信息要素之间的关系(根据被审计单位的经验,预期这种关系符合某种可预测的规律,如毛利率);财务信息和相关非财务信息之间的关系,如工资成本与员工人数的关系等。

注册会计师实施分析程序可以使用不同的方法,主要有简单比较、比率分析、结构百分比分析和趋势分析四种。

(1)简单比较

简单比较是指将本期的会计信息与以前年度的相关数据或其他相关数据(如行业平均数据或同行业中规模相近的其他单位的可比信息、被审计单位的预算/预测等数据、注册会计师的估计数据)所进行的比较。例如,在审计的初期,通常会将本期(年)的实际数与上期(年)的数据或预算数、计划数进行比较,从中找出那些变动较大的项目,以便确定审计的重点。

根据表4-4、表4-5新欣股份有限公司未经审计的财务数据进行简单比较,具体如表8-1和表8-2所示。

(2)比率分析

比率分析是指对财务报表中的某一项目和与其相关的另一项目相比所得的比值进行分析。例如,通过计算流动比率、速动比率、应收账款周转率、存货周转率等指标并与相应的参照标准(如上期或以前数期的可比信息、行业平均数据或同行业规模相近的其他企业的可比信息、被审计单位的预算/预测等数据、注册会计师的估计数据等)进行比较,以获取审计线索。新欣公司财务比率的分析如表8-3所示。

表8—1　　　　　　　　　　新欣公司资产负债表主要数据简单比较　　　　　　　　　　单位:元

报表项目	20×4年审定数	20×5年未审数	20×5年比20×4年增减 金额	%
货币资金	6 200 000	3 185 910.8	−3 104 089.2	−49
交易性金融资产	60 000	50 000	−10 000	−17
应收账款	2 100 000	3 030 500	+930 500	+44
存货	1 000 000	2 780 060	+1 780 600	+178
应付账款	3 090 000	2 776 000	−314 000	−10
应交税费	1 200 000	1 941 970.8	+741 970.8	+62
盈余公积	230 000	314 975	+84 975	+37
未分配利润	920 000	1 291 525	+371 525	+40

表8—2　　　　　　　　　　新欣公司利润表主要数据简单比较　　　　　　　　　　单位:元

报表项目	20×4年审定数	20×5年未审数	20×5年比20×4年增减 金额	%
营业收入	25 351 000	12 375 000	−12 976 000	−51
营业成本	17 912 000	9 510 000	−8 402 000	−47
营业税金及附加	2 268 000	1 125 000	−1 143 000	−50
销售费用	363 500	265 000	−98 500	−27
管理费用	252 000	231 000	−21 000	−8
财务费用	720 000	745 000	+25 000	+3
资产减值损失	258 000	297 000	+41 000	+15

表8—3　　　　　　　　　　新欣公司财务比率分析

财务比率	计算公式	20×4年（已审）	20×5年（未审）	增减
流动比率	流动资产/流动负债	2.3	1.1	−1.2
速动比率	速动资产/流动负债	2.07	0.79	−1.28
负债比率	负债/资产	0.22	0.26	+0.04
存货周转率	主营业务成本/平均存货	6	5.03	−0.97
应收账款周转率	主营业务收入/平均应收账款	6	4.77	−1.23
销售利润率	利润总额/主营业务收入	0.17	0.12	−0.12
总资产报酬率	净利润/总资产	0.05	0.01	−0.04

(3)结构百分比分析

结构百分比分析又称共同比财务报表分析,是指先计算财务报表各构成要素占有关总额(资产负债表项目指资产总额,利润表指主营业务收入总额)的百分比,然后将其与以前年度的相关数据或其他相关数据进行比较。

(4)趋势分析

趋势分析是指对连续若干期财务报表某一项目的金额及其变动情况进行比较和分析,从而了解该项目的增减变动情况和变动幅度。例如,在审计收入费用类项目时,通常会将每月的发生额进行比较,金额波动较大的月份通常会引起注册会计师的关注。

通过执行分析程序可以发现,与20×4年相比,新欣公司20×5年度的存货、应收账款等资产出现大幅增加,这表明企业存货销售、应收账款收回等方面可能存在一定的问题。而且,公司货币资金出现大幅下降,应付账款、应交税费等负债出现大幅增加,这说明企业的流动资金周转可能存在一定的困难。通过对利润表有关数据的比较,还可以发现,新欣公司20×5年度的主营业务收入出现大幅下降,似乎佐证了存货大幅上升的原因。与主营业务收入的大幅下降相对应,营业成本、营业税金及附加也出现了大幅的下降。但是,管理费用并没有随之下降,反而出现了小幅的增长。表8-3的财务比率分析也清楚地表明新欣公司20×5年度财务状况和经营成果方面存在的问题。

根据上述分析程序的结果,公正会计师事务所的注册会计师决定将新欣公司20×5年度财务报表审计的重点确定为货币资金、应收账款、存货、应付账款、主营业务收入、管理费用,并适当关注公司的持续经营问题。

3. 分析程序的目的

注册会计师实施分析程序的目的主要包括以下内容:

(1)用作风险评估程序

注册会计师将分析程序用作风险评估程序,有助于其识别异常的交易或事项,以及对审计产生影响的金额、比率和趋势。识别出的异常或未预期到的关系可以帮助注册会计师识别重大错报风险,特别是由于舞弊导致的重大错报风险。

(2)用作实质性程序

当使用分析程序比细节测试能更有效地将认定层次的检查风险降至可接受的水平时,分析程序可以用作实质性程序。用作实质性程序的分析程序称为实质性分析程序。

在设计和实施实质性分析程序时,注册会计师应当考虑下列主要因素:

①实质性分析程序对特定认定的适用性

实质性分析程序通常更适用于在一段时期内存在预期关系的大量交易。分析程序的运用建立在这种预期的基础上,即数据之间的关系存在且在没有反证的情况下继续存在。然而,某一分析程序的适用性,取决于注册会计师评价该分析程序在发现某一错报单独或连同其他错报可能引起财务报表存在重大错报时的有效性。在某些情况下,较为简单的预测模型也可以用作分析程序。例如,如果被审计单位在某一会计期间对既定数量的员工支付固定工资,注册会计师可利用这一数据非常准确地估计出该期间的员工工资总额,从而获取有关该重要财务报表项目的审计证据,并降低对工资成本实施细节测试的必要性。一些广泛认同的行业比率(如不同类型企业的毛利率)通常可以有效地运用于实质性分析程序,为已记录金额的合理性提供支持性证据。

不同类型的分析程序提供不同程度的保证。例如,根据租金水平、公寓数量和空置率,可以测算出一幢公寓大楼的总租金收入。如果这些基础数据得到恰当的核实,上述分析程序就能提供具有说服力的证据。通过计算和比较毛利率,对于某项收入数据的确认,可以提供说服力相对较弱的审计证据,但如果结合实施其他审计程序,则可以提供有用的佐证。

实质性分析程序适用性的确定,受到认定的性质和注册会计师对重大错报风险评估的影响。例如,如果销售订单处理的内部控制存在缺陷,对与应收账款相关的认定,注册会计师可能更多地依赖细节测试,而非实质性分析程序。

在针对同一认定实施细节测试时,特定的实质性分析程序也可能被视为是适当的。例如,注册会计师在对应收账款余额的计价认定获取审计证据时,除了对期后收到的现金实施细节测试外,也可以对应收账款的账龄实施实质性分析程序,以确定应收账款的可收回性。

②数据的可靠性

数据的可靠性受其来源和性质的影响,并取决于获取该数据的环境。因此,在确定数据的可靠性是否能够满足实质性分析程序的需要时,相关因素包括:可获得信息的来源,例如,从被审计单位以外的独立来源获取的信息可能更加可靠;可获得信息的可比性,例如,对于生产和销售特殊产品的被审计单位,可能需要对宽泛的行业数据进行补充,使其更具可比性;可获得信息的性质和相关性,例如,预算是否作为预期的结果,而不是作为将要达到的目标;与信息编制相关的控制,用于确保信息完整、准确和有效,例如,与预算的编制、复核和维护相关的控制。

当针对评估的风险实施实质性分析程序时,如果使用被审计单位编制的信息,注册会计师可能需要考虑测试与信息编制相关的控制(如有)的有效性。当这些控制有效时,注册会计师通常对该信息的可靠性更有信心,进而对分析程序的结果更有信心。对与非财务信息相关的控制运行有效性进行的测试,通常与对其他控制的测试结合在一起进行。例如,被审计单位对销售发票建立控制的同时,也可能对销售数量的记录建立控制。在这些情况下,注册会计师可以把两者的控制有效性测试结合在一起进行。或者,注册会计师可以考虑该信息是否需要经过测试。

③评价预期值的精确程度

在评价预期值是否足以精确确定一项错报单独或连同其他错报可能导致财务报表发生重大错报时,注册会计师考虑的相关事项包括:一是对实质性分析程序的预期结果做出预测的精确性①。分析程序的有效性在很大程度上取决于注册会计师形成的预期值的精确性。预期值的精确性越高,注册会计师通过分析程序获取的保证水平将越高。二是信息可分解的程度②。通常,数据的可分解程度越高,预期值的准确性越高,注册会计师将相应获取较高的保证水平。当被审计单位经营复杂或多元化时,分解程度高的详细数据更为重要。例如,与对整体财务报表实施实质性分析程序相比,对单个经营部门的财务信息或某个多元化经营的财务报表组成部分实施实质性分析程序可能更有效。三是财务信息和非财务信息的可获得性。例如,在设计实质性分析程序时,注册会计师可能考虑是否可以获得财务信息(如预算和预测)及非财务信息(如已生产或已销售产品的数量)以有助于设计实质性分析程序。另外,如果信息是可以获取的,注册会计师仍可能需要考虑信息的可靠性。

④已记录金额与预期值之间可接受的差异额

注册会计师在确定已记录金额与预期值之间可接受的,且无须做进一步调查的差异额时,受重要性和计划的保证水平的影响。在确定该差异额时,注册会计师需要考虑一项错报单独或连同其他错报导致财务报表发生重大错报的可能性。

注册会计师评估的重大错报风险越高,需要获取的审计证据越要有说服力。因此,为了获取具有说服力的审计证据,当评估的风险增加时,可接受的、无须做进一步调查的差异额将会降低。

---

① 精确性,也称精确度,是指对预期值与真实值之间接近程度的度量。
② 信息可分解的程度是指用于分析程序的信息的详细程度,如按月份或地区分部分解的数据。

（3）用于总体复核

在临近审计结束时设计和实施分析程序是为了佐证在审计财务报表各个组成部分或各个要素过程中形成的结论。分析程序有助于注册会计师形成总体结论，以确定财务报表是否与其对被审计单位的了解一致。如果识别出以前未识别的重大错报风险，注册会计师应当考虑修正对全部或部分各类交易、账户余额、披露评估的风险，并相应修改原计划实施的进一步审计程序。

案例 8—2　　　　分析程序的应用：蓝田股份（600709）

第一部分：对蓝田股份2000年年报数据的分析

1. 蓝田股份的偿债能力分析。截至2000年年末，蓝田股份流动资产43 310万元（其中存货27 934万元），流动负债56 701万元（其中短期贷款9 980万元），蓝田股份2000年年末流动比率是0.77，速动比率是0.35，净营运资金是－1.3亿元。蓝田股份的流动比率和速动比率与同业相比明显偏低。

2. 蓝田股份的农副水产品销售收入分析。蓝田公司声称已开发30万亩养殖水面，高产值的特种养殖鱼塘面积只有1万亩，这种精养水面亩产值可达3万元，是粗放经营的10倍。而同是湖北的武昌鱼公司，6.5万亩鱼塘养殖收入每年6 000万元，亩产值不足1 000元。蓝田股份粗放经营的亩产量是武昌鱼公司的3倍，精养水池的亩产量是后者的30倍。

2000年蓝田股份的应收款回收期位于"A07渔业"上市公司的同业最低水平，低于同业平均值大约1/31，通过应收账款周转率同业对比，认定蓝田股份不可能以"钱货两清"和客户上门提货的方式销售。2000年蓝田股份12.7亿元农副水产品销售收入数据是虚假的。

3. 蓝田股份的现金流量分析。2000年蓝田股份经营活动产生的净现金流量大部分转化成在建工程本期增加投资。如果蓝田股份水产品基地瞿家湾每年有12.7亿元销售水产品收到的现金，各家银行会争先恐后地在瞿家湾设立分支机构，会为争取这"12.7亿元销售水产品收到的现金"业务而展开激烈的竞争。蓝田股份"钱货两清"交易规则可疑。所谓的"生态基地""鱼塘升级改造"和"大湖开发项目"巨额投资可能都是假的。公司在虚增收入的同时虚增在产品、固定资产和在建工程。

4. 蓝田股份的资产结构分析。蓝田股份的在产品占存货百分比和固定资产占资产百分比异常高于同业平均水平，蓝田股份的在产品和固定资产的数据是虚假的。

数据来源：刘姝威，"应立即停止对蓝田股份发放贷款"，《金融内参》，2001年10月26日。

第二部分：蓝田股份1999年、2000年年报数据（单位：元）的修正

蓝田股份	1999年追溯调整前	1999年追溯调整后	2000年追溯调整前	2000年追溯调整后
主营业务收入	1 851 429 973	24 238 787	1 840 909 605	38 094 774
净利润	513 027 676	－22 879 728	431 628 612	－10 686 569
总资产	2 337 962 570	874 766 383	2 837 651 897	1 155 472 867
股东权益	1 746 789 534	268 102 569	2 178 418 146	129 253 932

数据来源：蓝田股份2001年年报，http://www.sse.com.cn/cs/zhs/scfw/gg/oldBulletin/600709_2001_n.pdf。

课堂讨论题2

在案例8—2中，注册会计师应如何运用分析程序？

(七)询问

询问(inquiry)是指注册会计师以书面或口头方式,向被审计单位内部或外部的知情人员获取财务信息和非财务信息,并对答复进行评价的过程。作为其他审计程序的补充,询问广泛应用于整个审计过程中。

知情人员对询问的答复可能为注册会计师提供尚未获悉的信息或佐证证据。同时,对问的答复也可能提供与注册会计师已获取的其他信息存在重大差异的信息,例如,关于被审计单位管理层凌驾于控制之上的可能性的信息。在某些情况下,对询问的答复为注册会计师修改审计程序或实施追加的审计程序提供了基础。

尽管对通过询问获取的审计证据予以佐证通常特别重要,但在询问管理层意图时,获取的支持管理层意图的信息可能是有限的。在这种情况下,了解管理层过去所声称意图的实现情况、选择某项特别措施时声称的原因以及实施某项具体措施的能力,可以为佐证通过询问获取的证据提供相关信息。针对某些事项,注册会计师可能认为有必要向管理层和治理层(如适用)获取书面声明,以证实对口头询问的答复。

尽管询问可以提供重要的审计证据,甚至可以提供某项错报的证据,但询问本身通常并不能为认定层次不存在重大错报和内部控制运行的有效性提供充分的审计证据。

审计证据的取证方法与审计程序之间的关系可总结如表8-4所示。

表8-4　　　　　　审计证据的取证方法与审计程序之间的关系

取证方法 \ 审计程序	风险评估程序	控制测试	实质性程序
检查	√	√	√
观察	√	√	√
函证			√
重新计算			√
重新执行		√	
分析程序	√		√
询问	√	√	√

四、审计证据的充分性与适当性

注册会计师应当保持职业怀疑态度,运用职业判断,评价审计证据的充分性和适当性。

(一)审计证据的充分性

审计证据的充分性,是对审计证据数量的衡量。注册会计师需要获取的审计证据的数量受其对重大错报风险评估的影响,并受审计证据质量的影响。

在判断审计证据是否充分、恰当时应考虑以下因素:

1. 错报风险

一般而言,评估的重大错报风险越高,需要的审计证据可能越多。

2. 审计证据质量

审计证据质量越高,需要的审计证据可能越少。但是,如果审计证据的质量存在缺陷,注册会计师仅靠获取更多的审计证据可能无法弥补其质量上的缺陷。

3. 具体审计项目的重要程度

对于重要的审计项目,审计人员应获取足够的审计证据以支持其审计结论或审计意见。对于不太重要的审计项目,审计人员可适当减少审计证据的数量。

4. 注册会计师及其业务助理人员的审计经验

当审计人员缺乏审计经验时,应增加审计证据的数量。

(二)审计证据的适当性

审计证据的适当性,是对审计证据质量的衡量,即审计证据在支持审计意见所依据的结论方面具有的相关性和可靠性。相关性是指审计证据应当与审计目的相关联;可靠性是指审计证据应能如实地反映客观事实。

1. 审计证据的相关性

相关性,是指用作审计证据的信息与审计程序的目的和所考虑的相关认定之间的逻辑联系。

用作审计证据的信息的相关性可能受测试方向的影响。例如,如果某审计程序的目的是测试应付账款的计价高估,则测试已记录的应付账款可能是相关的审计程序。另一方面,如果某审计程序的目的是测试应付账款的计价低估,则测试已记录的应付账款不是相关的审计程序,相关的审计程序可能是测试期后支出、未支付发票、供应商结算单以及发票未到的收货报告单等。

特定的审计程序可能只为某些认定提供相关的审计证据,而与其他认定无关。例如,检查期后应收账款收回的记录和文件可以提供有关存在和计价的审计证据,但未必提供与截止测试相关的审计证据。类似地,有关某一特定认定(如存货的存在认定)的审计证据,不能替代与其他认定(如该存货的计价认定)相关的审计证据。但另一方面,不同来源或不同性质的审计证据可能与同一认定相关。

2. 审计证据的可靠性

用作审计证据的信息的可靠性,以及审计证据本身的可靠性,受其来源和性质的影响,并取决于获取该证据的环境,包括与编制和维护该信息相关的控制。因此,有关各种审计证据可靠性的原则受重要例外情况的影响。即使用作审计证据的信息从独立于被审计单位的外部来源获得,一些可能存在的情况也会影响其可靠性。例如,从外部独立来源获取的信息,如果来自不知情者或来自缺乏客观性的管理层的专家,则该信息也可能是不可靠的。在确认可能存在的例外情况时,可以参照下列有关审计证据可靠性的原则:

(1)从被审计单位外部独立来源获取的审计证据比从其他来源获取的审计证据更可靠;

(2)相关控制有效时内部生成的审计证据比控制薄弱时内部生成的审计证据更可靠;

(3)直接获取的审计证据(如通过观察某项控制的运行)比间接获取或推论得出的审计证据(如通过询问某项控制的运行)更可靠;

(4)以文件记录形式(无论是纸质、电子还是其他介质)存在的审计证据比口头形式的审计证据更可靠(例如,会议的同步书面记录比事后对讨论事项进行口头表述更可靠);

(5)从原件获取的审计证据比从复印、传真或通过拍摄、数字化或其他方式转化成电子形式的文件获取的审计证据更可靠,后者的可靠性可能取决于与编制和维护信息相关的控制。

通常情况下,注册会计师以函证方式直接从被询证者获取的审计证据,比被审计单位内部生成的审计证据更可靠。通过函证等方式从独立来源获取的相互印证的信息,可以提高注册会计师从会计记录或管理层书面声明中获取的审计证据的保证水平。

如果在审计过程中识别出的情况使其认为文件记录可能是伪造的或文件记录中的某些条

款已发生变动,注册会计师应当做进一步调查,包括直接向第三方询证,或考虑利用专家的工作以评价文件记录的真伪。

如果针对某项认定从不同来源获取的审计证据或获取的不同性质的审计证据能够相互印证,则与该项认定相关的审计证据具有更强的说服力。例如,从独立于被审计单位的来源[①]获取的佐证信息可以提高注册会计师依据被审计单位内部产生的审计证据(如会计记录、会议纪要、管理层书面声明中存在的证据)所获取的保证程度。如果从不同来源获取的审计证据或获取的不同性质的审计证据不一致,就可能表明某项审计证据不可靠,注册会计师应当追加必要的审计程序。

注册会计师可以考虑获取审计证据的成本与所获取信息的有用性之间的关系,但不应以获取审计证据困难和增加成本为由减少不可替代的审计程序。

(三)审计过程中对审计证据的充分性和适当性的评价

在评价审计证据的充分性和适当性时,注册会计师应当运用职业判断,并考虑下列因素的影响:认定发生潜在错报的重要程度,以及潜在错报单独或连同其他潜在错报对财务报表产生重大影响的可能性;管理层应对和控制风险的有效性;在以前审计中获取的关于类似潜在错报的经验;实施审计程序的结果,包括审计程序是否识别出舞弊或错误的具体情形;可获得信息的来源和可靠性;审计证据的说服力;对被审计单位及其环境的了解。

在财务报表审计过程中,随着计划的审计程序的实施,如果获取的信息与风险评估时依据的信息有重大差异,注册会计师应当考虑修正风险评估结果,并据以修改原计划的其他审计程序的性质、时间和范围;在实施控制测试时,如果发现被审计单位控制运行出现偏差,注册会计师应当了解这些偏差及其潜在后果,并确定已实施的控制测试是否为信赖控制提供了充分、适当的审计证据,是否需要实施进一步的控制测试或实质性程序以应对潜在的错报风险;在完成审计工作前,注册会计师应当评价是否已将审计风险降至可接受的低水平,是否需要重新考虑已实施审计程序的性质、时间和范围;在形成审计意见时,注册会计师应当从总体上评价是否已经获取充分、适当的审计证据,以将审计风险降至可接受的低水平。

如果对重大的财务报表认定没有获取充分、适当的审计证据,注册会计师应当尽可能获取进一步的审计证据。如果不能获取充分、适当的审计证据,注册会计师应当出具保留意见或无法表示意见的审计报告。

第二节 审计工作底稿

一、审计工作底稿的概念

审计工作底稿(audit documentation)是指注册会计师对制订的审计计划、实施的审计程序、获取的相关审计证据以及得出的审计结论做出的记录。

审计工作底稿除了记录审计过程中发现的问题、线索之外,更注重记录审计的程序和步骤。及时编制充分、适当的审计工作底稿,有助于提高审计质量,便于在完成审计报告前,对获取的审计证据和得出的结论进行有效复核和评价。

[①] 注册会计师从独立于被审计单位的来源获取的可以作为审计证据的信息包括来自第三方的询证函回函、分析师报告和有关竞争对手的可比数据等。

审计工作底稿能够实现下列目的：(1)提供证据，作为注册会计师得出实现总体目标结论的基础；(2)提供证据，证明注册会计师按照审计准则和相关法律法规的规定计划和执行了审计工作。

审计工作底稿还可以实现下列目的：

(1)有助于项目组计划和执行审计工作；

(2)有助于负责督导的项目组成员按照《中国注册会计师审计准则第1121号——对财务报表审计实施的质量控制》的规定，履行指导、监督与复核审计工作的责任；

(3)便于项目组说明其执行审计工作的情况；

(4)保留对未来审计工作持续产生重大影响的事项的记录；

(5)便于会计师事务所按照《质量控制准则第5101号——会计师事务所对执行财务报表审计和审阅、其他鉴证和相关服务业务实施的质量控制》的规定，实施质量控制复核与检查；

(6)便于监管机构和注册会计师协会根据相关法律法规或其他相关要求，对会计师事务所实施执业质量检查。

二、审计工作底稿的编制要求

注册会计师编制的审计工作底稿，应当使得未曾接触该项审计工作的有经验的专业人士[①]清楚了解：按照审计准则和相关法律法规的规定实施的审计程序的性质、时间安排和范围；实施审计程序的结果和获取的审计证据；审计中遇到的重大事项和得出的结论，以及在得出结论时做出的重大职业判断。

(一)对遵守审计准则的记录

注册会计师遵守审计准则的要求，即可根据具体情况编制出充分、适当的审计工作底稿。审计工作底稿为注册会计师按照审计准则的规定执行审计工作提供了证据。在实务中，注册会计师很难在工作底稿中记录审计中考虑的所有事项或做出的所有职业判断。如果审计档案包含的文件已表明注册会计师遵守了审计准则，那就不需要再单独说明其遵守审计准则的情况。例如：(1)审计档案包含恰当的审计计划，表明注册会计师已计划了审计工作；(2)审计档案包含签署的审计业务约定书，表明注册会计师已经与管理层或治理层(如适用)就审计业务约定条款达成一致意见；(3)审计报告包含对某被审计单位财务报表恰当发表的保留意见，表明注册会计师按照审计准则的要求，在符合其规定的情形下发表了保留意见；(4)对适用于整个审计过程的要求，可以在审计档案中以多种方式表明注册会计师遵守了这些要求。例如，可能没有专门的方式记录注册会计师保持职业怀疑。但是，审计工作底稿仍然可以为注册会计师按照审计准则的要求保持职业怀疑提供证据。这些证据可能包括注册会计师为了佐证管理层对其询问的答复而实施的特定审计程序。类似地，项目合伙人既可以按照审计准则的要求对审计工作承担指导、监督和执行的责任，也可以在审计工作底稿中以多种方式予以证明。这可能包括记录项目合伙人及时参与审计过程的有关方面，例如，项目合伙人参与了项目组的讨论。

(二)记录重大事项及相关重大职业判断

判断某一事项是否属于重大事项(significant matters)，需要对具体事实和情况进行客观

---

① 有经验的专业人士(experienced auditor)，是指会计师事务所内部或外部的具有审计实务经验，并且对下列方面有合理了解的人士：审计过程；审计准则和相关法律法规的规定；被审计单位所处的经营环境；与被审计单位所处行业相关的会计和审计问题。

分析。

重大事项通常包括：(1)引起特别风险的事项；(2)实施审计程序的结果表明财务报表可能存在重大错报的情形，或需要修正以前对重大错报风险的评估和针对这些风险拟采取的应对措施的情形；(3)导致注册会计师难以实施必要审计程序的情形；(4)可能导致出具非标准审计报告的事项。

注册会计师在执行审计工作和评价审计结果时运用职业判断的程度，是决定记录重大事项的审计工作底稿的格式、内容和范围的一项重要因素。在审计工作底稿中对重大职业判断进行记录，能够解释注册会计师得出的结论并提高职业判断的质量。这些记录对审计工作底稿的复核人员很有帮助，同样也有助于执行以后期间审计的人员查阅具有持续重要性的事项（如根据实际结果对以前做出的会计估计进行复核）。

当涉及重大事项和重大职业判断时，注册会计师需要编制与运用职业判断相关的审计工作底稿。例如：(1)如果审计准则要求注册会计师"应当考虑"某些信息或因素，并且这种考虑在特定业务情况下是重要的，记录注册会计师得出结论的理由；(2)记录注册会计师对某些方面主观判断的合理性（如某些重大会计估计的合理性）得出结论的基础；(3)如果注册会计师针对审计过程中识别出的导致其对某些文件记录的真实性产生怀疑的情况实施了进一步调查（如适当利用专家的工作或实施函证程序），记录注册会计师对这些文件记录真实性得出结论的基础。

注册会计师可以考虑编制重大事项概要，并将其作为审计工作底稿的组成部分。重大事项概要包括对审计过程中识别出的重大事项及其如何得到解决的记录，以及对提供相关信息的其他支持性审计工作底稿的交叉索引。重大事项概要可以提高复核和检查审计工作底稿的效率和效果，尤其是对于大型、复杂的审计项目。此外，编制重大事项概要不仅有助于注册会计师考虑重大事项，还可以帮助注册会计师根据实施的审计程序和得出的审计结论，考虑是否存在注册会计师不能实现某项相关审计准则的目标，以致妨碍实现注册会计师的总体目标的情况。

三、审计工作底稿的格式、内容和范围

(一)确定审计工作底稿的格式、内容和范围时考虑的因素

审计工作底稿的格式、内容和范围主要取决于下列因素：被审计单位的规模和复杂程度；拟实施审计程序的性质；识别出的重大错报风险；已获取的审计证据的重要程度；识别出的例外事项的性质和范围；当从已执行审计工作或获取审计证据的记录中不易确定结论或结论的基础时，记录结论或结论基础的必要性；审计方法和使用的工具。

(二)审计工作底稿的内容

审计工作底稿可以纸质、电子或其他介质形式存在。

审计工作底稿通常包括总体审计策略、具体审计计划、分析表、问题备忘录、重大事项概要、询证函回函和声明、核对表、有关重大事项的往来信件（包括电子邮件），以及对被审计单位文件记录的摘要或复印件（如重大的或特定的合同和协议）等。审计工作底稿通常不包括已被取代的审计工作底稿的草稿或财务报表的草稿、反映不全面或初步思考的记录、存在印刷错误或其他错误而作废的文本，以及重复的文件记录等。注册会计师的口头解释本身不能为其执行的审计工作或得出的审计结论提供足够的支持，但可用来解释或澄清审计工作底稿中包含的信息。

审计工作底稿应当包括以下几方面的内容：

(1)被审计单位名称，即财务报表的编报单位。若财务报表编报单位为某一集团的下属公司，则应同时写明下属公司的名称。

(2)审计项目名称，即某一财务报表项目名称或某一审计程序及实施对象的名称。若具体审计项目是某一明细科目，则应同时写明该明细科目。

(3)审计项目时点或期间，即某一资产负债表项目的报告时点或某一利润表项目的报告期间。

(4)审计过程记录，即反映审计人员所实施的审计测试的性质、范围和样本等内容的记录。注册会计师应将其实施审计而达到审计目标的过程记录在审计工作底稿中。

在记录已实施审计程序的性质、时间安排和范围时，注册会计师应当记录测试的具体项目或事项的识别特征。记录具体项目或事项的识别特征可以实现多种目的，例如，这样能反映项目组履行职责的情况，也便于对例外事项或不符事项进行调查。识别特征因审计程序的性质和测试的项目或事项的不同而不同。例如，在对被审计单位生成的订购单进行细节测试时，注册会计师可以订购单的日期和其唯一的编号作为测试订购单的识别特征；对于需要选取或复核既定总体内一定金额以上的所有项目的程序，注册会计师可以记录实施程序的范围并指明该总体(如银行存款日记账中一定金额以上的所有会计分录)；对于需要从文件记录的总体中进行系统选样的审计程序，注册会计师可以通过记录样本的来源、抽样的起点及抽样间隔来识别已选取的样本。例如，如果被审计单位对发运单顺序编号，测试发运单的识别特征可以是，对4月1日至9月30日的发运记录，从第12345号发运单开始每隔125号系统抽取发运单；对于需要询问被审计单位中特定人员的程序，注册会计师可以询问的时间、被询问人的姓名和岗位名称作为识别特征；对于观察程序，注册会计师可以观察的对象或观察过程、相关被观察人员及其各自的责任、观察的地点和时间作为识别特征。

(5)审计标识及其说明。审计标识是审计人员在审计工作底稿上用以表达各种不同审计含义的审计符号。为了便于他人理解，注册会计师应在审计工作底稿中说明各种审计标识所代表的含义，或采用审计标识及其说明表的形式统一说明。

(6)审计结论，即注册会计师通过实施必要的审计程序后，对某一审计事项所做的专业判断。就控制测试而言，是指注册会计师对被审计单位内部控制制度执行情况的满意程度以及是否可以信赖，其审计结论通常有"内部控制良好""内部控制一般"等表达方式；就实质性测试而言，是指注册会计师对某一审计事项的余额或发生额的确认情况，其审计结论通常有"××账户余额可以确认""账实相符""账表相符"等表达方式。

(7)索引号及页次。索引号，即注册会计师为整理利用审计工作底稿，将具有同一性质或反映同一具体审计事项的审计工作底稿分别归类，形成相互联系、相互控制所做的特定编号；页次是在同一索引号下不同的审计工作底稿的顺序编号。

(8)编制人员姓名及编制日期，即注册会计师必须在其编制的审计工作底稿上签名和签署日期。

(9)复核人员姓名及编制日期，即注册会计师必须在其复核过的审计工作底稿上签名和签署日期。如果是多级复核，每级复核人员均应签名和签署日期。

(10)其他应说明事项，即审计人员认为应在审计工作底稿中予以记录的其他相关事项。

审计工作底稿的示例见表8—5至表8—7。

表8-5　　　　　　　公正会计师事务所货币资金审定表　　　　　　索引号：A1-1

被审计单位名称：新欣　　　　审计人员：杨立　　　　日期：20×6年2月8日
截止日：20×5年12月31日　　复核人员：张敏　　　　日期：20×6年2月15日　　单位：元

上年末审定数	未审数核对			索引号	调整分录	重分类分录	审定数
	索引号	项　目	金　额				
6 200 000	Z15	报表数	3 185 910.8				3 185 910.8
B							T/B
		其中：					(A1-2)
		库存现金	910.8 G				910.8
		银行存款	3 185 000				(A1-3)
			G				3 185 000
		合计	3 185 910.8				
			G				

审计标识说明：
B：与上年已审财务报表核对相符　　　G：与总账核对相符
T/B：与试算平衡表核对相符

表8-6　　　　　　　公正会计师事务所应付职工薪酬审定表　　　　　索引号：B5-1

被审计单位名称：新欣　　　　审计人员：章艺　　　　日期：20×6年2月8日
截止日：20×5年12月31日　　复核人员：李明　　　　日期：20×6年2月15日　　单位：元

月　份	应付职工薪酬总额		全年应付职工薪酬贷方发生额计入：
	支付金额	计提金额	
年初余额	0	0	1. 生产成本　　2 975 000
1月	260 000	320 000	2. 制造费用　　　520 000
2月	260 000	320 000	3. 销售费用　　　330 000
3月	260 000	320 000	4. 管理费用　　　135 000
4月	262 000	350 000	合　计　　　3 960 000
5月	262 000	350 000	
6月	262 000	350 000	
7月	262 000	350 000	
8月	260 000	320 000	
9月	260 000	320 000	
10月	260 000	320 000	
11月	260 000	320 000	审计标识：
12月	260 000	320 000	G：与总账核对相符
合计	3 128 000 G	3 960 000 G	T/B：与试算平衡表核对相符
年末余额	832 000 T/B	0 T/B	

审计结论：
应付职工薪酬经审计无调整事项，余额可以确认。

表8—7　　　　　　　　　　　审计工作完成核对表　　　　　　索引号：Z6—1

被审计单位名称：新欣　　　　　审计人员：杨立　　　　　日期：20×6年3月1日
截止日：20×5年12月31日　　　复核人员：张敏　　　　　日期：20×6年3月5日

核对项目	核对结果(是/不适用)	工作底稿索引号
是否已取得管理层的书面声明		
是否检查了上一年度审计档案中与当前年度的重要审计领域有关的内容		
是否查阅了当前年度的重要会议纪要和决议		
是否查阅了当前年度的重要合同和协议		
如果发现舞弊或者获取的信息表明可能存在舞弊，是否已与适当层次的管理层或治理层沟通		
是否已经内部控制设计或执行方面的重大缺陷告知适当层次的管理层或治理层		
……		

四、审计工作底稿的勾稽关系

注册会计师在编制或查阅审计工作底稿时，应明确审计工作底稿的勾稽关系。审计工作底稿的勾稽关系可分为以下几个方面：

(一)各报表项目审计工作底稿与被审计单位未审财务报表之间的勾稽关系

报表审计的起点是取得被审计单位的未审财务报表，并将该报表数与被审计单位的账簿、凭证、实物等进行核对，各报表项目审计工作底稿中的未审数据应与被审计单位的未审财务报表数据有对应关系。

(二)各报表项目审计工作底稿之间的勾稽关系

报表审计比较常用的做法是业务循环审计方法，其基本原理是：鉴于部分账户之间存在对应关系(如"应收账款"账户的借方发生额与"主营业务收入"账户的贷方发生额、"库存商品"账户的贷方发生额与"主营业务成本"账户的借方发生额)，将相互联系的账户及业务放在同一循环中审计。这样，同一循环中的各报表项目(如"应收账款"与"主营业务收入")审计工作底稿就存在一定的勾稽关系。此外，货币资金审计工作底稿基本覆盖了企业的所有业务循环，因此，该项目的审计工作底稿与很多其他报表项目的审计工作底稿存在勾稽关系。

(三)各报表项目审计工作底稿与试算平衡表之间的勾稽关系

试算平衡表是验证被审计单位未审财务报表、调整分录、重分类分录以及调整后的报表项目金额(审定数)借贷是否平衡的一张工作底稿。

试算平衡表中的调整分录和重分类分录都源于各报表项目审计工作底稿，因此，报表项目审计工作底稿与试算平衡表之间存在勾稽关系。

审计工作底稿的勾稽关系实际上也就是报表审计的整体脉络，审计人员要有序地完成报表审计，就必须了解这些勾稽关系。

存货项目审计工作底稿的勾稽关系如图8—1所示。

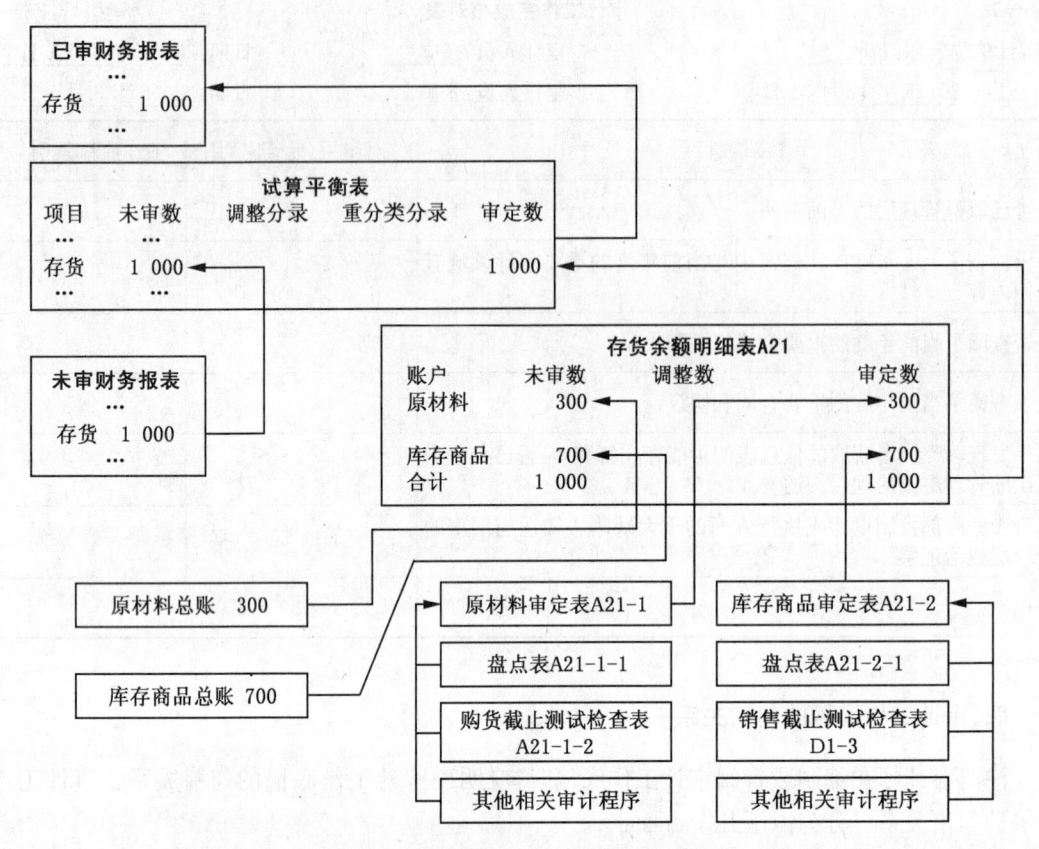

```
┌─────────────────────────┐
│  已审财务报表           │
│  ...                    │
│  存货      1 000        │←──────────────┐
│  ...                    │               │
└─────────────────────────┘               │
┌──────────────────────────────────────┐  │
│            试算平衡表                │  │
│ 项目   未审数  调整分录 重分类分录 审定数 │  │
│ ...                                  │  │
│ 存货   1 000                  1 000 │←─┼──────────────┐
│ ...                                  │  │              │
└──────────────────────────────────────┘  │              │
                                          │              │
┌─────────────────────┐  ┌─────────────────────────────────────┐
│  未审财务报表       │  │       存货余额明细表A21             │
│  ...                │  │ 账户      未审数   调整数   审定数  │
│  存货    1 000      │  │ 原材料    300    ←──────→   300    │
│  ...                │  │ 库存商品  700    ←──────→   700    │
└─────────────────────┘  │ 合计    1 000             1 000    │
                         └─────────────────────────────────────┘

┌──────────────────┐    ┌──────────────────┐  ┌──────────────────┐
│ 原材料总账  300  │───→│ 原材料审定表A21-1 │  │ 库存商品审定表A21-2│
└──────────────────┘    ├──────────────────┤  ├──────────────────┤
┌──────────────────┐    │ 盘点表A21-1-1    │  │ 盘点表A21-2-1    │
│ 库存商品总账 700 │───→├──────────────────┤  ├──────────────────┤
└──────────────────┘    │ 购货截止测试检查表│  │ 销售截止测试检查表│
                        │    A21-1-2       │  │      D1-3        │
                        ├──────────────────┤  ├──────────────────┤
                        │ 其他相关审计程序 │  │ 其他相关审计程序 │
                        └──────────────────┘  └──────────────────┘
```

图 8—1 存货项目审计工作底稿的勾稽关系

五、审计工作底稿的复核

会计师事务所应建立审计工作底稿复核制度。复核人员在复核工作底稿时应做出必要的复核记录,书面表示复核意见并签名。复核审计工作底稿是保证审计质量、降低审计风险的重要手段,在配备助理人员进行项目审计的情况下,审计工作底稿复核显得尤为重要。

根据《中国注册会计师审计准则第1121号——对财务报表审计实施的质量控制》的有关规定,审计工作底稿复核主要分为两个层次:

(一)项目组内部人员对审计工作底稿的复核

1. 项目合伙人指定的复核人员对审计工作底稿的复核

确定复核人员的原则是,由项目组内经验较丰富的人员复核经验较少的人员执行的工作。在复核已实施的审计工作时,复核人员需要考虑的事项包括:审计工作是否已按照职业准则和适用的法律法规的规定执行;重大事项是否已提请进一步考虑;相关事项是否已进行适当咨询,由此形成的结论是否已得到记录和执行;是否需要修改已执行审计工作的性质、时间安排和范围;已执行的审计工作是否支持形成的结论,并已得到适当记录;已获取的审计证据是否充分、适当;审计程序的目标是否已实现。

2. 项目合伙人对已执行工作的复核

项目合伙人在审计过程的适当阶段及时实施复核,有助于重大事项在审计报告日之前得到及时满意的解决。复核的内容包括:对关键领域所做的判断,尤其是执行业务过程中识别出的疑难问题或争议事项;特别风险;项目合伙人认为重要的其他领域。

项目合伙人应当对复核的范围和时间予以适当记录。

在审计报告日或审计报告日之前,项目合伙人应当通过复核审计工作底稿和与项目组讨论,确信已获取充分、适当的审计证据,支持得出的结论和拟出具的审计报告。

(二)项目质量控制复核

对于上市实体财务报表审计以及会计师事务所确定需要实施项目质量控制复核的其他审计业务,这种复核有助于注册会计师确定是否已获取充分、适当的审计证据。项目质量控制复核人员在业务过程中的适当阶段及时实施项目质量控制复核,有助于重大事项在审计报告日之前得到迅速、满意的解决。

项目质量控制复核的范围主要取决于审计业务的复杂程度、被审计单位是否是上市实体以及审计报告不适合具体情况的风险。实施项目质量控制复核并不减轻项目合伙人对审计业务及其执行的责任。

项目合伙人应当确定会计师事务所已委派项目质量控制复核人员;与项目质量控制复核人员讨论在审计过程中遇到的重大事项,包括在项目质量控制复核过程中识别出的重大事项;只有完成了项目质量控制复核,才能签署审计报告。

项目质量控制复核人员应当客观地评价项目组做出的重大判断以及编制审计报告时得出的结论。评价工作应当涉及下列内容:与项目合伙人讨论重大事项;复核财务报表和拟出具的审计报告;复核选取的与项目组做出的重大判断和得出的结论相关的审计工作底稿;评价在编制审计报告时得出的结论,并考虑拟出具审计报告的恰当性。

对于上市实体财务报表审计,项目质量控制复核人员在实施项目质量控制复核时,还应当考虑:项目组就具体审计业务对会计师事务所独立性做出的评价;项目组是否已就涉及意见分歧的事项,或者其他疑难问题或争议事项进行适当咨询,以及咨询得出的结论;选取的用于复核的审计工作底稿,是否反映了项目组针对重大判断执行的工作,以及是否支持得出的结论。

六、审计工作底稿的归档

审计档案,是指一个或多个文件夹或其他存储介质,以实物或电子形式存储构成某项具体业务的审计工作底稿的记录。

注册会计师应当在审计报告日后及时将审计工作底稿归整为审计档案,并完成归整最终审计档案过程中的事务性工作。

审计工作底稿的归档期限为审计报告日后60天内。如果注册会计师未能完成审计业务,审计工作底稿的归档期限为审计业务中止后的60天内。

在审计报告日后将审计工作底稿归整为最终审计档案是一项事务性的工作,不涉及实施新的审计程序或得出新的结论。如果在归档期间对审计工作底稿做出的变动属于事务性的,注册会计师就可以做出变动。允许变动的情形主要包括:删除或废弃被取代的审计工作底稿;对审计工作底稿进行分类、整理和交叉索引;对审计档案归整工作的完成核对表签字认可;记录在审计报告日前获取的、与项目组相关成员进行讨论并达成一致意见的审计证据。

在完成最终审计档案的归整工作后,注册会计师不应在规定的保存期限届满前删除或废弃任何性质的审计工作底稿。

在完成最终审计档案归整工作后,如果注册会计师发现有必要修改现有审计工作底稿或增加新的审计工作底稿,例如,会计师事务所内部人员或者外部机构或人员在实施监督检查的过程中提出了意见,即注册会计师就需要对现有审计工作底稿做出清晰的说明。无论修改或增加的性质如何,注册会计师均应当记录:修改或增加审计工作底稿的理由;修改或增加审计工作底稿的时间和人员,以及复核的时间和人员。

会计师事务所应当自审计报告日起,对审计工作底稿至少保存10年。如果注册会计师未能完成审计业务,会计师事务所应当自审计业务中止日起,对审计工作底稿至少保存10年。

第三节 审计抽样

一、审计抽样

审计抽样(audit sampling,即抽样),是指注册会计师对具有审计相关性的总体[①]中低于百分之百的项目实施审计程序,使所有抽样单元[②]都有被选取的机会,为注册会计师针对整个总体得出结论提供合理基础。

在设计审计程序时,注册会计师应当确定用以选取测试项目的适当方法,以获取充分、适当的审计证据,实现审计程序的目标。

二、审计抽样与其他选取测试项目的方法

注册会计师通过设计和实施风险评估程序、控制测试和实质性程序,获取充分、适当的审计证据,得出合理的审计结论,作为形成审计意见的基础。

风险评估程序通常不涉及使用审计抽样和其他选取测试项目的方法。但如果注册会计师在了解控制的设计和确定其是否得到执行时,一并计划和实施控制测试,则会涉及审计抽样和其他选取测试项目的方法。

当控制的运行留下轨迹时,注册会计师可以考虑使用审计抽样和其他选取测试项目的方法实施控制测试。

实质性程序包括对各类交易、账户余额、披露的细节测试,以及实质性分析程序。在实施细节测试时,注册会计师可以使用审计抽样和其他选取测试项目的方法获取审计证据,以验证有关财务报表金额的一项或多项认定,或对某些金额做出独立估计。在实施实质性分析程序时,注册会计师不宜使用审计抽样和其他选取测试项目的方法。

三、抽样风险与非抽样风险

在获取审计证据时,注册会计师应当运用职业判断,评估重大错报风险,并设计进一步审计程序,以确保将审计风险降至可接受的低水平。抽样风险(sampling risk)和非抽样风险(non-sampling risk)可能影响重大错报风险的评估和检查风险的确定。

(一)抽样风险

抽样风险,是指注册会计师根据样本得出的结论,可能不同于如果对整个总体实施与样本相同的审计程序得出的结论的风险。

---

① 总体(population),是指注册会计师从中选取样本并期望据此得出结论的整个数据集合。
② 抽样单元(sampling unit),是指构成总体的个体项目。抽样单元可能是实物项目(如支票簿上列示的支票信息、银行对账单上的贷方记录、销售发票或应收账款余额),也可能是货币单元。

抽样风险可能导致两种类型的错误结论：

(1)在实施控制测试时，注册会计师推断的控制有效性高于其实际有效性；或在实施细节测试时，注册会计师推断某一重大错报不存在而实际上存在。注册会计师主要关注这类错误结论，原因是其影响审计效果，非常有可能导致发表不恰当的审计意见。

(2)在实施控制测试时，注册会计师推断的控制有效性低于其实际有效性；或在实施细节测试时，注册会计师推断某一重大错报存在而实际上不存在。这类错误结论影响审计效率，原因是其通常导致注册会计师实施额外的工作，以证实初始结论是错误的。

(二)非抽样风险

非抽样风险，是指注册会计师由于任何与抽样风险无关的原因而得出错误结论的风险。注册会计师采用不适当的审计程序，或者误解审计证据而没有发现错报或偏差[①]等，均可能导致非抽样风险。

无论是控制测试还是细节测试，注册会计师都可以通过扩大样本规模来降低抽样风险，通过对业务的指导、监督与复核来降低非抽样风险。

四、选取测试项目的方法

在设计审计程序时，注册会计师应当确定选取测试项目的适当方法。注册会计师可以使用的方法，包括选取全部项目、选取特定项目和审计抽样。注册会计师可以根据具体情况，单独或综合使用选取测试项目的方法，但所使用的方法应当能够有效地提供充分、适当的审计证据，以实现审计程序的目标。

(一)选取全部项目进行测试

当存在下列情形之一时，注册会计师应当考虑选取全部项目进行测试：总体由少量的大额项目构成；存在特别风险且其他方法未提供充分、适当的审计证据；由于信息系统自动执行的计算或其他程序具有重复性，对全部项目进行检查符合成本效益原则。

对全部项目进行检查，通常更适用于细节测试。

(二)选取特定项目进行测试

根据对被审计单位的了解、评估的重大错报风险以及所测试总体的特征等，注册会计师可以确定从总体中选取特定项目进行测试。选取的特定项目可能包括：大额或关键项目；超过某一金额的全部项目；被用于获取某些信息的项目；被用于测试控制活动的项目。根据判断选取特定项目，容易产生非抽样风险。

选取特定项目实施检查，通常是获取审计证据的有效手段，但并不构成审计抽样。对按照这种方法所选取的项目实施审计程序的结果，不能推断至整个总体。当总体的剩余部分重大时，注册会计师应当考虑是否需要针对该剩余部分获取充分、适当的审计证据。

(三)审计抽样

审计抽样能够使注册会计师获取和评价有关所选取项目某些特征的审计证据，以形成或有助于形成有关总体(即从中选取样本的总体)的结论。注册会计师在运用审计抽样时，既可

[①] 偏差与错报：在实施控制测试时，误差是指控制偏差；在实施细节测试时，误差是指错报。例如，审计人员在审计过程中发现被审计单位在登记应收账款明细账时出错，应记入A客户明细账户的一笔收款业务误记入B客户的明细账户，金额为10万元。如果审计人员执行的是控制测试，应该将这一问题看作一项误差，因为被审计单位的职员未能按照内部控制制度的要求准确登记应收账款明细账；如果审计人员进行的是实质性程序，那它就不是一项误差，因为明细账登记出错对应收账款总账余额没有影响。

以使用非统计抽样方法,也可以使用统计抽样方法。

统计抽样是指同时具备下列特征的抽样方法:随机选取样本项目;运用概率论评价样本结果,包括计量抽样风险。不同时具备上述两个特征的抽样方法为非统计抽样。

注册会计师应当根据具体情况并运用职业判断,确定使用统计抽样或非统计抽样方法,以最有效率地获取审计证据。

如果注册会计师采用的方法不符合统计抽样的定义,而只使用了统计方法的部分要素,则不能有效计量抽样风险。

五、审计抽样的样本设计、样本规模与选取测试项目

(一)样本设计

在设计审计样本时,注册会计师需要考虑的因素包括拟实现的特定目的以及可能实现该目的的最佳审计程序组合:考虑拟获取审计证据的性质,以及与该审计证据相关的可能的偏差、错报情况或其他特征有助于注册会计师界定偏差或错报的构成以及采用何种总体。

注册会计师考虑审计程序的目的,包括清楚地了解什么构成偏差或错报,可以使其在评价偏差或推断错报时仅考虑与审计程序目的相关的所有情况。例如,对应收账款的存在实施细节测试时,如实施函证程序,客户在函证基准日之前支付而被审计单位在函证基准日之后不久收到的款项,不视为错报。再如,客户明细账之间的误登不影响应收账款总账余额,即使这种误登可能对审计的其他方面(如对舞弊风险或坏账准备充分性的评估)具有重要影响,在评价该特定审计程序的样本测试结果时将其视为错报可能是不适当的。

对于控制测试,注册会计师在考虑总体特征时,需要根据对相关控制的了解或对总体中少量项目的检查来评估预期偏差率。注册会计师做出这种评估,旨在设计审计样本和确定样本规模。例如,如果预期偏差率过高,注册会计师通常决定不实施控制测试。同样,对于细节测试,注册会计师需要评估总体中的预期错报。如果预期错报很高,那么注册会计师在实施细节测试时对总体进行100%检查或使用较大的样本规模可能较为适当。

1. 总体

如前所述,总体(population)是指注册会计师从中选取样本并期望据此得出结论的整个数据集合。在实施审计抽样时,注册会计师需要实施审计程序,以获取有关总体的完整性的审计证据。

2. 分层

分层(stratification)是指将一个总体划分为多个子总体的过程,每个子总体由一组具有相同特征(通常为货币金额)的抽样单元组成。

分层可以降低每一层中项目的变异性,从而在抽样风险没有成比例增加的前提下减小样本规模。注册会计师可以考虑将总体分为若干个离散的具有识别特征的子总体(层),以提高审计效率。注册会计师应当仔细界定子总体,以使每一抽样单元只能属于一个层。

在实施细节测试时,注册会计师通常按照金额对总体进行分层,这使注册会计师能够将更多审计资源投向金额较大的项目,而这些项目最有可能包含高估错报。注册会计师也可以根据表明更高错报风险的特定特征对总体分层,例如,在测试应收账款计价中的坏账准备时,注册会计师可以根据账龄对应收账款余额进行分层(示例参见表8—8)。对某一层中的样本项目实施审计程序的结果,只能用于推断构成该层的项目。如果对整个总体做出结论,注册会计师应当考虑与构成整个总体的其他层有关的重大错报风险。

表 8—8　　　　　　　　　　　　　应收账款分层示例

明细账余额	该层明细账户数量	该层余额合计	拟测试的明细账户数量
大于 50 万元	20	1 500 万元	20
20 万~50 万元	100	3 200 万元	35
5 万~20 万元	510	3 500 万元	50
1 万~5 万元	1 000	2 200 万元	50
小于 1 万元	1 500	1 100 万元	50
合　计	3 130	11 500 万	205

(二)样本规模

在确定样本规模时，注册会计师应当考虑能否将抽样风险降至可接受的低水平。样本规模受注册会计师可接受的抽样风险水平的影响；可接受的风险水平越低，需要的样本规模越大。注册会计师可以使用统计学公式或运用职业判断，确定样本规模。

(三)选取测试项目

在统计抽样中，注册会计师选取样本项目时每个抽样单元被选取的概率是已知的。在非统计抽样中，注册会计师根据判断选取样本项目。由于抽样的目的是为注册会计师得出有关总体的结论提供合理的基础，因此，注册会计师通过选择具有总体典型特征的样本项目，从而选出有代表性的样本以避免偏向是很重要的。

选取样本的方法包括随机选样、系统选样、随意选样和金额加权选样等。

1. 随机选样

随机选样(random selection)是指按照随机规则从审计对象总体中选取样本。例如，利用随机数表选取样本。随机数表的例子如表 8—9 所示，其中反映的是一家公司 20×6 年的销售发票编号，如果注册会计师准备选取 50 张发票进行测试，则可以从该表随机选取 50 个编号，再找到对应的发票进行测试。

表 8—9　　　　　　　　　　　　　随机数表示例

随机数行号 \ 列号	(1)	(2)	(3)	…	(300)
1	89752	12567	32156	…	23158
2	78612	36578	62139	…	57651
3	25816	57682	95236	…	85672
4	68923	87261	51632	…	96321
5	52631	76328	63258	…	86532
6	76532	23651	52697	…	86535
7	76537	23652	52698	…	96325
8	87263	12569	95239	…	78617
9	32159	95367	57689	…	23657
…	…	…	…	…	25325

续表

列号 随机数行号	(1)	(2)	(3)	…	(300)
…	…	…	…	…	35675
298	32697	60329	30269	…	90638
299	20965	91367	86321	…	87617
300	56312	82617	61392	…	75651

2. 系统选样

系统选样(systematic selection)，也称等距选样，是指首先计算选样间隔，确定选样起点，然后再按照间隔顺序选取样本的一种选样方法。抽样间隔是根据总体项目数量除以准备选取的样本项目数量得出的。例如，如果销售发票的总体编号从201至7200，准备选取的样本数量为125，间隔为56[(7200－200)/125]。审计人员现在需要从1至56中选择一个随机的数据作为抽样的起点。如果随机选择的数据是26，样本中的第一个项目是编号为227的销售发票(201＋26)，剩余的124个项目分别为283(227＋56)、339(283＋56)……依次类推，直至7200。

3. 随意选样

随意选样(haphazard selection)是指不考虑金额大小、资料取得的难易程度及个人偏好，以随意的方式选取样本的一种方法。随机选样的缺陷在于审计人员在选取样本时会受到一些主观因素的影响，譬如，审计人员倾向于选择容易审计的项目进行测试(如客户有两个存放存货的仓库，审计人员可能倾向于选择监盘距离比较近的仓库的存货，而忽视监盘距离比较远的仓库存货)，从而未能客观地根据审计业务的实际需要选择样本。

4. 金额加权选样

金额加权选样(value weighted selection)的基本特点是每一元钱(而不是每一张发票或者每一笔业务)都有均等的被抽样的机会。当然，在实际测试样本时，不可能单独测试每一元钱，只可能测试包含这一元钱的那张发票或者那笔业务。在实施细节测试时，特别是测试高估时，将构成某类交易或账户余额的每一货币单位(如人民币元)作为抽样单元，通常效率很高。注册会计师通常从总体中选取特定货币单位，然后检查包含这些货币单位的特定项目。这种方法可以与系统选样方法结合使用，且在使用计算机辅助审计技术选取项目时效率最高。

如表8－10所示，假定被审计单位在20×5年度共有5张销售发票，注册会计师希望抽查第3 000元、6 000元、9 000元钱的销售业务。由于单独测试每一元钱是不现实的，所以注册会计师最后选中的是包含第3 000元、6 000元、9 000元钱的三张发票进行测试，即编号为1056、1058、1059的发票。

表8－10　　　　　　　　　金额加权选样示例

发票编号	发票金额(元)	累计金额(元)	选中的测试项目
1055	153	153	
1056	5 729	5 882	√
1057	56	5 938	
1058	670	6 608	√
1059	3 500	10 108	√

六、偏差和错报的性质和原因

注册会计师应当调查识别出的所有偏差或错报的性质和原因,并评价其对审计程序的目的和审计的其他方面可能产生的影响。

在分析识别出的偏差和错报时,注册会计师可能注意到许多偏差和错报具有共同的特征,如交易类型、地点、产品线或时段。在这种情况下,注册会计师可以决定找出总体中具有这一共同特征的所有项目,并将审计程序扩展到这些项目。另外,这些偏差或错报可能是有意的,可能表明存在舞弊。

在极其特殊的情况下,如果认为样本中发现的某项偏差或错报是异常误差[①],注册会计师就应当对该项偏差或错报对总体不具有代表性获取高度肯定。在获取这种高度肯定时,注册会计师应当实施追加的审计程序,获取充分、适当的审计证据,以确定该项偏差或错报不影响总体的其余部分。

当实施控制测试时,注册会计师应当获取控制在整个拟信赖的期间有效运行的充分、适当的审计证据。当识别出控制的运行存在偏差时,注册会计师应当进行专门调查,并考虑下列事项:已识别的偏差对财务报表的直接影响;内部控制的有效性及其对审计方法的影响。在上述情况下,注册会计师应当确定实施的控制测试能否提供适当的审计证据,是否需要增加控制测试,或是否需要使用实质性程序应对潜在的错报风险。

七、推断错报

对于控制测试,由于样本偏差率也是整个总体的推断偏差率,注册会计师无须推断偏差。当实施细节测试时,注册会计师应当根据样本中发现的错报推断总体错报,以获取对错报规模的大致了解,但该推断可能并不足以确定应记录的确切金额。如果某项错报被确认为异常,注册会计师在推断总体错报时可以将其排除在外。但是,如果该项错报没有更正,注册会计师除推断非异常错报外还需要考虑所有异常错报的影响。

根据已发现的错报(或漏报)金额推断被测试的对象总体的错报(或漏报)水平的主要方法是比率估计法和差额估计法。

(一)比率估计法

比率估计法根据样本项目的错报(或漏报)金额与样本账面金额的比率关系来估计总体的实际错报(或漏报)金额与总体账面金额之间的关系。

这种方法的公式为:

$$总体错报金额 = (样本错报金额 / 样本账面金额) \times 总体账面金额$$

【例8—1】 假设被审计单位的应收账款明细账账面余额合计为2 000万元,共有1 200个明细账户。注册会计师抽查了300个明细账户,其账面余额合计为1 000万元。经过审计,发现存在的错报金额为10万元。采用比率估计法推断出总体(1 200个明细账户、金额合计2 000万元)的错报金额为:

(10/1 000)×2 000=20(万元)

(二)差额估计法

差额估计法根据样本中发生错报(或漏报)的金额与样本项目数量的比率关系来估计总体

[①] 异常误差,是指对总体中的错报或偏差明显不具有代表性的错报或偏差。异常误差通常是由某一孤立事件引起的误差,该事件只有在特定条件下才会重复发生。

中发生错报（或漏报）的金额与总体项目数量之间的关系。

根据上述例8—1的数据，采用差额估计法可以推断出总体（1 200个明细账户、金额合计2 000万元）的错报金额为：

(10/300)×1 200＝40（万元）

需要说明的是，这两种方法是注册会计师根据样本错报（或漏报）情况推断总体错报（或漏报）水平的基本方法，采用这些方法得出总体错报（或漏报）的金额之后，注册会计师还需要根据对被审计单位内部控制的了解、固有风险与控制风险的评估值等因素做出适当的调整，并最终推断出总体错报（或漏报）的水平。注册会计师应当将推断的总体错报金额与可容忍错报[①]进行比较。在细节测试中，可容忍误差即可容忍错报，其金额小于或等于注册会计师针对所审计的某类交易或账户余额而使用的重要性水平。

在根据样本误差推断总体时，如果将某一误差确定为异常误差，注册会计师就可以将其排除在外。如果异常误差未得到更正，注册会计师除需推断非异常误差外，还需要考虑异常误差的影响。

如果某类交易或账户余额已经分层，注册会计师应当在每一层分别推断误差。在考虑误差对某类交易或账户余额的总额可能的影响时，注册会计师应当将每一层的推断误差与异常误差汇总起来考虑。

八、评价审计抽样结果

对于控制测试，除非注册会计师已获取能够证实最初评估结果的进一步审计证据，否则，超出预期的高偏差率[②]可能导致评估的重大错报风险增加。

对于细节测试，在缺乏进一步审计证据证明不存在重大错报的情况下，样本中超出预期的高错报可能导致注册会计师认为某类交易或账户余额存在重大错报。推断错报与异常错报（如有）之和是注册会计师对总体错报的最佳估计。当推断错报与异常错报（如有）之和超过可容忍错报时，样本就不能为得出有关测试总体的结论提供合理的基础。推断错报与异常错报之和越接近可容忍错报，总体中实际错报超过可容忍错报的可能性就越大。如果推断错报高于确定样本规模时使用的预期错报，注册会计师可能认为，总体中实际错报超出可容忍错报的抽样风险是不可接受的。考虑其他审计程序的结果有助于注册会计师评估总体中实际错报超出可容忍错报的抽样风险，获取额外的审计证据可以降低该风险。

如果认为审计抽样没有为得出有关测试总体的结论提供合理的基础，注册会计师可以要求管理层对识别出的错报和是否可能存在更多错报进行调查，并在必要时进行调整；调整进一步审计程序的性质、时间安排和范围，以更好地获取所需的保证。例如，对于控制测试，注册会计师可能会扩大样本规模，测试替代控制或修改相关实质性程序。

[①] 可容忍错报，是指注册会计师设定的货币金额，注册会计师试图对总体中的实际错报不超过该货币金额获取适当水平的保证。

[②] 可容忍偏差率，是指注册会计师设定的偏离规定的内部控制程序的比率，注册会计师试图对总体中的实际偏差率不超过该比率获取适当水平的保证。

复习思考题

1. 如何理解审计证据的充分性和恰当性?
2. 简述搜集审计证据的主要方法。
3. 请说明审计工作底稿的定义和作用。
4. 编制审计工作底稿的要求有哪些?
5. 注册会计师在设计样本时需要考虑哪些因素?

自我测试题

一、单项选择题

1. 实物证据对证明( )认定具有很强的说服力。
   A. 存在　　　　　　C. 完整性　　　　　　B. 发生　　　　　　D. 权利和义务
2. 审计证据的适当性是指审计证据的相关性和可靠性,相关性是指证据应与( )相关。
   A. 审计目标　　　　　　　　　　　　B. 审计范围
   C. 被审计单位的财务报表　　　　　　D. 客观事实
3. 审计人员通常使用( )方法取得环境证据。
   A. 观察　　　　B. 重新计算　　　　C. 询问　　　　D. 检查有形资产
4. 下列证据中,不属于书面证据的是( )。
   A. 原始发票　　　B. 材料盘点表　　　C. 财务报表　　　D. 管理层声明书
5. 下列有关审计证据的表述中,错误的是( )。
   A. 书面证据比口头证据可靠　　　　　B. 外部证据比内部证据可靠
   C. 复制证据比原始证据可靠　　　　　D. 内部控制良好的证据比内部控制差的证据可靠
6. 审计工作底稿的所有权属于( )。
   A. 被审计单位　　B. 会计师事务所　　C. 注册会计师个人　　D. 被审计单位的股东
7. 甲会计师事务所于 2012 年 2 月 15 日对 A 公司 2011 年度财务报表出具了审计报告,该审计报告副本作为审计档案应当( )。
   A. 至少保存至 2019 年 2 月 15 日　　　　B. 至少保存至 2018 年 2 月 15 日
   C. 至少保存至 2026 年 2 月 15 日　　　　D. 长期保存

二、多项选择题

1. 下列有关分析程序的说法中,错误的有( )。
   A. 注册会计师应当在每个审计项目中将分析程序用作风险评估程序、实质性程序和总体复核
   B. 对于特别风险,如果注册会计师不信赖内部控制,不能仅实施实质性分析程序,还应当实施细节测试
   C. 细节测试比实质性分析程序更能有效地应对认定层次的重大错报风险
   D. 注册会计师实施分析程序时应当使用被审计单位外部的数据建立预期
2. 下列有关审计证据的说法中,正确的有( )。
   A. 外部证据有内部证据矛盾时,注册会计师应当采用外部证据
   B. 审计证据包括支持和佐证管理层认定的信息,也包括与这些认定相矛盾的信息
   C. 在某些情况下,信息的缺乏(如管理层拒绝提供注册会计师要求的声明)本身也构成审计证据
   D. 注册会计师可以考虑获取审计证据的成本与所获取信息的有用性之间的关系
3. 下列有关审计证据充分性的说法中,正确的有( )。

A. 评估的重大错报风险越高,需要的审计证据可能越多
B. 初步评估的控制风险越低,需要通过控制测试获取的审计证据可能越少
C. 计划从实质性程序中获取的保证程度越高,需要的审计证据可能越多
D. 审计证据质量越高,需要的审计证据可能越少

4. 下列选项中,属于审计工作底稿的有( )。
A. 外部专家的工作底稿　　　　　　B. 具体审计计划
C. 业务约定书　　　　　　　　　　D. 总体审计策略

5. 下列各项审计程序中,通常不采用审计抽样的有( )。
A. 风险评估程序　　B. 控制测试　　C. 实质性分析程序　　D. 细节测试

三、案例分析题

1. 以下是注册会计师在甲公司财务报表审计过程中执行的一些审计程序:
(1)将本年度财务报表各项目的数据与预算数、上年度实际数进行比较;
(2)向甲公司的客户寄发询证函,要求对方确认甲公司账面记录的销货金额和资产负债表日应收账款余额是否正确;
(3)抽查甲公司职员盘点过的存货,并在审计工作底稿中记录注册会计师盘点的存货数量与甲公司存货盘点记录的差异;
(4)检查公司会议纪要以确定股票发行是否经过恰当的授权;
(5)与总经理交谈,以了解被审计年度公司因产品质量缺陷被起诉的案件进展情况;
(6)根据甲公司提供的应收账款、其他应收款期末余额和账龄数据,计算坏账准备的应计提金额;
(7)观察仓库管理员收发存货的过程,以确定甲公司存货内部管理是否存在缺陷;
(8)注册会计师利用甲公司的银行存款日记账和银行对账单,重新编制银行存款余额调节表,并与甲公司编制的银行存款余额调节表进行比较。
要求:说明上述程序分别属于获取审计证据的方法中的哪一种(或哪几种),并指出执行该程序能够验证的交易和事项、期末账户余额(或列报)的相关认定。

2. 不同类型的审计证据的可靠性存在一定的差异。
(1)银行询证函与银行对账单;
(2)注册会计师通过自行计算折旧额所得的证据与被审计单位的累计折旧明细账数据;
(3)银行对账单与发货单;
(4)律师询证函回函、注册会计师与律师交谈取得的证据;
(5)内部控制良好的公司的销货发票与内部控制较差的公司的销货发票。
要求:比较上述几组证据,说明每组证据中哪个类型的证据比较可靠,并简述理由。

3. 注册会计师在编制B公司的20×5年度财务报表审计计划时,准备采用分析程序。该公司的报表数据如下所示:
(1)资产负债表数据(见下表)

资产负债表　　　　　　　　　　　　　　　　　　　　单位:千元

项　目	本年末未审数	上年末审定数	项　目	本年末未审数	上年末审定数
流动资产:			流动负债:		
货币资金	11 230	11 300	短期借款	2 000	60 000
应收账款	22 100	35 000	应付账款	21 000	8 000
存货	65 000	75 000	流动负债合计	23 000	68 000

续表

项 目	本年末未审数	上年末审定数	项 目	本年末未审数	上年末审定数
流动资产合计	98 330	121 300	非流动负债：		
			长期借款	33 000	30 000
			非流动负债合计	33 000	30 000
			负债合计	56 000	98 000
			所有者权益：		
非流动资产：			实收资本	60 000	60 000
固定资产	75 000	75 500	资本公积	5 500	2 500
非流动资产合计	75 000	75 500	盈余公积	12 000	10 000
			未分配利润	39 830	26 300
			所有者权益合计	117 330	98 800
资产总计	173 330	196 800	负债和所有者权益总计	173 330	196 800

(2)利润表数据(见下表)

利润表　　　　　　　　　　　　　　　　　　单位：千元

项 目	本年度未审数	上年度审定数
一、营业收入	30 300	25 000
减：营业成本	18 000	13 000
营业税金及附加	5 300	3 900
销售费用	700	500
管理费用	600	400
财务费用	220	350
二、营业利润	5 480	6 850
加：营业外收入	380	170
减：营业外支出	260	160
三、利润总额	5 600	6 860
减：所得税费用	840	1 029
四、净利润	4 760	5 831

(3)行业平均比率(见下表)

行业平均比率

比　率	行业平均水平
流动比率(次)	2.6
速动比率(次)	1.8
利息保障倍数	35
资产负债率	25%
应收账款周转率(次)	7
存货周转率(次)	6
总资产周转率(次)	2
毛利率	50%

要求：

(1)根据以上数据，对该公司的会计数据进行绝对数比较和相对数比较；

(2)根据计算结果，结合行业平均比率，说明该公司应当重点审计的项目及理由(假定该公司的财务费用均为借款利息费用)。

第九章 销售与收款循环审计

本章要点

- 销售与收款业务的内部控制
- 主营业务收入的实质性程序
- 应收账款的实质性程序

引例

华锐风电(601558)收入审计

以下内容摘录自中国证监会行政处罚决定书〔2015〕67号：

（部分内容略）

经查，利安达在华锐风电年度报告审计项目中存在以下违法事实：

一、华锐风电虚增2011年收入与利润的情况

华锐风电于2011年1月在上海证券交易所上市，主要从事风力发电设备的开发、生产和销售。2012年4月11日，华锐风电披露2011年年报，确认风电机组收入1 686台，营业总收入10 435 516 390.57元，营业总成本9 918 543 020.04元，营业利润529 215 613.35元，利润总额739 440 394.00元，报告期内风电工程项目适用的会计政策为商品销售收入。

华锐风电通过制作虚假吊装单提前确认收入的方式，在2011年度提前确认风电机组收入413台，对2011年度财务报告的影响为：虚增营业收入2 431 739 125.66元、营业成本2 003 916 651.46元，多预提运费31 350 686.83元，多计提坏账118 610 423.77元，虚增利润总额277 861 363.60元，占2011年利润总额的37.58%。

二、审计项目整体情况

2012年4月9日，利安达作为华锐风电2011年年报审计机构，出具了标准无保留意见的审计报告（利安达审字〔2012〕第1190号）。（部分内容略）

三、审计工作的具体问题

（一）识别、评估舞弊风险因素存在缺陷

2011年，受国家风电行业政策的较大影响，华锐风电整体业绩出现大幅下滑，未见会计师执行相关审计程序以获取相应审计证据的风险识别轨迹，会计师对"竞争激烈或市场饱和，且伴随着利润率的下降""客户需求大幅下降，所在行业或总体经济环境中经营失败的情况增多"的风险评估结果是"不存在"，其风险评估结果与当时企业所处的行业状况明显不符。

（二）了解、评价销售与收款循环内部控制设计和有效性测试存在缺陷

会计师没有根据企业自身特点，对确认销售收入的流程控制点，如客服部提供的项目日动态表、货到现场后设备验收单进行描述或测试。

（三）执行收入循环审计程序存在缺陷

1. 吊装单可靠性问题

华锐风电确认收入的关键证据即吊装单,会计师未对吊装单的可靠性进行合理判断。根据华锐风电2011年审计底稿,大部分吊装单仅有个人签字,而无业主方的盖章确认,会计师未对签字人员是否有权代表业主方签署吊装单进行有效验证;大部分吊装单未注明吊装日期,对于其吊装完成时点以及确认当期收入的合理性,会计师未予以充分关注。在吊装单存在上述严重不确定性的情况下,会计师未向公司索取项目日动态表、发货验收单等资料予以比对判断,未对吊装情况获取进一步的审计证据。

2. 集中确认及合同执行问题

虚增或提前确认收入项目中有部分项目合同执行情况异常,吊装单标注日期或收入确认时点为临近资产负债表日,公司存在资产负债表日前集中确认收入的情形。在审计底稿中未见会计师对上述情况的原因进行关注和分析,并追加必要的审计程序予以解决。

3. 发货单问题

根据华锐风电披露的确认收入的会计政策,"货到现场后双方已签署设备验收手续"是确认销售收入的依据之一,根据华锐风电2011年审计底稿,会计师未取得货物发运、验收手续相关证据,未能按照公司既定的会计政策履行相应的审计程序。

4. 函证问题

会计师在审计计划中将应收账款函证作为重点审计程序,会计师执行函证程序存在以下问题:(1)将甘肃华电玉门风力发电有限公司(218 544 000.00元)、国华能源投资有限公司(165 652 300.00元)、大唐(科右中旗)新能源有限公司(59 202 042.73元)作为函证样本,但实际未发函;(2)函证金额不完整,未对应收账款余额中未开具发票但已确认销售收入部分金额进行函证;(3)回函比例过低,回函确认金额占年末应收账余额比例仅为17%。函证程序虽已执行,但未对应收账款余额、收入确认的真实性进行有效验证。

5. 替代测试问题

会计师称他们对应收账款开票部分通过函证程序加以确认,而对于未开票部分、未回函客户,以及未函证的样本采取了替代测试,替代测试中查看了吊装单、合同和项目回款,但其替代测试存在以下问题:未对部分未发函的函证样本进行替代测试。其替代性程序依赖的核心证据吊装单存在严重缺陷,在审计底稿中未见会计师对合同执行情况异常、无回款的项目予以关注和分析,并追加必要的审计程序予以解决。

6. 截止性测试问题

会计师在审计计划中将"进行期末截止性测试,结合公司的期后发生额,检查公司收入确认的完整性"作为收入应履行的重点审计程序。但会计师未有效执行截止性测试,没有对收入确认的关键依据吊装单进行有效验证,其对截止性样本选择的解释缺乏专业判断和应有的职业谨慎。

以上事实,有相关工作底稿、财务资料、相关机构的情况说明、涉案人员询问笔录等证据证明,足以认定。

(部分内容略)

思考题

1. 在评估舞弊风险因素时为什么需要考虑行业状况或总体经济环境?
2. 如何完善华锐风电收入循环的审计程序?

第一节 销售与收款循环概述

一、业务循环及其分类

通常,制造类企业的业务可以细分为以下几个业务循环:

(一)销售与收款循环

该循环反映从企业编制销售计划开始至货款收回为止所有业务,具体包括编制销售计划、订单处理、批准赊销、发货、开票、会计记录、收款、坏账计提与冲销、销售调整等程序,涉及"主营业务收入""应收账款""坏账准备"等账户。

(二)采购与付款循环

该循环的内容包括购买材料、其他资产或劳务,其业务程序一般包括授权批准、采购、验收、入库保管、发出等环节,涉及账户包括"材料采购""应付账款""固定资产""累计折旧"等。

(三)生产与存货循环

该循环反映从材料购入到产成品售出为止的所有相关业务,包括直接材料、直接人工和制造费用的归集与分配等内容,涉及账户包括"原材料""生产成本""制造费用""应付职工薪酬""库存商品"等。

(四)投资与筹资循环

该循环涉及的内容包括短期投资、长期投资、长期负债和所有者权益等,相关账户包括"交易性金融资产""可供出售金融资产""长期股权投资""持有至到期投资""短期借款""长期借款""应付债券""股本""资本公积""盈余公积""利润分配""投资收益""财务费用"等。由于投资与筹资循环的业务相对比较简单,因此,本书不准备详细介绍该循环的审计。

此外,货币资金也是一个重要的审计项目,这不仅是因为上述四个循环均与货币资金有关,而且货币资金本身也是企业的一项非常重要的资产,在审计实务部分除了介绍上述前三个循环的审计以外,本书还将介绍货币资金的审计程序。

按照业务循环的轨迹进行审计,由于循环内的业务相互联系,例如,销售与收款循环中的应收账款与主营业务收入的业务内容具有类似之处,将两者放在一起审计,可以节省审计时间,提高审计效率。本书的后面几章主要以业务循环的形式讲述审计实务。

二、销售与收款循环的基本内容

(一)销售与收款循环的基本业务

一个企业的销售与收款循环通常由提供商品、劳务及收款等业务构成。企业的性质不同,销售与收款循环的具体环节也略有差异。本章节的内容以提供有形的产品为例来说明销售与收款循环的基本环节(如图9—1所示),如果企业提供的是劳务,或者是网上交易等类型,那么,销售与收款循环的内容会与图中所示内容略有区别。此外,按照收款方式,销售主要分为现销、赊销两种,由于现销的业务涉及的环节较少,所以本章以赊销为例来说明销售与收款循环的主要业务。

(二)销售与收款循环的主要凭证与记录

本书涉及的账户均以《企业会计准则》为依据。根据《企业会计准则》,销售与收款循环所涉及的主要账户包括"主营业务收入""主营业务成本""应收账款""坏账准备""库存现金""银

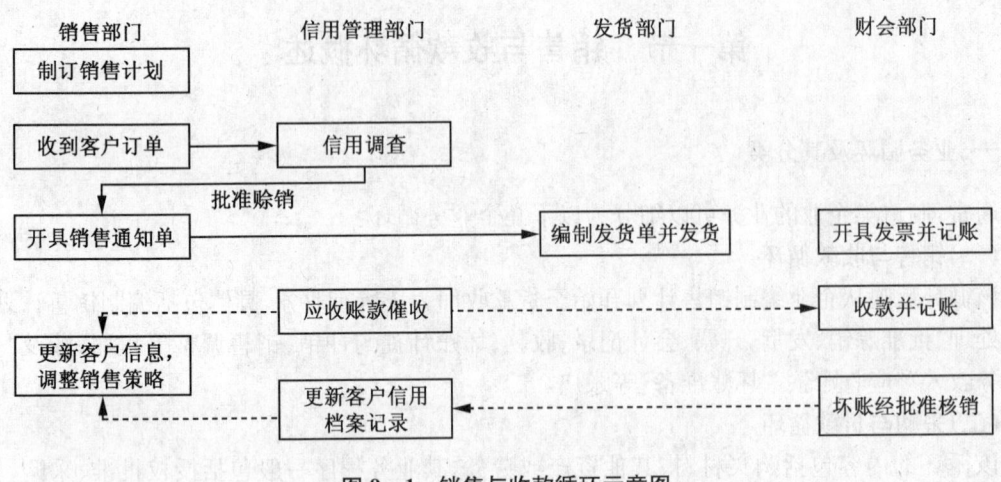

```
销售部门          信用管理部门        发货部门           财会部门
制订销售计划

收到客户订单 ──→  信用调查
              批准赊销
开具销售通知单 ──────────────→ 编制发货单并发货    开具发票并记账

         ←──── 应收账款催收 ────────────────→ 收款并记账
更新客户信息,
调整销售策略   ←── 更新客户信用
              档案记录  ←──────────────── 坏账经批准核销
```

图 9—1 销售与收款循环示意图

行存款""资产减值损失""库存商品"。

上述"主营业务成本""库存商品""库存现金""银行存款"账户的审计将在以后的章节中予以说明,本章将着重论述其余四个账户的审计。

总体而言,销售与收款循环所涉及的主要业务环节、账户等如表9—1所示。

表 9—1   销售与收款循环的主要凭证与记录

业务内容	原始凭证与记录	记账凭证与账簿	会计分录
销售业务(赊销):			
编制销售计划	销售计划		
订单处理	客户订单(外部凭证)、销售合同(内部凭证)、销售通知单(内部凭证)		
核准赊销	销售通知单(有关人员签字)、核准赊销的客户清单		
发货	发货单(内部凭证)		
开票	销售发票(内部凭证)	价目表	
会计记录		记账凭证、应收账款明细账与总账、主营业务收入明细账与总账、应交税费明细账与总账、库存商品明细账与总账、主营业务成本明细账与总账	借:应收账款 　　贷:主营业务收入 　　　　应交税费 借:主营业务成本 　　贷:库存商品
收款业务:			
收款	支票、银行本票、银行汇票等(外部凭证)	记账凭证、银行存款日记账与总账、应收账款明细账与总账	借:银行存款 　　贷:应收账款

续表

业务内容	原始凭证与记录	记账凭证与账簿	会计分录
销售调整业务:			
销售退回	入库单(内部凭证)	记账凭证、应收账款明细账(或银行存款日记账与总账)、主营业务收入、主营业务成本明细账与总账、应交税费明细账与总账、库存商品明细账与总账	借:主营业务收入 　　应交税费 　贷:银行存款 　　(或应收账款) 借:库存商品 　贷:主营业务成本
现金折扣	现金折扣审批表	记账凭证、应收账款明细账与总账(或银行存款日记账与总账)	借:财务费用 　　银行存款 　贷:应收账款
销售折让	销售折让审批表	记账凭证、应收账款明细账与总账(或银行存款日记账与总账)、应交税费明细账与总账	借:主营业务收入 　　应交税费 　贷:应收账款 　　(或银行存款)
坏账处理:			
坏账准备的计提	账龄分析表等	记账凭证、坏账准备明细账与总账、资产减值损失明细账与总账	借:资产减值损失 　贷:坏账准备
坏账冲销	有关人员核准的书面文件	记账凭证、坏账准备明细账与总账、应收账款明细账与总账	借:坏账准备 　贷:应收账款

---- 课堂讨论题 1 ----

在销售与收款循环中,注册会计师需要验证与交易(或事项)、账户余额或披露有关的管理层认定具体有哪些?

第二节　销售与收款循环的内部控制与控制测试

一、销售与收款循环的内部控制

销售与收款循环的内部控制主要包括以下几个方面:

(一)销售计划管理

销售计划[①]管理环节的主要风险是:销售计划缺乏或不合理,或未经授权审批,导致产品结构和生产安排不合理,难以实现企业生产经营的良性循环。

该环节的相关控制措施主要包括:(1)企业根据发展战略和年度生产经营计划,结合企业的实际情况,制订年度销售计划,在此基础上,结合客户订单情况,制订月度销售计划,并按规定的权限和程序审批后下达执行;(2)定期对各产品(商品)的区域销售额、进销差价、销售计划与实际销售情况等进行分析,结合生产现状,及时调整销售计划,调整后的销售计划需履行相

---

① 销售计划是指在进行销售预测的基础上,结合企业生产能力,设定总体目标额及不同产品的销售目标额,进而为能实现该目标而设定具体营销方案和实施计划,以支持未来一定期间内销售额的实现。

应的审批程序。

(二)客户开发与信用管理

企业应当积极开拓市场份额,加强现有客户维护,开发潜在目标客户,对有销售意向的客户进行资信评估,根据企业自身风险接受程度确定具体的信用等级。该环节的主要风险是:现有客户管理不足、潜在市场需求开发不够,可能导致客户丢失或市场拓展不利;客户档案不健全、缺乏合理的资信评估,可能导致客户选择不当,销售款项不能收回或遭受欺诈,从而影响企业的资金流转和正常经营。

该环节的相关控制措施主要包括:(1)企业在进行充分市场调查的基础上,合理细分市场并确定目标市场,根据不同目标群体的具体需求,确定定价机制和信用方式。(2)建立和不断更新维护客户信用动态档案,由与销售部门相对独立的信用管理部门对客户付款情况进行持续跟踪和监控,提出划分、调整客户信用等级的方案。根据客户信用等级和企业信用政策,拟定客户赊销限额和时限,并经销售、财会等部门具有相关权限的人员审批。

(三)销售定价

销售定价[①]环节的主要风险是:定价或调价不符合价格政策,未能结合市场供需状况、盈利测算等进行适时调整,造成价格过高或过低、销售受损;商品销售价格未经恰当审批,或存在舞弊,可能导致损害企业经济利益或者企业形象。

该环节的控制措施主要包括:

(1)根据有关价格政策,综合考虑企业财务目标、营销目标、产品成本、市场状况及竞争对手情况等多方面因素,确定产品基准定价。定期评价产品基准价格的合理性,定价或调价需经具有相应权限人员的审核批准。

(2)在执行基准定价的基础上,针对某些商品可以授予销售部门一定限度的价格浮动权,销售部门可结合产品市场特点,将价格浮动权向下实行逐级递减分配,同时明确权限执行人。价格浮动权限执行人必须严格遵守规定的价格浮动范围,不得擅自突破。

(3)销售折扣、销售折让等政策的制定应由具有相应权限的人员审核批准。销售折扣、销售折让授予的实际金额、数量、原因及对象应予以记录,并归档备查。

(四)订立销售合同

企业与客户订立销售合同,明确双方权利和义务,以此作为开展销售活动的基本依据。该环节的主要风险是:合同内容存在重大疏漏和欺诈,未经授权对外订立销售合同,可能导致企业合法权益受到侵害;销售价格、收款期限等违背企业销售政策,可能导致企业经济利益受损。

该环节的控制措施主要包括:

(1)订立销售合同前,企业应当指定专门人员与客户进行业务洽谈、磋商或谈判,关注客户信用状况,明确销售定价、结算方式、权利与义务条款等相关内容。对于重大的销售业务谈判,财会、法律等专业人员也应参加,并形成完整的书面记录。

(2)建立健全销售合同订立及审批管理制度,明确必须签订合同的范围,规范合同订立程序,确定具体的审核、审批程序和所涉及的部门人员及相应权责。审核、审批应当重点关注销售合同草案中提出的销售价格、信用政策、发货及收款方式等。重要的销售合同,应当征询法律专业人员的意见。

(3)销售合同草案经审批同意后,企业应授权有关人员与客户签订正式销售合同。

---

① 销售定价是指商品价格的确定、调整及相应审批。

(五)发货

发货是根据销售合同的约定向客户提供商品的环节。该环节的主要风险是:未经授权发货或发货不符合合同约定,可能导致货物损失或客户与企业的销售争议、销售款项不能收回。

该环节的控制措施主要包括:

(1)销售部门按照经审核后的销售合同开具相关的销售通知交仓储部门和财会部门。

(2)仓储部门落实出库、计量、运输等环节的岗位责任,对销售通知进行审核,严格按照所列的发货品种和规格、发货数量、发货时间、发货方式、接货地点等,按规定时间组织发货,形成相应的发货单据,并应连续编号。

(3)以运输合同或条款等形式明确运输方式、商品短缺/毁损或变质的责任、到货验收方式、运输费用承担、保险等内容,货物交接环节应做好装卸和检验工作,确保货物的安全发运,由客户验收确认。

(4)做好发货各环节的记录,填制相应的凭证,设置销售台账,实现全过程的销售登记制度。

(六)收款

收款[①]环节的主要风险是:企业信用管理不到位,结算方式选择不当,票据管理不善,账款回收不力,导致销售款项不能收回或遭受欺诈;收款过程中存在舞弊,使企业经济利益受损。

该环节的控制措施主要包括:

(1)结合公司销售政策,选择恰当的结算方式,加快款项回收,提高资金的使用效率。对于商业票据,结合销售政策和信用政策,明确应收票据的受理范围和管理措施。

(2)建立票据管理制度,特别是加强商业汇票的管理:对票据的取得、贴现、背书、保管等活动予以明确规定;严格审查票据的真实性和合法性,防止票据欺诈;由专人保管应收票据,对即将到期的应收票据,及时办理托收,定期核对盘点;票据贴现、背书应经恰当审批。

(3)加强赊销管理。需要赊销的商品,应由信用管理部门按照客户信用等级审核,并经具有相应权限的人员审批;赊销商品一般应取得客户的书面确认,必要时,要求客户办理资产抵押、担保等收款保证手续;完善应收款项管理制度,落实责任、严格考核、实行奖惩。销售部门负责应收款项的催收,催收记录(包括往来函电)应妥善保存;加强代销业务款项的管理,及时与代销商结算款项;收取的现金、银行本票、汇票等应及时缴存银行并登记入账。防止由销售人员直接收取款项,如必须由销售人员收取的,应由财会部门加强监控。

(七)客户服务

客户服务[②]环节的主要风险是:客户服务水平低,消费者满意度不足,影响公司品牌形象,造成客户流失。

该环节的控制措施主要包括:

(1)结合竞争对手客户服务水平,建立和完善客户服务制度,包括客户服务内容、标准、方式等。

(2)设专人或部门进行客户服务和跟踪。有条件的企业可以按产品线或地理区域建立客户服务中心。加强售前、售中和售后技术服务,实行客户服务人员薪酬与客户满意度挂钩的制度。

(3)建立产品质量管理制度,加强销售、生产、研发、质量检验等相关部门之间的沟通协调。

(4)做好客户回访工作,定期或不定期开展客户满意度调查;建立客户投诉制度,记录所有

---

① 收款是指企业经授权发货后与客户结算的环节。按照发货时是否收到货款,可分为现销和赊销。

② 客户服务包括产品维修、销售退回、维护升级等。

的客户投诉,并分析产生原因及解决措施。

(5)加强销售退回控制。销售退回需经具有相应权限的人员审批后方可执行;销售退回的商品应当参照物资采购入库管理。

(八)会计系统控制

会计系统控制[①]包括销售收入的确认、应收款项的管理、坏账准备的计提和冲销、销售退回的处理等内容。该环节的主要风险是:缺乏有效的销售业务会计系统控制,可能导致企业账实不符、账证不符、账账不符或者账表不符,从而影响销售收入、销售成本、应收款项等会计核算的真实性和可靠性。

该环节的控制措施主要包括:

(1)加强对销售、发货、收款业务的会计系统控制,详细记录销售客户、销售合同、销售通知、发运凭证、商业票据、款项收回等情况,确保会计记录、销售记录与仓储记录核对一致。具体措施包括:财会部门开具发票时,应当依据相关单据(计量单、出库单、货款结算单、销售通知单等)并经相关岗位审核;销售发票应遵循有关发票管理规定,严禁开具虚假发票;财会部门对销售报表等原始凭证审核销售价格、数量等,并根据会计准则确认销售收入,登记入账;财会部门与相关部门月末应核对当月销售数量,保证各部门销售数量的一致性。

(2)建立应收账款清收核查制度,销售部门应定期与客户对账,并取得书面对账凭证,财会部门负责办理资金结算并监督款项回收。

(3)及时收集应收账款相关凭证资料并妥善保管;对未按时还款的客户,采取申请支付令、申请诉前保全和起诉等方式及时清收欠款。对收回的非货币性资产应经评估和恰当审批。

(4)对于可能成为坏账的应收账款,应当按照会计准则的规定计提坏账准备,并按照权限范围和审批程序进行审批。对确定发生的各项坏账,应当查明原因,明确责任,并在履行规定的审批程序后做出会计处理。企业核销的坏账应当进行备查登记,做到账销案存。已核销的坏账又收回时应当及时入账,防止形成账外资金。

课堂讨论题 2

销售与收款循环中的不相容职责有哪些?

二、销售与收款循环的控制测试

销售与收款循环的控制测试包括以下内容:

(一)抽取销售发票

注册会计师在执行控制测试时,可以抽取一定数量的销售发票,做如下检查:

(1)检查发票是否连续编号,作废发票的处理是否正确。

(2)核对销售发票与销售通知单、发货单(或提货单)所载明的品名、规格、数量、价格是否一致。

(3)检查销售通知单上是否有负责信用核准人员的签字。

(4)复核销售发票中所列的数量、单价和金额是否正确。这项具体包括:将销售发票中所

---

① 会计系统控制是指利用记账、核对、岗位职责落实和相互分离、档案管理、工作交接程序等会计控制方法,确保企业会计信息真实、准确、完整。

列商品的单价与商品价目表的价格进行核对;验算发票金额的正确性。

(5)从销售发票追查至有关的记账凭证、应收账款明细账及主营业务收入明细账,确定企业是否正确、及时地登记有关的凭证、账簿。

(二)抽查发货单(或提货单)

抽取一定数量的发货单(或提货单),检查发货单(或提货单)是否连续编号,并与相关的销售发票核对,检查已发出的商品是否均已向顾客开出发票。

(三)抽查主营业务收入的相关账簿记录

从主营业务收入明细账中抽取一定数量的会计记录,并与有关的记账凭证、销售发票进行核对,以确定是否存在收入高估或低估的情况。

(四)检查销售调整业务的相关凭证

抽取一定数量的销售调整业务的会计凭证,检查销售退回、折让、折扣的核准与会计核算:
(1)确定销售退回与折让的批准与贷项通知单的签发职责是否分离;
(2)确定现金折扣是否经过适当授权,授权人与收款人的职责是否分离;
(3)检查销售退回和折让是否附有按顺序编号并经主管人员核准的贷项通知单;
(4)检查退回的商品是否具有仓库签发的退货验收报告(或入库单),并将验收报告的数量、金额与贷项通知单等进行核对;
(5)确定退货、折扣、折让的会计记录是否正确。

(五)抽查应收账款的相关记录

抽取一定数量的记账凭证、应收账款明细账,做如下检查:
(1)从应收账款明细账中抽取一定的记录并与相应的记账凭证进行核对,比较两者登记的时间、金额是否一致;
(2)从应收账款明细账中抽取一定数量的坏账注销的业务,并与相应的记账凭证、原始凭证进行核对,确定坏账的注销是否合乎有关法规的规定,企业主管人员是否核准等;
(3)确定企业是否定期与顾客对账,在可能的情况下,将企业一定期间的对账单与相应的应收账款明细账的余额进行核对,如有差异,则应进行追查。

(六)观察

观察职员获得或接触资产、凭证和记录(包括存货、销售通知单、发货单、销售发票、凭证与账簿、现金及支票等)的途径,并观察职员在执行授权、发货、开票等职责时的表现,确定企业是否存在必要的职务分离,内控的执行过程中是否存在弊端。

在对客户的内部控制制度进行必要的了解与测试之后,审计人员应当对其控制风险做出评价,并对实质性程序的内容做出相应的调整。同时,对测试过程中发现的问题,应当在工作底稿中做出记录,并以适当的形式告知客户的管理层。

第三节 销售与收款循环的实质性程序

一、销售与收款循环实质性程序的一般要求

(一)注意使用分析程序

分析程序是一种重要的审计手段,通过不同期间、不同项目的分析比较,可以发现审计线索,提高审计效率。分析程序的应用将在下文中详细论述。

（二）注意主营业务收入与主营业务成本的配比关系

主营业务收入与主营业务成本应该相互匹配，主营业务收入中反映的产品销售数量、品种应与主营业务成本所反映的产品销售数量、品种相一致，两者的金额也应成一定的比例。主营业务收入与主营业务成本的配比关系可以通过表9—2来检查。

表9—2　　　　　　　　主营业务收入与主营业务成本配比情况检查表　　　　索引号：D1—1

被审计单位名称：新欣　　　　审计人员：章艺　　　　日期：20×6年2月13日
所属期间：20×5年　　　　　复核人员：李明　　　　日期：20×6年2月15日　　单位：千元

月份	全部产品 主营业务收入	全部产品 主营业务成本	毛利率	产品1 主营业务收入	产品1 主营业务成本	毛利率	产品2 ……	……
1月	1 000	800	20%	120	90	25%	……	……
2月	1 200	900	25%	2 000	150	25%	……	……
3月	900	720	20%	1 000	75	25%	……	……
4月	1 000	800	20%	120	90	25%	……	……
5月	950	700	26%	200	150	25%	……	……
6月	900	720	20%	100	75	25%	……	……
7月	1 000	800	20%	120	90	25%	……	……
8月	1 200	900	25%	200	150	25%	……	……
9月	900	720	20%	100	75	25%	……	……
10月	1 000	800	20%	120	90	25%	……	……
11月	1 200	900	25%	200	150	25%	……	……
12月	1 000	750	25%	100	75	25%	……	……
本年合计	12 250	95 100	22%	1 680	1 260	25%	……	……

如表9—2所示，全部产品的毛利率有所波动，这是因为每月销售的产品品种构成不同，各产品的毛利率也存在差异，所以全部产品的毛利率会有所不同。为了了解企业主营业务收入与主营业务成本的配比情况，重点应考察各产品的毛利率。例如表9—2中的产品1，尽管该产品每月的主营业务收入不同，但其毛利率保持不变，这说明主营业务收入与主营业务成本实现了配比。

（三）注意主营业务收入和应收账款的高估风险

主营业务收入和应收账款通常存在高估的风险，有些客户会通过虚构销售来粉饰其财务状况和经营成果，以达到上市、增加贷款等目的。对于审计人员而言，应当考虑通过应收账款函证等措施来降低审计风险，发现并纠正客户会计处理的问题。

（四）注意收入确认时点与方法的合理性

企业产品的销售可以采用多种形式，如分期收款销售、委托代销、订货销售等。不同的销售方式下，收入确认的时点和方法也会存在差异。例如，采用分期收款销售方式，企业应按合同约定的收款日期分期确认收入，同时，按商品全部销售成本与全部销售收入的比率计算出本期应结转的销售成本；委托代销如果采用收取手续费方式，那么，委托方应在受托方将商品销售后，并向委托方开具代销清单时，确认收入；而订货销售方式下则应在商品交付给购货方时确认营业收入的实现。注册会计师在进行审计时,必须关注收入确认时点和方法的合理性问题。

(五)注意收入操纵的预警信号

如果被审计单位存在下列预警信号,可能表明公司存在收入操纵的行为[①]:

(1)应收账款的增幅高于销售收入的增幅。这可能意味着公司存在放宽赊销条件以刺激销售;通过补充协议或者口头协议隐瞒退货条件,提前确认收入等问题。

(2)计提巨额的坏账准备。这可能意味着公司收入确认政策不稳健或者在以前年度确认了不实的销售收入。

(3)销售收入与生产能力比例失调。销售收入容易被虚构,但是生产能力难以被篡改。通过分析上市公司的生产能力,并与行业数据(如产销率)和市场占有率等信息交叉复核,是发现公司虚构销售收入的有效手段之一。

(4)与客户发生套换交易。如果公司在向其客户销售产品或者提供劳务的同时,在缺乏正当商业理由的情况下又大量向客户购买产品或接受劳务,且交易价格显失公允,注册会计师就应当予以关注。

(5)收入主要来自关联交易。通过关联交易确认的销售收入,不仅其可持续性存在不确定因素,而且交易规模和价格容易被操纵。

(6)销售收入与经营性现金流量相背离。提前确认销售收入是公司操纵收入的最常见手法,其显著的财务特征是销售收入与经营性现金流量严重背离,巨额销售收入对应的是应收账款(而不是货币资金),而且应收账款长期无法收回。

二、主营业务收入的实质性程序

主营业务收入的实质性程序主要包括以下内容:

(一)将主营业务收入的账簿记录与有关凭证进行核对

(1)获取或编制主营业务收入明细表(如表9-3所示),复核加计是否正确,并与明细账和总账、报表的金额进行核对。

表9-3　　　　　　　　　　　　主营业务收入明细表　　　　　　　　　索引号:D1-2

被审计单位名称:新欣　　　审计人员:章艺　　　日期:20×6年2月13日
所属期间:20×5年　　　　复核人员:李明　　　日期:20×6年2月15日　　单位:万元

月份	产品1	产品2	产品3	产品4	产品5	产品6	产品7	合计
1月	120	90	80	……	……	……	……	1 000
2月	200	110	90	……	……	……	……	1 200
3月	100	120	100	……	……	……	……	900
4月	120	80	110	……	……	……	……	1 000
5月	200	130	100	……	……	……	……	950
6月	100	110	120	……	……	……	……	900
7月	120	100	110	……	……	……	……	1 000

---

① 关于收入操纵预警信号的内容摘自黄世忠:"收入操纵的九大陷阱及其防范对策",《中国注册会计师》,2004年第3期,第34页。

续表

月份	产品1	产品2	产品3	产品4	产品5	产品6	产品7	合计
8月	200	150	90	……	……	……	……	1 200
9月	100	120	130	……	……	……	……	900
10月	120	110	120	……	……	……	……	1 000
11月	200	100	130	……	……	……	……	1 200
12月	100	150	110	……	……	……	……	1 000
合计	1 680	1 370	1 290	……	……	……	……	12 250

(2) 抽查销售业务的原始凭证（发票、发货单），并追查至相应的记账凭证及明细账，确定销售收入是否真实、销售记录是否完整。

(3) 从主营业务收入明细账中挑选若干样本，并与相应的发票、订单、发货单（或提货单）的内容进行核对，并验算发票金额的正确性。

(4) 结合对资产负债表日应收账款的函证程序，查明有无未经认可的大额销售。

(二) 分析程序

在收入确认领域，注册会计师可以实施的分析程序的例子包括：

(1) 将本年度的主营业务收入与以前可比期间的对应数据或预算数进行比较，分析产品销售的结构和价格是否变动，如有变动，则应分析变动是否合理。

(2) 比较本年度各月或季度主营业务收入明细项目（按产品线或业务分部列示）的变动情况，分析其变动趋势是否正常（如表9-2所示），如有重大波动，则应查明发生重大波动的原因，并进行必要的分析。

(3) 将销售毛利率、应收账款周转率、存货周转率等关键财务指标与可比期间数据、预算数或同行业其他企业数据进行比较（年度及月份的毛利率分析如表9-2所示），注意有无重大的差异。

(4) 将销售收入变动幅度与销售商品及提供劳务收到的现金、应收账款、存货、税费等项目的变动幅度进行比较。

(5) 分析销售收入等财务信息与投入产出率、劳动生产率、产能、水电能耗、运输数量等非财务信息之间的关系。

(6) 分析销售收入与销售费用之间的关系，包括销售人员的人均业绩指标、销售人员薪酬、差旅费用、运费，以及销售机构的设置、规模、数量、分布等。

注册会计师通过实施分析程序，可能识别出未注意到的异常关系，或难以发现的变动趋势，从而有目的、有针对性地关注可能发生重大错报风险的领域，有助于评估重大错报风险，为设计和实施应对措施提供基础。例如，如果注册会计师发现被审计单位不断地为完成销售目标而增加销售量，或者大量的销售因不能收现而导致应收账款大量增加，就需要对销售收入的真实性予以额外关注；如果注册会计师发现被审计单位临近期末销售量大幅增加，就需要警惕将下期收入提前确认的可能性；如果注册会计师发现单笔大额收入能够减轻被审计单位盈利方面的压力，或使被审计单位完成销售目标，就需要警惕被审计单位虚构收入的可能性。

如果发现异常或偏离预期的趋势或关系，注册会计师需要认真调查其原因，评价是否表明可能存在由于舞弊导致的重大错报风险。涉及期末收入和利润的异常关系尤其值得关注，例

如在报告期的最后几周内记录了不寻常的大额收入或异常交易。注册会计师可能采取的调查方法举例如下:

(1)如果注册会计师发现被审计单位的毛利率变动较大或与所在行业的平均毛利率差异较大,注册会计师可以采用定性分析与定量分析相结合的方法,从行业及市场变化趋势、产品销售价格和产品成本要素等方面对毛利率变动的合理性进行调查。

(2)如果注册会计师发现应收账款余额较大,或其增长幅度高于销售收入的增长幅度,注册会计师需要分析具体原因(如赊销政策和信用期限是否发生变化等),并在必要时采取恰当的措施,如扩大函证比例、增加截止测试和期后收款测试的比例等。

(3)如果注册会计师发现被审计单位的收入增长幅度明显高于管理层的预期,可以询问管理层的适当人员,并考虑管理层的答复是否与其他审计证据一致。例如,如果管理层表示收入增长是由于销售量增加所致,注册会计师可以调查与市场需求相关的情况。

(三)检查销售退回与折扣、折让

(1)将退回商品的有关账面金额(如"主营业务收入""应收账款"等账户的发生额)与贷项通知单的记录进行核对。

(2)确定折扣与折让的金额是否正确。

(3)确定退货、折扣、折让的会计记录是否合理。

(四)实施截止测试

抽查资产负债表日前后若干日的主营业务收入与退货的账面记录及相关的凭证(包括主营业务收入明细账、发票、发货单或提货单等),检查销售业务的会计处理有无跨年度现象,如果存在跨年度的大额销售项目则应予以调整。销售截止测试检查表如表9—4所示。

表9—4　　　　　　　　　　　销售截止检查情况表　　　　　　　索引号:D1—3

被审计单位名称:新欣　　　　　审计人员:章艺　　　日期:20×6年2月10日

截止日:20×5年12月31日　　　复核人员:李明　　　日期:20×6年2月13日　　单位:元

发票编号	客户名称	发票内容					记入主营业务收入明细账的日期	核对		
		日期	品名	规格	数量	单价	总价		1	2	3
16235	大众	20×5年12月28日	男装	A1	1 000	300	300 000	20×5年12月29日	√	√	√
16236	强生	20×5年12月29日	男装	A2	8 000	350	280 000	20×5年12月30日	√	√	√
16237	大众	20×5年12月31日	女装	B2	1 200	350	420 000	20×5年12月31日	√	√	√
16238	逸民	20×6年1月1日	女装	B3	2 000	125	250 000	20×6年1月2日	×	√	√
16239	立会	20×6年1月2日	童装	C2	2 000	175	350 000	20×6年1月2日	√	√	√

审计说明:

#16238发票对应的发货单日期为20×5年12月31日,故应确认为20×5年收入,相关的主营业务成本为200 000元。

调整分录如下:

借:应收账款　　　　　　　　　　292 500
　　贷:主营业务收入　　　　　　　　　250 000
　　　　应交税费——应交增值税(销项税额)　42 500
借:主营业务成本　　　　　　　　200 000
　　贷:库存商品　　　　　　　　　　　200 000

核对说明:

1. 品名、数量与发货单核对相符;
2. 正确过入主营业务收入、应收账款等明细账;
3. 正确过入总账。

(五)确定主营业务收入是否在利润表上恰当披露

注册会计师需要确定被审计单位的主营业务收入在利润表上的列示是否恰当。

在新欣公司20×5年财务报表审计业务中,考虑到表9-4中关于销货业务截止的调整,利润表上主营业务收入的审定数为(12 250 000+250 000),即12 500 000。

三、应收账款的实质性程序

应收账款的实质性程序包括以下内容:

(一)获取或编制应收账款余额明细表

应收账款余额明细表可由注册会计师自己编制,也可以由被审计单位提供。如果由被审计单位提供,则注册会计师应对该表进行独立的审查,对明细表中所列的应收账款进行抽查,追查至明细账,并对明细账中的借、贷合计加以验算。

(二)账账、账表核对

进行应收账款的实质性程序,应核对应收账款明细账余额与总账余额、报表余额是否相符。如果不符,应查明原因,并形成记录、进行相应的调整。分析应收账款明细账余额,对于出现贷方余额的项目,应查明原因,必要时做重分类调整。

(三)分析程序

在进行分析程序时,主要考虑以下几个方面:(1)应收账款、坏账准备的本期数与本企业的历史数据及同行业的平均水平进行比较;(2)进行比率分析,并将本期数与本企业的历史数据及同行业的平均水平进行比较,具体内容如表9-5所示(新欣公司的数据来自表4-4和表4-5)。

表9-5　　　　　　　　　销售与收款循环的分析程序指标

财务比率	计算公式	新欣公司20×4年	新欣公司20×5年
应收账款周转率	主营业务收入/应收账款平均余额	6	$\frac{12\ 250\ 000}{(3\ 030\ 500+2\ 100\ 000)/2}=4.77$
应收账款周转天数	360/应收账款周转率	60	75
应收账款与流动资产总额之比	应收账款/流动资产	0.21	0.31
坏账费用与赊销净额之比	坏账费用/赊销收入净额	(略)	(略)

如果新欣公司20×4年的应收账款周转率为3,那么该公司20×5年的应收账款周转速度减慢,而且应收账款占流动资产的比重上升,说明公司应收账款回收方面存在一定的问题。

(四)分析应收账款的账龄及余额构成

注册会计师可以通过编制或索取应收账款账龄分析表来分析应收账款的账龄,如表9-6所示。

表 9-6　　　　　　　　　　　　　应收账款账龄分析表　　　　　　　　　索引号：A4-2

被审计单位名称：新欣　　　　　　　20×5年12月31日　　　　　　　　　　　单位：元

债务人名称	期末余额	账龄			
		1年以内	1～2年	2～3年	3年以上
A	500 000	300 000	200 000	—	—
B	520 000	200 000	300 000	20 000	—
C	630 000	500 000	130 000		—
D	720 500	600 000	100 000	20 500	—
E	837 000	500 000	300 000	37 000	—
合　计	3 207 500	2 100 000	1 030 000	77 500	—

审计人员：章艺　　日期：20×6年2月10日　　复核人员：李明　　日期：20×6年2月13日

应收账款的账龄是指应收账款从赊销业务发生之日起，至资产负债表日为止的时间间隔。编制应收账款的账龄分析表时，可以选择将金额较大的账户余额及顾客名称单独列示，对于余额较小的账户，可以汇总列示。应收账款账龄分析表的合计数应当等于资产负债表上应收账款的金额。进行应收账款账龄分析，有助于帮助财务报表使用者分析应收账款的可收回性，并判断坏账准备计提是否充分。

案例 9-1　　　　大冶特钢(000708)的重大会计差错

单位：元

调整项目	对相关年度利润的影响：增加(减少)			对截至2003年12月31日止的利润和净资产的影响：增加(减少)	具体说明
	2003年度	2002年度	2002以前年度	合计	
应收账款	42 096 596	(158 007 732)	(319 299 429)	(435 210 565)	(1)
其他应收款	4 669 424	(99 297 129)	589 331	(94 038 374)	(2)
存货	(106 145 886)	1 627 496	(103 349 232)	(207 867 622)	(3)
法律诉讼损失	(10 169 563)	(7 892 299)	(36 214 939)	(54 276 801)	(4)
固定资产	14 378 761	(41 854 632)	(30 933 284)	(58 409 155)	(5)
关联交易	(12 378 644)				(6)
其他	—	(2 074 680)	1 079 375	(995 305)	
对相关会计年度利润影响合计	(67 549 342)	(307 498 976)	(488 128 178)	(863 176 496)	
对相关会计年度净资产的影响	(55 170 668)	(307 498 976)	(488 128 178)	(850 797 822)	

具体说明：
(1)以前年度应收账款的账龄资料以及对坏账的会计处理存在重大差错,少计提坏账准备。
(2)以前年度其他应收款的账龄资料与实际情况严重不符,少计提坏账准备。
(3)存货采用计划成本法核算,以前年度未分摊成本差异;少计提存货跌价准备。
(4)以前年度的法律诉讼损失没有及时记录在相关年度。
(5)少计提固定资产折旧;固定资产报废会计处理有误。
(6)关联交易会计处理有误。
(7)2005年1月26日,公司聘请从事2004年年报审计的事务所提出辞聘函告,之后,公司改聘其他事务所为公司2004年年报审计机构。
(8)2002年、2003年更正前后的数据比较(单位:元)如下：

项　目	2002年度 (更正前)	2002年度 (更正后)	2003年度 (更正前)	2003年度 (更正后)
主营业务收入	1 735 198 046	1 735 198 046	2 162 229 837	2 149 851 163
利润总额	62 884 565	(239 614 410)	33 228 957	(28 830 316)
总资产	3 672 495 365	2 794 717 810	4 091 793 451	3 271 775 158
股东权益	1 596 475 284	800 848 131	1 623 375 063	772 577 242

资料来源："大冶特钢股份有限公司关于2004年年度报告对以前年度重大会计差错更正及追溯调整的公告",http://disclosure.szse.cn/main/finalpage/2005－04－30/15333698.PDF。

(五)应收账款函证

函证(即外部函证),是指注册会计师直接从第三方(被询证者)获取书面答复作为审计证据的过程,书面答复可以采用纸质、电子或其他介质等形式。应收账款函证(confirmation of an account receivable)则是指注册会计师直接发询证函给被审计单位的债务人,要求核实被审计单位应收账款记录是否正确的一种审计方法。

由于函证获得的证据属于外部证据,可靠性较强,所以在应收账款审计时通常应实施函证这一审计程序。《中国注册会计师审计准则第1312号——函证》第十三条规定:"注册会计师应当对应收账款实施函证程序,除非有充分证据表明应收账款对财务报表不重要,或函证很可能无效。如果认为函证很可能无效,注册会计师应当实施替代审计程序,获取充分、适当的审计证据。如果不对应收账款函证,注册会计师应当在审计工作底稿中说明理由。"

1. 函证的方式

函证的方式分为积极式函证(positive confirmation request)和消极式函证(negative confirmation request)两种。

(1)积极式函证,是指要求被询证者直接向注册会计师回复,表明是否同意询证函所列示的信息,或填列所要求的信息的一种询证方式。

积极式函证主要适用于以下情况:个别账户的欠款金额较大;有理由相信欠款可能存在争议、差错或问题。

积极式函证的询证函基本格式如表9—7所示。

表 9—7	企业询证函(积极式)	索引号:A4—3—1

编号:122

A 公司：

  本公司聘请的公正会计师事务所正在对本公司财务报表进行审计，按照中国注册会计师审计准则的要求，应当询证本公司与贵公司的往来账项等事项。下列数据出自本公司账簿记录，如与贵公司记录相符，请在本函下端"数据证明无误"处签章证明；如有不符，请在"数据不符"处列明不符金额。回函请直接寄至公正会计师事务所。

  通信地址：

  邮 编：

  电 话：

  传 真：

1. 本公司与贵公司的往来账项列示如下：

截止日期	贵公司欠款	欠贵公司	备 注
20×5 年 12 月 31 日	500 000	—	

2. 其他事项

本函仅为复核账目之用，并非催款结算。若款项在上述日期之后已经付清，仍请及时函复为盼。

                    （新欣公司签章）   （日 期）

结论：1. 数据证明无误   2. 数据不符，请列明不符金额

    （客户签章）   （客户签章）

    （日 期）   （日 期）

  （2）消极式函证，是指要求被询证者只有在不同意询证函所列示的信息时才直接向注册会计师回复的一种询证方式。

  积极式函证通常比消极式函证提供的审计证据更为可靠。注册会计师可采用积极式或消极式函证实施函证，也可将两种方式结合使用。

  除非同时满足下列条件，否则注册会计师不得将消极式函证作为唯一的实质性程序，以应对评估的认定层次重大错报风险：注册会计师将重大错报风险评估为低水平，并已就与认定相关的控制的运行的有效性获取充分、适当的审计证据；需要实施消极式函证程序的总体由大量的小额、同质的账户余额、交易或事项构成；预期不符事项的发生率很低；没有迹象表明接收询证函的人员或机构不认真对待函证。

  消极式函证的询证函基本格式如表 9—8 所示。

表9—8　　　　　　　　　　　企业询证函(消极式)　　　　　　　　索引号:A4—3—3

编号:125

A公司:
　　本公司聘请的公正会计师事务所正在对本公司财务报表进行审计,按照中国注册会计师审计准则的要求,应当询证本公司与贵公司的往来账项等事项。下列数据出自本公司账簿记录,如与贵公司数据相符,则无须回函。如与贵公司记录不符,请在"数据不符"处列明不符金额,回函请直接寄至公正会计师事务所。
　　通信地址:
　　邮编:200001
　　电话:
　　传真:
1. 本公司与贵公司的往来账项列示如下:

截止日期	贵公司欠款	欠贵公司	备　注
20×5年12月31日	500 000	—	

2. 其他事项
本函仅为复核账目之用,并非催款结算。若款项在上述日期之后已经付清,仍请及时函复为盼。

(新欣公司签章)(日期)

结论:数据不符,请列明不符金额＿＿＿＿。

(客户签章)　(日期)

2. 函证程序

当实施函证程序时,注册会计师应当对询证函保持控制,具体包括以下四个方面:

(1)确定需要确认或填列的信息

函证程序通常用于确认或填列有关账户余额及其要素的信息。函证程序还可用于确认被审计单位与其他机构或人员签订的协议、合同或从事的交易的条款,或用于确认不存在某些交易条件。在应收账款函证中,函证的内容主要是应收账款的期末余额。在实务中,注册会计师也可以考虑按照销售业务的发生先后顺序逐笔列示业务内容与还款信息,并由被询证方确认。

(2)选择适当的被询证者

当询证函送致对函证信息知情的被询证者时,询证函回函可以提供更相关和可靠的审计证据。一般情况下,注册会计师在确定函证的范围和对象时,应考虑的是:金额较大的项目;账龄较长的项目;交易频繁但期末余额较小的项目;重大关联方交易;重大或异常的交易;可能存在争议以及产生重大错误或舞弊的业务。此外,注册会计师还需综合考虑以下因素:

①应收账款在资产中所占的比重。如果应收账款在资产中的比重较大,函证的范围通常也较大。

②被审计单位内部控制的强弱。如果被审计单位的内部控制制度比较完善且一贯得到遵守,则可以相应地减少函证的数量。

③以前年度的函证结果。如果以前年度函证中发现重大差错,或欠款纠纷较多,则函证范围应适当扩大。

④函证方式的选择。如果选用积极式函证,则可以适当减少函证的数量。

⑤当被审计单位管理层要求对拟函证的某些账户余额或其他信息不实施函证时,注册会计师需要询问这项限制的原因。常见理由是被询证者与被审计单位之间存在争议或正在进行谈判,函证有可能影响争议或谈判的结果。由于管理层妨碍注册会计师获取可能显示存在舞弊或错误的审计证据,注册会计师需要针对管理层理由的正当性和合理性获取审计证据。如果认为管理层的要求不合理,且被其阻止而无法实施函证,注册会计师应当视为审计范围受到限制,并考虑对审计报告的影响。如果认为管理层的要求合理,注册会计师应当实施替代程序,以获取与这些账户余额或其他信息有关的充分、适当的审计证据。

(3)设计询证函

询证函的设计可能直接影响回函率,以及从回函中获取的审计证据的可靠性和性质。

在设计询证函时,注册会计师需要考虑的因素包括:函证针对的认定;识别出的重大错报风险,包括舞弊风险;询证函的版面设计和表述方式;以往审计或类似业务的经验;沟通的方式(如以纸质、电子或其他介质等形式);管理层对被询证者的授权或是否鼓励被询证者向注册会计师回函,只有询证函包含管理层授权时,被询证者才可能愿意回函;预期的被询证者确认或提供信息(如被询证者能够提供的信息是单张发票金额还是总额)的能力。

积极式函证要求被询证者在所有情况下都必须回函,确认所列示的信息是否正确或填列询证函要求的信息。通常认为,对积极式询证函的回函能够提供可靠的审计证据。但存在被询证者对所列示的信息不验证是否正确就予以回函确认的风险。

为了降低这种风险,注册会计师可以采用另一种形式的询证函,即在询证函中不列明账户余额(或其他信息)而是要求被询证者填列有关信息或进一步提供信息。但是,采用这种空白式询证函要求被询证者做出更多工作,可能导致回函率降低。

(4)询证函的跟进措施

当在合理的时间内没有收到询证函回函时,注册会计师可以再次发出询证函。例如,在重新核实原地址的准确性后,注册会计师再次发出询证函并予以跟进。如果仍然得不到回复,可以通过电话与被审计单位的客户联系或考虑采用替代程序,并根据替代程序①结果判断被审计单位债权的真实性。

注册会计师应当采取下列措施对函证实施过程进行控制:将被询证者的姓名、单位名称、地址与被审计单位有关记录核对;将询证函中列示的账户余额或其他信息与被审计单位有关资料核对;在询证函中指明直接向接受审计业务委托的会计师事务所回函;询证函经被审计单位盖章后,由注册会计师直接发出;将发出询证函的情况形成审计工作底稿;将收到的回函形成审计工作底稿,并汇总统计函证结果。如果被询证者以传真、电子邮件等方式回函,注册会计师应当直接接收,并要求被询证者寄回询证函原件。

3. 实施函证程序的结果

(1)询证函回函的可靠性

如果存在对询证函回函的可靠性产生疑虑的因素,注册会计师应当进一步获取审计证据

---

① 替代程序包括检查与销售有关的凭证,包括销售通知单、销售发票、发货单等;或者检查资产负债表日后的收款凭证,资产负债表日后的收款间接地证明了资产负债表日的应收账款确实存在。

以消除这些疑虑。显示回函的可靠性可能存在疑问的因素包括:注册会计师间接收到回函;回函看起来不是来自于预期的被询证者。

即使用作审计证据的信息从独立于被审计单位的外部来源获得,某些情况也会影响其可靠性。所有回函都存在被拦截、更改或其他舞弊风险。无论该回函采用纸质、电子还是其他介质等形式,这种风险都会存在。

对以电子形式收到的回函(如传真或电子邮件),由于回函者的身份及其授权情况很难确定,对回函的更改也难以发觉,因此可靠性存在风险。注册会计师和回函者采用一定的程序为电子形式的回函创造安全环境,可以降低该风险。如果注册会计师确信这种程序安全并得到适当控制,则会提高相关回函的可靠性。

当注册会计师对用作审计证据的信息的可靠性存有疑虑时,应当确定是否需要修改或追加审计程序以消除疑虑。注册会计师可以与被询证者联系以核实回函的来源及内容。例如,当被询证者通过电子邮件回函时,注册会计师可以通过电话联系被询证者,确定被询证者是否发送了回函。如果回函间接寄送给注册会计师(例如,被询证者错将回函寄给了被审计单位而非注册会计师),注册会计师可以要求被询证者直接书面回复。

(2)询证函回函不可靠

如果认为询证函回函不可靠,注册会计师应当评价其对评估的相关重大错报风险(包括舞弊风险),以及其他审计程序的性质、时间安排和范围的影响。

(3)未回函

在未回函[①]的情况下,注册会计师应当实施替代程序以获取相关、可靠的审计证据。

未回函可能表明存在以前未识别的重大错报风险。在这种情况下,按注册会计师可能需要修正认定层次重大错报风险评估结果并相应地修改计划的审计程序。例如,回函数量比预期少或多,可能表明存在以前未识别的舞弊风险因素。

如果注册会计师认为取得积极式函证回函是获取充分、适当的审计证据的必要程序[②],则替代程序不能提供注册会计师所需要的审计证据。在这种情况下,如果未获取回函,注册会计师应当确定其对审计工作和审计意见的影响。

(4)不符事项

注册会计师应当调查不符事项[③],以确定是否表明存在错报。

询证函回函中指出的不符事项可能显示财务报表存在错报或潜在错报。当识别出错报时,注册会计师需要评价该错报是否表明存在舞弊。不符事项可以为注册会计师判断来自类似的被询证者回函的质量及类似账户回函质量提供依据。不符事项还可能显示被审计单位与财务报告相关的内部控制存在缺陷。

销货方比较典型的舞弊行为是在同一职员既负责收款,又负责登记应收账款明细账的情况下,该职员可能会通过挪用或贪污货款,并推迟收款业务入账时间的方式实施舞弊。举例见表9—9。

---

① 未回函,是指被询证者对积极式询证函未予回复或回复不完整,或询证函因未被送达而退回。

② 这些情况可能包括:可获取的佐证管理层认定的信息只能从被审计单位外部获得;存在特定舞弊风险因素,例如,管理层凌驾于内部控制之上,员工和(或)管理层串通使注册会计师不能信赖从被审计单位获取的审计证据。

③ 不符事项,是指被询证者提供的信息与询证函要求确认的信息不一致,或与被审计单位记录的信息不一致。

表 9-9　　　　　　　　　　销货方职员的舞弊行为示例　　　　　　　　　　单位:元

客户名称	客户偿付货款业务的实际情况		销货方登记在应收账款明细账的情况	
	付款时间	付款金额	付款时间	付款金额
A	3月1日	30 000	3月5日	30 000
B	3月5日	50 000	3月5日 3月10日	20 000 30 000
C	3月10日	50 000	3月10日 3月20日	20 000 30 000
D	3月20日	60 000	3月26日 3月31日	30 000 30 000
E	3月31日	80 000	3月31日	50 000

如表 9-9 所示,由于销货方没有充分的职务分离,由同一职员负责收款与记账,导致该职员有机会将 3 月 1 日收到的 A 客户货款 30 000 元贪污或挪用,再把其他客户(B 客户)随后支付的货款记入 A 客户的明细账,采用"拆东墙补西墙"的方法掩盖其舞弊行为。如果被审计单位存在这样的舞弊行为,而且被审计单位 3 月份只发生了这 5 笔收款业务,那么注册会计师在函证 E 客户时,就会出现 E 客户对函证金额提出异议的情形。

某些不符事项并不表明存在错报。例如,注册会计师可能认为询证函回函的差异是由于函证程序的时间安排、计量或书写错误造成的。购销双方对于同一笔业务的入账时间也可能存在差异,具体包括:

①债务人已经付款,而被审计单位尚未收到款项(如图 9-2 所示);

②被审计单位已经发出货物,并登记了应收账款,债务人尚未收到货物,因此也未确认应付款项(如图 9-2 所示);

③债务人由于种种原因已将货物退回,并冲减了应付款项,而被审计单位尚未收到货物,也未对应收账款做出调整;

④债务人对收到的货物的数量、规格等不满意而全部或部分拒付。

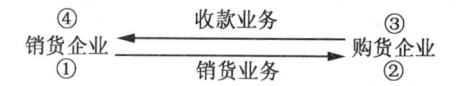

```
        ④        收款业务        ③
     销货企业 ←──────────── 购货企业
        ①        销货业务        ②
                 ────────────→
```

说明:

①在赊销业务中,销货业务发出货物之后即确认了应收账款,假定一批货物在 12 月 30 日发出;

②经过 3 天的运输,货物运达购货企业的时间为 1 月 2 日,购货企业验收入库后在账面确认应付账款;

③购货企业在 1 月 3 日开出银行汇票偿付货款,并于当日在账面确认应付账款的减少;

④销货企业于 1 月 6 日收到购货企业的银行汇票,并于当日在账面确认应收账款的减少。

这个例子表明,销货企业和购货企业在确认应收账款(或应付账款)时存在时间上的差异。这种差异会导致销货企业和购货企业 12 月 31 日的应收账款(或应付账款)存在差异。

图 9-2　购销双方入账的时间性差异示例

(六)审查未函证的应收账款

对未发询证函的应收账款,应抽查有关原始凭证,如销售通知单、销售发票等,以验证这些应收账款的真实性和可收回性;如有逾期或其他异常事项,由被审计单位做出合理解释,必要时进行函证。

(七)截止测试

结合主营业务收入的审计,在应收账款明细账余额中挑选一定数量的资产负债表日前后的样本,核对应收账款明细账与主营业务收入明细账、库存现金、银行存款日记账及相关原始凭证的金额或数量是否相符,并确定有关业务(销售、收款)是否已被记入恰当的会计期间。在赊销业务中,基本的原则是如果发货单(或提货单)与销售发票的时间属于不同年度,应以发货单(或提货单)上的时间为准来登记相关的应收账款明细账和主营业务收入明细账。销售截止检查情况表如表9—4所示。

(八)所有权测试

复查董事会会议记录、银行确认函、法律信函和其他相关记录,并从管理层获取有关应收账款所有权的陈述。确定企业对其账面记录的应收账款是否具有所有权。

(九)审查本期的收款业务

除了对应收账款的收回进行截止测试以外,对于会计期间内的收款业务也应进行适当的抽查,通过将明细账户的金额与相关的会计凭证(记账凭证、支票、银行本票等)进行核对,来确定本期的收款业务是否在正确的明细账户内登记了恰当的金额。

(十)审查坏账损失的处理

(1)检查应收款项(包括"应收账款""其他应收款"等应收项目)中有无债务人破产、破产财产清偿后仍无法收回的款项,或者应收款项逾期3年以上等情况;

(2)检查年度内坏账损失的原因是否清楚,有无授权批准,有无已做坏账损失处理后又收回的账款;

(3)按计提坏账准备的范围、标准测算已提坏账准备是否充分(采用账龄分析法测算坏账准备计提合理性可采用表9—10),并核对坏账准备总账余额与报表数是否相符。

表9—10　　　　　账龄分析法计提坏账的验证　　　　索引号:A4—5

被审计单位名称:新欣　　　审计人员:章艺　　　日期:20×6年2月13日

所属期间:20×5年　　　　复核人员:李明　　　日期:20×6年2月15日　　　单位:元

账　龄	应收账款 期末余额	比例	坏账准备	其他应收款 期末余额	比例	坏账准备	坏账准备合计
3个月~1年	2 100 000	2%	42 000	300 000	2%	6 000	27 000
1~2年	1 030 000	8.6%	88 500	250 000	6%	15 000	81 000
2~3年	77 500	60%	46 500	100 000	35%	35 000	125 000
3年以上	—	—	—	—	—	—	—
合　计	3 207 500	—	177 000	650 000	—	56 000	233 000 T/B

坏账准备本期期末贷方余额:233 000

　　本期借方发生额:12 000

　　本期期初贷方余额:30 000

　　本期计提金额:233 000-(30 000-12 000)=215 000

审计结论:坏账准备期末余额、本期计提金额可以确认。

(十一)确定应收账款是否已在资产负债表上恰当披露

根据相关规定,资产负债表的"应收账款"项目应根据"应收账款"账户所属明细账户的期末借方余额合计减去"坏账准备"账户中有关应收账款计提的坏账准备期末余额后的金额填列。

如果被审计单位设立"预收账款"账户,应注意"应收账款"项目的数额是否根据"应收账款"和"预收账款"账户所属明细账户的期末借方余额的合计数填列;如果被审计单位未设立"预收账款"账户,则应注意"应收账款"项目的数额是否根据"应收账款"账户所属明细账户的期末借方余额的合计数填列。

复习思考题

1. 简述销售与收款循环的内部控制。
2. 应收账款函证分为哪两种类型?分别适用于什么类型的账户?
3. 简要说明应收账款审计中的替代程序。

自我测试题

一、单项选择题

1. 应收账款询证函应当由( )签章。
   A. 注册会计师　　　B. 会计师事务所　　　C. 被审计单位　　　D. 被审计单位的总经理
2. 应收账款函证的回函应当( )。
   A. 寄给被审计单位
   B. 寄给会计师事务所
   C. 寄给被审计单位,并由被审计单位转交会计师事务所
   D. 寄给被审计单位或会计师事务所均可
3. 下列凭证中,不属于销售与收款循环的是( )。
   A. 销售发票　　　B. 发货单　　　C. 销售通知单　　　D. 存货盘点表
4. 为了确保所有发出的货物均已开出发票,注册会计师应该从被审计年度的( )中抽取样本与相关的发票进行核对。
   A. 主营业务收入明细账　B. 发货单　　　C. 销售通知单　　　D. 应收账款明细账
5. 检查发货单、销售发票是否事先编号并按编号的先后顺序使用是为了验证主营业务收入的( )认定。
   A. 发生　　　B. 完整性　　　C. 权利和义务　　　D. 计价和分摊
6. 对于年末有大额欠款的客户,如果第二次积极式函证仍未回函,此时最佳的审计程序是( )。
   A. 直接向该客户了解欠款情况
   B. 重新研究和评价被审计单位应收账款的内部控制制度
   C. 复核被审计年度的主营业务收入
   D. 审查销货业务有关的合同、订货单、发票副本、发货单等资料

二、判断题

1. 应收账款函证的样本应由注册会计师和被审计单位共同商定,并由被审计单位的职员负责寄出询证函。(　　)
2. 为了充分发挥函证的作用,通常应选择与资产负债表接近的时间进行函证。(　　)
3. 注册会计师采用积极式函证方式进行函证时,要求被询证者只有在不同意询证函列示信息的情况下才予以回函。(　　)

4. 在赊销业务中,如果发货单(或提货单)与销售发票的时间属于不同年度,应以发货单(或提货单)上的时间为准来登记相关的应收账款明细账和主营业务收入明细账。（   ）

5. 应收账款余额明细表可由注册会计师自己编制,也可以由被审计单位提供。（   ）

三、案例分析题

1. 以下是注册会计师在甲公司20×6年度财务报表审计过程中发现的、销售与收款循环存在的部分问题：

(1)销售部门根据顾客订单填制事先编号的、一式三联的销售单。经销售部门负责人核准后,销售单的第一联直接送仓库,第二联交会计部门,第三联由销售部门留存。

(2)会计部门相关人员负责在电算化信息系统中录入与应收账款交易相关的基础数据。负责系统维护管理的信息技术部门拥有修改应收账款基础数据的权限。应收账款账龄分析由计算机自动完成。

(3)注册会计师发现主营业务收入明细账记录的20×6年12月31日最后一笔销售业务对应的发货单和销售发票填制日期均为12月31日,发货单编号为9236号;20×7年1月1日第一笔销售业务对应的发货单和销售发票填制日期均为1月1日,发货单编号为9235号。财务人员的解释是,上述两笔业务的相关商品均在20×7年1月1日发出,但由于20×6年12月31日最后一笔业务的客户要求的发货时间为12月31日,故将9236号发货单和相关销售发票日期填制为12月31日。

要求：分别指出上述事项可能导致的错误(或舞弊)、公司为防止错误(或舞弊)再度发生需设立的内部控制程序、注册会计师为发现错误(或舞弊)需执行的实质性程序。

2. A注册会计师负责对甲公司20×5年度财务报表进行审计。A注册会计师了解到,甲公司将客户验货签收作为销售收入确认的时点,部分与销售相关的控制内容摘录如下：

(1)每笔销售业务均需与客户签订销售合同；

(2)赊销业务需由专人进行信用审批；

(3)仓库只有在收到经批准的发货通知单时才能供货；

(4)负责开具发票的人员无权修改开票系统中已设置好的商品价目表；

(5)财务人员根据核对一致的销售合同、客户签收单和销售发票编制记账凭证并确认销售收入；

(6)每月末,由独立人员对应收账款明细账和总账进行调节。

要求：

(1)针对上述(1)～(6)项所列控制,逐项指出是否与销售收入的发生认定直接相关。

(2)从所选出的与销售收入的发生认定直接相关的控制中,选出一项最应当测试的控制,并简要说明理由。

3. 注册会计师通常依据各类交易、账户余额和列报的相关认定确定审计目标,根据审计目标设计审计程序。应收账款的相关认定如下表所示。

应收账款的相关认定	审计目标(拟验证的内容)	审计程序
存在		(1) (2)
权利和义务		(1) (2)
完整性		(1) (2)
计价和分摊		(1) (2)

要求：根据表中给出的应收账款的相关认定确定审计目标,并针对每一审计目标简要设计两项审计程序。

4. 达声公司20×5年12月31日应收账款的明细资料如下表所示。

单位:元

余 额	明细账数量	平均余额	小 计
0~5万	610	3.2	1 952
5万~10万	120	6.8	816
10万以上	55	13.7	753.5
贷方余额	6	(2.5)	(15)
合 计	781		3 506.5
账 龄	明细账数量	占应收账款总额比例	金 额
3个月以下	125	52%	1 823.38
3个月~1年	510	26%	911.69
1~2年	120	20%	701.3
2年以上	26	2%	70.13
合 计	781		3 506.5

要求:根据上述资料,设计应收账款的实质性程序。

5. A注册会计师负责审计甲公司20×5年度财务报表。甲公司20×5年12月31日应收账款余额为5 000万元。A注册会计师认为应收账款存在重大错报风险,决定选取金额较大以及风险较高的应收账款明细账户实施函证程序,选取的应收账款明细账户余额合计为3 000万元。相关事项如下:

(1)审计项目组成员要求被询证的甲公司客户将回函直接寄至会计师事务所,但甲公司客户X公司将回函寄至甲公司财务部,审计项目组成员取得了该回函,将其归入审计工作底稿。

(2)对于审计项目组以传真件方式收到的回函,审计项目组成员与被询证方取得了电话联系,确认回函信息,并在审计工作底稿中记录了电话内容与时间、对方姓名与职位,以及实施该程序的审计项目组成员姓名。

(3)审计项目组成员根据甲公司财务人员提供的电子邮箱地址,向甲公司境外客户Y公司发送了电子邮件,询证应收账款余额,并收到了电子邮件回复。Y公司确认余额准确无误。审计项目组成员将电子邮件打印后归入审计工作底稿。

(4)甲公司客户Z公司的回函确认金额比甲公司账面余额少150万元。甲公司销售部人员解释,甲公司于20×5年12月末销售给Z公司的一批产品,在20×5年年末尚未开具销售发票,Z公司因此未入账。A注册会计师认为该解释合理,未实施其他审计程序。

(5)实施函证的3 000万元应收账款余额中,审计项目组未收到回函的余额合计950万元,审计项目组对此实施了替代程序:对其中的500万元查看了期后收款凭证;对没有期后收款记录的450万元,检查了与这些余额相关的销售合同和发票,未发现例外事项。

(6)鉴于对60%应收账款余额实施函证程序未发现错报,A注册会计师推断其余40%的应收账款余额也不存在错报,无须实施进一步审计程序。

要求:针对上述第(1)至(6)项,逐项指出甲公司审计项目组的做法是否恰当。如不恰当,简要说明理由。

第十章 采购与付款循环审计

本章要点

- 采购与付款业务的内部控制
- 应付账款的实质性程序
- 固定资产的实质性程序

引例

达尔曼财务舞弊案例剖析与启示

2005年3月25日,ST达尔曼成为中国第一个因无法披露定期报告而遭退市的上市公司。从上市到退市,在长达8年的时间里,达尔曼通过一系列精心策划的系统性舞弊手段,制造出具有欺骗性的发展轨迹,从股市和银行骗取资金高达30多亿元,给投资者和债权人造成严重损失。2005年5月17日,证监会公布了对达尔曼及相关人员的行政处罚决定书,指控达尔曼虚构销售收入,虚增利润,通过虚签建设施工合同和设备采购合同、虚假付款、虚增工程设备价款等方式虚增在建工程,重大信息(主要涉及公司对外担保、重大资产的抵押和质押、重大诉讼等事项)未披露或未及时披露。

达尔曼虚假陈述、欺诈发行、银行骗贷、转移资金等行为是一系列有计划、有组织的系统性财务舞弊和证券违法行为,具体如下:

一、虚增销售收入,虚构公司经营业绩和生产记录

达尔曼所有的采购、生产、销售基本上是在一种虚拟的状态下进行的。每年,公司都会制订一些所谓的经营计划,然后组织有关部门和经营核心人员根据指标,按照生产销售的各个环节,制作虚假的原料入库单、生产进度报表和销售合同等,为了做得天衣无缝,还对相关销售发票、增值税发票的税款也照章缴纳,并因此被评为当地的先进纳税户。

二、虚假采购,虚增存货

虚假采购,一方面是为了配合公司虚构业绩需要,另一方面是为了达到转移资金的目的。达尔曼虚假采购主要是通过关联公司和形式上无关联的壳公司来实现的。从年报可以看出,公司对大股东翠宝集团的原材料采购在1997~2001年呈递增趋势,至2001年占到了全年购货额的26%,2002年年报显示,公司当年期末存货增加了8 641万元,增幅达到86.15%。从2001年公司开始披露的应付账款前5名的供货商名单可以看出,公司的采购过于集中,而且呈加剧状态,到2003年,前5位供货商的应付账款占到全部应付账款的91%。

三、虚构往来,虚增在建工程固定资产和对外投资

为了伪造公司盈利假象,公司销售收入大大高于销售成本与费用,对这部分差额,除了虚构往来外,公司大量采用虚增在建工程和固定资产、伪造对外投资等手法转出资金,使公

司造假现金得以循环使用。此外,还通过这种手段掩盖公司资金的真实流向,将上市公司资金转匿到个人账户,占为己有。据统计,从上市以来达尔曼共有大约15个主要投资项目,支出总额约10.6亿元。然而无论是1997年的扩建珠宝首饰加工生产线项目,还是2003年的珠宝一条街项目,大多都被公司董事长用来作为转移资金的手段。2002年年报中的在建工程附表显示,公司有很多已开工两年以上的项目以进口设备未到或未安装为借口挂账,而2003年年报的审计意见中更是点明珠宝一条街等许多项目在投入巨额资金后未见到实物形态,而公司无法给出合理的解释。证监会的处罚决定指出达尔曼2003年虚增在建工程约2.16亿元。

四、伪造与公司业绩相关的资金流,并大量融资

为了使公司虚构业绩看起来更真实,达尔曼配合虚构业务,伪造相应的资金流,从形式上看,公司的购销业务都有资金流转轨迹和银行单据。为此,达尔曼设立大量壳公司,并通过大量融资来支持造假所需资金。在虚假业绩支撑下,达尔曼得以在1998年、2001年两次配股融资。同时,达尔曼利用上市公司信用,为壳公司贷款提供担保,再通过支出成本的方式将部分转出,伪造与业绩相关的资金收付款痕迹。

(资料来源:节选自马军生、高垚、董君:"达尔曼财务舞弊案例剖析与启示",《财务与会计》,2006年第2期。)

思考题

1. 查找达尔曼(600788)的招股说明书、财务数据、审计报告等信息,指出该公司的审计风险具体表现在哪些方面。

2. 注册会计师通过执行审计程序能否发现该公司的舞弊?

第一节 采购与付款循环概述

一、采购与付款循环的基本内容

采购与付款循环涉及原材料、低值易耗品、包装物、固定资产等资产项目的采购与货款支付。由于低值易耗品、包装物的采购与付款流程与原材料类似,因此,本章不再单独阐述这类资产的采购与付款业务。本章涉及固定资产相关业务的进一步审计程序。图10-1和表10-1描述的主要是原材料的采购与付款,其基本业务如下:

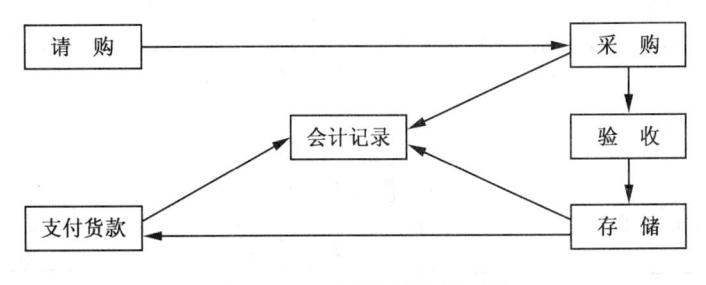

图10-1 采购与付款循环图

(一)请购[①]

仓库保管员或者生产部门等根据需要填制一式两联的请购单交至采购部门,经主管人员审核批准后,采购部门填制订购单或准备购货合同。

(二)采购

采购人员从公司事先确定的供应商名单中选取一家供应商,根据经审核的请购单填制一式四联的订购单(或与之签订购货合同)。订购单的第一联交给供应商,第二联交给仓库的验收人员,第三联交给会计人员,第四联由采购部门留存。

(三)验收入库

货物送达企业后,应由仓库人员根据订购单(或购货合同)上的数量、规格、型号进行验收,填制一式两联的入库单。第一联交给会计人员,入库单的第二联和订购单的第二联由仓库保存。

(四)登记购货业务

财会部门的会计人员在收到请购单的第一联、订购单的第三联、入库单的第一联以及购货发票之后,将上述四种凭证上的品名、数量、单价进行核对,并重新核对购货发票计算的正确性。核对无误后,会计人员填制一式两联的应付凭单,并且编制记账凭证,登记应付账款明细账和原材料明细账等。然后,会计人员将请购单的第一联、订购单的第三联、入库单的第一联、购货发票、应付凭单的第一联转交出纳。

(五)支付货款

在企业与供应商约定的付款日,出纳在请购单的第一联、订购单的第三联、入库单的第一联、购货发票、应付凭单的第一联核对无误的情况下,开出支票,并交由会计主管签发支票,然后将支票交给供应商。

(六)登记付款业务

出纳根据支票存根编制付款凭证,登记银行存款日记账,会计人员根据付款业务登记应付账款明细账。

二、采购与付款循环的主要凭证与记录

原材料采购与付款业务的主要凭证与记录如表10-1所示。

表10-1　　　　　　　　原材料采购与付款业务的主要凭证与记录

业　务	原始凭证与记录	记账凭证与账簿	会计分录
填写请购单	请购单		
采购	订购单、购货合同、购货发票	记账凭证、材料采购明细账与总账、应交税费明细账与总账、应付账款明细账与总账	借:材料采购 　　应交税费 　贷:应付账款
验收入库	入库单	记账凭证、材料采购明细账与总账、原材料明细账与总账	借:原材料 　贷:材料采购
支付货款	应付凭单	银行存款日记账与总账、应付账款明细账与总账	借:应付账款 　贷:银行存款

---

① 请购是指企业生产经营部门根据采购计划和实际需要,提出的采购申请。

在材料的采购与付款循环中,相关账户包括"材料采购""原材料""银行存款""应付账款",其中"材料采购""原材料"账户审计将在生产与存货循环审计中涉及,"银行存款"账户审计将在货币资金审计中涉及,所以本章第二节主要论述应付账款的审计。

> **课堂讨论题 1**
>
> 在采购与付款循环中,注册会计师需要验证与交易(或事项)、账户余额或披露有关的管理层认定具体有哪些?

第二节 采购与付款循环的内部控制与控制测试

一、采购与付款业务的内部控制

采购与付款业务的内部控制主要涉及编制需求计划和采购计划、请购、选择供应商、确定采购价格、订立框架协议或采购合同、管理供应过程、验收、退货、付款、会计控制等环节。具体内容包括:

(一)编制需求计划和采购计划

需求部门一般根据生产经营需要向采购部门提出物资需求计划,采购部门根据该需求计划归类汇总平衡现有库存物资后,统筹安排采购计划,并按规定的权限和程序审批后执行。该环节的主要风险是:需求或采购计划不合理、不按实际需求安排采购或随意超计划采购,甚至与企业生产经营计划不协调等。

该环节的控制措施主要包括:

(1)生产、经营、项目建设等部门,应当根据实际需求准确、及时编制需求计划。需求部门提出需求计划时,不能指定或变相指定供应商。对独家代理、专有、专利等特殊产品应提供相应的独家、专有资料,经专业技术部门研讨后,经具备相应审批权限的部门或人员审批。

(2)采购计划是企业年度生产经营计划的一部分,在制订年度生产经营计划过程中,企业应当根据发展目标实际需要,结合库存和在途情况,科学安排采购计划。

(3)采购计划应纳入采购预算管理,经相关负责人审批后严格执行。

(二)请购

请购环节的主要风险是:缺乏采购申请制度,请购未经适当审批或超越授权审批,可能导致采购物资过量或短缺,影响企业正常生产经营。

该环节的控制措施主要包括:

(1)建立采购申请制度,依据购买物资或接受劳务的类型,确定归口管理部门,授予相应的请购权,明确相关部门或人员的职责权限及相应的请购程序。企业可以根据实际需要设置专门的请购部门,对需求部门提出的采购需求进行审核,并进行归类汇总,统筹安排企业的采购计划。

(2)具有请购权的部门对于预算内采购项目,应当严格按照预算执行进度办理请购手续,并根据市场变化提出合理采购申请。对于超预算和预算外采购项目,应先履行预算调整程序,由具备相应审批权限的部门或人员审批后,再行办理请购手续。

(3)具备相应审批权限的部门或人员审批采购申请时,应重点关注采购申请内容是否准确、完整,是否符合生产经营需要,是否符合采购计划,是否在采购预算范围内等。对不符合规定的采购申请,应要求请购部门调整请购内容或拒绝批准。

(三)选择供应商

选择供应商,也就是确定采购渠道。它是企业采购业务流程中非常重要的环节。该环节的主要风险是:供应商选择不当,可能导致采购物资质次价高,甚至出现舞弊行为。

该环节的控制措施主要包括:

(1)建立科学的供应商评估和准入制度,对供应商资质信誉情况的真实性和合法性进行审查,确定合格的供应商清单,健全企业统一的供应商网络。企业新增供应商的市场准入、供应商新增服务关系以及调整供应商物资目录,都要由采购部门根据需要提出申请,并按规定的权限和程序审核批准后,纳入供应商网络。企业可委托具有相应资质的中介机构对供应商进行资信调查。

(2)采购部门应当按照公平、公正和竞争的原则,择优确定供应商,在切实防范舞弊风险的基础上,与供应商签订质量保证协议。

(3)建立供应商管理信息系统和供应商淘汰制度,对供应商提供物资或劳务的质量、价格、交货及时性、供货条件及其资信、经营状况等进行实时管理和考核评价,根据考核评价结果,提出供应商淘汰和更换名单,经审批后对供应商进行合理选择和调整,并在供应商管理系统中做出相应记录。

(四)确定采购价格

采购定价环节的主要风险是:采购定价机制不科学,采购定价方式选择不当,缺乏对重要物资品种价格的跟踪监控,引起采购价格不合理,可能造成企业资金损失。

该环节的控制措施主要包括:

(1)健全采购定价机制,采取协议采购、招标采购、询比价采购、动态竞价采购等多种方式,科学合理地确定采购价格。对标准化程度高、需求计划性强、价格相对稳定的物资,通过招标、联合谈判等公开、竞争的方式签订框架协议。

(2)采购部门应当定期研究大宗通用重要物资的成本构成与市场价格变动趋势,确定重要物资品种的采购执行价格或参考价格。建立采购价格数据库,定期开展重要物资的市场供求形势及价格走势商情分析并合理利用。

(五)订立框架协议[①]或采购合同[②]

订立协议或合同环节的主要风险是:框架协议签订不当,可能导致材料采购不顺畅;未经授权对外订立采购合同,合同对方主体资格、履约能力等未达要求,合同内容存在重大疏漏和欺诈,都可能导致企业合法权益受到侵害。

该环节的控制措施主要包括:

(1)对拟签订框架协议的供应商的主体资格、信用状况等进行风险评估;框架协议的签订应引入竞争制度,确保供应商具备履约能力。

(2)根据确定的供应商、采购方式、采购价格等情况,拟订采购合同,准确描述合同条款,明确双方权利、义务和违约责任,按照规定权限签署采购合同。对于影响重大、涉及较高专业技

[①] 框架协议是企业与供应商之间为建立长期物资购销关系而做出的一种约定。

[②] 采购合同是指企业根据采购需要、确定的供应商、采购方式、采购价格等情况与供应商签订的具有法律约束力的协议,该协议对双方的权利、义务和违约责任等情况做出了明确规定(企业按合同约定的结算方式向供应商支付货款,供应商按照约定时间、期限、数量与质量、规格向采购方交付物资)。

术或法律关系复杂的合同,应当组织法律、技术、财会等专业人员参与谈判,必要时可聘请外部专家参与相关工作。

(3)对重要物资验收量与合同量之间允许的差异,应当做出统一规定。

(六)管理供应过程

管理供应过程[①]的主要风险是:缺乏对采购合同履行情况的有效跟踪,运输方式选择不合理,忽视运输过程保险风险,都可能导致采购物资损失或无法保证供应。

该环节的控制措施主要包括:

(1)依据采购合同中确定的主要条款跟踪合同履行情况,对有可能影响生产或工程进度的异常情况,应出具书面报告并及时提出解决方案,采取必要措施,保证需求物资的及时供应。

(2)对重要物资建立并执行合同履约过程中的巡视、点检和监造制度。对需要监造的物资,择优确定监造单位,签订监造合同,落实监造责任人,审核确认监造大纲,审定监造报告,并及时向技术等部门通报。

(3)根据生产建设进度和采购物资特性等因素,选择合理的运输工具和运输方式,办理运输、投保等事宜。

(4)实行全过程的采购登记制度或信息化管理,确保采购过程的可追溯性。

(七)验收

验收[②]环节的主要风险是:验收标准不明确、验收程序不规范、对验收中存在的异常情况不作处理,可能造成账实不符、采购物资损失。

该环节的控制措施主要包括:

(1)制定明确的采购验收标准,结合物资特性确定必检物资目录,规定此类物资出具质量检验报告后方可入库。

(2)验收机构或人员应当根据采购合同及质量检验部门出具的质量检验证明,重点关注采购合同、发票等原始单据与采购物资的数量、质量、规格型号等核对一致。对验收合格的物资,填制入库凭证,加盖物资"收讫章",登记实物账,及时将入库凭证传递给财会部门。物资入库前,采购部门须检查质量保证书、商检证书或合格证等证明文件。验收时涉及技术性强的、大宗的和新、特物资,还应进行专业测试,必要时可委托具有检验资质的机构或聘请外部专家协助验收。

(3)对于验收过程中发现的异常情况,例如,无采购合同或大额超采购合同的物资、超采购预算采购的物资、毁损的物资等,验收机构或人员应当立即向企业有权管理的相关机构报告,相关机构应当查明原因并及时处理。对于不合格物资,采购部门依据检验结果办理让步接收、退货、索赔等事宜。对延迟交货造成生产建设损失的,采购部门要按照合同约定索赔。

(八)付款

付款[③]环节的主要风险是:付款审核不严格、付款方式不恰当、付款金额控制不严,可能导致企业资金损失或信用受损。

企业应当加强采购付款的管理,完善付款流程,明确付款审核人的责任和权力,严格审核

[①] 管理供应过程,主要是指企业建立严格的采购合同跟踪制度,科学评价供应商的供货情况,并根据合理选择的运输工具和运输方式,办理运输、投保等事宜,实时掌握材料采购供应过程的情况。

[②] 验收是指企业对采购物资和劳务的检验接收,以确保其符合合同相关规定或产品质量要求。

[③] 付款是指企业在对采购预算、合同、相关单据凭证、审批程序等内容核对无误后,按照采购合同规定及时向供应商办理支付款项的过程。

采购预算、合同、相关单据凭证、审批程序等相关内容,审核无误后按照合同规定,合理选择付款方式,及时办理付款。要着力关注以下方面:

(1)严格审查采购发票等票据的真实性、合法性和有效性,判断采购款项是否确实应予支付。譬如,审查发票填制的内容是否与发票种类相符合、发票加盖的印章是否与票据的种类相符合等。企业应当重视采购付款的过程控制和跟踪管理,如果发现异常情况,应当拒绝向供应商付款,避免出现资金损失和信用受损。

(2)根据国家有关支付结算的相关规定和企业生产经营的实际,合理选择付款方式,并严格遵循合同规定,防范付款方式不当带来的法律风险,保证资金安全。除了不足转账起点金额的采购可以支付现金外,采购价款应通过银行办理转账。

(3)加强预付账款和定金的管理,涉及大额或长期的预付款项,应当定期进行追踪核查,综合分析预付账款的期限、占用款项的合理性、不可收回风险等情况,发现有疑问的预付款项,应当及时采取措施,尽快收回款项。

(九)会计控制

会计控制环节的主要风险是:缺乏有效的采购会计系统控制,未能全面真实地记录和反映企业采购各环节的资金流和实物流情况,相关会计记录与相关采购记录、仓储记录不一致,可能导致企业采购业务未能如实反映,以及采购物资和资金受损。

该环节的控制措施主要包括:

(1)加强对购买、验收、付款业务的会计系统控制,详细记录供应商情况、采购申请、采购合同、采购通知、验收证明、入库凭证、退货情况、商业票据、款项支付等情况,做好采购业务各环节的记录,确保会计记录、采购记录与仓储记录核对一致。

(2)指定专人通过函证等方式,定期向供应商寄发对账函,核对应付账款、应付票据、预付账款等往来款项,对供应商提出的异议应及时查明原因,报有权管理的部门或人员批准后,做出相应调整。

课堂讨论题2

采购与付款循环中的不相容职责有哪些?

二、采购与付款循环的控制测试

采购与付款循环的控制测试程序主要包括:

(一)抽查订购单(或购货合同)

抽取一定数量的订购单(或购货合同),将订购单(或购货合同)与请购单进行核对,核对内容包括:(1)货物名称、规格、型号、请购数量、单价、合计金额;(2)采购量、采购价格经过授权批准。

(二)追查部分采购业务的凭证与记录

审核与所抽取的订购单(或购货合同)有关的购货发票、入库单、应付凭单、记账凭证,并追查至相应的明细账与总账记录。

(三)抽查应付凭单

抽取一定数量的应付凭单,做如下检查:(1)应付凭单所列内容是否与订购单(或购货合同)、发票相一致;(2)检查应付凭单与银行存款日记账及有关明细账的记录是否一致;(3)检查应付凭单是否经过主管人员的审核批准。

第三节　采购与付款循环的相关账户审计

采购与付款循环的相关账户主要包括"应付账款"和"固定资产"账户。下面分别讲述这两个账户的审计程序。

一、应付账款的实质性程序

本章第一节和第二节以原材料采购为例论述了采购与付款循环的基本内容和该循环的内部控制制度及控制测试，其中涵盖了应付账款的内部控制制度和控制测试。所以，现在只需要论述应付账款的实质性程序即可。应付账款的实质性程序包括下列内容：

(一)获取或编制应付账款明细表

注册会计师应获取或编制应付账款明细表(如表10—2所示)，复核其加计是否正确，并将明细表数与明细账、报表进行核对，在连续审计的情况下，还应将应付账款的期初余额与上期的工作底稿进行核对。

表10—2　　　　　　　　　　应付账款明细表　　　　　　　　　索引号：A21—1

被审计单位名称：新欣　　　　　审计人员：章艺　　　　　日期：20×6年2月13日
所属日期：20×5年12月31日　　复核人员：李明　　　　　日期：20×6年2月15日　　单位：元

明细科目	未审数	调整数	重分类	审定数
A	796 000	11 700(A21—1—2)		807 700
B	900 000			900 000
C	1 100 000			1 100 000
D	(20 000)		20 000(A21—1—3)	—
合计	2 776 000	10 000	20 000	2 807 700

对应付账款明细表中的内容，有两点需要关注：(1)分析有借方余额的明细项目，查明原因，必要时做重分类调整。(2)确定有无不属于应付款项核算范围的款项被计入应付账款的情况，必要时进行重分类调整。

(二)分析程序

(1)将本期期末余额与年初余额相比较，如出现异常变动(主要供应商的变化、借方余额所占比重变化、账龄变化等)，应调查原因。

(2)详细重要供货商的应付账款变动趋势，可将重要往来户的发生额与上年同期相比较。

(三)抽查若干重要的供应商明细记录

注册会计师应抽取若干发生额(或余额)较大以及账户余额为零的供应商的对账单。如果对账单余额与客户的应付账款明细账余额存在差异，应要求客户根据对账单余额和相应的应付账款明细账余额编制调节表，并要求客户解释调节表中出现的大额调节项目和存在异常迹象的调节项目，注册会计师也可以根据实际情况确定是否需要对这些项目进行详细调查。

(四)审查期后付款

审查期后(资产负债表日后至审计外勤结束日止)的付款情况，确定是否存在被审计期间未入账的负债。

(五)函证应付账款

应付账款函证通常应采用积极式函证的方法,函证的对象包括应付账款明细账余额较大的供货商、本期与被审计单位有较大额的业务往来但应付账款余额较小的供货商、未能提供对账单的供货商等。在被审计单位控制风险较高的情况下,注册会计师也有必要对应付账款进行函证。此外,在寄发询证函之后,注册会计师还应抽取一定数量的未回函、回函不正确或未发函的应付账款明细账,并将其账面记录与订购单(或购货合同)、发票、入库单、记账凭证等进行核对,确定其会计处理是否正确。

应付账款函证并不像应收账款函证那样重要,其理由是:

(1)应收账款通常存在的是高估(多计)的风险,即账面已记录,但实际未发生该业务。函证通过抽取账面记录进行询证,可以发现这些虚构的业务,所以,应收账款函证是必要的审计程序;对于应付账款来说,由于应付账款通常存在的是低估(少计)的风险,即账面未记录但实际已发生该业务。在这种情况下,函证仍然通过抽取账面记录进行询证,就不能发现这些低估的业务,也就是说,应付账款函证对于确认其余额真实性的作用是有限的。

(2)应收账款函证所取得的证据是外部证据,这对于应收账款函证来说是非常重要的,因为应收账款的其他证据都是内部证据,如销售发票、产品出库单(或发货单)等;对于应付账款来说,购货发票、供应商每月提供的对账单都是外部证据,所以,从这一角度来说,应付账款函证所取得的证据对确认应付账款余额真实性不是非常重要的。

(六)截止测试

对于资产负债表日前后一段时间(如20×5年12月25日至20×6年1月7日)的购货业务进行购货/应付款截止测试(购货截止测试检查表如表10-3所示)。通过审核应付账款明细账、入库单、发票和其他相关凭证来确定购货是否已记录在正确的期间内。

表10-3　　　　　　　　　　购货截止测试检查表　　　　　　索引号:A21-1-2

被审计单位名称:新欣　　　　　　　20×5年度

序号	订单编号	购货发票				入库单				记账凭证			过账		备注
		日期	发票号码	1	2	日期	编号	3	4	日期	5	6	7	8	
1	0126	12/30	2615	√	√	12/30	101	√	√	12/30	√	√	√	√	
2	0127	12/31	3611	√	√	12/31	102	√	√	12/31	√	√	√	√	
3	0128	12/31	3619	√	√	12/31	103	√	√	12/31	√	√	√	√	
4	0129	1/1	3718	√	√	12/31	104	√	√	1/2	√	√	√	√	
5	0130	1/2	3912	√	√	1/2	105	√	√	1/3	√	√	√	√	
…	…	…	…			…	…			…					

核对说明:
1. 发票所列货名、型号、规格、数量、金额与订购单核对一致;
2. 发票入账前经主管人员审核批准;
3. 入库单货名、型号、规格、数量、金额与发票核对一致;
4. 记账凭证分录正确;
5. 记账凭证金额与发票核对一致;
6. 已过入原材料、应付账款明细账;
7. 已过入原材料、应付账款总账。

审计说明:
抽查20×5年12月31日前后一周内的材料采购业务,发现#0129订单的入账时间有误,涉及金额10 000元,应编制调整分录:
借:原材料　　　　　　　　　　10 000
　　应交税费——应交增值税
　　　　(进项税)　　　　　　1 700
　　贷:应付账款　　　　　　　11 700

审计人员:　章艺　　日期:20×6年2月13日　　复核人员:　李明　　日期:20×6年2月15日

(七)确定应付账款的报表列示是否恰当

资产负债表中的"应付账款"项目应根据"应付账款"账户所属各明细账户的期末贷方余额合计填列。对于应付账款明细账中的借方余额,应提请客户进行重分类调整,反映在资产负债表中的"预付款项"。

在新欣公司20×5年财务报表审计业务中,一个应付账款明细账户存在借方余额20 000元,在资产负债表上,该金额应列示为"预付款项",相关的重分类分录为:

借:预付账款　　　　　　　　　　　　　　　　　　　　　　　20 000
　　贷:应付账款　　　　　　　　　　　　　　　　　　　　　　20 000

根据表10-2,在考虑了调整分录和重分类分录的综合影响之后,新欣公司20×5年年末应付账款审定数为2 807 700元,预付款项审定数为20 000元。

二、固定资产审计

如前所述,本章第一节采购与付款循环的基本内容和第二节该循环的内部控制制度及控制测试均以原材料采购为例进行了论述,但是,采购与付款循环并不局限于原材料的购置业务,也包括固定资产购置、低值易耗品购置等内容。鉴于固定资产是制造类企业的一个重要报表项目,本节将详细讲述固定资产的基本业务(包括购建)、内部控制制度、控制测试、实质性程序等内容。

(一)固定资产的基本业务

与存货相比,固定资产的单位价值较高、使用期限较长,而且,取得固定资产的目的通常是为了耗用而非销售,所以固定资产的业务内容(如图10-2所示)主要包括固定资产的增减变动以及相关的支出(如折旧、维修)。

1. 固定资产的业务内容

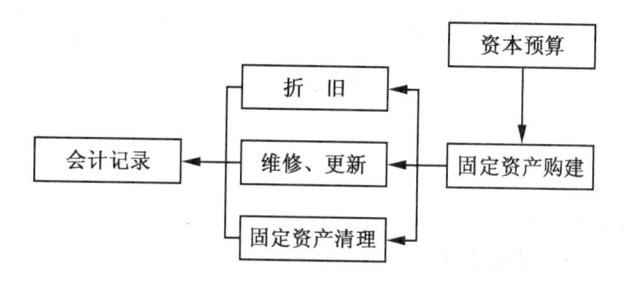

图10-2　固定资产的业务内容

2. 固定资产交易涉及的环节

固定资产交易涉及的环节主要包括:
(1)资本预算,即企业编制的、用于控制固定资产增减的年度预算;
(2)固定资产购建,指由于采购、自行建造等原因引起的固定资产增加;
(3)维修,包括在固定资产使用过程中发生的大修、中小修理;
(4)折旧,指在固定资产预计的使用年限内分期摊销其历史成本;
(5)固定资产清理,指由于毁损、报废、对外出售、投资、捐赠等原因引起的固定资产的减少;
(6)会计记录,即企业应设立固定资产总账、明细账、固定资产卡片等来记录固定资产的增减变动情况。

3. 固定资产交易的主要凭证与记录

固定资产交易的主要凭证与记录如表10-4所示。

表10-4　　　　　　　　　　固定资产交易的主要凭证与记录

固定资产业务内容	原始凭证与记录	记账凭证与账簿	一般会计分录
购　入	发票	记账凭证、固定资产账户明细账与总账；银行存款日记账与总账	借：固定资产 　贷：银行存款
自行建造	采购工程物资的发票、在建工程成本核算表、人工成本分配表、借款利息分配表等	记账凭证、在建工程明细账与总账、工程物资明细账与总账、应付职工薪酬明细账与总账、长期借款明细账与总账等	借：在建工程 　贷：工程物资 　　　应付职工薪酬 　　　长期借款 借：固定资产 　贷：在建工程
计提折旧	折旧费用分配表	记账凭证、制造费用明细账与总账、销售费用明细账与总账、管理费用明细账与总账、累计折旧明细账与总账等	借：制造费用 　　销售费用 　　管理费用 　贷：累计折旧
维　修	维修费用分配表	记账凭证、销售费用明细账与总账、管理费用明细账与总账、银行存款日记账与总账等	借：销售费用 　　管理费用 　贷：银行存款
清理（以出售为例）	发票、支票等	记账凭证、固定资产明细账与总账、累计折旧明细账与总账、固定资产清理明细账与总账、营业外收入明细账与总账、营业外支出明细账与总账等	借：固定资产清理 　　累计折旧 　贷：固定资产 借：银行存款 　贷：固定资产清理 借：固定资产清理 　贷：营业外收入

（二）固定资产内部控制制度

固定资产的内部控制主要包括取得、验收移交、日常维护、更新改造、处置、会计控制等环节。

1. 取得固定资产

固定资产涉及外购、自行建造、非货币性资产交换换入等方式。生产设备、运输工具、房屋建筑物、办公家具和办公设备等不同类型固定资产有不同的验收程序和技术要求，同一类固定资产也会因其标准化程度、技术难度等的不同而对验收工作提出不同的要求。通常来说，办公家具、电脑、打印机等标准化程度较高的固定资产验收过程较为简化，对一些复杂的大型生产设备，尤其是定制的高科技精密仪器，以及建筑物竣工验收等，需要一套规范、严密的验收制度。该环节的主要风险是：新增固定资产验收程序不规范，可能导致资产质量不符合要求，进而影响资产运行；固定资产投保制度不健全，可能导致应投保资产未投保、索赔不力，不能有效防范资产损失风险。

该环节的控制措施主要包括：

(1)建立固定资产交付使用验收制度。企业外购固定资产应当根据合同、供应商发货单等对所购固定资产的品种、规格、数量、质量、技术要求及其他内容进行验收,出具验收单,编制验收报告。企业自行建造的固定资产,应由建造部门、固定资产管理部门、使用部门共同填制固定资产移交使用验收单,验收合格后移交使用部门投入使用。未通过验收的不合格资产,不得接收,必须按照合同等有关规定办理退换货或其他弥补措施。对于具有权属证明的资产,取得时必须有合法的权属证书。

(2)重视固定资产的投保工作。企业应当根据其性质和特点,确定并执行固定资产的投保范围和政策。投保金额与投保项目力求适当,对应投保的固定资产项目按规定程序进行审批,办理投保手续,规范投保行为,应对固定资产损失风险。对于重大固定资产项目的投保,应当考虑采取招标方式确定保险人,防范固定资产投保舞弊。已投保的固定资产发生损失的,及时调查原因及受损金额,向保险公司办理相关的索赔手续。

2. 固定资产登记

企业取得每项固定资产后均需进行详细登记,编制固定资产目录,建立固定资产卡片,便于固定资产的统计、检查和后续管理。该环节的主要风险是:固定资产登记内容不完整,可能导致资产流失、资产信息失真、账实不符。

该环节的控制措施主要包括:

(1)根据固定资产的定义,制定适合企业的固定资产目录,列明固定资产编号、名称、种类、所在地点、使用部门、责任人、数量、账面价值、使用年限、损耗等内容。

(2)按照单项资产建立固定资产卡片,资产卡片应在资产编号上与固定资产目录保持对应关系,详细记录各项固定资产的来源、验收、使用地点、责任单位和责任人、运转、维修、改造、折旧、盘点等相关内容,便于固定资产的有效识别。固定资产目录和卡片均应定期或不定期复核,保证信息的真实和完整。

3. 固定资产运行维护

该环节的主要风险是:固定资产操作不当、失修或维护过剩,可能造成资产使用效率低下、产品残次率高,甚至发生生产事故,或资源浪费。

该环节的控制措施主要包括:

(1)固定资产使用部门会同资产管理部门负责固定资产日常维修、保养,将资产日常维护流程体制化、程序化、标准化,定期检查,及时消除风险,提高固定资产的使用效率,切实消除安全隐患。

(2)固定资产使用部门及管理部门建立固定资产运行管理档案,并据以制订合理的日常维修和大修理计划,并经主管领导审批。

(3)固定资产实物管理部门审核施工单位资质和资信,并建立管理档案;修理项目应分类,明确需要招投标项目。修理完成,由施工单位出具交工验收报告,经资产使用和实物管理部门核对工程量并审批。重大项目应专项审计。

(4)企业生产线等关键设备的运作效率与效果将直接影响企业的安全生产和产品质量,操作人员上岗前应由具有资质的技术人员对其进行充分的岗前培训,特殊设备实行岗位许可制度,需持证上岗,必须对资产运转进行实时监控,保证资产使用流程与既定操作流程相符,确保安全运行。

4. 固定资产更新

固定资产更新有部分更新与整体更新两种情形,部分更新的目的通常包括局部技术改造、更换高性能部件、增加新功能等方面,需权衡更新活动的成本与效益综合决策;整体更新主要指对陈旧设备的淘汰与全面升级,更侧重于资产技术的先进性,符合企业的整体发展战略。该环节的主要风险是:固定资产更新改造不够,可能造成企业产品线老化、缺乏市场竞争力。

该环节的控制措施主要包括:

(1)定期对固定资产技术先进性评估,结合盈利能力和企业发展可持续性,资产使用部门根据需要提出技改方案,与财务部门一起进行预算可行性分析,并且经过管理部门的审核批准。

(2)管理部门需对技改方案实施过程适时监控、加强管理,有条件的企业建立技改专项资金并定期或不定期审计。

5. 资产清查

企业应建立固定资产清查制度,至少每年全面清查,保证固定资产账实相符、及时掌握资产盈利能力和市场价值。针对固定资产清查中发现的问题,应当查明原因,追究责任。该环节的风险主要是:固定资产丢失、毁损等造成账实不符,或资产贬值严重。

该环节的控制措施主要包括:

(1)财务部门组织固定资产使用部门和管理部门定期进行清查,明确资产权属,确保实物与卡、财务账表相符,在清查作业实施之前编制清查方案,经过管理部门审核后进行相关的清查作业。

(2)在清查结束后,清查人员需要编制清查报告,管理部门需就清查报告进行审核,确保真实性、可靠性。

(3)针对清查过程中发现的盘盈(盘亏),应分析原因,追究责任,妥善处理,报告审核通过后及时调整固定资产账面价值,确保账实相符,并上报备案。

6. 抵押质押

抵押质押[①]环节的主要风险是:固定资产抵押制度不完善,可能导致抵押资产价值低估和资产流失。

该环节的控制措施主要包括:

(1)加强固定资产抵押、质押的管理,明确固定资产抵押、质押流程,规定固定资产抵押、质押的程序和审批权限等,确保资产抵押、质押经过授权审批及适当程序。同时,应做好相应的记录,保障企业资产安全。

(2)财务部门办理资产抵押时,如需要委托专业中介机构鉴定评估固定资产的实际价值,应当会同金融机构有关人员、固定资产管理部门、固定资产使用部门现场勘验抵押品,对抵押资产的价值进行评估。对于抵押资产,应编制专门的抵押资产目录。

7. 固定资产处置

该环节的主要风险是:固定资产处置方式不合理,可能造成企业经济损失。

该环节的控制措施主要包括:企业应当建立健全固定资产处置的相关制度,区分固定资产

---

① 抵押是指债务人或者第三人不转移对财产的占有权,而将该财产抵押作为债权的担保,当债务人不履行债务时,债权人有权依法以抵押财产折价或以拍卖、变卖抵押财产的价款优先受偿。质押也称质权,就是债务人或第三人将其动产移交债权人占有,将该动产作为债权的担保,当债务人不履行债务时,债权人有权依法就该动产卖得价金优先受偿。企业有时因资金周转等原因以其固定资产作抵押物或质物向银行等金融机构借款,如到期不能归还借款,银行则有权依法以该固定资产折价或拍卖。

不同的处置方式,采取相应控制措施,确定固定资产处置的范围、标准、程序和审批权限,保证固定资产处置的科学性,使企业的资源得到有效的运用。

(1)对使用期满、正常报废的固定资产,应由固定资产使用部门或管理部门填制固定资产报废单,经企业授权部门或人员批准后对该固定资产进行报废清理。

(2)对使用期限未满、非正常报废的固定资产,应由固定资产使用部门提出报废申请,注明报废理由、估计清理费用和可回收残值、预计处置价格等。企业应组织有关部门进行技术鉴定,按规定程序审批后进行报废清理。

(3)对拟出售或投资转出及非货币交换的固定资产,应由有关部门或人员提出处置申请,对固定资产价值进行评估,并出具资产评估报告。报经企业授权部门或人员批准后予以出售或转让。企业应特别关注固定资产处置中的关联交易和处置定价,固定资产的处置应由独立于固定资产管理部门和使用部门的相关授权人员办理,固定资产处置价格应报经企业授权部门或人员审批后确定。对于重大固定资产处置,应当考虑聘请具有资质的中介机构进行资产评估,采取集体审议或联签制度。涉及产权变更的,应及时办理产权变更手续。

(4)对出租的固定资产由相关管理部门提出出租或出借的申请,写明申请的理由和原因,并由相关授权人员和部门就申请进行审核。审核通过后应签订出租或出借合同,包括合同双方的具体情况、出租的原因和期限等内容。

8. 会计控制

该环节的主要风险是没有及时、准确地记录固定资产的增减、购入后的更新改造与维修、折旧等业务,固定资产明细账与固定资产目录、固定资产卡片的信息不一致等。

该环节的控制措施主要包括:(1)定期与固定资产使用部门和管理部门核对固定资产信息;(2)根据会计准则的相关规定及时进行会计处理,明确划分资本性支出与收益性支出。

(三)固定资产的控制测试

固定资产的控制测试包括以下内容:

1. 取得或编制客户固定资产内部控制制度的说明资料

注册会计师可以向客户索取有关固定资产内控的书面说明、流程图,也可以自行设计调查问卷,请客户予以回答,从而了解客户的内部控制制度的情况。

2. 抽查固定资产业务

在了解客户内部控制制度的基础上,注册会计师应当对本期发生的相关业务进行抽查,主要应关注以下几个方面:

(1)抽查有关的原始凭证,确定新增固定资产与预算是否相符;

(2)抽查有关的原始凭证,确定固定资产的增加、减少(包括毁损、报废、出售等)是否经过授权批准;

(3)抽查有关的原始凭证,确定固定资产的折旧方法和折旧率是否符合规定,前后期是否一致;

(4)抽查有关的原始凭证,确定资本性支出与收益性支出的划分是否合理;

(5)抽查有关的原始凭证,确定固定资产定期盘点制度是否得到遵循;

(6)抽查相关的凭证与记录,确定固定资产是否存在抵押、质押的情形,如有,是否履行了相关的审批程序。

3. 评价固定资产的内部控制制度

根据上述测试,注册会计师应当对客户的内部控制制度做出评价,并相应地调整实质性程序。对客户内部控制中存在的问题,应当在工作底稿中加以记录,并与客户的管理层进行必要的沟通。

(四)固定资产的实质性程序

固定资产实质性程序的具体内容包括:

1. 取得或编制固定资产及累计折旧分类汇总表

在取得或编制固定资产及累计折旧分类汇总表(如表10-5所示)之后,注册会计师应复核表中的数据是否正确,并与固定资产、累计折旧等明细账和总账的余额进行核对,在核对相符的前提下,再与报表的余额进行核对;或者按照相反的顺序,即按报表→账簿→分类汇总表的顺序进行核对,在核对的过程中,如果发现差异,应进行追查。在核对过程中发现的年度内未使用、不需用的固定资产,应在工作底稿中加以记录。

表10-5　　　　　　　　　　固定资产及累计折旧分类汇总表　　　　　索引号 A42-2

被审计单位名称:新欣　　　　　　审计人员:章艺　　　　日期:20×6年2月13日
所属日期:20×5年12月31日　　　复核人员:李明　　　　日期:20×6年2月15日　　单位:元

	期初余额	本期增加数	本期减少数	期末余额
一、原价				
房屋、建筑物	10 200 000	500 000	—	10 700 000
机器设备	1 600 000	100 000	—	1 700 000
运输工具	1 200 000	100 000	100 000	1 200 000
合　计	13 000 000	700 000	100 000	13 600 000
二、累计折旧				
房屋、建筑物	1 500 000	50 000	—	1 550 000
机器设备	210 000	10 000	—	220 000
运输工具	190 000	10 000	85 000	115 000
合　计	1 900 000	70 000	85 000	1 885 000
三、固定资产净值				
房屋、建筑物	8 700 000	450 000	—	9 150 000
机器设备	1 390 000	90 000	—	1 480 000
运输工具	1 010 000	90 000	15 000	1 085 000
合　计	11 100 000	630 000	15 000	11 715 000

2. 执行分析程序

固定资产的分析程序程序包括:(1)本期折旧费用、维修费用分别与历史数据进行比较;(2)预算中的资本性支出与实际情况进行比较;(3)进行比率分析,并与本企业的历史数据和同行业的平均水平进行比较。具体内容如表 10-6 所示（新欣公司的数据来自表 4-4 和表 4-5）。

表 10-6 　　　　　　　　　　　　　固定资产的分析程序

财务比率	计算公式	新欣公司 （20×4 年）	新欣公司 （20×5 年）
固定资产周转率	主营业务收入/固定资产平均余额	1.3	$\dfrac{12\ 250\ 000}{(11\ 100\ 000+11\ 715\ 000)/2}=1.07$
固定资产报酬率	净利润/固定资产平均余额	0.2	$\dfrac{1\ 048\ 700}{(11\ 100\ 000+11\ 715\ 000)/2}=0.09$
修理费用与主营业务收入之比	修理费用/主营业务收入	（略）	（略）
固定资产与所有者权益之比	固定资产/所有者权益	11 100 000/51 670 000=0.21	11 715 000/52 137 500=0.22

3. 检查新增固定资产

固定资产的增加有多种渠道，如购置、自行建造、接受投资转入、接受捐赠转入等。在会计期末，针对新增固定资产的审查主要从两个方面着手：

(1) 确定新增固定资产的会计记录是否正确。抽查与新增资产有关的发票，及其他原始凭证，凭证手续是否齐备；其计价是否正确；是否已登记入账。

(2) 确定新增的固定资产其是否实际存在。从固定资产明细账中抽查一定的样本，然后进行实地观察，可以发现高估资产的问题；将实地抽查的部分新增固定资产与固定资产明细账进行核对，则有可能发现低估资产的问题。

检查新增固定资产的相关工作底稿见表 10-7。

表 10-7 　　　　　　　　　　新增固定资产抽查情况表　　　　　　　　索引号 A42-3

被审计单位名称：新欣　　　　　　审计人员：章艺　　　　　　　日期：20×6 年 2 月 13 日
所属日期：20×5 年 12 月 31 日　　复核人员：李明　　　　　　　日期：20×6 年 2 月 15 日

名称	编号	账面数量	账面原值（元）	盘点数量	账实相符（√）	记账凭证编号	计价正确（√）	所有权（√）	备注
电脑	C11	6	56 000	6	√	12-7	√	√	
货车	A13	2	70 000	2	√	10-9	√	√	
…									
…									
…									
…									

4. 检查固定资产的减少

固定资产的减少包括出售、报废、毁损、对外投资、捐赠等多种类型，要确定固定资产的减少是否合理，首先根据董事会和其他管理部门的会议记录，确认重要资产处理的合理性；然后通过抽查有关原始凭证及相关的会计记录,确定固定资产的减少是否有授权批准,会计处理是否正确。

检查固定资产减少的相关工作底稿举例见表10—8。

表10—8　　　　　　　　　　　固定资产清理检查明细表　　　　　　　　　索引号 A42—4

被审计单位名称:新欣　　　　审计人员:章艺　　　日期:20×6年2月13日

所属日期:20×5年12月31日　复核人员:李明　　　日期:20×6年2月15日　　单位:元

| 转入本科目的固定资产 ||| 清理净收入 || 清理净损益 || 备注 |
名称	原值	累计折旧	净值	收入	费用	营业外收入	营业外支出	
货车	100 000	85 000	15 000	10 000	(1 000)	—	6 000	

审计说明:
固定资产清理业务会计处理正确。

5. 确定固定资产的折旧计算是否正确

注册会计师应在了解客户固定资产折旧政策的基础上,复核本期折旧范围是否合理,折旧金额是否正确。

《企业会计准则第4号——固定资产》允许企业采用的折旧方法包括年限平均法、工作量法、双倍余额递减法和年数总和法等。注册会计师需要注意:被审计单位的折旧方法选择是否恰当;在被审计年度是否发生变动;折旧年限和残值的估计是否合理;折旧金额的计算是否正确。

检查固定资产折旧的相关工作底稿见表10—9。

表10—9　　　　　　　　　　　固定资产折旧抽查表　　　　　　　　　　索引号 A42—5

被审计单位名称:新欣　　　　审计人员:章艺　　　日期:20×6年2月13日

所属日期:20×5年12月31日　复核人员:李明　　　日期:20×6年2月15日　　单位:元

固定资产名称	原值	折旧年限	残值率	月折旧率	增减发生月份	本年应计折旧	本年已提折旧	差异	备注
厂房	1 000 000	30	10%	0.25%	—	30 000	30 000		
机床	100 000	10	0	0.83%		10 000	10 000		
货车	100 000	10	0	0.83%	7月	5 000	5 000	—	

6. 确定固定资产的维修保养费用处理是否合理

抽查固定资产明细账、"待摊费用"、"预提费用"等账户,确定被审计单位资本性支出与收益性支出的划分是否恰当,维修保养费用的账务处理是否合理。

7. 确定固定资产减值准备的计提是否恰当

根据《企业会计准则第8号——资产减值》的规定,企业应当在资产负债表日判断资产是否存在可能发生减值的迹象。存在下列迹象的,表明资产可能发生了减值:(1)资产的市价当期大幅度下跌,其跌幅明显高于因时间的推移或者正常使用而预计的下跌;(2)企业经营所处的经济、技术或者法律等环境以及资产所处的市场在当期或者将在近期发生重大变化,从而对企业产生不利影响;(3)市场利率或者其他市场投资报酬率在当期已经提高,从而影响企业计算资产预计未来现金流量现值的折现率,导致资产可收回金额大幅度降低;(4)有证据表明资产已经陈旧过时或者其实体已经损坏;(5)资产已经或者将被闲置、终止使用或者计划提前处置;(6)企业内部报告的证据表明资产的经济绩效已经低于或者将低于预期,如资产所创造的净现金流量或者实现的营业利润(或者亏损)远远低于(或者高于)预计金额等;(7)其他表明资产可能已经发生减值的迹象。

资产存在减值迹象的,应当估计其可收回金额。如果可收回金额的计量结果表明,资产的可收回金额低于其账面价值的,应当将资产的账面价值减记至可收回金额,减记的金额确认为资产减值损失,计入当期损益,同时计提相应的资产减值准备。资产减值损失一经确认,在以后会计期间不能转回。

8. 根据会计准则的要求,确定"固定资产""累计折旧"等项目在资产负债表上的列示是否恰当

在新欣公司20×5年度财务报表审计业务中,注册会计师未发现被审计单位固定资产核算存在重大错报。如表10-5所示,20×5年年末新欣公司固定资产原价的审定数为13 600 000元,累计折旧的审定数为1 885 000元,固定资产净值为11 715 000元。

复习思考题

1. 采购与付款循环的内部控制制度要点有哪些?
2. 采购与付款循环的控制测试程序有哪些?
3. 应付账款的实质性程序有哪些?
4. 固定资产的内部控制制度要点有哪些?
5. 固定资产的控制测试程序有哪些?
6. 固定资产的实质性程序有哪些?

自我测试题

一、单项选择题

1. 对应付账款进行函证时,注册会计师最好应( )。
   A. 采用消极式函证,并且不具体说明应付金额
   B. 采用积极式函证,并且具体说明应付金额
   C. 采用积极式函证,并且不具体说明应付金额
   D. 采用消极式函证,并且具体说明应付金额
2. 固定资产折旧审计的主要目标不包括( )。
   A. 确定固定资产的增加减少是否符合预算和经过授权批准
   B. 确定折旧政策和方法是否符合国家有关财会法规的规定
   C. 确定适当的折旧政策和方法是否得到一贯遵守

D. 确定折旧额的计算是否正确

3. 注册会计师实地观察的重点是( )的重要固定资产。
A. 本期增加　　　B. 本期减少　　　C. 本期报废　　　D. 本期正在使用

4. 注册会计师有理由认为被审计单位固定资产折旧计提不足的迹象是( )。
A. 经常发生大额的固定资产清理净损失　　　B. 经常发生大额的固定资产清理净收益
C. 固定资产实际使用年限往往大于预计使用年限　　　D. 固定资产实际残值往往大于预计残值

5. 下列凭证中,不属于采购与付款循环审计范围的是( )。
A. 购货发票　　　B. 支票　　　C. 订货单　　　D. 发货单

二、判断题

1. 因为多数舞弊企业在低估应付账款时,是以漏记赊购业务为主,所以函证无益于查找未入账的应付账款。　　　( )

2. 注册会计师对固定资产进行实地观察时,可以固定资产明细分类账为起点,重点观察本期新增加的重要固定资产。　　　( )

3. 期末余额为零的应付账款明细账户不需要进行函证。　　　( )

4. 一般而言,在建工程完工交付使用或者办理竣工决算之后的利息应计入当期财务费用,不应计入固定资产的成本。　　　( )

5. 固定资产采购、付款、保管、记账应由不同人员分别负责,实行必要的职务分离。　　　( )

三、案例分析题

1. 在初次审计 A 公司的财务报表时,你决定函证部分应付账款。下列内容为你正考虑的应付账款明细账户。

单位:万元

供货商	年末应付账款	全年购货金额
甲	0	100
乙	3	6
丙	9	11
丁	20	220

要求:
(1) 你认为这些供货商中哪两家最需要函证?请说明理由。
(2) 如果下列四家公司为被审计单位的顾客,且下表中的金额为 A 公司的应收账款余额和全年销货总额,你正准备从中抽取两家进行应收账款函证,你认为哪两家客户最需要函证?请说明理由。

单位:万元

客户	年末应收账款	全年销货金额
甲	0	100
乙	3	6
丙	9	11
丁	20	220

2. 注册会计师在审计乙公司20×5年度的购货业务时,搜集了下列资产负债表日前后的购货业务信息:

入库单编号	入库单日期	购货发票日期	登记应付账款明细账日期	登记原材料明细账日期	发票金额
♯1315	20×5/12/30	20×5/12/30	20×5/12/31	20×5/12/31	200 000
♯1316	20×5/12/30	20×6/1/1	20×6/1/3	20×6/1/3	120 000
♯1317	20×5/12/31	20×6/1/2	20×6/1/3	20×6/1/3	90 000
♯1318	20×5/12/31	20×6/1/2	20×6/1/2	20×6/1/2	50 000
♯1319	20×6/1/1	20×6/1/3	20×6/1/3	20×6/1/3	60 000
♯1320	20×6/1/1	20×6/1/5	20×6/1/5	20×6/1/5	70 000
♯1321	20×6/1/2	20×6/1/3	20×6/1/3	20×6/1/3	80 000
♯1322	20×6/1/2	20×6/1/5	20×6/1/5	20×6/1/5	30 000

要求:指出上述购货业务的会计处理存在哪些问题?应如何调整?

3. 以下是注册会计师在甲公司20×6年度财务报表审计过程中注意到的采购与付款循环存在的部分问题:

(1)因仓库容量有限,部分原材料堆放在生产车间外临时搭建的简易工房里,但仍由仓库保管员负责管理。

(2)20×6年11月28日至11月30日仓库开出的材料入库单起讫号为10023至10034,但注册会计师在仓库留存的入库单存根里未能发现10026号入库单。仓库保管员告诉注册会计师这张入库单因填写错误而作废,未留存。

(3)根据公司成本核算办法,人工费用和制造费用按产品实际工时比例分配计入产品成本。20×6年8月的人工费用和制造费用分配表中,使用产品产量预算数计算了当月产品实际工时,会计部门的复核人员未对此提出异议。

(4)20×6年11月末的库存商品盘点表与仓库的库存商品记录相符,但与会计部门的库存商品明细账数量不符。原因是对11月末发货的库存商品,会计部门通常在12月初开具销售发票、确认相应主营业务收入并结转成本。

(5)20×6年12月末,会计部门的库存商品明细账中H产品的结存数为350件,注册会计师在仓库清点时发现400件H产品。据仓库人员解释,销售给丁公司的50件H产品因该公司运输车辆调配原因暂存于甲公司,对这些产品,仓库工作人员已做了明确的标识。

(6)仓库在收到货物之后,将实际收到的货物数量、品种与供应商的发货单进行核对。核对无误后,填写一式三联的入库单,并将其中一联入库单转交会计部门入账。

(7)会计部门根据核对无误的入库单和供应商发票确认购货业务并付款。

(8)公司多次出现对购入的某一批货物重复付款的情况,原因是供应商在约定的付款日期后又寄给公司一份原始发票的复印件。

(9)由于人手短缺,应付账款付款、登记应付账款明细账、核对应付账款明细账与供应商每月提供的对账单由同一位职员负责。

要求:

(1)逐项判断上述内部控制程序所涉及的管理层认定。

(2)假定不考虑其他条件,逐项判断上述内部控制程序在设计上是否存在缺陷。如果存在缺陷,请指出并简要说明理由、提出改进建议。

(3)分别指出上述事项可能导致的错误(或舞弊)、公司为防止错误(或舞弊)再度发生需设立的内部控制程序、注册会计师为发现错误(或舞弊)需执行的实质性程序。

4. 注册会计师通常依据各类交易、账户余额和列报的相关认定确定审计目标,根据审计目标设计审计程序。以下给出了采购交易的部分实质性程序。

(1)将材料采购(或原材料)明细账中记录的交易同购货发票、验收单和其他证明文件比较;

(2)根据购货发票反映的内容,确定其是否记入正确的会计科目;

(3)从购货发票追查至材料采购(或原材料)明细账;

(4)从验收单追查至材料采购(或原材料)明细账;

(5)将验收单和购货发票上的日期与材料采购(或原材料)明细账中的日期进行比较;

(6)检查购货发票、验收单、订货单和请购单的合理性和真实性。

要求:请根据题中给出的审计目标,指出对应的相关认定;针对每一审计目标,选择相应的实质性程序(一项实质性程序可能对应一项或多项审计目标,每一审计目标可能选择一项或多项实质性程序)。

认 定	审计目标(拟验证的内容)	实质性程序
	所记录的采购交易已发生,且与被审计单位有关	
	所有应当记录的采购交易均已记录	
	与采购交易有关的金额及其他数据已恰当记录	
	采购交易已记录于恰当的账户	
	采购交易已记录于正确的会计期间	

第十一章 生产与存货循环审计

本章要点

- 生产与存货循环的内容
- 生产与存货循环的内部控制
- 存货监盘

引例

麦克森·罗宾斯欺诈案

1938年初,长期贷款给麦克森·罗宾斯(McKesson&Robbins)公司的朱利安·汤普森公司,在审核麦克森·罗宾斯公司财务报表时发现两个疑问:其一,麦克森·罗宾斯公司的制药原料部门原是盈利率较高的部门,但该部门却没有现金积累,不得不依靠公司管理层调集资金以维持生产;其二,公司董事会曾开会决议,要求公司减少存货。但到1938年年底,公司存货反而增加了100万美元。汤普森公司表示,在没有查明这两个疑问之前,不再予以贷款,并请求美国证券交易委员会(Securities and Exchange Commission, SEC)调查此事。证券交易委员会在收到请求之后,立即组织有关人员进行调查,结果发现该公司在经营的十余年内,每年都聘请了美国著名的普赖斯·沃特豪斯(Price Waterhouse)会计师事务所对公司的财务报表进行审计,并出具了无保留意见的审计报告。为了核实这些审计结论是否正确,调查人员对该公司1937年的财务状况与经营成果进行了重新审核。结果发现,1937年12月31日的合并资产负债表计有总资产8 700万美元,但其中1 907.5万美元的资产是虚构的,包括存货虚构1 000万美元,赊销收入虚构900万美元,银行存款虚构7.5万美元;在1937年年度合并利润表中,虚假的销售收入和毛利分别达到1 820万美元和180万美元。在此基础上,调查人员对该公司经理的背景做了进一步的调查,结果发现公司经理菲利普·科斯特及其同伙多人都是有前科的罪犯。

根据调查结果,麦克森·罗宾斯公司的实际财务状况早已"资不抵债",应立即宣布破产。而首当其冲的受害者就是汤普森公司,因它是麦克森·罗宾斯公司的最大债权人。为此,汤普森公司指控沃特豪斯会计师事务所,认为公司之所以给罗宾斯公司提供贷款,是因为信赖了会计师事务所出具的审计报告。他们要求沃特豪斯会计师事务所赔偿其全部损失。在听证会上,沃特豪斯会计师事务所拒绝了汤普森公司的赔偿要求。会计师事务所认为,他们在审计过程中遵循了美国注册会计师协会(The American Institute of Public Accountants)的各项规定,麦克森·罗宾斯公司的财务信息虚假是由于公司内部人员共同串通合谋所致,审计人员对此不负任何责任。最后,在证券交易委员会的调解下,沃特豪斯会计师事务所退回历年来收取的审计费用共50万美元,作为对汤普森公司债权损失的赔偿。

麦克森·罗宾斯公司案例暴露了当时审计程序的不足,即只重视账表核对、账账核对、账证核对而轻视对实物的审核;只重视企业内部的证据而忽视了外部审计证据的取得。

麦克森·罗宾斯公司案例推动了美国公司治理和审计领域的改革。此后,证券交易委员会要求公众公司设立由非执行董事组成的审计委员会;美国注册会计师协会要求注册会计师在财务报表审计过程中实施存货盘点与应收账款函证程序以验证相关资产。

(资料来源:"麦克森·罗宾斯欺诈案""美国审计史的塞翁失马——麦克森·罗宾斯欺诈案",《中国总会计师》,2008年第4期,第90~91页。根据行文略有删节和调整。)

思考题

1. 公司虚增存货的目的是什么?
2. 如果注册会计师执行审计程序后未能发现财务舞弊,是否需要赔偿债权人和股东的损失?

第一节 生产与存货循环概述

一、生产与存货循环的基本内容

(一)生产与存货循环的基本业务

生产与存货循环反映的是企业将购入的材料经过加工最后形成半成品或产成品的过程。生产与存货循环所涉及的内容主要是存货的管理和生产成本的计算等。其中,存货是企业在生产经营过程中为销售或耗用而储存的各种有形资产,包括原材料、燃料、包装物、低值易耗品、产成品、在产品、库存商品等项目。与存货循环相关联的有购货与付款循环(反映为存货的采购)和销售与收款循环(反映为存货的销售),三者的联系如图11-1所示。

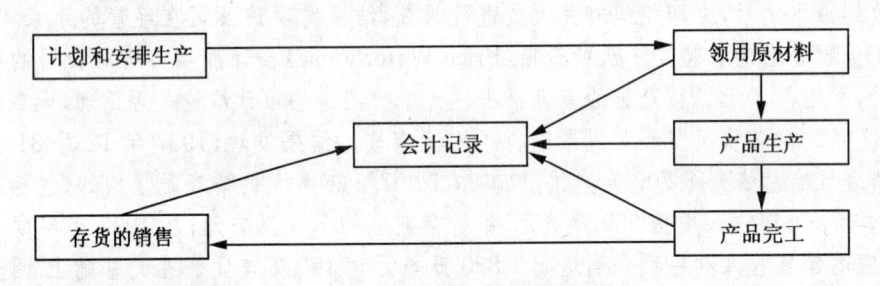

图11-1 生产与存货循环示意图

1. 存货审计

存货通常是一个重要的报表项目。存货审计的重要方面主要包括:

(1)涉及的范围较广。与存货相关的会计账户较多并涉及多个循环(见表11-2),存货核算的正确与否,直接影响会计信息的真实公允。

(2)成本核算复杂。在工业企业中,成本核算是一个复杂的过程,除了表11-3所涉及的内容之外,还包括成本核算方法的选择、费用分配标准的选择等问题,而生产成本核算的正确与否又会影响主营业务成本以及利润等项目的正确性,所以注册会计师在进行审计时应当对这些方面加以注意。

(3)存货核算中涉及较多的估计和判断。例如,确定存货跌价准备时需要估计存货的可实现净值。

(4)存货项目通常是制造类企业或商业企业的一项重要的报表项目。期末存货的金额出现差错,不仅会影响资产负债表的"存货"项目,还会影响利润表的"主营业务成本"等项目。期末存货对商业企业利润表项目的影响比较容易理解,因为商业企业的主营业务成本是根据下列公式确定的:

$$主营业务成本=期初存货+本期购货-期末存货$$

期末存货高估会引起主营业务成本低估,并进而引起利润高估。制造类企业的存货高估对利润的影响则是比较间接的,如表11-2所示。

(5)不同企业的存货类别不同,某些存货的计价需要一定的专业知识。例如,珠宝类存货的价值判断、石油或煤炭储存量的判断、池塘里的鱼的数量或价值判断、房产公司的未完工楼宇的价值判断等,都需要相关方面的专业知识。

2. 生产与存货循环涉及的环节

生产与存货循环涉及的环节主要包括:

(1)计划和安排生产。生产计划部门根据产品需求情况和自身生产能力确定产品生产计划,并组织实施。生产计划编制前,应由专人负责对存货的数量、顾客的需求等情况进行分析,并有经审核批准的生产通知单(或生产任务书);编制详细的材料需求说明书,并进行工时预测和成本预测,确定成本标准;编制生产进度计划表。

(2)领用原材料。生产部门由专人负责根据生产的需要填制生产领料单(或限额领料单、领料登记簿、退料单),向仓库领取材料。

(3)产品生产。生产部门投入必要的人工成本、制造费用,进行产品的加工。

(4)产品完工。产品加工完毕,应由质检部门负责验收,并编制产品验收报告或由仓库保管员编制入库单,然后由质检人员签字认可。收到产品后,保管员应在清点后,通知财务部门仓库实际收到的产品的数量和品种,同时,保管员在其负责的明细账及存货标签或吊卡上也应对收到的产品进行及时的记录。

(5)存货的销售。这里主要是指产品的销售,它会引起存货的减少。产品出库,应有经审核批准的发货单或出库单。

(6)会计记录。在企业会计核算中,有必要设立"原材料""库存商品""生产成本"等账户的总账、明细账,及时准确地记录存货的增减变动。

(二)生产与存货循环的主要凭证与记录

生产与存货循环的主要凭证与记录如表11-1所示。

表11-1　　　　　　　　　　生产与存货循环的主要凭证与记录

业　务	原始凭证与记录	记账凭证与账簿	会计分录
计划和安排生产	生产通知单		
领用原材料	领料单	记账凭证、生产成本明细账与总账、制造费用明细账与总账	借:生产成本 　　制造费用 　贷:原材料

续表

业　务	原始凭证与记录	记账凭证与账簿	会计分录
产品生产	工资费用分配表、制造费用分配表、产品成本计算单等	记账凭证、生产成本明细账与总账、制造费用明细账与总账等	借：生产成本 　　制造费用 　　　贷：应付职工薪酬 借：制造费用 　　　贷：累计折旧 　　　　　银行存款 借：生产成本 　　　贷：制造费用
产品完工	入库单	记账凭证、生产成本明细账与总账、库存商品明细账与总账	借：库存商品 　　　贷：生产成本
存货的销售	出库单（或提货单）	记账凭证、主营业务成本明细账与总账、库存商品明细账与总账	借：主营业务成本 　　　贷：库存商品

二、生产与存货循环审计应注意的问题

生产与存货循环的审计需注意以下几个方面的问题：

(一)账户之间的勾稽关系

如前所述，存货项目通常占资产的比重较大，在进行审计时，会涉及很多相关的账户、循环，如"原材料""生产成本""库存商品"等账户，以及购货与付款循环、销售与收款循环。在进行审计时，注意账户之间的勾稽关系（如"主营业务成本"与"库存商品"），不仅可以节省审计工作量，而且可以从多角度验证账户余额或发生额的合理性。

(二)注意使用分析程序

分析程序是一种重要的审计手段，通过不同期间、不同项目的分析比较，可以发现审计线索，提高审计效率。分析程序的内容将在生产与存货循环审计的实质性程序中展开论述。

(三)关注存货的期初余额

如果存货的期初余额可以确定，那么本期审计可以主要集中在存货的增加或减少上，至于期末余额则可以倒算得出，并与监盘的数据进行验证。

存货期初余额的确定主要分为三种情况：

(1)该客户以前年度经本事务所审计。这样，通过查阅上年工作底稿就可以取得期初余额的审计。

(2)该客户以前年度经其他事务所审计。在可能的情况下，调阅其他事务所的工作底稿，取得审计所需的数据。

(3)该客户以前年度未经审计。如果时间允许且企业开业时间不长，可以考虑审计企业从开业至今所有相关的大额的会计记录，逐一进行验证，以确认期初余额的合理性；否则，应考虑对存货的本期增、减及期末余额进行详细的审计，通过倒算得出期初余额，并与账面记录进行核对。

表 11—2　　　　　　　　存货项目余额、发生额之间的关系

审计账户	数据类型	数据来源
原材料	期初余额	视不同情况而定
	＋本期增加（采购）	采购与付款循环
	－期末余额	倒算，并可通过盘点等方式确定
	＝本期减少	与"生产成本"账户的金额进行核对
生产成本	期初余额	视不同情况而定
	＋本期增加	直接材料：与"原材料"账户的本期减少数进行核对 直接人工：生产与存货循环 制造费用：生产与存货循环
	－期末余额（在产品）	倒算，并可通过盘点等方式确定
	＝本期减少（主要指产成品）	与"库存商品"账户的金额进行核对
库存商品	期初余额	视不同情况而定
	＋本期增加	与"生产成本"账户的本期减少数进行核对
	－期末余额	倒算，并可通过盘点等方式确定
	＝本期减少	和销售与收款循环的"主营业务成本"账户进行核对

> **课堂讨论题 1**
>
> 　　在生产与存货循环中，注册会计师需要验证与交易（或事项）、账户余额或披露有关的管理层认定具体有哪些？

第二节　生产与存货循环的内部控制与控制测试

一、生产与存货循环的内部控制

　　生产与存货循环的核算内容包括直接材料、直接人工、制造费用以及成本会计制度等。其中，直接材料的内部控制制度将合并在存货结存数的内部控制制度中论述，制造费用的内部控制制度将合并在成本会计制度的内部控制制度中论述。

　　（一）取得存货

　　存货的取得有诸如外购、委托加工或自行生产等多种方式，企业应根据行业特点、生产经营计划和市场因素等综合考虑，本着成本效益原则，确定不同类型的存货取得方式。该环节的主要风险是：存货预算编制不科学、采购计划不合理，可能导致存货积压或短缺。

　　该环节的控制措施主要包括：根据各种存货采购间隔期和当前库存，综合考虑企业生产经营计划、市场供求等因素，充分利用信息系统，合理确定存货采购日期和数量，确保存货处于最佳库存状态。存货取得的风险控制措施主要体现在预算编制和采购环节，相关内容已在采购

与付款循环的内部控制中涉及。

(二)验收入库

不论是外购原材料或商品,还是本企业生产的产品,都必须经过验收(质检)环节,以保证存货的数量和质量符合合同等有关规定或产品质量要求。该环节的主要风险是:验收程序不规范、标准不明确,可能导致数量克扣、以次充好、账实不符。

该环节的控制措施主要包括:

(1)外购存货的验收应当重点关注合同、发票等原始单据与存货的数量、质量、规格等核对一致。涉及技术含量较高的货物,必要时可委托具有检验资质的机构或聘请外部专家协助验收。

(2)自制存货的验收,应当重点关注产品质量,通过检验合格的半成品、产成品才能办理入库手续,不合格品应及时查明原因、落实责任、报告处理。

(3)其他方式取得存货的验收,应当重点关注存货来源、质量状况、实际价值是否符合有关合同或协议的约定。

经验收合格的存货进入入库或销售环节。仓储部门对于入库的存货,应根据入库单的内容对存货的数量、质量、品种等进行检查,符合要求的予以入库;不符合要求的,应当及时办理退换货等相关事宜。入库记录要真实、完整,定期与财会等相关部门核对,不得擅自修改。

(三)仓储保管

仓储保管环节的主要风险是:存货仓储保管方法不适当、监管不严密,可能导致损坏变质、价值贬损、资源浪费。

该环节的控制措施主要包括:

(1)存货在不同仓库之间流动时,应当办理出入库手续。

(2)存货仓储期间要按照仓储物资所要求的储存条件妥善贮存,做好防火、防盗、防潮、防变质等保管工作,不同批次、型号和用途的产品要分类存放。生产现场的在加工原料、周转材料、半成品等要按照有助于提高生产效率的方式摆放,同时防止浪费、被盗和流失。

(3)对代管、代销、暂存、受托加工的存货,应单独存放和记录,避免与本单位存货混淆。

(4)结合企业实际情况,加强存货的保险投保,保证存货安全,合理降低存货意外损失风险。

(5)仓储部门应对库存物料和产品进行每日巡查和定期抽检,详细记录库存情况;发现毁损、存在跌价迹象的,应及时与生产、采购、财务等相关部门沟通。对于进入仓库的人员应办理进出登记手续,未经授权人员不得接触存货。

(四)领用发出

生产部门领用原材料、辅料、燃料和零部件等用于生产加工,以及仓储部门根据销售部门开出的发货单向经销商或客户发出产成品等,都涉及存货领用发出问题。该环节的主要风险是:存货领用发出审核不严格、手续不完备,可能导致货物流失。

该环节的控制措施主要包括:

(1)企业应当根据自身的业务特点,确定适用的存货发出管理模式,制定严格的存货准出制度,明确存货发出和领用的审批权限,健全存货出库手续,加强存货领用记录。

(2)仓储部门应核对经过审核的领料单或发货通知单的内容,做到单据齐全,名称、规格、计量单位准确;符合条件的准予领用或发出,并与领用人当面核对、点清交付。

(3)对于大批存货、贵重商品或危险品的发出,均应当实行特别授权。

(4)仓储部门应当根据经审批的销售(出库)通知单发出货物。

(五)盘点清查

存货盘点清查一方面是要核对实物的数量是否与相关记录相符、账实相符;另一方面也要关注实物的质量是否有明显的损坏。该环节的主要风险是:存货盘点清查制度不完善、计划不可行,可能导致工作流于形式、无法查清存货真实状况。

该环节的控制措施主要包括:

(1)建立存货盘点清查工作规程,结合本企业实际情况确定盘点周期、盘点流程、盘点方法等相关内容,定期盘点和不定期抽查相结合。

(2)盘点清查时,应拟订详细的盘点计划,合理安排相关人员(根据需要可安排多部门人员共同盘点),使用科学的盘点方法,保持盘点记录的完整。

(3)盘点清查结果要及时编制盘点表,形成书面报告,包括盘点人员、时间、地点、实际所盘点存货名称、品种、数量、存放情况以及盘点过程中发现的账实不符情况等内容,对盘点清查中发现的问题,应及时查明原因,落实责任,按照规定权限报经批准后处理。

(4)每年年度终了应开展全面的存货盘点清查,及时发现存货减值迹象,并将盘点清查结果形成书面报告。

(六)存货处置

存货处置主要指的是因变质、毁损等原因进行的存货处置。该环节的主要风险是:存货报废处置责任不明确、审批不到位,可能导致企业利益受损。

该环节的控制措施主要包括:企业应定期对存货进行检查,及时、充分了解存货的存储状态,对于存货变质、毁损、报废或流失的处理要分清责任、分析原因、及时处理。

(七)会计控制

1. 授权批准制度

授权批准制度的内容主要包括:

(1)成本计算和费用分配方法的确定与变更经授权批准;

(2)存货计价方法的确定与变更经管理层批准;

(3)对存货的盘盈、盘亏、报废、毁损应查明原因,经报批后入账,同时,对毁损、报废等原因减少的存货经授权后及时进行清理,并加以记录;

(4)严格控制存货及相关的文件、记录,只有经过授权的人员才能接触。

2. 人工成本管理

人工成本管理的内容主要包括:

(1)建立人工成本的预算控制制度,确定标准的人工工时和计件标准;

(2)按车间或班组编制工时表、工作通知单,并由有关人员负责定期抽查有关记录的准确性;

(3)按车间或班组编制产品生产数量报告,并将其与永续盘存的有关记录进行比较;

(4)将实际工资成本与标准工资成本进行比较,并分析差异产生的原因;

(5)工时、产品生产数量的计算与工资表的编制应由不同的人员负责。

3. 工资的分配和记录

工资的分配和记录主要包括:

(1)根据经过检查和核准后的工时表和产品生产数量报告等计算职工工资;

(2)编制职工的应得工资及扣款明细表或工资汇总表,扣款应由人事部门授权;

(3)编制工资费用分配表,合理分配各部门的工资费用;
(4)登记应付职工薪酬明细账及其他相关的成本、费用类账户;
(5)对工资计算和分配的结果由专人进行复核。

4. 产品成本核算

(1)建立和健全与材料消耗、人工消耗、费用支出、在产品转移、产成品完工入库等业务相关的原始凭证,并及时进行记录。例如,原料的领用经核准后开出领料单,产成品入库时应有入库单;原料、成品的收发存月报表根据当月的入库单、领料单分别汇总编制;对存货要规定合理的储存限额,对于领用材料、包装物、低值易耗品应尽可能采用限额凭证(如限额领料单);存货的收发均应由有关负责人审核批准的凭证为准,并及时登记入账。

(2)编制材料费用分配表、人工费用分配表,归集直接材料、直接人工成本,并按照一定标准在不同产品之间进行分配。

(3)归集制造费用总额,按照一定的分配标准(如人工工时、机器工时)进行分配,并编制制造费用分配表。

(4)按照一定的方法(如分批法、分步法)计算产品成本,并编制产品成本计算表。

产品成本计算的基本过程如图11-2所示。

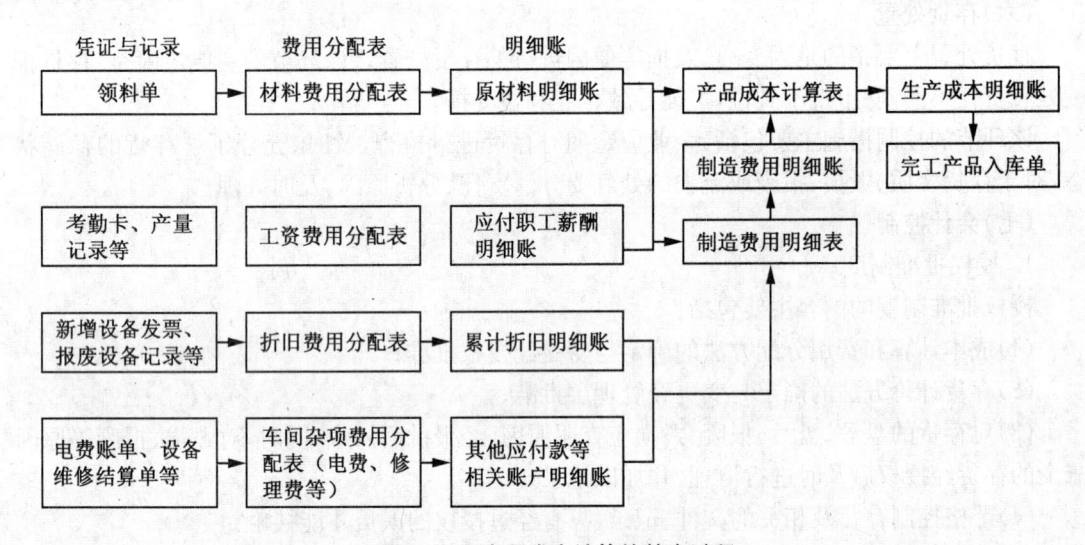

图11-2 产品成本计算的基本过程

二、生产与存货循环的控制测试

生产与存货循环的控制测试包括以下内容:

(一)对客户的内部控制制度进行简易抽查

在了解了客户的内部控制制度的前提下,有必要对客户的内部控制制度进行简单的抽查,以确定审计工作底稿对客户内部控制制度的描述是否完整和正确。抽查时需要关注的事项主要包括:(1)存货的发出手续是否按规定办理,是否及时登记仓库账并与会计记录核对;(2)是否建立定期盘点制度,发生的盘盈、盘亏、毁损、报废是否及时按规定审批处理。

(二)工薪业务的控制测试

工薪业务的控制测试即从工资业务中抽查若干样本进行测试,主要包括:

(1)审阅职工工资的明细记录。

(2)追查被审单位的人事档案,内容包括职工姓名、工资级别、扣款项目和金额等。

(3)审查人事部门对职工的录用、解雇、调离、工资的变动。

(4)审查职工的工资总额的内容(工资、奖金、津贴等)和各种扣款项目是否有关的规定,依据是否充分,有无授权批准。

(5)将工资计算单上所反映的工时与工时卡或考勤记录相核对。

(6)审查考勤记录和产量记录的审核手续。

(7)审查对工资总额的成本分配,即将工资计算单与人工成本计算单相比较。

(8)审查工资的结算和发放是否实行职务分离。

(9)审查工资的发放。若用现金支付,则应追查职工领取工资时的收据或签名,并与工资计算单相核对,并注意有无领款人签章;若通过银行支付,则应将工资计算单与银行的对账单等进行核对。

(10)审查未领工资的期后支付情况。

(11)审查工资计算单的编制是否经过适当的核准。

(12)抽取若干工资计算、发放或分配的样本,并追溯至相关的明细账、会计凭证。

(13)审查人工成本的分配,以确定直接人工成本和间接人工成本、管理费用、销售费用等的划分是否正确。

(三)抽查成本会计制度

如前所述,在工业企业中,成本核算是一个复杂的过程,而生产成本核算的正确与否又会影响主营业务成本以及利润等项目的正确性,所以在进行审计时,应当对成本会计制度进行必要的抽查。测试的内容主要包括:(1)存货的产品成本计价方法是否符合财务会计制度的规定,是否发生重大变更;(2)如果采用计划成本、定额成本、标准成本,计算产品销售成本时所分配的各项成本差异和会计处理是否正确;(3)抽查部分直接材料、直接人工、制造费用的原始凭证并与账面的记录进行核对。

其中,测试的第(3)项内容又可细分为:

①抽查部分领料单,检查领料单的签发是否经过授权批准;如果有材料发出汇总表,应检查该表是否经过适当的人员复核,在此基础上,将这些原始凭证与相应的记账凭证进行核对。

②审查生产工人工时总数、机器工时总数、生产工人工资总额等基础数据的正确性。

③抽查生产工人工时,应查阅生产通知单和工时汇总表。

④抽查小时工资率,应审查工资单或相关的人事档案。

⑤审查制造费用的归集和分配的正确性。

⑥审查产成品成本汇总方法的正确性。

⑦抽查产品入库单,以验证产成品入库的存货记录的正确性。

⑧抽查被审单位存货盘点的记录。

⑨抽查被审单位委托加工、代保管等类型的存货的情况。

在控制测试的基础上,注册会计师应当对客户的存货内部控制制度做出评价,并相应地调整实质性程序和策略。对存货控制中的薄弱环节,应该在工作底稿中加以记录,必要时,以口头或书面的形式向被审计单位的管理层提出改进建议。

第三节 生产与存货循环的实质性程序

一、生产成本的实质性程序

(一)成本项目的具体审查要求

1. 直接材料成本的审查

(1)抽查产品成本计算单,检查直接材料成本的计算是否正确,材料费用的分配标准与计算标准是否合理和恰当,是否与材料费用汇总表中该产品分摊的直接材料费用相符。

(2)分析比较同一产品前后年度的直接材料成本,如有重大波动,应查明原因。

(3)抽查材料发出及领用的原始凭证,检查材料单位成本计价方法是否恰当,是否正确、及时入账。

(4)对采用定额成本或标准成本的企业,应检查直接材料成本差异的计算、分配与会计处理是否正确,并查明直接材料的定额成本、标准成本在本年度内有无重大变化。

2. 直接人工成本

(1)抽查产品成本计算单,检查直接人工成本的计算是否正确,人工费用的分配标准与计算方法是否合理和恰当,是否与人工费用分配汇总表该产品分摊的直接人工费用分配汇总表中该产品分摊的直接人工费用相符;

(2)将本审计期间的直接人工成本与前期进行比较,查明其异常变动的原因;

(3)结合应付职工薪酬的审查,抽查人工费用会计记录及会计处理是否正确;

(4)对采用标准成本的,应抽查直接人工成本差异的计算、分配与会计处理是否正确,并查明直接人工的标准成本在本年度内有无重大变动。

3. 制造费用

(1)获取或编制制造费用汇总表(如表11-3所示),并与明细账、总账核对相符,抽查制造费用中的重大数额项目及例外项目是否合理;

表11-3　　　　　　　　　　制造费用汇总表　　　　　　　　　索引号:D2-5
被审计单位:新欣　　　　　　　　　20×5年度　　　　　　　　　　单位:元

序号	项目	1月	2月	3月	……	11月	12月	合计	备注
1	工资	12 000	13 000	15 000	(略)	16 000	15 000	(略)	B5-1
2	办公费	1 680	1 820	2 100	(略)	2 240	2 100	(略)	
3	折旧费	5 000	5 500	6 000	(略)	6 000	6 000	(略)	A42-2
4	水电费	…	…	…	…	…	…	…	…
5	保险费	…	…	…	…	…	…	…	…
6	物料消耗	…	…	…	…	…	…	…	…
7	其他	…	…	…	…	…	…	…	…
	合计	…	…	…	…	…	…	…	…

审计人员:杨立　　日期:20×6年2月10日　　复核人员:张敏　　日期:20×6年2月13日

(2)审阅制造费用明细账,检查其核算内容及范围是否正确,并应注意是否存在异常会计

事项,如有,则应追查至记账凭证及原始凭证;

(3)必要时,对制造费用实施截止日测试,即检查资产负债表日前后若干天的制造费用明细账及其凭证,确定有无跨期入账的情况;

(4)对于采用标准成本的,应抽查标准制造费用的确定是否合理,记入成本计算单的数额是否正确,制造费用差异的计算、分配与会计处理是否正确,并查明标准制造费用在本年度内有无重大变动。

(二)成本支出合法性的审查

审查成本支出合法性时,应注意被审计单位的成本业务的会计处理中有无将属于基本建设支出、固定资产大修理支出、期间费用、营业外支出、企业税后利润分配等项目挤占产品制造成本的情况。

(三)成本计算方法合理性的审查

审查企业产品成本的计算方法是否合理时,主要应注意企业是否根据其生产特点选择适当的成本计算方法,所选用的成本计算方法一经确定是否随意变动,有无利用成本计算方法的改变来调节产品成本,进而达到调节利润的目的的情况。

(四)本期产品成本与非本期产品成本划分合理性的审查

企业发生的生产费用,有时支付期与受益期并不一致,为了使产品合理地负担成本,对这些生产费用按受益期进行合理分摊,划分本期产品成本与非本期产品成本是非常必要的。

(五)完工产品成本与在产品成本划分合理性的审查

由于在产品成本和产成品成本是此消彼长的关系,企业有可能利用在产品成本来调节产品成本和利润,因此,在生产与存货循环中应注意对在产品成本的审查。审查的主要内容包括:在产品盘存数量和加工程度是否真实、可靠;在产品的计价是否正确、合理。

1. 在产品盘存数量和加工程度的审查

在在产品核算采用永续盘存制的情况下,注册会计师首先可以抽查一部分在产品,通过盘点来确定在产品是否账实相符;其次,可以审阅在产品台账,注意期末在产品有无大增大减或大幅度改变加工程度的情况。

在在产品核算采用实地盘存制的情况下,注册会计师要查明期末的在产品数量是否正确,只能通过审计日的在产品实际库存量来推算资产负债表日的在产品数量。

2. 在产品计价的审查

审查时首先要注意被审计单位所使用的在产品计价方法是否合理,是否符合企业的生产特点;其次,要注意在产品的计价方法一经确定是否经常变动;再次,通过复核若干在产品的成本计算,确认在产品成本的计算是否正确。

二、存货期末余额审计

存货期末余额的实质性程序主要包括:

(一)取得或编制存货余额明细表

注册会计师应取得或编制存货余额明细表(如表11-4所示),并将明细表数据与"材料采购""原材料""周转材料""库存商品""委托加工物资""生产成本"等账户的明细账合计、总账进行核对;在核对相符的前提下,再将这些账户的总账余额进行加总,并与报表数据进行核对;如果在核对过程中发现差异,应进行追查。

表 11—4　　　　　　　　　　　　　存货余额明细表　　　　　　　　　　索引号：A21

被审计单位名称：新欣　　　　审计人员：杨立　　　日期：20×6 年 2 月 10 日
截止日：20×5 年 12 月 31 日　　复核人员：张敏　　　日期：20×6 年 2 月 13 日　　　单位：元

账　户	20×5/12/31 账面余额（未审数）	审计调整数	20×5 年 12 月 31 日 审定数
材料采购	210 000	—	210 000
原材料	520 000	10 000 (A21—1—2)	530 000
生产成本	320 000	—	320 000
库存商品	1 570 060	(200 000) (D1—3)	1 370 060
委托加工物资	100 000	—	100 000
周转材料	160 000	—	160 000
合　计	2 880 060	(190 000)	2 690 060 T/B

(二)分析程序

在审计过程中,结合有关项目的审计,应进行必要的分析程序,其具体内容包括:

(1)分析比较同一产品前后年度的单位生产成本,如有重大波动,应查明原因;

(2)分析比较本年度与上年度主营业务成本总额,以及本年度各月份的主营业务成本金额,如有重大波动和异常情况,应查明原因;

(3)进行比率分析,并与本企业的历史数据及行业平均水平进行比较,具体内容如表 11—5 所示(新欣公司的数据来自表 4—4 和表 4—5)。

表 11—5　　　　　　　　　　生产与存货循环的比率分析

财务比率	计算公式	新欣公司（20×4 年）	新欣公司（20×5 年）
毛利率	毛利/主营业务收入	$\dfrac{25\,200\,000-17\,912\,000}{25\,200\,000}=0.29$	$\dfrac{(12\,250\,000-9\,510\,000)}{12\,250\,000}=0.22$
存货周转率	主营业务成本/存货平均余额	6	$\dfrac{9\,510\,000}{(1\,000\,000+2\,780\,060)/2}=5.03$
存货周转天数	360/存货周转率	60	72
存货与流动资产总额之比	存货/流动资产	1 000 000/ 9 860 000＝0.1	2 780 060/9 640 470.8＝0.29

通过表 11—5 的数据比较,可以看出,与 20×4 年相比,新欣公司 20×5 年的毛利率下降,存货周转速度下降且存货占流动资产的比例上升,说明该公司 20×5 年的产品销售状况存在一定的问题,可能存在产品积压的问题。相应地,注册会计师需要关注存货跌价准备的本期计提金额是否充分、合理。

(三)检查资产负债表日存货的实际存在

管理层通常制定程序,要求对存货每年至少进行一次实物盘点,以作为编制财务报表的基础,并用以确定被审计单位永续盘存制的可靠性(如适用)。定期盘点存货、合理确定存货的数量和状况是被审计单位管理层的责任。实施存货监盘,获取有关存货存在和状况的充分、适当的审计证据,是注册会计师的责任。除存货的存在和状况外,注册会计师还可能在存货监盘中获取有关存货所有权的部分审计证据。例如,如果注册会计师在监盘中注意到某些存货已经被法院查封,需要考虑被审计单位对这些存货的所有权是否受到了限制。但存货监盘本身并不足以供注册会计师确定存货的所有权,注册会计师可能需要执行其他实质性审计程序以应对所有权认定的相关风险。在实务中,注册会计师需要恰当区分被审计单位对存货盘点的责任和注册会计师对存货监盘的责任,在执行存货监盘过程中不应协助被审计单位的存货盘点工作。

在计划存货监盘时,注册会计师需要考虑的相关事项包括:与存货相关的重大错报风险;与存货相关的内部控制的性质;管理层是否制定了适当的存货盘点程序,并下达了正确的指令;存货盘点的时间安排;被审计单位是否一贯采用永续盘存制;存货的存放地点(包括不同存放地点的存货的重要性和重大错报风险),以确定适当的监盘地点;是否需要专家协助。

如果存货对财务报表是重要的,注册会计师应当实施下列审计程序,对存货的存在和状况获取充分、适当的审计证据:

1. 在存货盘点现场实施监盘

在存货盘点现场实施监盘[①]时,注册会计师应当实施下列审计程序:

(1)评价管理层的指令和程序

在评价管理层用以记录和控制存货盘点的指令和程序时,注册会计师需要考虑这些指令和程序是否包括下列方面:

①适当控制活动的运用,例如,收集已使用的存货盘点记录、清点未使用的存货盘点表单实施盘点和复盘程序;

②准确认定在产品的完工程度、流动缓慢(呆滞)、过时或毁损的存货项目,以及第三方拥有的存货(如寄存货物);

③在适用的情况下用于估计存货数量的方法,如有可能需要估计煤堆的重量;

④对存货在不同存放地点之间的移动(包括材料入库、原材料领用、完工产品入库、发出库存商品等)以及截止日前后期间出入库的控制。

(2)观察盘点程序的执行情况

观察管理层制定的盘点程序(如对盘点时及其前后的存货移动的控制程序)的实施情况,有助于注册会计师获取有关管理层指令和程序是否得到适当设计和执行的审计证据。此外,注册会计师可以获取有关截止性信息(如存货移动的具体情况)的复印件,有助于日后对存货移动的会计处理实施审计程序。

(3)检查存货

在存货监盘过程中检查存货,虽然不一定能确定存货的所有权,但有助于确定存货的存在,以及识别过时、毁损或陈旧的存货。

(4)执行抽盘

在对存货盘点结果进行测试时,注册会计师可以从存货盘点记录中选取项目追查至存货

[①] 存货监盘(observation of the counting of inventories)是指注册会计师现场观察被审计单位存货的盘点,并对已盘点的存货进行适当检查。存货监盘涉及下列内容:检查存货以确定其是否存在,评价存货状况,并对存货盘点结果进行测试;观察管理层指令的遵守情况,以及用于记录和控制存货盘点结果的程序的实施情况;获取有关管理层存货盘点程序可靠性的审计证据。这些程序是用作控制测试还是实质性程序,取决于注册会计师的风险评估结果、审计方案和实施的特定程序。

实物,以测试盘点记录的准确性;注册会计师还应当从存货实物中选取项目追查至盘点记录,以测试存货盘点记录的完整性。存货抽查情况表如表11-6所示。如果抽查时发现差异,注册会计师应当查明原因,及时提请被审计单位更正。如果差异较大,注册会计师应当扩大抽查范围或提请被审计单位重新盘点。

除记录注册会计师对存货盘点结果进行的测试情况外,获取管理层完成的存货盘点记录的复印件也有助于注册会计师日后实施审计程序,以确定被审计单位的期末存货记录是否准确地反映了存货的实际盘点结果。

2. 在财务报表日以外的其他日期执行的存货实地盘点

无论管理层通过年度实地盘点还是采用永续盘存制确定存货数量,由于实际原因,存货的实地盘点均有可能在财务报表日以外的某一天或某几天进行。无论哪种情况,针对存货变动的控制的设计、执行和维护的有效性,决定了在财务报表日以外的某一天或某几天执行的盘点程序是否符合审计目的。如果存货盘点在财务报表日以外的其他日期进行,注册会计师应当除了实施监盘程序以外,还需要实施其他审计程序,以获取审计证据,确定存货盘点日与财务报表日之间的存货变动是否已得到恰当的记录。

如果被审计单位采用永续盘存制,管理层可能执行实地盘点或其他测试方法,以确定永续盘存记录中的存货数量信息的可靠性。在某些情况下,管理层或注册会计师可能识别出永续盘存记录和现有实际存货数量之间的差异,这可能表明对存货变动的控制没有有效运行。

当设计审计程序以获取关于盘点日的存货总量与期末存货记录之间的变动是否已被适当记录的审计证据时,注册会计师可以结合盘点日至财务报表日之间间隔期的长短、相关内部控制的有效性等因素进行风险评估,设计和执行适当的审计程序。注册会计师考虑的相关事项包括:对永续盘存记录的调整是否适当;被审计单位永续盘存记录的可靠性;从盘点获取的数据与永续盘存记录存在重大差异的原因。在实质性程序方面,注册会计师可以考虑实施的程序包括:(1)比较盘点日和财务报表日之间的存货信息以识别异常项目,并对其执行适当的审计程序(例如实地查看等);(2)对存货周转率或存货销售周转天数等实施实质性分析程序;(3)对盘点日至财务报表日之间的存货采购和存货销售分别实施双向检查(例如,对存货采购从入库单查至其相应的永续盘存记录及从永续盘存记录查至其相应的入库单等支持性文件,对存货销售从货运单据查至其相应的永续盘存记录及从永续盘存记录查至其相应的货运单据等支持性文件);(4)测试存货销售和采购在盘点日和财务报表日的截止是否正确。

3. 存货监盘不可行的情况

在某些情况下,实施存货监盘可能是不可行的。这可能是由于存货性质和存放地点等因素造成的,例如,存货存放在对注册会计师的安全有威胁的地点。然而,对注册会计师带来不便的一般因素不足以支持注册会计师做出实施存货监盘不可行的决定。①

当实施存货监盘不可行时,实施替代审计程序(如检查盘点日后出售盘点日之前取得或购买的特定存货的文件记录)可能提供有关存货的存在和状况的充分、适当的审计证据。

但在其他一些情况下,实施替代审计程序可能无法获取有关存货的存在和状况的充分、适

---

① 《〈中国注册会计师审计准则第1101号——注册会计师的总体目标和审计工作的基本要求〉应用指南》指出,审计中的困难、时间或成本等事项本身,不能作为注册会计师省略不可替代的审计程序或满足于说服力不足的审计证据的正当理由。

当的审计证据。在这种情况下，注册会计师需要考虑是否有必要发表非无保留意见。

4. 由第三方保管和控制的存货

对于第三方保管和控制的存货，注册会计师可以向持有被审计单位存货的第三方函证存货的数量和状况，以获取存货存在、所有权等方面的证据。

根据具体情况（如获取的信息使注册会计师对第三方的诚信和客观性产生疑虑），注册会计师可能认为实施其他审计程序是适当的。其他审计程序可以作为函证的替代程序，也可以作为追加的审计程序。其他审计程序主要包括：实施或安排其他注册会计师实施对第三方的存货监盘（如可行）；获取其他注册会计师或服务机构注册会计师针对用以保证存货得到恰当盘点和保管的内部控制的适当性而出具的报告；检查与第三方持有的存货相关的文件记录，如仓储单；当存货被作为抵押品时，要求其他机构或人员进行确认。

假定 20×6 年 1 月 1 日至 2 月 12 日共发生 A101 材料发出 600 千克，金额为 30 000 元；A101 材料入库 500 千克，金额为 25 000 元。根据 20×6 年 2 月 12 日实际抽查结果倒推至 20×5 年 12 月 31 日，账面应结存数为：

50 000＋30 000－25 000＝55 000（元）

注册会计师应将 A101 材料账面应有余额 55 000 元与该材料 20×5 年 12 月 31 日的明细账金额进行核对，以确认两者是否一致。

表 11－6　　　　　　　　　　　存货抽查情况表　　　　　　　　　索引号：A21－3

被审计单位名称：新欣　　　　抽查人员：杨立　　　　日期：20×6 年 2 月 12 日
所属时期：20×5 年度　　　　复核人员：张敏　　　　日期：20×6 年 2 月 16 日　　　单位：元

存货规格	单位	单价	盘点前账面记录		盘点表记录		抽查结果		抽查结果差异	
			数量	金额	数量	金额	数量	金额	数量	金额
A101	千克	50	1 000	50 000	1 000	50 000	1 000	50 000	—	—
A102	千克	60	2 000	120 000	2 000	120 000	1 980	118 800	20	1 200
					…					
					…					
					…					

（四）所有权

在确定存货的所有权时，注册会计师应考虑以下几个方面：(1)抽查有关的购货业务，确定企业对本期增加的存货的所有权；(2)复核委托代销协议及其他与存货相关的合同或文件，确定在企业外部存放的存货（如委托代销、独立仓库）的所有权；(3)复查董事会会议记录、法律信函、合同等，检查是否有抵押或其他对存货所有权的潜在要求。

（五）计价

在确定存货的计价是否合理时，应考虑以下审计程序：

(1)抽查材料发出及领用的原始凭证，检查领料单的签发是否经过授权批准，材料单位成本计价方法是否恰当，是否正确、及时入账。

(2)抽查产品成本计算单，检查直接材料成本的计算是否正确，材料费用的分配标准与计算标准是否合理和恰当，是否与材料费用汇总表中该产品分摊的直接材料费用相符；结合应付职工薪酬与制造费用的审计,分别检查直接人工成本与制造费用的计算是否正确,费用的分配标准与计算方法是否合理和恰当。产品成本检查表如表11—7所示。

表11—7　　　　　　　　　　　产品成本检查表　　　　　　　　索引号:A21—7

被审计单位名称:新欣　　　　　抽查人员:杨立　　　　日期:20×6年2月12日

所属时期:20×5年度　　　　　复核人员:张敏　　　　日期:20×6年2月16日　　单位:元

甲产品生产成本计算单

项目	直接材料	直接人工	制造费用	合计
月初在产品成本	1 000	600	700	2 300
本月生产费用	12 000	7 000	9 000	28 000
生产费用合计	13 000	7 600	9 700	30 300
月末在产品成本	500	700	800	2 000
本月完工产品成本	12 500	6 900	8 900	28 300
单位产品成本	12.5	6.9	8.9	28.3

审计说明:

(1)产品成本计算单的直接材料费用与材料费用汇总表中数据相符;

(2)直接人工成本与人工费用汇总表数据相符;

(3)制造费用的计算正确,费用的分配标准为生产工时,经复算无误。

(3)抽查产成品入库单,核对其品种、数量和实际成本与生产成本的结转数是否相符。

(4)抽查产成品的发出凭证(如提货单或出库单),核对其品种、数量和实际成本与主营业务成本的结转数是否相符,并检查这一结转额是否与主营业务收入相配比。

(5)根据被审计单位存货计价方法,抽查年末结存量比较大的存货的计价是否正确。若存货以计划成本计价,还应能检查"材料成本差异"账户发生额、转销额是否正确,年末余额是否恰当。

(六)截止测试

查阅资产负债表日前后若干天的存货增减变动的有关账簿记录和购货、销货的原始凭证,检查是否正确、是否经授权批准、前后期是否一致。

1. 购货截止

正确的购货截止应该做到12月31日前入库的存货,无论是否收到发票,都必须纳入收到存货年度的存货盘点范围。具体的例子参见表10—3购货截止测试检查表。

2. 销售截止

正确的销售截止应该做到在赊销业务中,只要是12月31日前发出的存货,无论是否开出发票,均须确认为发货年度的收入。具体的例子参见表9—4销售截止检查情况表。

(七)审查存货跌价准备

检查被审计单位存货跌价准备计提和结转的依据、方法和会计处理方法是否正确,是否经授权批准,前后期是否一致。存货跌价准备审计的过程如表11—8所示。

表 11-8			存货跌价准备明细表					索引号：A21-8	

被审计单位名称：新欣　　　　审计人员：杨立　　　日期：20×6年2月12日
所属时期：20×5年度　　　　复核人员：张敏　　　日期：20×6年2月16日　　　单位：元

存货规格与品种	期末数量	账面		可变现净值		跌价准备期末余额	审计调整数	审定数	备注
		单价	金额	单价	金额				
A102	1 500	62	93 000	60	90 000	3 000	—	3 000	
A103	1 000	30	30 000	28	28 000	2 000	—	2 800	
		…	…	…	…	…	…	…	
		…	…	…	…	…	…	…	
		…	…	…	…	…	…	…	
存货跌价准备期末余额合计						100 000	—	100 000 T/B	

存货跌价准备本期期末贷方余额：100 000
　　　　　本期借方发生额：12 000
　　　　　本期期初贷方余额：30 000
　　　　　本期计提金额：100 000－(30 000－12 000)＝82 000
审计结论：存货跌价准备期末余额、本期计提金额可以确认。

(八)确定存货是否已在资产负债表上恰当披露

根据有关规定，资产负债表上的"存货"项目应当根据"材料采购""原材料""生产成本""周转材料""库存商品""委托加工物资"等账户的期末余额合计减去"存货跌价准备"等账户的期末余额后填列。

在新欣公司20×5年度财务报表审计业务中，由于购货截止和销货截止存在差错，所以对相关存货项目进行了必要的调整。经注册会计师审定的存货项目余额为 2 590 060 元 [2 690 060(见表11-4)－100 000(见表11-8)]。

补充资料11-1

如何识别存货舞弊

一、存货价值的操纵手法

不诚实的企业常常利用以下几种方法的组合来进行存货造假：虚构不存在的存货，存货盘点操纵，以及错误的存货资本化。所有这些精心设计的方案有一个共同的目的，即虚增存货的价值。

(一)虚构存货

正如莫纳斯所做的那样，增加存货资产价值的方法之一是对实际不存在的项目编制各种虚假资料，如没有原始凭证支持的记账凭证、夸大存货盘点表上存货数量、编制虚假的装运和验收报告以及虚假的订购单，从而虚增存货的价值。

(二)存货盘点操纵

注册会计师在很大程度上依赖对客户存货的监盘来获取有关存货的审计证据。在一些存货舞弊案件中，审计客户在数小时之内就改变了注册会计师的工作底稿。

例如，假定审计客户在会计期间结束前收到一大批货物，然后将所有与之有关的验收报告和发票及其复印件抽出,并在审计期间将其隐藏。然后,在盘点存货实物时,雇员们再将这些货物清点并计入注册会计师测试的那批货物中去。显然,在上例中存货实物将被高估,同时有相同金额的负债将被低估。存货高估的金额将被混入整个销售成本的计算之中。遇到这种情况,注册会计师需要进行比率分析或趋势分析以发现可能的舞弊。另外,也可以检查会计期间结束后一段时间内的款项支出。

(三)错误的存货资本化

虽然任何存货项目都可能存在不恰当资本化的情况,但产成品项目中这方面的问题尤为突出。有关产成品被资本化的部分通常是销售费用和管理费用。为了发现这些问题,注册会计师应当对生产过程中的有关人员进行访谈,以获取归入存货成本的费用归集与分配过程是否适当的信息。

二、监盘的局限性

证实存货数量的最有效途径是对其进行整体盘点,盘点的时间尽量接近年终结账日。但是,即使注册会计师谨慎地执行了该程序,也不能保证发现所有重大的舞弊,因为存货监盘存在下列局限性:

(1)管理层往往派代表跟随注册会计师,一方面记录下测试的结果,同时也可掌握测试的地点及进程等情况。这样,被审计单位就有机会将虚构的存货加计到未被测试的项目中,从而错误地增加存货的总体价值。

(2)在执行监盘程序时,注册会计师一般会事先通知客户测试的时间和地点以便其做好盘点前的准备工作。但是,对于那些有多处存货存放地点的公司,这种事先通知使管理层有机会将存货短缺隐藏在那些注册会计师没有检查的存放点。

(3)有时注册会计师并不执行额外的审计程序以进一步检查已经封好的包装箱。这样,为虚报存货数量,管理层会在仓库里堆满空箱子。

资料来源:张加学、李若山,"存货的'奥秘'——美国法尔莫公司会计报表舞弊案例分析",《财务与会计》,2002年第2期。根据行文需要略做调整。

三、应付职工薪酬的审计

应付职工薪酬核算的内容是公司应付给职工的工资总额,具体包括工资、奖金、津贴等。

应付职工薪酬的实质性程序主要包括以下内容:

(1)获取或编制应付职工薪酬明细表,复核其加总是否正确,并与"应付职工薪酬"报表数、总账账户的年末余额、明细账年末余额合计数进行核对。

(2)对被审计期间工资费用的发生额进行分析程序,具体包括:①将被审计期间各个月份的工资费用发生额进行比较(见表8—6),如有异常波动,应要求被审计单位予以解释;②将被审计期间工资费用的实际发生数与前期或预期数相比较,如果波动较大,应进一步审查异常波动的原因。

(3)检查工资的计提是否正确,分配方法是否与上期一致,并将"应付职工薪酬"账户的贷方发生额与相关的成本、费用项目进行核对(见表8—6)。

(4)对于销售人员的佣金,应审查与销售人员签订的协议,并追查相应的佣金记录和现金支付记录。

(5)审查应付职工薪酬的报表列示是否恰当。

复习思考题

1. 生产与存货循环的内部控制包括哪些内容?
2. 生产与存货循环的控制测试应注意哪些问题?
3. 生产与存货循环的实质性程序的要点有哪些?
4. 应付职工薪酬实质性程序的要点有哪些?

自我测试题

一、单项选择题

1. 注册会计师在审查存货时,需要( )。
 A. 亲自盘点存货
 B. 亲自指挥客户进行盘点工作
 C. 了解客户是否定期进行存货盘点,但不必参与盘点过程
 D. 观察客户的盘点过程并适当抽查

2. 存货审计的内容不包括( )。
 A. 制造费用的审计　　　　　　　　B. 主营业务成本的审计
 C. 直接材料成本、人工成本的审计　　D. 销售费用的审计

3. 注册会计师通过计算存货周转率最有可能证实的管理层认定是( )。
 A. 存在　　　　B. 计价和分摊　　　C. 权利和义务　　　D. 完整性

4. 生产与存货循环的控制测试不包括( )。
 A. 对客户的内部控制制度进行简易抽查　　B. 工薪业务的控制测试
 C. 抽查成本会计制度　　　　　　　　　　D. 分析程序

5. 资产负债表中的"存货"项目不包括( )账户的期末余额。
 A. "原材料"　　B. "库存商品"　　C. "存货跌价准备"　　D. "预付账款"

6. 注册会计师观察存货盘点的主要目的是为了( )。
 A. 查明被审计单位是否漏盘某些重要的存货项目
 B. 鉴定存货质量
 C. 了解盘点过程是否遵循了有关规定
 D. 获得存货是否实际存在的证据

7. 下列有关存货监盘的说法中,正确的是( )。
 A. 注册会计师主要用采用观察程序实施存货监盘
 B. 注册会计师在实施存货监盘过程中不应协助被审计单位的盘点工作
 C. 由于不可预见的情况导致无法在预定日期实施存货监盘,注册会计师可以实施替代程序
 D. 注册会计师实施存货监盘通常可以确定存货的所有权

8. 在对存货跌价准备进行审计时,发现被审计单位存在以下事项,其中正确的是( )。
 A. 甲材料资产负债表日的账面成本高于市场价格,按两者的差额计提跌价准备
 B. 乙材料在资产负债表日已发生贬值,但因资产负债表日后以高于账面成本的价格出售给关联方,未计提跌价准备
 C. 丙材料在资产负债表日已发生贬值,但因资产负债表日后市场价格有所回升,未计提跌价准备
 D. 丁材料在资产负债表日已发生毁损,直接将其计入当期损益,未计提跌价准备

二、判断题

1. 为取得被审计单位有关存货存在和所有权方面的审计证据,注册会计师应对被审计单位的存货进行实地盘点。（ ）

2. 由于观察和计量期末存货方面不存在令人满意的替代程序,所以注册会计师必须监盘被审计单位的存货。（ ）

3. 注册会计师在抽查被审计单位存货时,应当从存货实物中选取部分品种清点数量,然后将清点数量与存货盘点记录中的数量进行核对,以测试存货盘点记录的完整性。（ ）

4. 盘点存货是注册会计师的责任,因此,注册会计师应负责制订存货盘点计划。（ ）

5. 正确的购货截止应该做到12月31日前入库的存货,无论是否收到发票,都必须纳入收到存货年度的存货盘点范围。（ ）

6. 注册会计师于20×6年3月10日对被审计单位的存货进行了监盘,并在监盘过程中抽查了35%的存货余额,抽查结果显示抽盘日账实相符,注册会计师据以得出资产负债表日存货真实存在的审计结论。（ ）

三、案例分析题

1. 乙公司主要经营中小型机电类产品的生产和销售。乙公司目前主要采用手工会计系统。

乙公司内部控制的部分内容摘录如下：

(1)原材料采购业务

①对需要购置的原材料,由仓库或相关需求部门负责填写请购单,并将请购单交给采购部。

②采购部收到请购单后,由其职员E进行询价①并确定供应商,再由其职员F负责编制和发出预先连续编号的订购单。订购单一式四联,经被授权的采购人员签字后,分别送交供应商、负责验收的部门、提交请购单的部门和负责采购业务结算的应付凭单部门。

③验收部门根据订购单上的要求对所采购的材料进行验收,完成验收后,将原材料交由仓库人员存入库房,并编制预先连续编号的验收单交仓库人员签字确认。验收单一式三联,其中两联分送应付凭单部门和仓库,一联留存验收部门。

④应付凭单部门核对供应商发票、验收单和订购单,并编制预先连续编号的、一式两联的付款凭单。在付款凭单经被授权人员批准后,应付凭单部门将付款凭单的第一联连同供应商发票及时送交会计部门。会计部门收到附供应商发票的付款凭单后及时编制有关的记账凭证,并登记原材料和应付账款账簿。

⑤应付凭单部门将付款凭单的第二联及其附件(供应商发票、验收单和订购单)送交有关人员审批后交给出纳H。出纳据此填写并签发支票,登记现金和银行存款日记账,并在每月末编制银行存款余额调节表,交会计主管审核。

(2)期末存货

⑥公司每半年对全部存货盘点一次,编制盘点表。会计部门与仓库在核对结存数量后,向管理层报告差异情况及形成原因,并在经批准后进行相应处理。

要求：针对第①至第⑥项,逐项判断公司上述已经存在的内部控制程序在设计上是否存在缺陷。如果存在缺陷,请分别予以指出,并简要说明理由,提出改进建议。

2. 在对丙公司20×5年度财务报表审计过程中,注册会计师发现了下列接近资产负债表日的业务：

(1)20×6年1月3日公司收到了金额为15 000元的一张购货发票,这笔购货业务在1月5日入账。入库单显示这批货物于20×5年12月29日收到。

(2)20×5年12月28日公司收到价值32 500元的商品,相关发票没有入账。该发票由销售部门保管,发

---

① 询价是指采购部门针对拟采用的货物,向多家供应商询问价格。

票上注有"受托代销"字样。

(3)20×5年12月31日营业结束后,在发货区域,有一只包装箱内装有价值18 600元的产品。当日的存货盘点范围中没有包括这只包装箱内的存货,因为包装箱上贴有"即将发货"的标签。通过调查发现这箱产品于20×6年1月2日发出,销售发票日期为20×6年1月3日。

要求:分析这些商品是否应包括在被审计单位20×5年12月31日的存货中,并说明理由。

3. 以下是注册会计师在甲公司20×6年度财务报表审计过程中发现的存货及相关记录存在的部分问题:

(1)注册会计师在检查仓库20×6年12月21日至12月31日期间所开具的入库单存根时,注意到其起讫号为12356至12378,但未能发现12367号入库单。仓库管理员的解释是,该入库单因填写错误作废,未予留存。注册会计师在会计部门也未找到该入库单。会计部门的解释是,在进行会计处理时并不检查入库单的序号连续性。

(2)#1102存货明细账账面记录显示该存货单价为每件60元,经与购货发票核对,注册会计师发现该存货购入时每箱(共20件)单价为60元。

(3)负责存货盘点的人员将顾客已付款但尚未提货的货物也纳入盘点范围。会计部门将该类货物的发出和销售业务记录在下一年度。

(4)仓库管理员篡改了一张存货盘点标签上的存货数量,以掩盖该存货被盗引起的存货短缺。

(5)存货盘点过程中,几张盘点标签不慎遗失、相关的盘点数据没有包括在存货盘点汇总记录中。

要求:分别指出上述事项可能导致的错误(或舞弊)、公司为防止错误(或舞弊)再度发生需设立的内部控制程序、注册会计师为发现错误(或舞弊)需执行的实质性程序。

第十二章 货币资金与其他相关项目的审计

本章要点

- 货币资金的内部控制
- 库存现金的实质性程序
- 银行存款的实质性程序

引例

宝硕股份(600155)货币资金审计

以下信息摘录自中国证监会行政处罚决定书〔2014〕70号：
(部分内容略)
经查明，华安所存在以下违法事实：
(部分内容略)
在宝硕股份2005年年度财务报告审计中的问题
(一)审计范围没有包含资金结算中心问题
宝硕股份通过资金结算中心伪造962—01账户的资金结算凭证，虚构资金划转。资金结算中心证明没有上述业务发生。未发现华安所对结算中心实施审计的痕迹。
(二)对宝硕股份货币资金的审计问题
2005年年末宝硕股份财务处资金结算中心存放款项的余额33 228 226.39元记入了宝硕股份资产负债表"货币资金"项目。华安所对宝硕股份财务处2005年度会计报表审计的底稿中，针对股份公司银行存款，填制了"货币资金审定表""银行存款审定表"等表格。在华安所对宝硕股份财务处及创业公司2005年度会计报表审计的底稿中，均未见对资金结算中心开户存放资金余额向金融机构的询证函。
(部分内容略)
(三)对宝硕股份银行借款及未披露的担保事项的审计问题
宝硕股份于2005年与建行保定五四西路支行签订了9笔短期借款协议，借款金额共计14 700万元。宝硕股份对上述银行借款没有进行账簿记录，也没有纳入会计报表长短期借款项目予以披露，形成账外负债。(部分内容略)宝硕股份在其2005年度会计报表披露的关联方担保信息中没有披露宝硕股份为其子公司在建行保定五四西路支行借款提供保证担保195 000 000元的情况。华安所对宝硕股份在建行保定五四路支行的存款情况及借款情况进行了函证，取得银行盖章后的回函，未见华安所对宝硕股份在该行对外担保情况进行函证。银行在确认的回函中未列示上述账外借款。
(部分内容略)

(四)对创业分公司主营业务成本、主营业务收入、虚构利润、将虚增的货币资金虚交宝硕股份的审计问题

(部分内容略)

2005年,创业分公司虚制凭证32单、虚开支票32张,将虚增的资金差额84 469 803.84元,以上缴利润的名义通过其在结算中心开立的账户上交给宝硕股份在资金结算中心的账户。创业分公司将虚增的货币资金84 469 803.84元以上缴利润名义以支票形式上交宝硕股份的资金,在资金结算中心没有划转记录。创业分公司付款支票在结算中心没有付款记录,没有资金出款。华安所未向结算中心核验资金凭证的真实情况,就对169—01账户和169—04账户的资金余额予以确认。

(五)对宝硕集团占用宝硕股份资金的审计问题

截至2005年12月31日,宝硕股份账面显示"内部借款——深圳公司"科目借方余额为16 575 431.69元,"其他应收款——集团公司"科目借方余额为66 533.20元,"其他应收款——集团农业分公司"科目借方余额为20 965.24元;宝源公司账面显示"其他应收款——创新公司"科目借方余额为28 000元,"其他应收款——动力公司"科目借方余额为100 000元;北京宝硕公司账面显示"其他应收款——集团公司"科目借方余额为811 165.75元;宝硕股份创业分公司账面显示"其他应收款——集团公司"科目借方余额为339 875.72元;型材公司账面显示"应付账款——德玛斯公司"科目借方余额为39 918 134.87元。以上宝硕股份或合并报表范围内子公司与宝硕集团公司及其关联企业的往来款项均为关联方交易形成,总计57 860 106.47元,属于大股东占用款项。

2006年4月27日华安所出具了《关于河北宝硕股份有限公司2005年度关联方占用资金情况的专项审计说明》,没有披露上述大股东及其关联企业非经营性占用上市公司资金的情况。经检查华安所审计工作底稿,未见对该类关联方交易及占款的审计痕迹。

(六)对宝硕股份股权转让资金的审计问题

2005年2月20日,宝硕股份将所持有的宝硕深圳投资公司95%的股权转让给大股东宝硕集团,转让价23 288 901.17元。宝硕股份凭证后附有资金结算中心"银行进账单",显示13001665208050000169—01账户收到23 288 901.17元。资金结算中心证明没有上述资金划付业务的发生。

华安所制定了长期股权审定程序、长期股权审定表、长期股权投资明细表。未发现华安所抽验宝硕股份转让深圳公司的原始凭证的审计记录。华安所确认的长期股权投资审定数37 070 958.75元中包含宝硕股份收回深圳公司的23 288 901.17元的投资收益。

(七)对宝硕股份贷款利息、贴现息挂账的审计问题

2005年宝硕股份通过"其他应收款"科目与德利得共发生往来467笔,其中借方发生299笔,发生额为2 549 359 087.52元;贷方发生168笔,发生额为2 549 359 087.52元;借贷方累计发生额5 098 718 175.04元,年末余额为0元。

宝硕股份将2005年间发生的159笔银行贷款利息共12 946 854.64元,记入"其他应收款——德利得"科目的借方中。(部分内容略)

宝硕股份2005年间通过氯碱分公司、型材公司银行账户办理2笔票据贴现业务,贴现资金划归宝硕股份使用,发生的158 304.60元贴现利息转给宝硕股份。宝硕股份将其记入"其他应收款——德利得"科目的借方中。(部分内容略)

宝硕股份上述两项合计13 105 159.24元未列入财务费用,导致虚增2005年度利润

13 105 159.24元。

华安所审计人员编制的其他应收款明细表中债务人项下没有德利得公司。华安所对宝硕股份2005年度财务报告的审计工作底稿显示审计人员抽查了7笔宝硕股份与德利得往来的会计凭证,总金额226 200 000.00元,但是华安所对这一巨额异常交易没有实施进一步的审计程序。

华安所对宝硕股份2005年度财务报告进行了审计并出具了标准的无保留意见审计报告。

(部分内容略)

以上事实,有宝硕股份相关定期报告及财务会计报告、会计凭证与附件、华安所提供的情况说明、审计工作底稿等证据证明,足以认定。

思考题
1. 根据宝硕股份的资料,分析与货币资金相关的报表项目有哪些。
2. 如何完善宝硕股份货币资金的审计程序?

第一节 货币资金审计概述

一、货币资金业务的内容

货币资金审计涉及的账户有"库存现金""银行存款"和"其他货币资金"账户。货币资金与所有业务循环都存在联系。具体情况见表12-1。

表12-1   货币资金与所有业务循环的关系

涉及循环	业务	备注
销售与收款循环	收到货款	见表9-1
采购与付款循环	支付货款	见表10-1
生产与存货循环	支付工资、制造费用	见表11-1

在实施货币资金审计的过程中,如果被审计单位存在以下事项或情形,注册会计师需要保持警觉:

(1) 被审计单位的现金交易比例较高,并与其所在的行业常用的结算模式不同;
(2) 库存现金规模明显超过业务周转所需资金;
(3) 银行账户开立数量与企业实际的业务规模不匹配;
(4) 在没有经营业务的地区开立银行账户;
(5) 企业资金存放于管理层或员工个人账户;
(6) 货币资金收支金额与现金流量表不匹配;
(7) 不能提供银行对账单或银行存款余额调节表;
(8) 存在长期或大量银行未达账项;
(9) 银行存款明细账存在非正常转账的"一借一贷";
(10) 违反货币资金存放和使用规定(如上市公司未经批准开立账户转移募集资金、未经许可将募集资金转作其他用途等);
(11) 存在大额外币收付记录,而被审计单位并不涉足外贸业务;

(12)被审计单位以各种理由不配合注册会计师实施银行函证。

除上述与货币资金项目直接相关的事项或情形外,注册会计师在审计其他财务报表项目时,还可能关注到其他一些亦需保持警觉的事项或情形。例如:

(1)存在没有具体业务支持或与交易不相匹配的大额资金往来;
(2)长期挂账的大额预付款项;
(3)存在大额自有资金的同时,向银行高额举债;
(4)付款方账户名称与销售客户名称不一致、收款方账户名称与供应商名称不一致;
(5)开具的银行承兑汇票没有银行承兑协议支持;
(6)银行承兑票据保证金余额与应付票据余额比例不合理。

二、货币资金的内部控制

(一)资金管理

企业应加强资金营运全过程的管理,统筹协调内部各机构在生产经营过程中的资金需求,切实做好资金在采购、生产、销售等各环节的综合平衡,全面提升资金营运效率。充分发挥全面预算管理在资金综合平衡中的作用,严格按照预算要求组织协调资金调度,确保资金及时收付,实现资金的合理占用和营运良性循环。企业应当定期组织召开资金调度会或资金安全检查,对资金预算执行情况进行综合分析,若发现异常情况,则及时采取措施妥善处理,避免资金冗余或资金链断裂。

企业在营运过程中出现临时性资金短缺的,可以通过短期融资等方式获取资金。资金出现短期闲置的,在保证安全性和流动性的前提下,可以通过购买国债等多种方式,提高资金效益。

(二)会计控制

1. 岗位分工

企业应当建立货币资金业务的岗位责任制,明确相关部门和岗位的职责权限,确保办理货币资金业务的不相容岗位相互分离、制约和监督。出纳人员不得兼任稽核、会计档案保管和收入、支出、费用、债权债务账目的登记工作。不得由一人办理货币资金业务的全过程。

企业办理货币资金业务,应当配备合格的人员,并根据企业具体情况进行岗位轮换。

2. 授权批准

企业应当对货币资金业务建立严格的授权批准制度,明确审批人对货币资金业务的授权批准方式、权限、程序、责任和相关控制措施,规定经办人办理货币资金业务的职责范围和工作要求。办理资金支付业务,应当明确支出款项的用途、金额、预算、限额、支付方式等内容,并附原始单据或相关证明,审批人应当根据货币资金授权批准制度的规定,在授权范围内进行审批。经办人应当在职责范围内,按照审批人的批准意见办理货币资金业务。对于审批人超越授权范围审批的货币资金业务,经办人员有权拒绝办理,并及时向审批人的上级授权部门报告。

对于重要货币资金支付业务,应当实行集体决策和审批,并建立责任追究制度,防范贪污、侵占、挪用货币资金等行为。严禁未经授权的机构或人员办理货币资金业务或直接接触货币资金。

3. 资金收付与记账

出纳人员按照审核后的原始凭证收付款,并对已完成收付的凭证加盖戳记。

在生产经营及其他业务活动中发生的资金收支应当及时入账,不得账外设账、收款不入账、设立"小金库"。出纳人员根据资金收付凭证登记日记账;会计人员根据相关凭证登记有关明细账;主管会计登记总账,并定期进行账证核对、账账核对、账表核对等。

(三)资产及相关实物的管理

1. 库存现金的管理

企业应当加强现金库存限额的管理,超过库存限额的现金应及时存入银行。根据《现金管理暂行条例》的规定,结合本企业的实际情况,确定本企业现金的开支范围。不属于现金开支范围的业务应当通过银行办理转账结算。企业应当定期和不定期地进行库存现金盘点,确保库存现金账面余额与实际相符。发现不符,应及时查明原因,做出处理。

企业现金收入应当及时存入银行,不得用于直接支付企业的支出。因特殊情况需坐支现金的,应事先报经开户银行审查批准。企业借出款项必须执行严格的授权批准程序,严禁擅自挪用、借出货币资金。

2. 银行存款的管理

企业应当严格按照《支付结算办法》等国家有关规定,加强银行账户的管理,严格按照规定开立账户,办理存款、取款和结算。

企业应当指定专人定期核对银行账户,每月至少核对一次,根据需要编制银行存款余额调节表,使银行存款账面余额与银行对账单调节相符。如调节不符,应查明原因,及时处理。

3. 票据及有关印章的管理

企业应当加强与货币资金相关的票据的管理,明确各种票据的购买、保管、领用、背书转让、注销等环节的职责权限和程序,并专设登记簿进行记录,防止空白票据的遗失和被盗用。

加强银行预留印鉴的管理。财务专用章应由专人保管,个人名章(如企业法人章)必须由本人或其授权人员保管。严禁一人保管支付款项所需的全部印章。

(四)监督检查

企业应当建立对货币资金业务的监督检查制度,明确监督检查机构或人员的职责权限,定期和不定期地进行检查。

货币资金监督检查的内容主要包括:货币资金业务相关岗位及人员的设置情况。重点检查是否存在货币资金业务不相容职务混岗的现象;货币资金授权批准制度的执行情况。重点检查货币资金支出的授权批准手续是否健全,是否存在越权审批行为;支付款项印章的保管情况。重点检查是否存在办理付款业务所需的全部印章交由一人保管的现象;票据的保管情况。重点检查票据的购买、领用、保管手续是否健全,票据保管是否存在漏洞。对监督检查过程中发现的货币资金内部控制中的薄弱环节,应当及时采取措施,加以纠正和完善。

第二节 库存现金审计

一、库存现金的控制测试

库存现金的控制测试程序主要包括以下四项:

(一)检查库存现金内部控制是否建立并严格执行

1. 现金的收支是否按规定的程序和权限办理
2. 是否存在与本单位经营无关的现金收支
3. 出纳与会计、库存现金日记账与总账的职责是否严格分离
4. 库存现金是否得到妥善保管,是否定期盘点、核对

(二)抽取并检查若干收款凭证

1. 核对收款金额与库存现金日记账的收入金额是否一致
2. 核对收款金额与"应收账款""其他应收款"等账户明细账的有关记录是否相符
3. 核对收款金额与销售发票或其他原始凭证的金额是否相符

(三)抽取并检查若干付款凭证

1. 检查付款的授权批准手续是否符合规定
2. 核对付款金额与库存现金日记账的付出金额是否一致
3. 核对付款金额与"应付账款""其他应付款"等账户明细账的有关记录是否相符
4. 核对付款金额与购货发票或其他原始凭证的金额是否相符

(四)抽取一定期间的库存现金日记账与总账进行核对

注册会计师应抽取一定期间的库存现金日记账,检查有无计算错误,加总金额是否正确无误,库存现金日记账与总账是否核对相符。

二、库存现金的实质性程序

库存现金审计的实质性程序主要包括:

(一)取得或编制库存现金余额明细表

注册会计师应取得或编制库存现金余额明细表,复核其加计是否正确,并将明细表数据与明细账、报表进行核对。在连续审计的情况下,还应将期初余额与上期的工作底稿数据进行核对(参见表8—5)。

(二)分析程序

分析程序的主要内容包括:(1)将账户余额与以前期间的相比较,调查是否存在贷方余额等特殊现象;(2)如有必要,可编制库存现金各月度收支情况汇总表,比较各月度发生额并将发生额与上年同期相核对。

(三)监盘库存现金

审计人员应会同被审计单位主管会计人员盘点库存现金,编制"库存现金盘点核对表",并倒轧至资产负债表日余额;如有差异,应查明原因。

【例12—1】 20×6年2月16日上午8:00注册会计师审查了新欣公司的库存现金日记账和盘点库存现金。结果如下:

(1)库存现金日记账的余额为1 380.8元。

(2)清点现金计百元面值11张,拾元面值5张,伍元面值4张,壹元面值5张,角票共计5.80元。

(3)2月15日已收入现金而尚未入账的收款凭证2张,计3 300元。

(4)2月15日已付出现金而尚未入账的付款凭证1张,计1 500元。

(5)借条一张,系经采购部门经理批准,由采购员于2月3日暂借款2 000元。

表 12—2　　　　　　　　　　　库存现金盘点表　　　　　　　　索引号：A1—2

被审计单位名称：新欣　　　　　　　　　　　　　　　　盘点日期：20×6 年 2 月 16 日

应存数的计算	金额(元)	实存数的清点	金额(元)
账面余额	1 380.8	100 元 11 张	1 100
加：已收款未入账部分	3 300	10 元 5 张	50
		5 元 4 张	20
		1 元 5 张	5
		角币	5.8
减：已付款未入账部分	1 500		
减：借条	2 000		
应存数	1 180.8	实存数	1 180.8

重分类分录* 为：
　　借：其他应收款　　　　　　　　　　　　　　　　　　　　　2 000
　　　　贷：库存现金　　　　　　　　　　　　　　　　　　　　　2 000
说明：借条金额 2 000 元应列入其他应收款。
审计结论：
　　在未事先通知的情况下，于 20×6 年 2 月 16 日上午进行现金盘点，盘点结果为，账实基本相符，调整后的库存现金余额 1 180.8 元可以确认。

会计主管：孙犁　　　出纳：宋奇　　　监盘人员：杨立　　　复核人员：张敏

* 这笔重分类分录是针对 20×6 年 2 月 16 日的账务处理所做的更正，不涉及被审计的 20×5 年度。

需要明确的是，注册会计师通过盘点确定 20×6 年 2 月 16 日实际的现金余额与账面记录是否相符，但是，注册会计师发表审计意见针对的是 20×5 年 12 月 31 日的账面数据（910.8 元）是否正确。为此，注册会计师需要在 20×6 年 2 月 16 日调整后的余额 1 180.8 元的基础上，分析新欣公司 20×6 年 1 月 1 日至 2 月 16 日的现金收支记录，根据被审计单位的库存现金日记账和相关的凭证，注册会计师确定 20×6 年 1 月 1 日至 20×6 年 2 月 16 日该公司现金收款金额共计 500 991 元，现金付款金额共计 500 721 元，20×5 年 12 月 31 日的库存现金应有余额为：

1 180.8－500 991＋500 721＝ 910.8(元)

这与被审计单位 20×5 年 12 月 31 日的库存现金日记账余额相符，说明新欣公司 20×5 年 12 月 31 日的库存现金数据可以确认。

（四）账账核对

测试本期中库存现金日记账、银行存款日记账的加计准确性，并将其合计数与总账数字进行核对，检查其过账是否正确、恰当。

（五）凭证抽查

审阅库存现金日记账的发生额，抽取大额、异常的现金收支记录进行测试。对于付款业务，应注意检查其原始凭证上是否加盖"付讫"章以防止重复付款，并检查核准手续是否齐备。

(六)确定库存现金的报表列示是否恰当

"库存现金"账户的余额应与"银行存款""其他货币资金"账户余额加计后合并反映在资产负债表"货币资金"项目内。注册会计师应结合银行存款等账户的审计,确定货币资金是否已在资产负债表上恰当披露。

> **课堂讨论题 1**
> 有关库存现金的舞弊主要有哪些类型?如何防止(或发现)这些舞弊?

第三节 银行存款与其他货币资金审计

一、银行存款的控制测试

银行存款的控制测试程序主要包括:

(一)检查银行存款内部控制是否建立并严格执行

1. 银行存款的收支是否按规定的程序和权限办理
2. 是否存在与本单位经营无关的银行存款收支
3. 出纳与会计、银行存款日记账与总账、银行存款账簿登记与银行存款余额调节表编制的职责是否严格分离
4. 支票是否得到妥善保管,是否定期收到银行对账单并根据需要编制银行存款余额调节表
5. 是否存在出租、出借银行账户的情况

(二)抽取并检查若干收款凭证

1. 核对收款金额与银行存款日记账的收入金额是否一致
2. 核对收款金额与"应收账款""其他应收款"等账户明细账的有关记录是否相符
3. 核对收款金额与销售发票或其他原始凭证的金额是否相符

(三)抽取并检查若干付款凭证

1. 检查付款的授权批准手续是否符合规定
2. 核对付款金额与银行存款日记账的付出金额是否一致
3. 核对付款金额与"应付账款""其他应付款"等账户明细账的有关记录是否相符
4. 核对付款金额与购货发票或其他原始凭证的金额是否相符

(四)抽取一定期间的银行存款日记账与总账进行核对

注册会计师应抽取一定期间的银行存款日记账,检查有无计算错误,加总金额是否正确无误,银行存款日记账与总账是否核对相符。

二、银行存款与其他货币资金的实质性程序

银行存款与其他货币资金的实质性程序包括:

(一)取得或编制银行存款与其他货币资金余额明细表

注册会计师应取得或编制银行存款与其他货币资金余额明细表,复核其加计是否正确,并将明细表数据与明细账、报表进行核对。在连续审计的情况下,还应将期初余额与上期的工作底稿进行核对。

(二)分析程序

分析程序的主要内容包括:(1)将账户余额与以前期间的相比较,调查是否存在出现贷方余额、新开账户、原有账户结零等现象。(2)如有必要,可编制银行存款各月度收支情况汇总表,比较各月度发生额并将发生额与上年同期相核对。(3)审核/测试利息收入和应收利息与平均银行存款余额之间的比例关系是否恰当。

(三)定期存款的审计程序

如果被审计单位有定期存款,注册会计师可以考虑实施以下审计程序:

(1)向管理层询问定期存款存在的商业理由并评估其合理性。

(2)获取定期存款明细表,检查是否与账面记录金额一致,存款人是否为被审计单位,定期存款是否被质押或限制使用。

(3)在监盘库存现金的同时,监盘定期存款凭据。如果被审计单位在资产负债表日有大额定期存款,基于对风险的判断考虑选择在资产负债表日实施监盘。

(4)对未质押的定期存款,检查开户证实书原件,以防止被审计单位提供的复印件是未质押(或未提现)前原件的复印件。在检查时,还要认真核对相关信息,包括存款人、金额、期限等,如有异常,需实施进一步审计程序。

(5)对已质押的定期存款,检查定期存单复印件,并与相应的质押合同核对。对于质押借款的定期存单,关注定期存单对应的质押借款有无入账,对于超过借款期限但仍处于质押状态的定期存款,还应关注相关借款的偿还情况,了解相关质权是否已被行使;对于为他人担保的定期存单,关注担保是否逾期及相关质权是否已被行使。

(6)函证定期存款相关信息,具体格式见表12—3。

(7)结合财务费用审计测算利息收入的合理性。

(8)在资产负债表日后已提取的定期存款,核对相应的兑付凭证等。

(四)函证银行存款与其他货币资金

注册会计师应向银行(或其他金融机构)函证客户的银行存款(包括余额为零的账户和在本期内注销的账户)、借款及与金融机构往来的其他重要信息。

银行询证函通常采用肯定式函证的方式,可以由注册会计师根据客户的账面记录填写银行存款、借款、资产抵押、为其他企业提供担保等事项并由银行确认,也可以由注册会计师列明需要函证的内容(如银行存款、借款、资产抵押、为其他企业提供担保等事项),然后由银行根据其记录填写具体内容。后一种做法的优点是有可能帮助注册会计师发现客户漏记的借款或资产抵押等情况,但是这种做法也会增加银行方面的工作量。

银行询证函的格式见表12—3。

(五)取得或编制银行存款余额调节表

银行存款余额调节表主要用于核对企业账面记录的银行存款账目与银行记录的企业存款账目是否一致。注册会计师获取并检查被审计单位的银行存款余额调节表,是证实资产负债表日所列银行存款是否存在和完整的重要程序。注册会计师针对银行存款余额调节表可以考虑实施以下审计程序:

1. 注册会计师应获取银行对账单,如银行对账单与银行存款日记账明细余额不符,应取得被审计单位编制的资产负债表日"银行存款余额调节表",并进行查验,或者由注册会计师自行编制银行存款余额调节表。

表 12-3　　　　　　　　　　　　　　　银行询证函　　　　　　　　　　索引号：A1－3－1

中国工商银行××支行：

本公司聘请的　公正　会计师事务所正在对本公司的财务报表进行审计，按照中国注册会计师审计准则的要求，应当询证本公司与贵行的存款、借款往来等事项。下列数据出自本公司账簿记录，如与贵行记录相符，请在本函下端"数据证明无误"处签章证明；如有不符，请在"数据不符"处列明不符金额。有关询证费用可直接从本公司　♯12569　账户中收款。回函请直接寄至　公正　会计师事务所。

通信地址：××路××号

邮编：200001　　　　　　电话：××××××××　　　　　传真：××××××××

截至 20×5 年 12 月 31 日止，本公司银行存款、借款账户余额等列示如下：

1. 银行存款

账户类型	银行账号	币　种	利　率	余　额	备注
活期	♯12569	人民币	0.7	185 000	

2. 银行借款

银行账号	币种	余　额	借款日期	还款日期	利率	借款条件	备注
♯12579	人民币	10 000 000	20×2 年 1 月 1 日	20×6 年 12 月 31 日	6%	担保借款	

3. 其他事项

（新欣公司签章）（日期）

结论：1. 数据证明无误　　　　　　　　　　　　　　2. 数据不符，请列明不符金额

　　　　（银行签章）　　　　　　　　　　　　　　　　　（银行签章）

　　　　（日期）　　　　　　　　　　　　　　　　　　　（日期）

【例 12－2】　审计人员在审计新欣公司银行存款时，发现该公司 20×5 年 12 月 31 日银行存款日记账账面余额为 3 185 000 元，银行对账单余额为 3 183 000 元。审计人员将银行存款日记账和银行对账单逐笔核对后，发现下列情况：

（1）12 月 2 日公司账上开出 ♯134905 转账支票 1 张，金额为 3 200 元，银行对账单上无此记录。

（2）12 月 8 日银行对账单上收到外地汇款 30 000 元，本公司日记账无此记录。

（3）12 月 14 日银行付出 1 800 元，经查系采购员不慎遗失的 ♯134896 空白转账支票，被人冒用。

（4）12 月 16 日银行付出 29 000 元，本公司日记账无此记录。

（5）12 月 21 日银行付出现金 1 600 元，本公司日记账无此记录。

(6)12月31日公司银行存款日记账显示存入银行转账支票一张，计2 800元，银行对账单上无此记录。

表12—4　　　　　　　　　　银行存款余额调节表　　　　　　　索引号A1—3—2
20×5年12月31日

被审计单位名称：新欣　　　　币种：人民币　　开户银行：工行　　　账号：♯12569　单位：元

银行存款日记账余额	3 185 000	银行对账单余额	3 183 000
加：银行已收、企业未收		加：企业已收、银行未收	
1. 收到外地汇款	30 000	1. 存入转账支票	2 800
减：银行已付、企业未付		减：企业已付、银行未付	
1. 银行付出	1 800	1. 开出支票♯134905	3 200
2. 银行付出	29 000		
3. 银行付出	1 600		
实际存款余额	3 182 600	实际存款余额	3 182 600

审计人员：杨立　　　日期：20×6/2/16　　　复核人员：张敏　　　日期：20×6年2月18日

2. 对银行存款余额调节表中的大额未达账项进行测试。如果被审计单位的银行存款余额调节表存在大额或较长时间的未达账项，注册会计师需要查明原因并确定是否需要提请被审计单位调整。具体如下：

(1)对于企业已付、银行未付款项，测试其是否已经记入本期银行存款日记账，并在期后银行对账单上得以反映。审查对账单上所记载的内容(如支票编号、金额等)是否与支票存根一致。如果在支票开出后一段合理时间内银行仍未付款，应考虑支票是否会作废，据以提出调整意见。

(2)对于企业已收、银行未收款项，审查其原始凭证，并检查其是否已过入本期银行存款日记账，并与期后银行对账单核对一致。

(3)对于企业未付、银行已付款项，审查期后的银行存款日记账以确认是否已经入账，并审核其相应的原始凭证。

(4)对于企业未收、银行已收款项，审查期后的银行存款日记账以确认是否已经入账，并审核其相应的原始凭证。

3. 将调节表中所列银行存款日记账账面余额与银行存款日记账余额合计进行核对。

4. 将调节表中所列银行对账单余额与银行确认的询证函数据进行核对。

5. 复核并测试重要的调节项目和异常的调节项目。

6. 测试调节表加计的准确性。

(六)获取或编制资产负债表日前后大额银行划款一览表

注册会计师获取或编制资产负债表日前后若干天的所有大额银行划款一览表(见表12—5)的目的是确定被审计单位每一项划款的存入方和付出方是否记录于恰当的期间，是否存在货币资金腾挪以虚增、虚减货币资金的情况。

表 12—5　　　　　　　　　　资产负债表日前后大额银行划款一览表

业　务	金额	账簿记录日期 转　出	账簿记录日期 转　入	银行记录日期 转　出	银行记录日期 转　入	说明
(1)银行A转存B	10 000	20×5年12月31日	20×5年12月31日	20×6年1月2日	20×6年1月3日	1
(2)银行B转存C	20 000	20×5年12月31日	20×6年1月2日	20×5年12月31日	20×6年1月2日	2
(3)银行C转存D	30 000	20×6年1月3日	20×5年12月31日	20×6年1月3日	20×5年12月31日	3
(4)银行D转存E	50 000	20×6年1月2日	20×6年1月2日	20×5年12月31日	20×6年1月3日	4

表 12—5 中,第一种情况是合理的,企业将银行存款从银行 A 转存至银行 B,尽管银行实际完成这项结转是在 20×6 年 1 月,但企业应在 20×5 年 12 月 31 日在转出和转入银行日记账上同时等额记录这一款项结转业务。

第二种情况是不合理的,企业将银行存款从银行 B 转存至银行 C,如果转出银行日记账与转入银行日记账入账时间不同,就会造成 20×5 年 12 月 31 日银行存款账面余额合计虚减 20 000 元的结果,而实际上银行存款转存对银行存款账面余额合计数不应有影响,所以这种处理是不恰当的。

第三种情况是不合理的,企业将银行存款从银行 C 转存至银行 D,因为转出方银行日记账与转入银行日记账入账时间不同,就会造成 20×5 年 12 月 31 日银行存款账面余额合计虚增 30 000 元的结果,而实际上银行存款转存对银行存款账面余额合计数不应有影响,所以这种处理是不恰当的。

第四种情况是不合理的,企业将银行存款从银行 D 转存至银行 E,银行记录显示转出业务发生在 20×5 年 12 月 31 日,相应地,企业应在 20×5 年 12 月 31 日前就在账面反映这一业务,而企业选择将该业务推迟至 20×6 年 1 月入账,虽然对银行存款日记账余额合计没有影响,但导致银行存款 D、E 日记账余额不正确。

(七)账账核对

测试本期银行存款日记账的加计准确性,并将其合计数与银行存款总账数字进行核对,检查其过账是否正确、恰当。

(八)凭证抽查

审阅银行日记账的发生额,抽取大额、异常银行存款收支的记录进行测试。

(九)银行存款截止测试

1. 收款截止

抽查资产负债表日前后两周的银行存款收款业务,确定被审计单位是否存在将资产负债表日后的收款业务提前确认从而改善财务比率的情况。

例如,被审计单位甲公司 20×5 年年初应收账款余额为 600 000 元。20×5 年年末账面应收账款余额为 500 000 元,主营业务收入为 1 250 000 元,银行存款余额为 900 000 元。根据账面数据计算的 20×5 年应收账款周转率为:

1 250 000/[(500 000+600 000)/2]=2.27

注册会计师通过收款截止测试发现被审计单位将 20×6 年 1 月 2 日收到的一笔货款提前至 20×5 年年末确认,金额为 200 000 元。注册会计师在审计工作底稿上编制建议客户调整 20×5 年度收款业务的分录为:

借：应收账款　　　　　　　　　　　　　　　　　　　　　　　　　200 000
　　贷：银行存款　　　　　　　　　　　　　　　　　　　　　　　　　　200 000

经过调整后，20×5年年末该公司的应收账款余额为700 000元(500 000+200 000)，银行存款余额为700 000元，20×5年应收账款周转率为：

1 250 000/[(600 000+700 000)/2]=1.92

2. 付款截止

抽查资产负债表日前后两周的银行存款付款业务，确定被审计单位是否存在提前确认付款从而改善财务比率的情况。

例如，被审计单位乙公司20×5年年末账面银行存款余额为900 000元。库存现金、应收账款、存货、待摊费用等其他流动资产共计310 000元。应付账款余额为900 000元，短期借款、应交税费、预提费用等其他流动负债金额共计110 000元。根据账面数据计算的流动比率为：

(310 000+90 000)/(110 000+90 000)=2

注册会计师通过付款截止测试发现被审计单位将20×6年1月2日支付的一笔20 000元的货款(以支票存根为依据)登记为20×5年12月31日的付款业务。注册会计师在审计工作底稿上编制建议客户调整20×5年度付款业务的分录为：

借：银行存款　　　　　　　　　　　　　　　　　　　　　　　　　20 000
　　贷：应付账款　　　　　　　　　　　　　　　　　　　　　　　　　　20 000

经调整后，该公司20×5年年末应付账款余额为110 000元，银行存款余额为110 000元。

调整后的流动比率为：

(310 000+110 000)/(110 000+110 000)=1.91

(十)确定银行存款与其他货币资金在资产负债表中的列示是否恰当

如前所述，"库存现金"账户的余额应与"银行存款""其他货币资金"账户余额加计后合并反映在资产负债表"货币资金"项目内。需要注意的是，如果银行存款明细账中含有1年以上定期存款，就应将这类定期存款的金额从"货币资金"项目中扣除，并列入"其他长期资产"项目，其理由是1年以上定期存款不属于流动资产。

在新欣公司20×5年度财务报表审计业务中，货币资金项目的审定数为3 185 910.8元，其中，库存现金为910.8元，银行存款为3 185 000元。

案例12—1　毕马威华振会计师事务所对科龙电器(000921)重大现金流向的调查

科龙电器于2005年12月1日聘请了毕马威华振会计师事务所对科龙集团(科龙电器及主要的附属公司合称为"科龙集团")在调查期间(自2001年10月1日至2005年7月31日止)内发生的重大现金(即货币资金，下同)流向开展调查工作。

一、重大现金流向的界定

毕马威华振会计师事务所的调查范围局限于科龙集团账面记录的等于或超过下列重要性金额标准的现金流向：

公司名称	重要性金额
科龙电器	人民币5 000万元
科龙空调、科龙冰箱	人民币1 000万元
其他子公司	人民币10万元至1 000万元(根据各公司经营规模而定)

二、不正常现金流向的界定

(1)科龙集团所属公司的资金在没有任何业务支持的情况下从账内或账外银行账户被直接划拨至格林柯尔系公司(广东格林柯尔企业发展有限公司及其关联公司合称为"格林柯尔系公司"),而格林柯尔系公司的资金在没有任何业务支持的情况下从账内或账外银行账户被直接划拨至科龙集团所属公司;

(2)从格林柯尔系公司购入与科龙集团业务需求不配比的原材料,其中有一部分在预付货款后未收到全部或部分原材料;

(3)代某些授权维修商向格林柯尔系公司支付若干费用;

(4)以高于资产值的价格购买资产;

(5)不正常的销售退款与收款;

(6)支付广告费、律师费等,但公司并未接受过相应服务;

(7)其他,如科龙集团所属公司的注册资本金不正常划拨。

三、调查所需资料与依据

科龙集团所属公司提供的资料(如银行日记账、银行对账单)、科龙集团所属公司管理人员做出的陈述、事务所自相关银行获得的银行重新打印的对账单。

四、调查结果

根据毕马威华振会计师事务所提交的调查报告,科龙集团与格林柯尔系公司在调查期间内发生的不正常现金流向涉及现金流出金额人民币21.69亿元,现金流入金额人民币24.62亿元;与怀疑和格林柯尔系公司有关的公司发生的不正常现金流向涉及现金流出金额人民币19.02亿元,现金流入金额人民币10.17亿元。科龙集团与格林柯尔系公司、怀疑和格林柯尔系公司有关的公司在调查期间内进行的不正常现金净流出约为5.92亿元(24.62+10.17-21.69-19.02),该现金净流出金额可能代表科龙集团的最小损失;另外,发现的其他不正常现金流向涉及现金流出人民币2.08亿元,现金流入人民币0.28亿元。

资料来源:"广东科龙电器股份有限公司关于毕马威华振会计师事务所调查结果的公告",www.cninfo.com.cn/finalpage/2006-01-23/16397792.PDF。

课堂讨论题2

有关银行存款的舞弊主要有哪些类型?如何防止(或发现)这些舞弊?

第四节 其他相关账户的审计

根据业务循环论述审计实务,有一些账户或报表项目的审计未能顾及,如无形资产、递延所得税资产(或负债)、所得税费用、营业外收支等,这些项目的审计程序与其他账户审计基本类似,本书不准备一一展开论述。本节主要介绍期间费用的审计。

期间费用包括销售费用、管理费用和财务费用。下面分别说明对这些期间费用的审计内容和重点。

一、销售费用的审计

销售费用核算的内容包括销售商品和材料、提供劳务过程中所发生的各种费用,包括保险费、包装费、展览费和广告费、商品维修费、预计产品质量保证损失、运输费、装卸费等，以及为销售本公司商品而专设的销售机构（含销售网点、售后服务网点等）的职工薪酬、业务费、折旧费等经营费用。

销售费用的审计包括以下几个方面：

（1）获取或编制销售费用明细表（如表12-6所示），检查其明细项目的设置是否符合有关规定，并将明细表合计数与明细账合计数、总账数字以及利润表数字进行核对。

表12-6　　　　　　　　　　　销售费用明细表　　　　　　　　　索引号：D3-1

被审计单位名称：新欣　　　审计人员：杨立　　　日期：20×6年2月13日

所属时期：20×5年　　　　　复核人员：张敏　　　日期：20×6年2月16日　　　　单位：元

项 目	1月	2月	…	12月	全年合计	上年合计
工资	9 500	9 950	…	126 000	330 000	332 000
办公费	1 330	1 393	…	17 640	46 200	44 800
差旅费	…	…	…	…	…	…
广告费	…	…	…	…	…	…
销售佣金	…	…	…	…	…	…
保险费	…	…	…	…	…	…
其他	…	…	…	…	…	…
	…	…	…	…	…	…
合 计	59 000G	65 050G	…	152 000G	265 000T/B	363 500B

审计标识：

B：与上年审定数核对相符；G：与总账核对相符；T/B：与试算平衡表核对相符。

审计结论：销售费用本期发生额可以确认。

（2）将被审计期间的销售费用与上期的销售费用进行比较，并将本审计期间各个月份的销售费用（见表12-6）进行比较，如有重大波动或异常情况应查明原因。

（3）在销售费用明细账记录中选择若干重要或异常的项目，并检查其原始凭证是否合法，会计处理是否正确。

（4）对销售费用实施截止日测试，检查有无跨期入账的现象，对于重大的跨期项目，应提请被审计单位作出必要的调整。

（5）检查销售费用的结转是否正确，有无多结转或少结转以调节当期利润的情况。

（6）检查销售费用在利润表上的列示是否恰当。

二、管理费用的审计

"管理费用"核算的内容包括公司为组织和管理公司生产经营所发生的各项费用，如公司的董事会和行政管理部门在公司的经营管理过程中所发生的，或者应由公司统一负担的公司经费（包括行政管理部门职工工资、修理费、物料消耗、低值易耗品摊销、办公费、差旅费等）、工会经费、董事会费（包括董事会成员津贴、会议费、差旅费等）、聘请中介机构费、咨询费、诉讼费、业务招待费、房产税、车船使用税、土地使用税、印花税、技术转让费、开办费、研究费用等。

管理费用的审计包括以下几个方面：

(1)获取或编制管理费用明细表(如表12-7所示),检查其明细项目的设置是否符合有关规定,并将明细表合计数与管理费用明细账合计数、总账数字以及利润表数字进行核对。

表 12-7　　　　　　　　　　　　**管理费用明细表**　　　　　　　　　　　　索引号:D4-1

被审计单位名称:新欣　　　审计人员:杨立　　　日期:20×6年2月15日
所属时期:20×5年　　　　 复核人员:张敏　　　日期:20×6年2月18日　　　单位:元

项　目	1月	2月	…	12月	全年合计	上年合计
工资	90 000	95 000	…	150 000	135 000	125 000
办公费	12 600	13 300	…	21 000	18 900	17 500
差旅费	…	…	…	…	…	…
业务招待费	…	…	…	…	…	…
租赁费	…	…	…	…	…	…
保险费	…	…	…	…	…	…
其他	…	…	…	…	…	…
	…	…	…	…	…	…
合　计	15 120G	16 000G	…	29 000G	231 000T/B	252 000B

审计结论:管理费用本期发生额可以确认。

(2)将被审计期间的管理费用发生额累计数与上期的管理费用发生额累计数进行比较,并将本审计期间各个月份的管理费用(见表12-7)进行比较,如有重大波动或异常情况应查明原因。

(3)在管理费用明细账记录中选择若干重要或异常的项目,并检查其原始凭证是否合法,会计处理是否正确。例如,业务招待费是管理费用中的一个重要项目。根据《中华人民共和国企业所得税法实施条例》(国务院令〔2007〕第512号)的规定,企业发生的与生产经营活动有关的业务招待费支出,按照发生额的60%扣除,但最高不得超过当年销售(营业)收入的5‰。注册会计师需要计算业务招待费项目占营业收入的比例,如果高于上述规定的比例,则应作为永久性差异在计算所得税费用时进行调整。假如被审计单位的销售费用明细账中也设有业务招待费项目,则应将销售费用中的业务招待费与管理费用中的业务招待费加总之后与营业收入进行比较。

(4)对管理费用实施截止测试,检查有无跨期入账的现象,对于重大的跨期项目,应提请被审计单位做出必要的调整。

(5)检查管理费用的结转是否正确,有无多结转或少结转以调节当期利润的情况。

(6)检查管理费用在利润表上的列示是否恰当。

三、财务费用的审计

财务费用核算的内容包括公司为筹集生产经营所需资金等而发生的费用,如利息支出(减利息收入)、汇兑损失(减汇兑收益)以及相关的手续费、企业发生的现金折扣或收到的现金折扣等。

财务费用的审计包括以下几个方面:

(1)获取或编制财务费用明细表(如表12-8所示),检查其明细项目的设置是否符合有关规定,并将明细表合计数与明细账合计数、总账数字以及利润表数字进行核对。

表12—8　　　　　　　　　　　　财务费用明细表　　　　　　　　索引号:D5—1
被审计单位名称:新欣　　　　审计人员:杨立　　　　日期:20×6年2月15日
所属时期:20×5年　　　　　　复核人员:张敏　　　　日期:20×6年2月18日　　单位:元

月　份	利息支出	(减:利息收入)	汇兑损益	其　他	合　计
1月	50 000	550	520	3 200	53 170G
2月	50 000	550	530	3 300	53 280G
3月	50 000	500	550	3 500	53 550G
…	…	…	…	…	…
8月	51 750	600	550	3 600	55 300G
9月	51 750	760	530	2 200	53 720G
10月	51 750	790	520	3 600	55 080G
11月	51 750	850	580	2 100	53 589G
12月	50 000	900	570	3 900	53 570G
全年合计	656 000	7 900	6 100	50 000	720 000T/B
上年合计	630 000	8 100	6 500	30 000	745 000B

审计结论:财务费用本期发生额可以确认。

(2)将被审计期间的财务费用发生额累计数与上期的财务费用发生额累计数进行比较,并将本审计期间各个月份的财务费用(见表12—8)进行比较,如有重大波动或异常情况应查明原因。

(3)在财务费用明细账记录中选择若干重要或异常的项目,并检查其原始凭证是否合法,会计处理是否正确。

(4)对财务费用实施截止测试,检查有无跨期入账的现象,对于重大的跨期项目,应提请被审计单位做出必要的调整。

(5)审查汇兑损益明细账,检查汇兑损益的计算方法是否正确,核对所使用的汇率是否正确,对于被审计单位从筹建期间汇兑损益转入的金额,应查明其摊销方法在前后期是否保持一致,摊销金额是否正确。

(6)检查财务费用的结转是否正确,有无多结转或少结转以调节当期利润的情况。

(7)检查财务费用在利润表上的列示是否恰当。

第五节　现金流量表的审计

一、现金流量表的基本结构

根据《企业会计准则第31号——现金流量表》的规定,现金流量表的基本结构如表12—9所示。

表 12-9　　　　　　　　　　　　　　　现金流量表

编制单位：新欣公司　　　　　　　　　　20×5 年　　　　　　　　　　　　　　　单位：元

项　目	金　额
一、经营活动产生的现金流量：	
销售商品、提供劳务收到的现金	1 137 000
收到的税费返还	
收到的其他与经营活动有关的现金	216 760.6
经营活动现金流入小计	1 353 760.6
购买商品、接受劳务支付的现金	780 060
支付给职工以及为职工支付的现金	950 600
支付的各项税费	831 729.8
支付的其他与经营活动有关的现金	
经营活动现金流出小计	2 561 849.8
经营活动产生的现金流量净额	－1 208 089.2
二、投资活动产生的现金流量：	
收回投资所收到的现金	12 000
取得投资收益所收到的现金	130 000
处置固定资产、无形资产和其他长期资产所收回的现金净额	9 000
处置子公司及其他营业单位产生的现金净额	
收到的其他与投资活动有关的现金	
投资活动现金流入小计	139 000
购建固定资产、无形资产和其他长期资产所支付的现金	700 000
投资支付的现金	7 500 000
取得子公司及其他营业单位产生的现金净额	
支付的其他与投资活动有关的现金	
投资活动现金流出小计	8 200 000
投资活动产生的现金流量净额	－8 061 000
三、筹资活动产生的现金流量：	
吸收投资收到的现金	
借款收到的现金	7 000 000
收到其他与筹资活动有关的现金	
筹资活动现金流入小计	7 000 000
偿还债务支付的现金	
分配股利、利润或偿付利息支付的现金	745 000

续表

项 目	金 额
支付其他与筹资活动有关的现金	
筹资活动现金流出小计	745 000
筹资活动产生的现金流量净额	6 255 000
四、汇率变动对现金及现金等价物的影响	
五、现金及现金等价物净增加额	-3 014 089.2
加:期初现金及现金等价物余额	6 200 000
六、期末现金及现金等价物余额	3 185 910.8
附注:	
1. 将净利润调节为经营活动现金流量:	
净利润	1 082 200
加:资产减值准备	297 000
固定资产折旧	70 000
无形资产摊销	
长期待摊费用摊销	
处置固定资产、无形资产和其他长期资产的损失	6 000
固定资产报废损失	
公允价值变动损失	
财务费用	745 000
投资损失	-128 000
递延所得税资产减少	
递延所得税负债增加	
存货的减少(减:增加)	-1 590 060
经营性应收项目的减少	-1 337 000
经营性应付项目的增加	1 716 970.8
其他	66 200
经营活动产生的现金流量净额	-1 208 089.2
2. 不涉及现金收支的重大投资和筹资活动:	
债务转为资本	
一年内到期的可转换公司债券	
融资租入固定资产	
3. 现金及现金等价物净变动情况:	

续表

项 目	金 额
现金的期末余额	3 185 910.8
减:现金的期初余额	6 200 000
加:现金等价物的期末余额	
减:现金等价物的期初余额	
现金及现金等价物净增加额	−3 014 089.2

二、现金流量表的审计程序

在进行现金流量表审计时,注册会计师需要关注下列问题:

(一)现金和现金等价物的界定

注册会计师需要检查被审计单位的现金和现金等价物的界定是否符合有关规定。

根据《企业会计准则第31号——现金流量表》的规定,现金流量表中的"现金"不仅包括"库存现金"账户核算的现金,还包括企业"银行存款"账户核算的存入金融企业、可以随时用于支付的存款,也包括"其他货币资金"账户核算的外埠存款、银行汇票存款、银行本票存款、信用证保证金存款和在途货币资金等其他货币资金。银行存款和其他货币资金中不能随时用于支付的存款,如不能随时支取的定期存款等,不应作为现金,而应列作投资;提前通知金融企业便可支取的定期存款,则包括在现金范围内。

现金等价物指企业持有的期限短、流动性强、易于转换为已知金额现金、价值变动风险很小的投资。一般是指从购买日起,3个月内到期的投资,例如,可在证券市场上流通的3个月内到期的短期债券投资等。

(二)报表项目之间的勾稽关系

现金流量表项目之间存在一些固定的勾稽关系。例如:

$$\text{现金及现金等价物净增加额} = \text{经营活动产生的现金流量净额} + \text{投资活动产生的现金流量净额} + \text{筹资活动产生的现金流量净额}$$

$$\text{销售商品、提供劳务收到的现金} = \text{当期销售商品或劳务收入} + \text{"应交税费—应交增值税(销项税额)"累计发生额} + \left(\frac{\text{应收账款}}{\text{期初余额}} - \frac{\text{应收账款}}{\text{期末余额}}\right) + \left(\frac{\text{应收票据}}{\text{期初余额}} - \frac{\text{应收票据}}{\text{期末余额}}\right) + \left(\frac{\text{预收账款}}{\text{期末余额}} - \frac{\text{预收账款}}{\text{期初余额}}\right)$$

$$- \text{当期因销售退回而支付的现金} + \text{当期收回前期核销的坏账损失}$$
$$- \text{本期实际核销的坏账损失}$$

$$\text{购买商品、接受劳务支付的现金} = \text{本期销货成本} + \text{"应交税费—应交增值税(进项税额)"累计发生额} + \left(\frac{\text{存货的}}{\text{期末余额}} - \frac{\text{存货的}}{\text{期初余额}}\right) + \left(\frac{\text{应付账款}}{\text{期初余额}} - \frac{\text{应付账款}}{\text{期末余额}}\right) + \left(\frac{\text{应付票据}}{\text{期初余额}} - \frac{\text{应付票据}}{\text{期末余额}}\right) + \left(\frac{\text{预付账款}}{\text{期末余额}} - \frac{\text{预付账款}}{\text{期初余额}}\right) - \text{购货退回收到的现金}$$

$$- \text{计入产品成本的生产设备折旧、职工薪酬等支出项目}$$

主表中的"经营活动产生的现金流量净额"＝附注中的"经营活动产生的现金流量净额"
主表中的"现金及现金等价物净增加额"＝补充资料中的"现金及现金等价物净增加额"

(三)现金流量表数据与资产负债表、利润表相关数据的核对

现金流量表的审计是建立在资产负债表审计和利润表审计基础上的。注册会计师需要将现金流量表数据与资产负债表、利润表相关数据的审定数进行核对；将附注中不涉及现金收支的投资活动和筹资活动与相关账户的凭证、账簿进行核对。例如，企业用固定资产进行对外股权投资涉及"固定资产""长期股权投资"账户，注册会计师需要查找相关的凭证和账簿记录确定该项业务是否发生、金额是否正确。

(四)检查现金流量表项目的披露是否恰当

复习思考题

1. 货币资金内部控制制度的要点有哪些内容？
2. 库存现金控制测试的程序包括哪些内容？
3. 库存现金实质性程序包括哪些内容？
4. 银行存款控制测试的程序包括哪些内容？
5. 银行存款实质性程序包括哪些内容？
6. 销售费用的审计程序包括哪些内容？
7. 管理费用的审计程序包括哪些内容？
8. 财务费用的审计程序包括哪些内容？

自我测试题

一、单项选择题

1. 20×6年3月10日，注册会计师对被审计单位库存现金进行监盘之后，确认实有现金为2 000元。公司3月9日账面库存现金余额为3 000元，3月10日发生的现金收支全部未登记入账，其中收入金额为5 000元、支出金额为6 000元，20×6年1月1日至3月9日现金收入总额为158 200元，现金支出总额为156 000元，则推断20×5年12月31日库存现金余额应为（　　）元。

  A. 3 000   B. 1 000   C. 800   D. 2 200

2. 在进行年度财务报表审计时，为了证实被审计单位在临近12月31日签发的支票未予入账，注册会计师实施的最有效审计程序是（　　）。

  A. 审查12月31日的银行存款余额调节表 B. 函证12月31日的银行存款余额
  C. 审查12月31日的银行对账单   D. 审查12月份的支票存根

3. 注册会计师实施的下列程序中，属于控制测试程序的是（　　）。

  A. 取得银行存款余额调节表并检查未达账项的真实性
  B. 检查银行存款收支的正确截止
  C. 检查是否定期取得银行对账单并编制银行存款余额调节表
  D. 函证银行存款余额

4. 下列项目中，不在资产负债表中的"货币资金"项目反映的是（　　）。

  A. 库存现金   B. 银行本票存款   C. 银行存款   D. 1年以上定期存款

5. 货币资金内部控制的以下关键控制环节中，存在重大缺陷的是（　　）。

  A. 财务专用章由专人保管，个人名章由本人或其授权人员保管

B. 对重要货币资金支付业务,实行集体决策
C. 现金收入及时存入银行,特殊情况下,经主管领导审查批准方可坐支现金
D. 指定专人定期核对银行账户,每月核对一次,编制银行存款余额调节表,使银行存款账面余额与银行对账单调节相符

6. 注册会计师在检查被审计单位2015年12月31日的银行存款余额调节表时,注意到下列事项,其中有迹象表明性质或范围不合理的是( )。

A. "银行已收、企业未收"项目包含一项2015年12月31日到账的应收账款,被审计单位尚未收到银行的收款通知
B. "企业已付、银行未付"项目包含一项被审计单位于2015年12月31日提交的转账支付申请,用于支付被审计单位2011年12月份的电费
C. "企业已收、银行未收"项目包含一项2015年12月30日收到的退货款,被审计单位已将供应商提供的支票提交银行
D. "银行已付、企业未付"项目包含一项2015年11月支付的销售返利,该笔付款已经总经理授权,但由于经办人员未提供相关单据,会计部门尚未入账

二、判断题

1. 由于库存现金盘点往往在资产负债表日后进行,审计人员需要根据资产负债表日至审计报告日之间所有现金收支数倒推计算资产负债表日的库存现金余额。( )
2. 通过对被审计单位期末银行存款余额调节表的审查,可以直接验证期末银行存款的真正余额。( )
3. 函证银行存款的目的包括查找未入账的负债。( )
4. 审计管理费用时不需要进行截止测试。( )
5. 期间费用包括管理费用、财务费用、销售费用和制造费用。( )

三、案例分析题

1. 注册会计师李立负责甲公司20×6年度财务报表审计业务中的货币资金项目。为顺利监盘库存现金,李立在监盘前一天通知甲公司会计主管人员做好监盘准备。考虑到出纳日常工作安排,对库存现金的监盘时间定在下午13:00。盘点开始之前,出纳根据当日已办妥现金收付手续的相关业务凭证登记库存现金日记账并结出库存现金日记账余额且将现金从保险柜取出,然后,李立当场盘点现金、在与库存现金日记账核对后填写"库存现金盘点表",甲公司出纳也在"库存现金盘点表"上签字确认盘点时的实有现金数额。

要求:指出上述库存现金监盘工作中有哪些不当之处,并提出改进建议。

2. 注册会计师对乙公司20×5年12月31日的银行存款进行审计,银行存款日记账余额为58 000元,银行对账单余额为59 800元,并发现以下情况:

(1)银行从公司中扣除借款利息780元,公司未入账。
(2)公司12月28日开出转账支票一张3 500元,银行未入账。
(3)公司委托银行收款的一笔货款银行已于12月11日收到并记入公司账户,公司在12月31日仍未入账,这笔货款的金额为20 000元。
(4)公司12月29日存入转账支票一张3 260元,银行未入账。
(5)银行对账单显示公司于12月20日开出转账支票一张,金额为12 000元,银行已于12月28日兑付,公司银行存款日记账上无此记录。经核对发现,公司将这笔付款业务登记在另一家银行的日记账上。

要求:
(1)编制银行存款余额调节表;
(2)分析其中可能存在的问题。

第十三章 完成审计工作

本章要点

- 期后事项的审计
- 或有事项的审计
- 持续经营假设的审计
- 审计差异调整
- 书面声明
- 值得关注的内部控制缺陷

引例

持续经营假设案例:农垦商社

农垦商社(600837)于1994年上市,1997年度开始出现亏损,1999年度每股亏损6.17元,每股净资产为-7.73元。2000年度每股亏损1.06元,每股净资产为-8.79元。

2001年度PT农商社实现净利润2 654万元,每股收益高达0.406 8元,每股净资产为3.596元。2001年该公司财务状况和盈利水平发生如此大的变化,主要由于下列几个方面的原因:

(1)母公司——上海农工商(集团)总公司代其全资子公司——上海绿野房地产开发公司偿还PT农商社的其他应收款1.9亿元,PT农商社将这1.9亿元现金偿还债权人;母公司——上海农工商(集团)总公司代PT农商社偿还债务3.7亿元;债权人豁免PT农商社本息4.1亿元。

(2)PT农商社托管母公司——上海农工商(集团)总公司的两家盈利能力较强的子公司——上海星辉蔬菜有限公司(农工商集团持股51%,2000年净利润263万元)、上海农工商集团商业总公司(农工商集团持股100%,2000年净利润2 833万元)一年。托管期间属于上海农工商(集团)总公司的收益全部归PT农商社所有。

(3)重大资产置换。PT农商社属下7家盈利状况较差的公司资产(作价1 7031万元)与母公司——上海农工商(集团)总公司的优质资产(上海星辉蔬菜有限公司、上海农工商绿原种植场整体资产和上海农工商集团商业总公司90%的股权作价15 094万元)进行置换,差价部分由母公司以现金补足。

在这个案例中,农垦商社一度出现严重的经营困境,持续经营存在相当的难度。但是,由于母公司代为清偿债务、部分债权人豁免本息、优质资产托管、置换进入优质资产等原因,农垦商社重新恢复了生机。

思考题

在上海证券交易所、深圳证券交易所等网站查找一家(或几家)ST类上市公司(连续两年亏损、最近一个会计年度经审计的每股净资产低于股票面值)资料,分析其 ST 前后三年的公告、财务数据和审计报告等信息,指出这类公司的审计风险具体表现在哪些方面;对于那些 ST 摘帽公司,分析其摆脱经营困境的主要途径。

在终结审计阶段,注册会计师需要进行的工作主要包括:期后事项的审计、或有事项的审计、持续经营假设的审计、会计估计的审计、关联方及关联交易的审计、编制审计差异汇总表并完成试算平衡表、取得书面声明、执行分析程序、撰写审计总结、完成审计工作底稿的复核、评价审计结果、与被审计单位管理层沟通后确定审计意见类型和审计报告措辞并根据需要出具管理建议书。

第一节 期后事项的审计

一、期后事项的种类

期后事项(subsequent events)是指财务报表日至审计报告日之间发生的事项以及注册会计师在审计报告日后知悉的事实。其中,财务报表日是指财务报表涵盖的最近期间的截止日期,审计报告日是指注册会计师按照相关审计准则的规定、在对财务报表出具的审计报告上签署的日期。

根据期后事项对财务报表和审计报告产生的影响,可以将期后事项分为两类:对财务报表日已经存在的情况提供证据的事项和对财务报表日后发生的情况提供证据的事项。

(一)对财务报表日已经存在的情况提供证据的事项

对财务报表日已经存在的情况提供证据的事项补充说明了财务报表日账户余额(或发生额)的正确性,通常需要提请被审计单位管理层调整财务报表及相关的信息披露。注册会计师在进行报表审计时,需要关注这类事项对被审计单位报表数据的影响。这类事项又可称为财务报表日后调整事项。比较常见的调整事项包括:

1. 未决诉讼结案

财务报表日的未决诉讼在财务报表日后结案,法院判决被审计单位败诉。如果被审计单位因败诉须向原告提供经济赔偿,那么鉴于这一事件在财务报表日已经存在,判决仅仅是补充说明了财务报表日存在的事件,注册会计师应考虑提请被审计单位调整原先确认的与该诉讼案件有关的预计负债或者确认一项新负债。

2. 资产减值

财务报表日后取得确凿证据,表明某项资产在财务报表日发生了减值或者需要调整该项资产原先确认的减值金额。例如,被审计单位的债务人在财务报表日后被宣告破产。这种情况的出现通常意味着被审计单位财务报表日应收款项的可收回性和可收回金额出现问题,注册会计师应提请被审计单位补提足额的坏账准备,以反映债务人破产对被审计单位财务报表日应收款项的客观影响。

3. 资产或收入的计价

财务报表日后进一步确定了财务报表日前购入资产的成本或者售出资产的收入。例如,财务报表日及以前售出的商品在财务报表日至财务报告批准报出日之间发生大额退回,这表明财务报表日确认的收入金额存在高估的问题,应当冲减报告年度的收入。

4. 舞弊或差错

财务报表日后发现了财务报表舞弊或差错。对于财务报表日后发现的涉及报告年度的财务报表舞弊或差错,应采用追溯重述法进行更正。

因调整事项而出具保留意见的审计报告说明段举例如下:
(引言段、管理层对财务报表的责任段、注册会计师的责任段略)
三、导致保留意见的事项
截至审计外勤结束日,ABC公司确认的20×6年度销售收入中有3 200万元发生销售退回,占ABC公司20×6年度销售收入总额的21%,而ABC公司未对该等销售退回做出适当会计处理。

(审计意见段略)

(二)对财务报表日后发生的情况提供证据的事项

对财务报表日后发生的情况提供证据的事项(即财务报表日后非调整事项)虽然对被审计年度财务报表日的会计数据没有直接影响,但可能影响被审计单位未来期间的财务状况和经营成果,为了保证财务报表使用者能够全面、正确地理解报表信息,应当以附注的形式披露这类信息。

财务报表日后非调整事项包括:财务报表日后发生重大诉讼、仲裁、承诺;财务报表日后资产价格、税收政策、外汇汇率发生重大变化;财务报表日后因自然灾害导致资产发生重大损失;财务报表日后发行股票和债券以及其他巨额举债;财务报表日后资本公积转增资本;财务报表日后发生巨额亏损;财务报表日后发生企业合并或处置子公司等。

因非调整事项而出具保留意见的审计报告说明段举例如下:
(引言段、管理层对财务报表的责任段、注册会计师的责任段略)
三、导致保留意见的事项
截至审计外勤结束日,ABC公司的主要债权人X公司已向法院提请法律诉讼,要求偿还到期债务,并于20×7年3月15日向ABC公司发函,提请ABC公司偿还债务,否则将向法院提出破产申请。ABC公司未在20×6年度财务报表附注中对该事项做出任何披露。

(审计意见段略)

二、期后事项的审计

(一)财务报表日至审计报告日发生的事项

注册会计师应当实施必要的审计程序,获取充分、适当的审计证据,以确定财务报表日至审计报告日发生的、需要在财务报表中调整或披露的事项是否均已得到识别。对于这一时段的期后事项,注册会计师负有主动识别的义务。注册会计师应当尽量在接近审计报告日时,实施旨在识别需要在财务报表中调整或披露事项的审计程序。

在确定审计程序的性质和范围时,注册会计师应当考虑风险评估的结果。用以识别这一时段期后事项的审计程序通常包括:

(1)了解被审计单位管理层建立的用于确保识别期后事项的程序。

(2)询问管理层和治理层(如适用),确定是否已发生可能影响财务报表的期后事项。注册会计师可以询问的内容主要包括:是否发生新的担保、借款或承诺;是否已发行或计划发行新的股票或债券;是否已签订或计划签订合并或清算协议;是否已做出或考虑做出异常的会计调整等。

(3)查阅被审计单位的所有者、治理层和管理层在财务报表日后举行会议的纪要,在不能获取会议纪要时询问会议讨论的事项。

(4)查阅被审计单位最近的中期财务报表(如有)。

在实施上述审计程序后,如果注册会计师识别出对财务报表有重大影响的期后事项,应当确定这些事项是否按照适用的财务报告编制基础的规定在财务报表中得到恰当反映。

(二)审计报告日后至财务报表报出日前知悉的事实

财务报表报出日是指审计报告和已审计财务报表提供给第三方的日期。在审计报告日后,注册会计师没有责任针对财务报表实施任何审计程序。

在审计报告日后至财务报表报出日前,如果注册会计师知悉了某项事实,且若在审计报告日知悉可能导致其修改审计报告,注册会计师应当:与管理层和治理层(如适用)讨论该事项;确定财务报表是否需要修改;如果需要修改,询问管理层将如何在财务报表中处理该事项。

1. 管理层修改财务报表

(1)修改内容仅限于个别期后事项

如果管理层对财务报表的修改仅限于反映导致修改的期后事项的影响,被审计单位的董事会、管理层或类似机构也仅对有关修改进行批准,注册会计师可以仅针对有关修改执行必要的审计程序,并采用下列处理方式之一:

①修改审计报告,针对财务报表修改部分增加补充报告日期,从而表明注册会计师对期后事项实施的审计程序仅限于财务报表相关附注所述的修改;

②出具新的或经修改的审计报告,在强调事项段或其他事项段中说明注册会计师对期后事项实施的审计程序仅限于财务报表相关附注所述的修改。

(2)其他情形

除上述情形以外,如果管理层修改财务报表,注册会计师应当将相关审计程序延伸至新的审计报告日,并针对修改后的财务报表出具新的审计报告。新的审计报告日期不应早于董事会或类似机构批准修改后的财务报表的日期。

2. 管理层未修改报表且审计报告尚未提交

如果注册会计师认为应当修改财务报表而管理层没有修改,并且审计报告尚未提交给被审计单位,那么注册会计师应当出具非无保留意见的审计报告。

3. 管理层未修改报表且审计报告已提交

如果注册会计师认为应当修改财务报表而管理层没有修改,并且审计报告已提交给被审计单位,那么注册会计师应当通知管理层和治理层(除非治理层全部成员参与管理被审计单位)在财务报表做出必要修改前不要向第三方报出。如果财务报表在未经必要修改的情况下仍被报出,注册会计师应当采取措施(例如,在报纸上发表公开声明)防止财务报表使用者信赖该审计报告;采取的措施取决于自身的权利和义务以及所征询的法律意见。

(三)财务报表报出后知悉的事实

在财务报表报出后,注册会计师没有义务针对财务报表实施任何审计程序。如果注册会计师知悉了某项事实,且若在审计报告日知悉可能导致其修改审计报告,注册会计师应当:与管理层和治理层(如适用)讨论该事项;确定财务报表是否需要修改;如果需要修改,询问管理层将如何在财务报表中处理该事项。

1. 管理层修改财务报表

如果管理层修改了财务报表,注册会计师应当:

(1)根据具体情况对有关修改实施必要的审计程序。

(2)复核管理层采取的措施是否确保所有收到原财务报表和审计报告的人士了解这一情况。

(3)参照审计报告日后至财务报表报出日前知悉的事实的处理方法,针对修改后的财务报表出具新的审计报告或修改审计报告。注册会计师应当在新的或经修改的审计报告中增加强调事项段或其他事项段,提醒财务报表使用者关注财务报表附注中对修改原财务报表原因的详细说明,以及注册会计师出具的原审计报告。

2. 管理层没有采取必要措施

如果管理层既没有采取必要措施确保所有收到原财务报表和审计报告的人士了解这一情况,又没有在注册会计师认为需要修改的情况下修改财务报表,注册会计师应当通知管理层和治理层(除非治理层全部成员参与管理被审计单位)采取措施防止财务报表使用者信赖该审计报告。

如果注册会计师已经通知管理层或治理层,而管理层或治理层没有采取必要措施,注册会计师就应当采取适当措施,设法防止财务报表使用者信赖该审计报告。注册会计师采取的措施取决于自身的权利和义务以及所征询的法律意见。

第二节 或有事项的审计

一、或有事项的含义

或有事项(contingent items)是指过去的交易或者事项形成的,其结果须由某些未来事项的发生或不发生才能决定的不确定事项。常见的或有事项包括未决诉讼或仲裁、债务担保、产品质量保证、重组义务、亏损合同等。

或有事项按其性质和内容,可以分为两类:直接或有事项和间接或有事项。

(一)直接或有事项

直接或有事项主要包括未决诉讼或未决仲裁、产品质量保证、重组义务、亏损合同等。

1. 未决诉讼或未决仲裁

未决诉讼或未决仲裁是法院(或仲裁机构)尚未做出判决(或仲裁)的案件。如果被审计单位有可能败诉,则意味着可能需要支付一定的赔偿金,从而产生或有事项;如果被审计单位胜诉,也有可能获得一定的经济赔偿(例如,员工离职,公司起诉该员工要求其支付违约金、培训费等),从而产生或有资产。

2. 产品质量保证

企业在出售商品时,通常会提供包修、包退、包换之类的产品质量担保,由于退货、换货、维修的实际发生金额和发生的频率存在不确定性,企业需要根据以往的经验数据,按照各种可能的结果和相关概率计算确定与产品质量保证相关的预计负债。

3. 重组义务

重组是指企业制定和控制的,将显著改变企业组织形式、经营范围或经营方式的计划实施行为。如果企业有详细、正式的重组计划(包括重组涉及的业务、主要地点、需要补偿的职工人数及岗位性质、预计重组支出、计划实施时间等),并且该重组计划已经对外公告,就表明企业承担了重组义务,应按照与重组有关的直接支出(不包括留用职员岗前培训、市场推广、新系统和营销网络投入等支出)确认预计负债金额。

4. 亏损合同

企业与其他方签订的尚未履行或已经部分履行的合同（如商品购销合同、劳务合同、租赁合同等）均属于待执行合同。在履行合同义务的过程中，如果发生的成本预期将超过与合同相关的未来流入经济利益时，待执行合同即变成了亏损合同，此时，有合同标的资产的，应当先对标的资产进行减值测试并按规定确认减值损失，如预计亏损超过该减值损失，应将超过部分确认为预计负债；无合同标的资产的，亏损合同相关义务满足预计负债确认条件时，应当确认为预计负债。

(二)间接或有事项

间接或有事项，主要包括债务担保、已贴现商业承兑汇票。这两类或有事项是否会给被审计单位带来经济损失取决于第三方（被担保人或商业承兑汇票的出票方）是否履行到期付款的义务。以债务担保为例，如果被担保人在借款到期时无力还款，担保方须代其履行偿债义务。在债务到期之前，由于被担保人能否还款存在不确定性，因此，担保方是否须代其偿债也具有不确定性，债务担保业务导致担保方产生了或有事项。

二、或有事项的审计

由于或有事项的发生存在不确定性，在财务报表和会计账簿中没有全面披露，因此，注册会计师应采用特定的审计程序，以确定或有事项的确认、计量、记录是否恰当。或有事项的审计程序包括：

(一)询问被审计单位管理层及有关人员

注册会计师应当向管理层、有关人员（包括内部法律顾问）询问的内容包括：被审计单位确定、评价或有事项的原则和工作程序、或有事项的具体内容及其会计披露等。

(二)审阅有关资料

注册会计师应审阅的资料包括：被审计单位有关或有事项的全部文件和凭证；被审计单位管理层有关或有事项的书面声明；被审计单位与银行之间的往来函件；董事会的会议纪要和股东大会会议记录；被审计单位与外部法律顾问之间的往来信函等。根据具体情况，注册会计师可能需要复核法律费用账户并检查相关的原始单据，如法律费用的发票。注册会计师通过审阅这些资料确定被审计单位或有事项的内容及其性质。

(三)向被审计单位的外部法律顾问函证

注册会计师向被审计单位的外部法律顾问函证的目的是确定被审计单位或有事项的内容及其是否存在。

与被审计单位外部法律顾问直接沟通，有助于注册会计师获取充分、适当的审计证据，以证实法律顾问是否知悉潜在的重大诉讼和索赔事项，以及管理层对其财务影响（包括费用）的估计是否合理。

在某些情况下，注册会计师可以采用通用询问函的形式与被审计单位外部法律顾问进行直接沟通。通用询问函要求被审计单位外部法律顾问将下列事项告知注册会计师：知悉的所有诉讼和索赔事项及对诉讼和索赔事项结果的评估；对财务影响（包括费用）的估计。

如果认为外部法律顾问不可能对通用询问函做出适当的回复（如法律法规可能禁止回复这样的通用询问函），注册会计师可以通过特定询问函进行直接沟通。特定询问函的内容包括：诉讼和索赔事项清单；管理层对每项识别出的诉讼和索赔事项结果的评估以及对财务影响（包括费用）的估计（如有）；要求外部法律顾问确认管理层评估的合理性，如果外部法律顾问认为清单不完整或不准确，就需要为注册会计师提供进一步的信息。

如果管理层不同意注册会计师与外部法律顾问沟通或会面,或者外部法律顾问拒绝对询证函恰当回复或被禁止回复,并且注册会计师无法通过实施替代审计程序获取充分、适当的审计证据,注册会计师应当考虑是否需要在审计报告中发表非无保留意见。

(四)确定或有事项在财务报表的披露是否恰当

如果注册会计师认为被审计单位管理层对或有事项做出的估计是合理的,并进行了适当披露,应当出具无保留意见的审计报告,并可在意见段之后增加强调事项段,以强调重大或有事项。

为强调重大或有事项而出具带强调事项段无保留意见的审计报告举例如下:
(引言段、管理层对财务报表的责任段、注册会计师的责任段、审计意见段略)

五、强调事项

我们提醒财务报表使用者关注,如财务报表附注5所述,ABC公司被指控侵犯了Y公司的专利权并被要求支付专利权使用费和罚款。ABC公司已经采取了抗辩措施,初步的听证和举证程序正在进行中,该事项的最终结果目前还无法确定。本段内容不影响已发表的审计意见。

如果认为被审计单位管理层对或有事项做出的估计不合理,或披露不适当,注册会计师应当出具保留意见或否定意见的审计报告。

因被审计单位管理层对或有事项做出的估计不合理而出具保留意见的审计报告说明段举例如下:
(引言段、管理层对财务报表的责任段、注册会计师的责任段略)

三、导致保留意见的事项

如附注5所述,截至20×6年12月31日,ABC公司对外提供的贷款担保共计9 000万元,现因连带责任已遭到诉讼。20×6年12月31日,ABC公司控股股东对ABC公司做出承诺,对涉案金额的损失承担赔付责任。据此,ABC公司未对截至20×6年12月31日对外提供的贷款担保计提任何预计负债。我们认为,ABC公司未对这些或有事项计提任何预计负债的理由不成立。如ABC公司按照我们所获审计证据得出的估计结果进行调整,将使ABC公司20×6年度净利润减少9 000万元。

(审计意见段略)

如果审计范围受到被审计单位或客观条件的限制,注册会计师无法就或有事项获取充分、适当的审计证据,应当出具保留意见或无法表示意见的审计报告。

因审计范围受到限制、无法就或有事项获取充分、适当的审计证据而出具保留意见的审计报告举例如下:
(引言段、管理层对财务报表的责任段、注册会计师的责任段略)

三、导致保留意见的事项

如附注5所述,截至20×6年12月31日,ABC公司对外提供的贷款担保共计9 000万元,现因连带责任已遭到诉讼。ABC公司对该等对外担保事项全额计提了预计负债,并全额计入20×6年度的损益。我们无法获取充分、适当的审计证据,以判断ABC公司预计负债计提依据的合理性。

(审计意见段略)

第三节　持续经营审计

一、持续经营假设

持续经营假设(going concern assumption),是指被审计单位在编制财务报表时,假定其经营活动在可预见的将来会继续下去,不拟也不必终止经营或破产清算,可以在正常的经营过程中变现资产、清偿债务。

可预见的将来通常是指财务报表日后 12 个月。在计划和实施审计程序以及评价其结果时,注册会计师应当考虑管理层在编制财务报表时运用持续经营假设的适当性。

根据适用的会计准则的规定评估被审计单位的持续经营能力是管理层的责任。管理层对持续经营能力的评估涉及在特定时点对事项或情况的未来结果做出判断,这些事项或情况的未来结果具有固有的不确定性。

注册会计师的责任是考虑管理层在编制财务报表时运用持续经营假设的适当性,并考虑是否存在需要在财务报表中披露的有关持续经营能力的重大不确定性。

二、注册会计师实施持续经营审计的主要内容

(一)风险评估程序和相关活动

在实施风险评估程序时,注册会计师应当考虑是否存在可能导致对被审计单位持续经营能力产生重大疑虑的事项或情况。被审计单位在财务、经营以及其他方面存在的某些事项或情况可能导致经营风险,这些事项或情况单独或连同其他事项或情况可能导致注册会计师对持续经营假设产生重大疑虑。

被审计单位在财务方面存在的可能导致对持续经营假设产生重大疑虑的事项或情况主要包括:坏账大幅度增加,或重要客户经营状况恶化;信用评级机构的评级降低;无法偿还到期债务;无法偿还即将到期且难以展期的借款;无法继续履行重大借款合同中的有关条款;存在大额的逾期未缴税金;累计经营性亏损数额巨大;过度依赖短期借款筹资;无法获得供应商的正常商业信用;难以获得开发必要新产品或进行必要投资所需资金;资不抵债;营运资金出现负数;经营活动产生的现金流量净额为负数;需要寻求新的资金来源或融资方式来维持日常经营活动,或需要处置重要资产才能维持运营;大股东长期占用巨额资金;重要子公司无法持续经营且未进行处理;存在大量长期未做处理的不良资产;存在因对外巨额担保等或有事项引发的或有事项。

被审计单位在经营方面存在的可能导致对持续经营假设产生重大疑虑的事项或情况主要包括:过度依赖某个项目的成功;主要生产线已经出现非正常停产;关键管理人员离职且无人替代;被审计单位所属行业发生重大变化;主导产品不符合国家产业政策;产品和服务的需求出现大幅下滑或结构性调整;在经济不稳定地区(如高通胀国家、货币大幅贬值国家)有重大经营活动;失去主要市场、特许权或主要供应商;人力资源或重要原材料短缺。

被审计单位在其他方面存在的可能导致对持续经营假设产生重大疑虑的事项或情况主要包括:严重违反有关法律法规或政策;被审计单位被司法机关立案调查或可能面临行政处罚;异常原因导致停工、停产;有关法律法规或政策的变化可能造成重大不利影响;经营期限即将到期且无意继续经营;投资者未履行协议、合同、章程规定的义务,并有可能造成重大不利影

响;因自然灾害、战争等不可抗力因素遭受严重损失。

在整个审计过程中,注册会计师应当始终关注可能导致对持续经营能力产生重大疑虑的事项或情况以及相关经营风险。如果识别出这些事项或情况,除实施进一步审计程序以外,注册会计师还应当考虑其是否影响评估的重大错报风险。

某些措施可能减轻这些事项或情况的严重性。例如,被审计单位无法正常偿还债务的影响,可能由管理层通过替代方法(如处置资产、重新安排贷款偿还或获得额外资本金)计划保持足够的现金流量所抵消。类似地,主要供应商的流失也可以通过寻找适当的替代供应来源以降低损失。

(二)评价管理层的评估

如果管理层已对持续经营能力做出初步评估,注册会计师应当复核该初步评估,以确定管理层是否识别出可能导致对持续经营假设产生重大疑虑的事项或情况,并复核管理层提出的应对计划。

注册会计师应当确定管理层评估持续经营能力涵盖的期间是否符合适用的财务报告编制或法律法规的规定。如果管理层评估持续经营能力涵盖的期间少于自财务报表日起的12个月,注册会计师应当提请管理层将其延伸至自财务报表日起的12个月。在评价管理层做出的评估时,注册会计师应当考虑管理层做出评估的过程、依据的假设以及应对计划。

注册会计师应当考虑管理层做出的评估是否已考虑所有相关信息,其中包括注册会计师实施审计程序获取的信息。如果被审计单位具有良好的盈利记录并很容易获得外部资金支持,管理层可能无须详细分析就能对持续经营能力做出评估。在此情况下,注册会计师通常无须实施详细的审计程序,就可对管理层做出评估的适当性得出结论。

注册会计师应当询问管理层是否知悉超出评估期间的、可能导致对持续经营能力产生重大疑虑的事项或情况以及相关经营风险。注册会计师应当注意可能存在管理层现已知悉的、在评估期间以后将会发生的事项或情况,这些事项或情况可能对注册会计师考虑管理层运用持续经营假设编制财务报表的适当性产生重大影响。在考虑超出管理层评估期间的事项或情况时,注册会计师应当确定这些事项或情况对持续经营能力的影响。如果影响重大,注册会计师应当考虑采取进一步措施。注册会计师应当考虑提请管理层确定这些事项或情况对评估持续经营能力的潜在影响。

(三)针对可能导致对持续经营能力产生重大疑虑的事项或情况实施的进一步审计程序

如果识别出可能导致对持续经营能力产生重大疑虑的事项或情况时,注册会计师应当通过实施追加的审计程序,获取充分、适当的审计证据,以确定是否存在重大不确定性。这些程序主要包括:

(1)如果管理层未对被审计单位持续经营能力做出评估,注册会计师应当与管理层讨论运用持续经营假设的理由,询问是否存在可能导致对持续经营假设产生重大疑虑的事项或情况,并提请其进行评估。

(2)评价管理层依据持续经营能力评估结果提出的应对计划,这些计划的结果是否可能改善目前的状况,且管理层的计划是否可行,以及应对计划的结果是否能够改善持续经营能力。

管理层与持续经营能力评估相关的未来应对计划可能包括变卖资产、债务融资、缩减或延缓开支、增加权益资本、获取母公司或其他方面的支持、调整营销策略等。

针对变卖资产应对持续经营困境的计划,注册会计师关注的事项主要包括:对于拟处置的资产,确定支持证据的充分性;考虑是否存在处置资产的限制,例如,在贷款协议中存在有限制处置资产的条款；考虑拟处置资产的变现能力；确定拟处置资产的潜在直接或间接影响；从资产处置中获取资金的充足性和及时性。

针对债务融资应对持续经营困境的计划，注册会计师关注的事项主要包括：阅读公司债券和借款合同的条款并确定是否存在违约情况，或者在可预见的未来可能违约；确认授信合同的存在性、条款和充分性；考虑债务融资的可获得性；考虑被审计单位现有的借款合同是否对继续举债存在限制条款；检查被审计单位与金融机构就固定期限借款展期的协议，如固定期限借款合同尚未到期，了解被审计单位与金融机构就展期进行的沟通情况。

针对缩减或延缓开支应对持续经营困境的计划，注册会计师关注的事项主要包括：考虑缩减管理费用等间接费用、推迟固定资产维修、推迟项目研发等的可行性；评价缩减或延缓开支的直接或间接影响；考虑管理层缩减或延缓开支计划的详细程度。

针对增加权益资本应对持续经营困境的计划，注册会计师关注的事项主要包括：考虑增加权益资本计划的可行性；评价增加权益资本对被审计单位的影响。

针对获取母公司或其他方面的支持应对持续经营困境的计划，注册会计师关注的事项主要包括：向关联方或第三方确认提供或保持财务支持的协议的存在性、合法性和可执行性，并对其提供额外资金的能力做出评估；评价母公司或其他方面提供支持的可能性。

针对调整营销策略，预计市场改善应对持续经营困境的计划，注册会计师关注的事项主要包括：评价基础数据的恰当性和可靠性，以及增长率和利润率的可实现性；确定销售预测的可靠性；考虑行业的发展情况和宏观经济环境。

(3) 如果被审计单位已编制现金流量预测，且对预测的分析是评价管理层未来应对计划时所考虑的事项或情况的未来结果的重要因素，评价用于编制预测的基础数据的可靠性，并确定预测所基于的假设是否具有充分的支持。注册会计师也可以将最近若干期间的预测性财务信息与实际结果进行比较；将本期的预测性财务信息与截至目前的实际结果进行比较以确定企业预测信息的可信度。

(4) 考虑自管理层做出评估后是否存在其他可获得的事实或信息。

(5) 要求管理层和治理层（如适用）提供有关未来应对计划及其可行性的书面声明。

(四) 出具审计报告时对持续经营假设的考虑

注册会计师应当根据获取的审计证据，确定可能导致对持续经营能力产生重大疑虑的事项或情况是否存在重大不确定性以及这些事项或情况对审计报告的影响。

如果注册会计师根据职业判断认为，鉴于不确定性潜在影响的重要程度和发生的可能性，为了使财务报表实现公允反映，有必要适当披露该不确定性的性质和影响，则表明存在重大不确定性。

注册会计师对被审计单位持续经营假设所做出的判断主要有以下三种类型：

1. 注册会计师认为被审计单位的持续经营假设合理

如果认为被审计单位在编制财务报表时运用持续经营假设是适当的，但可能导致对持续经营能力产生重大疑虑的事项或情况存在重大不确定性，注册会计师应当考虑：

(1) 财务报表是否已充分描述导致对持续经营能力产生重大疑虑的主要事项或情况，以及管理层针对这些事项或情况提出的应对计划；

(2) 财务报表是否已清楚指明可能导致对持续经营能力产生重大疑虑的事项或情况存在重大不确定性，被审计单位可能无法在正常的经营过程中变现资产、清偿债务。

如果财务报表已做出充分披露，注册会计师应当出具无保留意见的审计报告，并在审计意见段之后增加强调事项段,强调可能导致对持续经营能力产生重大疑虑的事项或情况存在重大不确定性的事实,并提醒财务报表使用者注意财务报表附注中对有关事项的披露。在极端情况下,如同时存在多项重大不确定性,注册会计师应当考虑出具无法表示意见的审计报告,而不是在审计意见段之后增加强调事项段。

> 为强调被审计单位的持续经营能力存在重大不确定性而出具带强调事项段的无保留意见的审计报告举例如下:
> （引言段、管理层对财务报表的责任段、注册会计师的责任段、意见段略）
> 五、强调事项
> 我们提醒财务报表使用者关注,如财务报表附注5所述,截至20×6年12月31日,ABC公司营运资金已出现负数,到期债务9 000万元无法偿还,同时发生较大数额的亏损。ABC公司正在积极与主要债权人和解,拟订了债务重组计划。ABC公司的持续经营能力存在重大不确定性。ABC公司已在财务报表中适当披露了上述情况。本段内容不影响已发表的审计意见。

如果财务报表未能做出充分披露,注册会计师应当出具保留意见或否定意见的审计报告。审计报告应当具体提及可能导致对持续经营能力产生重大疑虑的事项或情况存在重大不确定性的事实,并指明财务报表未对该事实做出披露。

> 因被审计单位未在财务报表中适当披露持续经营能力存在重大不确定性的事实而出具保留意见的审计报告说明段举例如下:
> （引言段、管理层对财务报表的责任段、注册会计师的责任段略）
> 三、导致保留意见的事项
> ABC公司正常经营所需的资金已极度缺乏,且本年度正陷于标的金额巨大的债务诉讼以及对外担保诉讼之中,该等事项导致ABC公司账面总资产13 200万元中已有总额9 300万元的股权或实物资产被用作借款抵押或由于债权人起诉而被法院冻结。这些迹象表明,ABC公司的持续经营能力存在重大不确定性,可能无法在正常的经营过程中变现资产、清偿债务。ABC公司20×6年度财务报表并未对上述事实做出明确披露。
> （审计意见段略）

2. 注册会计师认为被审计单位的持续经营假设不合理

如果判断被审计单位将不能持续经营,但财务报表仍然按照持续经营假设编制,注册会计师应当出具否定意见的审计报告。

> 因被审计单位编制财务报表所依据的持续经营假设不再合理而出具否定意见的审计报告举例如下:
> （引言段、管理层对财务报表的责任段、注册会计师的责任段略）
> 三、导致否定意见的事项
> 由于ABC公司或有事项、承诺事项及重大事项涉及金额巨大,且ABC公司连续5个会计年度均发生巨额亏损,导致ABC公司本年末的净资产为负数,主要财务指标显示其财务状况严重恶化,存在巨额逾期债务无法偿还。这些迹象表明,ABC公司已丧失持续经营能力。
> （审计意见段略）

如果管理层认为编制财务报表时运用持续经营假设不再适当,选用了其他基础(如清算基础)编制财务报表。在这种情况下,注册会计师应当实施补充的审计程序。如果认为管理层选用的其他编制基础是适当的,且财务报表已做出充分披露,注册会计师可以出具无保留意见的审计报告,并考虑在审计意见段之后增加强调事项段,提醒财务报表使用者关注管理层选用的其他编制基础。

3. 注册会计师认为被审计单位管理层没有全面评估持续经营能力

如果被审计单位管理层没有对持续经营能力做出初步评估、管理层评估持续经营能力涵盖的期间少于自财务报表日起的12个月或者超出管理层评估期间的事项(或情况)对持续经营能力的影响重大,注册会计师应当提请管理层对持续经营能力做出评估,或将评估期间延伸至自财务报表日起的12个月。如果管理层拒绝注册会计师的要求,注册会计师就应当将其视为审计范围受到限制,考虑出具保留意见或无法表示意见的审计报告。

表13—1　　2003～2013年度A股非金融类上市公司持续经营非标审计意见分析

会计年度	2003	2004	2005	2006	2007	2008	2009	2010	2011	2012	2013	合计
深沪两市全部A股(剔除金融行业)公司总数	1 251	1 339	1 335	1 413	1 519	1 573	1 720	2 070	2 310	2 424	2 444	19 398
其中:国有公司总和	827	846	818	828	858	852	511	418	413	396	388	7 155
被出具非标审计意见公司总数	100	144	161	139	118	109	113	110	115	90	88	1 281
持续经营非标审计意见公司总数	59	74	96	91	85	86	90	79	86	58	41	845
其中:带强调事项段无保留意见	30	36	41	50	64	62	67	66	73	50	31	570
(带强调事项段无保留意见占持续经营非标审计意见的百分比)	51%	49%	43%	55%	75%	72%	74%	84%	85%	86%	76%	67%
保留意见	16	14	26	17	6	7	5	8	9	5	5	118
(保留意见占持续经营非标审计意见的百分比)	27%	19%	27%	19%	7%	8%	6%	10%	10%	9%	12%	14%
否定意见	0	0	0	0	0	0	0	0	0	0	0	0
(否定意见占持续经营非标审计意见的百分比)	0	0	0	0	0	0	0	0	0	0	0	0
无法表示意见	13	24	29	24	15	17	18	5	4	3	5	157
(无法表示意见占持续经营非标审计意见的百分比)	22%	32%	30%	26%	18%	20%	20%	6%	5%	5%	12%	19%
持续经营非标审计意见占非标审计意见的百分比	59%	51%	60%	65%	72%	79%	80%	72%	75%	64%	47%	66%

资料来源:邢春玉、温菊英,"审计师能恰当发表持续经营非标意见吗?——基于2003～2013年深沪A股数据分析",《中国注册会计师》,2015年第5期,第96～102页。

第四节　审计差异调整

一、审计差异汇总表

在审计报告编制之前,注册会计师应当向被审计单位介绍审计情况。对于在审计过程中发现的不符合会计准则及相关会计法规、需要调整财务报表的重大事项,注册会计师应以书面形式(通常以审计差异汇总表的形式)向被审计单位提出调整财务报表的建议。如果被审计单位采纳调整建议,注册会计师应据以编制试算平衡表工作底稿,对于已调整的事项不应再在审计报告及其附件中列出。当被审计单位未采纳调整建议时,注册会计师应对未接受调整事项进行整理,并做出书面记录(包括未接受的理由)。在草拟审计报告时,注册会计师应根据未调整事项的性质和重要程度,确定是否在审计报告中予以反映,以及如何反映。

审计差异汇总表分为两种类型:调整分录汇总表和重分类分录汇总表。其中,调整分录针对的是那些会计处理错误或金额计算错误的会计分录,重分类分录针对的是那些金额正确但账户错误的会计记录。调整分录需要被审计单位调整相关账簿和报表,而重分类分录只需要调整报表即可。需要说明的是,只有那些注册会计师认为重要的调整分录或重分类分录才需要填入审计差异汇总表,如果存在差错的会计业务金额较小,可以忽略。

由于各账户的审计工作底稿中分散地记录了调整分录和重分类分录,所以在审计终结阶段,注册会计师应将各账户的工作底稿及其中的调整分录和重分类分录予以汇总,以便了解被审计单位会计核算中存在差异的所有重要事项。调整分录汇总表和重分类分录汇总表的格式分别见表13-2和表13-3。

表13-2　　　　　　　　审计差异汇总表——调整分录汇总表　　　　　索引号:Z9
被审计单位名称:新欣　　　　　会计期间:20×5年　　　　　　　　　　单位:元

序号	索引号	调整原因	调整分录 借	调整分录 贷	资产负债表 借	资产负债表 贷	利润表 借	利润表 贷	被审计单位调整情况
1	A21-1-2	购货截止出错	原材料 应交税费	应付账款	10 000 1 700	11 700			调整账簿和报表
2	D1-3	销售截止出错	应收账款	主营业务收入	292 500			250 000	调整账簿和报表
				应交税费				42 500	
			主营业务成本	库存商品		200 000	200 000		
			主营业务收入	本年利润			250 000	250 000	
			本年利润	主营业务成本			200 000	200 000	
			所得税费用	应交税费		12 500	12 500		
			本年利润	所得税费用	12 500	12 500			
			本年利润	利润分配		37 500	37 500		
			利润分配	盈余公积	3 750	3 750			

编制人员:章艺　　日期:20×6年2月16日　　复核人员:李明　　日期:20×6年2月17日

在调整分录汇总表中,注册会计师需要汇总审计过程中发现的所有需要调整账簿和报表的错报,并且汇总计算涉及利润的错报业务对"本年利润""应交税费——应交所得税""利润分配——未分配利润""盈余公积——法定盈余公积"等账户的影响金额。在新欣公司20×5年度财务报表的审计业务中,注册会计师发现被审计单位存在的影响利润的差错只有一笔,调整主营业务收入和主营业务成本的分录见表9-4。在表13-1中,则考虑了该项错报对"本年利润"等账户的影响,相应的会计分录分别为:

借:主营业务收入　　　　　　　　　　　　　　　　250 000
　　贷:本年利润　　　　　　　　　　　　　　　　　　　　　250 000
借:本年利润　　　　　　　　　　　　　　　　　　200 000
　　贷:主营业务成本　　　　　　　　　　　　　　　　　　　200 000
借:所得税费用　　　　　　　　　　　　　　　　　 12 500
　　贷:应交税费——应交所得税　　　　　　　　　　　　　　12 500
借:本年利润　　　　　　　　　　　　　　　　　　 12 500
　　贷:所得税费用　　　　　　　　　　　　　　　　　　　　12 500
借:本年利润　　　　　　　　　　　　　　　　　　 37 500
　　贷:利润分配——未分配利润　　　　　　　　　　　　　　37 500
借:利润分配——提取盈余公积　　　　　　　　　　　3 750
　　贷:盈余公积——法定盈余公积　　　　　　　　　　　　　 3 750
借:利润分配——未分配利润　　　　　　　　　　　　3 750
　　贷:利润分配——提取盈余公积　　　　　　　　　　　　　 3 750

在新欣公司20×5年度财务报表的审计业务中,注册会计师发现该公司需要重分类的项目为应付账款,相关数据见表13－3。

表13－3　　　　　　　　审计差异汇总表——重分类分录汇总表

被审计单位名称:新欣　　　　　　　会计期间:20×5年　　　　　　　　单位:元

序号	索引号	调整原因	重分类分录 借	重分类分录 贷	资产负债表 借	资产负债表 贷	利润表 借	利润表 贷	被审计单位调整情况
1	A21－1－3	应付账款明细账借方余额	预付账款	应付账款	20 000	20 000			调整报表

编制人员:章艺　　　日期:20×6年2月16日　　　复核人员:李明　　　日期:20×6年2月17日

二、试算平衡表

注册会计师编制试算平衡表的目的是验证被审计单位未审财务报表、调整分录、重分类分录、调整后的金额(审定数)的借贷是否平衡。由于报表项目众多,通常将试算平衡表分为资产负债表项目试算平衡表和利润表项目试算平衡表。试算平衡表的基本格式见表13－4和表13－5。

表 13-4　资产负债表项目试算平衡表

被审计单位名称：新欣　　　　　　　　　　　　　　　　　　　　　　　　　　索引号：Z8-1
会计期间：20×5年　　日期：20×6年2月11日　　编制人员：章艺
　　　　　　　　　　　日期：20×6年2月20日　　复核人员：李明　　　　　　　单位：元

项目	20×5年期初余额	20×5年年末未审数	期末比期初增减(%)	调整分录 借	调整分录 贷	重分类分录 借	重分类分录 贷	20×5年年末审定数	项目	20×5年期初余额	20×5年年末未审数	期末比期初增减(%)	调整分录 借	调整分录 贷	重分类分录 借	重分类分录 贷	20×5年年末审定数
货币资金	6 200 000	3 185 910.8	−49%					3 185 910.8	短期借款		4 000 000	—					4 000 000
交易性金融资产	60 000	50 000	−17%					50 000	应付账款	3 090 000	2 776 000	−10%		11 700		20 000	2 807 700
应收账款	2 100 000	3 030 500	+44%	292 500	190 000			3 323 000	应交税费	1 200 000	1 941 970.8	+62%	1 700	55 000			1 995 270.8
预付款项						20 000		20 000	长期借款	10 000 000	13 000 000	+30%					13 000 000
存货	1 000 000	2 780 060	+178%					2 590 060									
其他应收款	500 000	594 000	+19%					594 000	实收资本	50 000 000	50 000 000	—					50 000 000
可供出售金融资产	10 000 000	15 000 000	+50%					15 000 000	资本公积	520 000	531 000	+2%					531 000
长期股权投资	35 000 000	37 500 000	+7%					37 500 000	盈余公积	230 000	314 975	+37%		3 750			318 725
固定资产	11 100 000	11 715 000	+6%					11 715 000	未分配利润	920 000	1 291 525	+40%		33 750			1 325 275
资产合计	65 960 000	73 855 470.8	+7%					73 977 970.8	负债及所有者权益合计	65 960 000	73 855 470.8	+7%					73 977 970.8

表 13—5　　　　　　　　　　　　　　**利润表项目试算平衡表**　　　　　　　　索引号：Z8—2

被审计单位名称：新欣　　　　编制人员：章艺　　　日期：20×6年2月11日
会计期间：20×5年　　　　　　复核人员：李明　　　日期：20×6年2月20日　　　单位：元

项目	20×4年	20×5年未审数	本期比上期增减(%)	调整分录 借	调整分录 贷	重分类分录 借	重分类分录 贷	20×5年审定数
营业收入	25 351 000	12 375 000	−51%		250 000			12 625 000
营业成本	17 912 000	9 510 000	−47%	200 000				9 710 000
营业税金及附加	2 268 000	1 125 000	−50%					1 125 000
销售费用	363 500	265 000	−27%					265 000
管理费用	252 000	231 000	−8%					528 000
财务费用	720 000	745 000	+3%					745 000
资产减值损失	258 000	297 000	+15%					297 000
投资收益	1 200 000	1 300 000	+8%					1 300 000
营业利润	4 777 500	1 502 000	−79%					1 552 000
营业外支出	—	6 000	—					6 000
利润总额	4 777 500	1 496 000	−69%					1 546 000
所得税费用	1 433 250	447 300	−69%	12 500				459 800
净利润	3 344 250	1 048 700	−69%	37 500				1 086 200
合计				250 000	250 000			

经过上述调整和试算之后，新欣公司20×5年12月31日经审计的资产负债表和20×5年度经审计的利润表如表13—6和表13—7所示（现金流量表的基本格式见表12—9）。

表 13—6　　　　　　　　　　　　　**新欣公司资产负债表**
　　　　　　　　　　　　　　　　　　20×5年12月31日　　　　　　　　　　　单位：元

项目	期初数	期末数	项目	期初数	期末数
流动资产：			流动负债：		
货币资金	6 200 000	3 185 910.8	短期借款	—	4 000 000
交易性金融资产	60 000	50 000	应付账款	3 090 000	2 807 700
应收账款	2 100 000	3 323 000	应交税费	1 200 000	1 995 270.8
预付款项	—	20 000	流动负债合计	4 290 000	8 802 970.8
其他应收款	500 000	594 000	长期负债：		
存货	1 000 000	2 590 060	长期借款	10 000 000	13 000 000
流动资产合计	9 860 000	9 762 970.8	长期负债合计	10 000 000	13 000 000
			负债合计	14 290 000	21 802 970.8
非流动资产：			所有者权益：		
可供出售金融资产	10 000 000	15 000 000	实收资本	50 000 000	50 000 000
长期股权投资	35 000 000	37 500 000	资本公积	520 000	531 000
固定资产	11 100 000	11 715 000	盈余公积	230 000	318 725
非流动资产合计	56 100 000	64 215 000	未分配利润	920 000	1 325 275
			所有者权益合计	51 670 000	52 175 000
资产合计	65 960 000	73 977 970.8	负债及所有者权益合计	65 960 000	73 977 970.8

表 13—7　　　　　　　　　　　新欣公司利润表
20×5 年度　　　　　　　　　　　　　　　　单位:元

项　目	上年数	本年数
一、营业收入	25 351 000	12 375 000
减:营业成本	17 912 000	9 710 000
营业税金及附加	2 268 000	1 125 000
销售费用	363 500	265 000
管理费用	252 000	231 000
财务费用	720 000	745 000
资产减值损失	258 000	297 000
加:投资收益	1 200 000	1 300 000
二、营业利润	4 777 500	1 552 000
加:营业外收入	—	—
减:营业外支出	—	(6 000)
三、利润总额	4 777 500	1 546 000
减:所得税费用	1 433 250	459 800
四、净利润	3 344 250	1 086 200

第五节　书面声明

一、书面声明的意义

书面声明(written representation)是管理层向注册会计师提供的书面陈述,用以确认某些事项或支持其他审计证据。书面声明不包括财务报表及其认定,以及支持性账簿和相关记录。书面声明是注册会计师在财务报表审计中需要获取的必要信息。

尽管书面声明提供必要的审计证据,但其本身并不为所涉及的任何事项提供充分、适当的审计证据。而且,管理层已经提供可靠书面声明的事实,并不影响注册会计师就管理层责任履行情况或具体认定获取的其他审计证据的性质和范围。

二、书面声明的分类

书面声明可以分为针对管理层责任的书面声明和其他书面声明。

(一)针对管理层责任的书面声明

针对财务报表的编制,注册会计师应当要求管理层提供书面声明,确认其根据审计业务约定条款,履行了按照适用的财务报告编制基础编制财务报表并使其实现公允反映(如适用)的责任。

针对提供的信息和交易的完整性,注册会计师应当要求管理层就下列事项提供书面声明:(1)按照审计业务约定条款,已向注册会计师提供所有相关信息,并允许注册会计师不受限制地接触所有相关信息以及被审计单位内部人员和其他相关人员;(2)所有交易均已记录并反映在财务报表中。

(二)其他书面声明

如果注册会计师认为有必要获取一项或多项其他书面声明,以支持与财务报表一项或多项具体认定相关的其他审计证据,注册会计师应当要求管理层提供这些书面声明。

1. 关于财务报表的额外书面声明

注册会计师可能认为有必要获取有关财务报表的其他书面声明,主要包括针对下列事项所做出的声明:(1)会计政策的选择和运用是否适当。(2)是否按照适用的财务报告编制基础对下列事项(如相关)进行了确认、计量、列报或披露:可能影响资产和负债账面价值或分类的计划或意图;负债(包括实际负债和或有负债);资产的所有权或控制权,资产的留置权或其他物权,用于担保的抵押资产;可能影响财务报表的法律法规及合同。

2. 与向注册会计师提供信息有关的额外书面声明

注册会计师可能认为需要管理层提供书面声明,确认其已将注意到的所有内部控制缺陷向注册会计师通报。

3. 关于特定认定的书面声明

在获取有关管理层的判断和意图的证据时,或在对判断和意图进行评价时,注册会计师可能考虑下列一项或多项事项:被审计单位以前对声明的意图实际实施的情况;被审计单位选取特定措施的理由;被审计单位实施特定措施的能力;是否存在审计过程中已获取的、可能与管理层判断或意图不一致的任何其他信息。

此外,注册会计师可能认为有必要要求管理层提供有关财务报表特定认定的书面声明,尤其是支持注册会计师就管理层的判断或意图或完整性认定从其他审计证据中获取的了解。例如,如果管理层的意图对投资的计价基础非常重要,但若不能从管理层获取有关该项投资意图的书面声明,注册会计师就不能获取充分、适当的审计证据。尽管这些书面声明能够提供必要的审计证据,但其本身并不能为财务报表特定认定提供充分、适当的审计证据。

三、书面声明的日期和涵盖的期间

书面声明的日期应当尽量接近对财务报表出具审计报告的日期,但不得在审计报告日后。书面声明应当涵盖审计报告针对的所有财务报表和期间。

由于书面声明是必要的审计证据,在管理层签署书面声明前,注册会计师不能发表审计意见,也不能签署审计报告。而且,由于注册会计师关注截至审计报告日发生的、可能需要在财务报表中做出相应调整或披露的事项,书面声明的日期应当尽量接近对财务报表出具审计报告的日期,但不得在其之后。

在某些情况下,注册会计师在审计过程中获取有关财务报表特定认定的书面声明可能是适当的。此时,可能有必要要求管理层更新书面声明。

管理层有时需要再次确认以前期间做出的书面声明是否依然适当,因此,书面声明需要涵盖审计报告中提及的所有期间。注册会计师和管理层可能认可某种形式的书面声明,以更新以前期间所做的书面声明。更新后的书面声明需要表明,以前期间所做的声明是否发生了变化,以及发生了什么变化(如有)。

在实务中可能会出现这样的情况,即在审计报告中提及的所有期间内,现任管理层尚未就任。他们可能由此声称无法就上述期间提供部分或全部书面声明。然而,这一事实并不能减轻现任管理层对财务报表整体的责任。相应地,注册会计师仍然需要向现任管理层获取涵盖整个相关期间的书面声明。

四、书面声明的形式

书面声明应当以声明书的形式致送注册会计师。在某些国家或地区,法律法规可能要求管理层对自身责任做出公开的书面陈述。尽管这种陈述是向财务报表使用者或相关机构提供的,但注册会计师可能认为,这种陈述是书面声明的一种适当形式。因此,这种陈述所涵盖的相关事项不必包括在声明书中。

书面声明的参考格式如下所示:

(致注册会计师):

本声明书是针对你们审计 ABC 公司截至 20×5 年 12 月 31 日的年度财务报表而提供的。审计的目的是对财务报表发表意见,以确定财务报表是否在所有重大方面已按照企业会计准则的规定编制,并实现公允反映。

尽我们所知,并在做出了必要的查询和了解后,我们确认:

一、财务报表

1. 我们已履行[插入日期]签署的审计业务约定书中提及的责任,即根据企业会计准则的规定编制财务报表,并对财务报表进行公允反映。

2. 在做出会计估计时使用的重大假设(包括与公允价值计量相关的假设)是合理的。

3. 已按照企业会计准则的规定对关联方关系及其交易做出了恰当的会计处理和披露。

4. 根据企业会计准则的规定,所有需要调整或披露的资产负债表日后事项都已得到调整或披露。

5. 未更正错报,无论是单独还是汇总起来,对财务报表整体的影响均不重大。未更正错报汇总表附在本声明书后。

6. 其他事项。

二、提供的信息

7. 我们已向你们提供下列工作条件:

(1)允许接触我们注意到的、与财务报表编制相关的所有信息(如记录、文件和其他事项);

(2)提供你们基于审计目的要求我们提供的其他信息;

(3)允许在获取审计证据时不受限制地接触你们认为必要的本公司内部人员和其他相关人员。

8. 所有交易均已记录并反映在财务报表中。

9. 我们已向你们披露了由于舞弊可能导致的财务报表重大错报风险的评估结果。

10. 我们已向你们披露了我们注意到的、可能影响本公司的与舞弊或舞弊嫌疑相关的所有信息,这些信息涉及本公司的:

(1)管理层;

(2)在内部控制中承担重要职责的员工;

(3)其他人员(在舞弊行为导致财务报表重大错报的情况下)。

11. 我们已向你们披露了从现任和前任员工、分析师、监管机构等方面获知的、影响财务报表的舞弊指控或舞弊嫌疑的所有信息。

12. 我们已向你们披露了所有已知的、在编制财务报表时应当考虑其影响的违反或涉嫌违反法律法规的行为。

13. 我们已向你们披露了我们注意到的关联方的名称和特征、所有关联方关系及其交易。
14. 其他事项。

附：未更正错报汇总表。

<table>
<tr><td>ABC 公司
（盖章）
中国××市</td><td>ABC 公司管理层
（签名并盖章）
20×6 年×月×日</td></tr>
</table>

五、注册会计师对书面声明可靠性的疑虑

（一）对管理层的胜任能力、诚信、道德价值观或勤勉尽责存在疑虑

在审计过程中，注册会计师可能识别出与管理层的胜任能力、诚信、道德价值观或勤勉尽责的程度，或者与管理层在这些方面的承诺或贯彻执行相关的重大事项，但仍可能认为书面声明是可靠的。在这种情况下，注册会计师需要记录识别出的重大事项。

如果对管理层的胜任能力、诚信、道德价值观或勤勉尽责存在疑虑，或者对管理层在这些方面的承诺或贯彻执行存在疑虑，注册会计师应当确定这些疑虑对书面声明或口头声明和审计证据总体的可靠性可能产生的影响。注册会计师可能认为管理层在财务报表中做出不实陈述的风险很大，以至于无法进行审计工作。在这种情况下，除非治理层采取适当的纠正措施，否则在法律法规允许的情况下，注册会计师可能需要考虑解除业务约定。而且，治理层采取的纠正措施往往并不足以使注册会计师发表无保留意见。

（二）书面声明与其他审计证据不一致

如果书面声明与其他审计证据不一致，注册会计师应当实施审计程序以设法解决这些问题。注册会计师可能需要考虑风险评估结果是否仍然适当。如果认为不适当，注册会计师需要修正评估结果，并确定进一步审计程序的性质、时间安排和范围，以应对评估的风险。如果问题仍未解决，注册会计师应当重新考虑对管理层的胜任能力、诚信、道德价值观或勤勉尽责的评估，或者重新考虑对管理层在这些方面的承诺或贯彻执行的评估，并确定书面声明与其他审计证据的不一致对书面或口头声明和审计证据总体的可靠性可能产生的影响。

如果认为书面声明不可靠，注册会计师应当采取适当措施，包括确定其对审计意见可能产生的影响。如果注册会计师对管理层的诚信产生重大疑虑，以至于认为其做出的书面声明不可靠，注册会计师应当对财务报表发表无法表示意见。

六、管理层不提供注册会计师要求的书面声明

如果管理层不提供要求的一项或多项书面声明，注册会计师应当：与管理层讨论该事项；重新评价管理层的诚信，并评价该事项对对书面声明或口头声明和审计证据总体的可靠性可能产生的影响；采取适当措施，包括确定其对审计意见可能产生的影响。

如果管理层不提供审计准则要求的书面声明，注册会计师应当对财务报表发表无法表示意见。

> 因管理层拒绝提供注册会计师认为必要的声明而出具无法表示意见的审计报告举例如下:
> (引言段、管理层对财务报表的责任段、注册会计师的责任段略)
> 三、导致无法表示意见的事项
> 为明确 ABC 公司管理层对财务报表编制和提供给注册会计师的有关资料的真实性、合法性和完整性负责,我们要求 ABC 公司管理层对此做出声明。ABC 公司管理层认为:现任董事会于 20×7 年 1 月 12 日接管工作,前一届董事会应对 20×6 年度的工作负责,但前一届董事会并未对 20×6 年度财务报表编制和提供给注册会计师的有关资料的真实性、合法性和完整性做出表态,故公司管理层无法对此做出声明。因此,我们的审计范围受到了严重限制,我们无法确定该事项对 ABC 公司财务报表整体反映的影响程度。
> (审计意见段略)

另外,管理层对注册会计师所要求的书面声明的内容做出调整,并不一定意味着管理层不提供书面声明。然而,做出调整的真正原因可能影响审计意见的类型。例如:

(1)有关管理层财务报表编制责任履行情况的书面声明可能声称,除了与适用的财务报告编制基础的某一要求有重大不符外,管理层认为财务报表已按照适用的财务报告编制基础编制。如果注册会计师认为管理层已提供可靠的书面声明,应考虑不符事项对审计意见的影响。

(2)有关管理层向注册会计师提供审计业务约定条款中要求的所有相关信息的责任的书面声明,可能声称除火灾中毁损的信息外,管理层认为其已向注册会计师提供了所有相关信息。如果注册会计师认为管理层已提供可靠的书面声明,应考虑火灾中毁损信息对财务报表和审计意见的影响。

第六节 向治理层和管理层通报内部控制缺陷

一、内部控制缺陷

内部控制缺陷(deficiency in internal control),是指在下列任一情况下内部控制存在的缺陷:(1)某项控制的设计、执行或运行不能及时防止或发现并纠正财务报表错报;(2)缺少用以及时防止或发现并纠正财务报表错报的必要控制。

在识别和评估重大错报风险时,审计准则要求注册会计师了解与审计相关的内部控制。在进行风险评估时,注册会计师了解内部控制的目的是设计适合具体情况的审计程序,而不是对内部控制的有效性发表意见。无论是在风险评估过程中还是在审计工作的其他阶段,注册会计师都有可能识别出内部控制缺陷。

注册会计师应当根据已执行的审计工作,确定是否识别出内部控制缺陷。在确定是否识别出内部控制缺陷时,注册会计师可以就审计结果中的相关事实和情况与适当层级的管理层[①]讨论。这种讨论有助于注册会计师及时提醒管理层关注以前可能没有注意到的缺陷。在某些情况下(如审计结果可能引发注册会计师对管理层的诚信或胜任能力的质疑时),注册会

[①] 适当层级的管理层是熟悉注册会计师所关注的内部控制领域并且有权对识别出的内部控制缺陷采取纠正措施的人员。

计师直接与管理层讨论可能是不适当的。

在与管理层讨论审计结果中的事实和情况时,注册会计师可能获取供其进一步考虑的其他相关信息。例如,管理层对造成缺陷的原因的了解;管理层可能已经注意到的由于缺陷而引发的例外事项,如相关信息技术控制未能防止的错报;管理层应对审计结果的初步迹象。

二、值得关注的内部控制缺陷

(一)值得关注的内部控制缺陷的含义

值得关注的内部控制缺陷(significant deficiency in internal control),是指注册会计师根据职业判断,认为足够重要从而值得治理层关注的内部控制的一个缺陷或多个缺陷的组合。

内部控制的一个缺陷或多个缺陷的组合的重要性,不仅取决于是否实际发生了错报,而且取决于错报发生的可能性和错报的潜在重要程度。因此,即使注册会计师在审计过程中没有发现错报,也可能存在值得关注的内部控制缺陷。

(二)值得关注的内部控制缺陷的判断

在确定内部控制的一个缺陷或多个缺陷的组合是否构成值得关注的内部控制缺陷时,注册会计师可能考虑下列主要事项:

(1)缺陷在未来导致财务报表重大错报的可能性。
(2)资产或负债易于发生损失或舞弊的可能性。
(3)在确定估计金额时的主观性和复杂性,如公允价值会计估计。
(4)受缺陷影响的财务报表金额。
(5)受缺陷影响的账户余额或某类交易已经或可能发生的业务量。
(6)与财务报告过程相关的控制(包括其重要性)。例如:
①一般监督控制(如管理层的监督);
②对防止和发现舞弊的控制;
③对选择和运用重大会计政策的控制;
④对重大关联方交易的控制;
⑤对超出被审计单位正常经营过程的重大交易的控制;
⑥对期末财务报告流程的控制(如对非常规会计分录的控制)。
(7)发现的由于控制缺陷导致的例外事项的原因与频率。
(8)内部控制中某一缺陷与其他缺陷的相互影响。

(三)存在值得关注的内部控制缺陷的迹象

表明存在值得关注的内部控制缺陷的迹象主要包括:

(1)控制环境无效的证据。例如:
①与管理层经济利益相关的重大交易没有得到治理层适当审查;
②识别出被审计单位内部控制未能防止的管理层舞弊(无论是否重大);
③管理层未能对以前已经沟通的值得关注的内部控制缺陷采取适当的纠正措施。
(2)被审计单位内部缺乏通常应当建立的风险评估过程。
(3)被审计单位风险评估过程无效的证据,例如,管理层未能识别出注册会计师预期被审计单位的风险评估过程应当识别出的重大错报风险。
(4)没有有效应对识别出的特别风险的证据(如缺乏针对这种风险的控制)。
(5)注册会计师实施程序发现的、被审计单位的内部控制未能防止或发现并纠正的错报。

(6) 重述以前公布的财务报表,以更正由于错误或舞弊导致的重大错报。

(7) 管理层无力监督财务报表编制的证据。

得到恰当设计的控制可能单独运行或组合运行,以有效地防止或发现并纠正错报。例如,针对应收账款的控制可能包括自动化控制和手工控制,这两种控制共同运行以防止或发现并纠正账户余额中的错报。内部控制某个缺陷本身可能不足以构成值得关注的内部控制缺陷。但是,影响相同账户余额或披露、相关认定或内部控制要素的多个缺陷的组合,可能增加错报风险,以至于达到值得关注的内部控制缺陷的程度。

三、通报内部控制缺陷

注册会计师的目标是,向治理层和管理层恰当通报注册会计师在审计过程中识别出的,根据职业判断认为足够重要从而值得治理层和管理层各自关注的内部控制缺陷。

(一)向治理层通报值得关注的内部控制缺陷

以书面形式[①]向治理层通报值得关注的内部控制缺陷,可以反映这些事项的重要性,有助于治理层履行监督责任。

在确定何时致送书面沟通文件时,注册会计师可能考虑收到这些沟通文件是否是使治理层能够履行监督责任的重要因素。对于上市实体,治理层可能需要在批准财务报表前收到注册会计师的书面沟通文件,以履行出于监管或其他目的的与内部控制有关的特定责任。对于其他实体,注册会计师可能会在较晚的日期致送书面沟通文件。但是,在后一种情形下,注册会计师关于值得关注的内部控制缺陷的书面沟通文件构成最终审计档案的一部分。

无论在何时以书面形式通报值得关注的内部控制缺陷,注册会计师都可以尽早向管理层和治理层(如适用)口头通报这些事项,以便帮助他们及时采取纠正措施以降低重大错报风险。但是,这并不减轻注册会计师以书面形式通报值得关注的内部控制缺陷的责任。

通报值得关注的内部控制缺陷的详细程度,需要注册会计师根据具体情况做出职业判断。在确定通报的详细程度时,注册会计师可能考虑下列主要因素:

(1) 被审计单位的性质。例如,对于公众利益实体,通报的要求可能不同于非公众利益实体。

(2) 被审计单位的规模和复杂程度。

(3) 注册会计师识别出的值得关注的内部控制缺陷的性质。

(4) 被审计单位治理层的构成。例如,如果治理层包括缺乏被审计单位所在行业或影响领域的经验的成员,通报可能需要更加详细。

(5) 法律法规对通报特定类型的内部控制缺陷的规定。

管理层和治理层可能已经注意到注册会计师在审计过程中识别出的值得关注的内部控制缺陷,并且可能由于成本或其他方面的考虑而选择不纠正这些缺陷。评价纠正措施的成本和效益是管理层和治理层的责任。无论管理层和治理层在确定是否纠正这些缺陷时如何考虑相关的成本或其他因素,注册会计师都应当以书面形式及时向治理层通报审计过程中识别出的值得关注的内部控制缺陷。

注册会计师在以前审计中向治理层和管理层通报过值得关注的内部控制缺陷但对方未采

[①] 值得关注的内部控制缺陷的书面沟通文件应当包括以下内容:(1)对缺陷的描述以及对其潜在影响的解释;(2)使治理层和管理层能够了解沟通背景的充分的信息。

取纠正措施这一事实,并不能降低注册会计师再次通报的必要性。如果以前通报过的值得关注的内部控制缺陷依然存在,当期通报可以重复以前通报中的描述,或简单提及以前的通报。注册会计师可以询问管理层或治理层(如适用)该缺陷尚未得到纠正的原因,如果缺乏合理的解释,未能采取纠正措施本身就可能代表一个值得关注的内部控制缺陷。

(二)向管理层通报内部控制缺陷

通常情况下,适当层级的管理层是有责任和权力评价内部控制缺陷并采取必要纠正措施的人员。对于值得关注的内部控制缺陷,适当的层级可能是首席执行官或首席财务官(或类似人员)。对于内部控制其他缺陷,适当的层级可能是更直接地参与所影响的领域并有权采取适当纠正措施的负责被审计单位运营的管理层。

1. 向管理层通报值得关注的内部控制缺陷

注册会计师应当及时向相应级别的管理层以书面方式通报已向(或拟向)治理层通报的值得关注的内部控制缺陷,除非在具体情况下不适合直接向管理层通报。

某些识别出的值得关注的内部控制缺陷,可能引发对管理层的诚信或胜任能力的质疑。例如,可能存在管理层舞弊或有意违反法律法规的证据,或者管理层可能无力监督相关财务报表的编制。因此,直接向管理层通报这些缺陷可能是不适当的。

2. 向管理层通报内部控制的其他缺陷

在审计过程中,注册会计师可能识别出虽不构成值得关注的内部控制缺陷,但可能足够重要、值得管理层关注的内部控制的其他缺陷。确定哪些是值得管理层关注的其他缺陷,需要注册会计师根据具体情况做出职业判断。注册会计师在做出判断时,需要考虑这些缺陷可能导致财务报表错报的可能性和错报的潜在重要程度。

通报值得管理层关注的内部控制的其他缺陷不需要采取书面形式,可以采取口头形式。如果已与管理层讨论了审计结果中的事实和情况,注册会计师可以认为在进行讨论的同时已向管理层口头通报了这些其他缺陷。此后不需要再进行正式通报。

如果注册会计师已在上期向管理层通报了值得关注的内部控制缺陷以外的其他内部控制缺陷,并且管理层出于成本或其他方面的原因而选择不纠正这些缺陷,注册会计师没有必要在本期重复通报。如果其他机构或人员以前曾向管理层通报过这些缺陷,注册会计师也不必重复通报这些信息。但是,如果管理层发生变化,或注册会计师注意到新信息使注册会计师和管理层改变以前对该缺陷的理解,注册会计师重新通报这些其他缺陷可能是适当的。管理层未能纠正以前通报过的内部控制其他缺陷,可能变成需要与治理层沟通的值得关注的内部控制缺陷。是否属于这种情况,需要注册会计师根据具体情况做出判断。

在某些情况下,治理层可能希望了解注册会计师已向管理层通报的内部控制其他缺陷的细节,或希望被简要告知其他缺陷的性质。此外,注册会计师也可能认为将向管理层通报过的其他缺陷告知治理层是适当的。无论哪种情形,注册会计师都可以在适当时以口头或书面形式向治理层报告。

复习思考题

1. 被审计单位存在的期后事项对注册会计师出具的审计报告有何影响?
2. 被审计单位存在的或有事项对注册会计师出具的审计报告有何影响?
3. 注册会计师对被审计单位持续经营假设存在的重大疑虑对其出具的审计报告有何影响?

4. 简述审计差异调整的具体内容。
5. 书面证明的作用是什么？
6. 注册会计师向治理层和管理层通报的值得关注的内部控制缺陷内容有何区别？

自我测试题

一、单项选择题

1. 下列审计程序中，注册会计师最有可能获取有关期后事项的审计证据的是（　　）。
   A. 分析期后长期负债的变动情况
   B. 确定期后处置的固定资产是否存在折旧计提不足的情况
   C. 确定期后生产工人薪酬的调整是否已获得恰当的授权
   D. 了解资产负债表日前已入账的预计负债在期后支付的情况

2. 注册会计师于20×7年3月10日完成对甲公司20×6年财务报表的审计。甲公司资产负债表日后发生的下列事项中，属于调整事项的是（　　）。
   A. 20×7年2月1日，公司接到乙客户的通知，该客户在1月29日遭遇火灾，给企业造成重大损失，短期内无力偿还其欠甲公司的货款
   B. 外汇汇率发生重大变动
   C. 20×6年年末销售的一批货物在20×7年1月23日发生退货
   D. 公司拟发行债券筹资

3. 在审核或有负债时，下列审计程序中可能最无效果的是（　　）。
   A. 审核应收账款函证回函　　　　　　　　B. 审核律师声明书
   C. 审核银行存款函证回函　　　　　　　　D. 审核应付票据函证回函

4. 在确定管理层评估持续经营能力的适当性时，下列判断中正确的是（　　）。
   A. 管理层评估持续经营能力的期间不得少于自资产负债表日起的9个月
   B. 如果被审计单位具有稳定的盈利能力和外部资金支持，管理层不需要评估企业的持续经营能力
   C. 如果存在超出评估期间但可能对持续经营能力产生疑虑的事项，管理层没有义务确定其潜在的影响
   D. 管理层对持续经营能力做出评估时考虑的信息，应当包括注册会计师实施审计程序获取的信息

5. 注册会计师在复核助理人员编制的审计工作底稿时，需要对下列审计结论进行判断，请指出结论中不正确的是（　　）。
   A. 由于被审计单位存在对持续经营能力产生重大疑虑的事项，注册会计师认为被审计单位继续以持续经营假设编制财务报表不再合理，建议被审计单位管理当局按非持续经营为基础重新编制财务报表
   B. 被审计单位在被审计期间的一笔500万元的重大销售在审计报告日以后、财务报表公布日之前被退回（被审计单位当年实现主营业务收入总额为5 000万元）。该事项属于能为资产负债表日已存在情况提供补充证据的重大期后事项，注册会计师提请被审计单位调整财务报表而被审计单位拒绝调整，应视为重大差异，发表保留意见
   C. 由于拖欠货款，被审计单位被起诉，在资产负债表日法院虽尚未宣判，但其律师认为很有可能败诉，注册会计师建议被审计单位应将该或有负债在财务报表附注中披露
   D. 在注册会计师完成审计工作以前，被审计单位由于违约被起诉，其律师认为被审计单位很可能败诉，则注册会计师建议被审计单位在财务报表附注中披露

6. 注册会计师负责审计甲公司2015年度财务报表。审计报告日为2016年3月10日，财务报表批准报出日为2016年3月12日。下列有关书面声明日期的说法中，正确的是（　　）。
   A. 应当为2015年12月31日
   B. 应当尽量接近2016年3月10日，但不得晚于2016年3月10日
   C. 应当为2016年3月12日

D. 应当为 2016 年 3 月 12 日以后

二、多项选择题

1. 下列有关期后事项审计的说法中,正确的有( )。
A. 期后事项是指财务报表日至财务报表报出日之间发生的事项
B. 期后事项是指财务报表日至审计报告日之间发生的事项,以及注册会计师在审计报告日后知悉的事实
C. 注册会计师仅需主动识别财务报表日至审计报告日之间发生的期后事项
D. 审计报告日后,如果注册会计师知悉某项若在审计报告日知悉将导致修改审计报告的事实,且管理层已就此修改了财务报表,应当对修改后的财务报表实施必要的审计程序,出具新的或经修改的审计报告

2. 下列有关注册会计师对持续经营假设的审计责任的说法中,正确的有( )。
A. 注册会计师有责任就管理层在编制和列报财务报表时运用持续经营假设的适当性获取充分、适当的审计证据
B. 如果适用的财务报告编制基础不要求管理层对持续经营能力做出专门评估,注册会计师没有责任对被审计单位的持续经营能力是否存在重大不确定性做出评估
C. 除询问管理层外,注册会计师没有责任实施其他审计程序,以识别超出管理层评估期间并可能导致对被审计单位持续经营能力产生重大疑虑的事项或情况
D. 注册会计师未在审计报告中提及持续经营能力的不确定性,不能被视为对被审计单位持续经营能力的保证

3. 根据对被审计单位持续经营能力的审计结论,注册会计师在判断应出具何种类型的审计报告时,下列说法中,正确的有( )。
A. 如果被审计单位运用持续经营假设适当但存在重大不确定性,且财务报表附注已做充分披露,应当发表无保留意见,并在审计报告中增加强调事项段
B. 如果存在多项对财务报表整体具有重要影响的重大不确定性,且财务报表附注已做充分披露,在极少数情况下,可能认为发表无法表示意见是适当的
C. 如果存在可能导致对被审计单位持续经营能力产生重大疑虑的事项和情况,且财务报表附注未做充分披露,应当发表保留意见
D. 如果管理层编制财务报表时运用持续经营假设不适当,应当发表否定意见

4. 下列各项中,注册会计师应当获取书面声明的有( )。
A. 管理层确认其根据审计业务约定条款,履行了按照适用的财务报告编制基础编制财务报表并使其实现公允反映(如适用)的责任
B. 管理层按照审计业务约定条款,已向注册会计师提供所有相关信息,并允许注册会计师不受限制地接触所有相关信息以及被审计单位内部人员和其他相关人员
C. 管理层确认所有交易均已记录并反映在财务报表中
D. 管理层将按照审计业务约定书中规定的审计报告用途使用审计报告

5. 如果被审计单位未纠正注册会计师在上一年度审计时识别出的值得关注的内部控制缺陷,注册会计师在执行本年度审计时,下列做法中,错误的有( )。
A. 在制订审计计划时予以考虑,不再与管理层沟通
B. 以书面形式再次向治理层通报
C. 在审计报告中增加强调事项段予以说明
D. 在审计报告中增加其他事项段予以说明

三、案例分析题

1. 在审计甲公司 20×5 年度财务报表的过程中,注册会计师发现甲公司发生了下列重大期后事项:

(1)20×6年1月2日,公司董事会决议通过所有职工每月工资普涨5%,自20×5年10月1日开始补发。公司每月工资费用中计入生产成本的金额为6 000 000元,计入制造费用的金额为300 000元,计入销售费用的金额为700 000元,计入管理费用的金额为800 000元。

(2)20×6年2月5日,甲公司申请发行公司债券的申请获得政府有关部门批准,公司准备在5月中旬按照面值发行1 000万元债券,期限3年,年利率为5%。

(3)20×6年2月20日,甲公司的一个顾客乙公司宣告破产。截至20×5年12月31日,乙公司还欠甲公司货款500 000元。甲公司与乙公司的法律顾问联系后确定大约300 000元将无法收回。20×5年12月31日,甲公司已经针对乙公司的应收账款计提了100 000元的坏账准备。注册会计师于2月21日重新返回甲公司针对20×5年坏账准备计提数的变动搜集审计证据。

要求:
(1)分别说明上述事项属于哪一种类型的期后事项,企业应在财务报表中如何反映这些事项。
(2)如果甲公司20×5年度财务报表的审计报告日是2月15日,财务报表对外公布日为2月27日,注册会计师对上述事项的审计责任有何不同?

2. 甲公司20×5年度审计后的净利润为1 000万元,20×5年12月31日资产总额为28 400万元。注册会计师A和B经实施必要审计程序后认为,甲公司编制20×5年度财务报表所依据的持续经营假设是合理的。

注册会计师A和B于20×6年2月10日开始对甲公司20×5年度报表实施审计。在审计过程中,注册会计师注意到以下事项:

(1)甲公司于20×5年12月31日与乙公司签订合同,将账面价值为1 000万元的土地使用权以3 000万元的价格转让给乙公司,于同日向乙公司开具发票并收到土地转让款3 000万元;20×6年1月5日,甲公司办妥产权过户手续,甲公司于20×5年12月31日确认其他业务收入3 000万元,其他业务支出1 000万元(假定不考虑相关税费)。

(2)甲公司于20×5年度根据中级人民法院判决结果对其担保责任计提了3 000万元预计负债。20×6年1月,经高级法院终审裁定,甲公司应承担赔偿责任总额为1 000万元,甲公司据此确认营业外收入2 000万元。

(3)甲公司为丙公司向银行借款5 000万元提供信用担保。20×5年10月,丙公司因经营严重亏损,进行破产清算,无力偿还已到期的该笔银行借款。银行因此向法院起诉,要求甲公司承担担保连带责任,支付借款本息5 200万元。20×6年2月5日,法院终审判决银行胜诉,并于2月15日执行完毕。考虑到无法向丙公司追偿,甲公司在20×6年2月支付该笔款项的同时,将其全额记入当月营业外支出项目。

要求:注册会计师A和B是否需要提出审计处理建议?若需提出审计调整建议,请直接列示审计调整分录(审计调整分录均不考虑对甲公司20×5年度的企业所得税、期末结转损益及利润分配的影响)。

第十四章 审计报告

本章要点

- 注册会计师形成审计意见需要考虑的因素
- 审计意见的分类
- 出具无保留意见的审计报告的条件
- 出具非无保留意见的审计报告的条件
- 强调事项段与其他事项段反映的内容
- 比较信息对审计意见的影响
- 含有已审计财务报表的文件中的其他信息对审计意见的影响
- 特殊目的审计的分类与审计报告编制

引例

上市公司2014年度财务报表审计报告意见

2015年1月1日至5月4日,40家证券资格会计师事务所(以下简称"事务所")共为2 667家上市公司出具了财务报表审计报告(详见下表)。

上市公司2014年度财务报表审计报告意见汇总表

财务报表审计意见类型	沪市主板	深市主板	中小企业板	创业板	合 计
(标准)无保留意见	972	453	727	417	2 569
带强调事项段的无保留意见	41	19	6	5	71
保留意见	10	3	5	0	18
否定意见	0	0	0	0	0
无法表示意见	2	5	2	0	9
非标准审计意见小计	53	27	13	5	98
合计	1 025	480	740	422	2 667
非标准审计意见比例	5.17%	5.63%	1.76%	1.18%	3.67%

在上述2 667份审计报告中,标准审计报告2 569份,非标准财务报表审计报告98份,其中,带强调事项段的无保留意见的审计报告71份,保留意见的审计报告18份,无法表示意见的审计报告9份。

(资料来源:"中注协发布2014年年报审计情况快报(第十五期)",http://www.cicpa.org.cn/news/201505/t20150522_47052.html,根据行文需要略做调整。)

思考题

在上海证券交易所、深圳证券交易所等网站查找一家(或几家)上市公司的年报,分析其财务数据和审计报告等信息,比较标准审计报告与非标准审计报告的区别。

第一节 审计报告概述

一、审计报告的概念

审计报告(audit report)是指注册会计师根据中国注册会计师审计准则的规定,在执行审计工作的基础上,对财务报表发表审计意见的书面文件。

注册会计师应对其出具的审计报告的真实性、合法性负责。审计报告的真实性是指审计报告应如实反映注册会计师的审计范围、审计依据、已实施的审计程序和应发表的审计意见;审计报告的合法性是指审计报告的编制和出具必须符合《中华人民共和国注册会计师法》和审计准则的规定。

二、审计意见的形成

注册会计师应当就财务报表是否在所有重大方面按照适用的财务报告编制基础编制并实现公允反映形成审计意见。为了形成审计意见,针对财务报表整体是否不存在由于舞弊或错误导致的重大错报,注册会计师应当得出结论,确定是否已就此获取合理保证。

在得出结论时,注册会计师需要考虑以下几个方面:

(一)审计证据的充分性与适当性

在得出总体结论之前,注册会计师应当依据实施的审计程序和获取的审计证据,评价对认定层次重大错报风险的评估是否仍然适当。在形成审计意见时,注册会计师应当考虑所有相关的审计证据,无论该证据与财务报表认定相互印证还是相互矛盾。

如果对重大的财务报表认定没有获取充分、适当的审计证据,注册会计师应当尽可能获取进一步的审计证据。

(二)财务报表重大错报

在确定未更正的错报单独或汇总起来是否构成重大错报时,注册会计师应当考虑:

(1)相对特定类别的交易、账户余额或披露以及财务报表整体而言,错报的金额和性质以及错报发生的特定环境;

(2)与以前期间相关的未更正错报对相关类别的交易、账户余额或披露以及财务报表整体的影响。

(三)按照财务报告编制基础编制财务报表

在评价财务报表是否在所有重大方面按照适用的财务报告编制基础编制时,注册会计师应特别评价下列内容:

(1)财务报表是否充分披露了选择和运用的重要会计政策。

(2)选择和运用的会计政策是否符合适用的财务报告编制基础,并适合被审计单位的具体情况。

(3)管理层做出的会计估计是否合理。

(4)财务报表列报的信息是否具有相关性、可靠性、可比性和可理解性。

(5)财务报表是否做出充分披露,使财务报表预期使用者能够理解重大交易和事项对财务报表所传递的信息的影响。

(6)财务报表使用的术语是否适当。

在评价财务报表是否在所有重大方面按照适用的财务报告编制基础编制时,注册会计师应当考虑被审计单位会计实务的质量,包括表明管理层的判断可能出现偏向的迹象。

(四)公允反映

在评价财务报表是否实现公允反映时,注册会计师应当考虑下列内容:财务报表的整体列报、结构和内容是否合理;财务报表(包括相关附注)是否公允反映了相关交易和事项。

(五)恰当说明财务报告编制基础

管理层和治理层(如适用)编制的财务报表需要恰当说明适用的财务报告编制基础。只有财务报表符合适用的财务报告编制基础(在财务报表所涵盖的期间内有效)的所有要求,声明财务报表按照该编制基础编制才是恰当的。

第二节 审计报告的类型与基本内容

一、审计报告的类型

审计报告分为标准审计报告和非标准审计报告。

标准审计报告是指不含说明段、强调事项段、其他事项段或其他任何修饰性用语的无保留意见(unmodified opinion)的审计报告。其中,无保留意见是指当注册会计师认为财务报表在所有重大方面按照适用的财务报告编制基础编制并实现公允反映时发表的审计意见。如果注册会计师认为财务报表符合下列所有条件,应当出具无保留意见的审计报告:(1)财务报表已经按照适用的会计准则的规定编制,在所有重大方面公允反映了被审计单位的财务状况、经营成果和现金流量;(2)注册会计师已经按照中国注册会计师审计准则的规定计划和实施审计工作,在审计过程中未受到限制。

非标准审计报告是指带强调事项段或其他事项段的无保留意见的审计报告和非无保留意见(modified opinion)的审计报告。其中,非无保留意见的审计报告包括保留意见、否定意见和无法表示意见的审计报告。审计意见的类型如图14—1所示。

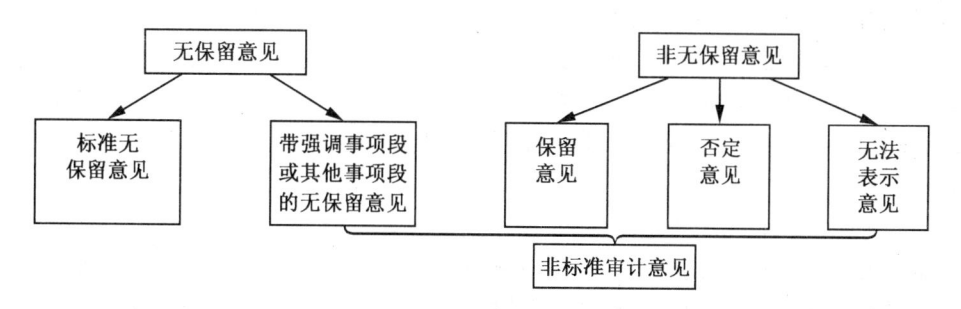

图14—1 审计意见的类型

二、审计报告的基本内容

审计报告的内容一般包括：标题、收件人、引言段、管理层对财务报表的责任段、注册会计师的责任段、审计意见段、注册会计师的签名和盖章，以及会计师事务所的名称、地址及盖章和报告日期等。

(一)标题

审计报告的标题应当统一规范为"审计报告"。

(二)收件人

审计报告的收件人是指注册会计师按照业务约定书的要求致送审计报告的对象，一般是指审计业务的委托人。审计报告应当按照审计业务的约定载明收件人的全称。

(三)引言段

编制审计报告的引言段时，应当：指出被审计单位的名称；说明财务报表已经审计；指出构成整套财务报表的每一财务报表的名称；提及财务报表附注；指明构成整套财务报表的每一财务报表的日期或涵盖的期间。

(四)管理层对财务报表的责任段

管理层对财务报表的责任段应当说明，编制财务报表是管理层的责任，这种责任包括：(1)按照适用的财务报告编制基础编制财务报表，并使其公允反映；(2)设计、实施和维护必要的内部控制，以使财务报表不存在由于舞弊或错误而导致的重大错报。

(五)注册会计师的责任段

注册会计师的责任段应当说明下列内容：

(1)注册会计师的责任是在执行审计工作的基础上对财务报表发表审计意见。

(2)注册会计师按照中国注册会计师审计准则的规定执行了审计工作。中国注册会计师审计准则要求注册会计师遵守职业道德守则，计划和执行审计工作以对财务报表是否不存在重大错报获取合理保证。

(3)审计工作涉及实施审计程序，以获取有关财务报表金额和披露的审计证据。选择的审计程序取决于注册会计师的判断，包括对由于舞弊或错误导致的财务报表重大错报风险的评估。在进行风险评估时，注册会计师考虑与财务报表编制和公允列报相关的内部控制，以设计恰当的审计程序，但目的并非对内部控制的有效性发表意见。审计工作还包括评价管理层选用会计政策的恰当性和做出会计估计的合理性，以及评价财务报表的总体列报。

(4)注册会计师相信获取的审计证据是充分、适当的，为其发表审计意见提供了基础。

如果结合财务报表审计对内部控制的有效性发表意见，注册会计师应当删除上述第(3)项中"但目的并非对内部控制的有效性发表意见"的措辞。

(六)审计意见段

如果对财务报表发表无保留意见，除非法律法规另有规定，审计意见段应当使用"财务报表在所有重大方面按照[适用的财务报告编制基础(如企业会计准则等)]编制，公允反映了被审计单位的财务状况、经营成果和现金流量"的措辞。

如果在审计意见中提及的适用的财务报告编制基础不是企业会计准则，而是国际财务报告准则、国际公共部门会计准则或其他国家或地区的财务报告准则，注册会计师应当在审计意见段中指明。

除审计准则规定的注册会计师对财务报表出具审计报告的责任外，相关法律法规可能对注册会计师设定了其他报告责任。如果注册会计师在对财务报表出具的审计报告中履行其他报告责任,应当在审计报告中将其单独作为一部分,并以"按照相关法律法规的要求报告的事项"为标题。相应地,审计报告应当区分为"对财务报表出具的审计报告"和"按照相关法律法规的要求报告的事项"两部分。

当出具保留意见、否定意见或无法表示意见的审计报告时,注册会计师应当在注册会计师的责任段之后、意见段之前增加说明段,清楚地说明导致所发表意见或无法发表意见的所有原因,并在可能情况下,指出其对财务报表的影响程度。此外,即使是在出具无保留意见的情况下,如有必要,注册会计师还可以在意见段之后增加强调事项段说明审计准则允许强调的某些事项,提醒财务报表使用者关注。

(七)注册会计师的签名和盖章

审计报告应当由注册会计师签名并盖章。

《财政部关于注册会计师在审计报告上签名盖章有关问题的通知》(财会〔2001〕1035号)明确规定:审计报告应当由两名具备相关业务资格的注册会计师签名盖章并经会计师事务所盖章方为有效,合伙会计师事务所出具的审计报告,应当由一名对审计项目负最终复核责任的合伙人和一名负责该项目的注册会计师签名盖章;有限责任会计师事务所出具的审计报告,应当由会计师事务所主任会计师或其授权的副主任会计师和一名负责该项目的注册会计师签名盖章。

(八)会计师事务所的名称、地址及盖章

审计报告应当载明会计师事务所的名称和地址,并加盖会计师事务所公章。

(九)报告日期

审计报告应当注明报告日期。审计报告的日期不应早于注册会计师获取充分、适当的审计证据(包括管理层认可对财务报表的责任且已批准财务报表的证据),并在此基础上对财务报表形成审计意见的日期。

在确定审计报告日时,注册会计师应当确信已获取下列两方面的审计证据:(1)构成整套财务报表的所有报表(包括相关附注)已编制完成;(2)被审计单位的董事会、管理层或类似机构已经认可其对财务报表负责。

三、标准审计报告举例

标准无保留意见的审计报告参考格式举例如下:

审 计 报 告

ABC股份有限公司全体股东:

一、对财务报表出具的审计报告

我们审计了后附的ABC股份有限公司(以下简称ABC公司)财务报表,包括20×1年12月31日的资产负债表,20×1年度的利润表、股东权益变动表和现金流量表以及财务报表附注。

(一)管理层对财务报表的责任

编制和公允列报财务报表是ABC公司管理层的责任,这种责任包括:(1)按照企业会计准则的规定编制财务报表,并使其实现公允反映;(2)设计、执行和维护必要的内部控制,以使财务报表不存在由于舞弊或错误导致的重大错报。

(二)注册会计师的责任

我们的责任是在执行审计工作的基础上对财务报表发表审计意见。我们按照中国注册会计师审计准则的规定执行了审计工作。中国注册会计师审计准则要求我们遵守中国注册会计师职业道德守则,计划和执行审计工作以对财务报表是否不存在重大错报获取合理保证。

审计工作涉及实施审计程序,以获取有关财务报表金额和披露的审计证据。选择的审计程序取决于注册会计师的判断,包括对由于舞弊或错误导致的财务报表重大错报风险的评估。在进行风险评估时,注册会计师考虑与财务报表编制和公允列报相关的内部控制,以设计恰当的审计程序,但目的并非对内部控制的有效性发表意见。审计工作还包括评价管理层选择会计政策的恰当性和做出会计估计的合理性,以及评价财务报表的总体列报。

我们相信,我们获取的审计证据是充分、适当的,为发表审计意见提供了基础。

(三)审计意见

我们认为,ABC公司财务报表在所有重大方面按照企业会计准则的规定编制,公允反映了ABC公司20×1年12月31日的财务状况和20×1年度的经营成果和现金流量。

二、按照相关法律法规的要求报告的事项[①]

(本部分报告的格式和内容,取决于相关法律法规对其他报告责任的规定。)

××会计师事务所	中国注册会计师:×××
(盖章)	(签名并盖章)
	中国注册会计师:×××
	(签名并盖章)
中国××市	20×2年×月×日

四、审计报告准则的修订

2015年年初,国际审计与鉴证准则理事会(IAASB)发布了新修订的审计报告相关准则,改革了审计报告模式,增加了审计报告要素和内容。国际审计准则对审计报告模式的改革,客观上要求我国及时借鉴新的国际审计准则,采用新的审计报告模式,实现我国审计准则的持续趋同。

2016年1月,中国注册会计师协会公布了《关于印发〈中国注册会计师审计准则第1504号——在审计报告中沟通关键审计事项〉等7项审计准则征求意见稿的通知》,其中,对上市公司整体财务报表出具标准无保留意见的审计报告格式如下:

审 计 报 告

ABC股份有限公司全体股东:

一、对财务报表审计的报告

(一)审计意见

我们审计了ABC股份有限公司(以下简称公司)财务报表,包括20×1年12月31日的资产负债表、20×1年度的利润表、现金流量表、所有者权益变动表以及财务报表附注。

我们认为,后附的财务报表在所有重大方面按照企业会计准则的规定编制,公允反映了公

---

① 如果审计报告中不包含"按照相关法律法规的要求报告的事项"部分,则不需要加入此标题。

司 20×1 年 12 月 31 日的财务状况以及 20×1 年度的经营成果和现金流量。

(二)形成审计意见的基础

我们按照中国注册会计师审计准则的规定执行了审计工作。审计报告的"注册会计师对财务报表审计的责任"部分进一步阐述了我们在这些准则下的责任。按照中国注册会计师职业道德守则,我们独立于公司,并履行了职业道德方面的其他责任。我们相信,我们获取的审计证据是充分、适当的,为发表审计意见提供了基础。

(三)关键审计事项

关键审计事项是根据我们的职业判断,认为对本期财务报表审计最为重要的事项。这些事项是在对财务报表整体进行审计并形成意见的背景下进行处理的,我们不对这些事项提供单独的意见。

[按照《中国注册会计师审计准则第 1504 号——在审计报告中沟通关键审计事项》的规定描述每一关键审计事项。]

(四)管理层和治理层对财务报表的责任

管理层负责按照企业会计准则的规定编制财务报表,使其实现公允反映,并设计、执行和维护必要的内部控制,以使财务报表不存在由于舞弊或错误导致的重大错报。

在编制财务报表时,管理层负责评估公司的持续经营能力,披露与持续经营相关的事项(如适用),并运用持续经营假设,除非管理层计划清算公司、停止营运或别无其他现实的选择。

治理层负责监督公司的财务报告过程。

(五)注册会计师对财务报表审计的责任

我们的目标是对财务报表整体是否不存在由于舞弊或错误导致的重大错报获取合理保证,并出具包含审计意见的审计报告。合理保证是高水平的保证,但并不能保证按照审计准则执行的审计在某一重大错报存在时总能发现。错报可能由舞弊或错误所导致,如果合理预期错报单独或汇总起来可能影响财务报表使用者依据财务报表做出的经济决策,则错报是重大的。

在按照审计准则执行审计的过程中,我们运用了职业判断,保持了职业怀疑。我们同时:

(1)识别和评估由于舞弊或错误导致的财务报表重大错报风险;对这些风险有针对性地设计和实施审计程序;获取充分、适当的审计证据,作为发表审计意见的基础。由于舞弊可能涉及串通、伪造、故意遗漏、虚假陈述或凌驾于内部控制之上,未能发现由于舞弊导致的重大错报的风险高于未能发现由于错误导致的重大错报的风险。

(2)了解与审计相关的内部控制,以设计恰当的审计程序,但目的并非对内部控制的有效性发表意见。

(3)评价管理层选用会计政策的恰当性和做出会计估计及相关披露的合理性。

(4)对管理层使用持续经营假设的恰当性得出结论。同时,基于所获取的审计证据,对是否存在与事项或情况相关的重大不确定性,从而可能导致对公司的持续经营能力产生重大疑虑得出结论。如果我们得出结论认为存在重大不确定性,审计准则要求我们在审计报告中提请报告使用者注意财务报表中的相关披露;如果披露不充分,我们应当发表非无保留意见。我们的结论基于审计报告日可获得的信息。然而,未来的事项或情况可能导致公司不能持续经营。

(5)评价财务报表的总体列报、结构和内容(包括披露),并评价财务报表是否公允反映交易和事项。

除其他事项外,我们与治理层就计划的审计范围、时间安排和重大审计发现(包括我们在审计中识别的值得关注的内部控制缺陷)进行沟通。

我们还就遵守关于独立性的相关职业道德要求向治理层提供声明,并就可能被合理认为影响我们独立性的所有关系和其他事项,以及相关的防范措施(如适用)与治理层进行沟通。

从与治理层沟通的事项中,我们确定哪些事项对当期财务报表审计最为重要,因而构成关键审计事项。我们在审计报告中描述这些事项,除非法律法规不允许公开披露这些事项,或在极其罕见的情形下,如果合理预期在审计报告中沟通某事项造成的负面后果超过产生的公众利益方面的益处,我们确定不应在审计报告中沟通该事项。

二、对其他法律和监管要求的报告

[本部分的格式和内容,取决于法律法规对其他报告责任的性质的规定。法律法规规范的事项(其他报告责任)应当在本部分处理,除非那些其他报告责任与审计准则所要求的报告责任涉及相同的主题。如果涉及相同的主题,其他报告责任可以在审计准则所要求的同一报告要素部分中列示。当其他报告责任和审计准则规定的报告责任涉及同一主题,并且审计报告中的措辞能够将其他报告责任与审计准则规定的责任予以清楚地区分(如差异存在)时,允许将两者合并列示(即包含在对财务报表审计的报告部分中,并使用适当的副标题)。]

负责审计并出具审计报告的项目合伙人是[姓名]。

××会计师事务所　　　　　　　　　　　　中国注册会计师:×××
　(盖章)　　　　　　　　　　　　　　　　　　　(签名并盖章)
　　　　　　　　　　　　　　　　　　　　　中国注册会计师:×××
　　　　　　　　　　　　　　　　　　　　　　　(签名并盖章)

中国××市　　　　　　　　　　　　　　　　20×2年×月×日

第三节　非标准审计报告

非标准审计报告是指带强调事项段或其他事项段的无保留意见的审计报告和非无保留意见的审计报告。

一、非无保留意见

非无保留意见包括保留意见(qualified opinion)、否定意见(adverse opinion)和无法表示意见(disclaimer of opinion)。

当存在下列情形之一时,注册会计师应当在审计报告中发表非无保留意见:(1)根据获取的审计证据,得出财务报表整体存在重大错报的结论;(2)无法获取充分、适当的审计证据,不能得出财务报表整体不存在重大错报的结论。

注册会计师确定恰当的非无保留审计意见类型,取决于下列事项:(1)导致非无保留意见的事项的性质,是财务报表存在重大错报,还是在无法获取充分、适当的审计证据的情况下,财务报表可能存在重大错报;(2)注册会计师就导致非无保留意见的事项对财务报表产生或可能产生影响的广泛性[①]做出的判断。

[①] 广泛性是描述错报影响的术语,用以说明错报对财务报表的影响,或者由于无法获取充分、适当的审计证据而未发现的错报(如存在)对财务报表可能产生的影响。根据注册会计师的判断,对财务报表的影响具有广泛性的情形包括:(1)不限于对财务报表的特定要素、账户或项目产生影响;(2)虽然仅对财务报表的特定要素、账户或项目产生影响,但这些要素、账户或项目可能是财务报表的主要组成部分;(3)当与披露相关时,产生的影响对财务报表使用者理解财务报表至关重要。

在承接审计业务后,如果注意到管理层对审计范围施加了限制,且认为这些限制可能导致对财务报表发表保留意见或无法表示意见,注册会计师应当要求管理层消除这些限制。如果管理层拒绝消除对审计范围的限制,除非治理层全部成员参与管理被审计单位,注册会计师应当就此事项与治理层沟通,并确定能否实施替代程序以获取充分、适当的审计证据。

如果无法获取充分、适当的审计证据,注册会计师应当通过下列方式确定其影响:

(1)如果未发现的错报(如存在)可能对财务报表产生的影响重大但不具有广泛性,注册会计师应当发表保留意见。

(2)如果未发现的错报(如存在)可能对财务报表产生的影响重大且具有广泛性,以至于发表保留意见不足以反映情况的严重性,注册会计师应当在可行时解除业务约定(除非法律法规禁止)。注册会计师应当在解除业务约定前,与治理层沟通在审计过程中发现的、将会导致发表非无保留意见的所有错报事项;如果在出具审计报告之前解除业务约定被禁止或不可行,应当发表无法表示意见。

表14-1 非无保留意见的判断

导致发表非无保留意见的事项的性质	这些事项对财务报表产生或可能产生影响的广泛性	
	重大但不具有广泛性	重大且具有广泛性
财务报表存在重大错报	保留意见	否定意见
审计范围受到被审计单位或客观条件的限制无法获取充分、适当的审计证据	保留意见	无法表示意见

(一)保留意见

当存在下列情形之一时,注册会计师应当发表保留意见:(1)在获取充分、适当的审计证据后,注册会计师认为错报单独或汇总起来对财务报表影响重大,但不具有广泛性;(2)注册会计师无法获取充分、适当的审计证据以作为形成审计意见的基础,并认为未发现的错报(如存在)对财务报表可能产生的影响重大,但不具有广泛性。

保留意见的审计报告参考格式举例如下:

审 计 报 告

ABC股份有限公司全体股东:

一、对财务报表出具的审计报告

我们审计了后附的ABC股份有限公司(以下简称ABC公司)财务报表,包括20×1年12月31日的资产负债表,20×1年度的利润表、股东权益变动表和现金流量表以及财务报表附注。

(一)管理层对财务报表的责任

(略)

(二)注册会计师的责任

(略)

(三)导致保留意见的事项

ABC公司20×1年12月31日资产负债表中存货的列示金额为××元。管理层根据成本对存货进行计量,而没有根据成本与可变现净值孰低的原则进行计量,这不符合企业会计准则的规定。公司的会计记录显示,如果管理层以成本与可变现净值孰低来计量存货,存货列示金额将减少××元,相应地,资产减值损失将增加××元,所得税、净利润和股东权益将分别减少××元、××元和××元。

(四)保留意见

我们认为,除"(三)导致保留意见的事项"段所述事项产生的影响外,ABC公司财务报表在所有重大方面按照企业会计准则的规定编制,公允反映了ABC公司20×1年12月31日的财务状况和20×1年度的经营成果和现金流量。

二、按照相关法律法规的要求报告的事项

(本部分报告的格式和内容,取决于相关法律法规对其他报告责任的规定。)

××会计师事务所	中国注册会计师:×××
(盖章)	(签名并盖章)
	中国注册会计师:×××
	(签名并盖章)
中国××市	20×2年×月×日

(二)否定意见

在获取充分、适当的审计证据后,如果认为错报单独或累计起来对财务报表的影响重大且具有广泛性,注册会计师应当发表否定意见。

1. 否定意见的审计报告参考格式

审 计 报 告

ABC股份有限公司全体股东:

一、对合并财务报表出具的审计报告

我们审计了后附的ABC股份有限公司(以下简称ABC公司)的合并财务报表,包括20×1年12月31日的合并资产负债表,20×1年度的合并利润表、合并股东权益变动表和合并现金流量表以及财务报表附注。

(一)管理层对合并财务报表的责任

(略)

(二)注册会计师的责任

(略)

(三)导致否定意见的事项

如财务报表附注××所述,20×1年ABC公司通过非同一控制的企业合并获得对XYZ公司的控制权,因未能取得购买日XYZ公司某些重要资产和负债的公允价值,故未将XYZ公司纳入合并财务报表的范围,而是按成本法核算对XYZ公司的股权投资。ABC公司的这项会计处理不符合企业会计准则的规定。如果将XYZ公司纳入合并财务报表的范围,ABC公司合并财务报表的多个报表项目将受到重大影响。但我们无法确定未将XYZ公司纳入合并范围对财务报表产生的影响。

(四)否定意见

我们认为,由于"(三)导致否定意见的事项"段所述事项的重要性,ABC公司的合并财务报表没有在所有重大方面按照企业会计准则的规定编制,未能公允反映 ABC 公司 20×1 年 12 月 31 日的财务状况和 20×1 年度的经营成果和现金流量。

二、按照相关法律法规的要求报告的事项

(本部分报告的格式和内容,取决于相关法律法规对其他报告责任的规定。)

××会计师事务所　　　　　　　　　　　　中国注册会计师:×××
　　（盖章）　　　　　　　　　　　　　　　　　　（签名并盖章）
　　　　　　　　　　　　　　　　　　　　中国注册会计师:×××
　　　　　　　　　　　　　　　　　　　　　　　　（签名并盖章）
中国××市　　　　　　　　　　　　　　　20×2 年×月×日

2. 我国证券市场上第一份否定意见的审计报告

渝钛白(000515)1997 年度财务报表的审计报告是我国证券市场上第一份否定意见的审计报告。在这份审计报告的说明段中,注册会计师列举了渝钛白公司 1997 年度财务报表存在的重大未调整事项:应计入财务费用的借款及应付债券利息 8 064 万元,公司将其资本化并计入钛白粉工程成本;欠付中国银行重庆分行的美元借款利息 89.8 万元(折人民币 743 万元),公司未计提入账。两方面共计影响利润 8 807 万元。(如果这两项利息支出计入当期损益,公司 1997 年实际亏损为 11 943.12 万元,每股亏损 0.92 元,每股净资产 0.25 元。)

(三)无法表示意见

如果无法获取充分、适当的审计证据以作为形成审计意见的基础,但认为未发现的错报(如存在)对财务报表可能产生的影响重大且具有广泛性,注册会计师应当发表无法表示意见。

在极其特殊的情况下,可能存在多个不确定事项,尽管注册会计师对每个单独的不确定事项获取了充分、适当的审计证据,但由于不确定事项之间可能存在相互影响,以及可能对财务报表产生累积影响,注册会计师不可能对财务报表形成审计意见,在这种情况下,注册会计师应当发表无法表示意见。

1. 无法表示意见的审计报告参考格式

审 计 报 告

ABC 股份有限公司全体股东:

一、对财务报表出具的审计报告

我们审计了后附的 ABC 股份有限公司(以下简称 ABC 公司)财务报表,包括 20×1 年 12 月 31 日的资产负债表,20×1 年度的利润表、股东权益变动表和现金流量表以及财务报表附注。

(一)管理层对财务报表的责任

编制和公允列报财务报表是 ABC 公司管理层的责任,这种责任包括:(1)按照企业会计准则的规定编制财务报表,并使其实现公允反映;(2)设计、执行和维护必要的内部控制,以使财务报表不存在由于舞弊或错误导致的重大错报。

(二)注册会计师的责任

我们的责任是在按照中国注册会计师审计准则的规定执行审计工作的基础上对财务报表发表审计意见。但由于"(三)导致无法表示意见的事项"段中所述的事项,我们无法获取充分、适当的审计证据作为发表审计意见的基础。

(三) 导致无法表示意见的事项

我们于20×2年1月接受ABC公司的审计委托,因而未能对ABC公司20×1年年初金额为××元的存货和年末金额为××元的存货实施监盘程序。此外,我们也无法实施替代审计程序获取充分、适当的审计证据。并且,ABC公司于20×1年9月采用新的应收账款电算化系统,由于存在系统缺陷而导致应收账款出现大量错误。截至审计报告日,管理层仍在纠正系统缺陷,并更正错误,我们也无法实施替代审计程序,以对截至20×1年12月31日的应收账款总额××元获取充分、适当的审计证据。因此,我们无法确定是否有必要对存货、应收账款以及财务报表其他项目做出调整,也无法确定应调整的金额。

(四) 无法表示意见

由于"(三)导致无法表示意见的事项"段所述事项的重要性,我们无法获取充分、适当的审计证据为发表审计意见提供基础,因此,我们不对ABC公司财务报表发表审计意见。

二、按照相关法律法规的要求报告的事项

(本部分报告的格式和内容,取决于相关法律法规对其他报告责任的规定。)

××会计师事务所   中国注册会计师:×××
    (盖章)   (签名并盖章)
                                        中国注册会计师:×××
                                            (签名并盖章)

中国××市   20×2年×月×日

2. 我国证券市场上第一份无法表示意见的审计报告

宝石A(000413)1997年度财务报表的审计报告是我国证券市场上第一份无法表示意见的审计报告。在这份审计报告的说明段中,注册会计师列举了宝石A公司1997年度财务报表存在的重大问题:

(1)由于国内黑白电视机市场在1997年度发生急剧变化导致公司主要产品的市场售价低于生产成本,公司自1997年6月6日起停炉检修黑白电视玻壳生产线并且再未恢复生产,而黑白显像管自6月12日起在12月份有少量生产外,其余时间均为停产。截至审计报告日止,公司董事会无法确定上述产品重新开始生产的日期。

(2)公司截至1997年12月31日的应收账款共计人民币151 503 073元,其中账龄超过1年以上的应收账款计人民币77 588 156元。根据市场的现行状况,注册会计师无法依据公司提供的资料对这些账款可能回收的数额做出合理的估计。

(3)公司截至1997年12月31日的固定资产账面净值人民币321 686 953元系以历史成本入账。其中大部分的固定资产是用于制造黑白电视机显像管和黑白电视机玻壳。由于公司已停止生产上述产品且至审计报告日止公司并无重新恢复生产的具体计划和措施,注册会计师无法确定上述资产在1997年12月31的可实现价值。

(4)上述事项涉及金额巨大而且公司1997年12月31日的流动负债超过流动资产共计人民币723 240 798元,且资产负债比率偏低。固定资产的可实现净值、1.52亿元的应收账款的可收回金额存在不确定性,且营运资金为-7.23亿元,注册会计师无法确认公司依据持续经营基础编制的财务报表的合理性。

二、审计报告中的强调事项段

(一)强调事项段的含义

强调事项段(emphasis of matter paragraph)是指审计报告中含有的一个段落,该段落提及已在财务报表中恰当列报或披露的事项,根据注册会计师的职业判断,该事项对财务报表使用者理解财务报表至关重要。

(二)需要增加强调事项段的情形

如果认为有必要提醒财务报表使用者关注已在财务报表中列报或披露,且根据职业判断认为对财务报表使用者理解财务报表至关重要的事项,注册会计师在已获取充分、适当的审计证据证明该事项在财务报表中不存在重大错报的条件下,应当在审计报告中增加强调事项段。

如果在审计报告中增加强调事项段,注册会计师应当采取下列措施:(1)将强调事项段紧接在审计意见段之后;(2)使用"强调事项"或其他适当标题;(3)明确提及被强调事项以及相关披露的位置,以便能够在财务报表中找到对该事项的详细描述;(4)指出审计意见没有因该强调事项而改变。

带强调事项段的保留意见的审计报告格式举例如下:

审 计 报 告

ABC 股份有限公司全体股东:

一、对财务报表出具的审计报告

我们审计了后附的 ABC 股份有限公司(以下简称 ABC 公司)财务报表,包括 20×1 年 12 月 31 日的资产负债表,20×1 年度的利润表、股东权益变动表和现金流量表以及财务报表附注。

(一)管理层对财务报表的责任

(略)

(二)注册会计师的责任

(略)

(三)导致保留意见的事项

ABC 公司于 20×1 年 12 月 31 日资产负债表中反映的交易性金融资产为××元,ABC 公司管理层对这些交易性金融资产未按照公允价值进行后续计量,而是按照其历史成本进行计量,这不符合企业会计准则的规定。如果按照公允价值进行后续计量,ABC 公司 20×1 年度利润表中公允价值变动损失将增加××元,20×1 年 12 月 31 日资产负债表中交易性金融资产将减少××元,相应地,所得税、净利润和股东权益将分别减少××元、××元和××元。

(四)保留意见

我们认为,除"(三)导致保留意见的事项"段所述事项产生的影响外,ABC 公司财务报表在所有重大方面按照企业会计准则的规定编制,公允反映了 ABC 公司 20×1 年 12 月 31 日的财务状况和 20×1 年度的经营成果和现金流量。

(五)强调事项

我们提醒财务报表使用者关注,如财务报表附注××所述,截至财务报表批准日,XYZ 公司对 ABC 公司提出的诉讼尚在审理,其结果具有不确定性。本段内容不影响已发表的审计意见。

二、按照相关法律法规的要求报告的事项

(本部分报告的格式和内容,取决于相关法律法规对其他报告责任的规定。)

××会计师事务所　　　　　　　　　　　　中国注册会计师：×××
　　　（盖章）　　　　　　　　　　　　　　　　　　（签名并盖章）
　　　　　　　　　　　　　　　　　　　　　　中国注册会计师：×××
　　　　　　　　　　　　　　　　　　　　　　　　　（签名并盖章）
　　中国××市　　　　　　　　　　　　　　　20×2年×月×日

三、审计报告中的其他事项段

（一）其他事项段的含义

其他事项段（other matter paragraph）是指审计报告中含有的一个段落，该段落提及未在财务报表中列报或披露的事项，根据注册会计师的职业判断，该事项与财务报表使用者理解审计工作、注册会计师的责任或审计报告相关。

对于未在财务报表中列报或披露，但根据职业判断认为与财务报表使用者理解审计工作、注册会计师的责任或审计报告相关且未被法律法规禁止的事项，如果认为有必要沟通，注册会计师应当在审计报告中增加其他事项段，并使用"其他事项"或其他适当标题。

（二）需要增加其他事项段的情形

注册会计师应当将其他事项段紧接在审计意见段和强调事项段（如有）之后。如果其他事项段的内容与其他报告责任部分相关，这一段落也可以置于审计报告的其他位置。

1. 与使用者理解审计工作相关的情形

在极其特殊的情况下，即使由于管理层对审计范围施加的限制导致无法获取充分、适当的审计证据可能产生的影响具有广泛性，注册会计师也不能解除业务约定。在这种情况下，注册会计师可能认为有必要在审计报告中增加其他事项段，解释为何不能解除业务约定。

当增加其他事项段旨在提醒使用者关注与其理解财务报表审计相关的事项时，该段落需要紧接在审计意见段和强调事项段之后。

2. 与使用者理解注册会计师的责任或审计报告相关的情形

法律法规或得到广泛认可的惯例可能要求（或允许）注册会计师详细说明某些事项，以进一步解释注册会计师在财务报表审计中的责任或审计报告。在这种情况下，注册会计师可以使用一个或多个子标题来描述其他事项段的内容。

当其他事项段与使用者理解注册会计师的责任或审计报告相关时，可以单独作为一部分，置于"对财务报表出具的审计报告"和"按照相关法律法规的要求报告的事项"之后。

3. 对两套以上财务报表出具审计报告的情形

被审计单位可能按照通用目的编制基础（如某国财务报告编制基础）编制一套财务报表，且按照另一个通用目的编制基础（如国际财务报告准则）编制另一套财务报表，并委托注册会计师同时对两套财务报表出具审计报告。如果注册会计师已确定两个财务报告编制基础在各自情形下是可接受的，可以在审计报告中增加其他事项段，说明被审计单位根据另一个通用目的编制基础（如国际财务报告准则）编制了另一套财务报表以及注册会计师对这些财务报表出具了审计报告。

4. 限制审计报告分发和使用的情形

为特定目的编制的财务报表可能按照通用目的的编制基础编制，因为财务报表预期使用者已确定这种通用目的的财务报表能够满足他们对财务信息的需求。由于审计报告旨在提供给特定使用者,注册会计师可能认为在这种情况下需要增加其他事项段,说明审计报告只是提供给财务报表预期使用者,不应被分发给其他机构或人员(或者被其他机构或人员使用)。

四、审计意见判断示例

如何根据财务报表审计过程中发现的错报或漏报情况、期后事项、或有事项等确定审计意见的类型呢?下面举例予以说明:

【例14-1】 甲公司于20×5年年初创立,该公司主要从事电脑组装与销售业务,20×5年度未经审计的净资产为6 200万元,利润总额为1 000万元。张艺和李敏负责该公司的审计工作。他们确定该公司财务报表层次的重要性水平为100万元,外勤审计工作于20×6年3月2日完成。在审计过程中,两位注册会计师发现甲公司的财务报表数据存在下列问题:

(1)由于市场竞争激烈,甲公司购入的部分硬件出现滞销,这些硬件的账面成本为900万元,20×5年12月31日的可变现净值为520万元,甲公司尚未进行相应的会计处理。

(2)20×5年3月1日,甲公司经批准按面值发行了1 500万元3年期的到期还本付息的企业债券,票面利率为4.8%。发行债券筹集到的资金有900万元用于建造生产厂房(20×5年12月31日尚未完工),600万元用于补充流动资金。甲公司对债券发行做了相应的会计处理,但是未计提20×5年度的债券利息。

(3)甲公司为乙公司的银行贷款700万元提供担保。20×5年11月,乙公司因严重亏损进行破产清算,无力偿还已到期的这笔银行贷款。20×5年12月20日,贷款银行向法院起诉,要求甲公司承担担保产生的连带赔偿责任,支付贷款本息共计800万元。20×6年2月20日,法院终审判决贷款银行胜诉。甲公司准备在20×5年报附注中披露该事项。

(4)甲公司20×5年12月30日向丙公司销售电脑配件一批,取得销售收入200万元(不含增值税),该批配件的成本为180万元,双方约定在20×6年1月10日结算货款。由于这批配件存在质量问题,丙公司于20×6年1月5日退回了这批配件。甲公司将销售业务登记在20×5年12月,退货业务登记在20×6年1月。

(5)20×6年2月10日,甲公司兼并了一家从事电脑配件生产的公司——丁公司。这次兼并对降低产品成本、提高市场竞争力具有重要意义。但是,考虑到该事项发生在20×6年,甲公司不准备在20×5年度报表中披露该事项。

要求:

(1)对于上述事项(1)~(5),如果注册会计师张艺和李敏认为均比较重要,他们应向甲公司提出哪些会计处理建议?其依据是什么?

(2)如果甲公司拒绝接受两位注册会计师关于上述5个事项的所有处理建议,张艺和李敏应考虑出具什么类型的审计意见?

分析

(以下调整分录的金额单位为万元)

要求(1)

(1)事项(1):甲公司应计提存货跌价准备380万元(900-520),相应的调整分录为:

借:资产减值损失　　　　　　　　　　　　　　　380

　　贷:存货跌价准备　　　　　　　　　　　　　　　　380

(2)事项(2):甲公司应该按照发行债券所得资金的用途确认相应的利息支出,相应的调整分录为:

```
借：在建工程(900×4.8‰×10/12)                           36
    财务费用(600×4.8‰×10/12)                           24
        贷：应付债券——应计利息                           60
```
(3)事项(3)：该事项属于调整事项，相应的调整分录为：
```
借：营业外支出——担保损失                              800
        贷：其他应付款                                   800
```
(4)事项(4)：该项退货业务应冲减20×5年的主营业务收入和主营业务成本，相应的调整分录为：
```
借：主营业务收入                                        200
    应交税费——应交增值税(销项税)                       34
        贷：应收账款                                     234
借：库存商品                                            180
        贷：主营业务成本                                 180
```
(5)事项(5)：属于需要在20×5年度报表附注中予以披露的事项。

要求(2)

上述5个事项的累计影响如表14-2所示。

表14-2　　　　　　　　　事项的累积影响　　　　　　　　　　单位：万元

事项	资产影响数	负债影响数	利润总额影响数
1	−380	—	−380
2	+36	+60	−24
3	—	+800	−800
4	−54	−34	−20
5	—	—	—
合　计	−398	+826	−1 224

上述5个事项调整后，甲公司20×5年度的利润总额将是−224万元。显然，如果被审计单位拒绝调整这些重要事项，注册会计师应考虑出具否定意见的审计报告。

第四节　比较信息

一、比较信息的含义

比较信息(comparative information)，是指包含于财务报表中的、符合适用的财务报告编制基础的、与一个或多个以前期间相关的金额和披露。比较信息包括对应数据和比较财务报表。

对应数据(corresponding figures)，是指作为本期财务报表组成部分的上期金额和相关披露，这些金额和披露只能跟与本期相关的金额和披露(称为"本期数据")联系起来阅读。对应数据列报的详细程度主要取决于其与本期数据的相关程度。

比较财务报表(comparative financial statements)，是指为了与本期财务报表相比较而包含的上期金额和相关披露。比较财务报表包含信息的详细程度与本期财务报表包含信息的详细程度相似。

二、比较信息的审计程序

注册会计师应当确定财务报表中是否包括适用的财务报告编制基础要求的比较信息,以及比较信息是否得到恰当分类。基于上述目的,注册会计师应当评价:

(1)比较信息是否与上期财务报表列报的金额和相关披露一致,如果必要,比较信息是否已经重述。

(2)在比较信息中反映的会计政策是否与本期采用的会计政策一致,如果会计政策已发生变更,这些变更是否得到恰当处理并得到充分列报和披露。

在实施本期审计时,如果注意到比较信息可能存在重大错报,注册会计师应当根据实际情况追加必要的审计程序,获取充分、适当的审计证据,以确定是否存在重大错报。如果上期财务报表已经得到更正,注册会计师应当确定比较信息与更正后的财务报表是否一致。对于管理层做出的、更正上期财务报表中影响比较信息的重大错报的任何重述,注册会计师还应当获取特定书面声明。

三、比较信息的审计意见

(一) 对应数据

由于审计意见是针对包括对应数据的本期财务报表整体的,通常情况下审计意见不需要单独提及对应数据。但是在下列几种情况下,注册会计师需要考虑是否有必要提及对应数据或调整审计意见类型:

1. 导致对上期财务报表发表非无保留意见的事项

如果以前针对上期财务报表发表了非无保留意见,且导致非无保留意见的事项已经解决,并已按照适用的财务报告编制基础进行恰当的会计处理,或在财务报表中做出恰当的披露,则针对本期财务报表发表的审计意见无须提及之前发表的非无保留意见。

如果以前针对上期财务报表发表了保留意见、无法表示意见或否定意见,且导致非无保留意见的事项仍未解决,注册会计师就应当根据未解决事项对本期财务报表的影响程度发表非无保留意见。在审计报告的导致非无保留意见的事项段中,注册会计师应当分下列情况予以处理:

(1)如果未解决事项对本期数据的影响或可能的影响是重大的,注册会计师应当在导致非无保留意见事项段中同时提及本期数据和对应数据;

(2)如果未解决事项对本期数据的影响或可能的影响不重大,注册会计师应当说明,由于未解决事项对本期数据和对应数据之间可比性的影响或可能的影响,因此发表了非无保留意见;

(3)即使未解决的事项可能与本期数据无关,由于尚未解决的事项对本期数据和对应数据的可比性存在影响或可能存在影响,注册会计师仍需要对本期财务报表发表保留意见、无法表示意见或否定意见(如适用)。

2. 上期财务报表中的错报

如果注册会计师已经获取上期财务报表存在重大错报的审计证据,而以前对该财务报表发表了无保留意见,且对应数据未经适当重述或恰当披露,注册会计师应当就包括在财务报表中的对应数据,在审计报告中对本期财务报表发表保留意见或否定意见。

如果存在错报的上期财务报表尚未更正,并且没有重新出具审计报告,但对应数据已在本期财务报表中得到适当重述或恰当披露,注册会计师可以在审计报告中增加强调事项段,以描述这一情况,并提及详细描述该事项的相关披露在财务报表中的位置。

3. 上期财务报表已经前任注册会计师审计

如果上期财务报表已由前任注册会计师审计,注册会计师在审计报告中可以提及前任注册会计师对对应数据出具的审计报告。当注册会计师决定提及时,应当在审计报告的其他事项段中说明:(1)上期财务报表已由前任注册会计师审计;(2)前任注册会计师发表的审计意见类型(如果是非无保留意见,还应当说明发表非无保留意见的理由);(3)前任注册会计师出具的审计报告的日期。

4. 上期财务报表未经审计

如果上期财务报表未经审计,注册会计师应当在审计报告的其他事项段中说明对应数据未经审计。但这种说明并不减轻注册会计师获取充分、适当的审计证据,以确定期初余额不含有对本期财务报表产生重大影响的错报的责任。

涉及对应数据的非无保留意见审计报告举例如下:

审计报告

ABC 股份有限公司全体股东:

一、对财务报表出具的审计报告

我们审计了后附的 ABC 股份有限公司(以下简称 ABC 公司)财务报表,包括 20×1 年 12 月 31 日的资产负债表,20×1 年度的利润表、股东权益变动表和现金流量表以及财务报表附注。

(一)管理层对财务报表的责任

编制和公允列报财务报表是 ABC 公司管理层的责任,这种责任包括:(1)按照企业会计准则的规定编制财务报表,并使其实现公允反映;(2)设计、执行和维护必要的内部控制,以使财务报表不存在由于舞弊或错误导致的重大错报。

(二)注册会计师的责任

我们的责任是在执行审计工作的基础上对财务报表发表审计意见。我们按照中国注册会计师审计准则的规定执行了审计工作。中国注册会计师审计准则要求我们遵守中国注册会计师职业道德守则,计划和执行审计工作以对财务报表是否不存在重大错报获取合理保证。

审计工作涉及实施审计程序,以获取有关财务报表金额和披露的审计证据。选择的审计程序取决于注册会计师的判断,包括对由于舞弊或错误导致的财务报表重大错报风险的评估。在进行风险评估时,注册会计师考虑与财务报表编制和公允列报相关的内部控制,以设计恰当的审计程序,但目的并非对内部控制的有效性发表意见。审计工作还包括评价管理层选择会计政策的恰当性和做出会计估计的合理性,以及评价财务报表的总体列报。

我们相信,我们获取的审计证据是充分、适当的,为发表审计意见提供了基础。

(三)导致保留意见的事项

如财务报表附注××所述,ABC 公司未按照企业会计准则的规定对房屋建筑物和机器设备计提折旧。这项决定是管理层在上一会计年度开始时做出的,导致我们对该年度财务报表发表了保留意见。如果按照房屋建筑物 5% 和机器设备 20% 的年折旧率计提折旧,20×1 年度和20×0年度的当年亏损将分别增加××元和××元,20×1年年末和20×0年年末的房屋建筑物和机器设备的净值将因累计折旧而减少××元和××元,20×1年度和20×0年度的累计亏损将分别增加××元和××元。

(四)保留意见

我们认为,除"(三)导致保留意见的事项"段所述事项产生的影响外,ABC公司财务报表在所有重大方面按照企业会计准则的规定编制,公允反映了ABC公司20×1年12月31日的财务状况和20×1年度的经营成果和现金流量。

二、按照相关法律法规的要求报告的事项

(本部分报告的格式和内容,取决于相关法律法规对其他报告责任的规定。)

××会计师事务所	中国注册会计师:×××
(盖章)	(签名并盖章)
	中国注册会计师:×××
	(签名并盖章)
中国××市	20×2年×月×日

(二)比较财务报表

当列报比较财务报表时,审计意见应提及列报财务报表所属的各期,以及发表的审计意见涵盖的各期。由于对比较财务报表出具的审计报告涵盖所列报的每期财务报表,注册会计师可以对一期或多期财务报表发表保留意见、否定意见或无法表示意见,或者在审计报告中增加强调事项段,而对其他期间的财务报表发表不同的审计意见。在考虑比较财务报表对审计意见的影响时,需要特别关注下列几种情况:

1. 对上期财务报表的意见不同于以前发表的意见

当因本期审计而对上期财务报表发表审计意见时,如果对上期财务报表发表的意见与以前发表的意见不同,注册会计师应当在其他事项段中披露导致不同意见的实质性原因。

2. 上期财务报表已经前任注册会计师审计

如果上期财务报表已由前任注册会计师审计,除非前任注册会计师对上期财务报表出具的审计报告与财务报表一同对外提供,注册会计师除对本期财务报表发表意见外,还应当在审计报告的其他事项段中说明:(1)上期财务报表已由前任注册会计师审计;(2)前任注册会计师发表的审计意见类型(如果是非无保留意见,还应当说明发表非无保留意见的理由);(3)前任注册会计师出具的审计报告的日期。

3. 上期财务报表中的重大错报

如果认为存在影响上期财务报表的重大错报,而前任注册会计师以前出具了无保留意见的审计报告,注册会计师应当就此与适当层级的管理层沟通,并要求其告知前任注册会计师。注册会计师还应当与治理层进行沟通,除非治理层全部成员参与管理被审计单位。如果上期财务报表已经更正,且前任注册会计师同意对更正后的上期财务报表出具新的审计报告,注册会计师应当仅对本期财务报表出具审计报告。

前任注册会计师可能无法或不愿对上期财务报表重新出具审计报告。注册会计师可以在审计报告中增加其他事项段,指出前任注册会计师对更正前的上期财务报表出具了报告。

如果注册会计师针对做出更正的调整事项接受委托实施审计并获取充分、适当的审计证

据,可以在审计报告中增加以下段落:

"作为20×2年度财务报表审计的一部分,我们同时审计了附注××中所描述的用于对20×1年度财务报表做出更正的调整事项。我们认为这些调整是恰当的,并得到了适当运用。除了与调整相关的事项外,我们没有接受委托对公司20×1年度财务报表实施审计、审阅或其他程序,因此,我们不对20×1年度财务报表整体发表意见或提供任何形式的保证。"

4. 上期财务报表未经审计

如果上期财务报表未经审计,注册会计师应当在审计报告的其他事项段中说明比较财务报表未经审计。但这种说明并不减轻注册会计师获取充分、适当的审计证据,以确定期初余额不含有对本期财务报表产生重大影响的错报的责任。

第五节 含有已审计财务报表的文件中的其他信息

含有已审计财务报表的文件是被审计单位向股东(或类似的利益相关方)公布的含有已审计财务报表和审计报告的年度报告或类似文件。在审计业务没有提出专门要求的情况下,审计意见不涵盖其他信息,注册会计师没有专门责任确定其他信息是否得到适当陈述。然而,由于已审计财务报表与其他信息之间可能存在的重大不一致将损害已审计财务报表的可信度,注册会计师需要关注其他信息。

一、其他信息的含义

其他信息(other information in documents containing audited financial statements)是指根据法律法规的规定或惯例,在含有已审计财务报表的文件中包含的除已审计财务报表和审计报告以外的财务信息和非财务信息。例如,管理层或治理层的经营报告;财务数据摘要;员工情况数据;计划的资本性支出;财务比率;董事和高级管理人员的姓名;择要列示的季度数据等。

二、注册会计师对于其他信息的责任

(一)重大不一致

注册会计师应当阅读其他信息,以识别其是否与已审计财务报表存在重大不一致(material inconsistency)[①]。重大不一致可能导致注册会计师对依据以前获取的审计证据得出的审计结论产生怀疑,甚至对形成审计意见的基础产生怀疑。

如果识别出重大不一致,注册会计师应当确定已审计财务报表或其他信息是否需要修改。

1. 在审计报告日前获取的其他信息中识别出重大不一致

如果在审计报告日前获取的其他信息中识别出重大不一致,并且需要对已审计财务报表做出修改,但管理层拒绝做出修改,注册会计师应当在审计报告中发表非无保留意见。

如果在审计报告日前获取的其他信息中识别出重大不一致,并且需要对其他信息做出修改,但管理层拒绝做出修改,除非治理层的所有成员参与管理被审计单位,注册会计师应当就该事项与治理层进行沟通。此外,注册会计师还应当采取下列措施之一:在审计报告中增加其他事项段,说明重大不一致;拒绝提交审计报告;解除业务约定。

---

① 不一致(inconsistency)是指其他信息与已审计财务报表中的信息相矛盾。

2. 在审计报告日后获取的其他信息中识别出重大不一致

如果在审计报告日后获取的其他信息中识别出重大不一致,并且需要对已审计财务报表做出修改,注册会计师应该区分不同的时间段识别的事实(即审计报告日至财务报表报出日前识别的事实和财务报表报出后识别的事实),并采取相应的措施。

如果在审计报告日后获取的其他信息中识别出重大不一致,并且需要对其他信息做出修改,同时管理层同意修改,注册会计师应当根据具体情况实施必要的程序,评价管理层采取的措施,确保收到之前公布的财务报表、审计报告和其他信息的人员均已获悉企业对其他信息的修改。

如果在审计报告日后获取的其他信息中识别出重大不一致,并且需要对其他信息做出修改,但管理层拒绝做出修改,除非治理层的所有成员参与管理被审计单位,注册会计师应当将对其他信息的疑虑告知治理层,并采取适当的进一步措施,如征询律师的意见。

(二)重大错报

对事实的错报(misstatement of fact)是指在其他信息中,对与已审计财务报表所反映事项不相关的信息做出的不正确陈述或列报。对事实的重大错报可能损害含有已审计财务报表的文件的可信度。

在阅读其他信息以识别重大不一致时,如果注意到明显的对事实的重大错报,注册会计师应当与管理层讨论该事项。

如果在讨论后仍然认为存在明显的对事实的重大错报,注册会计师应当提请管理层咨询被审计单位的法律顾问等有资格的第三方的意见。注册会计师应当考虑管理层收到的咨询意见。

如果认为在其他信息中存在对事实的重大错报,但管理层拒绝做出修改,除非治理层的所有成员参与管理被审计单位,否则注册会计师应当将对其他信息的疑虑告知治理层,并采取适当的进一步措施。

第六节 特殊目的审计报告

特殊目的审计业务是指注册会计师接受委托,对下列财务信息进行审计并出具审计报告的业务,主要包括:按照适用的财务报告编制基础(如企业会计准则)以外的其他基础(简称特殊目的的基础)编制的财务报表;单一财务报表和财务报表特定要素;简要财务报表。

一、对按照特殊目的编制基础编制的财务报表出具的审计报告

(一)特殊目的财务报表的定义

特殊目的财务报表(special purpose financial statements)是指按照特殊目的的编制基础编制的财务报表。特殊目的编制基础是指用以满足财务报表特定使用者财务信息需求的财务报告编制基础,包括公允价值编制基础和遵循性编制基础。例如,纳税申报表后附的财务报表所采用的计税核算基础;被审计单位为债权人编制的反映现金流信息的货币资金收入和支出核算基础;监管机构为满足监管要求做出的财务报告规定;在合同(如债券合同、贷款协议或项目拨款)中做出的财务报告规定。

(二)对特殊目的财务报表出具审计报告

当对特殊目的财务报表形成审计意见并出具报告时,注册会计师应当遵守《中国注册会计

师审计准则第 1501 号——对财务报表形成审计意见和出具审计报告》的规定。注册会计师需要评价财务报表是否恰当提及或说明适用的财务报告编制基础。在财务报表按照合同条款编制的情况下,注册会计师需要评价财务报表是否恰当说明对财务报表编制所依据的合同做出的所有重要解释。

对于特殊目的财务报表审计,审计报告的内容还应当包括:

(1)说明财务报表的编制目的,并在必要时说明财务报表预期使用者,或者提及含有这些信息的特殊目的财务报表附注;

(2)如果管理层在编制特殊目的财务报表时可以选择财务报告编制基础,在说明管理层对财务报表的责任时,提及管理层负责确定适用的财务报告编制基础在具体情况下的可接受性。

(三)特殊目的财务报表审计报告举例

背景信息:

1. 管理层已根据合同要求,按照合同中做出的财务报告规定(即特殊目的编制基础)编制财务报表,管理层无权选择财务报告编制基础;

2. 适用的财务报告编制基础是遵循性编制基础;

3. 审计业务约定条款中说明的管理层对财务报表的责任,与《中国注册会计师审计准则第 1111 号——就审计业务约定条款达成一致意见》的规定一致;

4. 审计报告的分发和使用受到限制。

审 计 报 告

[恰当的收件人]:

我们审计了后附的 ABC 股份有限公司(以下简称 ABC 公司)财务报表,包括 20×1 年 12 月 31 日的资产负债表,20×1 年度的利润表、现金流量表和股东权益变动表以及财务报表附注。财务报表已由 ABC 公司管理层依据 ABC 公司与 DEF 有限责任公司(以下简称 DEF 公司)于 20×1 年 1 月 1 日签订的合同(以下简称"合同")第 Z 部分做出的财务报告规定编制。

一、管理层对财务报表的责任

管理层负责按照合同第 Z 部分做出的财务报告规定编制财务报表,并负责设计、执行和维护必要的内部控制,以使财务报表不存在由于舞弊或错误导致的重大错报。

二、注册会计师的责任

我们的责任是在执行审计工作的基础上对财务报表发表审计意见。我们按照中国注册会计师审计准则的规定执行了审计工作。中国注册会计师审计准则要求我们遵守中国注册会计师职业道德守则,计划和执行审计工作以对财务报表是否不存在重大错报获取合理保证。

审计工作涉及实施审计程序,以获取有关财务报表金额和披露的审计证据。选择的审计程序取决于注册会计师的判断,包括对由于舞弊或错误导致的财务报表重大错报风险的评估。在进行风险评估时,注册会计师考虑与财务报表编制相关的内部控制,以设计恰当的审计程序,但目的并非对内部控制的有效性发表意见。审计工作还包括评价管理层选用会计政策的恰当性和做出会计估计的合理性,以及评价财务报表的总体列报。

我们相信,我们获取的审计证据是充分、适当的,为发表审计意见提供了基础。

三、审计意见

我们认为,ABC 公司财务报表在所有重大方面按照合同第 Z 部分做出的财务报告规定编制。

四、编制基础以及对分发和使用的限制

我们提醒财务报表使用者关注财务报表附注××对编制基础的说明。ABC公司编制财务报表是为了遵守合同第Z部分做出的财务报告规定。因此,财务报表可能不适于其他用途。我们的报告仅用于ABC公司和DEF公司,而不应分发至除ABC公司和DEF公司以外的其他机构或人员或为其使用。本段内容不影响已发表的审计意见。

××会计师事务所	中国注册会计师:×××
（盖章）	（签名并盖章）
	中国注册会计师:×××
	（签名并盖章）
中国××市	20×2年×月×日

二、单一财务报表或财务报表特定要素审计报告

(一)单一财务报表和财务报表特定要素的定义

财务报表特定要素(即特定要素,a specific element of a financial statement)是指财务报表特定的要素、账户或项目。例如,应收账款、坏账准备、存货、可辨认无形资产的账面价值,包括相关附注;有形资产净值明细表,包括相关附注;与租赁资产相关的支出明细表,包括相关附注。

单一财务报表(a single financial statement)或财务报表特定要素包括相关附注。相关附注通常包括重要会计政策概要以及与财务报表或要素相关的其他解释性信息。

(二)单一财务报表或财务报表特定要素审计报告的编制

如果接受业务委托对单一财务报表或财务报表特定要素出具审计报告,同时接受业务委托对整套财务报表进行审计,注册会计师应当针对每项业务分别发表审计意见。

《中国注册会计师审计准则第1501号——对财务报表形成审计意见和出具审计报告》要求注册会计师在形成审计意见时评价财务报表是否做出充分披露,使财务报表预期使用者能够理解重大交易和事项对财务报表所传递信息的影响。从适用的财务报告编制基础来看,单一财务报表或财务报表特定要素(包括相关附注)做出充分披露,使财务报表预期使用者理解单一财务报表或财务报表特定要素传递的信息的影响,是非常重要的。

已审计的单一财务报表或财务报表特定要素可能与已审计的整套财务报表一同公布,如果注册会计师认为管理层对单一财务报表或财务报表特定要素的列报与整套财务报表没有明确区分,注册会计师应当要求管理层纠正这种情况。

如果对整体财务报表出具非无保留审计意见的审计报告,或出具包括强调事项段或其他事项段的审计报告,注册会计师应当确定对单一财务报表或财务报表特定要素出具的审计报告的影响。相应地,在适当的情况下,注册会计师应当对单一财务报表或财务报表特定要素出具非无保留意见的审计报告,或者出具包含强调事项段或其他事项段的审计报告。

即使对整套财务报表出具的审计报告中的非无保留意见、强调事项段或其他事项段与已审计的单一财务报表或财务报表特定要素没有关系,注册会计师可能仍然认为,在对单一财务报表或财务报表特定要素出具的审计报告的其他事项段中提及非无保留意见、强调事项或其他事项是恰当的,因为注册会计师认为这与理解已审计的单一财务报表或财务报表特定要素

或有关审计报告是相关的。

如果认为有必要对整套财务报表发表否定意见或无法表示意见,注册会计师不应在同一审计报告中对构成整套财务报表组成部分的单一财务报表或财务报表特定要素发表无保留意见。这是因为,在同一审计报告中包含的无保留意见,将与对整套财务报表整体发表的否定意见或无法表示意见相矛盾。

如果注册会计师认为有必要对整套财务报表整体发表否定意见或无法表示意见,但又对该整套财务报表中的特定要素单独审计,只有在同时满足下列条件时,注册会计师才可以认为对特定要素发表无保留意见是适当的:(1)法律法规并未禁止注册会计师对该特定要素发表无保留意见;(2)注册会计师对特定要素出具的无保留意见审计报告,并不与包含否定意见或无法表示意见的审计报告一同公布;(3)特定要素并不构成整套财务报表的主要部分。

如果已对整套财务报表发表否定意见或无法表示意见,注册会计师就不应对整套财务报表中的单一财务报表发表无保留意见。即使注册会计师对单一财务报表出具的审计报告并不与包含否定意见或无法表示意见的审计报告一同公布,注册会计师也不应对整套财务报表中的单一财务报表发表无保留意见。这是因为单一财务报表被视为构成整套财务报表整体的主要部分。

(三)单一财务报表或财务报表特定要素审计报告举例

背景信息:

1. 对资产负债表(即单一财务报表)进行审计;
2. 资产负债表已由管理层按照我国财务报告编制基础中与编制资产负债表相关的规定编制;
3. 适用的财务报告编制基础是公允列报编制基础,旨在满足广大财务报表使用者共同的财务信息需求;
4. 审计业务约定条款中说明的管理层对财务报表的责任,与《中国注册会计师审计准则第1111号——就审计业务约定条款达成一致意见》的规定一致;
5. 注册会计师确定在审计意见中使用"在所有重大方面""公允反映"等措辞是恰当的。

审 计 报 告

[恰当的收件人]:

我们审计了后附的 ABC 股份有限公司(以下简称 ABC 公司)财务报表,包括20×1年12月31日的资产负债表和相关附注(以下合称财务报表)。

一、管理层对财务报表的责任

管理层负责按照我国财务报告编制基础中与编制资产负债表相关的规定编制财务报表,并负责设计、执行和维护必要的内部控制,以使财务报表不存在由于舞弊或错误导致的重大错报。

二、注册会计师的责任

我们的责任是在执行审计工作的基础上对财务报表发表审计意见。我们按照中国注册会计师审计准则的规定执行了审计工作。中国注册会计师审计准则要求我们遵守中国注册会计师职业道德守则,计划和执行审计工作以对财务报表是否不存在重大错报获取合理保证。

审计工作涉及实施审计程序,以获取有关财务报表金额和披露的审计证据。选择的审计程序取决于注册会计师的判断,包括对由于舞弊或错误导致的财务报表重大错报风险的评估。在进行风险评估时,注册会计师考虑与财务报表编制相关的内部控制,以设计恰当的审计程序,但目的并非对内部控制的有效性发表意见。审计工作还包括评价管理层选用会计政策的恰当性和做出会计估计的合理性,以及评价财务报表的总体列报。

我们相信,我们获取的审计证据是充分、适当的,为发表审计意见提供了基础。

三、审计意见

我们认为,ABC公司财务报表在所有重大方面按照我国财务报告编制基础中与编制资产负债表相关的规定编制,公允反映了ABC公司20×1年12月31日的财务状况。

××会计师事务所　　　　　　　　　　中国注册会计师:×××
（盖章）　　　　　　　　　　　　　　　　（签名并盖章）
　　　　　　　　　　　　　　　　　　　中国注册会计师:×××
　　　　　　　　　　　　　　　　　　　　（签名并盖章）
中国××市　　　　　　　　　　　　　　20×2年×月×日

三、对简要财务报表出具的审计报告

(一)简要财务报表的定义

简要财务报表(summary financial statements)是指来源于财务报表但详细程度低于财务报表的历史财务信息。简要财务报表对被审计单位某一特定日期的经济资源(或义务)或某一会计期间的经济资源(或义务)变化情况提供了与财务报表一致的结构性表述。简要财务报表来源于由同一注册会计师按照审计准则的规定审计的财务报表。

(二)简要财务报表审计报告的编制要求

对简要财务报表出具的审计报告应当包括下列要素:

1. 标题

审计报告的标题应当统一规范为"对简要财务报表出具的审计报告"。

2. 收件人

审计报告应当按照审计业务约定条款的要求载明收件人。如果对简要财务报表出具的审计报告的收件人不同于已审计财务报表的审计报告的收件人,注册会计师应当评价使用不同收件人名称的适当性。

3. 引言段

编写引言段时应当:

(1)指出注册会计师出具审计报告所针对的简要财务报表,包括每张简要财务报表的名称。

(2)指出已审计财务报表。

(3)提及对已审计财务报表出具的审计报告和报告日期,(在适用的情况下)对已审计财务报表发表无保留意见这一事实。

如果对已审计财务报表出具的审计报告包含非无保留意见、强调事项段或其他事项段,但注册会计师确信,简要财务报表按照采用的标准在所有重大方面与已审计财务报表保持一致或公允概括了已审计财务报表,对简要财务报表出具的审计报告应当在引言段中说明对已审

计财务报表出具的审计报告包含非无保留意见、强调事项段或其他事项段。

(4)如果简要财务报表的审计报告日迟于已审计财务报表的审计报告日,说明简要财务报表和已审计财务报表均未反映在已审计财务报表的审计报告日后发生的事项的影响。

(5)指出简要财务报表未包含编制财务报表时所采用的财务报告编制基础要求披露的全部事项,因此,对简要财务报表的阅读不能替代对已审计财务报表的阅读。

4. 管理层对简要财务报表的责任段

管理层对简要财务报表的责任段应当说明,按照采用的标准编制简要财务报表是管理层的责任。

5. 注册会计师的责任段

注册会计师的责任段应当说明,注册会计师的责任是在实施《中国注册会计师审计准则第1604号——对简要财务报表出具报告的业务》规定的程序的基础上对简要财务报表发表审计意见。

6. 审计意见段

审计意见段应当清楚地表达对简要财务报表的意见。

如果认为对简要财务报表发表无保留意见是恰当的,除非法律法规另有规定,注册会计师应当使用下列措辞之一:

(1)按照[××标准](具体指出采用的标准),简要财务报表在所有重大方面与已审计财务报表保持了一致;

(2)按照[××标准](具体指出采用的标准),简要财务报表公允概括了已审计财务报表。

如果对已审计财务报表出具的审计报告包含保留意见、强调事项段或其他事项段,但注册会计师确信,简要财务报表按照采用的标准在所有重大方面与已审计财务报表保持一致或公允概括了已审计财务报表,对简要财务报表出具的审计报告应当在审计意见段中描述对已审计财务报表发表保留意见的依据,对已审计财务报表出具的审计报告中的保留意见,或者强调事项段或其他事项段,以及由此对简要财务报表的影响(如有)。

如果对已审计财务报表发表了否定意见或无法表示意见,对简要财务报表出具的审计报告应当在审计意见段中描述发表否定意见或无法表示意见的依据;在审计意见段中说明由于对已审计财务报表发表否定意见或无法表示意见,因此,对简要财务报表发表意见是不适当的。

如果简要财务报表没有按照采用的标准在所有重大方面与已审计财务报表保持一致或公允概括已审计财务报表,而管理层又不同意做出必要的修改,注册会计师应当对简要财务报表发表否定意见。

7. 注册会计师的签名和盖章

8. 会计师事务所的名称、地址和盖章

9. 报告日期

简要财务报表的审计报告日期不应早于下列日期:

(1)注册会计师已获取充分、适当的证据并在此基础上形成审计意见的日期,这些证据包括简要财务报表已编制完成以及法律法规规定的被审计单位董事会、管理层或类似机构已经认可其对简要财务报表负责;

(2)已审计财务报表的审计报告日。

(三)简要财务报表审计报告举例

简要财务报表审计报告举例如下：

背景信息：

1. 对已审计财务报表发表了无保留意见；
2. 存在编制简要财务报表采用的既定标准；
3. 对简要财务报表出具审计报告的日期晚于对构成简要财务报表来源的财务报表出具审计报告的日期。

对简要财务报表出具的审计报告

[恰当的收件人]：

　　后附的ABC公司简要财务报表包括20×1年12月31日简要资产负债表，20×1年度的简要利润表、简要股东权益变动表和简要现金流量表以及相关附注。ABC公司简要财务报表来源于ABC公司20×1年度已审计的财务报表。我们已在20×2年2月15日签署的审计报告中对构成简要财务报表来源的财务报表发表了无保留意见。这些财务报表和简要财务报表没有反映审计报告日(20×2年2月15日)后发生事项的影响。

　　简要财务报表没有包含[描述ABC公司在编制已审计财务报表时所采用的财务报告编制基础]要求的所有披露。因此，对简要财务报表的阅读不能替代对ABC公司已审计财务报表的阅读。

一、管理层对简要财务报表的责任

　　管理层负责按照[描述既定的标准]编制来源于已审计财务报表的简要财务报表。

二、注册会计师的责任

　　我们的责任是在实施审计程序的基础上对简要财务报表发表审计意见。我们按照《中国注册会计师审计准则第1604号——对简要财务报表出具报告的业务》的规定执行了审计工作。

三、审计意见

　　我们认为，来源于ABC公司20×1年度已审计财务报表的简要财务报表已经按照[描述既定的标准]编制，在所有重大方面与已审计财务报表保持了一致(或公允概括了已审计财务报表)。

　　××会计师事务所　　　　　　　　　　　中国注册会计师：×××
　　　　(盖章)　　　　　　　　　　　　　　　　(签名并盖章)
　　　　　　　　　　　　　　　　　　　　　中国注册会计师：×××
　　　　　　　　　　　　　　　　　　　　　　　　(签名并盖章)
　　中国××市　　　　　　　　　　　　　　20×2年×月×日

复习思考题

1. 在什么情况下注册会计师可以考虑对被审计单位的财务报表出具无保留意见的审计报告？
2. 保留意见与否定意见、无法表示意见的区别是什么？
3. 强调事项段与其他事项段的区别是什么？

4. 比较信息在什么情况下会影响审计意见？
5. 含有已审计财务报表的文件中的其他信息在什么情况下会影响审计意见？
6. 特殊目的审计分为哪几种类型？特殊目的审计与年度报表审计的区别和联系表现在哪些方面？

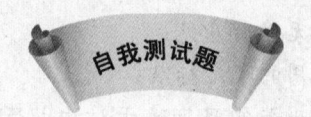

自我测试题

一、单项选择题

1. 非无保留意见的审计报告不包括（　　）的审计报告。
   A. 带强调事项段的无保留意见
   B. 保留意见
   C. 无法表示意见
   D. 否定意见
2. 注册会计师在出具否定意见的审计报告时，需要在（　　）增加说明段，以解释出具该意见类型的理由。
   A. 意见段之后
   B. 财务报表附注中
   C. 范围段之前
   D. 意见段之前
3. 审计报告的引言段内容不包括（　　）。
   A. 已审财务报表的名称、反映的日期或期间
   B. 会计责任
   C. 审计责任
   D. 审计依据
4. 在下列情况中的（　　）下，注册会计师应该出具带有强调事项段的无保留意见审计报告。
   A. 注册会计师认为被审计单位编制财务报表所依据的持续经营假设是合理的，但存在可能导致对其持续经营能力产生重大疑虑的事项或情况，管理层已经在财务报表中做了适当披露
   B. 重要会计政策的选用不符合国家颁布的企业会计准则的规定
   C. 重要报表项目的披露不符合国家颁布的企业会计准则的规定
   D. 审计范围受到严重限制，无法取得充分适当的审计证据
5. 如果被审计单位管理层拒绝就其责任的履行情况提供书面声明，下列做法中不正确的是（　　）。
   A. 重新评价公司管理层的诚信情况
   B. 重新评价获取审计证据的总体可靠性
   C. 对财务报表出具无法表示意见的审计报告
   D. 对财务报表出具保留意见的审计报告

二、多项选择题

1. 下列事项中，导致注册会计师在审计报告中增加强调事项段的有（　　）。
   A. 在允许的情况下，提前应用对财务报表有广泛影响的新会计准则
   B. 所审计财务报表采用特殊编制基础编制
   C. 含有已审计财务报表的文件中的其他信息与财务报表存在重大不一致，并且需要对其他信息做出修改，但管理层拒绝修改
   D. 存在已经或持续对被审计单位财务状况产生重大影响的事项
2. 下列事项中，导致注册会计师在审计报告中增加其他事项段的有（　　）。
   A. 注册会计师决定在审计报告中提及前任注册会计师对对应数据出具的审计报告
   B. 当财务报表列报对应数据时，上期财务报表未经审计
   C. 对审计报告使用和分发的限制
   D. 含有已审计财务报表的文件中的其他信息与财务报表存在重大不一致，并且需要对财务报表做出修改，但管理层拒绝修改
3. 承接审计业务后，如果注意到被审计单位管理层对审计范围施加了限制，且认为这些限制可能导致对

财务报表发表保留意见或无法表示意见,注册会计师采取的下列措施中,正确的有( )。
  A. 要求管理层消除这些限制,如果管理层拒绝消除限制,应当与治理层沟通
  B. 如果无法获取充分、适当的审计证据,且未发现的错报(如存在)对财务报表的影响重大且具有广泛性,应当在可行时解除业务约定
  C. 如果无法获取充分、适当的审计证据,且未发现的错报(如存在)对财务报表的影响重大且具有广泛性,若解除业务约定不可行,应当发表无法表示意见
  D. 如果无法获取充分、适当的审计证据,且未发现的错报(如存在)可能对财务报表的影响重大,但不具有广泛性,应当发表保留意见

三、案例分析题

1. 上海达信会计师事务所注册会计师李大健、何奇于20×6年2月20日对华夏有限公司20×5年度财务报表进行审计,并于3月8日完成了外勤审计工作。华夏公司20×5年12月31日的资产总额为5 000万元,利润总额为800万元,两位注册会计师将财务报表层次的重要性水平定为50万元。在审计过程中,存在以下情况:

(1)公司于20×5年6月购入价值10万元的复印机一台,已入账,当月由管理部门领用,但当年并未计提折旧。根据公司有关会计政策,这类固定资产的折旧年限为8年,残值率为10%,按直线法计提折旧。

(2)该公司应收账款年末余额为600万元,应收账款函证回函率仅为30%,注册会计师利用替代程序确认了应收账款的真实性。

(3)公司于20×5年12月31日发出产品一批,其不含增值税售价为20万元,成本为13万元,由于货款于20×6年1月5日收到,所以企业在20×6年1月5日在账面确认了收入,并结转了成本。

(4)20×5年12月30日公司预付了100万元的下年度广告费,已计入12月的销售费用。

(5)公司有20万元的存货存放在外地仓库,注册会计师未能进行监盘,向存放地发出的询证函也未收到任何答复,且无法实施替代程序。

(6)20×5年11月因知识产权问题被乙公司起诉,该诉讼案已于20×6年3月5日由法院做出终审判决,华夏公司败诉并应向乙公司赔偿110万元,华夏公司在20×5年财务报表附注中已经说明。

要求:
(1)针对上述6种情况,分别说明注册会计师应提出的处理建议。
(2)如果被审计单位拒不接受注册会计师的建议,注册会计师应出具何种类型的审计意见?
(3)在公司不接受注册会计师提出的改进建议前提下,代注册会计师撰写一份审计报告。

2. 乙公司系股份有限公司,注册会计师A和B负责对其20×6年度财务报表进行审计,并于20×7年3月6日完成外勤审计工作。乙公司未经审计的财务报表中的部分会计资料如下:

项 目	金额(万元)
20×6年度营业收入	180 000
20×6年度营业成本	150 000
20×6年度利润总额	5 000
20×6年度净利润	3 350
20×6年12月31日资产总额	135 000
20×6年12月31日股东权益	66 000

注册会计师A和B确定乙公司20×6年度财务报表层次的重要性水平为500万元,并将该重要性水平分配至各财务报表项目,其中部分财务报表项目的重要性水平如下:

报表项目	重要性水平(万元)	报表项目	重要性水平(万元)
应收账款	50	应付账款	30
预付款项	10	预收款项	10
存货	40	应付债券	10
固定资产	120		
在建工程	60		

注册会计师A和B在审计过程中发现以下情况：

(1)乙公司应收丙公司一笔金额较大的货款，在20×6年12月31日，丙公司经营状况良好，并无显示财务困难的迹象。但在20×7年2月21日，丙公司发生火灾，无力偿还乙公司的货款。

(2)乙公司为丁公司向银行借款500万元提供担保。20×6年10月，丁公司因经营严重亏损，进行破产清算，无力偿还已到期的该笔银行借款。贷款银行因此向法院起诉，要求乙公司承担连带偿还责任，支付借款本息560万元。20×7年2月20日，法院终审判决贷款银行胜诉，由乙公司支付借款本息560万元，并于20×7年2月28日执行完毕。乙公司在20×6年度未对该诉讼案件做相应的会计处理。

(3)乙公司采用备抵法核算坏账，坏账准备按期末应收项余额的1‰计提。20×6年年末未经审计的资产负债表反映的"应收账款"项目为借方余额21 000万元(为扣除相应坏账准备后的净额)，"其他应收款"项目为借方余额2 600万元(为扣除相应坏账准备后的净额)，"应付账款"项目为贷方余额8 000万元，"预收款项"项目为贷方余额1 500万元。其中，应付账款和预收账款的明细项目列示如下：

单位：万元

应付账款明细科目	金　额	预收账款明细科目	金　额
应付账款——A公司	6 000	预收账款——D公司	1 300
应付账款——B公司	−1 000	预收账款——E公司	1 200
应付账款——C公司	3 000	预收账款——F公司	−1 000
合　计	8 000	合　计	1 500

(4)20×6年1月1日，乙公司经批准按面值发行了10 000万元5年期的债券票面年利率为5%、到期一次还本付息的公司债券。发行债券所筹集资金中的7 000万元用于建造生产厂房(20×6年12月31日尚未完工)，3 000万元用于补充流动资金。乙公司对债券发行业务做了相应的会计处理，但未计提20×6年度的债券利息。

要求：

(1)假定注册会计师A和B在20×7年2月25日获知丙公司发生火灾，并于当日实施了必要的审计程序后，应当提请乙公司如何处理？

(2)乙公司对上述事项(2)、(3)、(4)的处理是否恰当？如果存在不妥之处，注册会计师A和B应分别提出何种审计处理建议？若需提出调整建议，请列示审计调整分录以及必要的重分类分录，编制审计调整或重分类分录时不考虑流转税、费以及损益结转。

(3)假定被审计单位拒绝注册会计师提出的处理意见，分别说明上述情况对注册会计师审计意见的影响以及具体的审计意见类型。

3. 中山会计师事务所注册会计师李明和张力于20×9年2月18日完成了对甲公司20×8年度财务报表的外勤审计工作，确定财务报表层次的重要性水平为200万元。在复核审计工作底稿时，注意到公司存在下列情形：

(1)公司于20×8年年末更换了大股东,并成立了新的董事会,继任法定代表人以刚上任不了解以前年度情况为由,拒绝签署20×8年度已审财务报表和提供管理层声明书。原法定代表人以不再继续履行职责为由,也拒绝签署20×8年度已审财务报表和提供管理层声明书。

(2)因主导产品A产品不符合国家环保要求,政府部门于20×8年12月要求甲公司在20×9年9月30日前停止生产和销售该类产品。注册会计师复核了管理层对持续经营能力做出的评估和拟采取的应对措施,认为在编制财务报表时运用持续经营假设是适当的,但可能导致对持续经营能力产生重大疑虑的事项或情况存在重大不确定性。甲公司已在财务报表附注中做出充分披露。

(3)20×8年11月29日,公司收到当地仲裁委员会的裁决书,要求公司对其提供担保的乙公司逾期贷款及罚息共1 000万元承担连带赔偿责任。公司向当地中级人民法院提请上诉,申请撤销仲裁委员会的裁决。20×8年12月13日,法院下达受理案件通知书。公司已在财务报表附注中充分披露了该事项。

(4)20×8年12月15日,公司收到证券监管机构的《立案调查通知书》,对公司涉嫌违反证券法律法规事项进行调查。截至20×9年2月18日,公司尚未收到监管机构的正式调查处理结果。

(5)20×8年12月末,公司持有的500件乙产品的账面成本总额为900万元,由于市场价格下跌,预计可变现净值为800万元,公司计提了存货跌价准备100万元。20×9年1月,公司出售了这批产品,取得不含税销售收入700万元。

(6)甲公司为中山会计师事务所20×8年度承接的新客户。前任注册会计师由于未就20×7年12月31日存货余额获取充分、适当的审计证据,对甲公司20×7年度财务报表发表了保留意见。审计项目组认为,导致保留意见的事项对本期数据本身没有影响。

要求:

(1)分析上述6种情况是否都重要,以及上述情况对被审计单位的审计意见类型是否会产生影响,并说明理由。

(2)指出针对上述情况,注册会计师应提出何种处理意见。

第十五章 财务报表审计以外的鉴证业务与非鉴证业务

本章要点

- 设立验资与变更验资
- 财务报表审阅
- 内部控制审计
- 一般缺陷、重要缺陷与重大缺陷
- 执行商定程序

引例

上市公司2014年度内部控制报告披露情况分析

一、内部控制评价报告披露情况

截至2014年12月31日,沪、深交易所共有上市公司2 613家,包括主板公司480家,中小板公司732家,创业板公司406家。

二、内部控制评价报告的结论

2014年度,在2 571家披露了内部控制评价报告的上市公司中,2 538家内部控制评价结论为整体有效,33家内部控制评价结论为非整体有效。具体情况如下表所示。

内部控制有效性结论披露情况

内部控制有效性	整体有效	财务报告内部控制有效、非财务报告内部控制无效	财务报告内部控制无效、非财务报告内部控制有效	财务报告内部控制和非财务报告内部控制均无效	内部控制存在重大缺陷但未区分财务报告和非财务报告	总　计
公司数量	2 538	9	16	6	2	2 571
占比	98.72%	0.35%	0.62%	0.23%	0.08%	100%

三、内部控制缺陷的认定标准

2014年度,在披露内部控制评价报告的2 571家上市公司中,2 149家上市公司披露了内部控制缺陷认定标准,其中2 113家上市公司分别披露了财务报告和非财务报告内部控制缺陷认定标准,36家上市公司未区分财务报告和非财务报告披露内部控制缺陷认定标准;422家上市公司未披露内部控制缺陷认定标准。

四、内部控制缺陷的数量及内容

在2 571家披露内部控制评价报告的上市公司中,524家披露内部控制存在缺陷,其中39家披露内部控制存在重大缺陷,53家披露内部控制存在重要缺陷,455家披露内部控制存在一般缺陷;2 047家披露内部控制未存在缺陷。

(1)关于财务报告内部控制的重大缺陷和重要缺陷。25家上市公司披露了64个财务报告内部控制重大缺陷;13家上市公司披露了17个财务报告内部控制重要缺陷;1家上市公司披露存在财务报告内部控制重大和重要缺陷共3个,但未分别披露重大缺陷和重要缺陷的数量。从披露的财务报告内部控制重大缺陷和重要缺陷的内容看,突出表现在以下几个方面:

第一,担保业务管理方面。包括未经批准对外提供担保,或对被担保人的资信状况和履约能力调查不够深入,致使企业承担相应的法律责任;对企业债权未能采取有效的担保措施,造成应收账款不能按期回收,导致企业承担坏账风险。

第二,资金管理方面。包括银行账户的管理混乱,部分银行账户余额甚至未纳入报表,未定期进行银行对账;资金支付未经有效审核;资金管理的独立性不足,资金被关联方占用等。

第三,销售及收款方面。包括对客户资信等级的评估及授信额度管理存在缺陷,赊销的控制力度不足;收入确认不规范;未同客户定期对账,逾期应收账款催收缺乏有效措施等。

第四,资产管理方面。包括对固定资产、存货等资产的管理力度不够,对资产减值的处理存在缺陷。

第五,投资管理方面。包括投资前的分析不足,存在盲目性;投资后未能有效控制和核算对外投资。

第六,财会制度建设方面。包括未建立规范完善的财务会计制度;或者虽然存在相关制度但未得到有效执行。

第七,工程管理方面。包括未能及时分析在建工程是否达到可使用状态,导致在建工程未及时转固定资产。

(2)关于非财务报告内部控制的重大缺陷和重要缺陷。18家上市公司披露了26个非财务报告内部控制重大缺陷;42家上市公司披露了67个非财务报告内部控制重要缺陷;另有2家上市公司分别披露存在1个和3个非财务报告内部控制重要缺陷,但未披露相关内容。从披露的非财务报告内部控制重大缺陷和重要缺陷的内容看,突出表现在以下几个方面:

第一,组织机构方面。包括股东大会或董事会未能正常履行职能;未设立内部审计机构,或者虽然已设立内部审计机构,但未对子公司实施内部审计;部门设置不完整,部分业务无部门负责;未有效控制子公司。

第二,信息与沟通方面。包括企业内部各机构之间、企业与外部监管机构之间缺乏有效的沟通,信息传递不通畅、不及时;企业信息系统缺少数据备份和数据恢复等安全管理机制;未按规定披露股权转让、对外投资、对外担保、重大资产重组、合同履行等重大事项,甚至受到监管部门的处罚。

第三,非财务制度建设方面。包括部分业务缺乏制度规范;或者虽然存在相关制度但未得到切实执行。

第四,社会责任方面。包括发生了生产安全事故、环境污染事故,未按时发放职工薪酬,未给职工缴纳社会保险。

此外,部分上市公司披露内部控制重大缺陷和重要缺陷时,未区分财务报告内部控制和非财务报告内部控制。

(资料来源:财政部会计司等,"我国上市公司2014年实施企业内部控制规范体系情况分析报告",《企业内部控制简报》,2015年第6期,根据行文需要有所删节和调整。)

思考题

1. 在上海证券交易所、深圳证券交易所等网站查找一家(或几家)上市公司的年度内部控制评价报告和内部控制审计报告,比较两者的区别。

2. 为什么需要区分财务报告控制缺陷与非财务报告控制缺陷?如何区分?

3. 为什么需要区分内部控制重大缺陷、重要缺陷和一般缺陷?如何区分?

第一节 内部控制审计

一、我国内部控制审计业务概况

(一)内部控制审计的概念

内部控制审计(audits of internal control),是指会计师事务所接受委托,对特定基准日[①]内部控制设计与运行的有效性进行审计。

注册会计师执行内部控制审计工作,应当获取充分、适当的证据,为发表内部控制审计意见提供合理保证。注册会计师应当对财务报告内部控制的有效性发表审计意见,并对内部控制审计过程中注意到的非财务报告内部控制的重大缺陷,在内部控制审计报告中增加"非财务报告内部控制重大缺陷描述段"予以披露。

1. 财务报告内部控制

财务报告内部控制,是指由公司的董事会、监事会、经理层及全体员工实施的旨在合理保证财务报告及相关信息真实、完整而设计和运行的内部控制,以及用于保护资产安全的内部控制中与财务报告可靠性目标相关的控制。具体而言,财务报告内部控制主要包括下列方面的政策和程序:

(1)保存充分、适当的记录,准确、公允地反映企业的交易和事项;

(2)合理保证按照适用的财务报告编制基础的规定编制财务报表;

(3)合理保证收入和支出的发生以及资产的取得、使用或处置经过适当授权;

(4)合理保证及时防止或发现并纠正未经授权的、对财务报表有重大影响的交易和事项。

某一控制是否是财务报告内部控制的关键依据是控制目标,财务报告内部控制是那些与企业的财务报告可靠性目标相关的内部控制。例如,《企业内部控制应用指引第9号——销售业务》第十二条要求"企业应当指定专人通过函证等方式,定期与客户核对应收账款、应收票据、预收账款等往来款项",企业为此建立的定期对账及差异处理控制与其往来款项的存在、权利和义务、计价和分摊等认定相关,属于财务报告内部控制。在财务报表审计过程中注册会计师识别的相关认定以及可能发生重大错报的环节均与财务报表相关,注册会计师针对这些错报或潜在错报来源识别的相应内部控制通常是财务报告内部控制。

2. 非财务报告内部控制

非财务报告内部控制,是指除财务报告内部控制之外的其他控制,通常是指为了合理保证经营的效率效果、遵守法律法规、实现发展战略而设计和运行的控制,以及用于保护资产安全的内部控制中与财务报告可靠性目标无关的控制。

例如,《企业内部控制应用指引第8号——资产管理》第十一条要求"企业应当根据各种存货采购间隔期和当期库存,综合考虑企业生产经营计划、市场供求等因素,充分利用信息系统,合理确定存货采购日期和数量,确保存货处于最佳库存状态",企业为达到最佳库存的经营目

[①] 注册会计师基于基准日(如年末12月31日)对内部控制的有效性发表意见。

标而建立的对存货采购间隔时间进行监控的相关控制与经营效率效果相关,而不直接与财务报表的认定相关,属于非财务报告内部控制。

注册会计师可以单独进行内部控制审计,也可将内部控制审计与财务报表审计整合进行(以下简称整合审计,an integrated audit)。在整合审计中,注册会计师应当对内部控制设计与运行的有效性进行测试,以同时实现下列目标:获取充分、适当的证据,支持其在内部控制审计中对内部控制有效性发表的意见;获取充分、适当的证据,支持其在财务报表审计中对控制风险的评估结果。

(二)财务报表审计与内部控制审计的主要区别

财务报表审计与内部控制审计的主要区别如表15-1所示。

表15-1　　　　　　　　　财务报表审计与内部控制审计的主要区别

项目	财务报表审计	内部控制审计
审计目的	对财务报表是否在所有重大方面按照适用的财务报告编制基础编制发表审计意见	对内部控制的有效性发表审计意见,并对内部控制审计过程中注意到的非财务报告内部控制重大缺陷进行披露
了解和测试内部控制的目的	为了识别、评估和应对重大错报风险,据此确定实质性程序的性质、时间安排和范围,并获取与财务报表是否在所有重大方面按照适用的财务报告编制基础编制相关的审计证据	对内部控制的有效性发表审计意见
测试内部控制运行有效性的范围	针对评估的认定层次重大错报风险,注册会计师可能选择采用实质性方案或综合性方案。如果采用实质性方案,注册会计师可以不测试内部控制的运行有效性;如果采用综合性方案,注册会计师需要测试内部控制的运行有效性	针对所有重要账户和列报的每一个相关认定获取控制设计和运行有效性的审计证据,以便对内部控制整体的有效性发表审计意见
内部控制测试的期间	如果注册会计师选择综合性方案,需要获取内部控制在整个拟信赖期间运行有效的审计证据	需要对内部控制在基准日前足够长的时间(可能短于整个审计期间)内的运行有效性获取审计证据
对控制缺陷的评价	确定识别出的内部控制缺陷单独或连同其他缺陷是否构成值得关注的内部控制缺陷	评价识别出的内部控制缺陷是否构成一般缺陷、重要缺陷或重大缺陷
审计报告的意见类型	无保留意见、保留意见、否定意见、无法表示意见	无保留意见、否定意见、无法表示意见

(三)我国内部控制审计概况

注册会计师执行内部控制审计业务主要是依据财政部、审计署、保监会、银监会和证监会在2010年4月联合发布的《企业内部控制配套指引》。该配套指引包括《企业内部控制应用指引》《企业内部控制评价指引》和《企业内部控制审计指引》。该指引连同此前发布的《企业内部控制基本规范》共同构成我国的企业内部控制规范体系。根据该指引,执行企业内控规范体系的企业,必须对本企业内部控制的有效性进行自我评价,披露年度自我评价报告,同时聘请具有证券期货业务资格的会计师事务所对其财务报告内部控制的有效性进行审计,出具审计报告。企业内控规范体系自2011年1月1日起首先在境内外同时上市的公司施行,自2012年1月1日起扩大到在上海证券交易所、深圳证券交易所主板上市的公司施行;在此基础上,择机在中小板和创业板上市公司施行;同时,鼓励非上市大中型企业提前执行。

如表15-2所示,2010~2014年,我国会计师事务所的内控审计客户数量和业务收入呈快速增长趋势,收入年均增幅约27%,内控审计成为我国注册会计师行业最为闪亮的新业务增长点之一。内控审计业务的快速发展,与财政部等五部委制定发布《企业内部控制基本规范》(财会〔2008〕7号)和《企业内部控制配套指引》有较大关联。上市公司内部控制审计制度和自我评价制度已基本建立,实施范围不断拓展至中央企业、金融机构等,这为会计师事务所开拓内控审计和咨询业务提供了强有力的政策支持。

表15—2　　　　　　　　2010～2014年内控审计业务收入情况表

年份 项目	2010	2011	2012	2013	2014
客户数(户)	14 582	18 415	18 637	19 474	19 517
收入(万元)	15 833	23 494	27 312	32 280	40 878

资料来源:财政部会计司,《中国注册会计师行业发展报告——基于会计师事务所2010～2014年度报备信息的数据分析》,http://kjs.mof.gov.cn/zhengwuxinxi/diaochayanjiu/201512/t20151210_1608261.html。

二、内部控制审计的基本流程

(一)计划审计工作

注册会计师应当恰当地计划内部控制审计工作,配备具有专业胜任能力的项目组,并对助理人员进行适当的督导。

在计划审计工作时,注册会计师应当评价下列事项对内部控制、财务报表以及审计工作的影响:与企业相关的风险;相关法律法规和行业概况;企业组织结构、经营特点和资本结构等相关重要事项;企业内部控制最近发生变化的程度;与企业沟通过的内部控制缺陷;重要性[①]、风险等与确定内部控制重大缺陷相关的因素;对内部控制有效性的初步判断;可获取的、与内部控制有效性相关的证据的类型和范围。

注册会计师应当以风险评估为基础,选择拟测试的控制,确定测试所需收集的证据。内部控制的特定领域存在重大缺陷的风险越高,给予该领域的审计关注就越多。

注册会计师应当对企业内部控制自我评价工作进行评估,判断是否利用企业内部审计人员、内部控制评价人员和其他相关人员的工作以及可利用的程度,相应减少可能本应由注册会计师执行的工作。注册会计师利用企业内部审计人员、内部控制评价人员和其他相关人员的工作,应当对其专业胜任能力和客观性进行充分评价。与某项控制相关的风险越高,可利用程度就越低,注册会计师应当更多地对该项控制亲自进行测试。注册会计师应当对发表的审计意见独立承担责任,其责任不因为利用企业内部审计人员、内部控制评价人员和其他相关人员的工作而减轻。

(二)实施内部控制审计工作

1. 自上而下的方法

注册会计师应当按照自上而下的方法实施内部控制审计工作。自上而下的方法是注册会计师识别风险、选择拟测试控制的基本思路。自上而下的方法按照下列思路展开:(1)从财务

[①] 注册会计师在内部控制审计中运用重要性水平,旨在计划和执行内部控制审计工作,评价识别出的内部控制缺陷单独或组合起来是否构成内部控制重大缺陷,以对被审计单位是否在所有重大方面保持了有效的内部控制获取合理保证。由于内部控制的目标之一是合理保证财务报告及相关信息的真实、完整,因此对于同一财务报表,在财务报表审计和内部控制审计中运用的重要性水平应当相同。

报表层次初步了解内部控制整体风险;(2)识别企业层面控制;(3)识别重要账户、列报及其相关认定;(4)了解错报的可能来源;(5)选择拟测试的控制。

注册会计师在实施审计工作时,可以将企业层面控制和业务层面控制的测试结合进行。

2. 企业层面的控制

通过了解企业与财务报告相关的整体风险,注册会计师首先可以识别出为保持有效的财务报告内部控制而必需的企业层面内部控制。此外,由于对企业层面内部控制的评价结果将影响注册会计师测试其他控制的性质、时间安排和范围,因此,注册会计师可以考虑在执行业务的早期阶段对企业层面内部控制进行评价。

注册会计师测试企业层面控制,应当把握重要性原则,至少应当关注:

(1)与内部环境相关的控制

内部环境,即控制环境,包括治理职能和管理职能,以及治理层和管理层对内部控制及其重要性的态度、认识和措施。良好的控制环境是实施有效内部控制的基础。

(2)针对管理层凌驾于控制之上的风险而设计的控制

该控制对所有企业保持有效的内部控制都有重要影响。注册会计师可以根据对企业舞弊风险的评估做出判断,选择相关的企业层面控制进行测试,并评价这些控制能否有效应对管理层凌驾于控制之上的风险。

(3)企业的风险评估过程

风险评估过程包括识别与财务报告相关的经营风险和其他经营管理风险,以及针对这些风险采取的措施。首先,企业的内部控制能够充分识别企业外部环境(如在经济、政治、法律法规、竞争者行为、债权人需求、技术变革等方面)存在的风险;其次,充分且适当的风险评估过程需要包括对重大风险的估计、对风险发生可能性的评估以及确定应对风险的方法。注册会计师可以首先了解企业及其内部环境的其他方面信息,以初步了解企业的风险评估过程。

(4)对内部信息传递和财务报告流程的控制

财务报告流程的控制可以确保管理层按照适当的会计准则编制合理、可靠的财务报告并对外报告。

(5)对控制有效性的内部监督和自我评价

企业对控制有效性的内部监督和自我评价可以在企业层面上实施,也可以在业务流程层面上实施,包括:对运行报告的复核和核对、与外部人士的沟通、对其他未参与控制执行人员的监控活动,以及将信息系统记录数据与实物资产进行核对等。

此外,企业层面控制还包括:集中化的处理和控制,包括共享的服务环境;监控经营成果的控制;针对重大经营控制以及风险管理实务而采取的政策。

3. 业务层面的控制

注册会计师测试业务层面控制,应当把握重要性原则,结合企业实际、企业内部控制各项应用指引的要求和企业层面控制的测试情况,重点对企业生产经营活动中的重要业务与事项的控制进行测试。注册会计师应当关注信息系统对内部控制及风险评估的影响。

注册会计师在测试企业层面控制和业务层面控制时,应当评价内部控制是否足以应对舞弊风险。

4. 测试控制设计和运行的有效性

注册会计师应当测试内部控制设计与运行的有效性。如果某项控制由拥有必要授权和专业胜任能力的人员按照规定的程序与要求执行,能够实现控制目标,表明该项控制的设计是有效的。如果某项控制正在按照设计运行,执行人员拥有必要授权和专业胜任能力,能够实现控制目标,表明该项控制的运行是有效的。

设计不当的控制可能表明控制存在缺陷甚至重大缺陷,注册会计师在测试控制运行的有效性时,首先要考虑控制的设计。注册会计师在测试控制设计与运行的有效性时,应当综合运用询问适当人员、观察经营活动、检查相关文件、穿行测试和重新执行等方法。注册会计师测试控制有效性实施的程序,按提供证据的效力,由弱到强排序为:询问、观察、检查和重新执行。其中,询问本身并不能为得出控制是否有效的结论提供充分、适当的证据,执行穿行测试通常足以评价控制设计的有效性。

5. 与控制相关的风险与拟获取证据的关系

在测试所选定控制的有效性时,注册会计师需要根据与控制相关的风险,确定所需获取的证据。与控制相关的风险包括控制可能无效的风险和因控制无效而导致重大缺陷的风险。与控制相关的风险越高,注册会计师需要获取的证据就越多。

与某项控制相关的风险受下列因素的影响:

(1)该项控制拟防止或发现并纠正的错报的性质和重要程度;
(2)相关账户、列报及其认定的固有风险;
(3)相关账户或列报是否曾经出现错报;
(4)交易的数量和性质是否发生变化,进而可能对该项控制设计或运行的有效性产生不利影响;
(5)企业层面控制(特别是对控制有效性的内部监督和自我评价)的有效性;
(6)该项控制的性质及其执行频率;
(7)该项控制对其他控制(如内部环境或信息技术一般控制)有效性的依赖程度;
(8)该项控制的执行或监督人员的专业胜任能力,以及其中的关键人员是否发生变化;
(9)该项控制是人工控制还是自动化控制;
(10)该项控制的复杂程度,以及在运行过程中依赖判断的程度。

针对每一相关认定,注册会计师都需要获取控制有效性的证据,以便对内部控制整体的有效性单独发表意见,但注册会计师没有责任对单项控制的有效性发表意见。

对于控制运行偏离设计的情况(即控制偏差),注册会计师需要考虑该偏差对相关风险评估、需要获取的证据以及控制运行有效性结论的影响。

注册会计师通过测试控制有效性获取的证据,取决于实施程序的性质、时间安排和范围的组合。就单项控制而言,注册会计师应当根据与该项控制相关的风险,适当确定实施程序的性质、时间安排和范围,以获取充分、适当的证据。

测试控制有效性实施的程序,其性质在很大程度上取决于拟测试控制的性质。某些控制可能存在文件记录,反映其运行的有效性,而另外一些控制,如管理理念和经营风格,可能没有书面的运行证据。对缺乏正式运行证据的企业或企业的某个业务单元,注册会计师可以通过询问并结合运用观察活动、检查非正式的书面记录和重新执行某些控制等程序,获取有关控制有效性的充分、适当的证据。

对控制有效性的测试涵盖的期间越长,需提供的控制有效性的证据越多。注册会计师需要获取内部控制在企业内部控制自我评价基准日前足够长的期间内有效运行的证据。对控制有效性的测试实施的时间安排越接近企业内部控制自我评价基准日,提供的控制有效性的证据越有力。因此,注册会计师在确定测试的时间安排时,应当在下列两个因素之间做出平衡:

以获取充分、适当的证据：(1)尽量在接近企业内部控制自我评价基准日实施测试；(2)实施的测试需要涵盖足够长的期间。

在企业内部控制自我评价基准日之前，管理层可能为提高控制效率、效果或弥补控制缺陷而改变企业的控制。如果新控制实现了相关控制目标，运行了足够长的时间，且注册会计师能够测试并评价该项控制设计和运行的有效性，则无须测试被取代的控制。如果被取代控制设计和运行的有效性对控制风险的评估有重大影响，注册会计师则需要测试该项控制的有效性。

注册会计师执行内部控制审计业务通常旨在对企业内部控制自我评价基准日（通常为年末）内部控制的有效性发表意见。如果已获取有关控制在期中运行有效性的证据，注册会计师应当确定还需要获取哪些补充证据，以证实在剩余期间控制的运行情况。在将期中测试的结果更新至年末时，注册会计师需要考虑下列因素，以确定需获取的补充证据：(1)期中测试的特定控制的有关情况，包括与控制相关的风险、控制的性质和测试的结果；(2)期中获取的有关证据的充分性、适当性；(3)剩余期间的长短；(4)期中测试之后，内部控制发生重大变化的可能性及其变化情况。

(三)评价控制缺陷

如果某项控制的设计、实施或运行不能及时防止或发现并纠正财务报表错报，则表明内部控制存在缺陷。如果企业缺少用以及时防止或发现并纠正财务报表错报的必要控制，同样表明存在内部控制缺陷。

内部控制缺陷按其成因可分为设计缺陷(a deficiency in design)和运行缺陷(a deficiency in operation)。设计缺陷是指缺少为实现控制目标所必需的控制，或者现有控制设计不适当，即使正常运行也难以实现控制目标。运行缺陷是指设计适当的控制没有按设计意图运行，或者执行人员缺乏必要授权或专业胜任能力，无法有效实施控制。

内部控制存在的缺陷，按严重程度可分为重大缺陷(a material weakness)、重要缺陷(a significant deficiency)和一般缺陷(a control deficiency)。财务报告内部控制控制缺陷的严重程度取决于：(1)控制缺陷导致账户余额或列报错报的可能性；(2)因一个或多个控制缺陷的组合导致潜在错报的金额大小。

重大缺陷，是指一个或多个控制缺陷的组合，可能导致企业严重偏离控制目标。具体到财务报告内部控制上，就是内部控制中存在的、可能导致不能及时防止或发现并纠正财务报表重大错报的一个或多个控制缺陷的组合。下列迹象可能表明企业的内部控制存在重大缺陷：(1)注册会计师发现董事、监事和高级管理人员舞弊；(2)企业更正已经公布的财务报表；(3)注册会计师发现当期财务报表存在重大错报，而内部控制在运行过程中未能发现该错报；(4)企业审计委员会和内部审计机构对内部控制的监督无效。在确定一项内部控制缺陷或多项内部控制缺陷的组合是否构成重大缺陷时，注册会计师应当评价补偿性控制（替代性控制）的影响。企业执行的补偿性控制应当具有同样的效果。

重要缺陷，是指一个或多个控制缺陷的组合，其严重程度和经济后果低于重大缺陷，但仍有可能导致企业偏离控制目标。具体就是内部控制中存在的其严重程度不如重大缺陷但足以引起企业财务报告监督人员关注的一个或多个控制缺陷的组合。

一般缺陷，是指除重大缺陷、重要缺陷之外的其他缺陷。

控制缺陷的严重程度与账户余额或列报是否发生错报无必然对应关系，而取决于控制缺陷是否可能导致错报。评价控制缺陷时，注册会计师需要根据财务报表审计中确定的重要性水平，支持对财务报告控制缺陷重要性的评价（见表15—3）。注册会计师需要运用职业判断，考虑并衡量定量因素和定性因素。同时要对整个思考判断过程予以记录，尤其是详细记录关键判断和得出结论的理由。而且，对于"可能性"和"重大错报"的判断，在评价控制缺陷严重性的记录中，注册会计师需要给予明确的考量和陈述。示例参见表15-4。

表15-3　　　　　　　　　　　　　　　内部控制缺陷的分类

内部控制缺陷导致报表出现错报的可能性	内部控制缺陷对报表的影响		
	微不足道	值得关注	重大
很可能	一般缺陷	重要缺陷	重大缺陷
可能	一般缺陷	重要缺陷	重大缺陷
极小可能	一般缺陷	一般缺陷	一般缺陷

表15-4　　　　紫金矿业(601899)2010年内部控制自我评价报告公司内控缺陷摘要

序号	业务范围	缺陷描述	缺陷性质	整改情况
1	公司治理	因2009年度事件及2010年度紫金山铜矿"7·3"事件，涉嫌信息披露违规，公司在报告期内受到证监会两次立案调查	重要缺陷	(略)
2	人力资源	忠诚企业、具有丰富国际化管理经验的管理、技术人才严重不足	一般缺陷	(略)
3	人力资源	人才培养、引进、评价和考核体系还不够完善与科学	一般缺陷	(略)
4	社会责任	环保安全方针贯彻不到位；个别企业环保工程设防标准不够，"三同时"执行不到位；下属企业在报告期内发生了"7·3"事件和"9·21"事件	重大缺陷	(略)
(略)	…	…	…	(略)
17	资产管理	公司下属部分单位存在个别库存材料物资积压时间太长，可能产生一定的损失风险	一般缺陷	(略)
18	资产管理	实物保管环节存在漏洞，有资产流失的风险	一般缺陷	(略)
19	工程建设	基建工作管理水平总体偏低，集团化项目管理体系建设还不尽合理，区域公司缺乏监督力量制度执行不力	重要缺陷	(略)
(略)	…	…	…	(略)
30	内部信息传递	因对国内外同行标杆企业或竞争对手跟踪、研究不够深入，可能影响公司战略规划、目标的适时调整	一般缺陷	(略)

课堂讨论题 2

区分内部控制重大缺陷、重要缺陷与一般缺陷的标准是什么？

（四）完成内部控制审计工作

1. 形成审计意见

注册会计师需要评价从各种来源获取的证据，包括对控制的测试结果、财务报表审计中发现的错报以及已识别的所有控制缺陷，以形成对内部控制有效性的意见。在评价证据时，注册会计师需要查阅本年度与内部控制相关的内部审计报告或类似报告,并评价这些报告中提到的控制缺陷。

只有在审计范围没有受到限制时,注册会计师才能对内部控制的有效性形成意见。如果审计范围受到限制,注册会计师需要解除业务约定或出具无法表示意见的内部控制审计报告。

补充资料 15—1　　2014 年度上市公司内部控制审计报告意见

2015 年 1 月 1 日至 5 月 4 日,40 家证券资格会计师事务所共为 1 465 家上市公司出具了内部控制审计报告(详见表 15—5)。标准内部控制审计报告 1 387 份,非标准审计意见 78 份,其中,带强调事项段的无保留意见内部控制审计报告 54 份,否定意见内部控制审计报告 20 份,无法表示意见内部控制审计报告 4 份。

表 15—5　　　　　　　上市公司 2014 年度内部控制审计报告意见汇总表

内部控制审计意见类型	沪市主板	深市主板	中小企业板	创业板	合计
(标准)无保留意见	896	440	43	8	1 387
带强调事项段的无保留意见	35	18	1	0	54
否定意见	15	5	0	0	20
无法表示意见	1	3	0	0	4
非标准审计意见小计	51	26	1	0	78
合计	947	466	44	8	1 465
非标准审计意见比例	5.39%	5.58%	2.27%	0	5.32%

资料来源:中注协,《2014 年年报审计情况快报(第十五期)》,http://www.cicpa.org.cn/news/201505/t20150522_47052.html。

2. 获取管理层书面声明

注册会计师需要取得经企业认可的书面声明,书面声明需要包括下列内容:
(1)企业董事会认可其对建立健全和有效实施内部控制负责;
(2)企业已对内部控制的有效性做出自我评价,并说明评价时采用的标准以及得出的结论;
(3)企业没有利用注册会计师执行的审计程序及其结果作为自我评价的基础;
(4)企业已向注册会计师披露识别出的内部控制所有缺陷,并单独披露其中的重大缺陷和重要缺陷;
(5)对于注册会计师在以前年度审计中识别的、已与审计委员会沟通的重大缺陷和重要缺陷,企业是否已经采取措施予以解决;
(6)在企业内部控制自我评价基准日后,内部控制是否发生重大变化,或者存在对内部控制具有重要影响的其他因素。

此外,书面声明中还包括导致财务报表重大错报的所有舞弊,以及不会导致财务报表重大错报,但涉及管理层和其他在内部控制中具有重要作用的员工的所有舞弊。

如果企业拒绝提供或以其他不当理由回避书面声明,注册会计师需要将其视为审计范围受到限制,解除业务约定或出具无法表示意见的内部控制审计报告。同时,注册会计师需要评价企业拒绝提供书面声明对其他声明(包括在财务报表审计中获取的声明)的可靠性产生的影响。

3. 沟通相关事项

注册会计师需要与企业沟通审计过程中识别的所有控制缺陷。对于其中的重大缺陷和重要缺陷，需要以书面形式与董事会和经理层沟通。注册会计师需要以书面形式及时向治理层通报审计过程中识别出的值得关注的内部控制缺陷。其中，值得关注的内部控制缺陷包括重大缺陷和重要缺陷。

对于重大缺陷，注册会计师需要以书面形式与企业的董事会及其审计委员会进行沟通。如果认为审计委员会和内部审计机构对内部控制的监督无效，注册会计师需要就此以书面形式直接与董事会和经理层沟通。

对于重要缺陷，注册会计师需要以书面形式与审计委员会沟通。

虽然并不要求注册会计师执行足以识别所有控制缺陷的程序，但是，注册会计师需要沟通其注意到的内部控制的所有缺陷。如果发现企业存在或可能存在舞弊或违反法规行为，注册会计师需要按照相关规定，确定并履行自身的责任。

（五）出具审计报告

注册会计师在完成内部控制审计工作后，应当出具内部控制审计报告。

1. 标准内部控制审计报告的基本内容

当注册会计师出具的无保留意见的内部控制审计报告不附加说明段、强调事项段或任何修饰性用语时，该报告称为标准内部控制审计报告。标准内部控制审计报告包括下列要素：

（1）标题

内部控制审计报告的标题统一规范为"内部控制审计报告"。

（2）收件人

内部控制审计报告的收件人是指注册会计师按照业务约定书的要求致送内部控制审计报告的对象，一般是指审计业务的委托人。

（3）引言段

内部控制审计报告的引言段说明企业的名称和内部控制已经过审计。

（4）企业对内部控制的责任段

企业对内部控制的责任段说明，按照《企业内部控制基本规范》《企业内部控制应用指引》《企业内部控制评价指引》的规定，建立健全和有效实施内部控制，并评价其有效性是企业董事会的责任。

（5）注册会计师的责任段

注册会计师的责任段说明，在实施审计工作的基础上，对财务报告内部控制的有效性发表审计意见，并对注意到的非财务报告内部控制的重大缺陷进行披露是注册会计师的责任。

（6）内部控制固有局限性的说明段

内部控制无论如何有效，都只能为企业实现控制目标提供合理保证。内部控制实现目标的可能性受其固有限制的影响，注册会计师需要在内部控制固有局限性的说明段说明，内部控制具有固有局限性，存在不能防止和发现错报的可能性。此外，由于情况的变化可能导致内部控制变得不恰当，或对控制政策和程序遵循的程度降低，根据内部控制审计结果推测未来内部控制的有效性具有一定风险。

（7）财务报告内部控制审计意见段

如果符合下列所有条件的，注册会计师应当对财务报告内部控制出具无保留意见的内部控制审计报告：

①企业按照《企业内部控制基本规范》《企业内部控制应用指引》《企业内部控制评价指引》

以及企业自身内部控制制度的要求,在所有重大方面保持了有效的内部控制;

②注册会计师已经按照《企业内部控制审计指引》的要求计划和实施审计工作,在审计过程中未受到限制。

(8)非财务报告内部控制重大缺陷描述段

对于审计过程中注意到的非财务报告内部控制缺陷,如果发现某项或某些控制对企业发展战略、法规遵循、经营的效率效果等控制目标的实现有重大不利影响,确定该项非财务报告内部控制缺陷为重大缺陷的,应当以书面形式与企业董事会和经理层沟通,提醒企业加以改进;同时在内部控制审计报告中增加非财务报告内部控制重大缺陷描述段,对重大缺陷的性质及其对实现相关控制目标的影响程度进行披露,提示内部控制审计报告使用者注意相关风险,但无须对其发表审计意见。

(9)注册会计师的签名和盖章。

(10)会计师事务所的名称、地址及盖章。

(11)报告日期。

如果内部控制审计和财务报表审计整合进行,注册会计师对内部控制审计报告和财务报表审计报告需要签署相同的日期。

标准内部控制审计报告的参考格式如下所示:

内部控制审计报告

新欣股份有限公司全体股东:

按照《企业内部控制审计指引》及中国注册会计师执业准则的相关要求,我们审计了新欣股份有限公司(以下简称新欣公司)20×5年12月31日的财务报告内部控制的有效性。

一、企业对内部控制的责任

按照《企业内部控制基本规范》《企业内部控制应用指引》《企业内部控制评价指引》的规定,建立健全和有效实施内部控制,并评价其有效性是企业董事会的责任。

二、注册会计师的责任

我们的责任是在实施审计工作的基础上,对财务报告内部控制的有效性发表审计意见,并对注意到的非财务报告内部控制的重大缺陷进行披露。

三、内部控制的固有局限性

内部控制具有固有局限性,存在不能防止和发现错报的可能性。此外,由于情况的变化可能导致内部控制变得不恰当,或对控制政策和程序遵循的程度降低,根据内部控制审计结果推测未来内部控制的有效性具有一定风险。

四、财务报告内部控制审计意见

我们认为,新欣公司按照《企业内部控制基本规范》和相关规定在所有重大方面保持了有效的财务报告内部控制。

公正会计师事务所	中国注册会计师:李明(签名并盖章)
(盖章)	中国注册会计师:章艺(签名并盖章)
中国上海市	20×6年3月10日

2. 非标准内部控制审计报告

(1)带强调事项段的非标准内部控制审计报告

注册会计师认为财务报告内部控制虽不存在重大缺陷,但仍有一项或者多项重大事项需要提请内部控制审计报告使用者注意的,需要在内部控制审计报告中增加强调事项段予以说明。注册会计师需要在强调事项段中指明,该段内容仅用于提醒内部控制审计报告使用者关注,并不影响对财务报告内部控制发表的审计意见。2012年3月,华孚色纺(002042)披露了会计师事务所对其2011年年末财务报告内部控制出具的带强调事项段的审计报告,其强调事项段的内容如下所示:

> 引言段、企业对内部控制的责任段、注册会计师的责任段、内部控制固有局限性的说明段、内部控制审计意见段(略)。
>
> 六、强调事项
>
> 我们提醒内部控制审计报告使用者关注,华孚色纺股份有限公司母公司及重要子公司截止到2011年12月31日尚未建立风险管理制度和无形资产管理制度。截至审计报告日,华孚色纺股份有限公司母公司及重要子公司已经对上述缺陷进行了整改,分别制定了《风险管理程序》和《无形资产管理作业指导书》,规范了相应的业务操作流程。
>
> 本段内容不影响已对财务报告内部控制发表的审计意见。

(2)否定意见的内部控制审计报告

注册会计师认为财务报告内部控制存在一项或多项重大缺陷的,除非审计范围受到限制,需要对财务报告内部控制发表否定意见。注册会计师出具否定意见的内部控制审计报告,还需要包括下列重大缺陷的定义、重大缺陷的性质及其对财务报告内部控制的影响程度。2012年3月,新华制药(000756)披露了会计师事务所对其2011年年末财务报告内部控制出具的审计报告,这是我国证券市场上第一份否定意见的内控审计报告。导致注册会计师出具否定意见的事项说明段如下所示:

> 引言段、企业对内部控制的责任段、注册会计师的责任段、内部控制固有局限性的说明段(略)。
>
> 四、导致否定意见的事项
>
> 重大缺陷是内部控制中存在的、可能导致不能及时防止或发现并纠正财务报表出现重大错报的一项控制缺陷或多项控制缺陷的组合。
>
> 新华制药内部控制存在如下重大缺陷:
>
> 1. 新华制药下属子公司山东新华医药贸易有限(以下简称医贸公司)内部控制制度对多头授信无明确规定,在实际执行中,医贸公司的鲁中分公司、工业销售部门、商业销售部门等三个部门分别向同一客户授信,使得授信额度过大。
>
> 2. 新华制药下属子公司医贸公司内部控制制度规定对客户授信额度不大于客户注册资本,但医贸公司在实际执行中,对部分客户超出客户注册资本授信,使得授信额度过大,同时医贸公司也存在未授信的发货情况。
>
> 上述重大缺陷使得新华制药对山东欣康祺医药有限公司(以下简称欣康祺医药)及与其存在担保关系方形成大额应收款项60 731千元,同时,因欣康祺医药经营出现异常,资金链断裂,可能使新华制药遭受较大经济损失。2011年度,新华制药对应收欣康祺医药及与其存在担保关系方货款计提了48 585千元坏账准备。
>
> 有效的内部控制能够为财务报告及相关信息的真实完整提供合理保证,而上述重大缺陷

> 使新华制药内部控制失去这一功能。
> 　　新华制药管理层已识别出上述重大缺陷,并将其包含在企业内部控制评价报告中,上述缺陷在所有重大方面得到公允反映。在新华制药2011年财务报表审计中,我们已经考虑了上述重大缺陷对审计程序的性质、时间安排和范围的影响。本报告并未对我们在2012年3月23日对新华制药2011年财务报表出具的审计报告产生影响。
> 　　五、财务报告内部控制审计意见
> 　　我们认为,由于存在上述重大缺陷及其对实现控制目标的影响,新华制药于2011年12月31日未能按照《企业内部控制基本规范》和相关规定在所有重大方面保持有效的财务报告内部控制。

　　(3)无法表示意见的内部控制审计报告

　　注册会计师只有实施了必要的审计程序,才能对内部控制的有效性发表意见。注册会计师审计范围受到限制的,需要解除业务约定或出具无法表示意见的内部控制审计报告,并就审计范围受到限制的情况,以书面形式与董事会进行沟通。

　　注册会计师在出具无法表示意见的内部控制审计报告时,需要在内部控制审计报告中指明审计范围受到限制,无法对内部控制的有效性发表意见,并单设段落说明无法表示意见的实质性理由。注册会计师不应在内部控制审计报告中指明所执行的程序,也不应描述内部控制审计的特征,以避免对无法表示意见的误解。注册会计师在已执行的有限程序中发现财务报告内部控制存在重大缺陷的,需要在内部控制审计报告中对重大缺陷做出详细说明。

　　3. 出具内部控制审计报告时需要考虑的其他因素

　　(1)非财务报告内部控制缺陷

　　注册会计师对在审计过程中注意到的非财务报告内部控制缺陷,应当区别具体情况予以处理:注册会计师认为非财务报告内部控制缺陷为一般缺陷的,应当与企业进行沟通,提醒企业加以改进,但无须在内部控制审计报告中说明;注册会计师认为非财务报告内部控制缺陷为重要缺陷的,应当以书面形式与企业董事会和经理层沟通,提醒企业加以改进,但无须在内部控制审计报告中说明;注册会计师认为非财务报告内部控制缺陷为重大缺陷的,应当以书面形式与企业董事会和经理层沟通,提醒企业加以改进,同时应当在内部控制审计报告中增加非财务报告内部控制重大缺陷描述段,对重大缺陷的性质及其实现相关控制目标的影响程度进行披露,提示内部控制审计报告使用者注意相关风险。2013年3月,中材国际(600970)披露了会计师事务所对其2012年年末财务报告内部控制出具的无保留意见审计报告,注册会计师在内部控制审计报告中增加了"非财务报告内部控制重大缺陷描述段",说明了其在内部控制审计过程中注意到的非财务报告内部控制的重大缺陷,其具体内容如下所示:

> 　　引言段、企业对内部控制的责任段、注册会计师的责任段、内部控制固有局限性的说明段、内部控制审计意见段(略)。
> 　　五、非财务报告内部控制重大缺陷
> 　　在内部控制审计过程中,我们注意到中材国际公司之子公司中国中材东方国际贸易有限公司(以下简称东方贸易公司)的非财务报告内部控制存在重大缺陷:本期受经济环境影响,钢贸企业资金链紧张,爆发了行业危机,部分钢贸商诚信缺失。东方贸易公司对该危机应对

> 不及时,对部分交易对手的诚信缺失程度估计不足,导致在票据传递过程中个别交易对手伪造签章等资料,少量票据未能传递给票据收款人;对第三方保管的存货未能进行全面监控,导致部分货权出现纠纷,相关交易无法按预期完成。由于存在上述重大缺陷,我们提醒本报告使用者注意相关风险。需要指出的是,我们并不对中材国际公司的非财务报告内部控制发表意见或提供保证。本段内容不影响对财务报告内部控制有效性发表的审计意见。

(2) 期后事项

在企业内部控制自我评价基准日并不存在,但在该基准日之后至审计报告日之前(以下简称期后期间)内部控制可能发生变化,或出现其他可能对内部控制产生重要影响的因素。注册会计师应当询问是否存在这类变化或影响因素,并获取企业关于这些情况的书面声明。注册会计师知悉对企业内部控制自我评价基准日内部控制有效性有重大负面影响的期后事项的,应当对财务报告内部控制发表否定意见。注册会计师不能确定期后事项对内部控制有效性的影响程度的,应当出具无法表示意见的内部控制审计报告。

第二节　验　资

一、验资的概念

验资是指注册会计师接受委托,对被审验单位注册资本的实收情况或注册资本及实收资本的变更情况进行审验,并出具验资报告。根据我国注册会计师执业准则体系的界定,验资属于历史财务信息审计业务,审计的对象是注册资本的实收情况或注册资本及实收资本的变更情况,而不是财务报表。

根据《中华人民共和国注册会计师法》第14条的规定,"验证企业资本,出具验资报告"是注册会计师的法定业务之一。2014年3月1日开始施行的新《公司法》将公司注册资本实缴登记改为认缴登记制,取消"股东缴纳出资后,必须经依法设立的验资机构验资并出具证明"的规定。这表明,一般情况下设立公司不再需要验资机构验资并出具证明。对于法律法规另有规定的27类行业则继续实行实缴资本制,仍然需要验资。这27类行业分别是:募集设立的股份有限公司;商业银行;外资银行;金融资产管理公司;信托公司;财务公司;金融租赁公司;汽车金融公司;消费金融公司;货币经纪公司;村镇银行;贷款公司;农村信用合作联社;农村资金互助社;证券公司;期货公司;基金管理公司;保险公司;保险专业代理机构及保险经纪人;外资保险公司;直销企业;对外劳务合作企业;融资性担保公司;劳务派遣企业;典当行;保险资产管理公司;小额贷款公司。另外,外资企业任何行业均需验资。

验资分为设立验资和变更验资。验资的分类与内容如图15-1所示。

(一) 设立验资

设立验资是指注册会计师对被审验单位申请设立登记的注册资本实收情况进行的审验。

设立验资的目的主要是为了验证被审验单位的注册资本是否符合法律、法规的要求,投资各方是否按照合同、协议、章程等规定的出资比例、出资方式和出资期限足额交缴资本。因此,设立验资的审验范围一般应限于与被审验单位注册资本实收情况有关的事项,包括出资者、出资金额、出资方式、出资比例、出资期限和出资币种等。

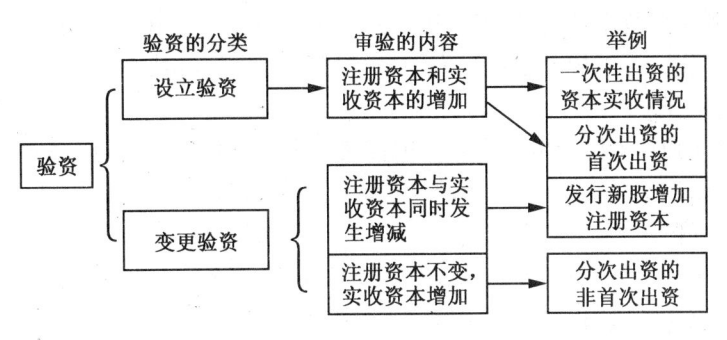

图 15-1 验资的分类与内容

(二)变更验资

变更验资是指注册会计师对被审验单位申请变更登记时的注册资本及实收资本的变更情况进行的审验。

注册会计师进行变更验资的情况主要包括:(1)被审验单位出资者(包括原出资者和新出资者)新投入资本,增加注册资本及实收资本;(2)分次出资的非首次出资,增加实收资本,但注册资本不变;(3)被审验单位以资本公积、盈余公积、未分配利润转增注册资本及实收资本;(4)被审验单位因吸收合并变更注册资本及实收资本;(5)被审验单位因派生分立、注销股份或依法收购股东的股权等减少注册资本及实收资本;(6)被审验单位整体改制,包括由非公司制企业变更为公司制企业或由有限责任公司变更为股份有限公司时,以净资产折合实收资本。需要指出的是,公司因出资者、出资比例等发生变化,注册资本及实收资本金额不变,需要按照有关规定向公司登记机关申请办理变更登记,但不需要进行变更验资。

变更验资的主要目的是验证被审验单位变更注册资本和实收资本是否符合法定程序,增减的资本是否真实,相关的会计处理是否正确。因此,变更验资的审验范围一般应限于与被审验单位注册资本和实收资本(股本)增、减变动情况有关的事项。

增加注册资本时,审验范围包括与增资相关的出资者、出资金额、出资方式、出资比例、出资期限、出资币种及相关会计处理等。

减少注册资本时,审验范围包括与减资相关的减资者、减资金额、减资方式、减资期限、减资币种、债务清偿或担保情况、相关会计处理以及减资后的出资者、出资金额和出资比例等。

两种验资类型中,设立验资是最基本、最广泛的验资类型,变更验资是在设立验资的基础上派生出来的。

二、验资的意义与责任

(一)验资的意义

验资在我国的经济发展过程中具有重要的意义,主要表现在:

(1)验资有利于界定企业产权关系,保护投资各方的合法权益。验资不仅明确了资本的真实性,而且明确了资本由谁投入,归谁所有,使企业的产权关系明晰化。通过验资,确定投资者的出资数额、出资方式、出资期限及资产作价的合理性和真实性,既可以明确投资者对企业承担的责任,又可以保证投资各方按实缴资本的比例分享利润,从而维护投资各方的经济利益。

(2)验资有利于企业取信于社会,维护债权人的合法权益。企业注册资本的大小,是衡量企业规模的一个标志。通过验资证实企业资本的真实性,是企业取信于社会的重要手段。

(3)验资有利于规范企业行为,保障正常的社会经济秩序。验资是检验企业行为的开始,严格验资手续和要求,可以规范企业行为,保障正常的社会经济秩序。

(二)验资的责任

如果注册会计师在验资业务中存在未能搜集充分适当的审验证据、故意出具虚假验资证明等执业质量方面的问题,并且给被审验单位或其债权人带来损失的,需要承担行政责任、民事责任甚至刑事责任。

例如,《公司法》第208条规定:"承担资产评估、验资或者验证的机构提供虚假材料的,由公司登记机关没收违法所得,处以违法所得1倍以上5倍以下的罚款,并可以由有关主管部门依法责令该机构停业、吊销直接责任人员的资格证书,吊销营业执照。承担资产评估、验资或者验证的机构因过失提供有重大遗漏的报告的,由公司登记机关责令改正,情节较重的,处以所得收入1倍以上5倍以下的罚款,并可以由有关主管部门依法责令该机构停业、吊销直接责任人员的资格证书,吊销营业执照。承担资产评估、验资或者验证的机构因其出具的评估结果、验资或者验证证明不实,给公司债权人造成损失的,除能够证明自己没有过错的外,在其评估或者证明不实的金额范围内承担赔偿责任。"

《刑法》第229条规定:"承担资产评估、验资、会计、审计法律服务等职责的中介组织的人员故意提供虚假证明文件,情节严重的,处5年以下有期徒刑或者拘役,并处罚金。"

注册会计师在执行验资业务过程中,仍然有必要保持应有的职业谨慎,在搜集到的充分、适当的相关证据基础上,对被审验单位注册资本的实收情况或注册资本及实收资本的变更情况发表审验意见。

三、验资业务的基本流程

验资业务包括接受业务委托、编制验资计划、获取注册资本实收情况明细表或注册资本/实收资本变更情况明细表、验资取证与审验、获取验资事项声明、撰写验资报告等内容。

(一)接受业务委托

在接受委托前,注册会计师应当与委托人、被审验单位管理层沟通,实地察看被审验单位的住所、主要经营场所,了解被审验单位基本情况,主要包括:被审验单位的设立审批、变更审批,名称预先核准,经营范围,公司类型,组织机构和人员,申请设立或变更登记的注册资本、实收资本,出资方式,出资时间,全体出资者指定代表或委托代理人等基本情况。对于变更验资,注册会计师应当查阅被审验单位的前期验资报告、近期财务报表、审计报告和其他与本次验资有关的资料,以了解被审验单位以前注册资本的实收情况。

注册会计师应当根据了解的被审验单位基本情况、验资类型、委托目的、审验范围等,考虑自身能力和能否保持独立性,初步评估验资风险(包括被审验单位管理层是否诚信,验资资料的真实性、完整性,注册会计师的专业胜任能力和职业道德规范要求等方面),确定是否接受委托。

下列事项通常导致注册资本实收情况或注册资本及实收资本变更情况发生重大错报风险:

(1)验资业务委托渠道复杂或不正常;
(2)验资资料存在涂改、伪造痕迹或验资资料互相矛盾;
(3)被审验单位或随意更换或不及时提供验资资料,或只提供复印件不提供原件;
(4)自然人出资、家庭成员共同出资或关联方共同出资;
(5)出资人之间存在分歧;

(6)被审验单位拒绝或阻挠注册会计师实施重要审验程序,如被审验单位拒绝或阻挠注册会计师实施银行存款函证、实物资产监盘等程序,或不执行法律规定的程序,如非货币财产应当评估而未评估等;

(7)被审验单位处在高风险行业;

(8)非货币财产计价的主观程度高或其计价需要依赖大量的主观判断;

(9)验资付费远远超出规定标准或明显不合理。

如果接受委托,注册会计师应当与委托人就委托目的、审验范围、出资者和被审验单位的责任以及注册会计师的责任、时间要求、验资收费、验资报告的用途、报告分发和使用的限制、约定事项的变更及违约责任等事项协商一致,并由会计师事务所与委托人签订验资业务约定书。

(二)编制验资计划

注册会计师应当编制总体验资计划和具体验资计划,对验资工作做出合理安排。

总体验资计划的主要内容包括:验资类型、委托目的和审验范围;以往的验资和审计情况;重点审验领域;验资风险评估;对专家工作的利用;验资工作进度及时间、收费预算;验资小组组成及人员分工、质量控制安排。

具体验资计划通常包括各审验项目(货币资金、实物资产、无形资产等)的以下主要内容:审验目标、审验程序、执行人及执行日期、验资工作底稿的索引号。在实务中通常用审验程序表替代。

验资计划的制定与完善贯穿于验资业务的全过程。注册会计师可以在执行验资业务的过程中对验资计划进行必要的补充和修改。

(三)获取注册资本实收情况明细表或注册资本、实收资本变更情况明细表

注册会计师应当向被审验单位获取注册资本实收情况明细表或注册资本、实收资本变更情况明细表。

注册会计师在验资过程中获取的由被审验单位签章的注册资本实收情况明细表或注册资本、实收资本变更情况明细表,是被审验单位出资者出资情况的总括反映,经被审验单位签署确认后,代表了被审验单位对其出资者出资情况的认定,也是被审验单位的一种书面声明,是注册会计师应当获取的重要证据之一。获取这一证据有助于分清被审验单位和注册会计师各自的责任。

(四)验资取证与审验

执行验资业务过程中,注册会计师应当获取相关的证据并审验证据的真实性、合法性、完整性,并根据审验后的证据得出被审验单位的注册资本是否符合法律法规的要求,投资各方是否按照合同、协议、章程等规定的出资比例、出资方式和出资期限足额缴纳资本,被审验单位变更注册资本和实收资本是否符合法定程序,增减的资本是否真实,相关的会计处理是否正确等结论。

注册会计师应当对验资过程及结果进行记录,形成验资工作底稿。

资本业务的审验将在稍后展开论述。

(五)获取验资事项声明

注册会计师应当向出资者和被审验单位获取与验资业务有关的重大事项的书面声明。

与验资业务有关的重大事项的书面声明(以下简称验资事项声明书)通常包括下列内容:(1)出资者及被审验单位的责任;(2)非货币财产的评估和价值确认情况;(3)出资者对出资财产在出资前拥有的权利,是否未设定担保及已办理财产权转移手续;(4)净资产折合实收资本情况及相关手续办理情况;(5)验资报告的使用;(6)其他对验资产生重大影响的事项。

验资事项声明书标明的日期通常与验资报告日一致。

验资事项声明书的基本格式举例如下:

<h2 style="text-align:center">验资事项声明书</h2>

××会计师事务所并××注册会计师：

本公司(筹)已经××[审批部门]××字××号[批文名称]批准,由××(以下简称甲方)、××(以下简称乙方)共同出资组建,于××年×月×日取得××[公司登记机关]核发的《企业名称预先核准通知书》,正在申请办理设立登记。现已委托贵所对本公司(筹)申请设立登记的截至××年×月×日止的注册资本实收情况进行审验,并出具验资报告。为配合贵所的验资工作,现就有关事项声明如下：

1. 本公司(筹)全体股东已按照法律法规以及协议、章程的要求出资,并保证不抽逃出资,本公司(筹)对全体股东出资资产的安全、完整负全部责任。

2. 本公司(筹)已提供全部验资资料,并已将截至验资报告日止的所有对审验结论产生重要影响的事项如实告知注册会计师,无违法、舞弊行为。本公司(筹)及全体股东对所提供验资资料的真实性、合法性、完整性负责。

3. 用以出资的非货币财产已按照国家规定进行评估,其价值是合理的,且已经全体股东确认。

4. 本公司(筹)股东在出资前对其出资的非货币财产拥有所有权,不存在产权纠纷,未设定担保,已经办理财产权转移手续,且已移交本公司(筹)。

5. 本公司(筹)承诺将在公司成立后依法建立会计账簿,并按照注册会计师的审验结论对有关事项做出适当会计处理。

6. 本公司(筹)保证按验资业务约定书规定的用途使用验资报告。

[其他需要声明的重大事项]……

××公司(筹)股东：　　　　　　　　　　　　××公司(筹)
×××(签名并盖章)　　　　　　　　法定代表或委托代理人：(签名并盖章)
×××(签名并盖章)　　　　　　　　　　　　　　年　月　日

(六)撰写验资报告

注册会计师完成验资业务的取证与审验之后,需根据《中国注册会计师审计准则第1602号——验资》的要求撰写验资报告。

验资报告的内容将在本节第六部分展开论述。

四、拒绝出具验资报告并解除业务约定情形

注册会计师在审验过程中,遇有下列情形之一时,应当拒绝出具验资报告并解除业务约定：

(1)被审验单位或出资者不提供真实、合法、完整的验资资料。例如,被审验单位及其出资者不按国家有关规定对出资的实物、知识产权、土地使用权等非货币财产进行资产评估或价值鉴定、办理有关财产权转移手续；出资者以法律法规禁止的劳务、信用、自然人姓名、商誉、特许经营权或者设定担保的财产等作价出资；外汇管理部门在外方出资情况询证函回函中注明附送文件存在虚假、违规等情况；被审验单位减少注册资本或合并、分立时,不按国家有关规定进行公告、债务清偿或提供债务担保；首次出资额和出资比例不符合国家有关规定；全体股东的

货币出资比例不符合国家有关法律法规规定。

(2)被审验单位或出资者对注册会计师应当实施的审验程序不予合作,甚至阻挠审验。

(3)被审验单位或其出资者坚持要求注册会计师做不实证明。

五、资本投入的验证

(一)设立验资的取证与审验

1.设立验资的取证

(1)设立验资的一般取证

注册会计师执行设立验资业务时,应当根据实际情况,获取下列资料,形成审验证据:被审验单位的设立登记申请书及审批机关的批准文件;被审验单位出资者签署的与出资有关的协议、合同和公司章程;出资者的企业法人营业执照或自然人身份证明;载明公司董事、监事、经理的姓名、住所的文件以及有关委派、选举或者聘用的证明;被审验单位法定代表人的任职文件和身份证明;全体出资者指定代表或委托代理人的证明和委托文件、代表和代理人的身份证明;经企业登记机关核准的《企业名称预先核准通知书》;被审验单位住所和经营场所使用证明;银行开户文件、银行出具的收款凭证(如银行进账单、银行汇票、银行贷记凭证、现金解款单等)、对账单(或具同等证明效力的文件,如存款余额表)及银行询证函回函;非货币资产移交与验收证明、实物存放地点的证明;与非货币资产出资有关的批准文件;实物资产、无形资产等的评估报告及出资各方对资产价值的确认文件;非货币资产出资的已办理财产权转移手续的证明文件,包括专利证书、专利登记簿、商标注册证、土地使用权证、房地产证、土地红线图等;出资者对其出资责任,以及提供资料的真实、完整及出资财产未设定担保等重大事项的书面声明;被审验单位确认的货币出资清单、实物出资清单、无形资产出资清单、与净资产出资相关的资产和负债清单、注册资本实收情况明细表;国家相关法规规定的其他资料。

(2)设立验资的特殊取证

①执行募集方式设立股份有限公司的设立验资业务,注册会计师还需要获取下列资料:创立大会的会议记录、证券公司承销协议、银行代收股款协议、认股书、募股清单和发行费用清单;以募集方式设立股份有限公司公开发行股票的有关国务院证券监督管理机构的核准文件;以国有资产出资的,政府有关部门对被审验单位股权设置方案的批复。

②执行新设合并企业验资业务,注册会计师还应当获取下列资料:合并各方股东会或股东大会关于新设合并的决议、合并各方签订的合并协议、政府有关部门批准企业合并的文件(需要审批的)、有关企业合并的报纸公告、合并各方的债务清偿报告或债务担保证明、合并各方的原企业法人营业执照复印件、合并各方的资产评估报告及合并各方对合并资产评估价值的确认文件、合并前各方和合并后被审验单位的资产负债表及财产清单、相关会计处理资料。

③执行外商投资企业设立验资业务,注册会计师还需要获取下列资料:审批机关核发的批准证书;企业登记机关核发的企业法人营业执照;外汇管理部门核发的外汇登记证、资本金账户开户证明、外方出资情况询证函回函;外方出资者用其从中国境内举办的其他外商投资企业获得的人民币利润出资的,有关该外商投资企业已审计财务报表和审计报告、董事会有关利润分配的决议、利润获取地外汇管理部门的批准文件、国家外汇管理局资本项目外汇业务核准件以及主管税务机关出具的完税证明;以进口实物出资的,进口货物报关单,各地出入境检验检疫局或经国家质量监督检验检疫总局和财政部授予资格的其他价值鉴定机构出具的外商投资财产价值鉴定证书(外商投资企业);相关会计处理资料。

2. 设立验资的审验

(1) 货币资金投入的审验

以货币出资的,注册会计师应当在检查被审验单位开户银行出具的收款凭证、对账单及银行询证函回函等的基础上,审验出资者的实际出资金额。对于股份有限公司向社会公开募集的股本,还应当检查证券公司承销协议、募股清单和股票发行费用清单等。

货币出资的具体审验程序包括:

① 检查货币出资清单填列的出资者、出资币种、出资金额、出资时间、出资方式和出资比例等内容是否符合协议、章程的规定;

② 检查入资账户(户名及账号)是否为被审验单位在银行开设的账户;

③ 检查收款凭证的金额、币种、日期等内容是否与货币出资清单一致;

④ 检查收款凭证是否加盖银行收讫章或转讫章;

⑤ 检查收款凭证的收款人是否为被审验单位,付款人是否为出资者;

⑥ 检查收款凭证中是否注明该款项为投资款;

⑦ 检查截至验资报告日的银行对账单(或具有同等证明效力的文件)的收款金额、币种、日期等是否与收款凭证一致并关注其中资金往来有无明显异常情况;

⑧ 向银行函证,检查出资者是否缴存货币资金,金额是否与收款凭证一致;

⑨ 核对货币出资清单与注册资本实收情况明细表是否相符;

⑩ 检查全体股东或者发起人的货币出资金额是否不低于注册资本的30%(此程序仅适用于出资者一次足额出资,如出资者分次出资则在末次验资时予以关注)。

银行询证函的基本格式举例如下:

银行询证函

编号:

××(银行):

本公司(筹)聘请的××会计师事务所正在对本公司(筹)的注册资本实收情况进行审验。按照国家有关法规的规定和中国注册会计师审计准则的要求,应当询证本公司(筹)出资者(股东)向贵行缴存的出资额。下列数据及事项如与贵行记录相符,请在本函下端"数据及事项证明无误"处签章证明;如有不符,请在"列明不符事项"处列明不符事项。有关询证费用可直接从本公司(筹)××存款账户中收取。回函请直接寄至××会计师事务所。

通信地址:

邮编:　　　　电话:　　　　传真:　　　　联系人:

截至××年×月×日止,本公司(筹)出资者(股东)缴入的出资额列示如下:

缴款人	缴入日期	银行账号	币种	金额	款项用途	备注
合计金额(大写)						

××公司(筹)

法定代表或委托代理人:(签名并盖章)

年　　月　　日

结论1. 数据及事项证明无误。			
年 月 日	经办人：	银行盖章：	
2. 如果不符,请列明不符事项。			
年 月 日	经办人：	银行盖章：	

外商投资企业设立验资以货币出资的,注册会计师还应当实施下列审验程序：

①检查外方出资者是否以从境外汇入的外币出资；检查外商投资企业的外汇登记证,以确定外币是否汇入经外汇管理部门核准的资本金账户,并向该账户开户银行进行函证。

②外方出资者用其从中国境内举办的其他外商投资企业获得的人民币利润和因清算、股权转让、先行收回投资、减资等所得的货币资金在境内再投资的,检查该外商投资企业的已审计财务报表和审计报告、董事会有关利润分配的决议、利润再投资的货币资金获取地外汇管理部门的批准文件和"国家外汇管理局资本项目外汇业务核准件"原件以及主管税务机关出具的完税证明,以确定其再投资行为和金额是否与外汇管理部门核准的相一致。

③当出资的币种与注册资本的币种、记账本位币不一致时,检查实收资本的折算汇率是否按收到出资当日汇率折算。

④出资者将出资款直接汇入被审验单位在境外开立的银行账户的,检查被审验单位注册地外汇管理部门的批准文件。

⑤外方以货币出资的,注册会计师应当按照国家有关规定向企业注册地外汇管理部门发出外方出资情况询证函,并根据外方出资者的出资方式附送银行询证函回函、国家外汇管理局资本项目外汇业务核准件等文件的复印件,以询证上述文件内容的真实性、合规性。

上述出资中涉及外方出资者以外币出资但在境内原币划转的,注册会计师还需要检查原币划转是否经外汇管理部门核准。

(2)实物资产投入的审验

以实物出资的,应当观察、检查实物,审验其权属转移情况,并按照国家有关规定在资产评估的基础上审验其价值。如果被审验单位是外商投资企业,注册会计师应当按照国家有关外商投资企业的规定,审验实物出资的价值。

实物出资的具体审验程序包括：

①检查实物出资清单填列的实物品名、数量、作价、出资日期等内容是否符合协议、章程的规定。

②检查实物资产出资是否按国家规定进行资产评估,查阅其评估报告,了解评估目的、评估范围与对象、评估基准日、评估假设等有关限定条件是否满足验资的要求,关注评估报告的特别事项说明和评估基准日至验资报告日期间发生的重大事项是否对验资结论产生影响；检

查实物资产作价是否存在显著高估或低估;检查投入实物资产的价值是否经各出资者认可。

③观察、检查实物数量并关注其状况,验证其是否与实物出资清单一致。

④检查房屋、建筑物的平面图、位置图,验证其名称、坐落地点、建筑结构、竣工时间、已使用年限及作价依据等是否符合协议、章程的规定。

⑤检查机器设备、运输设备、材料等实物的购货发票、货物运输单、保险单等单证,验证其权属及作价依据。

⑥检查实物是否办理交接手续,交接清单是否得到出资者及被审验单位的确认,实物的交付方式、交付时间、交付地点是否符合协议、章程的规定。

⑦检查须办理财产权转移手续的房屋、车辆等出资财产是否已办理财产权转移手续,验证其出资前是否归属出资者,出资后是否归属被审验单位。

⑧检查相关文件确认出资的实物是否设定担保。

⑨核对实物出资清单与注册资本实收情况明细表是否相符。

外商投资企业以进口实物出资的,注册会计师还应当实施下列审验程序:

①按照国家规定须办理价值鉴定手续的,查阅各地出入境检验检疫局或经国家质量监督检验检疫总局和财政部授予资格的其他价值鉴定机构出具的外商投资财产价值鉴定证书。

②检查财产价值鉴定证书所列的实物是否与购货发票、货物运输清单、货物提单、进口货物报关单、海关查验放行清单、保险单据、实物出资清单及验收清单等一致;检查实物是否来源于境外。

③观察、检查实物,验证其品名、规格、数量、价值等是否与财产价值鉴定证书的有关内容一致。

④当实物出资的币种与注册资本的币种、记账本位币不一致时,检查实收资本的折算汇率是否按收到出资当日汇率折算。

⑤外方以实物出资的,注册会计师应当按照国家有关规定向企业注册地外汇管理部门发出外方出资情况询证函,并根据外方出资者的出资方式附送国家外汇管理局资本项目外汇业务核准件及进口货物报关单等文件的复印件,以询证上述文件内容的真实性、合规性。

(3)无形资产投入的审验

以知识产权、土地使用权等无形资产出资的,应当审验其权属转移情况,并按照国家有关规定在资产评估的基础上审验其价值。如果被审验单位是外商投资企业,注册会计师应当按照国家有关外商投资企业的规定,审验无形资产出资的价值。

以知识产权、土地使用权等无形资产出资的具体审验程序包括:

①检查知识产权、土地使用权等无形资产出资清单填列的资产名称、有效状况、作价依据等内容是否符合协议、章程的规定。

②检查知识产权、土地使用权等无形资产出资是否按国家规定进行资产评估,查阅其评估报告,了解评估目的、评估范围与对象、评估基准日、评估假设等有关限定条件是否满足验资的要求;关注评估报告的特别事项说明和评估基准日至验资报告日发生的重大事项是否对验资结论产生影响;检查无形资产作价是否存在显著高估或低估;检查投入资产的价值是否经各出资者认可。

③以专利权出资的,如专利权人为全民所有制单位,检查专利权转让是否经过上级主管部门批准;以商标权出资须经商标主管部门审批的,检查是否经其审查同意。

④检查各项知识产权出资是否以其整体作价出资。

⑤检查土地使用权证和平面位置图,并现场察看,以审验土地使用权证载明的有关内容是否真实,土地使用权的作价依据是否合理。

⑥检查知识产权、土地使用权等无形资产是否办理交接手续,交接清单是否得到出资者及被审验单位的确认。

⑦检查须办理财产权转移手续的知识产权、土地使用权等出资财产是否已办理财产权转移手续,验证其出资前是否归属出资者,出资后是否归属被审验单位。

⑧获取相关文件确认出资的知识产权、土地使用权等无形资产是否设定担保。

⑨核对无形资产出资清单与注册资本实收情况明细表是否相符。

外商投资企业以无形资产出资的,当无形资产出资的币种与注册资本的币种、记账本位币不一致时,注册会计师还需要检查实收资本的折算汇率是否按收到出资当日汇率折算。

(4)以净资产折合实收资本

以净资产折合实收资本的,或以资本公积、盈余公积、未分配利润转增注册资本及实收资本的,应当在审计的基础上按照国家有关规定审验其价值。

以净资产折合实收资本的具体审验程序包括：

①检查被审验单位以净资产折合实收资本是否符合国家有关规定。

②检查以净资产折合实收资本的金额是否符合协议、章程的规定。

③对以净资产折合实收资本相关的资产和负债进行审计,以验证净资产折合实收资本的金额是否准确;如果相关资产和负债已经其他会计师事务所审计,在利用其工作时,应当依据《中国注册会计师审计准则第1401号——利用其他注册会计师的工作》的有关要求执行。

④检查与以净资产折合实收资本相关的资产、负债是否按国家规定进行资产评估,查阅评估报告,了解其评估目的、评估范围与对象、评估基准日、评估假设等有关限定条件是否满足验资的要求;关注评估报告的特别事项说明和评估基准日至验资报告日期间发生的重大事项对验资结论产生的影响;检查净资产作价是否存在显著高估或低估;检查以净资产折合实收资本的金额是否经各出资者认可。

⑤检查与以净资产折合实收资本相关的资产、负债的交接清单。

⑥检查与以净资产折合实收资本相关的资产和负债的转移方式、期限是否符合协议、章程的规定。

⑦检查新设合并的合并各方是否按照国家有关规定及时通知债权人,发布公告,进行债务清偿或提供债务担保。

⑧检查国有企业以净资产折股金额是否与政府有关部门的批准文件的规定一致,未折股部分的处理是否符合国家有关规定。

⑨检查评估基准日至以净资产折合实收资本日期间的净资产变动情况,并检查是否对其进行了适当的会计处理。

⑩检查以净资产折合实收资本的金额是否与注册资本实收情况明细表一致。

(二)变更验资的取证与审验

1. 变更验资的取证

(1)变更验资的一般取证

注册会计师执行变更验资业务时,通常应当根据实际情况,获取下列资料,形成审验证据:被审验单位法定代表人签署的变更登记申请书;被审验单位董事会、股东会或股东大会做出的变更注册资本、实收资本的决议;政府有关部门对被审验单位注册资本、实收资本变更等事宜的批准文件(需要审批的);经批准的注册资本及实收资本增加或减少前后的协议、章程;注册资本、实收资本变更前的营业执照;外商投资企业注册资本、实收资本变更后的批准证书;以往的验资报告及相关资料;注册资本、实收资本增加或减少前最近一期的财务报表;被审验单位提供的有关以前各期出资已到位、出资者未抽逃或未抽回出资的书面声明;以货币、实物、知识产权、土地使用权等出资增加注册资本和实收资本的相关资料(同设立验资);与合并、分立有关的协议、批准文件方案、资产负债表、财产清单;与减资有关的报纸公告、债务清偿报告或债务担保证明;与合并或分立有关的通知、报纸公告、债务清偿报告或债务担保证明;有关股权转让的协议、决议、批准文件,证明股权转让的法律意见书或公证书等法定文件及办理股款交割的凭证;相关会计处理资料;被审验单位签署的注册资本、实收资本变更情况明细表;国家相关法律法规规定的其他资料。

(2) 变更验资的特殊取证

执行股份有限公司变更验资业务,注册会计师还需要获取下列资料:

①股份有限公司以公开发行新股(含配股)方式或者上市公司以非公开发行新股方式增加注册资本的,还应当取得国务院证券管理机构的核准文件。

②股份有限公司发行新股(含配股)的,注册会计师还应当取得股款划转凭据、股票发行费用清单。如果委托证券承销机构办理,还应当取得委托承销协议、承销报告、募股清单、证券登记机构出具的有关证明。

③股份有限公司分配股票股利、以资本公积、盈余公积、未分配利润转增注册资本、实收资本的,注册会计师还需要取得证券登记机构出具的有关证明。

2. 变更验资的审验

(1) 变更验资的一般审验程序

变更验资的审验目标是审验被审验单位变更注册资本、实收资本是否符合法定程序,注册资本、实收资本(股本)的增减变动是否真实,相关会计处理是否正确。

变更验资的一般审验程序包括:

①查阅董事会、股东会或股东大会关于注册资本、实收资本增加或减少的决议,检查注册资本、实收资本变更情况明细表中所列内容是否与有关决议及修改后的协议、章程一致。

②变更注册资本、实收资本须经政府有关部门审批的,检查是否获得批准。

③国家规定须办理有关财产权转移手续的出资财产,检查是否依法办理。

④以货币、实物、知识产权、土地使用权等出资增加注册资本、实收资本的,可以依照设立验资取证与审验有关审验程序进行审验。

⑤股份有限公司发行新股(含配股)的或上市公司以非公开方式发行新股的,如果委托证券承销机构办理,还应当检查委托承销协议、承销报告、募股清单、股款划转凭据、股票发行费用清单、证券登记机构出具的有关证明。

⑥如果委托人要求对增资后累计的注册资本实收情况进行审验,注册会计师应当实施必要的审计程序。

⑦因合并、分立变更注册资本和实收资本,或因注销股份等其他原因减少注册资本和实收资本的,检查被审验单位是否按规定通知债权人,在报纸上发布公告,进行债务清偿或提供债务担保,并得到债权人的认可;检查是否办理财产合并或分割手续;检查是否按规定办理审批手续。

⑧检查增加或减少注册资本后的出资者、出资金额、出资比例是否符合协议、章程及董事会、股东会或股东大会决议的有关规定;关注被审验单位减资后的注册资本是否达到国家规定

的最低限额。

⑨检查与增加或减少注册资本、实收资本相关的会计处理是否正确。

⑩实施以下程序关注前期注册资本实收情况和增资前的净资产状况:查阅前期验资报告;关注被审验单位与其关联方的有关往来款项有无明显异常情况;查阅近期财务报表和审计报告,关注被审验单位是否存在由于严重亏损而导致增资前的净资产小于注册资本、实收资本的情况。

(2)变更验资的特殊审验程序

变更验资的特殊审验程序包括:

①以资本公积、盈余公积、未分配利润转增注册资本及实收资本的,注册会计师还应当实施下列审验程序:对用于转增注册资本及实收资本的资本公积、盈余公积、未分配利润进行审计,以验证其金额是否准确;如果已经其他会计师事务所审计,在利用其工作时,应当按照《中国注册会计师审计准则第1401号——利用其他注册会计师的工作》的有关要求执行;检查用于转增注册资本及实收资本的资本公积项目是否符合国家有关规定;检查被审验单位用于转增注册资本的盈余公积、未分配利润是否符合国家有关规定;检查留存的法定盈余公积是否不少于转增前公司注册资本的25%;检查转增注册资本及实收资本前后各出资者的出资比例是否符合章程、协议中有关出资比例的约定。

②因吸收合并而变更注册资本的,注册会计师还应当实施下列审验程序:对合并各方的资产负债表进行审计,验证被审验单位合并日的净资产金额;如果截止至合并日的财务报表已经其他会计师事务所审计,在利用其工作时,应当按照《中国注册会计师审计准则第1401号——利用其他注册会计师的工作》的有关要求执行;检查以净资产折合实收资本(股本)的比例是否符合合并协议及国家有关规定。

③因派生分立而减少注册资本的,注册会计师还应当实施下列审验程序:对被审验单位分立前后的资产负债表进行审计,验证被审验单位分立日的净资产金额;如果截止至分立日的财务报表已经其他会计师事务所审计,在利用其工作时,应当按照《中国注册会计师审计准则第1401号——利用其他注册会计师的工作》的有关要求执行;检查财产分割及以净资产折合实收资本(股本)的比例是否符合分立协议及国家有关规定。

④因注销股份而减少注册资本的,注册会计师还应当实施以下审验程序:检查与减资有关的会计凭证,以验证减资者、减资方式、减资金额是否真实;对减资基准日的资产负债表进行审计,以验证减资后的注册资本、实收资本(股本)是否真实;如果截止至减资基准日的财务报表已经其他会计师事务所审计,在利用其工作时,应当按照《中国注册会计师审计准则第1401号——利用其他注册会计师的工作》的有关要求执行。

⑤企业整体改组、改制须进行变更登记的,包括非公司企业按公司法改制为公司或有限责任公司变更为股份有限公司,注册会计师还应当检查用于折合实收资本(股本)的净资产额的确认依据是否符合国家有关规定,并关注折合的实收资本(股本)总额是否不高于净资产额。

六、验资报告

(一)验资报告的基本内容

验资报告具有法定证明效力,供被审验单位申请设立登记或变更登记及据以向出资者签发出资证明时使用。注册会计师应当评价根据审验证据得出的结论,以作为形成审验意见和出具验资报告的基础。

根据《中国注册会计师审计准则第1602号——验资》的有关规定,验资报告应当包括下列要素：标题；收件人；范围段；意见段；说明段；附件；注册会计师的签名和盖章；会计师事务所的名称、地址及盖章；报告日期。

1. 标题

验资报告的标题应当统一规范为"验资报告"。

2. 收件人

验资报告的收件人是指注册会计师按照业务约定书的要求致送验资报告的对象，一般是指验资业务的委托人。验资报告应当载明收件人的全称。

对拟设立的公司，收件人通常是公司登记机关预先核准的名称并加"（筹）"。

3. 范围段

验资报告的范围段应当说明审验范围、出资者和被审验单位的责任、注册会计师的责任、审验依据和已实施的主要审验程序等。

审验范围是指注册会计师所验证的被审验单位截至特定日期止的注册资本实收情况或注册资本及实收资本变更情况。

出资者和被审验单位的责任是按照法律法规以及协议、合同、章程的要求出资，提供真实、合法、完整的验资资料，保护资产的安全、完整。

注册会计师的责任是按照本准则的规定，对被审验单位注册资本的实收情况或注册资本及实收资本的变更情况进行审验，出具验资报告。

审验依据是《中国注册会计师审计准则第1602号——验资》。

已实施的主要审验程序通常包括检查记录或文件、检查有形资产、观察、询问、函证、重新计算等。

4. 意见段

验资报告的意见段应当说明已审验的被审验单位注册资本的实收情况或注册资本及实收资本的变更情况。

(1) 设立验资报告意见段内容。对于设立验资，注册会计师在意见段中应当说明被审验单位申请登记的注册资本金额、约定的出资时间，并说明截至特定日期止，被审验单位已收到全体出资者缴纳的注册资本情况，包括实收注册资本金额（实收资本），各种出资方式的出资金额。

(2) 注册会计师对变更验资发表审验意见的特殊考虑。对于变更验资，注册会计师仅对本次注册资本及实收资本的变更情况发表审验意见。

这里主要是考虑公司在经营中，其原始资本与现有资产无法一一对应，注册会计师对公司前期已收到的资本无法辨认，也不能对前期注册资本的实收情况发表意见。但注册会计师应当在验资报告说明段中说明对以前注册资本实收情况审验的会计师事务所名称及其审验情况，并说明变更后的累计注册资本实收金额。如果在审验中发现被审验单位由于严重亏损而导致增资前的净资产小于注册资本、实收资本，或发现被审验单位以前收到的注册资本存在不实或有明显抽逃迹象，注册会计师应在验资报告的说明段中予以说明。

(3) 变更验资报告意见段内容。注册会计师在意见段中应当说明原注册资本及实收资本金额，增资或减资的依据，申请增加或减少注册资本及实收资本金额，约定的增资或减资的时间，变更后的注册资本金额。并说明截至特定日期止被审验单位注册资本及实收资本变更情况，包括实际收到或实际减少的注册资本及实收资本金额，各种出资方式的增资金额或减资方式的减资金额。

5. 说明段

验资报告的说明段应当说明验资报告的用途、使用责任及注册会计师认为应当说明的其他重要事项。对于变更验资，注册会计师还应当在验资报告说明段中说明对以前注册资本实收情况审验的会计师事务所名称及其审验情况，并说明变更后的累计注册资本实收金额。

(1)关于验资报告的用途、使用责任。验资报告具有法定证明效力，供被审验单位申请设立登记或变更登记及据以向出资者签发出资证明时使用。验资报告不应被视为对被审验单位验资报告日后资本保全、偿债能力和持续经营能力等的保证。委托人、被审验单位及其他第三方因使用验资报告不当所造成的后果，与注册会计师及其所在的会计师事务所无关。

(2)注册会计师认为应当说明的其他重要事项包括：注册会计师与被审验单位在注册资本及实收资本的确认方面存在异议。如果在注册资本及实收资本的确认方面与被审验单位存在异议，且无法协商一致，注册会计师应当在验资报告说明段中清晰地反映有关事项及其差异和理由；已设立公司尚未对注册资本的实收情况或注册资本及实收资本的变更情况做出相关会计处理；被审验单位由于严重亏损而导致增资前的净资产小于注册资本及实收资本；验资截止日至验资报告日期间注册会计师发现的影响审验结论的重大事项；注册会计师发现的前期出资不实的情况以及明显的抽逃出资迹象；其他事项。

6. 附件

验资报告的附件应当包括已审验的注册资本实收情况明细表或注册资本、实收资本变更情况明细表和验资事项说明等。

(1)附件中的注册资本实收情况明细表或注册资本、实收资本变更情况明细表是验资报告的组成部分，反映了注册会计师验证的结果，而在验资过程中获取的被审验单位签署的注册资本实收情况明细表或注册资本、实收资本变更情况明细表作为被审验单位的一种书面声明，是注册会计师应当获取的重要证据之一。两者之间存在区别，前者是注册会计师的审验结果，后者是审验证据。

(2)设立验资的验资事项说明主要包括：

①基本情况。说明公司名称、公司类型、公司组建及审批情况(需要批准的)、股东或发起人的名称或者姓名、公司名称预先核准情况等。

②申请的注册资本及出资规定。说明公司申请的注册资本额、各股东或者发起人的认缴或者认购额、出资时间、出资方式，如果是以募集方式设立的股份有限公司，还应当说明发起人认购的股份和该股份占公司股份总数的比例等。

③审验结果。说明公司实收资本额、实收资本占注册资本的比例、各股东或者发起人实际缴纳出资额、出资时间、出资方式，以货币出资的还应当说明股东或者发起人的出资额、出资时间、货币资金缴存被审验单位的开户银行、户名及账号；以实物、知识产权、土地使用权等可以用货币估价并可以依法转让的非货币财产作价出资的，应当具体说明其出资方式和内容，并说明非货币出资权属转移情况(股东已办理财产权转移手续的证明文件情况)、评估情况(包括评估结果和确认情况)；全部货币出资占注册资本的比例对于发起设立的股份有限公司出资者分次出资的首次验资应当说明全体发起人的首次出资额占公司注册资本的比例；出资者的实际出资超过认缴出资的还应当说明超过部分的处理情况等。

④其他事项。注册会计师认为应当说明的其他重要事项。例如，对外商投资企业的验资，应当说明向国家外汇管理局××分(支)局发函询证情况，收到回函情况及被审验单位的外资外汇登记编号等。

(3)变更验资的验资事项说明主要包括：

①基本情况。说明公司名称,公司类型,公司组建及审批情况(需要批准的),变更前后各股东或者发起人的名称或者姓名、出资额和出资方式、出资时间,申请变更前后的注册资本及实收资本金额等。

②新增资本的出资规定或减资规定。说明申请新增的注册资本数额或实收资本数额,出资者、出资方式、出资时间;或减资数额、减资者、减资方式、减资时间等。

③审验结果。增加注册资本或实收资本的,应当说明被审验单位实际收到各出资者的新增注册资本及实收资本,或新增实收资本的情况,包括:以货币出资的,应当说明股东或者发起人的出资额、出资时间、货币资金缴存被审验单位的开户银行和户名及账号;以实物、知识产权、土地使用权及其他可以用货币估价并可以依法转让的非货币财产作价出资的,应当具体说明其出资方式和内容,并说明股东办理财产权转移手续的情况、评估情况(包括评估结果和确认情况);以资本公积、盈余公积和未分配利润转增注册资本及实收资本的,应当说明转增的方式、用以转增注册资本的项目和金额、公司实施转增的基准日期、财务报表的调整情况(包括会计处理情况)、留存的该项公积金不少于转增前公司注册资本的25%、转增前后财务报表相关科目的实际情况、转增后股东的出资额;出资者的实际出资超过认缴出资的还应当说明超过部分的处理情况等。

减少注册资本及实收资本的,除说明减资者、减资币种、减资金额、减资时间、减资方式和减资后的出资者、出资金额、出资比例及减资后的净资产和实收资本(股本)外,还应当说明公司履行《公司法》规定程序情况和股东或者发起人对公司债务清偿或者债务担保情况。

7. 注册会计师的签名和盖章

验资报告应当由两名注册会计师签名并盖章。

根据《财政部关于注册会计师在审计报告上签名盖章有关问题的通知》(财会〔2001〕1035号)的规定,合伙会计师事务所出具的验资报告,应当由一名对验资项目负最终复核责任的合伙人和一名负责该项目的注册会计师签名并盖章。有限责任会计师事务所出具的验资报告,应当由会计师事务所主任会计师或其授权的副主任会计师和一名负责该项目的注册会计师签名并盖章。

8. 会计师事务所的名称、地址及盖章

验资报告应当载明会计师事务所的名称和地址,并加盖会计师事务所公章。

验资报告中的会计师事务所地址通常应注明"中国××市"。

9. 报告日期

验资报告日期是指注册会计师完成审验工作的日期。

致送工商行政管理部门的验资报告应当后附会计师事务所的营业执照复印件;如果由副主任会计师签署报告时,还应当附主任会计师授权副主任会计师签署报告的授权书复印件。

(二)验资报告示例

验资报告的参考格式举例如下:

验资报告

××有限责任公司(筹):

我们接受委托,审验了贵公司(筹)截至××年×月×日止申请设立登记的注册资本实收情况。按照法律法规以及协议、章程的要求出资,提供真实、合法、完整的验资资料,保护资产的安全、完整是全体股东及公司(筹)的责任。我们的责任是对贵公司(筹)注册资本的实收情况发表审验意见。我们的审验是依据《中国注册会计师审计准则第1602号——验资》进行的。在审验过程中,我们结合贵公司(筹)的实际情况,实施了检查等必要的审验程序。

根据协议、章程的规定,贵公司(筹)申请登记的注册资本为人民币××元,由全体股东于××年×月×日之前一次缴足。经我们审验,截至××年×月×日止,贵公司(筹)已收到全体股东缴纳的注册资本(实收资本),合计人民币××元(大写)。各股东以货币出资××元,实物出资××元。

[如果存在需要说明的重大事项增加说明段]
……

本验资报告供贵公司(筹)申请办理设立登记及据以向全体股东签发出资证明时使用,不应被视为是对贵公司(筹)验资报告日后资本保全、偿债能力和持续经营能力等的保证。因使用不当造成的后果,与执行本验资业务的注册会计师及本会计师事务所无关。

附件:1. 注册资本实收情况明细表
　　　2. 验资事项说明

××会计师事务所　　　　　　　　　　　　　　中国注册会计师:×××
　　（盖章）　　　　　　　　　　　　　　　　（主任会计师/副主任会计师）
　　　　　　　　　　　　　　　　　　　　　　　　（签名并盖章）
　　　　　　　　　　　　　　　　　　　　　中国注册会计师:×××
　　　　　　　　　　　　　　　　　　　　　　　　（签名并盖章）

　　　中国××市　　　　　　　　　　　　　　　　年　　月　　日

附件1

注册资本实收情况明细表

截至　　年　　月　　日止

被审验单位名称:　　　　　　　　　　　　　　　　　　　　　　　货币单位:

股东名称	认缴注册资本		实际出资情况										
^^	金额	出资比例	货币	实物	知识产权	土地使用权	其他	合计	实收资本			
^^	^^	^^	^^	^^	^^	^^	^^	^^	金额	占注册资本总额比例	其中,货币出资	
^^	^^	^^	^^	^^	^^	^^	^^	^^	^^	^^	金额	占注册资本总额比例
合　计												

附件2

验资事项说明

一、基本情况

××公司(筹)(以下简称贵公司)系由××(以下简称甲方)和××(以下简称乙方)共同出资组建的有限责任公司,于××年×月×日取得××[公司登记机关]核发的××号《企业名称预先核准通知书》,正在申请办理设立登记。(如果该公司在设立登记前须经审批,还需说明审批情况。)

二、申请的注册资本及出资规定

根据协议、章程的规定,贵公司申请登记的注册资本为人民币××元,由全体股东于××年×月×日之前一次缴足。其中,甲方认缴人民币××元,占注册资本的×%,出资方式为货币××元,实物(机器设备)××元;乙方认缴人民币××元,占注册资本的×%,出资方式为货币。

三、审验结果

截至××年×月×日止,贵公司已收到甲方、乙方缴纳的注册资本(实收资本)合计人民币××元,实收资本占注册资本的100%。

(一)甲方实际缴纳出资额人民币××元。其中,货币出资××元,于××年×月×日缴存××公司(筹)在××银行开立的人民币临时存款账户××账号内;于××年×月×日投入机器设备××[名称、数量等],评估价值为××元,全体股东确认的价值为××元。

××资产评估有限公司已对甲方出资的机器设备进行了评估,并出具了[文号]资产评估报告。

甲方已与贵公司于××年×月×日就出资的机器设备办理了财产交接手续。

(二)乙方实际缴纳出资额人民币××元。其中,货币出资××元,于××年×月×日缴存××公司(筹)在××银行开立的人民币临时存款账户××账号。

[如果股东的实际出资金额超过其认缴的注册资本金额,应当说明超过部分的处理情况]

(三)全体股东的货币出资金额合计××元,占注册资本总额的×%。

四、其他事项

第三节 财务报表审阅

一、财务报表审阅的目标

财务报表审阅(review of financial statements)的目标,是注册会计师在实施审阅程序的基础上,说明是否注意到某些事项,使其相信财务报表没有按照适用的会计准则的规定编制,未能在所有重大方面公允反映被审阅单位的财务状况、经营成果和现金流量。

注册会计师应当主要通过询问和分析程序获取充分、适当的证据,作为得出审阅结论的基础。

课堂讨论题1

在什么情况下公司需要聘请注册会计师执行财务报表审阅业务?

二、审阅范围和保证程度

审阅范围是指为实现财务报表审阅目标,注册会计师根据《中国注册会计师审阅准则第2101号——财务报表审阅》和职业判断实施的恰当的审阅程序的总和。注册会计师应当根据相关准则确定执行财务报表审阅业务所要求的程序。必要时,还应当考虑业务约定条款的要求。

由于实施审阅程序不能提供在财务报表审计中要求的所有证据,审阅业务对所审阅的财务报表不存在重大错报提供有限保证,注册会计师应当以消极方式提出结论。

三、业务约定书

注册会计师应当与被审阅单位就业务约定条款达成一致意见,并签订业务约定书。

业务约定书应当包括下列主要内容:审阅业务的目标;管理层对财务报表的责任;审阅范围,其中应提及按照本准则的规定执行审阅工作;注册会计师不受限制地接触审阅业务所要求的记录、文件和其他信息;预期提交的报告样本;说明不能依赖财务报表审阅揭示错误、舞弊和违反法规行为;说明没有实施审计,因此注册会计师不发表审计意见,不能满足法律法规或第三方对审计的要求。

四、审阅计划

注册会计师应当计划审阅工作,以有效执行审阅业务。

在计划审阅工作时,注册会计师应当了解被审阅单位及其环境,或更新以前了解的内容,包括考虑被审阅单位的组织结构、会计信息系统、经营管理情况以及资产、负债、收入和费用的性质等。

五、审阅程序和审阅证据

在确定审阅程序的性质、时间和范围时,注册会计师应当运用职业判断,并考虑下列因素:以前期间执行财务报表审计或审阅所了解的情况;对被审阅单位及其环境的了解,包括适用的会计准则、行业惯例;会计信息系统;管理层的判断对特定项目的影响程度;各类交易和账户余额的重要性。

在考虑重要性水平时,注册会计师应当采用与执行财务报表审计业务相同的标准。

财务报表审阅程序通常包括:了解被审阅单位及其环境;询问被审阅单位采用的会计准则、行业惯例;询问被审阅单位对交易和事项的确认、计量、记录和报告的程序;询问财务报表中所有重要的认定;实施分析程序,以识别异常关系和异常项目;询问股东会、董事会以及其他类似机构决定采取的可能对财务报表产生影响的措施;阅读财务报表,以考虑是否遵循指明的编制基础;获取其他注册会计师对被审阅单位组成部分财务报表出具的审计报告或审阅报告。

注册会计师应当向负责财务会计事项的人员询问下列事项:所有交易是否均已记录;财务报表是否按照指明的编制基础编制;被审阅单位业务活动、会计政策和行业惯例的变化;在实施上述程序时所发现的问题。

必要时,注册会计师应当获取管理层书面声明。

注册会计师应当询问在资产负债表日后发生的、可能需要在财务报表中调整或披露的期后事项。注册会计师没有责任实施程序以识别审阅报告日后发生的事项。

如果有理由相信所审阅的财务报表可能存在重大错报,注册会计师应当实施追加的或更为广泛的程序,以便能够以消极方式提出结论或确定是否出具非无保留结论的报告。

六、审阅结论和报告

审阅报告应当清楚地表达有限保证的结论。注册会计师应当复核和评价根据审阅证据得出的结论,以此作为表达有限保证的基础。

根据已实施的工作,注册会计师应当评估在审阅过程中获知的信息是否表明财务报表没有按照适用的会计准则的规定编制,未能在所有重大方面公允反映被审阅单位的财务状况、经营成果和现金流量。

审阅报告应当包括下列要素:

(一)标题

审阅报告的标题应当统一规范为"审阅报告"。

(二)收件人

审阅报告的收件人应当为审阅业务的委托人。审阅报告应当载明收件人的全称。

(三)引言段

审阅报告的引言段应当说明下列内容:所审阅财务报表的名称;管理层的责任和注册会计师的责任。

(四)范围段

审阅报告的范围段应当说明审阅的性质,包括下列内容:审阅业务所依据的准则;审阅主要限于询问和实施分析程序,提供的保证程度低于审计;没有实施审计,因而不发表审计意见。

(五)结论段

注册会计师应当根据实施审阅程序的情况,在审阅报告的结论段中提出下列之一的结论:

(1)根据注册会计师的审阅,如果没有注意到任何事项使其相信财务报表没有按照适用的会计准则的规定编制,未能在所有重大方面公允反映被审阅单位的财务状况、经营成果和现金流量,注册会计师应当提出无保留的结论(unqualified conclusion)。

(2)如果注意到某些事项使其相信财务报表没有按照适用的会计准则的规定编制,未能在所有重大方面公允反映被审阅单位的财务状况、经营成果和现金流量,注册会计师应当在审阅报告的结论段前增设说明段,说明这些事项对财务报表的影响,并提出保留结论(qualified conclusion)。

如果存在重大的范围限制,注册会计师应当在审阅报告中说明,假定范围不受限制,注册会计师可能发现需要调整财务报表的事项,因而提出保留结论。

(3)如果这些事项对财务报表的影响非常重大和广泛,以至于认为仅提出保留结论不足以揭示财务报表的误导性或不完整性,注册会计师应当对财务报表提出否定结论(adverse conclusion),即财务报表没有按照适用的会计准则的规定编制,未能在所有重大方面公允反映被审阅单位的财务状况、经营成果和现金流量。

(4)如果范围限制的影响非常重大和广泛,以至于注册会计师认为不能提供任何程度的保证时,不应提供任何保证(disclaimer of conclusion)。在无法提供任何保证的审阅报告中,注册会计师应当删除引言段中对于注册会计师责任的表述,删除范围段,在说明段中说明审阅范围受限的情况,并在结论段中使用"由于受到前段所述事项的重大影响""我们无法对财务报表提供任何保证"等术语。

(六)注册会计师的签名和盖章
审阅报告应当由注册会计师签名并盖章。

(七)会计师事务所的名称、地址及盖章
审阅报告应当载明会计师事务所的名称和地址,并加盖会计师事务所公章。

(八)报告日期
审阅报告应当注明报告日期。审阅报告的日期是指注册会计师完成审阅工作的日期,不应早于管理层批准财务报表的日期。

七、无保留结论的审阅报告参考格式

审 阅 报 告

新欣股份有限公司全体股东:

我们审阅了后附的新欣股份有限公司(以下简称新欣公司)财务报表,包括20×5年12月31日的资产负债表,20×5年度的利润表、股东权益变动表和现金流量表以及财务报表附注。这些财务报表的编制是新欣公司管理层的责任,我们的责任是在实施审阅工作的基础上对这些财务报表出具审阅报告。

我们按照《中国注册会计师审阅准则第2101号——财务报表审阅》的规定执行了审阅业务。该准则要求我们计划和实施审阅工作,以对财务报表是否不存在重大错报获取有限保证。审阅主要限于询问公司有关人员和对财务数据实施分析程序,提供的保证程度低于审计。我们没有实施审计,因而不发表审计意见。

根据我们的审阅,我们没有注意到任何事项使我们相信财务报表没有按照企业会计准则的规定编制,未能在所有重大方面公允反映被审阅单位的财务状况、经营成果和现金流量。

公正会计师事务所	中国注册会计师:李明(签名并盖章)
（盖章）	
	中国注册会计师:章艺（签名并盖章）
中国上海市	20×6年3月5日

八、财务报表审计与财务报表审阅的区别

财务报表审计与财务报表审阅的区别如表15-6所示。

表15-6　　　　　　　　财务报表审计与财务报表审阅的区别

项目	财务报表审计	财务报表审阅
执行业务的依据	中国注册会计师审计准则	《中国注册会计师审阅准则第2101号——财务报表审阅》
主要程序	检查、观察、函证、重新计算、分析程序、询问	询问、分析程序
提供的报告	审计报告	审阅报告

续表

项目	财务报表审计	财务报表审阅
报告主要内容	引言段、管理层对财务报表的责任段、注册会计师的责任段、审计意见段	引言段、范围段、结论段
提供的保证程度	较高(high,positive assurance),体现在意见段	较低(moderate,negative assurance),体现在结论段

第四节 非鉴证业务

如前所述,非鉴证业务包括执行商定程序、代编财务信息、税务服务、管理咨询、信息系统设计与完善、风险管理等内容。本节主要介绍对财务信息执行商定程序和代编财务信息业务的基本内容。

一、对财务信息执行商定程序

(一)对财务信息执行商定程序的目标

对财务信息执行商定程序(an agreed-upon procedures engagement)的目标,是注册会计师对特定财务数据、单一财务报表或整套财务报表等财务信息执行与特定主体[①]商定的具有审计性质的程序,并就执行的商定程序及其结果出具报告。

注册会计师执行商定程序业务,仅报告执行的商定程序及其结果,并不提出鉴证结论。报告使用者自行对注册会计师执行的商定程序及其结果做出评价,并根据注册会计师的工作得出自己的结论。

商定程序业务报告仅限于参与协商确定程序的特定主体使用,以避免不了解商定程序的人对报告产生误解。

(二)对财务信息执行商定程序的基本流程

1. 签订业务约定书

注册会计师应当与特定主体进行沟通,确保其已经清楚理解拟执行的商定程序和业务约定条款。

注册会计师应当就下列事项与特定主体沟通,并达成一致意见:

(1)业务性质,包括说明执行的商定程序并不构成审计或审阅,不提出鉴证结论;
(2)委托目的;
(3)拟执行商定程序的财务信息;
(4)拟执行的具体程序的性质、时间和范围;
(5)预期的报告样本;
(6)报告分发和使用的限制。

如果接受委托,注册会计师应当与委托人就双方达成一致的事项签订业务约定书,以避免双方对商定程序业务的理解产生分歧。

2. 计划、程序与记录

---

① 特定主体,是指委托人和业务约定书中指明的报告致送对象。

注册会计师应当合理制订工作计划,以有效执行商定程序业务。

注册会计师应当执行商定的程序,并将获取的证据作为出具报告的基础。

执行商定程序业务运用的程序通常包括:询问和分析;重新计算、比较和其他核对方法;观察;检查;函证。

注册会计师应当记录支持商定程序业务报告的重大事项,并记录执行商定程序的证据。

3. 出具商定程序业务报告

商定程序业务报告应当详细说明业务的目的和商定的程序,以便使用者了解所执行工作的性质和范围。

商定程序业务报告应当包括下列内容:

(1)标题;

(2)收件人;

(3)说明执行商定程序的财务信息;

(4)说明执行的商定程序是与特定主体协商确定的;

(5)说明已按照有关准则的规定和业务约定书的要求执行了商定程序;

(6)当注册会计师不具有独立性时,说明这一事实;

(7)说明执行商定程序的目的;

(8)列出所执行的具体程序;

(9)说明执行商定程序的结果,包括详细说明发现的错误和例外事项;

(10)说明所执行的商定程序并不构成审计或审阅,注册会计师不提出鉴证结论;

(11)说明如果执行商定程序以外的程序,或执行审计或审阅,注册会计师可能得出其他应报告的结果;

(12)说明报告仅限于特定主体使用;

(13)在适用的情况下,说明报告仅与执行商定程序的特定财务数据有关,不得扩展到财务报表整体;

(14)注册会计师的签名和盖章;

(15)会计师事务所的名称、地址及盖章;

(16)报告日期。

对财务信息执行商定程序的报告基本格式如下所示:

对应收账款明细表执行商定程序的报告

我们接受委托,对立乐公司20×5年12月31日的应收账款明细表执行了商定程序。这些程序经贵公司最后决定,其充分性由贵公司负责。我们的工作是依据《中国注册会计师相关服务准则第4101号——对财务信息执行商定程序》进行的,目的是协助贵公司评价公司应收账款的真实性。现将执行的程序及发现的事实报告如下:

一、执行的程序

1. 取得立乐公司编制的20×5年12月31日的应收账款明细表,验算合计数,并与总分类账核对是否相符。

2. 从应收账款明细表中抽取50家客户,检查销售发票与主营业务收入明细账是否相符。抽取方法是从第20家客户开始,每隔15家抽取1家。

3. 对应收账款明细表中余额最大的200家客户寄发询证函,函证余额占应收账款明细表合计数的比例为 86%。

4. 对未回函的客户,检查销售发票、发运凭证和订货单是否相符。

5. 对回函金额不符的客户,取得立乐公司编制的差异调节表,并检查调节项目是否适当。

二、发现的事实

1. 执行第 1 项程序,我们发现应收账款明细表合计数正确,并与总分类账核对相符。

2. 执行第 2 项程序,我们发现销售发票与主营业务收入明细账相符,抽取余额占应收账款明细表合计数的 15%。

3. 执行第 3 项程序,我们收到 183 家客户的回函,其余 17 家客户未回函。

4. 执行第 4 项程序,我们发现未回函的 17 家客户的销售发票、发运凭证和订货单相符。

5. 执行第 5 项程序,我们发现回函金额不符的差异通过差异调节表调节消失。

由于我们并非按照审计准则(或审阅准则)进行审计(或审阅)业务,因此不对上述应收账款明细表发表鉴证意见。如果我们执行额外程序或按照审计准则(或者审阅准则)进行审计(或审阅),可能会发现其他应向贵公司报告的事实。

本报告仅供贵公司用于第一段所述目的,不应用于其他用途或分发给其他人士。本报告仅与前述特定项目有关,不应将之扩大到立乐公司财务报表整体。

公正会计师事务所　　　　　　　　　　　　　中国注册会计师:李明(签名并盖章)
(盖章)
中国上海市　　　　　　　　　　　　　　　　20×6 年 3 月 9 日

二、代编财务信息

(一)代编财务信息业务的目标

代编业务(a compilation engagement)的目标是注册会计师运用会计(而非审计)的专业知识和技能,代客户编制一套完整或非完整的财务报表,或代为收集、分类和汇总其他财务信息。

注册会计师执行代编业务使用的程序并不旨在,也不能对财务信息提出任何鉴证结论。

(二)代编财务信息业务的基本流程

1. 签订业务约定书

注册会计师应当在代编业务开始前,与客户就代编业务约定条款达成一致意见,并签订业务约定书,以避免双方对代编业务的理解产生分歧。

业务约定书应当包括下列主要事项:

(1)业务的性质,包括说明拟执行的业务既非审计也非审阅,注册会计师不对代编的财务信息提出任何鉴证结论;

(2)说明不能依赖代编业务揭露可能存在的错误、舞弊以及违反法规行为;

(3)客户提供的信息的性质;

(4)说明客户管理层应当对提供给注册会计师的信息的真实性和完整性负责,以保证代编财务信息的真实性和完整性;

(5)说明代编财务信息的编制基础,并说明将在代编财务信息和出具的代编业务报告中对该编制基础以及任何重大背离予以披露;

(6)代编财务信息的预期用途和分发范围;

(7)如果注册会计师的姓名与代编的财务信息相联系,说明注册会计师出具的代编业务报告的格式;

(8)业务收费;

(9)违约责任;

(10)解决争议的方法;

(11)签约双方法定代表人或其授权代表的签字盖章,以及签约双方加盖的公章。

2.计划、程序与记录

注册会计师应当制订代编业务计划,以有效执行代编业务。

注册会计师应当了解客户的业务和经营情况,熟悉其所处行业的会计政策和惯例,以及与具体情况相适应的财务信息的形式和内容。

注册会计师应当了解客户业务交易的性质、会计记录的形式和财务信息的编制基础。

注册会计师通常利用以前经验、查阅文件记录或询问客户的相关人员,获取对这些事项的了解。

如果注意到管理层提供的信息不正确、不完整或在其他方面不令人满意,注册会计师应当要求管理层提供补充信息,并考虑执行下列程序:询问管理层,以评价所提供信息的可靠性和完整性;评价内部控制;验证任何事项;验证任何解释。

如果管理层拒绝提供补充信息,注册会计师应当解除该项业务约定,并告知客户解除业务约定的原因。

注册会计师应当阅读代编的财务信息,并考虑形式是否恰当,是否不存在明显的重大错报[①]。

如果注意到存在重大错报,注册会计师应当尽可能与客户就如何恰当地更正错报达成一致意见。如果重大错报仍未得到更正,并且认为财务信息存在误导,注册会计师应当解除该项业务约定。

注册会计师应当从管理层获取其承担恰当编制财务信息和批准财务信息的责任的书面声明。该声明还应当包括管理层对会计数据的真实性和完整性负责,以及已向注册会计师完整提供所有重要且相关的信息。

注册会计师应当记录重大事项,以证明其已按照有关准则的规定和业务约定书的要求执行代编业务。

3.代编业务报告

代编业务报告应当包括下列内容:

(1)标题;

(2)收件人;

(3)说明注册会计师已按照本准则的规定执行代编业务;

(4)当注册会计师不具有独立性时,说明这一事实;

(5)指出财务信息是在管理层提供信息的基础上代编的,并说明代编财务信息的名称、日期或涵盖的期间;

(6)说明管理层对注册会计师代编的财务信息负责;

---

① 重大错报包括下列情形:错误运用编制基础;未披露所采用的编制基础和获知的重大背离;未披露注册会计师注意到的其他重大事项。

(7)说明执行的业务既非审计也非审阅,因此不对代编的财务信息提出鉴证结论;

(8)必要时,应当增加一个段落,提醒注意代编财务信息对采用的编制基础的重大背离;

(9)注册会计师的签名及盖章;

(10)会计师事务所的名称、地址及盖章;

(11)报告日期。

代编财务报表业务报告的基本格式如下所示:

代编财务报表业务报告

新欣股份有限公司:

在新欣公司管理层提供信息的基础上,我们按照《中国注册会计师相关服务准则第4111号——代编财务信息》的规定,代编了新欣公司20×5年12月31日的资产负债表,20×5年度的利润表、股东权益变动表和现金流量表以及财务报表附注。管理层对这些财务报表负责。我们未对这些财务报表进行审计或审阅,因此不对其提出鉴证结论。

公正会计师事务所　　　　　　　　　　中国注册会计师:李明(签名并盖章)
(盖章)
中国上海市　　　　　　　　　　　　　20×6年3月6日

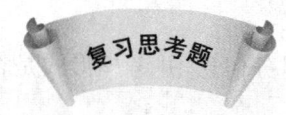

复习思考题

1. 验资报告与审计报告的区别表现在哪些方面?
2. 货币资金审验的主要内容有哪些?
3. 实物资产审验的主要内容有哪些?
4. 无形资产审验的主要内容有哪些?
5. 财务报表审计与财务报表审阅的区别体现在哪些方面?
6. 内部控制审计的基本流程是什么?

自我测试题

一、单项选择题

1. 如果投资者以货币资金出资,注册会计师应以(　　)作为验资依据。
   A. 被审验单位开户银行出具的收款凭证和银行存款余额调节表
   B. 被审验单位开户银行出具的收款凭证和银行对账单
   C. 被审验单位银行存款收款凭证和银行对账单
   D. 被审验单位银行存款收款凭证和银行转账凭证

2. 在验资业务中,不属于出资方或被审验单位责任的是(　　)。
   A. 按照国家相关法规的规定和协议、合同、章程的要求出资
   B. 提供真实、合法、完整的验资资料
   C. 保护资产的安全、完整
   D. 对被审验单位注册资本的实收或变更情况进行审验

3. 对于设立的有限责任公司,注册会计师应当关注出资者是否按照规定的期限缴纳注册资本,并关注出资者首次出资后,其余部分是否由出资者自公司成立之日起(　　)内缴足。

A. 1年　　　　　B. 2年　　　　　C. 3年　　　　　D. 5年
4. （　　）是指一个或多个控制缺陷的组合,可能导致企业严重偏离控制目标。
　 A. 重大缺陷　　　B. 重要缺陷　　　C. 一般缺陷　　　D. 主要缺陷
5. 下列业务中,属于非鉴证业务的是（　　）。
　 A. 财务报表审计　B. 财务报表审阅　C. 验资　　　　　D. 执行商定程序

二、判断题

1. 验资分为设立验资和变更验资。　　　　　　　　　　　　　　　　　　　　（　　）
2. 注册会计师出具的验资报告不应视为对被审验单位日后偿债能力做出的保证。（　　）
3. 审阅业务对所审阅的财务报表不存在重大错报提供有限保证,注册会计师应当以消极方式提出结论。
　　　　　　　　　　　　　　　　　　　　　　　　　　　　　　　　　　　（　　）
4. 注册会计师审计范围受到限制的,应当出具保留意见或无法表示意见的内部控制审计报告。（　　）
5. 对于内部控制审计过程中识别的所有控制缺陷,注册会计师应当以书面形式与董事会和经理层沟通。
　　　　　　　　　　　　　　　　　　　　　　　　　　　　　　　　　　　（　　）
6. 注册会计师执行商定程序业务,仅报告执行的商定程序及其结果,并不提出鉴证结论。（　　）

三、案例分析题

1. 经有关部门批准,由由有限责任公司(以下简称由由公司)由甲公司和乙公司共同出资组建。根据协议、合同和章程的规定,由由公司的注册资本为3 000万元,出资双方须于20×6年6月30日前缴足,其中,甲公司应出资1 800万元,包括货币出资1 000万元,房屋建筑物出资800万元;乙公司应出资1 200万元,包括货币出资900万元和专利权出资300万元。甲、乙公司已办理好出资手续,货币出资部分已存入指定银行账户,房屋建筑物和专利权出资部分已办理产权转移手续。假定公平会计师事务所接受委托于20×6年7月1日进驻由由公司进行验资,7月8日完成外勤验资工作。7月11日向由由公司提交了验资报告。

　　要求:根据上述资料,编制验资报告。

2. 注册会计师在Y集团股份有限公司内部控制审计的过程中,了解到下列信息:
(1)内部控制制度的目标
公司建立内部控制制度,主要是为了达到以下基本目标:
①规范公司会计行为,保证会计资料真实、完整,提高会计信息质量;
②堵塞漏洞、消除隐患,防止并及时发现、纠正错误及舞弊行为,保护公司资产的安全、完整;
③确保国家有关法律法规和公司内部规章制度的贯彻执行,财务负责人对内部会计控制的建立健全及有效实施负责。
(2)建立内部控制制度的原则
公司内部控制制度的建立遵循了以下原则:
①内部控制符合国家有关法律法规以及公司的实际情况;
②内部控制约束公司财务会计部的所有人员;
③内部控制应当涵盖财务会计部的各项经济业务及相关岗位,并应针对业务处理过程中的关键控制点,落实到决策、执行、监督、反馈等各个环节;
④内部控制保证公司内部涉及会计工作的机构、岗位的合理设置及其职责权限的合理划分,坚持不相容的职务相互分离,确保不同机构和岗位之间权责分明,相互制约、相互监督;
⑤内部控制遵循成本效益原则,以合理的控制成本达到最佳的控制效果;
⑥内部控制每两年进行一次修订和完善。
(3)内部控制制度的自我评估
2010年度,该公司对内部控制制度设计和执行的有效性进行了自我评估,公司主要内部控制制度的执行情况如下：

①公司已按国家有关规定制定了会计核算制度和财务管理制度，并明确制定了会计凭证、会计账簿和会计报告的处理程序。在具体执行中，公司所属各子公司执行统一的财务管理制度工作仍有待于进一步加强。

②公司已建立了预算体系，能够做好预算的各项基础工作。公司财务会计部作为预算管理部门，负责预算的编制（含预算调整）和预算考核，公司综合办公室负责预算的审批，各业务部门负责预算的执行。

③在销售与收款业务方面，按市场营销管理制度要求，制定了可行的销售政策。为了增加销售过程中的灵活性，授予销售业务人员比较大的折扣政策、付款政策等权限。为了提高效率，销售业务人员可以单独与客户进行谈判；重要的特殊销售业务，由总裁做出决策。建立了应收款风险控制制度。公司制定了加强业务管理系统的规定，规范了内外销合同、利润分析单及装运单制作、签订、审批、留存程序，明确了风险小组及财务部的职责。公司根据实际情况将年初确定的营销指标进行分解，下达给各相关营销机构和人员，并确定销售利润指标和货款回笼的相关要求，考核营销费用。

④公司已较合理地规划和落实了采购和付款业务的机构和岗位，明确了存货的请购、审批、采购、验收程序。采购货款的支付需在相关手续齐备后才能办理，大额款项的支付必须经批准同意。实际执行中，部分采购业务未签订采购合同，采购订单也未能连续编号，以及对部分料到单未到的材料平时未能及时地进行暂估，在年末时才予暂估的情况。

⑤公司对采购与付款业务建立严格的授权批准制度，明确审批人对采购与付款业务的授权批准方式、权限、程序、责任和相关控制措施，规定经办人办理采购与付款业务的职责范围和工作要求。审批人应当根据采购与付款业务授权批准制度的规定，在授权范围内进行审批，不得超越审批权限。经办人应当在职责范围内，按照审批人的批准意见办理采购与付款业务。对审批人超越授权范围审批的采购与付款业务，经办人员有权拒绝办理，并及时向审批人的上级授权部门报告。对于重要和技术性较强的采购业务，由公司总裁做出决策。

⑥对外投资方面，公司为严格控制投资风险，按公司章程的有关规定，建立了相应的投资管理制度，并按投资额的大小确定投资决策权的行使，结合投资事前、事中、事后工作制定了完备的内部控制制度。公司综合办公室负责对外投资及处置的可行性研究与评估，包括收集、归档涉及对外投资的董事会、监事会、股东大会决议及相关文书资料，并建立健全的对外投资台账，跟踪、分析投资效益的制度；公司董事会负责对外重大投资及处置的决策，公司经理班子负责一般投资及处置的决策；公司投资部负责对外投资及处置的执行。

⑦在筹资业务方面，能较合理地确定筹资规模和筹资结构，选择恰当的筹资方式，较严格地控制财务风险，降低资金成本。财会部门负责拟订筹资方案，由总裁进行筹资决策。

⑧对货币资金的收支和保管业务建立了较严格的授权批准程序，办理货币资金业务的不相容岗位已做分离，相关机构和人员存在相互制约关系。对于预算内的财务开支，除经财务部审核外，5万元以下的由各部门负责人审批，5万元以上10万元以下的由分管财务的副总裁审批，10万元以上50万元以下的由总裁审批，50万元以上的由公司领导集体审批；未列入预算的其他财务开支均由总裁审批。

⑨公司制定了担保管理制度，明确公司的财务部为担保合同的管理部门，负责公司担保合同的评估、审批、签订、履行、变更、终止和保管工作，以及担保业务发生后对被担保人的经营情况、资金状况的事后监督。目前公司除为子公司提供担保外，未对公司外部单位提供担保。

要求：

(1)指出公司内部控制目标、原则、自我评估反映了哪些控制缺陷（或不足），并简要说明理由。

(2)每项控制程序的目标是什么？

(3)每项控制程序是否属于与财务报告相关的控制？

(4)如果某项控制程序存在缺陷，可以考虑建立哪些补偿性控制（替代性控制）？

(5)注册会计师可以执行哪些程序了解控制程序运行的有效性？

第十六章 注册会计师的法律责任

本章要点

- 会计责任与审计责任
- 经营失败与审计失败
- 期望差
- 违约、过失与欺诈
- 行政责任、民事责任与刑事责任

引例

马蒂尔公司财务造假案

马蒂尔公司(Mattel)是美国一家从事玩具生产与销售的上市公司,主要生产"芭比娃娃"系列玩具。1971年,马蒂尔公司被财务分析人士一致认为是全美发展最快的上市公司之一,该年度公司净利润高达3 400万美元,销售额高达2.75亿美元,股价曾一度上升至50美元,股票总市值高达3亿美元。此后公司每况愈下,1972年亏损3 000万美元。1973年新任副总裁发现公司面临异常严峻的财务危机,公司发生巨大亏损,且亏损额远远高于往年,公司股价一路狂泻。美国证券交易委员会决定对该公司的财务进行调查。

1975年11月,新任董事长公布了一份长达500页的报告,详细介绍了公司管理层如何精心伪造虚假巨额利润的细节,以及安达信会计师事务所如何审计公司精心伪造的财务报表。于是,一宗财务报告舞弊案大白于天下。后经查,马蒂尔公司财务造假的手法主要包括:(1)不恰当的销售截止期。1971年1月30日是公司的会计年度截止日,为增加公司的销售额,当日采用了"持有货单"的销售确认方式,从而为公司增加了1 500万美元的销售收入。(2)故意低估存货减值准备。1971年和1972年两个会计年度公司管理层故意低估了大约500万美元的存货跌价准备。(3)高估递延开发成本。1970年至1972年,公司管理层通过不恰当的递延开发费用摊销来虚增利润。(4)低估应付专利权使用费。公司为逃避支付事先约定的专利权使用费,将440万美元的无关费用分配到"热轮"玩具的成本中,至少使公司支付给发明者专利费200多万元。(5)不恰当地计算企业所购保险的获赔金额。1970年9月,马蒂尔公司的仓库发生火灾,获得了全额赔偿。此外,公司还向保险公司投了中断经营险,可以向保险公司索赔1 000万美元。公司在1970年的财务报表中将欲向保险公司索赔的1 000万美元计入应收账款,但实际上公司无法从保险公司获得上述赔款。

经调查,美国证券交易委员会认定马蒂尔公司1971年和1972年财务报告中存在舞弊性信息。由此判定,马蒂尔公司管理层有欺诈行为,负责审计的安达信会计师事务所在审计中未能勤勉尽责。1976年3月,经联邦法院调解,马蒂尔公司股东与公司管理层达成了庭外和解,由公司管理层主要成员赔偿股东3 000万美元。1977年4月,安达信会计师事务所支付了约

90万美元给马蒂尔公司的股东,作为对他们损失的补偿。

(资料来源:朱楚华,"马蒂尔公司财务造假案",《中国证券报》,2001年9月10日。)

思考题

1."持有货单"(客户未来才购买,公司现在就入账确认收入)的销售确认方式为什么不合理?通过哪些审计程序可以发现公司通过持有货单方式确认的收入?

2. 针对公司预期收到的中断经营险的赔款1 000万美元,注册会计师需要执行哪些审计程序来确认公司将会收到这笔款项?

第一节 注册会计师法律责任概述

一、会计责任与审计责任

在讨论注册会计师的法律责任之前,有必要明确被审计单位的会计责任和注册会计师的审计责任。在我国,《中国注册会计师审计准则第1501号——对财务报表形成审计意见和出具审计报告》规定审计报告中应有管理层对财务报表的责任段,明确按照适用的会计准则规定编制财务报表是管理层的责任,这种责任包括:设计、实施和维护与财务报表编制相关的内部控制,以使财务报表不存在由于舞弊或错误而导致的重大错报;选择和运用恰当的会计政策;做出合理的会计估计。同时,审计报告中应有注册会计师的审计责任段,明确注册会计师的责任是在实施审计工作的基础上对财务报表发表审计意见。

案例16—1 会计责任与审计责任的案例——东方锅炉

1999年年初,上市公司东方锅炉(集团)股份有限公司(以下简称东方锅炉)受到中国证监会的处罚,原因是财务报表作假,该公司采用"包装上市"的办法,连续多年编制虚假财务报告,虚增净利润1.23亿元,上市后又将应列作1996年度的销售收入1.76亿元和销售利润3 800万元转列到1997年度,而将应列作1997年度的销售收入2.26亿元和销售利润4 700万元转列到1998年度,创造连续3年稳定盈利、净资产利润率增长平衡的假象。

这起财务报表做假的案例,东方锅炉的管理层应负担会计责任,作为对上市公司进行审计的注册会计师应负担审计责任。将销售收入与利润进行调节是严重的会计违法行为,东方锅炉管理层之所以如此调节利润,其根源在于轻视应有的会计责任。按照他们的想法,只要销售收入是确实存在的,尽管在时间上有所出入,也不能算违法行为。从审计责任来看,注册会计师按照审计准则,采用抽样、检查记录或文件、函证、分析程序等方法,履行必要的审计程序,对于"主营业务收入"这一项目截止期上的重大失误完全可以揭示出来,而注册会计师未能完全履行程序,没有能够查出,应负担审计责任。

资料来源:节选自深圳市注册会计师协会网站,www.cpasz.org/07.htm。

注册会计师的审计责任是注册会计师对委托人和被审计单位应尽的义务,是审计职业赖以生存和发展的基础。

在审计发展史上,注册会计师的审计责任先后经历了以揭露欺诈和舞弊行为为主、以查错揭弊为主、以验证财务报表公允性为主的几个阶段。时至今日,审计责任已演变为以验证财务报表的公允性为主,同时又要揭露重大错误与舞弊。

需要说明的是,由于审计测试以及被审计单位内部控制的固有限制,注册会计师依照审计准则进行审计,并不能保证发现所有的错误或舞弊,而且注册会计师对财务报表的审计通常也并不准备发现所有的错误或舞弊。但是,为了对报表整体的公允性发表意见,注册会计师应当关注那些重要的错误或舞弊。

二、注册会计师的法律责任的成因

所谓注册会计师的法律责任,是指注册会计师因违约、过失或欺诈对审计委托人、被审计单位或其他有利益关系的第三方造成损害,按照相关法律规定而应承担的法律后果。

近年来,由于企业经营失败或管理层舞弊造成的破产倒闭案件急增,投资者和债权人蒙受巨大损失,对注册会计师的法律诉讼案件大量增加。引起注册会计师法律责任的原因是多方面的,有被审计单位方面的原因,有会计师事务所和注册会计师自身的原因,有使用者误解的原因,还有整个社会环境和市场机制的原因。

(一)被审计单位的责任

1. 错误、舞弊和违反法规的行为

由于审计的固有限制,不可能要求注册会计师能够发现和揭露被审计单位财务报表中的所有错误和舞弊,而且存在着错误或舞弊的单位往往也会采取各种方式来掩饰其违法违规行为。因此,不能要求注册会计师对所有未查出的财务报表中存在的错误和舞弊负责,但这并不意味着注册会计师对未能查出的错误和舞弊情况不必承担任何责任。界定注册会计师是否需要承担责任的关键是看是否由于注册会计师自身的过失而导致未能查出错误与舞弊。

注册会计师对被审计单位的违法行为应与管理层讨论,向律师请教,必要时扩大相应的审计程序以查明事实。具体来说,应做如下处理:(1)如果认为违反法规行为对财务报表有重大影响,且未能在财务报表中得到恰当反映,注册会计师应当出具保留意见(或否定意见)的审计报告。(2)如果因被审计单位阻挠无法获取充分、适当的审计证据,以评价是否发生或可能发生对财务报表具有重大影响的违反法规行为,注册会计师应当根据审计范围受到限制的程度,出具保留意见(或无法表示意见)的审计报告。(3)如果因审计范围受到被审计单位以外的其他条件限制而无法确定违反法规行为是否发生,注册会计师应当考虑其对审计报告的影响。

2. 经营失败

许多会计和法律界的人士认为,在对会计师事务所以及注册会计师的控告中,有相当一部分是因为财务报表的使用者不理解经营失败(business failure)与审计失败(audit failure)的区别。

经营失败是指由于经济或经营条件的变化(如经济萧条、管理决策失误或者无法预期的同业竞争等)而导致企业无力偿还到期债务或者无法达到投资者的期望收益。经营失败的极端后果常常是企业破产。

补充资料 16—1   海外保险公司破产原因

20世纪80年代的破产高潮过后,美国参议院对几家保险公司的破产进行了深入调查。调查结果公布在《丁格尔报告》(Dingell Report)中。该项研究发现了保险公司破产的七大原因:快速扩张;委托管理权;欺诈;储备金不足;过度依赖再保险;拓展新市场;整体管理不善。近期的剖析则揭示出其他方面的原因,如资产高估、保费定价过低、无法预料的索赔以及灾难事件。

类似的研究进一步证实了这些发现。譬如,1999年保险评级机构阿尔弗雷德·贝斯特

(A. M. Best)刊登了一份特别报告。这份报告说明了 1969~1998 年期间 426 家美国保险公司破产的主要原因。报告表明,有很大比例的破产(约 34%)是由于储备金不足造成的。

2002 年 6 月,阿尔弗雷德·贝斯特公布了这份报告的更新版。令人惊讶的是,2000~2001 年间破产的 60 家保险公司中有 73% 可归结为损失储备金不足。这凸显了计算索赔准备金及获取准确数据的重要性。

然而,究竟储备金不足是破产的征兆还是破产的真正原因,这是值得研究的。当然,储备金不足会导致破产,但真正的破产成因可能是其他方面出错。例如,储备金不足可能是因为数据不准确或数据不足,也有可能是计算错误或人为失当。

事实上,尽管基本的控制问题常是决定一家保险公司存亡的主因,但破产原因却有多种,主要包括:

(1)放松保险控制。美国数家保险公司(包括 Integrity Insurance)的破产是由于缺乏对其保险总代理的控制所导致的。结果,保险总代理疏于对其所代理的业务进行质量控制。

(2)缺乏良好的监管制度。监管制度的漏洞会产生问题。在美国,州与州之间的规定各不相同。譬如,Transit Casualty 所聘请的总代理,它在开曼群岛同时经营一家不受监管的再保险公司,然而同时为两家保险公司操作业务会产生利益冲突。

(3)监管制度的变化也会引发破产。澳大利亚最近的立法已导致 10 家综合保险公司停业——这往往是破产的第一步。

(4)忽视风险控制。伦敦市场的 LMX(伦敦市场超额赔款分保合同,简称"超额分保",是指超出一定限额的赔偿责任由再保险人承担的一种再保险。——编者注)螺旋上升表明,当保险公司不断地在同一市场中的少数保险公司中再保险时,风险也在逐渐累积。

(5)过度依赖再保险。将保险风险转给再保险公司可能是一项有吸引力的选择,尤其是当再保险费低时更是如此,因为这能使一家保险公司以一定资本为基础,迅速增加账面资产。然而,如果再保险公司拒绝赔付,这种策略就不可行了。保险公司的债务将会迅速积累,而它只剩有限的收入可用于赔偿(因为它已将许多保费收入转让给再保险公司)。过度依赖再保险是 Mission Insurance 于 1985 年破产的主要因素。同样,削弱再保险也是危险的:以 Drake Insurance 为例,该公司是英国二十大汽车保险公司之一,因保费过低和缺乏再保险于 2000 年破产。

(6)无法预料的索赔。突发的单一事件会引发大量的索赔,美国世贸中心受袭事件是一个例子。另一方面,破产也可能是由于同一原因引致大量索赔导致的。例子之一是石棉(石棉是一种被广泛应用于建材防火板、机器的垫圈、配电盘的绝缘材料等工业生产的天然矿物纤维。1980 年,世界卫生组织确认石棉是一种致癌物质。——编者注)官司。从接触石棉到疾病发作的时差比较长意味着保险公司不能准确估计目前及未来的总索赔额。与石棉疾病相关的索赔已迫使许多保险公司破产。

资料来源:Roger Massey,"海外保险公司破产七原因",《国际金融报》,2004 年 4 月 8 日。

审计失败是指由于注册会计师没有遵守公认审计准则而发表了不恰当的审计意见。通常表现为企业财务报表存在重大错报或漏报的情况下,注册会计师发表了无保留审计意见。例如,注册会计师聘用了不合格的审计助理完成审计工作,或者,由于注册会计师缺乏专业胜任能力,未能发现本应能发现的财务报表的错报情况。

被审计单位经营失败并不一定意味着审计失败。这是因为注册会计师发表审计意见的对象是上一年度的财务报表(如 20×9 年 3 月 5 日出具的审计报告针对的是 20×8 年度的报表),在出具某一年度(如20×8年度)的审计报告之后,被审计单位可能会遇到各种问题(如资金链条断裂无法筹措营运资金、宏观政策限制某一行业发展),这些问题可能会导致企业出现经营困难甚至经营失败。

当被审计单位发生经营失败时,其投资者、债权人可能因利益受损而迁怒于注册会计师。在被审计单位经营失败的情况下,其财务状况已严重恶化,投资者、债权人不可能从被审计单位收回其全部投资或债权,而会计师事务所通常财务状况良好,投资者、债权人为了保全自身利益,往往会转而起诉会计师事务所。这是会计师事务所被起诉的一个重要原因,即所谓的"深口袋理论"(Deep Pocket Theory)。

当某一公司破产或无力偿还到期债务时,报表使用者起诉会计师事务所出现审计失败的另一个重要原因是期望差的存在。所谓期望差,是指注册会计师和财务报表使用者在注册会计师的职责和审计作用方面存在的认识上的分歧。这种期望差源于报表使用者在信息不对称条件下对注册会计师行业的过高期望(如图16—1所示)。大多注册会计师认为只要他们的审计过程遵循了公认审计准则就不存在审计失败。而许多报表使用者则认为注册会计师保证了财务报表的准确性,甚至认为注册会计师的审计意见是对企业盈利能力的保证。一些证据不足的诉讼正是源于这种期望差。注册会计师行业有责任向报表使用者说明财务报表审计的作用、经营失败与审计失败的区别,加强对公众与审计界的沟通与交流,增进公众对注册会计师审计工作效用的了解,缩小期望差。

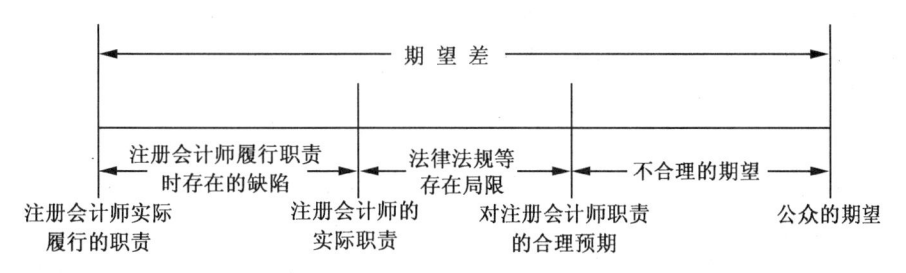

说明:
(1)公众的期望:公众对注册会计师作用和职责的预期。例如,注册会计师保证了财务报表的准确性,甚至认为注册会计师的审计意见是对企业盈利能力的保证。
(2)对注册会计师职责的合理预期,在符合成本效益的原则下,注册会计师可以履行的职责。例如,期望注册会计师能够发现所有高估报表数据的错误与舞弊。
(3)注册会计师的实际职责:法律、法规、审计准则等对注册会计师职业的规定。例如,审计准则要求注册会计师关注财务存在的重大错误与舞弊。
(4)注册会计师实际履行的职责:注册会计师根据行业竞争情况、审计准则和其他法律规章的要求,实际履行的职责。例如,在竞争激烈的审计市场中,注册会计师不得不降低审计收费。在执行审计业务时,非常注重审计成本的控制,导致无法发现某些重大的错误与舞弊。

资料来源:Porter,B.A.(1993):"An empirical study of the audit expectation-performance gap",*Accounting and Business Research*,Vol.24,No.93,p.50.

图16—1 期望差

(二)注册会计师方面的责任

会计师事务所和注册会计师的违约(breach of contract)、过失(negligence)和欺诈行为(fraud),给被审计单位或第三方造成损失,往往会招致诉讼。

1. 违约

违约指由于注册会计师未能履行合约上的某些具体条款而使他人蒙受损失。注册会计师应根据合约的规定承担违约责任。例如,在业务约定书中通常会约定注册会计师应对审计过程中知悉的被审计单位的商业秘密保密,如果注册会计师未能遵守这一约定,未经客户允许,即向被审计单位的竞争对手或其债权人等透露其商业秘密,就构成违约。

2. 过失

过失是指在一定的条件下,注册会计师缺乏应有的职业谨慎而导致审计失败。关于过失的诉讼,典型的例子是银行指控注册会计师未能发现被审计单位财务报表中存在的错报,银行往往会依据企业财务报表提供的信息决定是否给企业发放贷款。

评价注册会计师的过失,是以其他具备专业胜任能力的注册会计师相同条件下可做到的谨慎为标准的。过失按其程度不同,分为一般过失(ordinary negligence)和重大过失(gross negligence)。

(1)一般过失。注册会计师的一般过失(有时也称为"普通过失"),是指注册会计师没有完全遵循专业准则的要求,没有保持职业上应有的合理谨慎。例如,应收账款函证采用积极式函证程序时,对于未回函的那些应收账款,注册会计师没有采取恰当的替代程序验证其是否存在。

(2)重大过失。注册会计师的重大过失是指注册会计师根本没有遵循专业准则或没有按专业准则的基本要求执行审计。重大过失可以定义为极端地背离职业谨慎原则的要求。对注册会计师而言,连起码的执业准则都未遵守。例如,注册会计师在进行应收账款审计时,没有执行应收账款函证程序。

如果注册会计师的审计程序恰当,但因不够谨慎而被追究法律责任,通常视为一般过失;因审计程序不恰当或未执行某些必要的审计程序而被追究法律责任,通常视为重大过失。"重要性"和"内部控制"这两个概念有助于区分注册会计师的一般过失和重大过失。

首先,如果财务报表中存在重大错报事项,注册会计师运用常规审计程序通常应予以发现,但因工作疏忽而未能查出重大错报事项就很可能在法律诉讼中被界定为重大过失。如果财务报表有多处金额较小的错报事项,但综合起来对财务报表的影响却较大。在这种情况下,法院一般认为注册会计师具有一般过失,而非重大过失,因为常规审计程序发现每处较小错报事项的概率比较低。

其次,注册会计师对财务报表项目的实质性程序是以内部控制的研究与评价为基础的。如果内部控制不太健全,注册会计师应当调整实质性程序的性质、时间和范围,一般都能合理发现由此产生的重要错报、漏报,否则就具有重大过失的性质;如果内部控制本身非常健全,但由于职工串通舞弊,导致设计良好的内部控制失效。由于注册会计师查出这种错报事项的可能性相对较小,一般会认为注册会计师具有一般过失或没有过失。

在某些情况下,损失是由注册会计师和客户共同造成的,称为共同过失(contributory negligence)。例如,注册会计师在审计中未能发现企业银行存款存在的贪污挪用问题,被审计单位以过失为由控告注册会计师,而注册会计师可以被审计单位缺乏关于银行存款的适当内部控制为由进行抗辩。

3. 欺诈

欺诈又称注册会计师舞弊,是以欺骗他人或损害他人利益为目的的一种故意的行为。具有不良动机是欺诈的重要特征,也是欺诈与一般过失和重大过失的主要区别之一。例如,为了帮助委托单位取得贷款,注册会计师在明知该单位的财务报表存在重大错报、漏报的情况下,却出具了标准无保留意见,这就可视为欺诈。

与欺诈相关的另一个概念是推定欺诈(constructive fraud),注册会计师虽然没有故意欺诈的动机,但是存在极度严重的过失,法院可以推定为欺诈。例如,如果注册会计师没有搜集充分适当的审计证据就出具了审计意见,尽管其并不存在欺骗报表使用者的动机,但其行为仍可视为推定欺诈。推定欺诈和重大过失之间的界限往往很难界定,在美国,很多法院曾经将注册会计师的重大过失解释为推定欺诈,特别是近年来有些法院也放宽了欺诈的范围,将推定欺诈等同于欺诈。

图16-2简要说明了注册会计师没有过失、一般过失、重大过失或欺诈的基本判定标准。

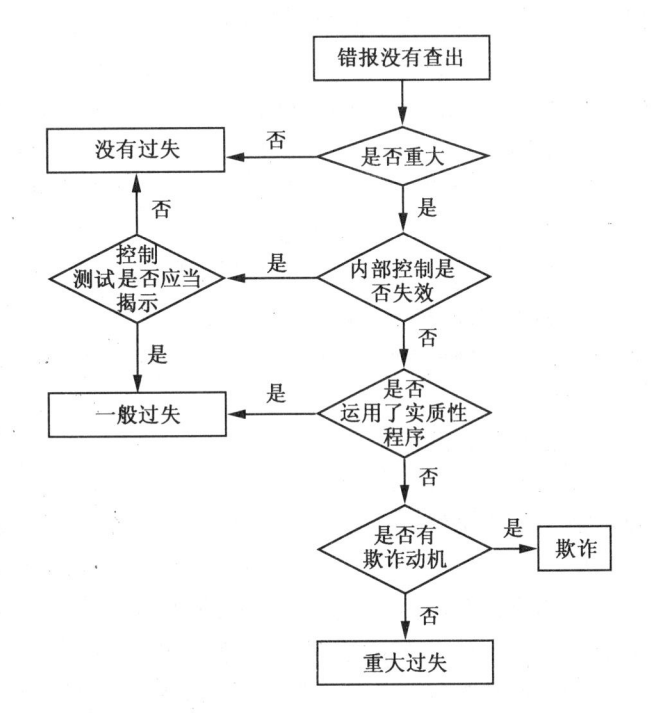

资料来源:中国注册会计师协会,《审计》,经济科学出版社2006年版,第65页。根据行文需要略做调整。

图16-2 一般过失、重大过失与欺诈的判定标准

上述分析仅仅是注册会计师法律责任产生的一些主要原因,而现实的法律责任是诸多因素共同作用的结果。分析注册会计师的法律责任,需要全面考虑各种因素的影响,然后才能行之有效地解决注册会计师的法律责任问题。

三、美国注册会计师的法律责任

美国注册会计师的法律责任主要源于习惯法和成文法。所谓习惯法,是指通过法院判例引申而成的各项法律;所谓成文法,则是由联邦或州立法机构以文字制定的法律。在运用习惯法的案件中,法院甚至可以不按以往的判例而另行创立新的法律先例;但在成文法案件中,法院只能按照有关法律的字面进行精确解释。

进入20世纪80年代之后,针对注册会计师和会计师事务所的诉讼案件数量急剧增加,诉讼费用和保险费已成为事务所第二大支出。1999年12月7日，美国新泽西州法官威廉姆·H.沃尔斯判令山登公司向其股东支付28.3亿美元的赔款。这项判决创下了证券欺诈赔偿金额的世界纪录。12月17日，负责山登公司审计的安永会计师事务所同意向山登公司的股东支付3.35亿美元的赔款，也创下了当时审计失败的最高赔偿纪录。

随着公众对审计期望值的提高和社会的压力，许多国家的法院判例逐渐倾向于增加注册会计师的法律责任，这在各国已成为一种趋势。注册会计师除了就财务报告的公允性、合法性发表意见等传统意义上的责任以外，还必须揭露那些重大差错和舞弊行为，这实质上扩充了注册会计师法律责任的内涵。

（一）注册会计师对委托单位的责任

在习惯法下，如果由于注册会计师的过失给委托单位造成了经济损失，注册会计师对于委托单位就负有法律责任。

一旦委托单位对注册会计师提起诉讼，在习惯法下，委托单位（即原告）就负有举证责任，必须向法院证明其已遭受损失，以及这种损失是由于注册会计师的过失造成的。

作为被告的注册会计师在受到指控时，可用以下几种理由或几种理由之一进行抗辩：(1)注册会计师本身并无过失，即其执业过程严格遵循了专业标准的要求，保持了应有的职业谨慎。(2)注册会计师虽有过失，但这种过失并不是委托单位遭受损失的直接原因。(3)委托单位涉嫌存在共同过失。共同过失的抗辩实际上也是表示注册会计师的过失并非委托单位遭受损失的直接原因的一种方式。这种抗辩在美国视司法管辖区域而定，在某些州会减少甚至全部免除注册会计师的责任。

（二）注册会计师对第三方的责任

1. "第三方"的界定

美国注册会计师对第三方的赔偿责任非常明确，并区分了主要受益第三方（third party beneficiary）和其他第三方。

(1)主要受益第三方是指合同（业务约定书）中指明的第三方。例如，企业A为了向银行B申请贷款，委托注册会计师审计其财务报表，且企业A和会计师事务所签订的业务约定书中明确提到银行B，则银行B就是受益第三方。按照习惯法规定，合约中指明的主要受益第三方与合约双方享有同等追索权。

(2)其他第三方，是指依赖经审计的财务报表却没有合同约定的特定权利的第三方，它又可分为必然预见第三方（foreseen third party，即审计人员期望和准备影响的特定第三方）和合理预见第三方（foreseeable third party，即依赖审计人员意见的不明确的第三方）。上例中，如果注册会计师知道某家银行将利用审计报告，但并不知道是哪家，银行即为审计业务中的必然预见第三方；如果注册会计师只知道客户委托事务所审计的目的是申请贷款，那么银行就是可以合理预见的第三方。

主要受益第三方可以向法院提起诉讼，指控注册会计师存在过失，并要求其赔偿损失。对其他第三方，习惯法和成文法下注册会计师所负的民事责任有所差异。习惯法主要是依据厄特马斯和其他一些判例；成文法主要是根据《1933年证券法》和《1934年证券交易法》。

2. 习惯法下注册会计师对第三方的责任

1931年，美国厄特马斯公司诉塔契会计师事务所（Ulltramares Corporation.vs.Touche）一案，是注册会计师对于第三方责任的一个划时代的案例，它确立了厄特马斯主义（Ulltramares approach）的传统做法。塔契会计师事务所对一家经营橡胶进口和销售的公司——弗莱德·

斯特(Fmd Stem)进行审计并出具了无保留意见的审计报告,但其后不久弗莱德·斯特公司宣告破产。厄特马斯公司是弗莱德·斯特公司的应收账款保理商,根据注册会计师的审计意见,它与弗莱德·斯特公司发生过多笔保理业务①。厄特马斯公司以会计师事务所未能发现弗莱德·斯特公司虚增应收账款为由,指控事务所存在过失。由于审计业务约定书中并未明确指出原告将利用经审计的财务报表,原告厄特马斯公司不属于主要受益第三方,加之审计工作是按当时公认的审计程序②进行的,会计师事务所并不存在过失。因此,初审法院以事务所与债权人之间缺乏契约关系为由,驳回了原告对被告的指控,否决了注册会计师对主要受益人以外的第三方负有一般过失责任的说法。但纽约上诉法院认为,注册会计师除对明确的主要受益人承担一般过失责任外,如存在构成推定欺诈的重大过失行为,还应对必然预见第三方承担责任。

20世纪60年代之后,注册会计师因一般过失就要对必然预见的第三方承担民事责任。1968年,在受理腊斯克·伐克特斯有限公司诉莱维因会计师事务所案(Rusch Factors Inc. vs. Levin)时,法院判决注册会计师除对审计客户的特定债权人(即主要受益第三方)负有一般过失责任外,还要对必然预见第三方承担一般过失责任。1972年,在罗得岛医院全国信托银行起诉斯瓦茨会计师事务所(Rhode Island Hospital Trust National Bank vs. Swartz)的案件中,法院同样根据必然预见第三方的概念,判决注册会计师对其事先知道将利用客户经审计财务报表的银行承担一般过失责任。

自20世纪80年代以来,许多法院扩大了厄特马斯主义的含义,判定具有一般过失的注册会计师对可以合理预见的第三方负有责任。如1983年的罗森布拉姆诉阿德勒(Rosemblurn vs. Aldlel)的案件中,法院裁定注册会计师应对可以合理预见第三方负一般过失责任。

习惯法下,注册会计师对于第三方的责任案中,举证的责任也在原告,即当原告(第三方)提起诉讼时,他必须向法院证明:(1)他本身受到了损失;(2)他依赖的是令人误解的已审财务报表;(3)这种依赖是他遭受损失的直接原因;(4)注册会计师具有某种程度的过失。

3. 成文法下注册会计师对于第三方的责任

在美国,《1933年证券法》(Securities Act of 1933)和《1934年证券交易法》(Securities Exchange Act of 1934)是追究注册会计师法律责任的主要的成文法律依据。

(1)《1933年证券法》

《1933年证券法》是在借鉴英国证券立法经验和美国各州立法的基础上产生的。该法规定上市公司报表必须经过审计,同时也明确了注册会计师的法律责任。

《1933年证券法》对注册会计师的要求颇为严格,表现在以下两方面:其一,只要注册会计师具有一般过失,就对第三方负有责任;其二,将不少举证责任由原告转往被告,原告不必证明注册会计师有过失或欺诈、如何依赖注册会计师的意见、因果关系或者合同关系等。原告只需证明在购买股票时蒙受了损失,注册会计师审计的财务报表有重大漏报和误报。而注册会计师需要证明他们没有过失或欺诈。

《1933年证券法》与习惯法规定的区别体现为:(1)注册会计师与原告的合同关系不是必要条件,合同外的第三方也可以提起诉讼;(2)第三方并不需要证实审计人员存在欺诈或重大过失行为,一般过失即为构成过失的要件;(3)过失举证责任倒置给注册会计师,原告只需证明

---

① 企业将未到期的应收账款转让给保理商以期迅速获得现金。
② 当时的审计准则并未要求会计师事务所执行应收账款函证程序。

存在重大不实的事实即可。

(2)《1934 年证券交易法》

《1934 年证券交易法》规定,在证券交易委员会管辖下的公众公司[①],均须向证券交易委员会提交经注册会计师审计的年度财务报表。如果这些年度财务报表令人误解,公司及其注册会计师对于买卖公司证券的任何人均负有责任,除非被告确能证明他本身的行为出于善意,而且并不知道财务报表是虚假的或令人误解的。

与《1933 年证券法》相比,《1934 年证券交易法》涉及的投资者数目较多。《1933 年证券法》要求注册会计师证明其无过失,而《1934 年证券交易法》只要求注册会计师证明其行为"出诸善意"(即无重大过失或欺诈)。

《1934 年证券交易法》第 10b—5 条款规定,不管任何人,只要(直接或间接地)通过商业手段、邮件或证券交易机构从事下列活动,都是违法的:(1)借助某些计划(或工具)实施欺诈行为;(2)虚假陈述(或者遗漏)某些可能产生误解的重大事件;(3)实施与证券买卖有关的欺诈。根据这一条款起诉注册会计师,原告必须证明:实际存在重大的虚假信息或遗漏;原告依赖了财务信息;由于信赖财务信息而遭受了损失;注册会计师有欺诈的倾向。

四、中国注册会计师的法律责任

(一)我国注册会计师法律责任的种类

我国《公司法》《证券法》《注册会计师法》《刑法》《股票发行与交易管理暂行条例》等法律法规都规定了会计师事务所及注册会计师的法律责任。会计师事务所及注册会计师因违约、过失或欺诈给被审计单位或其他利害关系人造成损失的,需要承担行政责任、民事责任或刑事责任。这三种责任可单处,也可并处。

1. 注册会计师的行政责任

注册会计师的行政责任是指注册会计师和会计师事务所接受行业主管部门和其他监管部门对其实施的处罚措施。对注册会计师个人来说,行政处罚包括警告、暂停执业、吊销注册会计师证书;对会计师事务所而言,行政处罚包括警告、没收违法所得、罚款、暂停执业、撤销等。具有行政处罚权的机构主要是财政部门和证监会。

《股票发行与交易管理暂行条例》第 73 条规定:"会计师事务所、资产评估机构和律师事务所违反本条例规定,出具的文件有虚假、严重误导性内容或者有重大遗漏的,根据不同情况,单处或者并处警告、没收非法所得、罚款;情节严重的,暂停其从事证券业务或者撤销其从事证券业务许可证。对前款所列行为负有直接责任的注册会计师、专业评估人员和律师,给予警告或者处以 3 万元以上 30 万元以下的罚款;情节严重的,撤销其从事证券业务的资格。"第 77 条和第 78 条还规定:"违反本条例规定,给他人造成损失的,应当依法承担民事责任。""构成犯罪的,依法追究刑事责任。"

补充资料 16—2   中国证监会行政处罚决定书

(2010)11 号

依据 1999 年 7 月 1 日起施行的《中华人民共和国证券法》(以下简称原《证券法》)的有关规定,我会对南京永华会计师事务所(以下简称永华所)及其执业人员未按规定审计南京中北

---

① 具有 500 万美元以上的总资产和 500 位以上的股东。

(集团)股份有限公司(以下简称南京中北)财务报表一案进行了立案调查、审理。我会依法向当事人告知了做出行政处罚的事实、理由、依据及当事人依法享有的权利,并应当事人的要求举行了听证会。本案现已调查、审理终结。

经查明,永华所对南京中北2003年、2004年年报均出具了无保留意见的审计报告,南京中北已经向永华所支付了17.50万元2003年年报审计费,尚未向永华所支付约定的20万元2004年年报审计费。

永华所及其执业人员在南京中北2003年、2004年年报审计中,未按规定审计南京中北的财务报表,具体为:

1. 未按规定执行函证控制程序。在执行银行函证程序时,由南京中北财务人员代为填写询证函的内容,由南京中北财务人员代替会计师向银行进行确认。审计底稿显示,一些银行的贷款是被分拆成单笔进行填列、函证的,同一银行的贷款不在同一张函证中体现。

2. 未按规定审计短期借款科目。在实施2003年、2004年短期借款利息测试的审计程序时,对部分利息测试差异明显异常的结果未予以充分关注,没有追加适当的审计程序,导致未发现南京中北部分短期借款未入账的情况。

3. 未按规定审计货币资金科目。在南京中北2003年、2004年年报审计中,南京中北的银行存款未分银行账户记账,审计人员对这种明显违反《企业会计制度》的情况未能合理评估审计风险。审计人员未根据审计程序表中"抽查对账单,将其与银行日记账核对,确定是否存在未入账情况"执行审计程序,未发现南京中北与南京万众之间大量与生产经营无关的往来和大额资金发生额未入账的情况。

4. 未按规定审计内部往来科目。2003年报审计底稿中,南京中北提供的内部往来明细表显示,2003年南京中北与"贸易公司"之间内部往来借贷方发生额均为37 230 500.00元,但南京中北的内部往来明细账显示,两者之间的发生额为948 248 383.10元。永华所对上述差异未充分关注并扩大审计范围,未实施内部往来发生额检查、测试程序,导致其未能发现南京中北内部往来发生额的异常情况,未发现南京中北与"贸易公司"往来的实质为与万众企业的往来。

我会认为,永华所及其执业人员,未能勤勉尽责,导致出具的南京中北2003年、2004年审计报告有虚假内容,构成了《股票发行与交易管理暂行条例》第73条规定的违法行为,应当给予相应处罚。

根据当事人违法行为的事实、性质、情节与社会危害程度,依据《股票发行与交易管理暂行条例》第73条的规定,我会决定:

(1)对永华所给予警告、没收违法所得17.50万元,并处以20万元的罚款;

(2)对时任永华所法定代表人敏某某、南京中北2003年和2004年审计报告签字注册会计师张某某分别处以8万元的罚款;

(3)对南京中北2004年审计报告签字注册会计师孙某某处以4万元的罚款。

当事人如果对本处罚决定不服,可在收到本处罚决定书之日起60日内向中国证券监督管理委员会申请行政复议,也可在收到本处罚决定书之日起3个月内直接向有管辖权的人民法院提起行政诉讼。复议和诉讼期间,上述决定不停止执行。

中国证券监督管理委员会
2010年3月19日

(注:根据行文需要略有删节。)

2. 注册会计师的民事责任

注册会计师的民事责任(civil liability)主要是指赔偿被审计单位或其他利益关系人的经济损失。在证券市场正式恢复建立之前,《民法通则》已正式出台,《民法通则》并未对证券市场行为做出专门规定,近年来又没有做出相关修订,这使得股票市场会计信息违法行为所负民事责任在相关证券立法和《民法通则》中未做出详尽规定。对于注册会计师的相关责任只是比较笼统地谈及,如在第 106 条规定:"公民、法人违反合同或者不履行其他义务的,应当承担民事责任。公民、法人由于过错侵害国家的、集体的财产,侵害他人财产、人身的,应当承担民事责任。没有过错,但法律规定应当承担民事责任的,应当承担民事责任。"

2002 年 1 月 15 日,最高人民法院发布了《关于受理证券市场因虚假陈述引发的民事侵权纠纷案件有关问题的通知》。2002 年 12 月 26 日最高人民法院审判委员会第 1261 次会议通过,并于 2003 年 1 月 9 日公布的《最高人民法院关于审理证券市场因虚假陈述引发的民事赔偿案件的若干规定》以及 2007 年 6 月颁布的《最高人民法院关于审理涉及会计师事务所在审计业务活动中民事侵权赔偿案件的若干规定》[法释(2007)12 号]等规定为正确审理证券市场因虚假陈述引发的民事赔偿案件,规范证券市场民事行为,保护投资人合法权益,提供了法律依据。

3. 注册会计师的刑事责任

注册会计师的刑事责任(criminal liability)主要是指根据《中华人民共和国刑法》的规定注册会计师应接受的处罚,包括拘役、罚金、有期徒刑等。

一般来说,因违约和过失可能使注册会计师负行政责任和民事责任,因欺诈可能使注册会计师负民事责任和刑事责任。

我国现阶段对注册会计师的处罚多以行政处罚为主。例如,中国证监会依法对为红光公司出具严重虚假内容的财务审计报告和含有严重误导性内容的盈利预测审核意见书的成都蜀都会计师事务所,没收非法所得 30 万元并处罚款 60 万元;暂停该所从事证券业务 3 年;认定该所在为红光公司出具的审计报告上签字的两位注册会计师为证券市场禁入者,永久性不得从事任何证券业务。

银广夏案中,深圳中天勤会计师事务所及其签字注册会计师违反法律法规和职业道德,为银广夏公司出具严重失实的无保留意见的审计报告。涉案的会计师事务所和注册会计师也依法受到行政处罚和刑事处罚:(1)行政处罚为,财政部吊销两位签字注册会计师的资格;吊销中天勤会计师事务所的执业资格,并会同证监会吊销其证券、期货相关业务许可证。(2)刑事处罚为,2003 年 9 月 16 日,宁夏回族自治区银川市中级人民法院对银广夏刑事案做出一审判决,以出具证明文件重大失实罪分别判处深圳中天勤会计师事务所负责中天勤业务的两位签字注册会计师有期徒刑 2 年零 6 个月、2 年零 3 个月,并各处罚金 3 万元。

(二)相关法律法规

我国颁布的很多法律、法规中,都有关于会计师事务所和注册会计师法律责任的条款,其中比较重要的有《中华人民共和国注册会计师法》(以下简称《注册会计师法》)、《中华人民共和国公司法》(以下简称《公司法》)、《中华人民共和国证券法》(以下简称《证券法》)、《中华人民共和国刑法》(以下简称《刑法》)等。

1.《注册会计师法》

涉及注册会计师法律责任的最重要的法律是《注册会计师法》,其中的第六章为"法律责任",在 39 条中规定了会计师事务所和注册会计师应承担的行政责任和刑事责任,第 42 条规定了会计师事务所应承担的民事责任。

(1)《注册会计师法》第39条的规定

根据《注册会计师法》第39条规定,会计师事务所在审计执业中违反有关规定的,"由省级以上人民政府财政部门给予警告,没收违法所得,可以并处违法所得1倍以上5倍以下的罚款;情节严重的,可以由省级以上人民政府财政部门暂停其经营业务或者予以撤销"。

第39条还规定,注册会计师在审计执业中违反有关规定的,"由省级以上人民政府财政部门给予警告;情节严重的,可以由省级以上人民政府财政部门暂停其执行业务或者撤销注册会计师证书……故意出具虚假的审计报告、验资报告,构成犯罪的,依法追究刑事责任"。

会计师事务所、注册会计师在审计执业中违反有关规定的,"故意出具虚假的审计报告、验资报告、构成犯罪,依法追究刑事责任"。

(2)《注册会计师法》第42条的规定

"会计师事务所违反本法规定,给委托人、其他利害关系人造成损失的,应当依法承担赔偿责任。"

2.《公司法》第208条的规定

承担资产评估、验资或者验证的机构提供虚假材料的,由公司登记机关没收违法所得,处以违法所得1倍以上5倍以下的罚款,并可以由有关主管部门依法责令该机构停业、吊销直接责任人员的资格证书,吊销营业执照。

承担资产评估、验资或者验证的机构因过失提供有重大遗漏的报告的,由公司登记机关责令改正,情节较重的,处以所得收入1倍以上5倍以下的罚款,并可以由有关主管部门依法责令该机构停业、吊销直接责任人员的资格证书,吊销营业执照。

承担资产评估、验资或者验证的机构因其出具的评估结果、验资或者验证证明不实,给公司债权人造成损失的,除能够证明自己没有过错的外,在其评估或者证明不实的金额范围内承担赔偿责任。

案例 16—2　　　　　虚假验资尝恶果　　连带赔偿逃不了

审计师事务所为愿到开发区落户的企业出具了虚假验资报告,几年后因该企业拖欠他人资金,审计师事务所被一并告上法院,法院判令审计师事务所负有连带赔偿责任。

1995年7月,赵某和金某到上海西部一私营经济开发区,分文未出,以赵出资300万元、金出资280万元,请当地审计师事务所虚假验资,注册成立了上海金合美贸易有限公司。该公司成立后与江苏海丰劳动服务公司签订合同,对方付给保证金32万元。后来买卖没做成,钱却回不来了。经追讨,金合美公司于1997年年底写下书面还款计划,但没付一分钱。1998年10月,该公司被吊销营业执照。其间,出虚假验资的审计师事务所因脱钩、改制后又注销,所有财产、设备以及债权、债务等均上交其上级——某区审计局。海丰公司将赵、金及区审计局一起告上法院,要求判令赵、金共同赔偿32万元钱款及利息,区审计局负连带赔偿责任。

法院审理时,赵某称金占40%股份。金某辩称,他只干了2个月就离开了,自己不是股东,也不知道欠款之事。区审计局辩称,海丰公司要求其承担连带赔偿责任无法律依据。而海丰公司出具了相关证明。

法院审理后认为,赵、金注册了有限公司但未出资,影响了公司偿债能力,尽管公司被吊销,仍应以其出资为限清偿公司债务。金在工商企业登记材料中有出资记录,且金未能提供证据证明不是股东。当时的审计师事务所出具了虚假验资报告,客观上损害了海丰公司的合法权益,之后审计师事务所并归区审计局,因此,区审计局负有连带赔偿责任。

法院判令两被告赔偿海丰公司保证金及利息等共计 35.88 万余元;区审计局对赵、金两被告赔偿不足部分承担赔偿责任。法院判决后,区审计局不服上诉到中级法院。中级法院日前做出了驳回上诉、维持原判的判决。

资料来源:黄继抗,"虚假验资尝恶果,连带赔偿逃不了",《新闻晨报》,2003 年 10 月 29 日。

3.《证券法》的规定

《证券法》第 173 条规定:"证券服务机构为证券的发行、上市、交易等证券业务活动制作、出具审计报告、资产评估报告、财务顾问报告、资信评级报告或者法律意见书等文件,应当勤勉尽责,对所依据的文件资料内容的真实性、准确性、完整性进行核查和验证。其制作、出具的文件有虚假记载、误导性陈述或者重大遗漏,给他人造成损失的,应当与发行人、上市公司承担连带赔偿责任,但是能够证明自己没有过错的除外。"

《证券法》第 201 条规定:"为股票的发行、上市、交易出具审计报告、资产评估报告或者法律意见书等文件的证券服务机构和人员,违反本法第 45 条的规定买卖股票的,责令依法处理非法持有的股票,没收违法所得,并处以买卖股票等值以下的罚款。"

《证券法》第 223 条规定:"证券服务机构未勤勉尽责,所制作、出具的文件有虚假记载、误导性陈述或者重大遗漏的,责令改正,没收业务收入,暂停或者撤销证券服务业务许可,并处以业务收入 1 倍以上 5 倍以下的罚款。对直接负责的主管人员和其他直接责任人员给予警告,撤销证券从业资格,并处 3 万元以上 10 万元以下的罚款。"

《证券法》第 226 条规定:"投资咨询机构、财务顾问机构、资信评级机构、资产评估机构、会计师事务所未经批准,擅自从事证券服务业务的,责令改正,没收违法所得,并处以违法所得 1 倍以上 5 倍以下的罚款。"

《证券法》第 225 条规定:"上市公司、证券公司、证券交易所、证券登记结算机构、证券服务机构,未按照有关规定保存有关文件和资料的,责令改正,给予警告,并处以 3 万元以上 30 万元以下的罚款;隐匿、伪造、篡改或者毁损有关文件和资料的,给予警告,并处 30 万元以上 60 万元以下的罚款。"

4.《刑法》的规定

《刑法》在扰乱市场秩序罪第 229 条规定了注册会计师等中介组织人员提供虚假证明文件所受的处罚,具体为"承担资产评估、验资、会计、审计法律服务等职责的中介组织的人员故意提供虚假证明文件,情节严重的,处 5 年以下有期徒刑或者拘役,并处罚金。前款规定的人员,索取他人财物或者非法收受他人财物,犯前款罪的,处 5 年以上 10 年以下有期徒刑,并处罚金。第一款规定人员,严重不负责任,出具的证明文件有重大失实,造成严重后果的,处 3 年以下有期徒刑或若拘役,并处或者单处罚金。"

5.《最高人民法院关于审理涉及会计师事务所在审计业务活动中民事侵权赔偿案件的若干规定》

2007 年 6 月颁布的《最高人民法院关于审理涉及会计师事务所在审计业务活动中民事侵权赔偿案件的若干规定》[法释(2007)12 号,以下简称《司法解释》]的主要内容如下:

(1)利害关系人与不实报告

《司法解释》第 2 条规定:"因合理信赖或者使用会计师事务所出具的不实报告,与被审计单位进行交易或者从事与被审计单位的股票、债券等有关的交易活动而遭受损失的自然人、法人或者其他组织,应认定为《注册会计师法》规定的利害关系人。

会计师事务所违反法律法规、中国注册会计师协会依法拟定并经国务院财政部门批准后施行的执业准则和规则以及诚信公允的原则，出具的具有虚假记载、误导性陈述或者重大遗漏的审计业务报告，应认定为不实报告。"

(2)诉讼当事人

《司法解释》第3条规定："利害关系人未对被审计单位提起诉讼而直接对会计师事务所提起诉讼的，人民法院应当告知其对会计师事务所和被审计单位一并提起诉讼；利害关系人拒不起诉被审计单位的，人民法院应当通知被审计单位作为共同被告参加诉讼。

利害关系人对会计师事务所的分支机构提起诉讼的，人民法院可以将该会计师事务所列为共同被告参加诉讼。

利害关系人提出被审计单位的出资人虚假出资或者出资不实、抽逃出资，且事后未补足的，人民法院可以将该出资人列为第三人参加诉讼。"

(3)归责原则与举证责任

《司法解释》第4条规定："会计师事务所因在审计业务活动中对外出具不实报告给利害关系人造成损失的，应当承担侵权赔偿责任，但其能够证明自己没有过错的除外。

会计师事务所在证明自己没有过错时，可以向人民法院提交与该案件相关的执业准则、规则以及审计工作底稿等。"

(4)连带赔偿责任

《司法解释》第5条规定："注册会计师在审计业务活动中存在下列情形之一，出具不实报告并给利害关系人造成损失的，应当认定会计师事务所与被审计单位承担连带赔偿责任：

①与被审计单位恶意串通；

②明知被审计单位对重要事项的财务会计处理与国家有关规定相抵触，而不予指明；

③明知被审计单位的财务会计处理会直接损害利害关系人的利益，而予以隐瞒或者做不实报告；

④明知被审计单位的财务会计处理会导致利害关系人产生重大误解，而不予指明；

⑤明知被审计单位的财务报表的重要事项有不实的内容，而不予指明；

⑥被审计单位示意其做不实报告，而不予拒绝。"

(5)过失

《司法解释》第6条规定："会计师事务所在审计业务活动中因过失出具不实报告，并给利害关系人造成损失的，人民法院应当根据其过失大小确定其赔偿责任。

注册会计师在审计过程中未保持必要的职业谨慎，存在下列情形之一，并导致报告不实的，人民法院应当认定会计师事务所存在过失：

①违反《注册会计师法》第20条第(二)、(三)项的规定；

②负责审计的注册会计师以低于行业一般成员应具备的专业水准执业；

③制订的审计计划存在明显疏漏；

④未依据执业准则、规则执行必要的审计程序；

⑤在发现可能存在错误和舞弊的迹象时，未能追加必要的审计程序予以证实或者排除；

⑥未能合理地运用执业准则和规则所要求的重要性原则；

⑦未根据审计的要求采用必要的调查方法获取充分的审计证据；

⑧明知对总体结论有重大影响的特定审计对象缺少判断能力，未能寻求专家意见而直接形成审计结论；

⑨错误判断和评价审计证据;
⑩其他违反执业准则、规则确定的工作程序的行为。"

(6)免责与减责

《司法解释》第7条规定:"会计师事务所能够证明存在以下情形之一的,不承担民事赔偿责任:

①已经遵守执业准则、规则确定的工作程序并保持必要的职业谨慎,但仍未能发现被审计的会计资料错误;

②审计业务所必须依赖的金融机构等单位提供虚假或者不实的证明文件,会计师事务所在保持必要的职业谨慎下仍未能发现其虚假或者不实;

③已对被审计单位的舞弊迹象提出警告并在审计业务报告中予以指明;

④已经遵照验资程序进行审核并出具报告,但被验资单位在注册登记后抽逃资金;

⑤为登记时未出资或者未足额出资的出资人出具不实报告,但出资人在登记后已补足出资。"

《司法解释》第8条规定:"利害关系人明知会计师事务所出具的报告为不实报告而仍然使用的,人民法院应当酌情减轻会计师事务所的赔偿责任。"

《司法解释》第9条规定:"会计师事务所在报告中注明'本报告仅供年检使用''本报告仅供工商登记使用'等类似内容的,不能作为其免责的事由。"

(7)赔偿

《司法解释》第10条规定:"人民法院根据本规定第6条确定会计师事务所承担与其过失程度相应的赔偿责任时,应按照下列情形处理:

①应先由被审计单位赔偿利害关系人的损失。被审计单位的出资人虚假出资、不实出资或者抽逃出资,事后未补足,且依法强制执行被审计单位财产后仍不足以赔偿损失的,出资人应在虚假出资、不实出资或者抽逃出资数额范围内向利害关系人承担补充赔偿责任。

②对被审计单位、出资人的财产依法强制执行后仍不足以赔偿损失的,由会计师事务所在其不实审计金额范围内承担相应的赔偿责任。

③会计师事务所对一个或者多个利害关系人承担的赔偿责任应以不实审计金额为限。"

《司法解释》第11条规定:"会计师事务所与其分支机构作为共同被告的,会计师事务所对其分支机构的责任部分承担连带赔偿责任。"

第二节 注册会计师如何避免法律诉讼

我国注册会计师行业自恢复重建以来发生了一系列震惊整个行业乃至全社会的案件,如"琼民源""银广夏""红光实业""黎明股份"等一系列事件。涉案的会计师事务所均因出具虚假报告造成严重后果而被撤销、没收财产或取消特许业务资格(如证券期货业务资格),有关注册会计师也被吊销资格,有的被追究刑事责任。除一些重大案件之外,涉及注册会计师的中小型诉案更有日益上升的趋势。如何避免法律诉讼,已成为我国注册会计师非常关注的问题。

一、注册会计师行业避免法律诉讼的措施

面对注册会计师法律责任的扩展和被控诉案件的急剧增加,整个注册会计师行业都在积极研究如何避免法律诉讼。这对于提高注册会计师审计的鉴证水平,增强发现重大错误和舞

弊的能力都有很大的帮助。注册会计师行业应从以下几个方面着手，避免法律诉讼：

(一)开展审计理论研究

审计理论研究对于揭露企业财务报表中的非蓄意的错报漏报或企业管理层、职员的舞弊、与报表使用者沟通审计结果、保持审计人员的独立性等方面而言，都具有重要的意义。

(二)制定和完善公认审计准则

审计准则的制定与修改应当与不断变化的审计需求以及不断更新的审计新技术相适应。注册会计师协会应该不断改进审计准则的制定工作，确保审计准则的科学性和协调性。

(三)建立保护注册会计师的机制

注册会计师行业可以建立某些特定的措施以有助于保护执业者。当然，这些措施不能与报表使用者的利益相冲突。例如，审计过程中要求被审计单位管理层出具书面声明就是出于保护注册会计师的考虑。

(四)抵御不公正的法律诉讼

针对日益增多的法律诉讼，行业主管部门应该协助会计师事务所去抵御一些不公正的诉讼，尽管在短期内可能胜诉成本大于败诉后赔偿的费用，但是从长远看对于注册会计师行业的健康发展具有积极作用。

(五)加强与财务报表使用者的沟通

注册会计师之所以被卷入许多法律诉讼，与报表使用者的期望值过高有关。让投资者和其他报表使用者了解注册会计师审计意见的意义、注册会计师审计工作的性质是很重要的。报表使用者应当明白注册会计师并不能对企业的会计记录进行100%的测试，审计报告并不是对企业财务报表精确性以及企业未来盈利能力的保证，也有必要使他们理解会计和审计是艺术而不是科学，所以完美和精确是不可能实现的。

(六)制裁注册会计师的违规行为

注册会计师行业监管机构的一项重要职责就是负责建立和完善行业监管机制。例如，为加强行业自律监管工作，根据有关法律法规及《中国注册会计师协会章程》，中国注册会计师协会设立了惩戒委员会。中国注册会计师协会惩戒委员会主要负责对行业具有重大影响的违规违纪行为的惩戒，其他违规违纪行为由地方注册会计师协会负责惩戒。

二、注册会计师减少过失和防止欺诈的措施

注册会计师要避免法律诉讼，就必须在执行审计业务时尽量减少过失行为，杜绝欺诈行为。注册会计师应当达到以下基本要求：

(一)增强执业独立性

独立性是注册会计师行业生存的基础。在实际工作中，绝大多数注册会计师能够始终如一地遵循独立原则。但也有少数注册会计师忽略独立性，甚至接受客户的虚假报表，并且帮助被审计单位掩饰舞弊。

(二)保持职业谨慎

注册会计师的过失行为主要是由于缺乏应有的职业谨慎造成的。在执行审计业务过程中，未严格遵守审计准则，不执行适当的审计程序，对被审计单位的问题未能保持应有的职业谨慎，或者为了节约时间或成本而缩小审计范围或简化审计程序，都会导致经审计的报表存在重大错报。

(三)强化执业监督

审计中的许多差错是由于注册会计师失察或未能对助理人员或其他人员进行切实的监督而造成的。对于业务复杂且重大的委托单位来说,其审计是由多位注册会计师及众多助理人员共同配合来完成的。如果他们的分工存在重叠或空白点,又缺乏严密的执业监督,就不可避免地会出现过失行为。

三、注册会计师避免法律诉讼的具体措施

注册会计师避免法律诉讼的具体措施可以概括为以下几点:

(一)严格遵循职业道德和专业标准的要求

既然不能苛求注册会计师对于财务报表中所有的错报、漏报事项都承担法律责任,那么,注册会计师是否应承担法律责任的关键在于注册会计师是否存在过失或欺诈行为。而判别注册会计师是否存在过失的关键在于注册会计师是否按照专业标准的要求执业。因此,保持良好的职业道德,严格遵循专业标准的要求执行业务、出具报告,对于避免法律诉讼或在诉讼中保护注册会计师是非常重要的。

随着法律界及社会公众对注册会计师工作的了解,在发生法律诉讼案件时,判别注册会计师是否负有责任及应负多大的责任,主要依据是审计准则。如果注册会计师严格依照审计准则的规定执行业务,并且保持良好的职业道德,承担法律责任的可能性就会大大降低;反之,则会给会计师事务所及注册会计师本人造成严重的后果。

(二)建立健全会计师事务所质量控制制度

质量管理是会计师事务所各项管理工作的核心和关键。事务所是否建立严格的质量控制制度,是关系到事务所生存的大问题,有些注册会计师和会计师事务所在法律诉讼案件中败诉,主要是由于自身的执业质量不高造成的。

随着企业规模的扩大,业务的复杂化和计算机技术的应用,审计业务更为复杂,注册会计师的责任范围不断扩大,会计师事务所有必要建立健全一套严格、科学的质量控制制度,并把这套制度推行到每一个人、每一个部门和每一项业务,促使注册会计师按照专业标准的要求执业,保证整个事务所的业务质量。例如,(1)招收合格人员,对其进行适当培训,并对其进行监督和指导;(2)合理配备人员,保证注册会计师熟悉委托单位的经营特点,具备完成审计工作的专业胜任能力;(3)保证形式上和实质上独立于客户;(4)保证审计结论有理有据,编制准确完整的审计工作底稿。

(三)与委托人签订业务约定书

《注册会计师法》第16条规定,注册会计师承办业务,会计师事务所应与委托人签订委托合同(即业务约定书)。业务约定书有法律效力,它是确定注册会计师和委托人责任的一个重要文件。会计师事务所无论承办何种业务,都要按照要求与委托人签订约定书,明确规定业务的性质、范围、承担的责任和客户对工作的要求。如果忽视业务约定书的作用,在涉及法律涉讼时,就很难分清注册会计师与委托人之间的责任,这对注册会计师不利。

案例 16—3　　　　　　　1136 租户公司案

麦克森·罗森堡会计师事务所(Max Rothenberg)在承接 1136 租户公司(1136 Tenants Co.)的业务时,仅做口头的约定:从 1963 年开始为租户公司编制财务报表,每年收费 600 美元,但并未签订业务约定书。会计师事务所在向公司提交的财务报表中注明了"未经审计"字

样,报表的封面也清楚地写道:下列报表根据贵公司的账簿记录编制,未加独立审核。

1963~1965年间,公司管理人员大肆贪污资金。租户发现后,指控注册会计师没有发现管理人员的欺诈行为,存在过失。法院调查后发现:注册会计师编制的工作底稿在租户公司应计费用账目下,使用了"审计费用"科目,而且其中注有"发票已遗失"字样,因而认定注册会计师已执行了某些审计程序,并且有可能发现管理人员的贪污行为。最后,法院判原告胜诉,会计师事务所支付23.5万美元的赔偿金。

资料来源:Ray Whittington, Kurt Pany:Principles of Auditing and Other Assurance Services, McGraw-Hill/Irwin,2005,15th edition, p.119。

(四)深入了解客户情况,审慎选择客户

了解客户情况,是指对客户所处的经济环境及所在行业的一般了解和对客户内部情况的具体了解。会计师事务所选择客户时,必须了解被审计单位的情况,这样才能审慎选择被审计单位,以降低风险。

在了解客户情况的基础上慎重选择客户,是防止不必要诉讼事件发生的第一道防线。慎重选择被审计单位,一是指选择正直的被审计单位。如果被审计单位对其顾客、职工、政府部门或其他方面没有诚信,也必然会蒙骗注册会计师,使注册会计师落入他们设计的圈套。这就要求会计事务所在接受委托之前,一定要采取必要的措施对被审计单位的历史情况有所了解,了解管理层的诚信度、委托事务所审计的真正目的,尤其是在执行特殊目的审计业务时更应如此。二是要特别关注那些陷入财务和法律困境的被审计单位。中外历史上绝大多数涉及注册会计师的诉讼案件,都集中在宣告破产的被审计单位。

(五)提取风险基金及购买责任保险

会计师事务所职业责任保险是指会计师事务所及其合伙人、股东和其他执业人员因执业活动(包括其依法开展的审计业务和其他非审计业务)造成委托人或其他利害关系人经济损失,依法应当承担赔偿责任的保险。2015年6月,财政部发布《会计师事务所职业责任保险暂行办法》,鼓励已设立的事务所在5年内尽快完成由提取职业风险基金向投保职业责任保险的过渡,新设立的会计师事务所鼓励其优先采用投保职业责任保险的方式提高职业责任赔偿能力。

(六)聘请熟悉注册会计师法律责任的律师

会计师事务所应尽可能聘请熟悉注册会计师法律责任的律师。在执业过程中,如遇到重大法律问题,注册会计师应与本所的律师或外聘律师详细讨论所有潜在的风险并仔细考虑律师的建议。一旦发生法律诉讼,也应请有经验的律师参加诉讼。

复习思考题

1. 经营失败与审计失败之间的区别是什么?审计人员为什么要关注企业的经营失败?
2. 注册会计师的法律责任分为哪几类?对于会计师事务所而言,其行政责任有哪些?
3. 注册会计师应如何避免法律诉讼?

自我测试题

一、单项选择题

1. 被审计单位的会计责任不包括(　　)。

A. 建立健全内部控制制度　　　　　　B. 保护资产的安全、完整
C. 保证审计报告的真实性、合法性　　D. 保证会计资料的真实性、完整性、合法性

2. 注册会计师对某公司财务报表进行审计,注册会计师对有关存货进行了监盘并做了必要抽查,但还是未能查出与存货有关的重大错误或舞弊,则该注册会计师对此应负(　　)责任。
A. 没有过失　　　B. 一般过失　　　C. 重大过失　　　D. 欺诈

3. 如果注册会计师对某公司财务报表进行审计,注册会计师没有对有关存货进行监盘,因此未能查出与存货有关的重大错弊,则该注册会计师对此应负(　　)责任。
A. 没有过失　　　B. 一般过失　　　C. 重大过失　　　D. 欺诈

4. 下列有关注册会计师的责任表述中,错误的是(　　)。
A. 注册会计师在对存货实施监盘过程中,实施了观察等程序并进行了适当抽查(抽查数量不足),导致审计结论错误,注册会计师应承担普通过失的责任
B. 注册会计师严格按照审计准则实施了程序,但未能发现甲公司员工的重大舞弊行为,则注册会计师不承担责任
C. 注册会计师在审计中未能发现甲公司现金短缺的事实,甲公司可以过失为由控告注册会计师,而注册会计师可以指出现金短缺等问题是由于甲公司缺乏适当的内部控制造成的,并以此为由来反击甲公司的诉讼;注册会计师可以"共同过失"进行抗辩
D. 利害关系人明知会计师事务所出具的报告为不实报告而仍然使用的,则会计师事务所不承担赔偿责任

5. 针对利害关系人提起的民事侵权赔偿诉讼,会计师事务所拟提出抗辩。下列各项中,不能免除会计师事务所民事责任的是(　　)。
A. 已经遵守执业准则、规则确定的工作程序并保持必要的职业谨慎,但仍未能发现被审计单位的会计资料错误
B. 审计业务所必须依赖的金融机构等单位提供虚假或不实的证明文件,会计师事务所在保持必要的职业谨慎下仍未能发现虚假和不实
C. 已对被审计单位的舞弊迹象提出警告并在审计报告中予以指明
D. 已在审计报告中注明"本报告仅供办理工商年检时使用"

二、判断题

1. 注册会计师法律责任的种类有违约责任、过失责任和欺诈责任。（　　）
2. 如果注册会计师没有查出被审计单位财务报表中的错误事项,必须承担法律责任。（　　）
3. 注册会计师没有完全遵循专业准则的要求,没有保持应有的职业谨慎,属于欺诈;注册会计师根本没有遵循专业准则或没有按专业准则的基本要求执行审计,则属于过失。（　　）
4. 审计失败是指注册会计师由于没有遵守公认审计准则而出具了不恰当的审计意见。（　　）
5. 一般情况下,违约可能使注册会计师承担民事责任甚至刑事责任。（　　）

三、案例分析题

甲、乙、丙三位出资人共同投资设立丁有限责任公司(以下简称丁公司)。甲、乙出资人按照出资协议的约定按期缴纳了出资额,丙出资人通过与银行串通编造虚假的银行进账单,虚构了出资。

ABC 会计师事务所的分支机构接受委托对拟设立的丁公司的注册资本进行审验,并委派 A 注册会计师担任项目组负责人。审验过程中,A 注册会计师按照执业准则的要求,实施了检查文件记录、向银行函证等必要的程序,保持了应有的职业谨慎,但未能发现丙出资人的虚假出资情况。A 注册会计师在出具的验资报告中认为,各出资人已全部缴足出资额,并在验资报告的说明段中注明"本报告仅供工商登记使用"。

丁公司注册登记半年后,乙出资人抽逃其全部出资额。两年后,丁公司因资金短缺和经营不善等原因导

致资不抵债,无力偿付戊供应商的材料款。戊供应商以 ABC 会计师事务所出具不实验资报告为由,向法院提供民事诉讼,要求 ABC 会计师事务所承担连带赔偿责任。

ABC 会计师事务所提出三项抗辩理由,要求免于承担民事责任:一是审验工作乃分支机构所为,与本会计师事务所无关;二是戊供应商与本会计师事务所及分支机构不存在合约关系,因而不是利害关系人;三是验资报告已经注明"仅供工商登记使用",戊供应商因不当使用验资报告而遭受损失与本会计师事务所无关。

要求:回答下列问题,并简要说明理由:

(1)戊供应商可以对哪些单位或个人提起民事诉讼?

(2)ABC 会计师事务所提供的抗辩理由是否成立?

(2)ABC 会计师事务所是否可以免于承担民事责任?

第十七章　政府审计与内部审计

本章要点
- 政府审计规范
- 政府审计业务内容
- 政府审计流程
- 内部审计准则
- 内部审计业务内容
- 内部审计流程

引例

中国石油天然气集团公司 2012 年度财务收支审计结果
（审计署 2014 年第 15 号审计结果公告）

根据《中华人民共和国审计法》的规定，审计署 2013 年对中国石油天然气集团公司（以下简称中石油集团）2012 年度财务收支进行了审计，重点审计了中石油集团总部及西南油气田分公司、抚顺石化分公司、东北销售分公司、中油资产管理有限公司等 20 个所属企业，并对有关事项进行了延伸审计。

一、基本情况及审计评价意见

中石油集团成立于 1998 年 7 月，注册资本 3 799 亿元，拥有二级全资和控股子公司 72 家、事业单位 8 家、社会团体 1 家，主要从事原油、天然气勘探开发、开采；石油炼制、石油化工及其他化工产品的生产、储运及贸易，石油、天然气管道运输及贸易；相关工程技术研究与服务等。

据中石油集团合并财务报表反映，其 2012 年年底资产总额为 34 094.2 亿元、负债总额为 15 453.1 亿元、所有者权益总额为 18 641.1 亿元；当年实现营业收入 26 692.53 亿元，净利润为 1 391.75 亿元，资产负债率为 45.32%，净资产收益率为 7.29%。

立信会计师事务所审计了该集团 2012 年度合并财务报表并出具了标准无保留意见的审计报告。

审计署审计结果表明，中石油集团基本能贯彻执行国家宏观经济政策，2012 年度财务报表总体上比较真实地反映了企业财务状况和经营成果。审计也发现，中石油集团在生产经营、内部管理等方面存在一些问题，有的管理人员还涉嫌严重违法违纪。

二、审计发现的主要问题

（一）会计核算和财务管理存在的问题

1. 2012 年，中石油集团所属 10 家单位存在当期天然气销售收入计入次年、盘盈成品油未冲减管理费用等问题，由此造成收入少计 0.32 亿元，成本费用多计 5.91 亿元、少计 0.2 亿元，导致 2012 年少计利润 6.03 亿元。

2. 2012 年,所属辽河油田设备安装工程公司等 5 家公司未按规定纳入合并报表范围,导致少计资产 5.13 亿元、负债 2.2 亿元、所有者权益 2.93 亿元。

3. 至 2012 年年底,中石油集团未按规定将 3.52 亿元国拨资本性财政资金,转为对中国石油天然气股份有限公司(以下简称中石油股份公司)的委托贷款。

(二)执行国家经济政策和企业重大经济决策中存在的问题

1. 2012 年 4 月至 12 月,所属西南油气田分公司违反国家关于禁止以大、中型气田所产天然气为原料建设 LNG(液化天然气)项目的规定,向华油天然气广安有限公司 LNG 项目供应天然气。

2. 至 2012 年年底,所属四川销售分公司 2006 年以来收购的 55 座加油站、吉林销售分公司 2011 年 9 月租入的 8 座加油站证照不齐全。

3. 2012 年至 2013 年 4 月底,所属烟台等 130 家销售分公司超过发展改革委最高限价销售成品油 18.38 万吨,价差总计 0.36 亿元。

4. 2010 年至 2012 年,所属抚顺石化分公司投资 22.35 亿元的热电厂扩建项目未经核准,且使用工艺不成熟导致 8 751 万元国有资产面临损失。

5~7(略)

(三)内部管理存在的问题

1. 工程项目管理方面。

(1)2011 年 6 月,所属中石油北燃(锦州)燃气有限公司未按规定报经上级公司批准,即开工建设龙栖湾燃气工程,至 2013 年 6 月已完成投资 686.42 万元。

(2)至 2012 年年底,所属四川销售分公司有 9 座由外单位代建的加油站,未按照中石油股份公司规定解除代建协议。

(3)2006 年 11 月至 2013 年 7 月,所属抚顺石化分公司等 9 家单位部分工程建设和物资采购未按规定公开招标,涉及合同金额 260.35 亿元,其中工程建设 238.51 亿元、物资采购 21.84 亿元。

(4)~(7)(略)

2. 资金和金融业务管理方面。

(1)1999 年至 2011 年,所属吉化集团公司未经中石油集团批准向其控股公司出借资金,2012 年 5 月形成损失 1.52 亿元。

(2)所属昆仑银行股份有限公司克拉玛依分行因贷前审核不严、贷后管理不到位,发放给新疆天盛实业有限公司的贷款本息 5.7 亿元,至 2013 年 7 月全部面临损失风险。

3. 资产、产权、股权管理方面。

(1)2010 年至 2013 年,所属昆仑信托有限责任公司对其与有关自然人和企业共同设立的合伙企业的财务支出监管不到位,致使合伙企业的执行合伙人虚列咨询费支出 2 700 万元。

(2)2011 年和 2012 年,所属昆仑信托有限责任公司和中油资产管理有限公司在信托计划所投资企业持续亏损的情况下,按原值受让了其中由 15 个自然人认购的信托计划,代为承担了 784.83 万元投资损失风险。

(3)2009 年 11 月,所属中石油昆仑燃气有限公司未报经批准与沈阳德源新能源科技有限公司设立的合资企业,至 2013 年 6 月累计亏损 1 164 万元。

(4)~(5)(略)

4. 油气销售方面。

(1)2007年至2012年,所属兰州石化分公司违反中石油股份公司油品统销管理规定,销售油浆和重油等46.47万吨;计划外销售成品油4.05万吨。

(2)2010年至2013年4月,所属北京销售分公司等企业低于成本价或向无成品油批发资格的企业销售成品油125.73万吨,吉林油田分公司所属吉港天然气公司将工业用气按民用气低价销售天然气541.62万立方米。

(3)2012年,因产销管理脱节,所属大连海运分公司装载油品的船舶滞港336航次、总运量240.96万吨,为此支付船舶滞期费1 408.54万元。

5. 油田对外合作及职工持股企业方面。

(1)2008年至2013年5月,所属吉林油田分公司在油田区块合作开发主体性质已变化的情况下未及时相应变更油田区块合作项目分成方式、辽河油田分公司油田区块合作项目未按合同约定向合作方收取未到位出资利息等,造成国有收益流失3 761.07万元、面临流失698.91万元。

(2)2010年至2013年3月,所属吉林石化分公司动力二厂和辽河油田分公司欢喜岭采油厂将粉煤灰、凝析油等,无偿交由职工持股的集体企业或多种经营企业回收销售,涉及金额5 013.3万元。

(3)至2013年6月,所属辽河石油勘探局有2万亩农用地由辽海集团泰兴农业公司等8家职工持股的多种经营企业无偿使用,用于种植水稻、养鱼等。

(4)2012年至2013年5月,所属兰州润滑油研究开发中心和东北销售抚顺分公司的职工持股企业或关联单位,将所获利润3 032.73万元以奖金、集体福利等名义发放给上述2家单位的职工或相关人员。

6. 信息化建设管理方面。

(1)至2012年,所属吉林销售分公司使用的销售ERP系统和加油站管理系统共有33个系统用户权限不符合职责分离要求。

(2)由于加油站管理系统允许为个人记名加油卡的油品消费开具增值税专用发票,至2012年8月中石油股份公司九台经营处共为员工记名加油卡开具433.55万元的增值税专用发票,最终去向不明。

(3)2011年至2012年,对两个个体工商户短期内以现金进行加油卡充值3.67亿元的异常行为,中石油集团加油站管理系统未实现有效监控。

7.2012年,所属吉林销售分公司和吉林石化分公司以租赁方式超标准配置23辆公务用车。

三、审计处理及整改情况

对审计发现的问题,审计署已依法出具了审计报告、下达了审计决定书。中石油集团具体整改情况由其向社会公告。审计发现的相关人员涉嫌经济违法违纪线索,移送有关部门进一步调查处理。

思考题

审计署对中石油集团实施的2012年度财务收支审计与立信会计师事务所对该集团实施的财务报表审计有哪些方面的区别?

第一节 政府审计

一、政府审计的概念

政府审计(government audits)是指审计机关依法独立检查被审计单位的会计凭证、会计账簿、财务会计报告以及其他与财政收支、财务收支有关的资料和资产,监督财政收支[1]、财务收支[2]真实、合法和效益的行为。在我国,中华人民共和国审计署、各地的审计局、审计署派驻国务院各部门和各地的特派员办事处都属于政府审计机关。

二、我国政府审计的历史沿革

在我国奴隶社会的西周,负责履行政府审计职责的官员被称为宰夫,他们按照当时的律法,考核百官府郡都县的政绩,对于奢侈浪费、虚列账册者报请其上级管理部门加以诛罚,对于善于开源节流、理财有道的官员则报请其上级管理部门给予奖赏。

到了封建社会的春秋战国时期,政府审计工作由丞相、御使、尚书等官吏兼任,这一时期,一套完整的审计监督制度即上计制度已经出现,该制度实际上是一种定期的报表审核制度。即每年由负责审计的官员向皇帝汇报各地提交的税赋收入、财政开支数据。而且,这一时期还出现了我国第一部较为完整、系统的、与政府审计有关的法典——《法经》,它是由魏国的李悝于公元前400年制定的,其中规定:上计报告不实、隐瞒欺诈者,视其情节轻重定罪;凡故意作弊、假造账册者,视情节轻重适当定罪;对于遗失会计账簿者,应追究有关人员的责任。

秦汉时期,由御使承担会计账簿审计的职责;三国两晋南北朝时期,第一次出现了专职的政府审计机构——比部,政府审计部门从财政部门中分离出来,由比部负责对政府和部门经费开支进行财务审计;隋朝则明确比部隶属于刑部,从而使审计工作走向司法化,将审计融于惩治贪官污吏的机制之中;南宋初期,"诸司诸军专勾司"更名为"审计院","审计"一词即起源于此,但当时的审计院是内部审计机构,其政府审计机构仍是比部;元明清时期,审计机构隶属于监察系统——御史台和督察院,并没有独立的、专业性的政府审计机构。

我国近代,先后设置了审计处、审计院、审计局、监察院审计科、审计院、监察院审计部等机构履行政府审计职能。

新中国建立以后,我国的政府审计一度停滞不前。20世纪80年代,随着我国工作重心转移到经济建设上来,政府审计制度逐步恢复。1982年12月4日,我国颁布的新宪法,第一次明确规定我国要建立审计机构,恢复审计工作。《宪法》第91条规定:"国务院设立审计机关,对国务院各部门和地方各级政府的财政收支,对国家的财政金融机构和企业事业组织的财务收支,进行审计监督。审计机关在国务院总理领导下,依照法律规定独立行使审计监督权,不受其他行政机关、社会团体和个人的干涉。"1983年,审计署和各级审计机关相继成立。1995年1月1日《中华人民共和国审计法》正式实施。2006年2月,第十届全国人民代表大会常务

---

[1] 财政收支是指依照《中华人民共和国预算法》和国家其他有关规定,纳入预算管理的收入和支出,以及下列财政资金中未纳入预算管理的收入和支出:行政事业性收费;国有资源、国有资产收入;应当上缴的国有资本经营收益;政府举借债务筹措的资金;其他未纳入预算管理的财政资金。

[2] 财务收支是指国有的金融机构、企业事业组织以及依法应当接受审计机关审计监督的其他单位,按照国家财务会计核算规范的规定,实行会计核算的各项收入和支出。

委员会第二十次会议做出《关于修改〈中华人民共和国审计法〉的决定》,对《中华人民共和国审计法》(以下简称《审计法》)进行了必要的修订。相关修订内容自 2006 年 6 月 1 日起施行。在此基础上,《中华人民共和国审计法实施条例》也做了修订,并于 2010 年 5 月 1 日起施行。

三、政府审计机构

根据我国《宪法》的规定,我国的政府审计机关分为国务院和地方两级。其中,我国最高政府审计机关设置在国务院,即中华人民共和国审计署。审计署在国务院总理领导下,主管全国的审计工作。另一方面,省、自治区、直辖市、设区的市、自治州、县、自治县、不设区的市、市辖区的人民政府的审计机关,分别在省长、自治区主席、市长、州长、县长、区长和上一级审计机关的领导下,负责本行政区域内的审计工作。地方各级审计机关对本级人民政府和上一级审计机关负责并报告工作,审计业务以上级审计机关领导为主。地方各级审计机关负责人的任免,应当事先征求上一级审计机关的意见。

四、政府审计规范

《中华人民共和国国家审计准则》于 2010 年 9 月 1 日以审计署第 8 号令的形式予以公布,自 2011 年 1 月 1 日起施行,同时废止了 2000 年至 2003 年之间发布的国家审计基本准则、具体准则等 28 项规定。

《中华人民共和国国家审计准则》包括总则、审计机关和审计人员、审计计划、审计实施、审计报告、审计质量控制和责任、附则,共 7 章。以下主要介绍除总则和附则以外的 5 章内容。

(一)审计机关和审计人员

审计机关执行审计业务,应当具备下列资格条件:符合法定的审计职责和权限;有职业胜任能力的审计人员;建立适当的审计质量控制制度;必需的经费和其他工作条件。

审计人员执行审计业务,应当具备下列职业要求:遵守法律法规和国家审计准则;恪守审计职业道德[①];保持应有的审计独立性;具备必需的职业胜任能力;其他职业要求。

(二)审计计划

审计机关应当根据法定的审计职责和审计管辖范围,编制年度审计项目计划。编制年度审计项目计划应当服务大局,围绕政府工作中心,突出审计工作重点,合理安排审计资源。

审计机关按照下列步骤编制年度审计项目计划:

(1)调查审计需求,初步选择审计项目;

(2)对初选审计项目进行可行性研究,确定备选审计项目及其优先顺序;

(3)评估审计机关可用审计资源,确定审计项目,编制年度审计项目计划。

审计机关年度审计项目计划的内容主要包括:(1)审计项目名称;(2)审计目标,即实施审计项目预期要完成的任务和结果;(3)审计范围,即审计项目涉及的具体单位、事项和所属期间;(4)审计重点;(5)审计项目组织和实施单位;(6)审计资源。

年度审计项目计划确定审计机关统一组织多个审计组共同实施一个审计项目或者分别实施同一类审计项目的,审计机关业务部门应当编制审计工作方案。审计工作方案的内容主要包括:审计目标;审计范围;审计内容和重点;审计工作组织安排;审计工作要求。

---

① 审计人员应当恪守严格依法、正直坦诚、客观公正、勤勉尽责、保守秘密的基本审计职业道德。

(三)审计实施

审计机关应当在实施项目审计前组成审计组。审计组由审计组组长和其他成员组成。审计组实行审计组组长负责制。审计组组长由审计机关确定,审计组组长可以根据需要在审计组成员中确定主审,主审应当履行其规定职责和审计组组长委托履行的其他职责。

审计机关应当依照法律法规的规定,向被审计单位送达审计通知书。审计通知书的内容主要包括被审计单位名称、审计依据、审计范围、审计起始时间、审计组组长及其他成员名单和被审计单位配合审计工作的要求。同时,还应当向被审计单位告知审计组的审计纪律要求。

审计组应当调查了解被审计单位及其相关情况,评估被审计单位存在重要问题的可能性,确定审计应对措施,编制审计实施方案。对于审计机关已经下达审计工作方案的,审计组应当按照审计工作方案的要求编制审计实施方案。审计实施方案的内容主要包括:审计目标;审计范围;审计内容、重点及审计措施,包括审计事项和审计应对措施;审计工作要求,包括项目审计进度安排、审计组内部重要管理事项及职责分工等。

审计人员可以采取下列方法向有关单位和个人获取审计证据:检查、观察、询问、外部调查、重新计算、重新操作和分析[①]。

审计人员执行审计业务时,应当保持职业谨慎,充分关注可能存在的重大违法行为。

(四)审计报告

审计组实施审计或者专项审计调查后,应当向派出审计组的审计机关提交审计报告。审计机关审定审计组的审计报告后,应当出具审计机关的审计报告。审计报告的内容主要包括:

(1)审计依据,即实施审计所依据的法律法规规定;

(2)实施审计的基本情况,一般包括审计范围、内容、方式和实施的起止时间;

(3)被审计单位基本情况;

(4)审计评价意见;

(5)以往审计决定执行情况和审计建议采纳情况;

(6)审计发现的被审计单位违反国家规定的财政收支、财务收支行为和其他重要问题的事实、定性、处理处罚意见以及依据的法律法规和标准;

(7)审计发现的移送处理事项的事实和移送处理意见,但是涉嫌犯罪等不宜让被审计单位知悉的事项除外;

(8)针对审计发现的问题,根据需要提出的改进建议。

经济责任审计报告还应当包括被审计人员履行经济责任的基本情况,以及被审计人员对审计发现问题承担的责任。

对审计或者专项审计调查中发现被审计单位违反国家规定的财政收支、财务收支行为,依法应当由审计机关在法定职权范围内做出处理处罚决定的,审计机关应当出具审计决定书。审计决定书的内容主要包括:审计的依据、内容和时间;违反国家规定的财政收支、财务收支行为的事实、定性、处理处罚决定以及法律法规依据;处理处罚决定执行的期限和被审计单位书面报告审计决定执行结果等要求;依法提请政府裁决或者申请行政复议、提起行政诉讼的途径和期限。

审计或者专项审计调查发现的依法需要移送其他有关主管机关或者单位纠正、处理处罚

---

① 分析是指研究财务数据之间、财务数据与非财务数据之间可能存在的合理关系,对相关信息做出评价,并关注异常波动和差异。

或者追究有关人员责任的事项,审计机关应当出具审计移送处理书。审计移送处理书的内容主要包括:审计的时间和内容;依法需要移送有关主管机关或者单位纠正、处理处罚或者追究有关人员责任事项的事实、定性及其依据和审计机关的意见;移送的依据和移送处理说明,包括将处理结果书面告知审计机关的说明;所附的审计证据材料。

(五)审计质量控制和责任

审计机关应当针对下列要素建立审计质量控制制度:审计质量责任;审计职业道德;审计人力资源;审计业务执行;审计质量监控。

审计机关实行审计组成员、审计组主审、审计组组长、审计机关业务部门、审理机构、总审计师和审计机关负责人对审计业务的分级质量控制。

审计机关应当对审计质量控制制度及其执行情况进行持续评估,及时发现审计质量控制制度及其执行中存在的问题,并采取措施加以纠正或者改进。审计机关可以结合日常管理工作或者通过开展审计业务质量检查、考核和评选优秀审计项目等方式,对审计质量控制制度及其执行情况进行持续评估。

五、政府审计的主要业务内容

(一)《审计法》的有关规定

根据《审计法》,审计机关对国务院各部门和地方各级人民政府及其各部门的财政收支、国有金融机构和企事业组织的财务收支以及其他应接受政府审计的财政收支、财务收支的真实性、合法性和效益性依法进行审计监督。我国审计机关的主要职责包括:

(1)审计机关对本级各部门(含直属单位)和下级政府预算的执行情况和决算以及其他财政收支情况,进行审计监督。

(2)审计署对中央银行的财务收支,进行审计监督。审计机关对国有金融机构的资产、负债、损益,进行审计监督。

(3)审计机关对国家的事业组织和使用财政资金的其他事业组织的财务收支,进行审计监督。

(4)审计机关对国有企业的资产、负债、损益,进行审计监督。

(5)对国有资本占控股地位或者主导地位的企业、金融机构[①]的审计监督,由国务院规定。

(6)审计机关对政府投资和以政府投资为主的建设项目[②]的预算执行情况和决算,进行审计监督。

(7)审计机关对政府部门管理的和其他单位受政府委托管理的社会保障基金、社会捐赠资金以及其他有关基金、资金的财务收支,进行审计监督。

(8)审计机关对国际组织和外国政府援助、贷款项目的财务收支,进行审计监督。

(9)审计机关按照国家有关规定,对国家机关和依法属于审计机关审计监督对象的其他单位的主要负责人,在任职期间对本地区、本部门或者本单位的财政收支、财务收支以及有关经济活动应负经济责任的履行情况,进行审计监督。

[①] 国有资本占控股地位或者主导地位的企业、金融机构,包括:国有资本占企业、金融机构资本(股本)总额的比例超过50%的;国有资本占企业、金融机构资本(股本)总额的比例在50%以下,但国有资本投资主体拥有实际控制权的。

[②] 政府投资和以政府投资为主的建设项目,包括:全部使用预算内投资资金、专项建设基金、政府举借债务筹措的资金等财政资金的;未全部使用财政资金,财政资金占项目总投资的比例超过50%,或者占项目总投资的比例在50%以下,但政府拥有项目建设、运营实际控制权的。

(10)对其他法律、行政法规规定应当由审计机关进行审计的事项,依法进行审计监督。

(11)审计机关有权对与国家财政收支有关的特定事项,向有关地方、部门、单位进行专项审计调查,并向本级人民政府和上一级审计机关报告审计调查结果。

(12)社会审计机构审计的单位依法属于审计机关审计监督对象的,审计机关按照国务院的规定,有权对该社会审计机构出具的相关审计报告进行核查。

(二)政府审计业务内容的分类

上述审计业务内容也可按照其侧重点的不同归结为下列三种审计类型:

1. 财政财务审计

财政财务审计是指审计机构对国家机关、企事业单位的财政财务收支活动和反映其经济活动的会计资料所进行的审计,其目的是判断被审计单位的财政财务收支活动的合法性、合规性。其中,财政审计是由政府审计机关对本级财政预算执行情况和下级政府财政预算的执行情况和决算,以及预算外资金的管理和使用情况的合法性、合规性所进行的审计;财务审计是由政府审计机关、会计师事务所和内部审计部门对各级政府部门、企事业单位的会计资料及其所反映经济活动的合法性、合规性所进行的审计。

> **补充资料 17—1　　国家税务局系统税收征管情况审计结果**
> **(审计署 2011 年第 34 号审计结果公告)**
>
> 根据《中华人民共和国审计法》的有关规定,审计署对国家税务总局和北京市、天津市、山西省、辽宁省、黑龙江省、上海市、浙江省、安徽省、山东省、河南省、湖北省、广东省、重庆市、四川省、云南省、甘肃省、宁夏回族自治区、深圳市 18 个省区市国税系统 2009 年至 2010 年的税收征管情况进行了审计。现将审计结果公告如下:
>
> **一、基本评价**
>
> 审计结果表明,两年来,国税系统认真贯彻执行国家的宏观调控政策,以税制改革为重点,紧紧围绕依法组织收入和调控经济职能,坚持依法行政、依法治税,税收执法规范化程度和税收征管质量明显提高。
>
> (一)积极落实国家宏观调控政策,推动税制改革
>
> (略)
>
> (二)努力克服困难、提高税收征管质量,实现税收稳步增长
>
> 为克服国际金融危机给经济带来的不利影响,近年来,国家税务总局和各级国税部门通过健全纳税服务体系,规范和简化办税程序,进一步加强税源管理、纳税评估,大力推进信息管税,努力提高税收征管质量,较好地完成了收入任务。18 个省区市国税系统 2009 年组织国内税收收入 23 258.07 亿元,比上年增加 1 260.76 亿元,增长 5.42%;2010 年组织国内税收收入 26 934.79 亿元,增长 15.81%。税收的稳步增长为国家实施宏观调控和保持经济社会平稳较快发展提供了财力保障。
>
> (三)坚持依法治税,强化内部管理,优化税收环境
>
> 近年来,国家税务总局和各级国税部门不断强化内部管理,着力推进依法行政、依法治税。通过集中清理和加强管理,国税系统较大幅度地减少了涉税审批事项,进一步规范了审批行为。两年来,国家税务总局共组织 7 次税收专项检查和 124 户重点税源企业的税务检查,开展打击制售假发票和非法代开发票专项整治行动,整顿规范税收秩序,促进了税收环境的优化。
>
> 但审计也发现,部分国税局人为调节税收进度,影响年度税收真实性的问题比较突出;部

分国税局办理涉税审批事项不合规,对企业纳税申报审核不严,一些基层国税局违规代开发票,一些企业虚开增值税专用发票,购买、使用虚假发票,一些不符合条件的企业享受高新技术企业税收优惠政策,还有个别税收管理办法不完善,造成税款流失。

二、审计发现的主要问题

(一)有的地方人为调节税收收入进度,提前或延缓征收税款,影响年度税收真实性

受税收计划影响或地方政府干预,2009年至2010年,15个省区市有62家国税局通过违规批准企业缓税、少预征税款、多退税款等方式,少征287户企业当期税款,影响年度收入263亿元(其中,2009年174.82亿元、2010年88.18亿元);9个省区市有103家国税局通过违规提前征收、多预征税款等方式,向397户企业跨年度提前征税33.57亿元(其中,2009年30.33亿元、2010年3.24亿元)。

(二)有的涉税审批或涉税意见不合规,对企业不实申报审核不严,造成税款流失34.05亿元

国家税务总局个别司2009年至2010年,以非正式公文"司便函"的形式,批准企业对超过认证期限的增值税发票进项税额17.29亿元予以抵扣。12个省区市的27家国税局违规为58户企业办理减免退税25.78亿元。18个省区市的73家国税局对企业少报收入、多报支出等问题审核不严格,少征税款8.27亿元。

(三)部分国税局违规代开发票,一些企业违法购买使用发票、虚开增值税发票,造成税款流失14.33亿元

近几年,国税系统开展了一系列发票专项整治行动,但在发票管理和使用中仍然存在一些突出问题,有10个区县级国税局为没有真实贸易背景的小规模纳税人代开发票,造成税款流失9.11亿元;15户企业虚开发票和使用假发票,造成税款流失5.22亿元。从审计情况看,违规代开、虚开或接受虚开发票主要发生在买卖煤炭等矿产资源、废旧物资和生产软件的企业。目前,审计署已向有关部门移送涉嫌发票违法犯罪案件线索11起。

(四)高新技术企业税收优惠政策执行不严的现象仍然存在,造成税款流失26.66亿元

审计抽查了18个省区市的148户高新技术企业,不具备资格和不符合条件的企业违规享受优惠政策的问题与上次审计相比有明显下降,但仍有9个省市的认定管理机构将17户不符合条件的企业认定为高新技术企业,导致这些企业2009年至2010年享受高新技术企业减免税优惠26.65亿元。其中,5户企业不拥有核心知识产权,2户企业产品不属于《国家重点支持的高新技术领域》规定的范围,3户企业申报的核心技术和主要产品收入没有相关性,3户企业高新技术产品(服务)收入占企业当年总收入的比例未达到国家规定标准,3户企业的研发费用占销售收入的比例低于规定比例,1户企业的科技人员比例不符合规定要求。此外,审计还发现个别国税局对不在高新技术企业名单之内的企业给予了税收优惠117.59万元。

(五)跨地区经营汇总纳税企业所得税管理办法还不够完善,造成税款流失1.34亿元

2008年以来,国家税务总局相继出台了多项汇总纳税的管理制度和办法,要求汇总纳税企业分支机构所在地税务机关依法履行监管职责。审计抽查了4家实行跨地区经营汇总纳税企业的部分二、三级分支机构,有56个分支机构存在虚列支出、少计收入、违规税前扣除等问题,流失税款1.34亿元。汇总纳税企业税收征管办法不完善,分支机构所在地税务机关缺乏监管动力和压力,导致监管缺失,是造成上述问题的一个重要原因。审计还发现3个省市的有关税务机关近两年来对一些汇总纳税企业在本省市的三级分支机构没有开展过税务检查,这些分支机构也未向有关税务机关报送过相关资料。

三、审计发现问题的整改情况

审计结束后,审计署向国税部门出具了审计报告,依法下达了审计决定,国家税务总局及各省级国税局对审计发现的问题很重视,多次专门召开会议研究部署整改工作。截至目前,有关国税局调节收入进度问题已整改完毕;一些国税局已追缴违规减免的税款3 007万元;部分国税局对企业申报不实、多列成本少计收入等问题,已重新审核并追征税款入库2.4亿元;对于发票管理使用方面的问题,有的正在立案查处,有的责任人已受到处分;对于不符合条件的企业享受高新技术税收优惠的问题,有的国税局已提请认定机构对相关企业进行复核;相关政策不完善之处,国家税务总局正在研究解决。审计署将继续跟踪审计查出问题的整改情况。

2. 绩效审计

1986年在悉尼召开的第十二届最高审计机关国际组织会议所发表的"关于绩效审计、公立企业审计和审计质量的总声明"中将绩效审计(performance auditing)定义为"评价公立部门管理的经济性、效率性和效果性的审计类型"。绩效的本质含义是"3E",即Economy,Efficiency,Effectiveness。经济性(economy)主要关注的是资源投入和使用过程中成本节约的水平和程度及资源使用的合理性;效率性(efficiency)关注的是投入资源与产出成果(如合格产品数量)之间的对比关系;效果性(effectiveness)关注的是实际取得成果与预期取得成果之间的对比关系,即既定目标的实现程度。也有人提出"5E"的概念,即增加环境性(environment)和公平性(equity)两个内容。

经济责任审计和专项资金审计都属于绩效审计的具体业务类型。

我国自1999年起开始执行经济责任审计。所谓经济责任审计,是指对领导干部任职期间所负经济责任[①]的审计和评价。经济责任审计以考核干部经济责任履行情况为审计目标,是集财政财务收支审计、经济效益审计和财经法纪审计于一体的综合性审计。1999年5月,中央办公厅、国务院办公厅下发的《县级以下党政领导干部任期经济责任审计暂行规定》《国有企业及国有控股企业领导人员任期经济责任审计暂行规定》分别规范了县以下党政领导干部任期届满,或者任期内调任、转任、轮岗、免职、退休等事项前以及国有企业、国有控股企业的法定代表人任期届满,或者任期内办理调任、免职、辞职、退休等事项前,以及在企业进行改制、改组、兼并、出售、拍卖、破产等国有资产重组时应执行的经济责任审计做出了明确规定。2010年12月,中共中央办公厅、国务院办公厅下发的《党政主要领导干部和国有企业领导人员经济责任审计规定》,其中,党政主要领导干部经济责任审计的对象包括:地方各级党委、政府、审判机关、检察机关的正职领导干部或者主持工作一年以上的副职领导干部;中央和地方各级党政工作部门、事业单位和人民团体等单位的正职领导干部或者主持工作一年以上的副职领导干部;上级领导干部兼任部门、单位的正职领导干部,且不实际履行经济责任时,实际负责本部门、本单位常务工作的副职领导干部;国有企业领导人员经济责任审计的对象包括国有和国有控股企业(含国有和国有控股金融企业)的法定代表人。审计工作可在干部任职期间和离任时

---

① 经济责任,是指领导干部在任职期间因其所任职务,依法对本地区、本部门(系统)、本单位的财政收支、财务收支以及有关经济活动应当履行的职责、义务。

进行。审计机关对被审计领导干部履行经济责任过程中存在问题所应当承担的直接责任[①]、主管责任[②]、领导责任[③],应当区别不同情况做出界定。

专项资金审计是指政府审计机关对国债专项资金、国土专项资金、扶贫专项资金、退耕还林专项资金、教育专项资金、重点机场建设项目等的使用效果和效益进行的审计,主要目的是评价专项资金是否存在被挤占挪用的情况、是否达到了预期效果。

3. 财经法纪审计

财经法纪审计是指政府审计机关对严重违反财经法纪的行为所进行的专项审计。对严重违反国家现金管理、结算制度、信贷制度、成本费用开支范围、税收制度等所进行的审计均属于财经法纪审计。

课堂讨论题 1

审计机关可以委托会计师事务所执行政府审计业务吗?这样做可能会产生哪些问题?

六、政府审计的基本流程

(一)制订审计项目计划

审计机关根据法律、法规和国家其他有关规定,按照本级人民政府和上级审计机关规定的职责,确定年度审计工作重点,编制年度审计项目计划。审计机关在年度审计项目计划中确定对国有资本占控股地位或者主导地位的企业、金融机构进行审计的,应当自确定之日起7日内告知列入年度审计项目计划的企业、金融机构。

(二)审计前的准备阶段

审计机关应当根据年度审计项目计划,组成审计组,调查了解被审计单位的有关情况,编制审计方案,并在实施审计3日前,向被审计单位送达审计通知书;遇有特殊情况[④],经本级人民政府批准,审计机关可以直接持审计通知书实施审计。

(三)审计实施阶段

审计组实施审计时,应当深入调查了解被审计单位的情况,对其内部控制制度进行测试,以进一步确定审计重点和审计方法。必要时,可以按照规定及时修改审计方案;审计组和审计人员实施审计时,通过审查会计凭证、会计账簿、财务会计报告,查阅与审计事项有关的文件、资料,检查现金、实物、有价证券,向有关单位和个人调查等方式进行审计,并取得证明材料;审

---

① 直接责任,是指领导干部对履行经济责任过程中的下列行为应当承担的责任:直接违反法律法规、国家有关规定和单位内部管理规定的行为;授意、指使、强令、纵容、包庇下属人员违反法律法规、国家有关规定和单位内部管理规定的行为;未经民主决策、相关会议讨论而直接决定、批准、组织实施重大经济事项,并造成重大经济损失浪费、国有资产(资金、资源)流失等严重后果的行为;主持相关会议讨论或者以其他方式研究,但是在多数人不同意的情况下直接决定、批准、组织实施重大经济事项,由于决策不当或者决策失误造成重大经济损失浪费、国有资产(资金、资源)流失等严重后果的行为;其他应当承担直接责任的行为。

② 主管责任,是指领导干部对履行经济责任过程中的下列行为应当承担的责任:除直接责任外,领导干部对其直接分管的工作不履行或者不正确履行经济责任的行为;主持相关会议讨论或者以其他方式研究,并且在多数人同意的情况下决定、批准、组织实施重大经济事项,由于决策不当或者决策失误造成重大经济损失浪费、国有资产(资金、资源)流失等严重后果的行为。

③ 领导责任,是指除直接责任和主管责任外,领导干部对其履行或者不正确履行经济责任的其他行为应当承担的责任。

④ 特殊情况包括:办理紧急事项的;被审计单位涉嫌严重违法违规的;其他特殊情况。

计人员实施审计时,应当对审计工作中的重要事项以及审计人员的专业判断进行记录,编制审计工作底稿,并对审计工作底稿的真实性负责。

(四)审计报告阶段

审计组向审计机关提出审计报告前,应当书面征求被审计单位意见。被审计单位应当自接到审计组的审计报告之日起 10 日内,提出书面意见;10 日内未提出书面意见的,视同无异议。审计组应当针对被审计单位提出的书面意见,进一步核实情况,对审计组的审计报告做必要修改,连同被审计单位的书面意见一并报送审计机关。

(五)审计报告处理

审计机关有关业务机构和专门机构或者人员对审计组的审计报告以及相关审计事项进行复核、审理后,由审计机关按照下列规定办理:

(1)提出审计机关的审计报告,内容包括:对审计事项的审计评价,对违反国家规定的财政收支、财务收支行为提出的处理、处罚意见,移送有关主管机关、单位的意见,改进财政收支、财务收支管理工作的意见。

(2)对违反国家规定的财政收支、财务收支行为,依法应当给予处理、处罚的,在法定职权范围内做出处理、处罚的审计决定。相关措施主要包括:责令限期缴纳应当上缴的款项;责令限期退还被侵占的国有资产;责令限期退还违法所得;责令按照国家统一的会计核算规范的有关规定进行处理;其他处理措施。

(3)对依法应当追究有关人员责任的,向有关主管机关、单位提出给予处分的建议;对依法应当由有关主管机关处理、处罚的,移送有关主管机关;涉嫌犯罪的,移送司法机关。

七、政府审计的国际组织

最高审计机关国际组织(The International Organization of Supreme Audit Institutions,INTOSAI)于 1953 年在古巴哈瓦那召开第一届大会筹建,1968 年在日本召开的大会上通过组织章程,正式宣告成立。它是联合国经济和社会理事会下的一个非政府组织,总部和秘书处设在奥地利的维也纳,主要由大会、理事会、秘书处、地区组织和若干常设委员会组成。其宗旨是促进最高审计机关之间在政府审计领域内的思想和技术交流,并就共同感兴趣的专业和技术问题进行探讨和提出建议。我国于 1982 年加入最高审计机关国际组织。

第二节　内部审计

一、内部审计的概念

2003 年 5 月公布的《审计署关于内部审计工作的规定》将内部审计定义为"独立监督和评价本单位及所属单位财政收支、财务收支、经济活动的真实、合法和效益的行为,以促进加强经济管理和实现经济目标"。2010 年 11 月中国注册会计师协会修订的《中国注册会计师审计准则第 1411 号——利用内部审计人员的工作》将内部审计(internal audits)定义为"由被审计单位建立的或由外部机构以服务形式提供的一种评价活动。内部审计的职能包括检查、评价和监督内部控制的恰当性和有效性等"。由中国内部审计协会发布并于 2014 年 1 月 1 日开始施行的《中国内部审计准则第 1101 号——内部审计基本准则》将内部审计定义为"一种独立、客观的确认和咨询活动,它通过运用系统、规范的方法,审查和评价组织的业务活动、内部控制和风险管理的适当性和有效性,以促进组织完善治理、增加价值和实现目标"。2014年1月审计署公布的《内部审计工作规定(征求意见稿)》将内部审计定义为"单位(或组织)的内部审计机构或者人员,实施的一种独立、客观的确认和咨询活动,它通过运用系统、规范的方法,审查和评价单位的业务活动、内部控制和风险管理的适当性和有效性,以促进单位完善治理、增加价值和实现目标"。虽然上述定义的内容略有不同,但它们从不同角度阐述了内部审计是企业内部的机构或人员对企业经营活动、内部控制、财务信息、风险管理等方面进行的审查、监督和评价。

内部审计的范围和目标因被审计单位的规模、组织结构和管理层需求的不同而存在很大差异。内部审计通常包括下列一项或多项活动:监督内部控制;检查财务信息和经营信息;评价经营活动的效率和效果;评价对法律法规、其他外部要求以及管理层政策、指示和其他内部要求的遵守情况。

二、我国内部审计的历史沿革

内部审计的产生同样源于财产所有者与经营者的分离,在这种情况下,财产所有者希望了解经营者的受托责任履行情况,就委托亲信作为第三者监督、评价经营者的经营业绩。在我国的西周,设置有司会一职,负责对部门日常会计核算和会计报告进行审查。

南宋初期,由"诸司诸军专勾司"更名而来的"审计院"也是当时的内部审计机构。但是,总体而言,奴隶、封建社会的内部审计都处于发展缓慢阶段。

到了近代,随着国外企业规模不断扩张以及跨国公司的不断出现,内部审计显得越发重要。在我国,内部审计机制作为国外企业管理模式的一个组成部分被引入国内。19世纪后半叶,效仿西方企业管理模式建立的一些银行、兵工厂、造船厂等大企业就在企业内部设立了"稽核"一职,负责对单位内部的财务收支和经营状况进行监督和评价。

新中国成立后,我国内部审计的发展是在1980年以后。1983年审计署成立不久,就开始要求在大中型企业建立内部审计制度,实行内部审计监督。1985年,国务院颁布了《内部审计暂行办法》,对内部审计的性质、任务、职权和程序做出了具体规定。审计署根据上述暂行办法,发布了《关于内部审计工作的若干规定》,审计署在该规定中指出:"内部审计是部门、单位加强财政财务监督的重要手段,是政府审计体系的组成部分。国家行政机关、国有企业事业组织应建立内部审计监督制度,以健全内部控制,严肃财经纪律,改善管理,提高效益。"《中华人民共和国审计法》第29条也规定:"国务院各部门和地方政府各部门、国有的金融机构和企业事业组织,应当按照国家有关规定建立健全内部审计制度。"此后,审计署在1995年7月公布了《审计署关于内部审计工作的规定》,并在2003年5月颁布了新的规定,同时废止了1995年7月的规定。此外,证监会颁布的《上市公司章程指引》、国资委颁布的《中央企业内部审计管理暂行办法》(国资委令第8号)、银监会颁布的《银行业金融机构内部审计指引》等都对内部审计机构的设置、职责等内容进行了详细的规定。内部审计在企业风险管理、内部控制、财务监督等方面正在发挥越来越重要的作用。

三、内部审计机构

内部审计部门是在企业财会部门以外单独设立的部门。根据我国目前已经建立的内部审计机构来看,内部审计机构的组织形式,主要有以下三种类型:

(1)内部审计机构隶属部门、单位的财会部门,由本部门、本单位的会计主管领导;

(2)内部审计机构与部门、单位的其他各职能部门平行,由单位的总会计师或总经济师领导;

(3)内部审计机构由部门、单位的主要负责人或监督机构直接领导,其地位和职权超越部门、单位的其他职能部门,如由董事会(或下属的审计委员会)、总经理、监事会直接领导。

相对而言,第三种组织形式的内部审计机构独立性[①]较强。2003年5月发布的《审计署关于内部审计工作的规定》也支持第三种组织形式。该规定的第4条指出:"内部审计机构在本单位主要负责人或者权力机构的领导下开展工作。"在第三种组织形式中,由审计委员会领导内部审计机构的模式最为常见,独立性也最强。

补充资料 17—2　　百事集团的内部审计机制

百事集团的内部审计部门是在集团总经理和董事会审计委员会的双重领导下进行工作的,完全独立于其他事业部及其财务部门。内部审计部门一切开销入总部账户,其对各子公司的审计报告都将直接抄送集团首席执行官、首席财务官、董事会审计委员会、各相关事业部总裁等高级管理人员。审计报告的结果将直接影响各子公司及事业部的业绩,较差的评定结果极可能导致撤换该子公司的领导人。因此,无论是事业部还是子公司对内审都极为重视并予以积极配合,内审机构的独立性和权威性都是不容置疑的。

百事集团内审部门首先会根据《百事财务政策手册》制定《百事内审标准》并发放至集团总公司和全球各子公司作为定期自查工具。《百事内审标准》是就《百事财务政策手册》中所有重要制度来分类、设计审查事项并以问卷形式反映的一套风险评估标准。内审部门在对子公司审计过程中会侧重两方面:一是子公司有否完全按《百事财务政策手册》运作;二是及时查找手册在实际操作中有无漏洞,对其进行不断更新。内审部门对各子公司进行定期审计的结果分为四个等级:良好控制、较高标准控制、基本控制和较低标准控制。子公司若拿到最高等级评定,将可以在四年后再接受内审,第二等级是三年,第三等级是两年,最差等级则需第二年重新接受评定。对评为最差等级的子公司,审计部门及其所属事业部的财务人员会联合进驻协助整改。内审结果需双方同意,若子公司对评定结果有异议的,亦可直接与内审最高管理人员协商,若无法解决仍可向集团提起申诉,从而保证审计结果的公正客观性,起到相互牵制的作用。

百事集团内审部门进行审计的程序如下:首先,一组内审人员会在审计前一星期内通知子公司将进行内审并告知其内审重点及时间,避免子公司为应付审计提早做准备;内审人员到达公司后先了解公司业务运作再做出审计计划,然后分头进行审计,提出他们发现的问题要求予以答复,若答复不能令人满意,审计人员将把此问题及整改建议列入评定报告,并根据其风险及严重性分为 ABCD 四类。

内审组会根据所查出的 ABCD 各类问题数量给出最初评级并将评估报告送交审计总部做最终评审,审计结果将抄送集团最高管理层。整个内审的时间一般为一个月。

百事内审人员不但肩负查找子公司问题的重任,还需就所提问题提出整改建议。这一做法不但可以增强内审人员工作的审慎性和专业性,被查的子公司还可通过他们获得其他子公司的先进管理经验,从而达到在企业集团内部进行横向交流的良好效应。

---

① 独立性是指内部审计机构和人员在进行内部审计活动时,不存在影响内部审计客观性的利益冲突的状态。独立性一般指内部审计机构的独立性。

百事集团有一批素质较高的内审队伍。内审人员绝大部分是从世界各著名会计师事务所招募进来的、有着丰富审计经验和独立工作能力的审计人士。他们进入百事后会接受全面的业务及财务审计政策培训并跟随其他审计小组进行学习。在他们正式接受内审工作后，仍会定期接受集中培训。为增强内审工作的客观公正性，各内审小组会经常有其他区域的同事加入。同时，内审人员若非高级管理人员，其任职期限一般为3年，期满后原则上不可以转入百事集团财务或其他业务部门，从而确保内审人员与被审部门不存在利益关系。内审人员较高的收入报酬可以尽可能杜绝其接受贿赂的可能性，内审纪律规定内审人员不得在审计期间接受被审单位的请客及送礼。

资料来源："从百事集团看企业的内审监控"，山东省内部审计师协会，www.sdiia.gov.cn/jiaoliu/lilun/20060324090125.htm。

四、内部审计规范

中国内部审计协会准则委员会负责依据《中华人民共和国审计法》《审计署关于内部审计工作的规定》及相关法律法规制定内部审计准则。中国内部审计准则适用于内部审计机构和人员进行内部审计的全过程。中国内部审计准则适用于各类组织。无论组织是否以盈利为目的，也无论组织规模大小和组织形式如何，内部审计机构和人员在进行内部审计时，都应遵循内部审计准则。

中国内部审计准则是中国内部审计工作规范体系的重要组成部分，由内部审计基本准则、内部审计具体准则、内部审计实务指南三个层次组成。2013年8月，中国内部审计协会以公告形式发布了新修订的《中国内部审计准则》（以下简称新准则），于2014年1月1日起施行。新准则的发布，标志着我国内部审计准则体系逐步与国际惯例接轨。修订后的准则体系由内部审计基本准则、内部审计人员职业道德规范、20个具体准则和5个实务指南构成。

（一）内部审计基本准则

内部审计基本准则是内部审计准则的总纲，是内部审计机构和人员进行内部审计时应当遵循的基本规范，是制定内部审计具体准则、内部审计实务指南的基本依据。内部审计基本准则包括总则、一般准则、作业准则、报告准则、内部管理准则、附则共6章33条。

（二）内部审计具体准则

内部审计具体准则是依据内部审计基本准则制定的，是内部审计机构和人员在进行内部审计时应当遵循的具体规范。

内部审计基本准则、内部审计具体准则是内部审计机构和人员进行内部审计的执业规范，内部审计机构和人员在进行内部审计时应当遵照执行。

（三）内部审计实务指南

内部审计实务指南是依据内部审计基本准则、内部审计具体准则制定的，为内部审计机构和人员进行内部审计提供的具有可操作性的指导意见。

内部审计实务指南是对内部审计机构和人员实施内部审计的具体指导，内部审计机构和人员在进行内部审计时应当参照执行。

我国内部审计准则概况如表17-1所示。

表 17-1　　　　　　　　　　　我国内部审计准则概况

颁布时间	内部审计基本准则	内部审计具体准则	内部审计实务指南
2003 年 4 月	《内部审计基本准则》	内审计具体准则第 1 号——审计计划；内部审计具体准则第 2 号——审计通知书；内部审计具体准则第 3 号——审计证据；内部审计具体准则第 4 号——审计工作底稿；内部审计具体准则第 5 号——内部控制审计；内部审计具体准则第 6 号——舞弊的预防、检查与报告；内部审计具体准则第 7 号——审计报告；内部审计具体准则第 8 号——后续审计；内部审计具体准则第 9 号——内部审计督导；内部审计具体准则第 10 号——内部审计与外部审计的协调	
2004 年 3 月		内部审计具体准则第 11 号——结果沟通；内部审计具体准则第 12 号——遵循性审计；内部审计具体准则第 13 号——评价外部审计工作质量；内部审计具体准则第 14 号——利用外部专家服务；内部审计具体准则第 15 号——分析性复核	
2005 年 3 月		内部审计具体准则第 16 号——风险管理审计；内部审计具体准则第 17 号——重要性与审计风险；内部审计具体准则第 18 号——审计抽样；内部审计具体准则第 19 号——内部审计质量控制；内部审计具体准则第 20 号——人际关系	
2005 年 12 月			内部审计实务指南第 1 号——建设项目内部审计；内部审计实务指南第 2 号——物资采购审计
2006 年 5 月		内部审计具体准则第 21 号——内部审计的控制自我评估法；内部审计具体准则第 22 号——内部审计的独立性与客观性；内部审计具体准则第 23 号——内部审计机构与董事会或最高管理层的关系；内部审计具体准则第 24 号——内部审计机构的管理	
2007 年 5 月		内部审计具体准则第 25 号——经济性审计；内部审计具体准则第 26 号——效果性审计；内部审计具体准则第 27 号——效率性审计	
2008 年 9 月		内部审计具体准则第 28 号——信息系统审计；内部审计具体准则第 29 号——内部审计人员后续教育	内部审计实务指南第 3 号——审计报告
2009 年 7 月			内部审计实务指南第 4 号——高校内部审计
2011 年 7 月			内部审计实务指南第 5 号——企业内部经济责任审计指南

续表

颁布时间	内部审计基本准则	内部审计具体准则	内部审计实务指南
2013年8月	第1101号——内部审计基本准则	第1201号——内部审计人员职业道德规范 第2101号内部审计具体准则——审计计划 第2102号内部审计具体准则——审计通知书 第2103号内部审计具体准则——审计证据 第2104号内部审计具体准则——审计工作底稿 第2105号内部审计具体准则——结果沟通 第2106号内部审计具体准则——审计报告 第2107号内部审计具体准则——后续审计 第2108号内部审计具体准则——审计抽样 第2109号内部审计具体准则——分析程序 第2201号内部审计具体准则——内部控制审计 第2202号内部审计具体准则——绩效审计 第2203号内部审计具体准则——信息系统审计 第2204号内部审计具体准则——对舞弊行为进行检查和报告 第2301号内部审计具体准则——内部审计机构的管理 第2302号内部审计具体准则——与董事会或者最高管理层的关系 第2303号内部审计具体准则——内部审计与外部审计的协调 第2304号内部审计具体准则——利用外部专家服务 第2305号内部审计具体准则——人际关系 第2306号内部审计具体准则——内部审计质量控制 第2307号内部审计具体准则——评价外部审计工作质量	

注：企业内部经济责任审计，是指企业内部审计机构对企业内部管理领导干部（以下简称企业内管干部）开展的经济责任审计。企业内部经济责任审计的对象，包括企业主要业务部门的负责人、企业下属全资或控股企业的法定代表人（包括主持工作一年以上的副职领导干部）等。

五、内部审计的主要业务内容

(一)内部审计业务内容的分类

内部审计机构的业务内容可以分为两大类：审计(assurance)、咨询(consulting)。

1. 审计

审计又可细分为财务审计、管理审计与合规性审计。

(1)财务审计

财务审计(financial audit)的对象主要是账簿、报表等，关注的是会计核算是否符合相关规范，主要目的是发现重大的错误或舞弊。

(2)管理审计

管理审计(management audit)的对象是被审计单位的经营管理活动，涵盖的范围较广，审计人员的主要目的是查明问题并提出解决问题的办法，以改善管理素质，提高管理水平和效率,从而促进经济效益提高。物资采购比价审计[①]、投资效益审计、人力资源管理审计、后勤服务系统效率审计、风险管理审计、内部控制自我评估等都属于管理审计的内容。

(3) 合规性审计

合规性审计(compliance audit)即遵循性审计,是指内部审计机构和人员审查组织在经营过程中遵守相关法规、政策、计划、预算、程序、合同等遵循性标准的情况并做出相应评价的审计活动。

2. 咨询

内部审计机构可以针对企业的风险管理、内部控制或公司治理等方面提供咨询服务,例如,举办内部控制培训、参与业务流程审核、信息技术和系统开发、绩效测评系统设计等。内部审计机构的咨询服务可以书面报告或口头形式提出改进建议但不参与管理决策。

(二)《审计署关于内部审计工作的规定》的有关内容

根据2003年5月发布的《审计署关于内部审计工作的规定》,内部审计机构的主要职责包括:

(1) 对本单位及所属单位的财政收支、财务收支及其有关的经济活动进行审计;

(2) 对本单位及所属单位预算内、预算外资金的管理和使用情况进行审计;

(3) 对本单位内设机构及所属单位领导人员的任期经济责任进行审计;

(4) 对本单位及所属单位固定资产投资项目进行审计;

(5) 对本单位及所属单位内部控制制度的健全性和有效性以及风险管理进行评审;

(6) 对本单位及所属单位经济管理和效益情况进行审计;

(7) 法律、法规规定和本单位主要负责人或者权力机构要求办理的其他审计事项。

(三)《中央企业内部审计管理暂行办法》的有关内容

2004年8月,国务院国有资产监督管理委员会发布的《中央企业内部审计管理暂行办法》规定企业内部审计机构应当履行以下主要职责:

(1) 制定企业内部审计工作制度,编制企业年度内部审计工作计划;

(2) 按企业内部分工组织或参与组织企业年度财务决算的审计工作,并对企业年度财务决算的审计质量进行监督;

(3) 对国家法律法规规定不适宜或者未规定须由社会中介机构进行年度财务决算审计的有关内容组织进行内部审计;

(4) 对本企业及其子企业的财务收支、财务预算、财务决算、资产质量、经营绩效以及其他有关的经济活动进行审计监督;

(5) 组织对企业主要业务部门负责人和子企业的负责人进行任期或定期经济责任审计;

(6) 组织对发生重大财务异常情况的子企业进行专项经济责任审计工作;

(7) 对本企业及其子企业的基建工程和重大技术改造、大修等的立项、概(预)算、决算和竣工交付使用进行审计监督;

(8) 对本企业及其子企业的物资(劳务)采购、产品销售、工程招标、对外投资及风险控制等经济活动和重要的经济合同等进行审计监督;

(9) 对本企业及其子企业内部控制系统的健全性、合理性和有效性进行检查、评价和意见

---

① 物资采购比价审计是指审计人员在充分掌握物资质量和价格信息的基础上,对欲购相同质量的物资进行价格比较,进而得出审计结论的过程。其具体内容包括采购计划价审计、采购申报价审计、采购批准价执行审计、采购价格事后审计等。

反馈,对企业有关业务的经营风险进行评估和意见反馈;

(10)对本企业及其子企业的经营绩效及有关经济活动进行监督与评价;

(11)对本企业年度工资总额来源、使用和结算情况进行检查;

(12)其他事项。

(四)《中小企业板上市公司内部审计工作指引》的有关内容

2007年12月,深圳证券交易所发布的《中小企业板上市公司内部审计工作指引》规定内部审计部门应当履行以下主要职责:

(1)对本公司各内部机构、控股子公司以及具有重大影响的参股公司的内部控制制度的完整性、合理性及其实施的有效性进行检查和评估;

(2)对本公司各内部机构、控股子公司以及具有重大影响的参股公司的会计资料及其他有关经济资料,以及所反映的财务收支及有关的经济活动的合法性、合规性、真实性和完整性进行审计,包括但不限于财务报告、业绩快报、自愿披露的预测性财务信息等;

(3)协助建立健全反舞弊机制,确定反舞弊的重点领域、关键环节和主要内容,并在内部审计过程中合理关注和检查可能存在的舞弊行为;

(4)至少每季度向审计委员会报告一次,内容包括但不限于内部审计计划的执行情况以及内部审计工作中发现的问题。

课堂讨论题2

内部审计职能是否可以委托单位外部的会计师事务所或其他服务机构来完成?其优缺点是什么?

六、内部审计的基本流程

内部审计的基本流程涉及下列几个方面:

(一)制订年度审计计划

内部审计机构负责人应当在考虑组织风险、管理需要和审计资源等因素的基础上,编制年度审计计划。年度审计计划是对年度的审计任务所做的事先规划,应在下年度开始前编制完成,并报组织适当管理层批准,以指导内部审计机构下年度的工作。

年度审计计划应当包括以下基本内容:内部审计年度工作目标;需要执行的具体审计项目及其先后顺序;各审计项目所分配的审计资源;后续审计的必要安排。

(二)审计前的准备阶段

在具体实施审计项目前,审计项目负责人应充分了解被审计单位的情况,以制订项目审计计划[①],并根据项目审计计划制定审计方案[②]。项目审计计划和审计方案应在审计实施前编制完成,并经内部审计机构负责人批准。

内部审计人员在实施审计前,应向被审计单位送达内部审计通知书,并做好必要的审计准

---

① 项目审计计划是对具体审计项目实施的全过程所做的综合安排,包括以下基本内容:审计目的和审计范围;重要性和审计风险的评估;审计小组构成和审计时间的分配;对专家和外部审计工作结果的利用;其他有关内容。

② 审计方案是对具体审计项目的审计程序及其时间等所做出的详细安排,包括以下基本内容:具体审计目的;具体审计方法和程序;预定的执行人及执行日期;其他有关内容。

备工作。特殊审计业务可在实施审计时送达。

(三)审计实施阶段

内部审计人员应采用抽样审计等方法,对被审计单位经营活动及内部控制的适当性、合法性和有效性进行测试。内部审计人员可以运用审核、观察、监盘、询问、函证、计算和分析性复核等方法,获取充分、相关、可靠的审计证据,以支持审计结论和建议。内部审计人员应将审计程序的执行过程及收集和评价的审计证据,记录于审计工作底稿。

(四)审计报告阶段

内部审计人员应在审计实施结束后,以经过核实的审计证据为依据,形成审计结论与建议,出具审计报告。如有必要,内部审计人员可以在审计过程中提交期中报告,以便及时采取有效的纠正措施改善经营活动和内部控制。

审计报告的正文应包括以下主要内容:

(1)审计概况,即说明审计立项依据、审计目的和范围、审计重点和审计标准等内容。

(2)审计依据,即应声明内部审计是按照内部审计准则的规定实施,若存在未遵循该准则的情形,应对其做出解释和说明。

(3)审计结论,即根据已查明的事实,对被审计单位经营活动和内部控制所做的评价。

(4)审计决定,即针对审计发现的主要问题提出的处理、处罚意见。

(5)审计建议,即针对审计发现的主要问题提出的改善经营活动和内部控制的建议。

(五)后续审计

内部审计人员应进行后续审计,促进被审计单位对审计发现的问题及时采取合理、有效的纠正措施。内部审计机构应在规定的期限内,或与被审计单位约定的期限内执行后续审计。内部审计人员应根据后续审计的执行过程和结果,向被审计单位及组织适当管理层提交后续审计报告。

当被审计单位基于成本或其他考虑,决定对审计发现的问题不采取纠正措施,并做出书面承诺时,内部审计机构负责人应向组织的适当管理层报告。

七、内部审计的国际组织

内部审计的国际组织是国际内部审计师协会(The Institute of Internal Auditors,IIA),该组织于1941年在纽约成立,总部现位于佛罗里达的奥尔塔蒙特斯普林斯(Altamonte Springs)。

该协会的宗旨是:(1)提高内部审计人员在其所服务机构内的职业地位;(2)在国际范围内提供专业培训和职业发展的机会,制定内部审计准则和相关执业指南,组织内部审计师考试;(3)研究有关内部审计及其在内部控制、风险管理和公司治理方面所发挥作用的相关理论,并广而告之;(4)为各国内部审计师提供交流内部审计信息和分享各国内部审计经验的机会。

国际内部审计师协会的最高领导机构是理事会,理事会下设执行委员会和多个国际委员会,负责组织和监督协会的各项活动。

1987年我国内部审计学会加入了国际内部审计师协会,并在1997年与国际内部审计师协会签订协议,将国际注册内部审计师考试(CIA考试)引入我国。2014年是CIA考试实施重大调整的一年,考试科目由原有的4科变为3科,考试形式由纸笔考试变更为纸笔考试和机考试点并行。2016年及以后将取消纸笔考试,全部改为计算机考试。除了国际注册内部审计师考试以外,国际内部审计师协会还设有内部控制自我评估认证(Certification in Control Self-Assessment,CCSA)、注册政府审计专家(Certified Government Auditing Professional,

CGAP)、注册金融服务审计师(Certified Financial Services Auditor,CFSA)三种类型的考试。

复习思考题

1. 政府审计的业务内容包括哪些方面?
2. 内部审计的业务内容包括哪些方面?
3. 政府审计与内部审计的区别与联系表现在哪些方面?

自我测试题

一、单项选择题

1. 内部审计工作的目标之一是评价内部控制的有效性,那么能最好地实现这一目标的审计类型是(   )。
    A. 财务审计   B. 合规性审计   C. 经营审计   D. 效益性审计
2. 下列选项中,不属于我国内部审计准则体系的是(   )。
    A. 内部审计通用准则   B. 内部审计基本准则   C. 内部审计具体准则   D. 内部审计实务指南
3. 下列选项中,不属于管理审计的是(   )。
    A. 投资效益审计   B. 人力资源管理审计   C. 财政财务审计   D. 风险管理审计
4. 下列选项中,不属于内部审计权限的是(   )。
    A. 参与本单位有关会议,召开与审计事项有关的会议
    B. 制定内部审计规章制度
    C. 检查有关生产、经营和财务活动的资料、文件和现场勘察实物
    D. 对违法违规和造成浪费的单位和人员通报批评或追究责任
5. 下列事项中,(   )会影响内部审计人员的客观性。
    A. 审计人员甲正在执行财务部门的货币资金审计,下月他将到该部门担任经理
    B. 为外部审计师的财务报表审计工作提供必要的协助
    C. 提出有关完善新的销售系统控制程序的建议
    D. 复核采购合同的内容

二、判断题

1. 政府审计规范包括国家审计基本准则、具体准则和实务指南。(   )
2. 审计机关审定审计报告后,应当对被审计单位财政收支、财务收支的真实性、合法性、效益性做出评价,提出被审计单位的自行纠正事项和改进建议,出具审计意见书。(   )
3. 我国尚未加入最高审计机关国际组织。(   )
4. 由监事会领导内部审计机构的模式最为常见,独立性也最强。(   )
5. 财务报表审计是管理审计的内容之一。(   )

参考文献

1. 中国注册会计师协会:《审计》,经济科学出版社 2015 年版。
2. 中国注册会计师协会:《中国注册会计师执业准则(2010)》,中国财政经济出版社 2010 年版。
3. 审计署:中华人民共和国国家审计准则,2010。
4. 中国内部审计协会:内部审计准则,2013。
5. 文硕:《世界审计史》,企业管理出版社 1996 年版。
6. Alvin A. Arens, Randal J. Elder and Mark S. Beasley, *Auditing and Assurance Services: An Integrated Approach*, Fifteenth Edition, Pearson 2013.
7. Ray Whittington, Kurt Pany, *Principles of Auditing and Other Assurance Services*, McGraw-Hill/Irwin, 2005, 15th edition.
8. International Auditing and Assurance Standards Board: Handbook of International Quality Control, Auditing, Review, Other Assurance, and Related Services Pronouncements, 2015.